交通运输局

区交通运输局局长丁家余（前左一）、
书记顾安宝（前右二）考察四号桥

四条城镇公交开通仪式

以改革创新为动力，推进城乡公交一体化 ▌月18日，由交投公司、大运公司、振兴公交公司三家单位参股的姜堰公共交通有限公司挂牌。6月25日，区通南地区姜堰至蒋垛、顾高、大坨、梅垛四条农公班线改造为城镇公交，农公班车退出历史舞台，实现全区17个镇（区）城镇公交全覆盖。11月10日，城乡公交线路优化调整到位，28条公交线路整合为30条，全区新增86个行政村通公交，17个镇（区）中12个镇（区）实现行政村公交全覆盖，262个行政村中253个通公交，通达率96.5%，提高33%，线路总里程由▌80千米提高到750千米，日运行里程由5万千米增加到5.3万千米。

以规范管理为抓手，推进交通作风效能建设 会船节期间调集公交车180辆，开通免费直达公交线路6条，投入海事艇23条、管理人员100多人，完成陆上通行秩序保障和水上安全保卫工作。紧抓交通运输管理过程中群众关心的热点、难点问题，强化管理，提供优质服务，开展出租车经营行为、非法营运车辆专项整治活动，开展隐患排查治理活动，加大安全监管力度，规范行政行为，加大督促检查问责力度。“惠民交通”服务品牌被评为全区十大优质服务品牌，该局被评为全区机关作风建设“十佳部门”，获泰州市交通运输局综合考核一等奖。

会船节服务保障

通南地区城镇公交

新成立的公交公司

泰州市姜堰区
人口和计划生育委员会

2014年，全区人口计生系统以稳妥实施单独两孩政策为重点，团结奋进、开拓创新，各项工作取得新成绩。出生政策符合率98%以上，人口出生率5.29‰，人口自然增长率0.26‰，独生子女累计率82.6%，出生人口性别比控制在基本正常值范围内，孕前优生健康检查任务完成率100%，计划生育政策兑现率100%，行政许可规范率100%，行政征收规范率100%，流动人口管理服务率95%以上。区人口计生委被区委、区政府表彰为机关效能建设先进单位，行政许可科被表彰为机关效能建设先进科室，在泰州市年末综合考评中获第一名。中国计生协副会长勾清明，省计生协会长赵龙，省卫计委副主任何小鹏、徐东红到姜堰区调研指导，对基层群众自治工作、生育文化宣传等工作给予肯定。

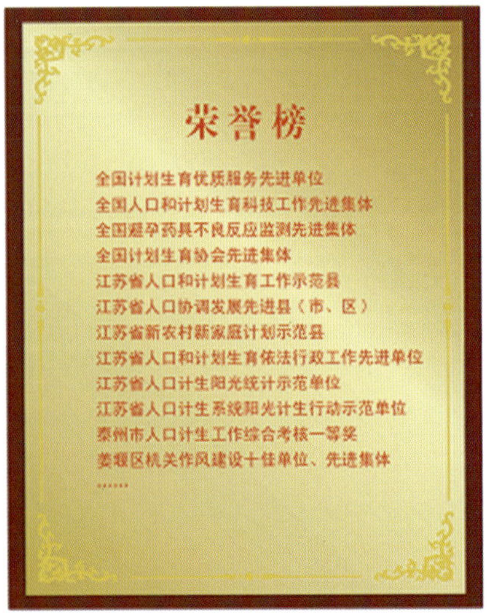

◆改进行政服务

开通再生育审批绿色通道，优化再生育审批流程，对情况清楚、材料齐全的，镇（区）当日受理当日审核并公示10日后，将全部申请材料、公示结果及审核意见上报区人口计生委，区人口计生委在受理材料后5天内审批并发证，审批时限由省规定的45天缩短为15天。

◆推进优生优育

2014年，全区完成免费孕前优生健康检查2116对，超额完成年度目标任务。通过各种媒体加强孕期及哺乳期妇女健康知识宣讲，注重出生人口一、二级干预。全区新生儿出生缺陷发生率3‰，远低于国家平均水平。

走进行风政风热线

送二胎证上门

“公开信”发表34周年庆

优生优育辅导

单独二孩政策实施工作培训班

◆落实各项政策

全区兑现各项计划生育奖励金4598.94万元。其中：兑现0—14周岁独生子女父母奖励金195万元；投入计划生育四项手术免费服务经费100万元；发放持“独生子女父母光荣证”退休的城镇企业职工一次性奖励金1511.10万元；发放城镇非从业居民一次性奖励金25.50万元；发放农村部分计划生育家庭奖励扶助资金1999.58万元；发放计划生育伤残、死亡家庭特别扶助资金656.42万元。

◆弘扬生育文化

将人口文化与当地文化特色融合，打造“一镇一品、一村一特色”人口文化工程。全区16个镇（区）均建有人口文化示范基地，85%的村（居）达到“人口文化”示范村标准。

◆实行免费诊疗

完善计划生育利益导向政策体系，将计划生育手术并发症对象纳入特别扶助。2014年发放并发症特别扶助金111.34万元，负担计划生育手术并发症人员新农合参保费用近10万元，减免住院治疗费70多万元；区计生指导站两次上门全员随访服务，发放免费治疗药物600多盒。

◆深化“两非”治理

以“关爱女孩”行动为主题，宣传男女平等的科学、文明、进步的婚育观。加强制度落实。制定人员准入、设备管理、定点引产、引产药品处方档案管理和孕情全程跟踪管理服务等制度，加强医疗机构、计生服务机构和药品销售企业管理，打击“非医学需要胎儿性别鉴定和选择性别人工终止妊娠”违法行为。

◆关心流动人口

投入经费约35万元，深化流动人口基本服务均等化。春节期间为流动人口开展各类计生服务7056人次；为流入已婚育龄妇女提供孕环情服务13498人次；开展“亮品牌、送服务”活动，为70家企业10100多名女工提供免费服务。核实公安暂住人口信息，全区新增流进入库人数15973人。打造姜堰区家具建材市场等5家流动人口示范单位。

◆加强协会建设

全区有计生协组织347个、会员小组6176个、会员之家283个、会员9万多人。创新计生基层群众自治工作模式，将基层群众自治与村民自治、新农村新家庭建设、诚信计生等工作有机融合。推行诚信计生“三项公开”“四项评议”“五项监督”制度。建立生育关怀行动、流动人口服务、幸福家庭创建等工作载体。

◆完善配套设施

10月，指导站大楼竣工投入使用。新大楼配备免费孕前优生健康检查区、生殖健康家庭保健区、免费孕前优生健康检查检验中心，兼备省定要求的数字化服务站所，更好地服务育龄妇女。

开展“关爱女孩”活动宣传

泰州市姜堰区教育局

基础设施不断升级 投入9000多万元，完成中小学校舍加固及改扩建工程，全区所有学校运动场地实现塑胶化。投入近1000万元对教育城域网扩容升级，全体师生均能通过教育城域网共享泰微课、名师导学、网络同步课堂、资源共建共享等网络课程，均能分享电子期刊、工具图书、艺术博物馆、虚拟实验室、数字图书馆等优质教育资源，全区100%学校达到省教育装备I类标准。

副市长王学锋考察区学校现代化建设情况

举办十佳“五有书香家庭”风采展示活动

市教育局副局长万琳观摩区教育现代化创建成果

举办教育服务品牌展示暨“泰微课”推介活动

姜堰区荣膺江苏省义务教育优质均衡发展区

姜堰区高分通过全国义务教育基本均衡区评估认定

姜堰区通过省学前教育改革发展示范区建设评估

三大创建圆满完成

心中的明灯——庆祝第30个教师节活动

举办第三届"天翼杯"教育博客、博文评选活动

举办"凤凰杯"首届汉字听写大赛

开展"阳光体育"活动

师资队伍素质一流 与高等院校合作，开办本科班、研究生班，提升教师学历水平；幼儿园专任教师专科以上学历98.9%、小学专任教师专科以上学历98.0%，初中教师本科以上学历96.7%，高中教师研究生学历12.7%。建成"校本培训—区域集团联盟培训—区级培训"三级教师培训体系，与华东师范大学联合举办中小学校长培训班，各类培训参培率100%；567名教师、58名校级干部参与城乡学校交流活动，24.8%校级干部参与交流。全区现有教授级高级教师6人，省特级教师17人，省特级教师后备人才27人，泰州市名校长、名教师21人，姜堰区名校长、名教师91人，教师中县级以上骨干教师1117人，构建起教育人才队伍建设新平台。

教学质量再创新高 突出课堂中心，多次分学段举行教学研讨会、质量分析会；优化教学管理，引领教师关注学情，提高课程实施水平。2014年，全区中考均分564.5分，660分以上1212人，高分率、优分率均列泰州前茅；高考录取率、高分层人数等指标在泰州保持领先，全区在参考人数减少156人的情况下，4372人达省本科最低控制线，达线率57.72%，比上年提高4.57%，省姜堰中学钱逸文以395分列泰州文科类第一名。在泰州市组织的普通高中教育考核中，姜堰区获一等奖。

区实验小学女足获全国校园足球夏令营比赛第一名

姜堰年鉴

JIANGYAN NIANJIAN

2015

（总第16卷）

姜堰年鉴编纂委员会 编

方志出版社
Publishing House of Local Records

图书在版编目（CIP）数据

姜堰年鉴. 2015 / 姜堰年鉴编纂委员会编. —北京：方志出版社，2015.11
ISBN 978-7-5144-1785-2

Ⅰ.①姜…　Ⅱ.①姜…　Ⅲ.①区（城市）-泰州市-2015-年鉴　Ⅳ.①Z525.33

中国版本图书馆CIP数据核字（2015）第263346号

姜堰年鉴（2015）

编　　者：姜堰年鉴编纂委员会
责任编辑：罗　滔

出 版 人：冀祥德
出 版 者：方志出版社
地址　北京市朝阳区潘家园东里9号（国家方志馆4层）
邮编　100021
网址　http://www.fzph.org
发　　行：方志出版社发行中心
电话　(010) 67110500
经　　销：各地新华书店
印　　刷：常州市申茂印刷有限公司

开　　本：889 × 1194　1/16
印　　张：27
字　　数：740千字
版　　次：2015年11月第1版　2015年11月第1次印刷
印　　数：0001—1000册

ISBN 978-7-5144-1785-2　定价：156.00元

《姜堰年鉴》编纂委员会

《姜堰年鉴》编辑部

姜堰年鉴编辑部

联系地址： 泰州市姜堰区上海路68号　　**邮政编码：** 225500

联系电话： 0523-88109702

联 系 人： 窦银芳

特邀编委名单

（排名不分先后）

编辑说明

一、《姜堰年鉴》2015年卷（以下简称本年鉴）是在中共江苏省泰州市姜堰区委员会、泰州市姜堰区人民政府直接领导下，由泰州市姜堰区史志档案办公室具体负责编纂的综合性地方年鉴。以马列主义、毛泽东思想、邓小平理论、“三个代表”重要思想和科学发展观为指导，全面、系统、翔实地记载2014年度姜堰区政治、经济、社会等各方面的基本情况和“社会主义物质文明、政治文明、精神文明、生态文明”建设的新成就、新经验，为领导决策服务，为地方经济发展服务，为海内外人士了解、研究姜堰提供资料，为社会各界提供政策、信息咨询，为续修地方志积累素材。

二、本年鉴采用条目式记事体，分类编纂。设类目、分目、条目3个层次。少数分目下设子目，子目不体现严格的科学分类体系。

三、本年鉴设有特载、大事记、姜堰概貌、农业、工业、商贸流通、对外及对港澳台经济贸易、旅游、开发园区、人事·劳动·社会保障、城乡建设、环境保护、建筑业、水利·交通·邮政·电力、信息化建设与信息服务、金融、财政·税务、综合管理监督、科技·教育、文化、卫生、体育、社会生活、中共泰州市姜堰区委员会、泰州市姜堰区人大常委会、泰州市姜堰区人民政府、政协泰州市姜堰区委员会、泰州市姜堰区纪律检查委员会、工商联·人民团体、武装、法治、各镇（街道）概貌、人物·荣誉栏、文件选编、统计资料、便民指南等36个类目，180个分目，26个子目。收录条目524个，随文照片49幅，彩页58页，表格88个，索引1317条。

四、本年鉴卷首有目录，卷末有索引，索引采用主题分析法编制，款目按汉语拼音字母顺序排列。

五、本年鉴资料均由全区各镇、部门供稿，领导人审定。文中所用数据因统计来源、口径、方法、时间不同而有差异，请读者引用时以泰州市姜堰区统计局的《统计年鉴》为准。本年鉴所示“上年”即为“2013年”。

六、为叙述简明，本年鉴采用习惯性简称，编有《有关组织机构简称、全称对照表》。

七、作者姓名加“（ ）”列于所写正文之后，相邻条目为同一作者的，列于末条正文之后。

八、本年鉴在征集、编辑工作过程中，得到全区各镇、部门、单位的大力支持，在此深表感谢。同时感谢方志出版社、常州市申茂印刷有限公司的大力支持。由于受编辑水平、经验所限，疏漏、错误之处在所难免，恳请广大读者批评指正。

领导考察

LING DAO KAO CHA

10月17日，省委书记、省人大常委会主任罗志军（中）调研姜堰区新型城镇化和城乡发展一体化工作

3月15日，省委副书记、省长李学勇（中）考察溱潼古镇

11月22日，省委常委、副省长徐鸣（前右二）察看江苏省农产品（上海）交易会姜堰大米、益众油脂展位现场

5月29日，副省长张雷（前左一）考察河横稻麦科技示范基地

2014年

农业发展

2014年，全区实现农业现价总产值59.94亿元，比上年增长5.6%；实现农业增加值36.18亿元，比上年增长6.1%。姜堰区被表彰为全国粮食生产先进单位，被农业部、国家旅游局认定为全国休闲农业与乡村旅游示范县；河横稻麦展示基地创建成国家级农业科技创新与集成示范基地；中艺农业生态园建成企业院士工作站，获评全国三星级优秀蔬菜生产商、国家AAA级农业景区；国家农业改革与建设试点工作绩效考评全国第一。

工业经济

2014年，全区工业完成开票销售455亿元，比上年增长12.2%；完成全部工业用电量22.48亿千瓦时，比上年增长6.5%。列统工业完成现价产值1127亿元，比上年增长17.63%；完成利税124.2亿元，比上年增长25.59%；完成利润78.6亿元，比上年增长26.18%。3家企业在天津股权交易所挂牌，3家公司在上海股权托管交易中心挂牌，1家公司进军资本市场。

第三产业

2014年，全区新增限额以上服务业企业18家，服务业增加值占比提高1.1%；1—11月，全区实现服务业税收17.4亿元，同比增长11.66%；服务业固定资产投资85.96亿元，同比增长29.7%。首家电子商务服务机构江苏易销电子商务有限公司投入运营；举办第九届中国湿地生态旅游节暨2014年中国泰州姜堰溱潼会船节，溱湖旅游景区创建成国家级环境科普教育基地和生态旅游示范区，古罗塘旅游文化景区创建成国家AAAA级旅游景区；全年接待游客540万人次，实现旅游直接收入13.5亿元，分别比上年增长10%、12%。健康产业集聚区项目初步列入省重点项目计划。姜堰区通过省金融生态优秀县（区）复核验收。

工作回眸

项目建设

2014年，全区签约工业项目23个，其中亿元以上项目16个、5000万元以上在建工业项目55个；计划总投资103.18亿元和5.06亿美元，其中亿元以上项目26个、5亿元以上项目9个。开展2014年中国泰州姜堰溱潼会船节经贸洽谈会、2014年泰州（福州）服务业招商投资说明会、2014年泰州（上海）投资说明会、2014年泰州金秋投资说明会和2014年姜堰金秋经贸洽谈会等招商引资活动，成立北京、上海、苏州3个招商分局。

开放型经济

2014年，全区新批外资项目15个、增资项目10个。实现协利用外资3.4994亿美元，比上年增长1.89%；实际利用外资007亿美元，比上年增长1.94%。全区有自营进出口实绩企31家。实现自营进出口10.69亿美元，比上年增长24.62%。中，出口9.05亿美元，比上年增长28.34%；进口1.63亿美比上年增长7.39%。全区有外经企业4家。实现新签外经合额2.7907亿美元，比上年增长73.19%；实现外经营业额744亿美元，比上年增长4.93%。

社会事业

2014年，姜堰区通过全国义务教育发展基本均衡区评估验收，创建成省学前教育改革发展示范区，入选“2014—2016年中国民间文化艺术之乡”，被评为2014年江苏省实施农家书屋提升工程试点工作示范区，在全省率先为在岗乡村医生办理工伤保险。博物馆新馆对外开放，天目山遗址核心区一期保护工程方案通过省和国家文物局批准，文体中心二期工程（文化馆）建设项目封顶。举办2014年中国泰州姜堰•溱潼会船节开幕式、闭幕式，第十届群众文化艺术节，第二届“欢乐新春”十大文化惠民等文化活动；承办全省农家书屋建设提升工程座谈会，提供区镇村图书通借通还“一证通”服务现场。实现餐饮服务食品安全合格达标全覆盖。举办第四届世界女子围棋擂台赛、全国桥牌A类俱乐部联赛等大型赛事。

2014年

创新资源

2014年，全区40余家企业开展创新规划设计，引进战略性新兴产业项目10个，建成院士工作站1个、省级重点实验室1个、省级研究生工作站6个；200余家企业兑现2013年科技奖励资金2000余万元；开展高质量产学研合作协议项目68项，获批各类科技计划项目70多项，上争省级扶持奖励资金近2000万元。全区规模以上高新技术产业产值突破450亿元，占规模工业产值比重39.6%，新增三部委认定高新技术企业17家、国家火炬计划高新技术企业1家；申请专利4545件、授权1525件；新获批国家驰名商标3件、省著名商标3件、省名牌产品4个。姜堰区获批全省知识产权战略实施示范区，区生产力促进中心获批国家级B类示范中心。

民生保障

2014年，全区新增城镇就业12305人，转移农村劳动力10671人，城镇登记失业率2%。城乡居民养老保险参保率、续保率分别为99.8%、94.6%。基础养老金提高到每人每月100元，企业退休人员养老金提高到每人每月1743元，城乡低保标准分别提高到530元/人•月和430元/人•月。

城市建设

2014年，全区投入5000多万元，完成光明东村、北苑新村、西野行等老旧小区整治，南、北大街示范路，中天新村示范社区创建通过省级验收。实施住房安居工程，基本解决人均住房面积23平方米以下家庭住房困难问题。完成旧城改造及城乡道路建设770户房屋征收搬迁工作。11月底，实现长江水工程行政村全覆盖，全区饮用长江水约67万人，全年供水量2700万立方米。完成振兴北路、气象局南侧等游园绿化建设，实施高教路、二布厂东路、经三路、天目东路、药厂路及其游园等道路绿化。振兴北路游园、药厂路游园建成开放，气象主题公园游园基本建成。建成香溪美地、古田桥桥下（状元楼南侧）、人民医院对面等停车场4处，增加停车位300多个。陈庄、城北2个农贸市场建成营业，开发区学校竣工交付，婴幼儿早教中心、开发区医院在建设中，新增城区老年活动中心1处，实施蒋垛、顾高、大坨、梅垛4条农公班线公交化改造，实现城镇公交全覆盖。

工作回眸

城乡环境

2014年，全区完成城市环境53个子项整治任务，南、北大街创建省城市管理示范路，中天社区创建省城市示范社区得到省考核组肯定。开展村庄环境整治活动，实现全区262个建制村、2160个自然村整治全覆盖，通过省、市全域整治考核验收，村庄环境转入长效管理。完成卤汀河干河拓浚工程，泰东河河道基本竣工，疏浚整治老通扬运河磨桥河至东姜黄河段与三级河道136条，更新改造泵站108座，新增造林面积733.33公顷，新建、改造绿色通道12条。国家生态区创建通过环保部考核验收，15个镇全部获国家生态镇命名，区经济开发区创建成省级生态工业园区。

综治创建

2014年，全区按照“社区一片一网格一中心户长”规范划
区管理网络，落实综治（戒毒）社工人员，搭建协会组织
覆盖所有镇（区）和公共服务领域，启动实施社会工作专
才培养教育工程。全区“六无”村（社区）创成率40%，
社区创建率77%，三级平台建设逐步规范。实施10件法治
办实事项目。开展治安防控体系立体化、动态化建设。全
4个村（社区）创建成省级民主法治示范村85家，创成率
，将社情民意引入审判活动。开展法律文书公开试点，实
回检察“大篷车”活动，施行检察员参与民事行政诉讼案
度。开展执法检查“回头看”。建立重大决策听证对话机
推进行政审批制度改革，强化行政负责人出庭应诉。区检
被最高人民检察院记集体一等功，区法院被省高院记集体
功。区公安局丁昌华获“江苏省第二届十大法治人物”“全
安机关爱民模范”称号，受到中央领导接见。

政府效能

2014年，区便民服务标准化通过国家级试点建设项目验收，启动企业注册登记“四证一体”，出台《中介机构备选库建设管理暂行办法》，“‘12345’·政风行风热线”接处来电34000多个，义茶亭论坛答复民生问题发帖2020个，出台保障民生和经济转型升级类规范性文件12件，办结人大代表建议174件、政协委员提案208件、选民代表建议124件，“三公”经费下降15%。

泰州市姜堰区财政局

2014年，区财政局围绕“保增幅、保进度、保质态”总体要求，强化财源建设，落实科学征管措施，全区公共财政预算收入完成30.35亿元，比上年增长12.7%，税比82.9%，超额完成泰州下达的目标任务，增幅在泰州三市三区中位居第3位。获泰州市级以上表彰9项，其中省级表彰1项、泰州市级表彰8项。

服务发展力度不断提升 安排专项资金，加大对企业的扶持力度，全年兑现企业优惠政策资金4495万元。帮助16家企业上争省工业和信息产业转型升级引导资金1589万元，帮助溱湖风景区开发建设有限公司等11家旅游企业申报省和泰州旅游业发展专项引导资金510万元。为14家中小企业提供应急周转资金1.98亿元。支持园区发展，实行财力增收奖补，帮助园区上争扶持资金和融资筹资。

社会保障能力不断提升 发放涉农补贴项目34个、补贴金额4.48亿元，受益农户24万人。投入资金3279万元支持农村路桥建设。提高城镇居民医疗保险和新农合补助标准，安排新农合补助资金1.9亿元，城镇居民医疗保险补助资金1988万元。基本公共卫生服务投入2550万元，筹资标准提高到每人每年35元。提高城乡低保、五保、残疾人等特殊群体生活补贴标准。落实教育优先政策，保障教师工资及时足额发放，确保校舍安全工程建设、学费减免、困难学生补助等资金及时到位。推动文化事业发展，保障公益性文化设施免费开放，支持重点文化惠民工程建设。

财政监管水平不断提升 组织全区财政财务大检查、贯彻执行中央八项规定严肃财经纪律和“小金库”专项治理等工作，全年检查单位48个。开展部门预算信息公开工作，选择11家单位进行试点。推进公务卡结算支付制度，发放公务卡8600多张。加强基层财政所建设，资金监管、债务管理、财政纪律执行等工作有序推进。

作风建设形象不断提升 健全和完善党风廉政建设责任制落实机制，严明财经纪律。完善内部控制、内部管理等制度，优化工作流程。开展作风效能监察，加大对机关、基层财政所明察暗访力度。

泰州市姜堰区国家税务局

局长、党组书记朱勇（左二）调研现代科技产业园区

局领导在泰州市华丽塑料有限公司调研

局领导在江苏太平洋精锻科技股份有限公司调研

更新知识培训班开班

税检联席会议

2014年，姜堰国税局紧扣税收现代化目标，锐意求新，狠抓落实，凝心聚力，行稳致远，税收管理改革取得进展，各项工作任务圆满完成。连续五年被评为泰州国税系统“综合先进单位”，连续九年被评为“服务地方经济建设先进单位”。

组织国税收入获得新提升 组织税收收入22.6亿元，比上年增收1.73亿元，增长8.28%；折算一般预算收入7.2亿元，比上年增收8400万元，增长13.21%，是泰州国税系统唯一完成国税目标单位。

优化纳税服务探索新路子 按照“一体化”服务模式，重新配置岗位职责、人员、流程。开展“便民办税春风行动”，网上抄税、网上认证、代开发票网上申请率等指标均名列泰州第一；工作流处理平均用时由2013年的2.39天缩短为1.78天，95%以上的办税事项耗时在泰州地区最低。落实税收优惠，审核、办理民政福利企业退税5989万元，资源综合利用企业退税1569万元，出口退税6.31亿元，调库2.12亿元，落实小微企业税收优惠330.3万元（所得税优惠1343户、减免258万元，增值税优惠626户、减免72.3万元）。

激发队伍活力取得新进展 营造创优争先氛围，五分局被省国税局、团省委联合授予“2013—2014年度省级青年文明号”，二分局被市总工会评为“工人先锋号”，一、六分局被市国税局表彰为“十佳”标兵分局，9人获“十佳”称号，9人获三等功，26人获嘉奖。

纳税人手机扫描春风卡二维码

国税局团支部中秋“一封家书寄深情”活动

推出“便民办税春风卡”

泰州市姜堰区人民武装部

区领导检查指导征兵体检工作

慰问困难基层营连主官家庭

2014年，区人民武装工作在泰州军分区党委和姜堰区委、区政府的正确领导下，按照省军区、军分区党委扩大会议的部署要求，深入学习贯彻党的十八届三中、四中全会精神，扎实开展党的群众路线教育实践活动，落实全军政治工作会议精神，紧紧围绕“能打仗、打胜仗”要求，着眼有效履行使命，突出抓好党委班子建设、民兵教育训练、国防动员、军民融合发展等重点工作，不断提升遂行多样化军事任务能力，军事斗争准备和后备力量建设迈上新台阶。

听党指挥
服务人民
作风优良

地方领导军事日活动

开展爱国主义教育

欢送新兵光荣入伍

民兵应急分队拉动

全区民兵营长集训

组织民兵整组点验

泰州市姜堰区公安局

2014 年，全区公安机关在区委、区政府和上级公安机关的正确领导下，坚持一手抓安保维稳、一手抓长远建设，多项工作取得进展和突破。年内，被表彰为“省级廉政文化建设示范点”、泰州市“六五”普法先进集体、“法治泰州建设公正司法先进单位”，区级机关部门绩效考评名列优秀等次，人民群众对公安机关的满意率 94.4%。

平安稳定持续向好 以青奥会、国家公祭等重大活动和敏感节点安保为重点，开展反恐维稳、打防管控各项工作，刑事案件发案率比上年下降 8.3%，八类案件破案率 100%，连续六年实现命案全破，全区公众安全感 98%，比上年上升 2%。

服务质效全面提升 保障“一区两园”建设、文明城市创建、城区房屋征收搬迁等中心工作推进，在全市率先建成“民意警务研判中心”，将城区 5 家派出所户籍窗口归并到区行政服务中心集中办公。区行政服务中心公安窗口被评为“金牌服务窗口”。

勤务改革有序推进 探索建立与信息警务相匹配的运行机制，派出所勤务指挥室“四导”机制获评全市公安工作创新三等奖；利用现代物联网技术推广安装“车卫士”系统 9000 余套，全区盗窃电动自行车案件比上年下降 15.6%，泰州市公安局向全市推广该做法。

队伍建设更有活力 开展党的群众路线教育实践活动，严优并济抓好队伍教育管理，涌现出“全国公安机关爱民模范”丁昌华、“江苏公安青春警星”刘祥、“泰州市三八红旗集体”城南派出所女子社区民警队等一批先进个人和群体。

全国公安机关爱民模范丁昌华

开展武装巡逻

实战练兵

连续六年实现命案全破

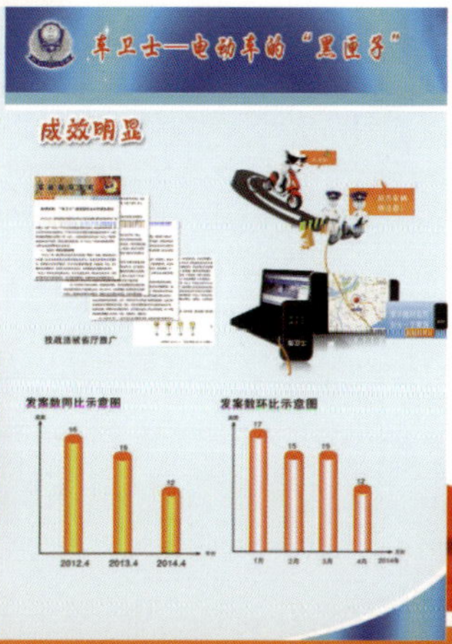

推广安装“车卫士”

建成 18 个标准化派出所勤务指挥室

在全市率先建立民意警务研判中心

——泰州市姜堰区保安服务公司二十三年发展报告

九层之台，起于垒土；千里之行，始于足下。

1992年7月，泰州市姜堰保安服务公司诞生。历经艰苦创业、开拓奋进、改革创新，几度破茧成蝶，从50多名员工到600多人的强力团队，从几间临时用房到屹立中干河畔的恢弘大厦，如今已成为集人防、技防、物防、辅警、押运、金库等为一体的综合型保安服务企业。多年来，姜堰保安服务公司获多项荣誉：江苏省“五一”劳动奖状、江苏省“安康杯”竞赛“优胜企业”、泰州市“五星级金融平安创建活动示范单位”、泰州市“安康杯”竞赛“先进集体”、泰州市“工人先锋号”、泰州市“诚信经营单位”，连年被评为姜堰社会治安“先进集体”和“安全合格单位”“文明单位”、服务业“十强就业企业”、姜堰区推进企业工资集体协商“先进企业”。

新兴产业开先路
安保服务上层台

五个阶段谋发展。公司在初期10年创业第一阶段的基础上，确定“三五”发展规划目标（2002—2016年简称为“三步走”战略）。即攻坚克难创造发展条件；拓展市场增添发展后劲；改革创新壮大发展实力，成为姜堰保安发展史的里程碑。展望未来，为转型升级创优发展品牌制定纲要。

第一阶段（1992—2001年）：艰苦创业奠定发展基础。

（1）申办企业；（2）建立队伍；（3）打开市场；（4）多种经营；（5）学习管理。

第二阶段（2002—2006年）：攻坚克难创造发展条件。

（1）改变观念；（2）解决难题；（3）规范管理；（4）夯实基础；（5）谋划发展。

第三阶段（2007—2011年）：拓展市场增添发展后劲。

（1）开拓武装押运市场；（2）优化企业经营结构；（3）严格内部管理程序；（4）提高员工综合素质；（5）建造公司营运大楼。

第四阶段（2012—2016年）：改革创新壮大发展实力。

（1）塑造公司新形象；（2）提升服务新水平；（3）研究行业新动态；（4）培养员工新境界；（5）彰显文化新高度。

第五阶段（2017年—未来）：转型升级创优发展品牌。

（1）完善企业治理结构；（2）分国内安保市场；（3）学习国同行经验；（4）实施公司品牌战略（5）建立发展持续机制。

五项“第一”打基础（1992—2年）。姜堰保安服务公司的前身是泰县保安服务公司，于1992年7月原泰县公安局申请，江苏省公安（省公复〔1992〕216号文件）批成立。成立之初，凭借2间办房、几十名保安员、简单的服务式，姜堰保安开启了艰苦创业、步发展的历程。历经10年，初形成“五个一”保安服务板块。

1992年组建第一支58人的保队伍；1992年第一批安保企业驻；1993年4月第一次参加中国溱潼会船节大型安保活动；1993年办第一家安保器材门市部；199第一次开办技防安装部。

五大成果展辉煌。公司自2年起，实施“品牌战略、多元化模发展”的经营理念，历经十多创新拼搏，以“三五”发展规划目标，取得五大成果。

（1）资产增值取得新突破；（2营产值实现新跨越；（3）队伍得到新提升；（4）服务功能达新水平；（5）市场拓展呈现局面。

押运队伍　整装待发

苦心求索乾坤大
放手经营江海宽

优化结构，人力保安保重点。2002年以来，针对保安市场竞争、价位低、成本高、经营难、风大的特点，按照市场经济优胜劣法则，整合资源，聚集优势，突重点，确保效益，扩大新的服务位。组合10个保安中队，承担120单位508个岗点安保任务，用优质务巩固和拓展市场份额，确保稳推进公司可持续发展。

建造大楼，新型保安树形象。10年10月，姜堰保安大楼破土动，投入3000万元建成一座功能备、设施齐全、设备先进、环境雅的综合性办公大楼。8000平方的保安大厦于2012年1月建成并投使用，实现姜堰保安发展史上的突破。打造强项，武装保安增力。2005年5月，公司从1家银、2台车开始从事单一押运业务，经2年努力，于2007年全面启动，现银行网点押运全覆盖。公司拥押运车28台、押运员125人，更新辆17台。规范装备，安装GPS定位控系统，建立全程监控指挥心，增强安全可靠性，于2010年现全面承担15家银行、2大石油司、226个网点的调配和ATM加钞款任务。

坚持创新，技术保安建平台。2005年以来，公司从单一人力防范，进入押运业务拓展，随之步入科技含量较高的技术防范领域。坚持走科技强业之路，加快发展技防业务，区域联网报警系统覆盖全区银行、机关、学校、商场、加油站等重点单位，建立城区巡更系统、社区技防街、家庭报警系统，建立GPS全程监控指挥中心，自主联合研发枪支管理、金库人员识别、押运调度、押运标的交接识别四大系统，为公司发展奠定坚实基础。服务中心，公共保安显身手。公司坚持围绕中心，服务大局，以维护社会稳定为己任，做到召之即来、来之能干、干之必成。

2003年以来，始终如一，一直做到：特殊任务做中坚、中心维稳显神威、突发事件当先锋、公共安全尽责任。

铁骨丹心好队伍
豪情热血真英雄

2002年以来，公司始终坚持以人为本，把“正规、文明、威武、荣耀”之师的建设，作为企业发展的根基，聚人心，求发展，增效益，不断提升姜堰保安新形象。

荣耀之师——努力塑造一支社会信赖、领导信任的忠诚队伍；

威武之师——努力打造一支纪律严明、善打必胜的过硬队伍；

正规之师——努力锻造一支规范有序、素质优良的刚健队伍；

文明之师——努力铸造一支凝魂聚气、遵德守礼的文化队伍。

公司在艰苦创业、开拓进取中，好人好事层出不穷，其中有勇于担当、善于创新、工于务实的公司“领头雁”，有为民护民、赴汤蹈火的团队，有矢志不渝、执着坚守的保安中队长，有不怕牺牲、见义勇为的先进分子，有志壮心细、智勇双全的女保安，有默默无闻、奉献爱心的保安班长。

诗书润泽身心脑
文化激扬精气神

公司在加强文化建设方面，始终把握政治方向，坚持六大主题活动，强化队伍教育。举行升旗仪式，深化爱国主义教育；凭吊革命烈士，继承先辈遗志；慰问国防官兵，巩固钢铁长城；组织职工家属联谊，营造团结和谐氛围；作风建设永不松懈，警钟长鸣锻造防线；谈心交心搭起连心桥梁，嘘寒问暖传递关爱真情。公司在经营业务的同时，通过不断开展丰富的创建活动，提升工作追求，公司和个人在社会治安综合治理、文明单位、“工人先锋号”、“安康杯”竞赛、“青年文明号”、“平安金融示范单位”等创建活动中，争先恐后，比学赶超，一步一个脚印地丰富自己、提升自己、壮大自己。公司持续营造良好的人文环境，开展丰富的文化生活，促进员工的身心健康，凝练忠诚、勇敢、担当、奉献的企业精神，引领员工正确的价值取向。

往事如烟，我们无怨无悔于那么多汗水和热血的付出；

岁月如歌，我们不矜不骄于那么多胜利和光荣的收获。

昨日的一路风雨，今日的百丈彩虹，明朝的万里云天，连接起一条渐行渐广的创业之路、发展之路、圆梦之路，而我们脚下的这条路终将要汇集于通向实现美丽中国梦的伟大民族复兴之路。

泰州市姜堰区科学技术局

党组书记、局长 王长林

2014年，区科技局围绕区委、区政府“奋起泰州，崛起苏中”总体目标，实施创新驱动战略，突出创新主体，集聚创新资源，激发创新活力，全区科技工作呈现“创新措施实、创新亮点多、创新效果好”总体格局。区科技创新工作目标考核获泰州市先进市（区）二等奖，被批准为省知识产权战略实施示范，区知识产权局连续12年被省科技厅、省知识产权局表彰为省知识产权工作先进集体。

科技处长、专家走进区部门企业

科技计划项目申报 紧贴区域特点、产业特色和企业亮点，加强科技项目对接。年内新增国家级科技计划项目13项，其中国家火炬计划项目8项、国家重点新产品计划项目1项、国家科技型中小企业技术创新基金2项；获省级科技计划项目35项，其中省重大成果转化项目1项，省科技支撑计划（工业）项目2项，省重点新产品计划项目3项、省创新基金1项，省科技企业上市培育计划推荐入库企业2家，农业科技成果转化资金项目1项，星火计划项目2项。全年上争省级以上科技项目经费支持2345万元，科技品牌上争层次和科技资金上争规模居泰州前列。

科技成果发布智能电网专场

政产学研合作 围绕补强产业“短板”、做强产业链、解决核心技术“缺心少魂”问题，深入推进“三位一体”产学研综合试点，把企业研究机构建在企业、把专家教授请到企业、把科技资源配置到企业。针对新能源、油气装备、先进装备制造、汽车关键零部件等重点产业，征集企业技术难题204项，牵头组织或参与各类产学研活动28场次，实施高质量产学研合作项目68项，企业与高校院所签约共建产学研联合体20家，区政府与中南大学签约合作共建“江苏省金属新材料工程技术研发中心”。举办首届“百名专家姜堰科技行”大型产学研活动，院士李德仁等全国30多所高校、科研院所近百名专家参加活动。

“一对一”科技洽谈

科技成果转化 实施人才引进培育工程，新引进高层次创新创业人才33人，其中，海外人才8人；引进高层次人才创新创业团队2个，其中光电通讯研发团队项目完成注册登记，产品进入试产阶段；海洋石油钻井平台滴水管、医用传感器研发团队项目进入技术研发及产业化阶段。全区新引进战略性新兴产业项目10个，振华泵业高效离心泵理论与关键技术研究及工程应用项目被教育部授予科技进步一等奖，被国务院授予国家科技进步二等奖，太平洋精锻科技被省政府授予江苏省企业技术创新奖。省科技创新创业大赛取得丰硕成果，全区组织参赛项目63项，占泰州三市四区参赛项目数33%，其中6个项目入围江苏省科技创新创业大赛决赛，获二等奖2个、三等奖3个，参赛成绩位列全省第二。区高新技术创业中心有在孵小企业121家，涉及电子信息、机电一体化、科学仪器、新材料、新型环保设备、生物医药等高新技术新兴产业，星达膜科技等高成长性科技创新创业企业开始加速成长。

常州大学产学研活动

2014 · 百名专家姜堰科技行开幕式现场

近百名专家、全区200多家企业参加科技行活动

泰州市国土资源局姜堰分局

土地日微信宣传活动启动仪式

服务保障持续有力 建立挂钩服务制度。成立挂钩服务“一区两园”工作领导小组，局领导班子成员牵头业务科室负责人挂钩联系重点企业26家。突出重点项目保障。全年落实各类用地计划193.73公顷，保障全区重点项目和基础设施、民生工程的用地需求。调整土地规划。组织乡镇级土地利用总体规划修改，调整允许建设区面积近200公顷，为“一区两园”发展以及部分重点项目的建设提供规划保障。推进土地复垦。增减挂钩新增耕地36.71公顷，为全区项目用地提供计划补充耕地；占补平衡新增耕地73.90公顷，保证全区项目报批所需耕地补充指标。

保护机制逐步健全 强化基本农田保护。完成全区基本农田保护标志牌设立、各级保护责任状签订、责任网络建立、到户台账建立等工作，编制2014年度高标准基本农田建设实施方案，建成高标准基本农田4046.67公顷。建立健全执法监管机制。聘请268名村干部组建全区土地协管员队伍，修订《姜堰区土地行政执法共同责任追究暂行办法》。推进违法用地整改。2013年度卫片违法用地立案率、查处率均达100%，结案率90%，整改率75%，填报数据通过国土资源部在线系统审核。按时完成省国土资源厅4宗挂牌督办及127宗发函交办案件的查处整改工作。

国土民生有效改善 区政府下发贯彻落实《江苏省征地补偿和被征地农民社会保障办法》的意见，该局与各镇（街道）及区委农工办、人社、财政等部门多次会商，拿出新征收土地“即征即保、应保尽保”的初步工作方案并组织实施。安排保障性住房用地计划7.44公顷，实现“应保尽保”。调处涉土信访矛盾。全年受理办结各类信访115件。服务城市建设。为城市建设融资10.93亿元，超额完成区融资委员会下达的任务。

纳凉晚会进社区

泰州市姜堰区城市管理局

省专家组考核验收区省级示范路创建工作

市城管局领导考察区城市环境综合整治工作

区领导考察示范路创建工作

局领导带队规范大鱼池市场门前秩序

2014年，区城管局以“管市容、美环境、防违建”为抓手，紧扣城市环境“十大整治”目标任务，真抓实干，克难奋进，有效提升市容环境卫生管理水平。

市容环境实现新突破 开展“城区环境综合整治突击月”和“奋战一百天，面貌大改变”活动。通过突击整治，解决一些城市管理顽症，还掉一批历史欠账。

环卫管理展现新起色 实行16小时不间断巡回保洁，加大清运频率。更换城区主次干道果壳箱30■只；完成65座垃圾房和垃圾箱改扩建、7座公厕升级改造以及3座公厕和1座垃圾中转站新建工作。

违建防控取得新成绩 全年拆除违法建设4130■平方米，有效遏制违法建设蔓延势头。

垃圾统筹开创新局面 推行农村生活垃圾委托处理模式，全年农村生活垃圾处理65万吨，无害化处理率平均达93%。

环境综合整治迈上新台阶 自7月份起，姜堰区月度考核成绩连续5个月排名全市第一，年终考核列全市第一。南、北大街和中天社区被省住建厅命名为“2014年度江苏省城市管理示范路、示范社区”。

改造后的工人新村61#公厕

北大街店招广告整治一新

泰州市姜堰区委统一战线工作部

2014年，全区统一战线围绕区委提出的“增进社会共识、服务改革发展、维护和谐稳定”总要求，狠抓落实，主动作为，完成各项工作任务。区委统战部被表彰为全国统战宣传工作先进单位和泰州市统战工作先进单位。

宣传教育 引导统一战线成员领会十八大以来中央关于统一战线的新思想、新观点、新要求，召开党的群众路线教育实践活动情况通报会，加深党外人士对教育实践活动的认知认同。组织各民主党派、无党派和非公有制经济人士开展坚持和发展中国特色社会主义教育实践活动，通过教育宣讲、研讨座谈、观摩学习，进一步坚定理想信念，凝聚思想共识。

经济统战工作 围绕区委、区政府决策部署，引导支持统一战线成员开展调研，建言献策。民盟姜堰支部开展“献计文化与旅游融合发展”主题活动，农工党姜堰支部与蒋垛卫生院结对开展健康年活动，九三学社姜堰支社被评为全省2014年度参政议政先进集体，工商联界别政协委员撰写提案24篇。

走访非公有制企业

党外代表人士队伍建设 建立完善6支党外代表人士队伍基础资料库。出台《关于进一步完善区级党员领导干部与党外代表人士联谊交友制度的意见》，协助民革、民盟、民建、民进、农工党、九三学社泰州市委做好组织发展和建支工作。

民族宗教工作 组织民族团结进步和宗教政策法规宣传月活动，推进少数民族结对帮扶，上争省级帮扶资金15万元。区永宏医用辅料有限公司被命名为“全省民族工作示范企业”，区民宗局被省政府表彰为全省民族团结进步模范集体。加强宗教基础设施和文化建设，梁徐基督教堂建成投用，顾高千佛寺建设稳步推进，蒋垛观音寺承办中国佛教协会传戒法会，古寿圣寺举行大型水陆法会。和谐寺观教堂、平安宗教活动场所创建以及基督教私设聚会点分类治理取得实效，宗教活动秩序得到规范。

基层统战 推进镇村（社区）统战工作规范化建设，打牢基层统战工作基础。完善统战工作目标责任制，制定年度统战工作提示以及统一战线重点工作和重要活动安排，实行项目化管理。

市各媒体参观观音寺

江苏省姜堰经济开发区

2014年是“奋起泰州、崛起苏中”大突破之年，姜堰经济开发区以转型升级、项目推进、园区建设为主线，转变发展方式，应对宏观经济“新常态”，经济社会保持良好发展势头。

产业结构持续优化 实施“一企一策”，强化服务指导，培植特色产业，培育规模企业，以优质增量推动产业转型升级。坚持培大育强，规模企业的培育取得新成绩。全年纳税销售过亿元企业36家，净增10家。完成列统工业产值354亿元，比上年增长20%；实现高新技术产业产值147.7亿元，占列统工业产值比重38.2%。申报高新技术企业10家，省高新技术后备企业7家，民营科技企业29家。引进赛宝工业技术研究院，在泰州市首家获批省级生态工业园。

发展后劲不断增强 坚持“抓发展必须抓项目”，全年完成协议利用外资1.9亿美元，实际利用外资9000万美元。新增固定资产投资1亿元以上工业项目8个、200万元以上农业项目4个、1000万元以上服务业项目6个；全年竣工验收规模以上项目26个，在建亿元以上项目19个。五行能源装备、太平洋精锻科技、邦富莱苏蒙新材料等一批重大项目竣工验收。昆山高新区姜堰工业园“南北共建”获批，项目开发建设势头良好，为助推智能电网产业发展增添动力。

昆山高新区姜堰工业园
合作共建座谈会

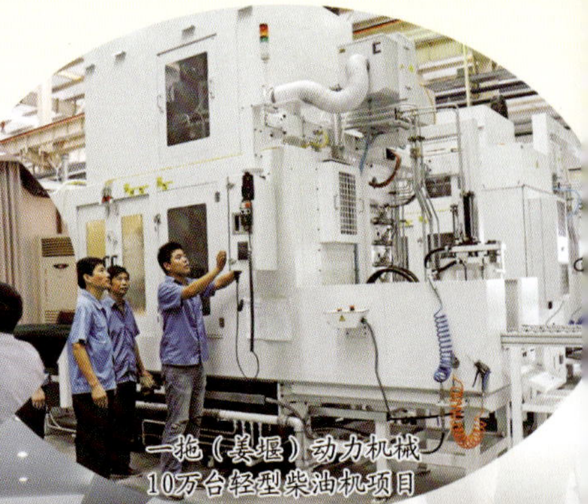
一拖（姜堰）动力机械
10万台轻型柴油机项目

泰州市姜堰区审计局

党组书记、局长 马林

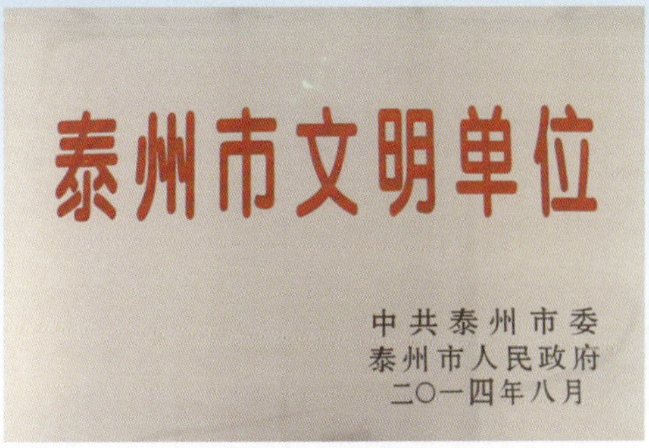

2014年，区审计局履行职能，加大审计执法力度，开展审计（审计调查）项目59个，查出违规金额337万元，管理不规范金额172512万元。向司法、纪检监察机关移送案件线索1条。

财政审计 对区建管局等3个主管部门的2013年部门预算执行情况开展审计，完成江苏省姜堰中学等2所学校和区广电台等2个机关部门年度财政财务收支审计。重点关注税收征管、预算编制、预算执行、资金绩效等情况，推动预算管理科学化、规范化。根据审计署统一安排，调4个科室精干人员组成审计组赴镇江句容参加全国土地出让收支和耕地保护情况审计项目。

领导考察扶贫工作

专项资金审计 加强地方政府债务和“三公经费”专项审计，通过审计基本摸清各镇（区）2012年度、2013年度“三公经费”情况，以及2013年年末政府性债务情况；根据市审计局统一安排，完成人民桥西北侧地块房屋征收项目专项审计调查。

固定资产投资审计 全年对政府投资建设项目进行结算或竣工决算审计，实施标底审核370项，净核减1557万元；完成56个政府投资工程项目审计，核减工程造价8454.08万元。注重过程监督，对部分项目开展跟踪审计，促进政府投资项目规范管理。

经济责任审计 落实《江苏省党政主要领导干部经济责任审计规定》，受区委组织部委托，对9名离任领导干部（人员）开展经济责任审计，把握权力运行和责任落实两个重点，完善“三责联审”，查出主要问题金额9043万元。加强对各级各类内审机构指导，促进内审机构健康发展。

用智慧创新审计工作
用制度规范审计行为
用廉政维护审计形象

泰州市规划局姜堰分局

党组书记、局长 沈 梅

2014年，该局牢牢把握泰州东部新城建设主线，在推进项目建设、统筹城乡发展、改善百姓民生、塑造城市特色、提升城市功能等方面主动进位、积极作为，取得新成效。

围绕中心，服务效能更加突出 支持“一区两园”建设，配合区经济开发区完成开发区发展规划和开发区梁徐镇中小项目区规划方案；为高新技术装备产业园道路、给排水等基础设施提供规划技术服务；编制现代科技产业园家居广场整治规划。开展“规划镇区行，服务面对面”活动，将全区153个重大项目分解到相关科室，明确专人帮办，跟踪服务，对区政府确定的保障和改善民生十个方面实事项目提前介入、主动服务。为解决用地计划和规划管理矛盾，对“四联”项目实行“容缺受理”，将规划管理提前介入，确保项目能按规划落地。为解决企业融资难问题，全年为34家符合要求的企业补办建设工程规划许可证，方便企业领取房屋产权证。

突出重点，规划编制更加有序 城区三个片区控制性详细规划获市政府批准。对原扬动厂地块、原时代超市地块、农工商地块、政法委地块等重大项目超前研究，细化规划控制指标。完成人民路环境景观整治规划，南、北大街整治规划方案。完成市第二人民医院周边、区建管局北侧滨河绿化和区气象局南侧、振兴北路、城东健身游园等规划方案。完成人民公园改造二期工程、开发区三水公园等项目规划方案。

抓住关键，规划管理更加完善 按照事权划分及区城乡规划委员会议事规则和程序，决策城乡规划重大事项，全年上报市规委会研究议题6项，提请召开区规委会3次，研究议题16项，召开局业务会议33次，讨论审议事项569个。出台建设项目规划管理工作规程，履行“一书三证”行政许可职能和行政管理职能以及技术审查认定工作，明确责任科室、责任人、办理要求和办结时限。梳理现有19项行政审批事项，保留行政许可事项4项、非行政许可事项2项，挂起行政审批事项3项。

“规划镇区行，服务面对面”
走进现代科技产业园

城乡规划督察员
考察区城市总体规划执行情况

开展党的群众路线教育实践活动

区城乡规划委员会会议

泰州市姜堰区环境保护局

国家生态区验收

首例环境污染案件庭审现场

区领导考察秸秆“双禁”远程监控中心

区环保局领导参加环保部政策研究中心组织召开的“全国地方环境信息公开研讨会”

生态建设深入推进 提请区政府出台镇村小型生活污水处理设施长效运行管理办法、生态红线区域保护监督管理考核办法、生态补偿资金使用管理办法等系列政策文件，加大生态引导、细化考核要求，明确奖惩措施。区考核办、区效能办分别将生态文明建设、环境保护工作纳入镇（区、街道）、机关部门考核体系，逐步健全生态文明建设责任考核机制。全区15个镇全部获国家生态镇命名，区经济开发区创建成省级生态工业园区，溱湖风景区创建成国家生态旅游示范区、国家级环保科普教育基地。国家生态文明示范区建设规划编制工作启动。

污染防治强势推进 成立大气污染联防联控领导小组，制定全区大气污染防治三年行动计划。实施工业园区重点企业废气治理设施提标改造工程，集中整治燃煤锅炉63台套，夏收秋收期间查处露天焚烧秸秆违法行为37起，核发机动车绿色环保标志33730件，完成南京青奥会、国家公祭日等环境保障任务。开展全省“覆盖拉网式”农村环境综合整治试点，在全区13个镇26个村实施生活污水处理工程。联合水利、住建等相关部门开展许陆河、马宁河黑臭河道整治，新通扬运河水质异常排查、汛期环境安全专项检查等系列行动。34家固废产生单位开展网上申报，年内核准转移各类固废、危废32批次、2162.6吨。

执法监管持续强化 启动“整治企业违法排污、维护群众环境权益”专项行动，重点对涉重、化工、印染、畜禽养殖等行业企业污染防治、环境信访调处情况等6个方面进行排查。探索环保执法跨界联动机制，与东台市、海安县等地建立环境信息互通机制，妥善处理土炼油、畜禽养殖等一批跨界污染纠纷。建立健全领导带案下访、环保局局长大接访等制度。制定网络舆情处置规程，调处各类环境举报投诉392件，省级以上越级信访比上年下降9.1%。

姜堰区国家生态区创建在泰州地区率先通过环保部组织的考核验收

区环保局被表彰为全省环保系统先进集体、全省农村环境连片整治示范工作先进集体

环境社会治理的“姜堰模式”在全国推广

环保进乡村专场文艺演出

生态文化进校园专场活动

泰州市姜堰区水利局

汛期联合"清障"

引长江水工程支管网铺设现场

"节水宣传"进校园

水利建设取得新成效 全区疏浚整治区级骨干河道1条、镇级河道39条、村庄河塘96条，加固圩堤1.41千米，新、拆建圩口闸34座，更新改造泵站108座，新建衬砌渠道20多千米，改造农村危桥70座，国家省重点水利工程卤汀河、泰东河进展顺利。

引长江水实现全覆盖 打好农村饮水安全保障攻坚战，牵头负责协调镇村管网改造和水厂回收组织工作，通过倒排工期、督促检查、跟踪服务、持续推进，实现引长江水工程以行政村为单位全覆盖。

防汛工作夺取新胜利 科学防范，整改重点险工患段及圩口闸电启闭设备安全隐患，修订水旱灾害应急预案，增储补足防汛物资，开展周山河、新生产河、黄村河防汛清障联合执法行动。应对夏秋连绵阴雨天气，启动应急响应机制，确保全区安全度汛。

水利改革迈出新步伐 落实水资源管理制度通过市级考核验收。涉水审批办结时限缩短为5个工作日。完成入河排污口登记归档、全区地下水压采方案编制工作，出台《水事违法建设防治工作实施方案》。开展水情教育进校园、进社区、进微信等系列活动。在全市范围首次推广应用"一次浇筑成型"U型渠衬砌新工艺。

治水兴水 水润姜城

马宁河节制闸

淤溪大桥

整治后的大寨河

整治后的一支河

整治后的老通扬运河

整治后的黄村河

有关组织机构简称、全称对照表

简称	全称
区委	中国共产党泰州市姜堰区委员会
区人大常委会	泰州市姜堰区人民代表大会常务委员会
区政府	泰州市姜堰区人民政府
区政协	中国人民政治协商会议泰州市姜堰区委员会
区纪委	中共泰州市姜堰区纪律检查委员会
区法院	泰州市姜堰区人民法院
区检察院	泰州市姜堰区人民检察院
区人武部	中国人民解放军江苏省泰州市姜堰区人民武装部
区委保密局	泰州市姜堰区委机要保密局
区委组织部	中共泰州市姜堰区委组织部
区委宣传部	中共泰州市姜堰区委宣传部
区文明办	泰州市姜堰区精神文明建设指导委员会办公室
区委统战部	中共泰州市姜堰区委统一战线工作部
区民宗局	泰州市姜堰区民族宗教事务局
区委政法委	中共泰州市姜堰区委政法委员会
区综治办	泰州市姜堰区社会管理综合治理委员会办公室
区武警中队	中国人民武装警察部队泰州市姜堰区中队
区委农工办	中共泰州市姜堰区委农村工作办公室
区台办	中共泰州市姜堰区委台湾工作办公室、泰州市姜堰区人民政府台湾事务办公室
区编办	泰州市姜堰区机构编制委员会办公室
区委党校	中共泰州市姜堰区委党校
区史志档案办	泰州市姜堰区史志档案办公室
区级机关工委	中共泰州市姜堰区委区级机关工作委员会
区政府法制办	泰州市姜堰区政府法制办公室
区应急办	泰州市姜堰区应急管理办公室
区外侨办	泰州市姜堰区政府外事侨务办公室
区政务服务管理办	泰州市姜堰区政务服务管理办公室
区发展和改革委	泰州市姜堰区发展和改革委员会
区经济和信息化委	泰州市姜堰区经济和信息化委员会
区科技局	泰州市姜堰区科学技术局
区人力资源和社会保障局	泰州市姜堰区人力资源和社会保障局
国土资源局区分局	泰州市国土资源局姜堰分局
规划局区分局	泰州市规划局姜堰分局
区住建局	泰州市姜堰区住房和城乡建设局
区城管局	泰州市姜堰区城市管理局
区交通运输局	泰州市姜堰区交通运输局
区农委	泰州市姜堰区农业委员会
区商务局	泰州市姜堰区商务局
区文广新局	泰州市姜堰区文化广电新闻出版局
区食品药品监管局	泰州市姜堰区食品药品监督管理局
区人口计生委	泰州市姜堰区人口和计划生育委员会
区环保局	泰州市姜堰区环境保护局
区安监局	泰州市姜堰区安全生产监督管理局
区广电台	泰州市姜堰区广播电视台

有关组织机构简称、全称对照表

简　称	全　称
区级机关事务局	泰州市姜堰区区级机关事务管理局
区建管局	泰州市姜堰区建筑工程管理局
区农开局	泰州市姜堰区农业资源开发局
区农机局	泰州市姜堰区农业机械管理局
区人防办	泰州市姜堰区人民防空办公室
团区委	中国共产主义青年团泰州市姜堰区委员会
区妇联	泰州市姜堰区妇女联合会
区工商联	泰州市姜堰区工商业联合会
区科协	泰州市姜堰区科学技术协会
区关工委	泰州市姜堰区关心下一代工作委员会
区两会	泰州市姜堰区老区建设促进会、扶贫开发协会
区残联	泰州市姜堰区残疾人联合会
区国税局	泰州市姜堰区国家税务局
区工商局	泰州市姜堰区工商行政管理局
区质监局	泰州市姜堰质量技术监督局
区电信公司	中国电信股份有限公司泰州姜堰区分公司
区供电公司	江苏省电力公司泰州市姜堰区供电公司
区烟草局	江苏省泰州市姜堰区烟草专卖局
区烟草公司	江苏省烟草公司泰州市姜堰区公司
区盐务局	泰州市姜堰区盐务管理局
区经济开发区	江苏省姜堰经济开发区
风景区	泰州市姜堰溱湖风景区
区金融办	泰州市姜堰区金融工作办公室
人行区支行	中国人民银行姜堰区支行
工行区支行	中国工商银行股份有限公司姜堰支行
农行区支行	中国农业银行股份有限公司泰州姜堰支行
中行区支行	中国银行股份有限公司姜堰支行
建行区支行	中国建设银行股份有限公司姜堰支行
区农商行	江苏姜堰农村商业银行股份有限公司
交行区支行	交通银行股份有限公司泰州姜堰支行
农发行区支行	中国农业发展银行泰州市姜堰区支行
邮政储蓄银行区支行	中国邮政储蓄银行股份有限公司泰州市姜堰区支行
南京银行区支行	南京银行股份有限公司姜堰支行
吴江银行区支行	吴江农村商业银行姜堰支行
江苏银行区支行	江苏银行股份有限公司泰州姜堰支行
中信银行区支行	中信银行股份有限公司姜堰支行
长江银行区支行	江苏长江商业银行姜堰支行
人保财险区支公司	中国人民财产保险股份有限公司姜堰支公司
寿保区支公司	中国人寿保险股份有限公司姜堰支公司
华泰证券区营业部	华泰证券股份有限公司姜堰东大街营业部
区移动公司	中国移动通信集团江苏有限公司姜堰分公司
区联通公司	中国联合网络通信有限公司姜堰分公司
区住房公积金管理中心	泰州市住房公积金管理中心姜堰分中心
区个协	泰州市姜堰区个体劳动者协会
区消协	泰州市姜堰区消费者协会

目 录

特 载

积极适应新常态 再创发展新优势 全力打赢姜堰奋起泰州崛起苏中决胜之战
——在中共泰州市姜堰区委十一届七次全会上的讲话 ………………… 区委书记 李 伟 1

泰州市姜堰区人大常委会工作报告
——2015年1月14日在泰州市姜堰区第十四届人民代表大会第四次会议上 ……区人大常委会主任 高永明 11

政府工作报告
——2015年1月13日在泰州市姜堰区第十四届人民代表大会第四次会议上 …………………… 区 长 张长平 16

表1 2014年改善民生十个方面实事完成情况对照 ……………………………… 24

表2 2015年改善民生十个方面实事安排情况 ……………………………… 25

中国人民政治协商会议泰州市姜堰区委员会常务委员会工作报告
——在政协泰州市姜堰区第十三届委员会第四次会议上 ………… 区政协主席 仲亚岭 28

大 事 记

1 月 …………………………………… 34
2 月 …………………………………… 36
3 月 …………………………………… 38
4 月 …………………………………… 40
5 月 …………………………………… 43
6 月 …………………………………… 46
7 月 …………………………………… 53
8 月 …………………………………… 56
9 月 …………………………………… 60
10月 …………………………………… 65
11月 …………………………………… 69
12月 …………………………………… 71

姜 堰 概 貌

地情概要
位置面积 …………………………………… 75
自然资源 …………………………………… 75
气候 …………………………………… 75
建置沿革 …………………………………… 75
行政区划 …………………………………… 76
城市荣誉 …………………………………… 76
交通 …………………………………… 76
人口 …………………………………… 77

民族 …………………………………… 77
方言 …………………………………… 77
风景名胜 ……………………………… 77
文化传统 ……………………………… 78

国民经济
概况 …………………………………… 78
农林牧渔业 …………………………… 78
工业 …………………………………… 79
国内贸易 ……………………………… 79
对外贸易 ……………………………… 79
旅游业 ………………………………… 79
建筑业 ………………………………… 80
交通运输 ……………………………… 80
邮电通信业 …………………………… 80
银行保险业 …………………………… 80
固定资产投资 ………………………… 80

社会事业
科技事业 ……………………………… 80
教育事业 ……………………………… 81
文化事业 ……………………………… 81
卫生事业 ……………………………… 81
体育事业 ……………………………… 81
城市建设 ……………………………… 81
环境保护 ……………………………… 82

人民生活
概况 …………………………………… 82

社会主义政治文明建设
概况 …………………………………… 82
法治姜堰建设 ………………………… 83
干部人事制度改革 …………………… 83
基层民主政治建设 …………………… 84
职工民主管理 ………………………… 84

社会主义精神文明建设
概况 …………………………………… 84
开展志愿服务活动 …………………… 85
王永盛、李开诚当选“中国好人” ………… 86

生态文明建设
概况 …………………………………… 86
全区建立生态红线区域管控机制 ………… 86

党政社团组织机构与领导人名录
中共泰州市姜堰区第十一届委员会 ……… 87
泰州市姜堰区第十四届人大常委会 ……… 87
泰州市姜堰区第十四届人大常委会党组 …………………………………………… 87
第十四届泰州市姜堰区人民政府 ………… 87
第十四届泰州市姜堰区人民政府党组 …… 87
政协泰州市姜堰区第十三届委员会 ……… 87
政协泰州市姜堰区第十三届委员会党组 …………………………………………… 88
中共泰州市姜堰区纪律检查委员会 ……… 88
泰州市姜堰区人民法院 ………………… 89
泰州市姜堰区人民检察院 ……………… 89
泰州市姜堰区人民武装部 ……………… 89
中共泰州市姜堰区委工作部门、事业单位 …………………………………………… 89
泰州市姜堰区人大常委会办事机构 ……… 90
泰州市姜堰区人民政府工作部门、直属单位 …………………………………………… 91
政协泰州市姜堰区委员会工作机构 ……… 96
群众团体 ……………………………… 96
双重管理单位 ………………………… 97
江苏省姜堰经济开发区 ………………… 99
溱湖风景区 …………………………… 99
泰州市姜堰区现代科技产业园区 ………… 100
泰州市姜堰区高新技术装备产业园区 …… 100
江苏省姜堰现代农业产业园区 ………… 100

农　业

综述
概况 …………………………………… 101
农业园区建设 ………………………… 103
姜堰区农业改革与建设试点绩效考评全国第一 …………………………………… 103
姜堰区成为全国休闲农业与乡村旅游示范县 …………………………………… 103

《姜堰区现代农业发展规划（2014—2020）》通过省专家评审 …… 103
科技兴农扶县强农富民项目被中央电视台报道 …… 103

种植业
概况 …… 104
开展耕地质量评定工作 …… 104
河横稻麦科技示范基地成为国家农业科技创新与集成示范基地 …… 104
承办全省小麦赤霉病防控现场会 …… 105
承办全国粮食丰产科技工程南方区现场观摩交流会 …… 105

畜牧业
概况 …… 105
畜牧健康养殖示范场创建 …… 106

渔业
概况 …… 106
水产健康养殖示范场创建 …… 107

林业
概况 …… 107
承办全省林业有害生物普查试点工作座谈会 …… 107

农业资源开发
概况 …… 108

农业机械化
概况 …… 108
农机项目管理 …… 108

工　　业

综述
概况 …… 109
开展化工企业专项整治 …… 109

重要活动
概况 …… 110
油气装备产业发展论坛举行 …… 111
泰州赛宝工业技术研究院建成开业 …… 111

重点企业简介
江苏苏中药业股份集团股份有限公司 …… 112
江苏双登集团有限公司 …… 112
泰州市华丽塑料有限公司 …… 112
江苏飞船股份有限公司 …… 112
江苏太平洋精锻科技股份有限公司 …… 112
姜堰市化肥有限责任公司 …… 112
江苏泰达纺织有限公司 …… 112
江苏康洁环境工程有限公司 …… 112
江苏良帅服饰有限公司 …… 113
2014年度区十强、重点、成长型工业企业名单 …… 113

商　贸　流　通

综述
概况 …… 114
“溱湖八鲜”美食节 …… 114

供销合作商业
概况 …… 115

粮油商业
概况 …… 115
全区首家镇级粮油产销行业协会成立 …… 116
全省首家粮油产销行业协会成立 …… 116
区粮食经纪人发展情况得到国家粮食局调研组肯定 …… 116

烟草业
概况 …… 117

盐业
概况 …… 117

成品油管理
概况 …… 118
表3 泰州市姜堰区2014年度成品油零售企业基本情况 …… 118

物流业
概况 …… 118

对外及对港澳台经济贸易

利用外资及港澳台资
概况 …… 119
招商引资活动 …… 119
区招商局挂牌成立 …… 120

对外及港澳台贸易
概况 …… 120

对外经济技术合作
概况 …… 120
表4 2014年有外资任务单位利用外资完成情况 …… 121
表5 泰州市姜堰区前十位外贸企业完成情况 …… 121
表6 2014年度泰州市姜堰区对外承包工程统计 …… 121

旅　　游

综述
概况 …… 122
第十届中国溱潼古山茶观赏节 …… 122
2014年中国泰州姜堰溱潼会船节 …… 123
媒体推介溱潼会船节 …… 123
第十届中国·河横菜花节 …… 124
2014年溱湖女子龙舟邀请赛 …… 124
泰州华侨城第五届亲水节 …… 124
第五届华侨城温泉养生节 …… 124
溱湖国家湿地公园入选江苏省经典旅游景区 …… 124
溱湖湿地农业生态园创建成国家AAA级旅游景区 …… 124

溱湖风景区
概况 …… 124
溱湖旅游景区合作旅行商年会召开 …… 125
开展主题宣传活动 …… 125
开展“寻溱记”大型网络互动活动 …… 126
溱湖旅游景区亮相《新闻直播间》 …… 126
溱湖湿地科普夏令营开营 …… 126
溱湖旅游景区入选青奥之旅指定接待景区 …… 126
溱湖被评为“最受读者喜爱的旅游景区” …… 126
溱湖风景区入选最受外国人欢迎的中国50大景区 …… 126
溱湖河蟹农业标准化示范区和湿地公园旅游标准化试点工作通过省级考核验收 …… 126

开　发　园　区

江苏省姜堰经济开发区
概况 …… 127
昆山高新区姜堰工业园“南北共建”获批 …… 128

泰州市姜堰区现代科技产业园
概况 …… 128

泰州市姜堰区高新技术装备产业园
概况 …… 129

江苏省姜堰现代农业产业园
概况 …… 129

人事·劳动·社会保障

人事工作
概况 …… 131

劳动工作
概况 …… 131
区人力资源市场功能建设五星级创建工作通过省级验收 …… 132

社会保障
概况 …… 132
“姜堰人社”微信公众平台开通 …… 133

城乡建设

城乡规划
概况 …… 134
姜堰区被列入国家“多规合一”试点 …… 135

城区建设
概况 …… 135
全区物业管理工作会议召开 …… 136

镇村建设
概况 …… 136
村庄环境全域整治工作通过市级复查验收 …… 137
农村环境综合整治工作通过省级考核验收 …… 137

房地产业
概况 …… 137
第十四届房地产展示交易会 …… 137
第十五届房地产展示交易会 …… 138
第十六届房地产展示交易会 …… 138
姜堰首届家装建材博览会 …… 138

城市管理
概况 …… 138
南北大街、中天社区通过省级示范创建考核验收 …… 139

环境保护

环境管理
概况 …… 140
2012年度农村环境连片整治工作通过省级考核验收 …… 141

环境监察和环境监测
概况 …… 141

环境质量
概况 …… 141

建筑业

综述
概况 …… 142

建筑市场拓展
概况 …… 142

产业结构调整
概况 …… 142

建筑科技创新
概况 …… 142

建筑行业管理
概况 …… 143
表7　2014年度产值亿元以上建筑企业一览 …… 143
表8　2014年新开工26层及以上工程一览 …… 145
表9　2014年获省级以上优质工程一览 …… 146
表10　2014年度获江苏省文明工地一览 …… 146

水利·交通·邮政·电力

水利
概况 …… 147
全区60万人用上长江水 …… 147

交通运输
概况 …… 147
区交通运输局第六次党员代表大会召开 …… 148
城乡公交一体化建设 …… 148
东部干线三期建成通车 …… 148
官庄大桥建成通车 …… 149
全区首张IC卡道路运输证发放 …… 149

邮政
概况 …… 149
开展“职务犯罪预防邮路”主题活动 …… 150
邮政工程建设 …… 150

供电
概况 …… 150

信息化建设与信息服务

综述
概况 …… 152
2014年度“数字企业”名单 …… 152
2014年度“两化融合”示范（试点）企业名单 …… 152

信息安全
概况 …… 152

无线电管理
概况 …… 153

信息服务业

·中国电信股份有限公司泰州姜堰区分公司·
概况 …… 153

·中国移动通信集团江苏有限公司姜堰分公司·
概况 …… 153

·中国联合网络通信有限公司姜堰分公司·
概况 …… 154

金　　融

综述
概况 …… 155

银行

·中国人民银行姜堰区支行·
概况 …… 156

·中国工商银行股份有限公司姜堰支行·
概况 …… 156

·中国农业银行股份有限公司泰州姜堰支行·
概况 …… 157

·中国银行股份有限公司姜堰支行·
概况 …… 158

·中国建设银行股份有限公司姜堰支行·
概况 …… 158

·江苏姜堰农村商业银行股份有限公司·
概况 …… 159
承办全省农商行信息科技达标交流会 …… 160
区农商行第五次股东大会召开 …… 160
区农商行第一次临时股东大会召开 …… 160
区农商行二届四次董事会召开 …… 160
区农商行缓解融资难做法被中央电视台报道 …… 160
区农商行支持土地流转经营做法被中央电视台报道 …… 160
淤溪金阳光担保公司成立 …… 160

·交通银行股份有限公司泰州姜堰支行·
概况 …… 161

·中国农业发展银行泰州市姜堰区支行·
概况 …… 161

·中国邮政储蓄银行股份有限公司泰州市姜堰区支行·
概况 …… 162

·南京银行股份有限公司姜堰支行·
概况 …… 162

·吴江农村商业银行姜堰支行·
概况 …… 163

·江苏银行股份有限公司泰州姜堰支行·
概况 …… 163

·中信银行股份有限公司姜堰支行·
概况 …… 163

·江苏长江商业银行姜堰支行·
概况 …… 164

保险

·中国人民财产保险股份有限公司姜堰支公司·
概况 …… 165

·中国人寿保险股份有限公司姜堰支公司·
概况 …… 165

证券

·综述·
概况 …… 166
江苏华飞合金材料科技股份有限公司挂牌上市 …… 166
江苏鸿诚金属制品股份有限公司上市 …… 166
姜堰宾馆挂牌 …… 166
江苏东方惠乐健康科技有限公司挂牌 …… 166
泰州市华夏典当有限公司挂牌 …… 167
江苏天鹅食品股份有限公司挂牌上市 …… 167

·华泰证券股份有限公司姜堰东大街营业部·
概况 …… 167

财 政·税 务

财政
概况 …… 168
表11 2014年泰州市姜堰区主要财政收入、支出项目一览 …… 168

国家税务
概况 …… 169

地方税务
概况 …… 170

综合管理监督

国民经济计划管理
概况 …… 171

固定资产投资
概况 …… 171

服务业管理
概况 …… 171
2014年度服务业十强企业、重点企业、定报企业名单 …… 172
便民服务标准化试点项目通过国家级验收 …… 173

统计
概况 …… 173
开展《江苏省统计条例》宣传教育活动 …… 174
开展统计规范化建设 …… 174

审计
概况 …… 174

工商行政管理
概况 …… 175

区市场监督管理局挂牌成立 …………………… 176

国土资源管理

概况 …………………………………………… 176

物价管理

概况 …………………………………………… 177
开展价格为民办实事工程 …………………… 178
价格改革 ……………………………………… 178

安全生产监督管理

概况 …………………………………………… 179
举行危险化学品事故应急救援演练 ……… 180

质量技术监督

概况 …………………………………………… 180

食品药品监督管理

概况 …………………………………………… 181
开展餐饮服务食品安全放心工程创建 …… 182

住房公积金管理

概况 …………………………………………… 182

招标采购管理

概况 …………………………………………… 183

科技·教育

科技

·科学技术·

概况 …………………………………………… 185
姜堰区高性能土木工程材料院士工作站成立 …… 187
一项目获国家重大科技专项省补资金193万元 …… 187
区生产力促进中心跻身国家级示范中心 …… 187
表12　获2014年度国家科学技术进步奖项目 …… 187
表13　获2014年度教育部科学技术进步奖项目 …… 187
表14　获2014年度江苏省企业技术创新奖项目 …… 187
表15　获2014年度泰州市科学技术进步奖项目 …… 188
表16　获2014年度泰州市姜堰区科技进步奖项目 …… 188

·防震减灾·

概况 …………………………………………… 189

·气象工作·

概况 …………………………………………… 190

教育

概况 …………………………………………… 190
全区组建学前教育集团6个 ………………… 192
姜堰区通过全国义务教育发展基本均衡县（市、区）评估认定 …… 192
优质均衡发展教育工作被《江苏教育报》报道 …… 192
教师交流工作被中央电视台采访 ………… 192
治理有偿家教做法被教育部推广 ………… 192
2014年姜堰教育十大新闻 ………………… 193
中小学生作文集《青涩的年华》出版 …… 193

文　　化

综述

概况 …………………………………………… 194

群众文化

概况 …………………………………………… 194
十大文化惠民活动 ………………………… 194
姜堰区第十届群众文化艺术节 …………… 195

图书

概况 …………………………………………… 195
姜堰区被评为“江苏省实施农家书屋提升工程试点工作示范县（市、区）” …… 195

《姜堰书画》创刊 …… 195
区图书馆机关分馆开放 …… 195
区图书馆“溱湖书屋”揭牌 …… 196

文化遗产
概况 …… 196
姜堰博物馆新馆开馆 …… 196
姜堰区被命名为2014—2016年度“中国民间文化艺术之乡” …… 197
6个项目入选泰州市第五批非物质文化遗产项目名录 …… 197
姜堰区第五批非物质文化遗产项目 …… 197
开展非物质文化遗产保护系列活动 …… 197
淤溪面塑走进俄罗斯圣彼得堡市 …… 197
表17　泰州市姜堰区非物质文化遗产项目 …… 198
表18　泰州市姜堰区非物质文化遗产项目传承人 …… 199

文化市场
概况 …… 199

文化产业
概况 …… 200
古罗塘旅游文化景区获批国家AAAA级景区 …… 200
姜堰人民公园开园 …… 200

广播电视
概况 …… 200
开展大型新闻采访行动 …… 201
江苏有线姜堰分公司成立 …… 201

卫　　生

综述
概况 …… 202
卫生改革 …… 203
泰州市第二人民医院被确认为三级医院 …… 203

医政管理
概况 …… 203
区中医医疗服务标准化试点工作通过省级验收 …… 204

卫生监督
概况 …… 204
《学校卫生知识情景剧》通过专家评审 …… 204

疾病预防控制
概况 …… 205
处置人感染H7N9禽流感病例 …… 205
肠道线虫病有效控制工作通过省级考评 …… 205

妇幼保健
概况 …… 206

爱国卫生
概况 …… 206

体　　育

群众体育
概况 …… 207
省老年人体育节姜堰分会场开幕 …… 207
“全民健身日”暨武术比赛举行 …… 207

竞技体育
概况 …… 207
承办第四届世界女子围棋擂台赛 …… 208
承办全国桥牌A类俱乐部联赛第一站 …… 208
姜堰区第四届“区长杯”校园足球联赛 …… 208
2014年姜堰区“竞彩杯”校园足球联赛 …… 208
姜堰籍运动员杨敏获亚运会金牌 …… 208

体育产业
概况 …… 209

社 会 生 活

民政事务
概况 …… 210

双拥工作
概况 …… 211

老龄事业
概况 …… 212

人口与计划生育
概况 …… 212
流动人口管理 …… 213
开展“爱心助孕万里行”活动 …… 213
承办泰州市人口计生书画摄影作品展 …… 213

民族·宗教
概况 …… 213
第二届药师佛文化节 …… 214
表19 泰州市姜堰区少数民族分布情况统计 …… 214

中共泰州市姜堰区委员会

重要会议
全区机关作风效能建设暨干部警示教育大会 …… 215
中共姜堰区委十一届六次全体会议 …… 215
全区“大干四季度、冲刺全年目标”动员会 …… 215

组织建设
概况 …… 215
开展党的群众路线教育实践活动 …… 217
大学生“村官”工作 …… 217

宣传教育
概况 …… 218
文化姜堰建设 …… 218
《姜堰日报》 …… 219
姜堰新闻网上线运行 …… 219
2013年度姜堰十大新闻评选 …… 220
2014年度姜堰十大新闻 …… 220
姜堰首届网民节 …… 221
第三届广场舞大赛 …… 221
区新四军历史研究会三届一次会员代表大会召开 …… 221
《古邑烽火》出版发行 …… 221

农业和农村工作
概况 …… 222
开展农业投融资创新 …… 223
开展新农村建设“三大工程” …… 223

统战工作
概况 …… 223
九三学社泰州市姜堰支社成立 …… 224
民革泰州市委姜堰区支部成立 …… 224
民建泰州市姜堰区支部成立 …… 224
民进泰州市姜堰区支部成立 …… 224
农工党泰州市委姜堰支部成立 …… 224
民盟泰州市姜堰区支部成立 …… 224

台湾事务
概况 …… 225
开展台企台商台胞法律、审计师、会计师顾问团工作 …… 225
开展全省台商服务示范点创建 …… 225

机构编制
概况 …… 226

区级机关党建
概况 …… 227

机要保密
概况 …… 228

党校教育
概况 …… 228

老干部工作
概况 …… 228

信访
概况 …… 229
重大活动期间的信访工作 …… 230

史志档案工作
概况 …… 230
《中共姜堰地方大事记》（2001—2012年）编纂出版 …… 231
《姜堰年鉴》2014年卷出版发行 …… 231
区档案馆通过省AAAA级数字档案馆测评 …… 231

泰州市姜堰区人大常委会

概况 …… 232
第十四届人民代表大会第三次会议 …… 232
人大常委会会议 …… 232
人大常委会主任会议 …… 234
人大代表议案和建议、批评、意见办理 …… 234
表20 2014年区人大常委会领导重点督办代表建议目录 …… 235
重要考察活动 …… 237
执法检查 …… 237
专题询问 …… 237
专项工作评议 …… 237
部门工作评议 …… 237

泰州市姜堰区人民政府

综述
重要会议 …… 238
“‘12345’·政风行风热线”开播 …… 245
姜堰区入选全国中小城市科学发展百强区 …… 245

政务服务
概况 …… 245

外事·侨务
概况 …… 246
侨界书画活动 …… 247

应急管理
概况 …… 247

区级机关事务管理
概况 …… 248
工程建设 …… 248

政协泰州市姜堰区委员会

概况 …… 249
表21 2014年区政协主席、副主席牵头督办重点提案目录 …… 250
政协姜堰区第十三届委员会第三次会议 …… 250
政协常委会会议 …… 250
委员活动日 …… 251
政协之友联谊会 …… 251
友好往来 …… 251
《姜堰勤廉人物故事》文史资料出版 …… 251
《珍藏姜堰》出版 …… 251
《姜堰企业改革风采》出版 …… 251

泰州市姜堰区纪律检查委员会

概况 …… 252
体制改革 …… 253

工商联·人民团体

泰州市姜堰区工商业联合会
概况 …… 254
第八届茶文化节 …… 255
区餐饮业商会第三次会员代表大会召开 …… 255

泰州市姜堰区总工会
概况 …… 255
工会服务品牌建设 …… 256
区总工会十六届四次全委（扩大）会召开 …… 256
“环卫工人歇脚处”挂牌成立 …… 256
区旅游行业工会成立 …… 257
姜堰职工网上大学开通 …… 257

共青团泰州市姜堰区委员会
概况 …… 257
团区委二十届二次全委（扩大）会议召开 …… 258
团干部微信群工作体系建设 …… 258
实施青年电子商务创业工程 …… 258

泰州市姜堰区妇女联合会
概况 …… 258
庆“三八”系列活动 …… 259
庆“六一”活动 …… 260
区巾帼反邪教卫士总队成立 …… 260

泰州市姜堰区关心下一代工作委员会
概况 …… 260
校外辅导站建设 …… 261

泰州市姜堰区老区建设促进会
概况 …… 261
区老促会、区扶贫协会五届一次理事会召开 …… 262

泰州市姜堰区残疾人联合会
概况 …… 262
实施幸福家园工程 …… 263
开展残疾人专项需求调查 …… 263

泰州市姜堰区科学技术协会
概况 …… 263
区科协八届二次全委（扩大）会议召开 …… 264
企业院士工作站建设 …… 264
开展全民科学素质提升行动 …… 264
开展“六创一带”科普竞赛 …… 265

泰州市姜堰区红十字会
概况 …… 265
区红十字会二届四次理事会召开 …… 266
开展红十字救助活动 …… 266
造血干细胞捐赠 …… 266

武　　装

人民武装
概况 …… 267
常委议军会召开 …… 268

人民武警
概况 …… 268

人民防空
概况 …… 269

消防
概况 …… 270

法　　治

社会治安综合治理
概况 …… 271

法治政府建设
概况 …… 272

公安
概况 …… 272
区见义勇为基金会一届二次理事会召开 …… 274
区巡特警大队成立 …… 274
泰州首支民间水上救助队成立 …… 274
区少儿交通安全情境教育基地揭牌 …… 274
2014年度姜堰区“十大公安好新闻” …… 274

检察
概况 …… 276
检察改革 …… 276

法院
概况 …… 277
诚信诉讼 …… 278
民生审判 …… 278
区法院实名认证官方微信平台开通 …… 278
全区首家未成年人司法保护基地成立 …… 278

司法行政
概况 …… 278

各镇（街道）概貌

罗塘街道
概况 …… 281
姜堰镇第二届草莓·花卉节 …… 282
罗塘街道挂牌成立 …… 282
表22 2014年罗塘街道主要社会经济指标 …… 282
表23 2014年罗塘街道各村（社区）基本情况 …… 283
姜堰镇领导名单 …… 284
罗塘街道领导名单 …… 284

三水街道
概况 …… 284
表24 2014年三水街道主要社会经济指标 …… 284
表25 2014年三水街道各村（社区）基本情况 …… 285
三水街道领导名单 …… 285

溱潼镇
概况 …… 285
中央电视台拍摄溱潼“礼乐”故事 …… 286
溱潼古镇为全省文物消防提供观摩现场 …… 286
表26 2014年溱潼镇主要社会经济指标 …… 286
表27 2014年溱潼镇各村（社区）基本情况 …… 287
溱潼镇领导名单 …… 287

顾高镇
概况 …… 287
表28 2014年顾高镇主要社会经济指标 …… 289
表29 2014年顾高镇各村（社区）基本情况 …… 289
顾高镇领导名单 …… 289

蒋垛镇
概况 …… 289
表30 2014年蒋垛镇主要社会经济指标 …… 290
表31 2014年蒋垛镇各村（社区）基本情况 …… 291
蒋垛镇领导名单 …… 291

大垯镇
概况 …… 291
表32 2014年大垯镇主要社会经济指标 …… 292
表33 2014年大垯镇各村（社区）基本情况 …… 293
大垯镇领导名单 …… 293

张甸镇
概况 …… 293
张甸镇成为简政放权改革试点单位 …… 294
表34 2014年张甸镇主要社会经济指标 …… 294
表35 2014年张甸镇各村（社区）基本情况 …… 295
张甸镇领导名单 …… 295

梁徐镇
概况 …… 296

表36　2014年梁徐镇主要社会经济指标 …… 297
表37　2014年梁徐镇各村（社区）基本情况 …… 297
梁徐镇领导名单 …… 298

白米镇
概况 …… 298
表38　2014年白米镇主要社会经济指标 …… 299
表39　2014年白米镇各村（社区）基本情况 …… 299
白米镇领导名单 …… 299

娄庄镇
概况 …… 300
表40　2014年娄庄镇主要社会经济指标 …… 301
表41　2014年娄庄镇各村（社区）基本情况 …… 301
娄庄镇领导名单 …… 302

沈高镇
概况 …… 302
沈高宣传文化中心成为全市首家加盟“苏演院线”乡镇宣传文化中心 …… 303
沈高镇创建农村产权交易服务站的做法被中央电视台报道 …… 303
表42　2014年沈高镇主要社会经济指标 …… 303
表43　2014年沈高镇各村（社区）基本情况 …… 303
沈高镇领导名单 …… 304

兴泰镇
概况 …… 304
表44　2014年兴泰镇主要社会经济指标 …… 305
表45　2014年兴泰镇各村（社区）基本情况 …… 306
兴泰镇领导名单 …… 306

桥头镇
概况 …… 306
表46　2014年桥头镇主要社会经济指标 …… 307
表47　2014年桥头镇各村（社区）基本情况 …… 307
桥头镇领导名单 …… 308

淤溪镇
概况 …… 308
周庄村创建成“全国生态文化村” …… 309
表48　2014年淤溪镇主要社会经济指标 …… 309
表49　2014年淤溪镇各村（社区）基本情况 …… 309
淤溪镇领导名单 …… 310

俞垛镇
概况 …… 310
表50　2014年俞垛镇主要社会经济指标 …… 311
表51　2014年俞垛镇各村（社区）基本情况 …… 311
俞垛镇领导名单 …… 311

华港镇
概况 …… 312
表52　2014年华港镇主要社会经济指标 …… 312
表53　2014年华港镇各村（社区）基本情况 …… 313
华港镇领导名单 …… 313

人　物 · 荣誉栏

人物
丁志强 …… 314
肖延川 …… 314
徐　俊 …… 315
王　平 …… 315

黄健全 …… 316
刘 玮 …… 316
花庆如 …… 316

荣誉栏

·先进集体·
姜堰区获得的综合荣誉 …… 317
国家部委表彰的先进集体 …… 318
省级和省条线表彰的先进集体 …… 319
市级表彰的先进集体 …… 324
其他表彰的先进集体 …… 326

·先进个人·
国家部委表彰的先进个人 …… 326
省级和省条线表彰的先进个人 …… 326
市级表彰的先进个人 …… 328

文 件 选 编

重要文件摘要
中共泰州市姜堰区委 泰州市姜堰区人民政府关于推进农业改革创新加快发展现代农业的政策意见 …… 331
中共泰州市姜堰区委关于印发《姜堰区委建立健全惩治和预防腐败体系2013—2017年工作要点》的通知 …… 332
中共泰州市姜堰区委关于建立“四联机制”加强基层服务型党组织建设的意见 …… 334
区政府办公室关于印发《2014年质量强区工作实施意见》的通知 …… 335
区政府印发《关于鼓励和支持工业企业转型升级政策意见》的通知 …… 337

重要文件索引
区委 …… 340
区人大常委会 …… 341
区政府 …… 342
区政协 …… 344
区委办公室 …… 344
区人大常委会办公室 …… 346
区政府办公室 …… 348
区政协办公室 …… 350

统 计 资 料

一、综合
表54 2014年年末行政区划 …… 352
表55 地区生产总值（当年价） …… 352
表56 地区生产总值（不变价） …… 353
表57 按支出法计算的地区生产总值 …… 353

二、农业
表58 各镇（街道）农业总产值 …… 354
表59 各镇（街道）农村经济收益分配 …… 354
表60 农业总产值及增加值构成 …… 355
表61 全社会农作物面积产量 …… 356
表62 多种经营产品产量 …… 357
表63 主要农业机械年末保有量 …… 357

三、工业
表64 全部工业总产值 …… 358

四、国内贸易和对外经济
表65 社会消费品零售总额 …… 359
表66 对外贸易主要经济指标 …… 361

五、交通·邮电·电力·城建
表67 全社会客货运输量 …… 361
表68 公路桥梁航通船闸情况 …… 361
表69 邮电业务总量 …… 362
表70 电力收支情况 …… 363
表71 城镇建设情况 …… 364

六、财政·银行·保险
表72 预算收支决算（一） …… 365
表73 预算收支决算（二） …… 366
表74 金融机构存、贷款余额 …… 367
表75 保险公司保险费收支情况 …… 367

七、固定资产投资
表76　全社会固定资产投资 …………………… 368
表77　房地产开发投资 ………………………… 368

八、人口·劳动力
表78　全区人口数及变动情况 ……………… 369
表79　各镇（街道）农村劳动力使用情况 …………………………………………… 370

九、科技·教育·文化·广播电视·卫生·体育
表80　各类专业技术人员数 ………………… 370
表81　教育事业情况 ………………………… 371
表82　文化事业情况 ………………………… 371
表83　广播电视事业情况 …………………… 372
表84　卫生事业情况 ………………………… 372
表85　体育事业情况 ………………………… 373

十、人民生活
表86　住户收支与生活状况（全年，新口径） ………………………………… 374

便　民　指　南

泰州市姜堰区政务服务管理办公室 …………………………………………… 382
姜堰区政务服务中心企业“三证合一”流程图 ……………………………………… 383
姜堰区政务服务中心企业“三证合一”登记告知单 …………………………………… 384

公证服务指南 …………………………………………… 384

律师服务指南 …………………………………………… 385

基层法律服务工作者服务指南 …………………………………………… 385

泰州市第二人民医院门诊指南
专家门诊一览 ………………………………… 386
专科门诊一览 ………………………………… 387

泰州市姜堰中医院门诊指南
专家门诊一览 ………………………………… 388
专科门诊一览 ………………………………… 389

交通指南
表87　泰州市姜堰区城乡公交线路走向一览 ………………………………… 390
表88　泰州市姜堰区汽车站长途客运班车时刻表 ……………………………… 397

姜堰区校外辅导及托管服务机构办理证照前置审核要求 …………………………………………… 400

索　　　引

A ………………………………………… 401
B ………………………………………… 401
C ………………………………………… 401
D ………………………………………… 402
E ………………………………………… 402
F ………………………………………… 403
G ………………………………………… 403
H ………………………………………… 404
J ………………………………………… 404
K ………………………………………… 405
L ………………………………………… 405
M ………………………………………… 406
N ………………………………………… 406
Q ………………………………………… 406
R ………………………………………… 407
S ………………………………………… 408
T ………………………………………… 408
W ………………………………………… 408
X ………………………………………… 409
Y ………………………………………… 409
Z ………………………………………… 410

彩色图片目录

泰州市姜堰区交通运输局 …………… 封面1
泰州市姜堰区人口和计划生育委员会 ……………………………………… 封面3
泰州市姜堰区教育局 ………………… 封面5
领导考察 …………………………………… 2
2014年工作回眸 ………………………… 4
泰州市姜堰区财政局 …………………… 8
泰州市姜堰区国家税务局 ……………… 9
泰州市姜堰区人民武装部 …………… 10
泰州市姜堰区公安局 ……………………… 11
泰州市姜堰区保安服务公司 …………… 12
泰州市姜堰区科学技术局 …………… 14
泰州市国土资源局姜堰分局 ………… 15
泰州市姜堰区城市管理局 …………… 16
泰州市姜堰区委统一战线工作部 ………… 17
江苏省姜堰经济开发区 ………………… 18
泰州市姜堰区审计局 ……………………… 19
泰州市规划局姜堰分局 ………………… 20
泰州市姜堰区环境保护局 …………… 21
泰州市姜堰区水利局 ……………………… 22
泰州市姜堰区安全生产监督管理局 ……… 23
泰州市姜堰区烟草专卖局（分公司） …… 24
泰州市姜堰区体育局 ……………………… 26
泰州市姜堰区卫生局 ……………………… 27
泰州市第二人民医院 ……………………… 28
泰州市姜堰中医院 ……………………… 29
泰州市姜堰区疾病预防控制中心 ………… 30
泰州市姜堰区妇幼保健所 …………… 31
泰州市姜堰区皮肤病防治所 ………… 32
泰州市姜堰区总工会 ……………………… 33
泰州市姜堰区科学技术协会 ………… 34
泰州市姜堰区残疾人联合会 ………… 35
泰州市姜堰区供电公司 ………………… 36
泰州市姜堰区供销合作总社 ………… 37
泰州市姜堰区文化广电新闻出版局 ……… 38
泰州市姜堰区广播电视台 …………… 39
泰州市姜堰区现代科技产业园（罗塘街道） ………………………………………… 40
泰州市姜堰区高新技术装备产业园区（白米镇） ………………………………… 41
娄庄镇 ……………………………………… 42
淤溪镇 ……………………………………… 43
俞垛镇 ……………………………………… 44
顾高镇 ……………………………………… 45
张甸镇 ……………………………………… 46
江苏省泰州市姜堰区励才实验学校 ……… 47
泰州市姜堰区艺术中学 ……………………… 48
柏纬（泰州）铁工有限公司 ……………… 49
江苏美华交通工程有限公司 ……………… 50
中国联合网络通信有限公司姜堰分公司 ………………………………………… 51
泰州市姜堰区住房和城乡建设局 ………… 52

Table of contents

Special load

Actively adapt to the new normal development to create new advantages to win the battle of Jiangyan rise Jiangsu Taizhou ······ by Li Wei 1

Taizhou city Jiangyan District People's Congress Standing Committee work report ······ by Gao Yongming 11

Government work report ······ by Zhang Changping 16

Report on the work of the Standing Committee China people's Political Consultative Conference Committee of Jiangyan District of Taizhou City ······ by Zhong Yaling 28

Memorabilia

······ 34

General picture of Jiangyan

Information summary ······ 75

National economy ······ 78

Social undertakings ······ 80

Lives of the people ······ 82

Socialism politics civilization construction ······ 82

Socialist ideological and ethical progress ······ 84

Ecology civilization construction ······ 86

Party politics mass organization organizations and agencies and leader name list ······ 87

Agriculture

Overview ······ 101

Crop production ······ 104

Animal husbandry ······ 105

Fishery ······ 106

Forestry ······ 107

Agricultural resource development ······ 108

Mechanization of agriculture ······ 108

Industry

Overview ······ 109

Important activity ······ 110

The Key enterprise introduces ······ 112

Business circulation

Overview ······ 114

Supply and sales cooperative trade ······ 115

Cooking oil trade ······ 115

Tobacco industry ······ 117

Salt industry ······ 117

Refined oil management ······ 118

Logistics industry ······ 118

Foreign and to the Hong Kong, Macao and Taiwan economical trades

The use of foreign, Hongkong, Macao, Taiwan's capital ········· 119
Foreign and Hong Kong, Macao, Taiwan Trade ······ 120
Foreign economic and technical cooperation ······ 120

Traveling

Overview ········· 122
Qin Lake Scenic Area ········· 124

Development Zone

Jiangsu Province Jiangyan economic development zone ········· 127
Taizhou city Jiangyan District modern science and Technology Industrial Park ········· 128
Taizhou city Jiangyan District high-tech equipment Industrial Park ········· 129
Jiangsu Province Jiangyan District modern agricultural industrial park ········· 129

Human affairs · Work · Social security

Personnel service ········· 131
Work ········· 131
Social security ········· 132

City and countryside construction

City and countryside plan ········· 134
City construction ········· 135
Town village construction ········· 136
Real estate industry ········· 137
Urban management ········· 138

Environmental protection

Environmental management ········· 140
Environmental monitoring and environmental monitoring ········· 141
Environment quality ········· 141

Architecture industry

Overview ········· 142
Construction market development ········· 142
Industry restructure ········· 142
Construction scientific innovation ········· 142
Construction trade management ········· 143

Water conservation · Transportation · Postal service · Electric power

Water conservation ········· 147
Transportation ········· 147
Postal service ········· 149
Power supply ········· 150

Information construction and information service

Overview ········· 152
Information security ········· 152
Regulation and administration of radio services ········· 153
Information service industry ········· 153

Finance

Overview ······ 155
Bank ······ 156
Insurance ······ 165
Negotiable securities ······ 166

Finance · Tax affairs

Finance ······ 168
National tax affairs ······ 169
Place tax affairs ······ 170

Integrated management surveillance

National economic planning development ······ 171
Investment in the fixed assets ······ 171
Service industry management ······ 171
Statistics ······ 173
Audit ······ 174
Industry and commerce administration ······ 175
Land resources management ······ 176
Price control ······ 177
The safe production supervision manages ······ 179
Quality technology surveillance ······ 180
Food drugs management by supervision ······ 181
Housing common reserve fund management ······ 182
Procurement management ······ 183

Science and technology · Education

Science and technology ······ 185
Education ······ 190

Article Melting

Overview ······ 194
Populace culture ······ 194
Books ······ 195
Cultural heritage ······ 196
Cultural market ······ 199
Cultural industry ······ 200
Radio and TV ······ 200

Health

Overview ······ 202
Hospital management ······ 203
Health Supervision ······ 204
Disease prevention and control ······ 205
Maternal and child health ······ 206
Patriotic Health ······ 206

Sports

Mass sports ······ 207
Competitive sports ······ 207
Sports industry ······ 209

Social life

The Ministry of Civil Affairs ······ 210
Two supports work ······ 211
The cause of aging ······ 212
Population and birth control ······ 212
Nationality · Religion ······ 213

Taizhou Jiangyan District Committee of the Communist Party of China

Important meeting ······ 215

Organization construction ························ 215
Publicity and education ························ 218
Agriculture and rural work ························ 222
United front work ································ 223
Taiwan business ································ 225
Organization establishment ······················ 226
The district party building ······················ 227
Confidential work ································ 228
The Party School Education ······················ 228
Old cadre work ···································· 229
The petition ······································ 229
Party's history,Local Chronicles and Archives Work ·· 230

Taizhou city Jiangyan District People's Congress Standing Committee

·· 232

Taizhou city Jiangyan District People's Government

Overview ·· 238
Government service ······························ 245
External affairs · Overseas Chinese affair ······ 246
Emergency management ···························· 247
Transaction management district authorities ·· 248

Committee of Jiangyan District People's Political Consultative Conference in Taizhou City

·· 249

Taizhou city Jiangyan District Commission for Discipline Inspection

·· 252

Federation of industry and Commerce · Mass organization

Taizhou city Jiangyan District Federation of industry and Commerce ······················ 254
Taizhou city Jiangyan District General labor union ······································ 255
Taizhou Jiangyan District Committee of the Communist Youth League ···················· 257
Taizhou city Jiangyan District Women's Federation ································ 258
Taizhou city Jiangyan District Committee of the next generation ···························· 260
Taizhou city Jiangyan District Old liberated area Construction Promotion agency ········ 261
Taizhou city Jiangyan District Federation of the disabled ·································· 262
Taizhou city Jiangyan District Association for science and technology ······················ 263
Taizhou city Jiangyan District Red Cross ······ 265

Armed forces

People's armed forces ························ 267
People's armed police ························ 268
People's air defense ·························· 269
Fire control ·································· 270

Rule by law

Comprehensive management of social security ······ 271
Building Rule of Law in Government ······ 272
Public security ······ 272
Examination ······ 276
Court ······ 277
Judicial administration ······ 278

General picture of various towns （streets）

Luotang Street ······ 281
Sanshui Street ······ 284
Qintong Town ······ 285
Gugao Town ······ 287
Jiangduo Town ······ 289
Dalun Town ······ 291
Zhangdian Town ······ 293
Liangxu Town ······ 296
Baimi Town ······ 298
Louzhuang Town ······ 300
Shengao Town ······ 302
Xingtai Town ······ 304
Qiaotou Town ······ 306
Yuxi Town ······ 308
Yuduo Town ······ 310
Huagang Town ······ 312

Character · Honor fence

Character ······ 314
Honor fence ······ 317

Document collection

Important document abstract ······ 331
Important document index ······ 340

Statistical data

1. Synthesis ······ 352
2. Agriculture ······ 354
3. Industry ······ 358
4. Domestic trade and foreign economy ······ 359
5. Transportation · Posts and telecommunications · Electric power · Urban construction ······ 361
6. Finance · Bank · Insurance ······ 365
7. Investment in the fixed assets ······ 368
8. Population · Labor force ······ 369
9. Science and technology · Education · Culture · Broadcast television · Health · Sports ······ 370
10. Lives of the people ······ 374

Convenience guide

Taizhou city Jiangyan District Administration Office ······ 382
Notarization service guide ······ 384
Attorney serves the guide ······ 385
The basic unit legal service worker serves the guide ······ 385
Taizhou Second People's Hospital Clinic Guide ······ 386
Taizhou city Jiangyan District Chinese medicine hospital Clinic Guide ······ 388
Transportation guide ······ 390
Jiangyan District School Counseling and hosting services for certification pre audit requirements ······ 400

Index

······ 401

特　载

积极适应新常态　再创发展新优势
全力打赢姜堰奋起泰州崛起苏中决胜之战

——在中共泰州市姜堰区委十一届七次全会上的讲话

（2015年1月8日）

区委书记　李　伟

同志们：

这次全会的主要任务是，深入学习贯彻习总书记在江苏视察时的重要讲话精神，全面贯彻中央经济工作会议和省委十二届九次全会、市委四届八次全会精神，回顾总结2014年工作，研究部署2015年工作，动员全区上下进一步解放思想，积极适应新常态，再创发展新优势，全力打赢姜堰“奋起泰州、崛起苏中”决胜之战，为全面建成更高水平小康社会打下坚实基础。

一、以深入开展教育实践活动为强大动力，顺利完成“大突破”之年目标任务

按照中央和省、市委的统一部署，我区教育实践活动于2014年2月份正式启动，各级党组织和广大党员干部认真贯彻“照镜子、正衣冠、洗洗澡、治治病”总要求，围绕为民务实清廉主题，做到规定动作环环紧扣，自选动作特色鲜明，圆满完成各项目标任务，教育实践活动达到了预期效果。

一是宗旨意识不断增强。全区广大党员干部对照“三严三实”（严以修身、严以用权、严以律己，谋事要实、创业要实、做人要实）

要求和焦裕禄精神，聚焦“四风”（形式主义、官僚主义、享乐主义和奢靡之风）认清危害、深挖根源，做到自我批评敢于亮丑，相互批评敢于揭短，经受了理想信念、党风党性、品德品行的锤炼洗礼。

二是“四风”顽症有力整治。全面精简各类会议、文件、简报，规范评比达标创建项目，清理整顿超标办公用房、公务用车，严查公款吃喝、公款送礼、违规公务接待、“慵懒散拖”等问题，党风、政风和社会风气明显改进。

三是基层基础更加稳固。全力整治软弱涣散基层党组织，创新开展“四访四听”（访普通百姓、访服务对象、访离退休老同志、访党外人士，听百姓呼声、听服务需求、听疾症所在、听发展良方）、“三亮三进”（亮相、亮剑、亮绩，进企业、进农户、进村居）、“走群众路线、建和谐社区”等活动，引导党员干部深入基层听民声、纾民困、解民忧，有效打通联系服务群众“最后一公里”。

四是长效机制得到完善。落实从严治党要求，坚持作风建设抓常抓细抓长，完善规范党内生活、联系服务群众、干部选拔任用、权力运行监督、“三公”经费管理等制度，营造出良好的政治生态环境。

教育实践活动的扎实开展，进一步提振了广大党员干部干事创业的精气神。过去的一年，全区上下紧扣“奋起泰州、崛起苏中”大突破之年目标要求，统筹推进稳增长、促改革、调结构、惠民生各项工作，经济社会发展取得新业绩。预计全年实现地区生产总值500亿元左右，可比增长10.8%；公共财政预算收入30.35亿元，增长12.7%；固定资产投资330亿元，增长23.4%；城乡居民人均可支配收入达到31490元、14860元，分别增长9.7%、10.8%，继续跻身全国中小城市科学发展百强区。**产业转型步伐加快。**农业改革成效显现，新增高效设施农业面积1413.33公顷，新认定规模经营种养大户及家庭农场618个，省级现代农业产业园区服务中心建成运行，粮食生产实现“十一连增”，获评全国粮食生产先进县，改革试点工作走在全国前列。工业经济稳中快进，预计实现工业开票销售458亿元，增长13%，工业设备抵扣增值税2.42亿元，增长46%，列统工业产值、利润、利税分别增长17%、15%、15%，经济开发区与昆山高新区共建的“昆山高新区姜堰工业园”正式获批，油气装备产业集群被列为省特色产业集群，现代科技产业园区创建成泰州市特色园区。服务业发展提速，预计实现社会消费品零售总额156亿元，增长13%，服务业增加值占比提高1.1%；成功举办第九届中国湿地生态旅游节暨2014年中国泰州姜堰溱潼会船节，溱湖旅游景区创建成中国环境科普教育基地，古罗塘旅游文化景区、溱湖湿地农业生态园分别跻身国家AAAA、AAA级旅游景区，我区创建成全国休闲农业与乡村旅游示范区，预计全区接待游客540万人次，旅游直接收入13.5亿元，分别增长10%、12%。预计建筑业完成施工产值390亿元，增长11.1%，在姜堰入库税收4.4亿元，增长4.8%。**开放创新动力增强。**“三外”工作创历史新高，预计实际利用外资1.5亿美元、自营进出口总额10.3亿美元、外经营业额1.48亿美元，我区被认定为江苏省油气装备出口基地。项目建设有力推进，设立北京、上海、苏州三个招商分局，选拔45名后备干部组建专业招商队伍，竣工亿元以上工业项目21个，实施亿元以上技改项目11个，南洋电缆一期、普奥新材料等一批重大项目建成投产，投资45亿元的大健康产业园项目初步列入省重点项目计划。科技创新成果丰硕，新增国家三部委认定的高新技术企业17家，高新技术产业产值占列统工业产值比重达到39.6%，区生产力促进中心获批国家级示范中心。**改革进程不断深化。**全面清理审批事项，行政许可和非行政许可事项分别精简70.6%、75.9%，审批时限分别压缩51.3%、50.4%；清理收费项目34个，压减收费近700万元。推进“负面清单”管理，实行“先照后证”登记模式，预计新增民营经济注册资本89.4亿元。设立罗塘街道和三水街道两个办事处，区市场监督管理局正式挂牌，政务服务管理机构调整稳步推进。全面实施县级公立医院综合改革，实现药品“零差率”销售。我区被列为全国“多规合一”试点，张甸镇简政放权试点工作有序开展。**城乡建设整体推进**。基础设施加快完善，药厂东路、高教南路等9条城区道路建成通车，新通扬运河官庄大桥全线贯通，东部干线三期建成通车，229省道改扩建工程加速推进；卤汀河干河拓浚全面完成，泰东河河道工程基本竣工；以行政村为单位实现引长江水全覆盖，90%以上镇（区）接通天然气。旧城改造步伐加快，高效完成原时代超市等8个地块近9万平方米房屋征收搬迁，光明东村、西野行等老旧小区改造到位，三水公园和振兴北路游园建成开放，人民公园正式开园。扎实推进城市环境综合整治，南北大街创建省级城市管理示范路、中天社区创建省级城市管理示范社区通过初步验收；村庄环境整治以高分通过省级全域整治考核验收，圆满完成秸秆“双禁”（禁烧、禁抛）任务，国家生态区创建在泰州率先通过环保部组织的考核验收。**社会事业协调并进**。加大经济薄弱村帮扶力度，筹资建设扬帆中小企业创业园标准厂房5万平方米，用于帮扶经济薄弱村，75%的村集体经济收入达30万元。群众生活不断改善，预计新增城镇就业12305人、转移农村劳动力10671人，居民存款余额达到344.5亿元，增长15.3%；企业职工月最低工资标准提高到1630元，企业退休人员月均养老金提高到1743元，城乡低保标准分别提高到每人每月530元、430元，60周岁以上城乡居民养老保险实现全覆盖；中、高考继续保持泰州领先，高分通过全国义务教育发展基本均衡区评估验收，创建成省学前教育改革发展示范区，开发区学校全面建成；实施医疗救助8021人次、1731.5万元；建成2.5万平方米保障性住房；实现城镇公交全覆盖，96.5%的行政村通达公交。成功举办首届“网民节”，姜堰博物馆、凤凰文化广场建成开放，文体中心基本建成，我区成功入选中国民间文化艺术之乡，城市社区“10分钟体育健身圈”通过省级验收。平安法治建设扎实推进，社会治安防控体系和社会管理服务平台更加健全，南京青奥会等重大敏感时期社会稳定有力维护，白米派出所丁昌华同志荣获“全国公安机关爱民模范”称号，我区国家级便民服务标准化试点通过验收，西街社区创建成全国科普示范社区。**党的建设持续加强**。深入开展习总书记系列重要讲话精神宣讲活动，弘扬社会主义核心价值观，增强党员干部理论素养和政治定力。有序推进区级机关中层干部轮岗交流，扎实开展区管干部超职数配备、在企业兼职专项清理。全面落实党风廉政建设“两个责任”，加强纪检监察派驻机构管理，扎实推进中央巡视组巡视反馈意见整改落实工作，严肃查处违法违纪案件，保持干部队伍风清气正。全力支持人大、政协依法履行职能，发挥工青妇、科协等群团组织作用，统战、人武、对台、民族宗教、老干部、双拥、关心下一代、侨务、史志档案等工作取得新业绩。

回顾一年来的工作，取得了令人鼓舞的业绩，同时也面临着种种挑战。我们必须清醒地认识到，姜堰的发展还不够充分，特别是受宏观形势影响，经济下行压力加大，部分企业和行业回升不快，重大项目招引成效不够明显，经济增长动力不足；改革措施落地见效还不够快，改革的红利还没有得到有效释放；财政收入增长不快、支出压力加大，民生改善与群众期盼还有差距，维护社会和谐稳定面临较大压力；少数党员干部干事创业的精气神不足，“四风”问题时有反复，反腐倡廉任重道远。对此，我们必须高度重视，切实加以解决，把各项工作做得更好。

二、以习总书记重要讲话精神为根本遵循，推进姜堰奋力追赶海安、加速崛起振兴

2014年12月中旬，习总书记在江苏调研时发表了重要讲话，殷切希望江苏认真落实中央各项决策部署，积极适应经济发展新常态，紧紧围绕“两个率先”的光荣使命，协调推进全面建成小康社会、全面深化改革、全面推进依法治国、全面从严治党，努力建设经济强、百姓富、环境美、社会文明程度高的新江苏，并明确要求江苏在推动经济发展、现代农业建设、文化建设、民生建设、全面从严治党等五个方面迈上新台阶。具体到姜堰，贯彻落实习总书记重要讲话精神，就是要把习总书记重要讲话精神作为推进姜堰加速崛起振兴的根本遵循和力量源泉，区委决定，把海安作为追赶的标杆，学习借鉴海安的发展路径、发展思路，不断激发发展新活力、拓展发展新空间、再创发展新优势。**我们奋力追赶海安、加速崛起振兴，就要学习海安敢想敢为、高点定位的气魄，进一步解放思想、奋勇争先。**在“十一五”初期，海安诸多指标并不突出，之所以能够后来居上，关键在于他们敢想敢为、高点定位，提出了“崛起苏中、融入苏南、冲刺百强、率先小康”战略定位。现在姜堰的发展情形与海安当年相似，我们必须自我加压、奋发图强，始终保持“不进则退、慢进也是退”的危机意识，进一步抬高目标定位，放眼苏中看姜堰，在更高层次、更广领域推进思想大解放，把追赶海安作为推进姜堰加速崛起振兴的强大动力，不断激发全区上下锐意进取、勇争一流的胆识和豪情，闯出姜堰跨越发展的新天地。**我们奋力追赶海安、加速崛起振兴，就要学习海安锲而不舍、越挫越勇的韧劲，进一步保持定力、久久为功。**海安缺江少海，资源、区位优势和姜堰一样并不明显，他们牢牢抓住“一切围绕招商引资、一切围绕项目建设”这根主线，把劣势转化为优势，锲而不舍招引建设重大项目，为海安后发赶超提供了不竭动力。我们要学习借鉴海安的思路和举措，坚定不移地推进“项目兴区”战略，不断完善抓招商、建项目的责任机制、推进机制和考评机制，拿出逢山开路、遇河搭桥的劲头，全面唱响“全力以赴抓招商、始终不渝抓项目”的主旋律，以项目的大突破推动姜堰加速崛起振兴的步伐更坚定、更有力。**我们奋力追赶海安、加速崛起振兴，就要学习海安笃实勤奋、聚力超越的品质，进一步团结拼搏、埋头苦干。**干部的作风决定着一个地区的精神风貌、影响着一个地区的社会风气。海安的干部自信务实、敢为人先，海安的企业家勤奋踏实、闯劲十足，带动全县上下把“小概率”演化成大精彩。我们一定要坚定信心、保持自信，大力弘扬“求真务实创新、团结拼搏奋进”的新时期姜堰精神，落实“创新创业创特色、提速升位快发展”的总体要求，最广泛调动能人创企业、企业创大业、百姓创家业、干部创事业的积极性和主动性，苦干实干拼着干，共同谱写姜堰加速崛起振兴新的篇章。

三、切实把握新常态新规律，全力打赢“奋起泰州、崛起苏中”决胜之战

2015年是全面完成“十二五”的收官之年、全面深化改革的关键之年、全面推进依法治国的开局之年，也是姜堰“奋起泰州、崛起苏中”的决胜之年。当前，新常态已经成为我国经济社会发展最明显、最突出的特征，中央经济工作会议明确“认识新常态，适应新常态，引领新常态，是当前和今后一个时期我国经济发展的大逻辑”。认识新常态，必须把握“三大特征”，即发展速度从高速增长转为中高速增长，经济结构不断优化升级，发展动力从要素驱动、投资驱动转向创新驱动。适应新常态，必须做好三个层面工作，即党委政府层面，要转变经济工作方式，厘清政府与市场关系，让市场活力得到充分释放；市场主体层面，要转变经营发展方式，以创新加快产业从中低端向中高端迈进；社会层面，要转变传统思维方式，以成熟理性的心态适应新常态，以积极向上的姿态迎接新常态。引领新常态，必须突出“三个新”，即新追求、新动力、新作为，牢牢把握主动权、取得新成效。具体到姜堰，我们正面临着提升发展速度与扩大经济总量的双重任务，加快崛起与持续转型的双重使命，财政增收与民生投入的双重压力，同时我们也享受到国家战略、省市政策等“红利”辐射，以及撤市设区、改革试点等重大机遇。在新常态下，我们一定要保持高度的政治敏锐性、改革坚定性、工作紧迫性，抢抓重大机遇、积极应对挑战，努力赢得时间上的抢先、空间上的扩展、发展上的提速，在姜堰加速崛起振兴的征程中迈出更加坚实有力的步伐。

总体要求：以习总书记视察江苏重要讲话精神为根本遵循，全面贯彻中央经济工作会议和省委、市委全会精神，紧扣“打造中心城市东部新城区、市区经济重要增长极、宜居宜业

生态新名片”总体定位，主动适应经济发展新常态，以全面深化改革为动力，以促进转型升级为突破，以增进民生幸福为根本，坚持稳中求进、致力稳中奋进、奋力追赶海安，坚定不移实施“项目兴区、环境立区、富民强区”战略，加快推进思想再解放、项目大突破、城建新提升，全力打赢“奋起泰州、崛起苏中”决胜之战，谱写“迈上新台阶、建设新江苏”的姜堰篇章。

主要预期目标：地区生产总值增长10%左右，公共财政预算收入、城乡居民收入实现与经济基本同步增长，固定资产投资增长20%以上，社会消费品零售总额增长12%左右。

围绕总体要求和工作目标，重点抓好六个方面的工作。

1. 全面深化改革，增强提速发展驱动力。以重点领域改革的率先突破，带动全局改革的纵深推进。

一是深化政府职能转变。推行“负面清单”制度，加强审批项目集中管理，构建审批最少、效能最高的政务环境。建立横向到边、纵向到底的监管网络，强化事中事后监管，确保取消、下放的事项能够接得住、管得好。稳步实施卫生、计生等机构改革，进一步理顺权责关系，提升运行效率。做好罗塘街道和三水街道机构设置和编制调整，确保各项工作有序衔接。

二是推进张甸镇简政放权试点。积极探索试行机构综合设置、人员编制精干、管理扁平高效、运行机制灵活的管理构架。坚持依法放权、充分授权，赋予张甸镇部分区级审批、执法、管理、监督等经济社会管理权限，优化财政分配体制，促进财力、事权相匹配。构建新型城镇体系，优先给予用地、融资等方面支持，努力形成一批可值得推广借鉴的经验。

三是提升要素保障能力。规范经营性用地和工业用地出让，探索建立宅基地退出补偿激励机制；对符合转型升级、新兴产业条件的重大项目，积极包装上争省控用地指标；加大闲置低效用地、违法用地清理力度，提升土地利用效率和产出效益。积极拓展融资空间和渠道，继续管好用好政府投资，有效释放民间投资潜力，探索推行政府与社会资本合作（PPP）等多种投融资模式；深入研究上级政策，争取更多专项扶持资金；深化政银企合作，有效缓解企业融资难题；加强民间借贷监测预警，打击非法融资行为，维护全区金融生态安全。

2. 立足提升效益，打造产业经济“升级版”。把好稳增长与调结构的平衡点，促进经济在新常态下更高质量、更可持续、更加健康的发展。

一是推动产业提档升级。**全面推进农业改革与建设试点工作。**突出新型规模经营主体培育，基本完成农村土地承包经营权确权登记工作，建成区、镇、村三级产权交易平台，新增一批高质量的农民专业合作社、家庭农场和种养大户。稳步实施镇村为农服务综合体建设，扩大订单农业生产面积，加快发展苏农合电商平台，形成“企业+农户+基地”的联农体系。开发农业投融资平台和支农产品，扩大“金阳光”富民担保公司覆盖范围，推进高效农业保险扩面提标。大力实施农田水利建设，扶持发展一批粮食高产创建万亩片、蔬菜园艺标准园、畜禽水产养殖示范基地，走出一条产业高效、产品安全、资源节约、环境友好的现代农业发展道路。**加快构建现代工业体系。**坚持不懈做大智能电网器件、先进装备制造产业，推进产品高端化、要素集聚化、生产智能化、制造服务化，提高两大产业的整体素质和综合竞争优势，力争两大产业产销增幅达到20%以上。推动纺织服装、金属制品、船舶配件等传统产业加快改造升级，向研发设计、营销服务等价值链高端攀升。积极发展新能源、新材料、新医药以及节能环保、信息产业，加速形成有一定市场规模的新兴产业集群。**大力发展生态旅游业和现代服务业。**制定实施《全区旅游业发展三年行动计划》，编制溱湖国家旅游度假区规划，推进中草药养生植物园、湿地露营、李承霖状元府等景点开发，加快城区“两线四区”（“两线”即东起东板桥西至中干河的老通扬运河水上生态游览线和南自净业寺北到天目山的历史人文游览线，“四区”即北大街文化街区、人民公园生态休闲文化区、净业寺—万竹园宗教艺术文化区和天目山文化新城区）建设，丰富和完善旅游产品体系，创新旅游宣传营销模式，加大旅游人才引进和培养力度，提升姜堰旅游综合实力。加快“四城一街”服务业集聚区建设，鼓励扶持现代金融、现代物流、科技服务、电子商务等生产性服务业；大力推进大健康产业园建设，积极申报省级健康服务业集聚区；稳定房地产市场，引进一批城市综合体、大型购物中心，促进服务业发展提速、结构优化。**推进建筑业加快转型。**鼓励建筑企业加快资质升级、转变经营方式、提升服务能力，参与基础设施、城市综合体等项目建设。积极探索建筑工业化生产方式，实施建筑产业园试点，加快建筑产业现代化进程。优化建筑市场发展环境，引导在外施工企业回乡投资纳税，提升建筑业的财税贡献度。

二是加快园区“二次创业”。经济开发区要以昆山高新区姜堰工业园建设为契机，加快顶层设计、制度创新，推进智能电网产业园先行功能区、赛宝工业技术研究院等平台建设，确保年内进入省级经济开发区第一方阵，全力争创国家级开发区；现代科技产业园区要加快省级现代服务业集聚区和智谷软件园建设，促进传统产业“两化融合”（指电子信息技术广泛应用到工业生产的各个环节，信息化成为工业企业经营管理的常规手段）、高新技术产业集聚发展，争创江苏省特色产业集聚区；高新技术装备产业园区要以油气装备产业为核心，规划建设油气装备省级出口基地，打造起点较高、特色鲜明的百亿级产业集聚区。溱湖风景区要按照“大溱湖”发展战略和“湖镇一体化”总体部署，落实“旅游推进年”各项任务，积极构建完备的旅游、文化、商贸、休闲体系，全力争创国家旅游度假区。现代农业产业园区要策应泰州城北现代农业走廊建设，推进省级现代农业园区、农产品加工集中区、休闲观光农业区、台湾农民创业园“四园一体”建设，力争率先实现区域农业现代化。

三是增强企业创新能力。启动实施“百企升级十企示范工程”，开展中小企业“引智强企”专项行动，鼓励企业优化产品结构、提升产品质量，加快“走出去”步伐。发挥“科技镇长团”纽带作用，鼓励企业建设创新服务平台、产品研发平台，形成以企业为主体、市场为导向、产学研用相结合的技术创新体系。完善多元化引才机制，深入实施“三水英才”计划，加大高层次创新创业人才和紧缺急需人才的引进力度，加快培养领军型企业家、本土蓝领队伍，努力把姜堰建成人才汇集的高地。

3. 聚力招商选资，强势推进项目大突破。落实“全力以赴抓招商、始终不渝抓项目”的核心要求，在项目招引建设上勇于突破、闯出新路。

一是以更明确的导向招引优质项目。坚持以先进生产力为导向、财税贡献为核心、生态环保为底线，围绕智能电网器件、先进装备制造以及现代农业、生态旅游业、文化创意产业等，着力招引一批产业关联度高的优质项目。抢抓长江经济带、“一带一路”（丝绸之路经济带和21世纪海上丝绸之路）、京津冀协同发展等国家战略“溢出”效应，通过定向招商、委托招商、以商引商，力争在优质外资项目、央企国企和大型民企项目招引上实现新突破。发挥北京、上海、苏州三个招商分局优势，开展高层次推介会、洽谈会，努力承接一批技术含量高、财税贡献大的优质项目，力争全区新办亿元以上工业项目30个，其中10亿元以上项目6个，实际利用外资1.8亿美元。

二是以更有效的手段催生技改项目。认真落实激励企业转型发展政策意见，帮助企业包装项目，扶持一批技术领先、市场认可的高新技术项目。推动企业深化与上下游企业合作，新上一批产业层次高、投资体量大、市场前景好的重大技改项目。鼓励优势企业积极参与兼并重组、资本运作，引导面广量大的中小企业攀高附强、高位嫁接，促进企业跨越式发展、裂变式扩张。

三是以更有力的措施推进在建项目。落实区领导挂钩服务重点企业、重大项目制度，持续深化经济发展软环境建设整治，对符合国家产业政策和姜堰实际的重大项目，实施联审会办制度，促进重大项目落地生根、达产达效。继续实施“一月一通报、一季一考核、每季举办项目集中开工活动”工作机制，区人大、区政协项目督查组重点督察项目履约率、资金到账率，区项目办重点督察项目建设进度和投产达效情况，区考核办突出项目的质量和效益，实施“第一年考核投资、第二年考核投产、第三年考核见效”的三年滚动考核机制，确保新上项目不含水分、货真价实。加大项目监管力度，对投入严重不足的，督促企业限期投入到位，对逾期不能到位的，依法“腾笼换鸟”“赶鸟出笼”，以严格的监管保证项目招引建设实效。

4．统筹城乡建设，打造泰州东部新城区。贯彻落实泰州“城建新提升两年行动计划”，不断擦亮姜堰生态名城、人文古城、旅游新城的城市名片。

一是打造“多规合一”实验区。抓住“多规合一”试点机遇，认真编制国民经济和社会发展“十三五”规划，促进各类规划相互衔接；主动对接泰州城市总体规划修编，不断完善相关专项规划和城区控制性详细规划；突出河东河西街、天目山等片区建设规划，合理布局配套设施，加快形成新的城市亮点。

二是打造融合发展先行区。高起点推进姜堰与海陵、高港连接带规划建设，加快229省道改扩建、328国道东延、姜高线东延等工程建设，拉动泰州姜堰两地人气互通。注重繁荣新城区与改造老城区有机统一，完成东海北路、上海南路等城区道路建设，实施城区部分路段慢行系统和公共自行车服务系统建设，创新“住户申请、政府收购”协商搬迁方式，适时启动城区房屋征收搬迁，完成南苑新村等老旧小区整治。抓好小城市、重点镇建设，实施农村公路提档升级和桥梁建设改造，新建一批公共停车场、城乡候车亭，实现所有行政村通达公交，完成引长江原水工程，完善城乡污水管网和环卫设施，以镇为单位全部接通天然气。

三是打造生态文明示范区。加快城乡重点河道疏浚整治，建成一批近水、亲水生态休闲景观，全力打造老通扬运河水上生态游览线。积极实施城区“空转绿”工程，合理布局大型城市生态绿地，开展立体绿化试点，推进城区游园建设和主要道路、节点、小区、单位绿化提升。深入开展化工企业专项整治，切实抓好工业废气排放达标、建设工地与道路扬尘控制、秸秆禁烧等工作，促进空气质量持续优化。

四是打造城市管理样板区。扎实推进城市环境综合整治，加大市容秩序维护、环卫保洁、违建拆除力度，年内人民中路创建成省级城市管理示范路、荷叶社区创建成省级城市管理示范社区。推进社区管理网格化、服务智慧化、物业标准化建设，分别选择1个老小区和新建小区，实施智慧小区试点；加强对开发企业、物业服务企业督察指导和社区业主委员会建设管理，创新安置区、农民集中居住区、无物管小区物业管理模式。落实村庄环境“五位（道路修护、河道管护、绿化养护、设施维护、垃圾收运）一体”长效管护机制，争创1—2家省级美丽乡村示范试点，全力打造宜居宜业宜游的泰州东部新城。

5．增进民生福祉，提升人民群众幸福感。把增进民生福祉作为一切工作出发点和落脚点，让广大群众共建共享改革发展成果。

一是促进群众增收致富。深入实施就业优先战略和更加积极的就业政策，加强职业技能培训，促进城乡居民就近就地高质量就业。深入开展“创业孵化基地”建设，落实创业政策、优化创业环境、降低创业门槛，让更多的人通过创业增加收入。持续加大扶贫攻坚力度，帮助低收入家庭拓宽增收渠道，保障困难群众收入水平有增长。加大机关部门与经济薄弱村结对共建力度，强化“三资”（资金、资产、资源）监管和利用，确保所有村集体收入达到30万元。

二是提高公共服务质量。建立健全社保待遇正常调整机制，统筹做好城乡医保、养老、低保和困难救助等制度衔接，逐步消除城乡制度差异、缩小待遇差距。大力推进高位优质均衡教育，完善现代职业教育体系，全面启动省教育现代化建设示范区创建工作。完成保障性住房建设任务，推进住房公积金制度向非公有制企业延伸。深化医药卫生体制改革，健全完善医疗卫生服务和公共卫生服务体系，提升基层医疗卫生机构功能和水平。稳妥实施“单独两孩”政策，促进人口可持续发展。推进标准化社区居家养老服务中心、中天养老服务社区建设。因地制宜在城区游园、小区增设健身器材，利用闲置资源改建健身场所，满足全民健身需求。大力发展慈善、残疾人、双拥优抚等事业，全面提升特殊群体的救助和保障能力。

三是加快文化姜堰建设。深入践行社会主义核心价值观，弘扬“求真务实创新、团结拼搏奋进”的新时期姜堰精神，放大主流媒体声音，发展健康向上的网络文化，营造求发展、思和谐的良好氛围。完善公共文化服务体系，发挥博物馆等区级文化设施服务引领作用，提高镇、村（社区）公共文化设施利用率，创建省级公共文化服务示范区。全面推进文化遗产保护和利用，加快天目山遗址核心区保护工程、姜堰美术馆建设和高二适纪念馆改造，不断丰富姜堰文化内涵。鼓励扶持“激情三水”“章再文方言韵白工作室”等群众文化品牌建设，打造具有“三水”特色的地方文化品牌。

6. 坚持法治引领，维护社会公平正义。党的十八届四中全会对全面依法治国作出了具体部署，全会通过的《决定》，围绕中国特色社会主义总体布局，着眼促进国家治理体系和治理能力现代化，提出了建设中国特色社会主义法治体系、建设社会主义法治国家的总体目标，明确了依法治国、依法执政、依法行政共同推进，法治国家、法治政府、法治社会一体建设的总体布局，是一部加快建设社会主义法治国家的纲领性文件。全区各级党组织和广大党员干部要深入学习领会党的十八届四中全会精神，深刻理解和把握全面推进依法治国的方向目标、工作布局、改革取向和实践要求，按照中央、省委和市委的部署，认真谋划推进依法治区、建设法治姜堰的思路和举措，促进严格执法、公正司法、全民守法，不断弘扬法治精神、彰显法治力量。

一是以法治建设保障改革发展。健全依法科学民主决策机制，对重大决策事项充分征询和听取人大、政协以及社会各界的意见，有效防控权力运行风险。加快建立权力清单，明确法定权力的“主干”，清除法外权力的“衍生品”，做到法定职责必须为、法无授权不可为。完善科学有效的权力运行制约和监督体系，推进决策公开、执行公开、管理公开、服务公开和结果公开。推行跨部门综合执法改革，完善行政裁量权基准制度、行政机关负责人行政诉讼出庭应诉制度，确保行政执法不偏离法治轨道。

二是以法治方式捍卫公平正义。各级党政机关和广大党员干部要牢固确立法律红线不能触碰、法律底线不能逾越的观念，绝不允许以言代法、以权压法、徇私枉法。行政机关要依法按程序行使事权、履行职责，特别要依法处理好征地搬迁、劳动保障、环境治理等具体问题，保障广大群众合法权益不受侵犯。司法部门要把维护公平正义作为生命线，依法独立公正行使司法权力，积极推进行政执法与刑事司法“两法衔接”，着力破解立案难、执行难等热点问题，全面构建开放、动态、透明、便民的阳光司法机制，让老百姓从每一起案件中感受到公平正义。

三是以法治精神引领全民守法。把全民普法和守法作为长期性基础工作，落实“谁执法、谁普法”的普法责任制。发挥道德教化作用，弘扬中华优秀传统文化，增强法治的道德底蕴，促进法律与道德相辅相成，法治与德治相得益彰。广大党员干部要带头学法、模范守法、依法办事，引导全社会真正做到办事依法、遇事找法、解决问题用法、化解矛盾靠法。

四是以法治思维推进平安建设。充分发挥法治对平安建设的引领作用，依法保障群众权益、维护社会秩序、破解社会治理难题。建立健全规范化建设、网格化管理、社会化服务、信息化联动的综合服务管理体系，严格社区工作准入制度，支持各类社会主体自我约束、自我管理，持续开展“六无”村（社区）和民主法治示范村（社区）创建。完善现代化治安防控、矛盾纠纷调解、流动人口和特殊人群服务管理等工作体系，维护社会治安稳定。加大安全生产监管和执法力度，确保不发生重特大安全事故。积极支持人大、政协依法履行职能，提高人大法律监督、工作监督和政协政治协商、民主监督、参政议政水平，推进协商民主广泛多层制度化发展。发挥工会、共青团、妇联、科协、残联、工商联等群众团体的桥梁纽带作用，广泛凝聚各方力量，共同推进崛起振兴。

四、全面落实从严管党治党要求，努力提升党建科学化水平

当前，姜堰正处在崛起振兴的关键节点，改革发展任务越是艰巨，越是要把从严管党治党的要求落到实处，加快建设一支政治坚定、能力过硬、作风优良、奋发有为的干部队伍，推动全区改革发展大业不断向前。

强化党性锤炼，永葆忠诚政治本色。党性是党员干部立身、立业、立言、立德的基石。广大党员干部必须进一步加强党性修养、陶冶道德情操、提升精神境界，在推进姜堰加速崛起振兴的生动实践中彰显共产党人的政治本色。**要保持信念上的坚守。**全面、系统学习贯彻习总书记系列重要讲话精神，深入把握习总书记讲话所蕴含的政治立场、价值追求和思想风范，补足精神之“钙”、筑牢思想之基，在严格的党内生活中反复锤炼，切实解决好世界观、人生观、价值观这个“总开关”问题，更加坚定道路自信、理论自信、制度自信。**要保持政治上的坚定。**严守政治纪律和政治规矩，增强政治敏锐性和政治鉴别力，胸怀坦荡、光明磊落，在大是大非面前旗帜鲜明，风浪考验面前无所畏惧，歪风邪气面前挺身而出，始终做到政治信仰不变、政治立场不移、政治方向不偏。**要保持行动上的坚决。**不折不扣落实中央、省委、市委和区委决策部署，做到接受任务不讲条件、执行任务不找借口、完成任务不打折扣；自觉警惕和防止脱离群众，积极顺应群众意愿，多做、快办利长远、惠民生的好事；忠实履行职责，提升审时度势、总揽全局的本领，善抓机遇、善谋良策的能力，促进改革发展的各项措施有力落地、取得实效。

从严管理干部，保持旺盛生机活力。干部队伍是党的事业的中坚力量，要按照“二十字”好干部标准，用好管好干部。**要科学选人、正确用人。**强化“以实绩论英雄、为发展配干部”的用人导向，把好选人用人关、识别考察关、培养锻炼关，重点选拔使用信念坚定靠得住、为民服务敢担当、依法办事能力强、清正廉洁有正气的干部，特别要重视年轻干部培养，把优秀年轻干部放在招商引资、项目建设、征地搬迁、信访维稳等一线锻炼，为姜堰可持续发展储备优秀干部人才。**要严管干部、建好队伍。**坚持以严的标准要求干部，引导广大党员干部把“三严三实”作为修身做人的基本遵循、干事创业的行为准则。坚持以严的措施管理干部，加强领导干部经济责任审计、“三责联审”（用人责任审查、编制责任审核、经济责任审计）、个人有关事项报告等制度落实，最大限度地避免干部犯错误、犯大错误。坚持以严的纪律约束干部，落实党纪条规刚性要求，保持有规必依、执规必严、违规必究高压态势，使广大干部心有所畏、言有所戒、行有所止。**要夯实基础、筑牢根基。**巩固教育实践活动成果，落实服务型党组织“四联机制”（机关党组织联系服务基层党组织、基层党组织联系服务党员、党员领导干部联系基层服务群众、党员联系服务群众），突出农村“创业富民”、“两新”组织（新经济组织和新社会组织）“发展惠民”、社区“服务便民”、机关“务实亲民”，打通联系服务群众渠道。深入推进农村“四有一责”建设（有持续稳定的集体收入、有功能齐全的活动阵地、有先进适用的信息网络、有群众拥护的双强带头人，强化村党组织领导责任），逐步提高村居干部报酬，激发基层干事创业的热情。严格党员发展标准和程序，提高党员发展质量，确保党员干部政治上更有影响力、形象上更有亲和力、行动上更有感召力。

深入改进作风，提振干事创业激情。作风问题具有顽固性、反复性，我们必须坚持稳打稳扎、步步为营，在抓常抓细抓长上下功夫，引导全区广大党员干部始终保持一股志气和追求，把时间和精力放在加速崛起振兴上，比正气、比奉献、比业绩、比担当，在全区上下形成你追我赶、比学赶超、争创一流的工作格局。**要勇于担当、攻坚克难。**牢记“岗位就是责任，职责就是使命”，坚持事业至上、发展至上、群众利益至上，在其位、谋其政、尽其责，勇为改革担风险、勇为发展挑重担，敢向困难开战、敢向矛盾“亮剑”，积极做好稳增长、促改革、调结构、惠民生各项工作。**要开拓创新、善作善成。**树立全局视野、长远眼光，正确处理改革发展与稳定、局部与全局、当前与长远的关系，统筹兼顾方方面面的利益、充分调动方方面面的力量，凡是不违反政策底线、有利于发展的思路和做法，都要大胆想、大胆试，真正把心思集中到“想干事”上、把能力体现到“会干事”上、把目标落实到“干成事”上。**要苦干实干、求真务实。**坚持“今天再晚也是早、明天再早也是晚”的理念，涵养“功成不必在我、建功必须有我”的胸襟，增强“一日无为、三日不安”的责任感，坚决不做弄虚作假、劳民伤财的政绩工程，以实实在在的行动创造经得起实践、群众和历史检验的业绩。

推进反腐倡廉，建树清正廉洁形象。坚持不懈推进党风廉政建设和反腐败工作，努力营造干部清正、政府清廉、政治清明的良好氛围。**要筑牢拒腐思想防线。**开展党性党风党纪和廉洁从政教育，教育引导各级干部警钟长鸣，不折不扣落实中央八项规定和省、市、区委十项规定，严守廉洁自律的规章制度，坚持秉公用权、为民用权、依法用权、阳光用权，带头维护纪律、接受监督，养成在监督之下工作和生活的习惯，使各方监督成为拒腐防变的“良剂”。**要扎紧防腐制度笼子。**全面落实党风廉政建设党委主体责任和纪委监督责任，严格执行党员领导干部民主生活会、述职述廉、诫勉谈话等制度，深入推进中央巡视组巡视反馈意见整改落实，紧扣容易滋生腐败的重点领域和关键环节，加强风险预警、风险控制和动态管理，把制度的笼子扎得更紧更密更牢。**要高扬惩腐反贪利剑。**坚持抓早抓小、防微杜渐，对党员干部存在的问题早发现、早提醒、早纠正；坚持有贪必查、有腐必惩，始终保持查办案件高压态势，无论涉及谁，只要违反党纪国法，就坚决查处，决不姑息；坚持“一案双查”、标本兼治，对严重违纪违法案件不仅追究直接责任人责任，还要追究相关领导责任，以铁的手腕保持党员干部队伍的先进性和纯洁性，巩固和发展姜堰风清气正的政务环境。

同志们，新形势催生新使命，新常态倒逼新作为，新跨越呼唤新担当。让我们以更加高昂的斗志、奋发进取的姿态，进一步解放思想、开拓创新，求真务实、攻坚克难，积极投身“迈上新台阶、建设新江苏”的姜堰实践，全力打赢“奋起泰州、崛起苏中”决胜之战，为共同开创姜堰加速崛起振兴新局面而团结奋斗！

泰州市姜堰区人大常委会工作报告

——2015年1月14日在泰州市姜堰区

第十四届人民代表大会第四次会议上

区人大常委会主任　高永明

各位代表：

我受区人大常委会的委托，向大会报告工作，请予审议。

2014年主要工作

2014年，区人大常委会在中共泰州市姜堰区委的正确领导下，紧扣“助发展、惠民生、促法治”的工作主题，依法履职，积极作为，听取和审议“一府两院”专项工作报告23个、上年度常委会审议意见落实情况的反馈报告15个，组织视察16次，开展专题询问1次、评议专项工作2项，对3部法律实施情况组织执法检查，对4个部门及其基层站所进行工作评议，为我区“奋起泰州、崛起苏中”做出了积极贡献。

一、充分发挥职能作用，全力服务发展大局

加强经济监督，助推发展转型升级。**一是**重视计划预算执行。听取和审议计划、预算报告及审计工作报告，审查和批准2013年区本级财政决算、2014年财政预算调整方案，依法作出《关于加强区本级财政预算执行和其他财政收支监督的决议》，并对2014年计划、预算执行情况及2015年计划、预算草案进行了初审。听取和审议推进服务业发展情况的报告，力促服务业发展提速、质量提优、比重提高，为优化产业结构、促进财税增长提供有力支撑。听取财政支持地方经济发展专项资金、科技经费使用情况的报告，视察综合治税平台建设，督促政府征好、管好、用好财政资金。**二是**支持“一区两园”（经济开发区，现代科技产业园、高新技术装备产业园）建设。视察“一区两园”建设及重大项目推进情况，召开区级机关21个部门服务“一区两园”工作听政会，督促各部门认真贯彻《区级机关部门服务“一区两园”工作考评意见》。区委李书记全程参加并发表重要讲话，使听政会成为区委、区政府文件精神的落实会，成为服务园区建设的推进会。**三是**助力农业改革发展。紧抓农业改革与建设试点的重大机遇，听取和审议相关工作报告，支持政府及其部门加快转变职能，大胆突破体制机制障碍，在完善服务体系、化解经营难题、推进规模经营等方面，加大先行先试力度，全面提升农业改革发展水平。通过听取情况、组织视察、开展调研等，加强对农资市场监管、农业机械化、农产品加工、农开项目建设等工作的监督，多层面促进农业改革与建设试点不断深入。**四是**推动发展环境改善。围绕打造“五个最”（服务最优、门槛最低、审批最简、信用最高、安全最好）的发展软环境，专题询问规范涉企中介机构服务工作，重点就基层反映较为强烈的政企分离不彻底、市场竞争不充分、服务行为不规范、监督管理不到位等问题进行询问，从强化市场管理、规范服务行为、优化服务流程、降低服务收费等方面提出意见。区政府认真采纳，充分调研论证，对25类重点中介机构收费进行了重新明确和适当下调。听取和审议规范行政自由裁量权、招投标管理工作的报告，促进行政权力依法行使，推动发展环境持续改善。

加强民生监督，助推百姓幸福安康。**一是**高度关注群众现实生活中的热点问题。听取和审议农产品质量安全监管工作的报告，推动政府及其部门紧扣重点区域、重点品种、重点环节，强化定期联合执法，建立长效监管机制，保障食品源头安全。视察民办养老机构建设情况，要求政府及其部门完善专项发展规划、加快养老机构建设、健全养老服务网络、提升服务管理水平，尽早建成与经济社会发展相协调、与人民群众需求相适应的社会化养老服务体系。加强药品安全监管、重度残疾人社会救助、政府为民办实事等工作监督，积极回应社会关切，着力彰显民生关怀。**二是**高度关注社会公共服务中的重点问题。听取和审议职业教育发展情况的报告，从加大统筹力度、加快改革步伐、加强师资建设等方面提出建议，促进职业教育加快提升服务地方发展的能力。对文化遗产保护利用、民族宗教、邮电通信、村卫生室与社区卫生服务站建设等工作进行审议和视察，助推社会事业持续健康发展。**三是**高度关注宜居城市建设中的难点问题。深入评议城市管理行政执法专项工作，广泛开展问卷调查、集中座谈、基层走访，收集各类意见、建议126条，督促政府及其部门健全执法体系、优化规划建设、加强队伍建设、加大执法力度，切实解决联动协作不紧、执法环境不佳、管理力度偏弱、执法效率偏低等问题，推进城市管理长效化。听取和审议生态区建设规划纲要实施情况、城区控制性详细规划编制及实施情况、城区住宅小区物业管理情况的报告，视察搬迁安置房建设以及污水处理、引用长江水、垃圾中转、农村公路提档升级和重点工程建设情况，为打造宜居、宜业城市尽心尽力。

加强法律监督，助推法治姜堰建设。**一是**以执法检查为抓手，着力促进法律实施。精心组织水污染防治法、大气污染防治法、土地管理法执法检查，多渠道听取群众呼声、多形式了解真实情况、多层面加强研究分析，建议政府及相关部门进一步健全环保组织、增加环境投入、打击违法行为、完善防控机制；盘活闲置低效土地、打击违法用地行为、维护群众合法权益，推动了相关问题的有效解决。**二是**以专项工作评议为重点，着力促进司法公正。扎实开展法院执行专项工作评议，组织四个专业调查组，通过集中座谈、知识测试、案件跟踪、问卷调查、旁听执行异议听证、访谈案件当事人，征集各类意见和建议279条。针对被执行人难找、执行财产难寻、协助执行人难求等实际问题，作出《关于进一步加强法院执行联动工作的决定》，提出提升执行质效、推进协作联动、配强执行队伍等意见。区法院积极策应人大评议，着力加强队伍建设、完善工作网络、强化舆论宣传、推进集中清案，评议期间执行案件近千件，社会公信力和群众满意度明显提高。听取和审议商事审判、民行检察工作报告，组织代表旁听庭审180多人次，促进审判权、检察权依法公正行使。**三是**以部门工作评议为载体，着力促进依法行政。区镇人大联动，深入开展工商局、质监局、公安局、司法局及其基层站所工作评议，在充分运用常规调研手段的同时，多次组织现场走访、随机暗访、跟踪追访，征集各类意见和建议231条，从依法行政、服务效能、队伍建设等方面有针对性地提出建议。相关部门坚持以评促建、评建结合的原则，开门纳谏、广集民意，主动查纠、务实整改，规范执法、服务大局的能力和水平进一步提升。加强规范性文件备案审查，全年审查规范性文件8件，努力维护法制统一。

二、充分发挥各方作用，扎实推进民主实践

强化服务引导，有效激发人大代表的履职热情。**一是**强化代表履职保障。坚持主任接待代表日、常委会组成人员联系代表等制度，定期开展代表小组活动，有序组织代表参与人大监督，全年参加常委会会议和活动的代表296人次。在部门工作评议中，广大代表发挥自身优势，深入调查走访，广泛了解情况，积极反映民意，为全面准确评议部门工作提供了客观、翔实的第一手资料。评选表彰代表履职积极分子，利用人大网站、会报会刊、区内外媒体，广泛宣传30多名人大代表的先进事迹，努力为代表履职营造良好的舆论环境。**二是**发动代表联系群众。制定出台了《关于加强区人大常委会联系代表、代表联系人民群众的意见》，推动“双联”工作规范化、制度化。精心组织“四级人大代表回选区、访选民周”活动，1330名省、市、区、镇代表参加，召开座谈会135场次，接待群众255批次，慰问困难家庭472户，走访困难企业164家。认真梳理广大代表反映的选民意见，以代表建议的形式，向区政府及相关部门交办9件，以选民代表建议的形式，交办124件，确保活动不流于形式、代表和选民的意见不沦为“空谈”。**三是**加大建议办理力度。把办实办成代表建议，作为服务代表的重中之重。年初，严把建议交办关，对涉及面广、解决难度大的建议，交政府办或相关综合部门办理；年中，通过领导督办、重点督办、上门督办、会议督办以及视察重点建议办理情况等形式，持续加大督办力度；年底，继续开展“集中督办日”活动，组织全体代表评议建议办理质效，听取和审议相关工作报告，促进了代表建议办理质量不断提高。

强化联系指导，有效激发基层人大的工作热情。**一是**抓组织推进。召开镇人大工作会议，出台镇人大工作意见，修订完善考核办法，认真执行区镇人大联系工作制度，组织视察人大代表之家建设情况，推动镇人大工作富有成效地开展。通过以会代训、专家授课、分组讨论等形式，先后5次组织基层人大干部培训，帮助他们提升素质、增强能力，更好地胜任本职工作。**二是**抓作用发挥。每次常委会会议，邀请镇人大主席列席；重要监督议题，发动镇人大开展调研、协助实施；执法检查、专题询问、工作评议等重大活动，组织区镇联动，为镇人大履行职权、发挥作用搭建平台。**三是**抓工作创新。引导各镇人大积极探索实践，不断加强和改进人大工作。张甸镇人大评议镇政府班子成员履职情况，为全省首创，泰州市人大专题进行了调研总结，并在全市乡镇（街道）联系点工作座谈会上作了重点推介。沈高镇人大设立“代表议政日”，娄庄镇人大组织人大代表与党代表联动履职，等等，丰富了闭会期间代表活动。我区“基层人大工作因创新而充满活力”的做法，被《人民代表报》、新华网宣传推介，在人大系统形成良好影响。

强化民主公开，有效激发广大选民的参政热情。**一是**在议题谋划上，把话语权交给群众，通过公开征集年度工作议题，认真听取选民的意见和建议，并在新闻媒体、人大网站上对各项议题作了详细解读，使人大工作不仅建立在充分的民意基础上，而且主动置于人民的监督之下。**二是**在监督过程中，把参与权交给群众，坚持监督工作预告制，推行“深”调研、“微”视察，邀请更多的市民代表直接参与人大监督工作，让群众的呼声和要求得以充分表达；对群众反映的一些具体问题，汇总后随同审议意见书交“一府两院”处理。**三是**在工作检验时，把评判权交给群众，对“一府两院”相关工作以及贯彻落实常委会审议意见的情况，主动问效于民，并将票决结果在人大网站、《姜堰日报》上公布，让群众知情，让群众评价。

三、充分发挥能动作用，持续深化自身建设

有序推进群教活动。按照区委统一部署，精心组织党的群众路线教育实践活动。**一是**把加强学习、提高素质作为首要任务，通过常委会专题学习、机关集中学习、研讨交流等，帮助组成人员、机关同志加深对习近平总书记系列讲话以及十八届三中、四中全会精神的认识，加强对相关政治理论、法律法规、人大业务知识的理解，增强服务发展、服务群众的意识和本领。**二是**把查摆问题、锤炼作风作为关键环节，围绕执行力、自觉性、大局观、责任心等方面内容，广泛征求意见，认真对照检查，梳理、汇总各类意见、建议120多条，查摆“四风”方面突出问题12项。发动机关党员干部主动开展批评和自我批评，努力建树为民务实清廉的良好形象。**三是**把解决问题、建章立制作为治本之策，针对排查发现的问题，制定落实整改措施12条，健全完善工作制度6项，推动群众路线教育实践活动持续深化、持久见效。

务实推进思路创新。立足我区实际，遵循人大工作规律，不断优化思路、创新实践。**一是**坚持议事之前重调研、议事之中重民主、议事之后重督办，做深做实各个环节的工作，善始善终抓好议题实施，全过程提高监督质量，系统化推进监督工作。**二是**坚持监督与支持并重，不求全责备、不好高骛远、不操之过急，每次监督致力于解决几个有抓手的问题，侧重于经过努力可以做到的事项，务实化推进监督工作。**三是**坚持不务虚功、不走过场，敢于顶真、敢于“亮剑”，力争每一项重大监督都能对社会有触动、对部门有震动、对工作有推动，刚性化推进监督工作，努力打造有作为、有权威、有影响的地方国家权力机关。

统筹推进各项工作。以系统的思维和统筹的理念，推动人大各项工作齐头并进。**一是**切实加强人大宣传。以纪念人民代表大会制度建立60周年为契机，通过多种形式，利用各类阵地，大力宣传人民代表大会制度的意义、作用和成就，宣传区镇人大工作的动态、亮点和经验，不断提高社会认知度、扩大人大影响力；积极向外推介我区人大特色工作，全年在《人民代表报》《人民与权力》等省级以上报刊发稿56篇。**二是**认真做好信访工作。全年办理群众来信、来访37件，做到事事有着落、件件有回音，为保障群众合法权益、维护社会和谐稳定发挥了积极作用。**三是**注重队伍建设管理。印发常委会组成人员履职手册，评选表彰优秀委员，强化机关人员考核管理，促进了常委会和人大机关高效协调运转。

一年来，常委会坚持党管干部原则和人大依法任免的有机统一，严格执行任前法律知识考试、拟任职发言等制度，先后任免常委会机关工作人员2人次、政府组成人员19人次、“两院”审判及检察人员28人次，常委会第17次会议决定接受洪其华辞去区人大常委会委员职务的请求，决定任命肖延川为区政府副区长；第18次会议决定免去徐闻仲、周如勇、艾玉春的区政府副区长职务，决定任命王平、黄健全、刘玮为区政府副区长；第20次会议决定接受戴庆柳辞去泰州市人大代表职务的请求，补选丁志强为泰州市第四届人民代表大会代表。此外，根据法律规定，补选2名区人大代表，对1名涉嫌犯罪的代表依法作出许可采取强制措施的决定，决定接受2名代表辞去代表职务的请求。在此，特向大会报告备案。

各位代表，过去一年常委会所取得的成绩，得益于区委的正确领导和“一府两院”的密切配合，得益于全体代表和各镇人大的共同努力，得益于社会各界和广大群众的大力支持，在此，我代表区人大常委会表示衷心的感谢和崇高的敬意！与此同时，常委会工作还存在一些不足和问题：推进依法治区的途径和方法，仍需探索和改进；视察、调研、审议的组织形式，仍需创新和完善；代表作用发挥和常委会自身建设，仍需加强和提升，等等。对此，我们将采取有效措施，认真加以解决。

2015年工作思路

今年是我区“奋起泰州、崛起苏中”决胜之年，常委会将深入贯彻党的十八届三中、四中全会精神，按照区委十一届七次全会的总体部署，牢牢把握促进改革、推进法治的时代主题，自觉坚持深化监督、强化支持的工作要求，始终突出服务发展、服务民生的根本任务，依法行使职权，积极创新进取，全面提升人大工作整体水平，为我区奋力追赶海安、加速崛起振兴做出积极努力。

1. 把握新要求，努力实现目标定位的新提升。按照中央关于全面深化改革、推进依法治国的战略部署和省市人大工作会议的要求，有计划、有步骤、有重点地统筹安排人大各项工作。更加积极地弘扬宪法精神，推进人大履职法治化，做到审议前学法、调研中用法、监督中依法、提建议靠法，用法治的思维和方式监督支持“一府两院”依法行政、公正司法，做法治姜堰建设的推动者、实践者；更加自觉地增强政治意识、责任意识、核心意识，善于使党的主张通过法定程序成为全区人民的共同意志，善于使党的人事意图通过法定程序得以实现，做党委权威的维护者、党委决策部署的执行者；更加主动地贴近全区工作大局，抓住制约发展的关键瓶颈，盯住社会普遍关注的突出问题，给力党委中心工作的推进，助力政府难点工作的攻关，致力民生热点问题的解决，做到工作谋划围绕中心、工作方法契合中心、工作重点紧扣中心，做全区改革发展的服务者、促进者。

2. *唱响好声音，努力实现职能作用的新提升*。进一步强化作为意识，多在依法民主决策、科学建言献策上下功夫，多在加强权力监督、规范权力运行上做文章，多在引导社会舆论、发动人民群众上用力气，切实发挥好人大的制度优势、职能优势、智力优势，助推全年改革发展任务落到实处。进一步强化创新意识，加强和改进监督工作，完善重大事项讨论决定机制，探索对人大任命干部的有效监督形式，重点在推进专题询问、执法检查、部门工作评议常态化，组织人大任命干部述职评议制度化，督办常委会决议、决定、审议意见实效化等方面，不断创新思路、优化载体、丰富手段，全力推动人大工作与时俱进。进一步强化服务意识，多帮忙、不添乱，多理解、不刁难，以善意的心态、支持的办法开展监督，与“一府两院”同心协力、同频共振，共同推动经济社会在新常态下实现新发展。

3. *释放正能量，努力实现服务效能的新提升*。综合运用各种监督手段，全力提升服务大局的水平和实效。坚持发展第一要义，深入监督规划及计划预算、项目大突破、“一区两园”及现代农业园区建设、知识产权保护、土地确权、家庭农场专业大户建设、物流业发展等重点工作，力推经济提速发展；抓住城建新提升、“多规合一”、农村环境整治长效管理、镇级污水处理厂运行、农村河道管理等关键环节，力促城乡一体化建设，推动全区发展更富效率、更加快速、更可持续。坚持民生第一主旨，密切关注引用长江水、城乡公交一体化运行、失地农民社会保障、无物管小区物业管理、校园餐饮安全、为民办实事等事项，维护群众切身利益；高度重视师德师风建设、新型农村合作医疗、中医药事业发展、社保资金征收管理使用等工作，推进社会事业发展，进一步提高群众的幸福感和满意度。坚持法治第一保障，认真开展食品安全法及药品管理法、代表法、老年人权益保障法及省老年人权益保障条例、安全生产法、人民防空法等执法检查，促进法律正确实施；强化对基层民主法治建设、技防城建设以及检察院反渎职侵权、法院人民陪审等工作的监督，维护社会公平正义，努力为经济社会发展提供坚强有力的法治保障。

4. *练就真本领，努力实现履职水平的新提升*。秉承“为人民用权、为人民履职、为人民服务”的理念，坚持公开征集年度工作议题、监督工作预告制等行之有效的做法，认真落实常委会组成人员联系代表、代表联系选民制度，着力拓展选民参与人大监督的广度和深度，切实保障选民的知情权、监督权。牢记“人大工作的作用靠代表、水平看代表、潜力在代表”，继续组织全体代表评议部门工作，积极推行以代表为主体的视察模式，扎实抓好“一个载体、两项制度”建设，强化代表建议办理工作，深化“代表回选区访选民”活动，加强对镇人大的联系和指导，更好地发挥代表的主体作用和镇人大的互动互补作用。坚持“既敢作敢为、又善作善为”的自我要求，以“学得进、用得上、效果好”为目标，持续加强能力建设，以“为民、务实、清廉”为目标，持续加强作风建设，以“民主、规范、效能”为目标，持续加强制度建设，不断增强常委会组成人员和机关同志的法治意识、责任意识、实干意识、廉洁意识，全面提升常委会及人大机关的执行力、战斗力和社会公信力。

各位代表，时代的使命重大而光荣，人民的期望殷切而深重，站在全面深化改革、推进依法治区新的历史起点上，我们要紧紧依靠中共姜堰区委的坚强领导，解放思想，团结一心，真抓实干，锐意进取，为全面实现“奋起泰州、崛起苏中”目标、建设更高水平小康社会做出新的更大的贡献。

政府工作报告

——2015年1月13日在泰州市姜堰区第十四届
人民代表大会第四次会议上

区　长　张长平

各位代表：

现在，我代表区人民政府向大会报告工作，请予审议，并请区政协委员和其他列席人员提出意见。

2014年工作回顾

过去的一年，我们在区委的正确领导下，围绕“奋起泰州、崛起苏中”大突破之年的目标要求，认真落实稳增长、促改革、调结构、惠民生的各项措施，基本完成了区十四届人大三次会议确定的目标任务。

区域经济稳步发展。继续跻身全国中小城市科学发展百强区。预计全年实现地区生产总值500亿元，可比增长10.8%。其中，一产增加值36亿元，可比增长4%；二产增加值252亿元，可比增长10.6%；三产增加值212亿元，可比增长11.8%。三次产业结构比例为7.2∶50.4∶42.4。实现公共财政预算收入30.35亿元，增长12.7%；实现固定资产投资330亿元，增长23.4%；城乡居民人均可支配收入达到31490元、14860元，分别增长9.7%、10.8%；实现社会消费品零售总额156亿元，增长13%。农业发展活力增强。改革与建设试点工作走在全国前列，探索形成了“1+6+7”规模经营路径、“八有”示范性家庭农场创建标准、富民担保模式、土地流转经营权抵押贷款等一批全国有影响、能复制、可推广的创新实践成果。土地确权颁证在全省率先推进，区级农村产权交易平台、农业投融资公司、粮油产销行业协会、农产品电子商务四大平台建成运行，为农服务综合体建设规范有序。粮食生产实现“十一连增”，获评“全国粮食生产先进县”。新增规模经营面积8066.67公顷、设施农业面积1413.33公顷、泰州市级农业产业化龙头企业4家，认定规模种养大户及家庭农场618个。城北现代农业走廊建设提速，农产品加工集中区搬迁安置工作全面完成、主干道路顺利开工，河横稻麦示范基地获评国家农业科技创新与集成示范基地。我区创建成全国休闲农业与乡村旅游示范县（区）。工业生产平稳运行。全区完成工业开票销售458亿元，增长13%；预计列统企业完成现价产值1130亿元，增长17%；全部工业用电量22.48亿千瓦时，增长6.5%。完成工业投资216亿元，增长19%；工业设备抵扣增值税2.42亿元，增长46%。汽车零部件、医药制造业以及钨钼制造业等传统产业持续向好。企业技改力度继续加大，共实施3000万元以上技改项目48个，其中亿元以上项目11个，南洋电缆一期、飞船公司变速箱齿轮等一批重大项目建成投产。开放型经济再攀新高。全区新批外资项目15个，实际利用外资1.5亿美元。累计实现自营进出口总额10.3亿美元，增长17%；外经营业额1.48亿美元，增长5%。五行材料科技页岩气管道成功打入美国市场，月均出口600万美元，增长185%；华丽塑料进出口首次突破1亿美元。建筑业扩大贡献份额。预计全年完成建筑业总产值390亿元，实现增加值92亿元，在姜堰入库税收4.4亿元，分别增长11.1%、12.2%、4.8%。新增建筑企业17家，晋升二级以上资质企业11家。服务业保持增长态势。全年新增限额以上服务业企业18家，服务业增加值占比提高1.1%。首家电子商务服务机构——江苏易销电子商务有限公司投入运营。成功举办第九届中国湿地生态旅游节暨2014年中国泰州姜堰溱潼会船节，溱湖旅游景区创建成国家级环境科普教育基地和生态旅游示范区，古罗塘旅游文化景区（北大街文化街区）创建成国家AAAA级旅游景区，中艺农业生态园创建成国家AAA级旅游景区。全年接待游客540万人次，实现旅游直接收入13.5亿元，分别增长10%、12%。健康产业集聚区项目初步列入省重点项目计划。金融存贷总量稳步攀升，综合存贷比列泰州第一，顺利通过省金融生态优秀县（区）复核验收。

发展后劲持续增强。项目建设扎实推进。全区签约5000万元以上工业项目55个，其中亿元以上项目30个；5000万元以上在建工业项目55个，计划总投资133亿元，其中亿元以上项目26个、5亿元以上项目9个。全年竣工亿元以上工业项目21个。创新资源加快集聚。全区高新技术产业产值占规模以上工业产值比重达39.6%，新增三部委认定高新技术企业17家，国家火炬计划高新技术企业1 家；实施国家级各类科技计划项目13项；新增省级企业重点研发机构2家、企业院士工作站1家、研究生工作站6家。建成泰州赛宝工业技术研究院、姜堰科创中心、智谷软件园等国家和省级科技创新创业载体，区生产力促进中心获批国家级示范中心。成功举办“百名专家姜堰科技行”活动。组织各类产学研活动28场次，实施高质量产学研合作项目68项，共建产学研联合体16家。全区申请专利4545件、授权1525件，建成省级知识产权战略实施示范区。组织企业参与制订国家、行业标准9个，1个国家级、3个省级标准化试点单位通过考核验收。全年新获批国家驰名商标3件、省著名商标3件、省名牌产品4个。新引进高层次创新创业人才33人、创新创业团队2个。省科技镇长团发挥积极作用。园区效应逐步显现。“一区两园”完成工业开票销售279亿元，增长16.5%，占全区总量的61%，拉动全区工业开票增长7%。开发区在建亿元以上项目16个，与昆山高新区共建的“昆山高新区姜堰工业园”正式获批。科技园区创建成泰州特色园区，在建5000万元以上工业项目8个，实施3000万元以上重大工业技改项目4个，新建10万平方米扬帆中小企业创业园。装备园区开工在建5000万元以上新办项目3个，油气装备产业被列入省特色产业集群，获评省级油气装备出口产业基地。“一区两园”实际到账外资1.26亿美元，占全区总量的84%。

城乡面貌日益改善。城市功能不断完善。实现引长江水工程行政村全覆盖。2.5万平方米经济适用住房、38万平方米农民安置房竣工交付。香溪美地、古田桥下等4处公共停车场建成使用。改造后的人民公园对外开放，药厂路游园、气象局南侧游园和振兴北路游园基本建成，三水公园一期工程竣工。陈庄、城北农贸市场建成营业，开发区学校竣工交付，婴幼儿早教中心、开发区医院正在加快建设。实施老年医疗服务中心和康复护理院改造建设工程，城区新增1处老年活动中心。蒋垛、顾高、大坨、梅垛4条农公班线公交化改造顺利实施，实现城镇公交全覆盖。完成光明东村、西野行等老旧小区整治，高效完成旧城改造及城乡道路建设共770户房屋征收搬迁任务。基础设施加快建设。城区古田东路等14条道路建成通车。东部干线三期、顾高镇双园路、205县道张甸段顺利通车，科技园区滨河路、304县道娄庄西段、205县道俞垛北段、新通扬运河官庄大桥全线贯通。229省道改扩建、陈庄路下穿盐靖高速、华溪大桥等交通工程正在加快推进。提档升级农村公路56.3千米，建成桥梁37座；改造镇村危桥70座。完成天目东路

等10.2千米污水管网配套。16个镇（区）接通天然气管网。建成城区垃圾消纳场。城乡环境明显提升。完成城市环境53个子项整治任务，南、北大街和中天社区分别通过省级城市管理示范路和示范社区现场考核验收。全区262个行政村、2160个自然村环境整治全覆盖，顺利通过省和泰州市全域整治考核验收，被评为省村庄环境整治示范区先进单位。国家生态区创建在泰州市率先通过环保部考核验收，15个镇全部获得国家生态镇命名，开发区创建成省级生态工业园区。关停并转化工生产企业20家；农村生活污水处理等环境基础设施稳定运行，燃煤锅炉整治、建筑扬尘防治等专项行动取得成效。全面推行"蓝天卫士"远程监控，大力推广秸秆机械还田集成技术，秸秆"双禁"工作实现新飞跃。卤汀河干河拓浚全面完成，泰东河河道工程基本竣工，疏浚整治老通扬运河磨桥河至东姜黄河段和三级河道136条，更新改造泵站108座。新增造林面积733.33公顷，新建、改造绿色通道12条。10大类47个子项为民办实事项目按序时完成。

社会建设全面进步。保障水平稳步提高。大力促进创业就业，全年新增个体工商户3281户、私营企业1806家，全区私营企业总数突破1万家；新增城镇就业12305人，转移农村劳动力10671人，城镇登记失业率2%。社保扩面成效显著，城乡居民养老保险参保率、续保率分别为99.8%、95.2%。实现60周岁以上年老人员养老保险全覆盖，企业退休人员养老金平均提高到每人每月1743元，城乡低保标准分别提高到每人每月530元和430元。自11月份起，全区最低工资标准增加至1630元。推行城镇职工基本医疗保险门诊统筹，城镇职工基本医疗保险二次补偿最高标准提高至5万元；新型农村合作医疗筹资标准提高到430元/人，实施医疗救助8021人次、1731.5万元。生育险缴费比例从0.8%降至0.5%，并向男职工发放生育津贴。完善救助体系，提高低保、五保、优抚、重残等特殊群体救助水平。健全养老服务体系，全年发放尊老金1900多万元，181家AA级、9家AAA级居家养老服务站和8家老年关爱之家通过省级验收。社会事业协调发展。教育均衡发展水平进一步提高，高分通过全国义务教育发展基本均衡区、省义务教育优质均衡发展区评估验收，创建成省学前教育改革发展示范区。全区义务教育阶段学校达到省教育装备Ⅰ类标准，现代化学校创成率在90%以上。建成5所学校配套用房和3所幼儿园，加固校舍3.6万平方米。大力整治在职教师有偿家教行为，规范校外辅导及托管服务市场。中、高考和学业水平测试成绩继续保持泰州领先、全省一流位置。文体中心进入内部装修阶段，姜堰博物馆、凤凰文化广场正式对外开放，天目山遗址核心区一期保护工程完成规划编制报批；公共文化服务"3311"年度工程全面完成；第一次全国可移动文物普查工作有序开展。我区入选"2014—2016年中国民间文化艺术之乡"，被评为2014年江苏省实施农家书屋提升工程试点工作示范区。全面推进县级公立医院综合改革。实施乡村医生签约服务试点工作，提升基本公共卫生项目服务均等化水平，在全省率先为在岗乡村医生办理工伤保险。推进洪林、王石、马庄3家卫生院医疗业务用房建设，启动大坨、港口卫生院搬迁工程。深入整顿规范食品药品市场，全面实现餐饮服务食品安全合格达标。认真落实单独两孩和计生惠民政策，开通再生育审批绿色通道，区计划生育指导站新业务楼投入使用。成功举办第四届世界女子围棋擂台赛、全国桥牌A类俱乐部联赛等大型赛事。初步建成"三网（电信网、广播电视网、互联网）融合"的新一代广播电视基础网络。区档案馆通过省AAAA级数字档案馆评估。社会管理不断创新。罗塘街道办事处和三水街道办事处挂牌成立。全面推进综治平安、法治建设和"六五"普法工作。社会管理服务三级平台总体建成，综治规范化建设水平明显提升。加速技防城建设，区镇村技防监控系统提档升级，"车卫士"做法被泰州市推广。健全快速反应机制，持续开展治安整顿专项行动，公众安全感保持在较高水平。应急联动机制进一步完善。安全监管基础建设得到加强，实现安全生产事故起数和死亡人数双下降。综治创建持续深入，农村和谐社区达标建成率近80%，省级民主法治示范村创成率逐步提高，近40%的村创建成“六无村”，连续十年被评为“省平安市（区）”。实现省级“双拥模范城”四连冠。积极支持工会、团委、妇联、工商联、科协、残联、文联、社科联、侨联、红十字会、慈善等群众团体开展工作，人武、人防、外侨、台湾事务、民族宗教等工作进一步加强。

政府效能不断提升。推进作风建设。扎实推进群众路线教育实践活动，建立作风建设常态化督查机制。调整指标体系，突出考核导向，绩效管理更加科学合理。完善政务服务体系，建立区政务服务管理办公室、公共资源交易中心，区便民服务标准化通过国家级试点建设项目验收。整合工商、质监、食药监机构和职能，组建市场监督管理局。深化行政审批制度改革，审批事项由633项精简至176项，审批时限压缩一半，年压减行政审批收费近700万元，启动企业注册登记“四证一体”（即将企业设立登记所涉及的工商营业执照、质监组织机构代码证、国税税务登记证、地税税务登记证事项，实行“一窗受理、内部流转、同步审批、统一发证”的审批服务模式）。加强中介机构规范管理，出台《中介机构备选库建设管理暂行办法》，开发中介机构备选库信息管理系统。“‘12345’·政风行风热线”全年接处来电34058个，区级负责人现场接处群众来电636个，解决了一批群众反映的热点、难点问题。义茶亭论坛答复民生问题发帖2020个，“网罗正能量”互动活动反响良好。注重依法行政。通过政府门户网站和部门子网站公开各类政府信息，48个部门和单位3213项行政权力网上公开透明运行。出台保障民生和经济转型升级类规范性文件12件。主动接受人大及其常委会法律监督、工作监督和政协民主监督，坚持重大事项向人大报告、向政协通报制度。全年办结人大代表建议174件、政协委员提案208件、选民代表建议124件。落实廉政要求。认真落实中央八项规定和省、市、区委实施办法，坚决反对“四风”。严格控制“三公”经费支出，将“三公”经费管理纳入部门（单位）绩效考核，全年“三公”经费下降15%。积极推进预算信息公开，11个区级部门进行预算信息公开试点。规范政府债务管理，对政府性债务进行清理甄别。严格控制机构编制增长，实现了财政供养人员只减不增目标。加强效能监察和审计监督，对2011年以来的849个政府投资工程逐一排查，发现的问题全部得到整改。在全省首创招标采购短信提醒服务，保障招标人的知情权、决策权。

各位代表，过去的一年，政府工作的开展，各项成绩的取得，来自于区委的正确领导，来自于区人大、区政协和社会各界的监督、支持，来自于全区人民的团结拼搏、开拓进取。在此，我代表区人民政府，向各位人大代表、政协委员，向全区广大干部群众和社会各界人士，致以衷心的感谢和崇高的敬意！

与此同时，我们清醒地看到，全区经济社会发展中还存在着一些矛盾和问题，主要是：经济发展还不够充分，经济下行压力加大，部分企业和行业回升不快，重大项目招引成效不够明显，经济增长动力不足；财政收支压力较大；民生改善与群众期盼还有差距；机关作风和效能仍需进一步改进，等等。对此，我们将高度重视，积极应对，切实加以改进。

2015年主要工作安排

今年是全面完成“十二五”的收官之年、全面深化改革的关键之年、全面推进依法治国的开局之年，也是姜堰“奋起泰州、崛起苏中”的决胜之年。**政府工作的总体要求是：**以习总书记视察江苏重要讲话精神为根本遵循，全面贯彻中央经济工作会议和省、市、区委全会精神，紧扣“打造中心城市东部新城区、市区经济重要增长极、宜居宜业生态新名片”总体定位，主动适应经济发展新常态，以全面深化改革为动力，以促进转型升级为突破，以增进民生幸福为根本，坚持稳中求进、致力稳中奋进、奋力追赶海安，坚定不移实施“项目兴区、环境立区、富民强区”战略，加快推进思想再解放、项目大突破、城建新提升，全力打赢“奋起泰州、崛起苏中”决胜之战，谱写

“迈上新台阶、建设新江苏”的姜堰篇章。

全区经济社会发展的主要预期目标是：地区生产总值增长10%左右；公共财政预算收入、城乡居民收入实现与经济基本同步增长；固定资产投资增长20%以上；实际利用外资1.8亿美元；社会消费品零售总额增长12%左右；城镇登记失业率控制在3.5%以内；节能减排达省指标。

实现上述目标，我们将主动适应新常态，瞄准先进，锐意进取，着重抓好以下六个方面的工作：

一、更实举措促进经济转型

推进农业改革建设试点。创新农业经营体制，加快完成农村土地承包经营权确权颁证工作，全面推进镇村产权交易服务站（点）建设，形成统一、高效、规范的三级平台体系和工作机制，依托村级组织组建土地股份合作社，有序开展土地集中流转和发包经营。加强新型职业农民培育，完善家庭农场准入机制，促进农业适度规模经营健康发展，规模经营面积占家庭承包面积比重达65%，新增省级以上农业龙头企业1—2家、市级以上示范性家庭农场10家、市级以上“五好（服务成员好、经营效益好、利益分配好、民主管理好、示范带动好）合作社”10家。整合涉农政策和资金，突出“四园（省级现代农业产业园、省级农产品加工集中区、省级休闲观光农业园和台湾农民创业园）一体”重点板块和沈马、农溱、娄沈三大轴线区域，高标准打造城北现代农业走廊，高质量建设国家农业科技创新与集成示范基地，加紧完善现代农业园区路网、标识系统，加快实施农产品加工区配套基础设施和标准厂房建设，着力引进一批实力强、科技含量高的产业化龙头项目，建成智能农业物联网综合应用示范系统。提升订单农业质效，加快组建各类产销行业协会，联手育种公司、加工企业、家庭农场、种养大户，推广品质化、生态化、标准化生产模式，着力开发高端市场。探索建立“粮食银行”，提高种粮收入。创新农业投融资机制，加大涉农信贷支持补偿力度，开展规模经营主体动产、不动产登记，积极推进大型农机具、土地流转经营权、“农产品产销订单+政策性农业保险保单”、林权等抵（质）押贷款试点。逐步开展集中育供秧、植保专业化防治和家禽价格指数等保险，规避规模经营意外风险。加快镇村为农服务综合体建设，为农业生产提供产前、产中、产后社会化有偿服务，有效增加集体经济收入。

增强工业经济竞争实力。因企施策，分类指导，有针对性地推进特色产业发展壮大、重点企业提档升级、中小企业扩大规模。支持重点企业通过强强联合、兼并重组、嫁接联姻等方式，突破关键技术，培育具有竞争优势的特色产业链和产业基地。推进信息化与工业化“两化融合”，充分发挥泰州赛宝工业技术研究院、李德仁院士工作站等院站的作用，积极培育新兴产业。加快技术改造步伐，引导企业推广应用新技术、新工艺、新装备、新材料，加快淘汰落后工艺、低端产品、陈旧设备和过剩产能，提高传统产业科技含量和制造业现代化发展水平。大力推进品牌和技术标准创建工作，提升企业核心竞争力。全年力争净增规模以上工业企业20家以上，实施30个3000万元以上的重点技改项目。智能电网、先进装备制造两大主导产业力争产销分别突破120亿元和200亿元，增长20%以上。稳步推进企业上市工作，年内实现1家创业板报会，2家企业新三板挂牌。

培育服务业特色亮点。推动“四城一街”等服务业集聚区整合资源、提升质态，打造一批各具特色的发展载体。加大城区重要节点地块、湖西庄、渔业社及溱湖南岸地块的项目招引力度，建设休闲娱乐、文化体验、会展中心、特色餐饮、康体养生等项目。发展壮大现代金融、信息咨询、文化创意及电子商务等新兴服务业，重点抓好智谷软件园、泰州电商谷建设工作，引导企业开展网上购销和洽谈签约，促进生态农业、加工制造业与现代服务业融合发展。大力推进大健康产业园建设，积极申报省级健康服务业集聚区。完成姜堰旅游产业创新发展规划，加快修编全区乡村旅游发展规划、溱湖国家旅游度假区规划及溱潼古镇保护规划。启动建设华侨城三期工程，规划建设溱湖露营基地，改造溱潼古镇景区，完善提升万竹园景区，构建“一核三区”旅游格局。推进旅游配套设施建设，争创国家级旅游度假区试点单位。办好第十届中国湿地生态旅游节暨2015年中国泰州姜堰溱潼会船节。规范发展新型金融组织，深化信用建设和金融生态创建工作，切实维护优良金融环境。

提升建筑业发展内涵。探索企业集团化运作模式，扩大投资比重，拓展专业领域，拉长产业链条，加快技术创新和人才培养，鼓励建筑企业加快资质升级，培育企业核心竞争力。积极探索建筑工业化生产方式，启动建筑产业园试点工作。完成建筑业总产值430亿元，增加值102亿元，提升财税贡献份额。

加快科技创新步伐。建立“走出去”与“请进来”相结合的产学研对接活动机制，发挥好“科技镇长团”的纽带作用，组织好“百企院校行”活动，设立高层次人才工作室，实施省科技成果转化资金项目2项，新增民营科技企业100家以上，培育科技领军型企业10家以上。加速实施知识产权战略，确保年发明专利申请量达到1200件，有效发明专利拥有量突破400件。全区高新技术产业产值占规模以上工业产值比重达40%以上。探索设立科技风投引导资金，创办科技支行、科技小额贷款公司、科技担保公司、科技保险公司等新型科技金融组织。

二、更大力度推动开发开放

全力以赴攻项目。强化项目导向，将产业特色、项目规模、科技含量、投资强度、投入产出比列为项目建设考核的重要指标，实施“第一年考核投资、第二年考核投产、第三年考核见效”的三年滚动考核机制。加强专业招商队伍建设。实行镇（区）、部门招商AB岗制度，发挥北京、上海、苏州三个招商分局作用，主攻外企、央企、国企、产业转移项目。优化招商方式。大力探索以企招商、委托招商、代理招商，拓宽项目信息收集的渠道；高频率、高效率组织招商推介会、洽谈会，实施精准化、产业化招商，提高成功率。高度重视本土企业的培育和发展，引导企业靠大靠强、嫁接改造、延伸链条。定期召开重大项目过堂会、项目建设督察推进会，对重大项目进展情况做到一旬一通报、一月一督察、一季一考核。全年新办亿元以上工业项目30个，其中10亿元以上项目6个，确保在招引重特大项目、龙头带动性项目上实现大的突破。

坚持不懈建载体。实行产业、项目、土地、人才等资源要素向“一区两园”倾斜，促进“产业集聚、企业集群、项目集中”。经济开发区加快南北园区共建步伐，加强全方位合作交流，学习借鉴昆山高新区先进的管理理念，联手主攻智能电网器件及其配套项目，推进智能电网产业园先行功能区等平台建设，在特色产业的形成上取得实质性进展，争创国家级开发区。科技园区加快省级现代服务业集聚区建设，放大电商平台效应，招引标志性、引领性的电商企业，促进传统产业“两化融合”、高新技术产业集聚发展，争创江苏省特色集聚区。装备园区以油气装备产业为核心，力争年进出口额突破2.5亿美元，努力打造起点较高、特色鲜明的百亿级产业集聚区。

千方百计强保障。切实做好城市建设用地增减挂钩和土地后备资源复垦开发工作，全面清理征而未供、供而未用、低效利用和闲置土地，通过收回、回购、部分转让、调整置换等方式盘活资源，原则上各镇不再新增工业项目建设用地。加强电力调度，保证重点企业和经济效益良好企业正常生产用电。强化金融政策引导，鼓励信贷资金投向实体经济，创新抵质押方式，拓宽融资渠道，降低融资成本，促进银企双赢。深化职业教育校企合作，加强供需对接，开展订单培育、订单招工、订单服务，保证用工需求。

三、更高水平统筹城乡发展

突出规划引领。编制国民经济和社会发展第十三个五年规划，认真开展“多规合一”试点工作，着力统筹解决经济发展、城乡布局、土地利用、生态环境保护等重大问题。加快推进泰姜规划融合，积极参与泰州市第四轮城市总体规划修编，突出姜堰城区与泰州沿江港区、医药高新区、火车站街区的连接，合理组织物流快速交通，促进产业转型升级。完善绿地系统规划，形成以滨河绿化为廊道、主要干道为纽带、人文内涵为特色的城市绿化体系，构建综合公园、主题公园、街头游园等均衡布局的生态绿地系统。切实抓好镇村规划编制，完成溱潼、梁徐、桥头等镇总体规划修编，调整优化镇村布局规划，做好2015年省美丽村庄和示范村庄规划。

加快城乡建设。围绕泰州“城建新提升”两年行动计划，紧扣“中心城市东部新城区”定位，重点实施道路畅通、设施配套、生态绿化、旧城改造、民生关爱、文化旅游、开发建设、城乡统筹等“八大工程”。完成东海北路等9条城区道路和配套污水管网建设。推进328国道东延、229省道改扩建、353省道俞垛互通段、姜高路东延、华溪大桥等交通工程。继续实施引长江原水工程，建设自来水深度处理设施。实现天然气管网以镇为单位、公交以行政村为单位全覆盖。提升城区道路、河道、小区、单位和交叉节点绿化、亮化和美化。有序推进房地产开发，加大城区已征收搬迁地块和重要节点项目招引力度，探索住户申请、政府组织的新模式，适时启动城区部分地块房屋搬迁改造工作，实施南苑新村、长沟东二村等老旧小区综合整治，新增保障性住房，完成城区公共自行车系统建设，开展智慧小区建设试点。围绕“两线四区”，继续做优做靓古罗塘景区，加快人民公园完善提升，完成天目山遗址及周边相关工程，打造老通扬运河水上生态游览线。继续推进小城市、重点镇和其他镇建设，因地制宜实施休闲公园、商贸街区、文化中心等项目，推动各镇完善功能、提升形象、升级产业，促进工业向园区集中、人口向城镇集中、居住向社区集中、土地向适度规模经营集中，加快城乡一体化进程。完成农村危房改造任务，开展渔民上岸安居工程建设。抓好城乡污水处理设施规范化运营和管网延伸，力争年底污水收集处理率在85%以上。

强化综合管理。扎实开展城市环境综合整治，全面完成三年整治任务；深入推进标准化、网格化和数字化管理，着力提升市容秩序、户外广告、渣土管理、车辆棚亭和违建防治等方面管理成效，年内计划拆除违法建设2万平方米，创建成2条省级城市管理示范路和1个省级城市管理示范社区。大力实施环境保洁工程，按照“管理无缝隙、责任全覆盖、保洁全天候”要求，全面升级环卫作业标准体系，提升环卫保洁覆盖率，完善市场化运作机制，加强设施整修和更新维护，新增地埋式垃圾箱、垃圾转运车等一批环卫设施；切实加强村庄环境长效管理，定期开展集中整治活动，全面落实“五位一体”管护措施，不断强化督查考核机制，从源头上杜绝回潮反弹，确保城区生活垃圾收集率达98%、处理率达95%，农村生活垃圾无害化处理率在90%以上。

四、更严要求保护生态环境

筑牢生态屏障。巩固扩大国家生态区创建成果，加强区镇村生活污水处理设施长效运行管理。继续实施河道疏浚整治、圩堤加固、闸站更新改造等水利基础设施建设，严格水源地保护，全面消除城市黑臭河道。加强溱湖湿地公园、中干河饮用水源保护区和新通扬运河清水通道维护区等生态红线区域的保护与建设，着力提升生态修复功能。高标准实施绿色通道、村庄绿化、高效林业、森林抚育四大工程，新增造林面积333.33公顷，创建绿化示范村12个以上。争创1—2个省级“美丽乡村”示范点。

加强污染防治。完善重点污染源在线监控中心建设，开展排污权有偿使用与交易工作，严控主要污染物排放总量。积极实施用煤大户颗粒物脱硫脱硝和提标改造工程，抓好化肥公司、振昌公司等重点燃煤企业燃煤效率跟踪监管。扎实开展工业生产环保专项行动，重点对重金属、电镀、化工等行业实施执法监管和风险防控。深化第三轮化工生产企业专项整治，全面完成三年整治任务。持续开展机动车尾气、建筑扬尘集中整治，扎实推进秸秆“双禁”和综合利用，实现$PM_{2.5}$达标率逐年提升。

建设绿色家园。推行环保终身追责和“一

票否决”制，大力发展循环低碳、环保新型工业，认真执行环境影响评价制度和环保“黑名单”制度，严禁未批先建，杜绝高排放、高污染项目立项。树立崇尚自然、追求健康、注重环保的消费观念，倡导每个单位、每个家庭共建资源节约型、环境友好型社会。启动实施生态文明示范区建设工程，开展生态科学知识和法律法规普及活动，引导社会团体和公众参与环境治理和生态建设，共建生态文明。

五、更广领域增进民生福祉

提高保障水平。放手发展民营经济，促进就业创业，全年新增就业9000人，转移农村劳动力5600人；新增1家电商创业培训基地、6家创业孵化基地，培植各类创业典型；劳动密集型企业贴息贷款额度由200万元增加到300万元。加强社保资金征收，实施全民参保登记，持续推进社保扩面提标，推行社会保险费网上申报等便民服务，城乡居民养老保险覆盖率巩固在95%以上；实施新型农村合作医疗大病保险，新型农村合作医疗筹资标准提高到500元；及时调整相关医保政策，积极探索单病种包干结算、按床日付费等公立医院配套改革相关工作；做好被征地农民社会保障“即征即保”和失业人员灵活就业社保补贴工作；提高农村低保标准和五保、孤儿、城市“三无”（无生活来源、无劳动能力、无法定抚养义务人）人员的供养水平。构建和谐劳动关系，巩固劳动保障监察“半小时维权服务圈”建设和企业工资集体协商制。完善养老服务体系，推进养老服务业发展和老年活动中心建设。加快发展公益慈善、红十字、见义勇为、残疾人事业，加大扶贫助民力度，不断完善社会救助、保障和服务体系。

发展社会事业。进一步改善办学条件，优化资源配置，提升办学水平，推进省教育现代化示范区创建，放大教育品牌效应。深化教育优质均衡发展，推动区域内校际师资流动，提升师资配置均衡度。着力健全学前教育管理体制和现代职业教育体系，深入实施素质教育“5+2”工程（“5”指主题德育、自主学习、青春活力、实践体验、未来素养五大行动，“2”指区域推进展示、学校微创新激励两大机制），提升师生幸福指数。开展“师德师风建设年”活动，继续加强在职教师有偿家教、校外辅导及托管服务机构专项整治。启动省级公共文化服务示范区创建工作，深入推进公共文化设施完善提升工程，继续实施百姓大舞台和社区书吧建设，加快姜堰美术馆建设，健全农村十里文化圈、城市十五分钟文化圈。深化医药卫生体制改革，加快建设现代医疗卫生体系，完善服务网络，推进省级慢性病综合防控示范区和健康促进区创建。完善市场监督管理局体制和职能，加强食品药品市场的监管。加大计生惠民力度，全面推进幸福家庭创建活动。建设城乡体育健身圈，推进全民健身运动，积极承办一批大型赛事。推进数字电视系统升级优化。《姜堰市志》通过泰州终审。强化组织协调，办好2015年10大类42个子项为民实事。

创新社会治理。全力推动普法责任制的落实。大力实施社区管理网络化、服务智慧化、物业标准化建设，进一步提升社区为民服务水平。严格区级机关社区工作事项准入制度，加快培育各类社会组织，推进政社互动。加快建立公共信用信息平台，做好信息整合和信用管理。深化平安姜堰建设，完善立体化现代化治安防控体系，依法打击各类违法犯罪行为。促进综治管理网格化、社会化、信息化、规范化，加大矛盾纠纷排查化解力度，建成“阳光信访”系统，畅通和规范群众诉求表达渠道。统筹推进“六无”村（社区）、省级民主法治示范村等系列创建，着力提升创建质效，增强全社会安全防范和法治意识。推进宗教领域法制化、规范化建设。加强防灾减灾和应急管理体系建设，严格落实安全生产责任，重点推进主体责任的落实，强化重点领域安全监管，有效防控安全生产事故发生。

六、更高标准加强政府自身建设

依法行政。贯彻落实党的十八届四中全会精神，全面加强法治政府建设。进一步健全公众参与、专家论证、风险评估、合法性审查和集体讨论决定等决策机制，提高科学、民主、依法决策水平。执行规范性文件审查备案制度，健全行政执法和刑事司法衔接机制，建立信息共享、案情通报、案件移送制度，实现行政处罚和刑事处罚无缝对接。规范行政执法行为，严格行政执法过错责任追究。畅通行政复议渠道，提高行政应诉能力，严格执行行政负责人行政案件出庭应诉制度。认真执行区人大及其常委会的决议、决定，坚持重大事项向人大报告、向政协通报制度，主动接受人大法律监督、工作监督和政协民主监督。进一步做好人大代表议案、政协委员提案办理工作，实行政府负责人牵头领办，提高办成率、提升满意度。健全政务公开和新闻发布制度，推进行政权力网上公开运行。

务实理政。增强危机感、紧迫感，学习先进，追赶先进，以思想的解放和扎实的工作推动发展的大跨越。坚定不移加快改革步伐，探索政府职能转变新途径，更好履行社会治理和公共管理职能。继续深化行政审批制度改革，完善政务服务机构设置，全面公开行政审批目录清单、行政权力清单、收费项目清单；动态调整和精简审批事项，建立并联审批机制，推进四证合一。深化行政执法体制改革，整合执法职能，形成立体化、专业化、高效率的监管体系。做好张甸镇简政放权试点工作。进一步规范中介机构管理，清理取消各种行业性保护政策；进一步拓展公共资源交易进场范围，扩大政府购买公共服务领域范畴。全面实施工程建设项目招投标全程电子化单轨运行，实现工程建设项目招投标与省、市联网并行。继续发挥“‘12345’·政风行风热线”等政民互动平台的作用，定期组织区级负责人上线与市民直接交流，形成有序高效的民意诉求收集办理机制。强化效能督察督办，从严整治“庸、懒、散、慢”等不良风气，努力把打基础、利长远、惠民生的实事要事办结办好。

廉洁从政。持之以恒贯彻执行中央八项规定和反“四风”要求，坚持厉行节约，严格控制“三公”经费和超预算支出，推进公务用车制度改革，努力降低行政运行成本。细化预算编制，强化预算约束，全面推进预算信息公开工作。加强行政事业单位基本建设和设备购置管理。坚持民生优先导向，优先保障民生经费安排。完善区镇财政体制，提高区镇财政保障运行能力。加强政府性债务管理，规范举债建设，控制新增债务，有效释放民间投资潜力，引导和鼓励社会资本参与基础设施和公共事业建设。深化公共领域专项资金的审计和核查，加强对重点领域、重大项目和关键环节的监督检查，以零容忍态度惩治腐败，树立政府务实清廉良好形象。

各位代表，重任在肩，时不我待。让我们在中共泰州市姜堰区委的坚强领导下，在区人大、区政协的监督支持下，团结和依靠全区人民，群策群力谋发展，同心同德干事业，为开创姜堰改革发展的新局面而努力奋斗！

2014年改善民生十个方面实事完成情况对照

表1

序号	实事项目	完成情况
1	城乡建设：实现引长江水工程以行政村为单位全覆盖；建设药厂路东延、上海路南延等城区道路；实施光明东村、西野行等老旧小区整治；新建气象局南侧、振兴北路2处游园；新建3处停车场	实现引长江水工程以行政村为单位全覆盖，按序时完成管网改造；完成天目东路、五中东路、高教南路、经三路、花园西路、上海南路、兴业路、药厂路建设；完成光明东村、西野行、北苑新村老旧小区整治；建成气象局南侧、振兴北路游园；建成古田桥下、香溪美地、人民医院对面等4处停车场
2	住房保障：新建保障性住房2.5万平方米，基本建成经济适用住房200套	完成经济适用房建设任务
3	公共交通：完成姜堰至顾高、梅垛、大坨、蒋垛4条线路公交化改造	完成改造任务

续表1

序号	实　事　项　目	完　成　情　况
4	道路桥梁：建成东部干线大�至蒋垛段；实施S229改扩建工程；开工建设G328东延、姜高线东延工程；完成陈庄路下穿盐靖高速主体工程；启动建设S353俞垛至华港段；新改建二、三、四级农村公路30千米，农村桥梁30座；改造镇村河道危桥70座	东部干线大坨至蒋垛段建成通车；S229改扩建完成年度任务；G328和姜高线东延工程完成勘查、设计等前期工作，施工图通过审查；陈庄路下穿盐靖高速完成桥梁主体工程；S353俞垛至华港段完成华溪大桥下部结构10%；农村公路提档升级56.3千米，建成农村桥梁37座，改造镇村危桥70座
5	环卫设施：新建城东垃圾中转站；城区改扩建公厕10座，新建改造垃圾房、地埋式垃圾箱65座；新建城区建筑垃圾消纳场	城东垃圾中转站主体工程封顶，建成城区垃圾消纳场；完成城区改扩建公厕和垃圾房、垃圾箱建设任务
6	农田水利：疏浚整治老通扬运河磨桥河至东姜黄河段；更新改造泵站100座	完成老通扬运河磨桥河至东姜黄河段的疏浚整治；更新改造泵站108座
7	农贸市场：规划建设2个农贸市场	建成陈庄、城北2个农贸市场
8	文化教育：完成10所学校3.6万平方米校舍安全工程加固改造,新建5所学校的综合楼等配套用房；完成梁徐、沈高、张甸等镇幼儿园建设工程；配套建设2000平方米以上的婴幼儿早教中心；建成开发区学校；完成1.6万平方米文体中心建设	完成校舍加固任务，5处综合楼交付使用；建成梁徐、沈高、张甸三个镇幼儿园；早教中心变更计划，明确在原闸招地段配套实施，已开工建设；建成开发区学校；文体中心进入内部最后装修阶段
9	医疗卫生：实施洪林、王石、马庄卫生院等医疗业务用房建设，启动大坨、港口卫生院搬迁工程；实施居民健康卡工程；实施开发区医疗卫生服务网点建设	完成洪林、王石卫生院病房楼建设，马庄卫生院门诊楼主体封顶，大坨卫生院搬迁土建工程在建，港口卫生院附属用房开工建设；居民健康卡工程硬件设备安装调试完毕，试点镇卫生院安装部署HIS软件；开发区医院完成征地、手续办理等工作
10	养老服务：社会化养老新增目标床位500张以上；城区新增2处老年活动中心	全年新增各类养老床位500多张；建成1处老年活动中心，另1处变更计划，明确在原闸招地段配套实施，已开工建设

2015年改善民生十个方面实事安排情况

表2

序号	类 别	实　事　内　容	实施时间
1	基础设施13项	建设引长江水5万吨/日净水设施及污泥处理设施	年内
		铺设科技局创业中心（时庄河—科技局创业中心）、外环东路（药厂北路—长江路）、高教路南延（328国道—振宇路）污水管网1300米	年内
		完成229省道姜堰南改线段路基和桥梁工程，实现南线基本贯通，姜八线老路半幅通车；开工建设229省道姜堰北段工程，完成路基土方40%、桥梁桩基40%	2014—2016年
		建设353省道俞垛互通段，完成华溪大桥下部结构	2014—2017年
		建设姜高公路东延工程，7月份完成征地搬迁任务，9月份完成招投标，10月份进场施工	2015—2017年
		建设328国道东延工程，7月份完成征地搬迁任务，9月份完成招投标，10份进场施工	2015—2017年
		建设东部干线新通扬运河二号桥拓宽工程，5月份完成征地搬迁工作，工程开工建设，12月份完成桥梁下部结构	2015—2016年
		完成农村公路提档升级30千米，新建、改造农村公路桥梁30座	年内
		建设科技大道，7月份完成征地搬迁任务，9月份完成招投标，10月份进场施工	2015—2016年

续表2

序号	类 别	实 事 内 容	实施时间
		建设外环东路（药厂北路—长江东路）	年内
		新建、改造农村镇级河道桥梁60座	年内
		更新改造泵站100座	年内
		建设老庄路与前进桥交叉口向东、城东健身游园等处停车场，增加停车位80个	年内
2	生态环境6项	疏浚整治骨干河道5条52.86千米	年内
		整治城区时庄河、吴舍河	年内
		建成城东健身游园、北苑新村西侧游园	年内
		实施城区“空转绿”工程，栽植树木4万株	年内
		实施三水大道东侧城市绿地建设	2015—2016年
		加强城乡环境长效管护，确保城区垃圾收集率达98%、处理率达95%，农村生活垃圾无害化处理率达90%	年内
3	社会保障4项	新增经济适用房200套、建筑面积2.5万平方米，公共租赁住房150套、建筑面积1万平方米	年内
		新建许陆三期安置房4.3万平方米、马厂七期安置房4万平方米	2015—2016年
		农村低保标准从430元/人·月提高到500元/人·月	年内
		建立新型农村合作医疗大病保险制度	年内
4	公共安全1项	建设社会治安技防系统	年内
5	教育发展2项	完成梁徐小学、姜堰四中、俞垛小学、溱潼二中等学校2万多平方米的校舍加固	年内
		完成溱潼中学实验楼建设	年内
6	医疗卫生4项	建设泰州市第二人民医院开发区分院一期工程	2015—2016年
		实施溱潼人民医院病房楼工程，土建工程主体封顶	年内
		新增无害化卫生户厕2万户	年内
		实施“城乡一体化”放心粮油工程，改造28家放心粮油店	年内
7	社区建设3项	实施南苑新村、长沟东二村等老旧小区和姚义巷、六角池当铺南侧巷道等6条后街背巷整治	年内
		做好农村社区便民服务用房达标工作，增强服务功能	年内
		实施中天新村智慧社区改造，新建1个智慧社区	年内
8	群众文化2项	建成20座百姓大舞台、5家社区书吧	年内
		开工建设姜堰美术馆	2015—2016年
9	公共服务4项	实现以行政村为单位公交全覆盖，新建城市候车亭30座、乡镇公交回转场5个、公交停车场1个	年内
		建设城区公共自行车系统，投放自行车1000辆以上	年内
		农村敬老院90%完成提档升级标准化改造	年内
		实施中天养老社区建设，建成养老房500套	年内
10	全民健身3项	配套完善350个自然村的健身设施	年内
		配套建设城区游园、社区健身设施	年内
		实施时庄河绿地、老通扬河滨河绿化、人民公园等区域健身慢行系统建设	年内
合计	42项	—	—

《政府工作报告》名词解释

“1+6+7”规模经营路径：即在推进农业规模经营工作中，坚持把培育发展家庭农场这一核心载体作为主攻方向，通过建立土地股份合作社、植保专业合作社、农机专业合作社、粮油产销合作社、资金互助合作社、村级农保服务点等六类专业服务平台，为新型主体提供产前、产中、产后全程服务，致力实现农田基础设施、农业机械化作业、标准化生产、科技推广、秸秆综合利用水平及农民收入、村集体经营性收入七个提升。

“八有”示范性家庭农场创建标准：即主体有资质、经营有规模、作业有装备、生产有标准、产出有效益、风险有保障、管理有规范、社会有信誉。

城北现代农业走廊：泰州规划在主城区北部建设现代农业走廊，南至宁启铁路，北至姜堰区沈马路沿线镇，东至娄庄镇，西至海陵区罡杨镇、姜堰区华港镇，面积594平方千米，涉及姜堰区华港、淤溪、桥头、沈高、溱潼、娄庄、俞垛等7个镇。

文化服务“3311”工程：扶建30个百姓大舞台，扶持30个特色文艺团队，送100场文艺演出下乡进社区，培训100名文艺骨干。

“六无村”：系平安村创建内容，“六无”即无越访集访、无重点人员失控、无八类刑事案件、无涉毒案件、无涉邪活动、无安全责任事故。

新常态：新常态是以习近平为总书记的党中央对中国面临的经济增长速度换挡期、结构调整阵痛期、前期刺激政策消化期“三期叠加”的经济形势作出的重要判断，习近平在河南考察工作时第一次提及。其主要特征是“中高速、优结构、新动力、多挑战”，即：一是增长速度的新常态，从高速增长向中高速增长换挡；二是结构调整的新常态，从结构失衡到优化再平衡；三是宏观政策的新常态，保持政策定力，消化前期刺激政策，从总量宽松、粗放刺激转向总量稳定、结构优化。中央的最新要求是认识新常态，适应新常态，引领新常态。

四城一街：即东方不夜城、泰州华侨城、华东五金城、华东汽车城和古罗塘街区。

一核三区：“一核”即以溱湖国家湿地公园、溱潼古镇、泰州华侨城为核心；“三区”即城区历史文化旅游区、沈高乡村休闲旅游区、蒋垛宗教禅修旅游区。

多规合一：这是2014年中央深化改革工作中的一项重要任务，由国家发展和改革委、国土资源部、环保部、住建部各自选定试点市县，旨在推动经济社会发展规划、城乡规划、土地利用规划、生态环境保护规划“多规合一”，形成一个市县一本规划、一张蓝图，有利于国土空间集约、高效、可持续利用，有利于规划统一衔接、功能互补、相互协调，有利于加快转变经济发展方式和优化空间开发模式，有利于促进经济社会与生态环境协调发展。全国共确定28个市县作为试点单位，江苏省分别是淮安、句容和姜堰。

中国人民政治协商会议
泰州市姜堰区委员会常务委员会
工 作 报 告

——在政协泰州市姜堰区第十三届委员会第四次会议上

（2015年1月12日）

区政协主席　仲亚岭

各位委员、各位同志：

我受政协泰州市姜堰区第十三届委员会常务委员会的委托，向大会报告工作，请予审议，并请特邀委员和各位列席人员提出意见。

2014年工作回顾

2014年，区政协及其常委会在中共姜堰区委领导下，以中共十八大和十八届三中、四中全会精神为指引，紧紧围绕区委“奋起泰州、崛起苏中”战略部署，牢牢把握团结民主两大主题，切实履行政治协商、民主监督、参政议政职能，团结带领全体政协委员和社会各界人士，建睿智之言、献务实之策、谋创新之举、聚发展之力，倾力服务大局、真情服务群众，全面完成了区政协十三届三次会议确定的各项工作和区委交办的各项任务，为推进改革发展、增进民生福祉做出了积极贡献。

一、围绕中心，突出重点，政治协商有序开展

围绕全区经济社会发展中的重大决策、重要问题、重点工作，精选协商议题，拓宽协商渠道，为改革发展广纳群言，广集民智。

精心组织，提高全面协商水平。十三届三次会议期间，委员们认真听取区政府工作报告及其他报告，通过分组讨论、大会发言、委员提案等形式，围绕区委、区政府重大决策开展协商议政，并就我区传统产业转型升级、现代农业园区建设、推进企业上市、发展电子商务等15个议题，进行大会献计献策发言，提出意见建议40多条，形成了政协全体会议协商的集体成果，体现了界别特点，彰显了“智库”优势。

优化选题，拓展专题协商范畴。精心选择党政亟待解决、群众普遍关注的热点问题和重点课题，有计划、有重点开展专题协商。全年召开主席会议5次、常委会议6次，就全区经济社会事业发展、重点园区建设发展、党风廉政建设、科技创新以及公、检、法工作，听取情况通报，进行专题协商，提出富有针对性和实效性的意见建议40多条，为党委、政府及相关部门开展工作提供智力支持。

完善机制，彰显联席协商优势。进一步完善区委、区政府与区政协联席协商机制，实现联席协商制度化、常态化。与区委的工作协商联席会议，协商审议了区委全会工作报告；与区政府的工作协商联席会议，相互通报工作

情况，协商讨论区政府工作报告和民生十件实事安排，通报区政协2014年调查报告、视察报告、走访建议书、民主监督建议书的反馈落实情况，实现了良性互动。

丰富形式，放大提案协商效应。十三届三次会议以来，广大委员紧紧围绕发展大局，密切关注民生，积极撰写提案，努力咨政建言，共提交提案231件，经审查立案208件。区政协提案委通过精选主席督办提案、公示十大民生提案、实施提案双向评议、开展办理情况点评、组织观摩办理现场等途径，不断丰富提案督办形式。区政府高度重视委员提案办理工作，全部提案均由区政府领导按照分工牵头领办，有力强化了提案办理质效，提案落实率、转化率稳步提升，实现提案见面答复率100%，除1件基本满意外，其余均为满意。

二、着眼服务，规范程序，民主监督扎实有力

坚持监督与服务并重，批评与支持统一，不断提高民主监督组织化、规范化程度，为落实党委决策部署、推进政府中心工作凝心聚力，保驾护航。

委派监督规范有效。继续以集中委派民主监督员小组的形式，对区法院等16家部门单位开展民主监督。各民主监督员小组按照区政协委派监督工作规程和实施细则要求，与受派部门协商对接，确定主题，制定计划，开展监督。通过参加会议、参与活动、走访座谈、查阅资料、问卷调查等形式，了解部门工作，收集群众诉求，提出意见建议。驻区检察院小组紧紧围绕“检察群众工作”和“不起诉案件公开”等监督主题，主动贴近，深度参与，实现了监督工作与部门工作互动共进。驻区公安局小组按照深化思想认识、细化主题方案、强化监督措施、固化工作成果的“四化”工作思路，有序推进民主监督工作。驻区城管局小组坚持沉下去调研、多形式视察、走出去评议、动态化跟踪，实现情况摸透、建议说准的良好效果。各受派部门高度重视、积极配合委派监督工作，对民主监督员小组提出的意见建议，虚心听取、积极采纳、及时整改。区民政局连续两年主动请求区政协进驻监督，并建立保障、沟通、联动、反馈四大机制，与民主监督员小组良性互动，实现了监督工作与民政工作的同频共振。区法院邀请监督员小组参加“诚信诉讼、护航发展”座谈会，旁听案件庭审，走访案件当事人，为监督工作有序开展奠定了坚实基础。区交通运输局根据监督小组提出的意见建议，先后出台2份关于城乡公交一体化的文件，及时将监督意见转化为工作措施。在各民主监督员小组和受派部门共同努力下，2014年委派监督工作更加深入、更有成效，所形成的16份民主监督建议书，问题指向准，意见建议实，为推进部门工作提供了有力支持，实现委派监督从亮点工作向品牌工作的跨越。

行风评议严谨有序。60多名区政协委员被相关部门单位聘为行风监督员和群众路线教育实践活动群众观察员，他们充分发挥联系广泛、位置超脱的独特优势，通过参与会议活动、庭审旁听、执法检查、价格听证、规划咨询等途径实施民主监督，及时提出针对性意见建议。组织全体委员参加各个层面的“社会评机关”活动，认真行使民主权利，客观评价部门服务。参加市政协民主评议市交通运输局、市住建局活动，组织座谈讨论、现场视察等活动7次，提出“推进市、区交通融合发展”等意见建议10多条。

专题督察推进有力。根据区委工作部署，继续对各镇（区）招商引资、项目建设工作开展专题督察。共察看项目建设现场50多个，走访企业40多家，形成督查通报4份，反映存在问题18个，提出意见建议12条。区委主要领导十分重视政协专题督察工作，亲自审阅每一期督查通报，并作出重要批示，肯定了区政协严谨细致、求真务实的工作作风，认为专题督察找准了存在问题，提出了针对性建议，有力地助推了全区项目建设。

社情民意积极有为。广大委员充分发挥社情民意信息民主监督“直通车”作用，就生态环境保护、道路交通安全、现代农业发展、农民增收致富等方面情况报送信息128条，及时向党委、政府反映民需民盼民求。区政协办公室对信息认真分类整理，编辑报送区委、区政府10条，报送市政协66条，被全国政协采用2条，省、市政协采用20条，2篇得到市领导批示。区政协连续10年被市政协表彰为社情民意信息工作先进单位。

三、注重创新，丰富载体，参政议政成果更优

围绕党委、政府中心工作，针对民生改善难点问题，深入调研，建言献策，参政议政思路更新，成果更优。

走访视察贴民生。做到紧贴民生选课题，深入基层看现场，出谋划策惠民生。围绕创建文明城市、打造宜居姜堰，主席走访区城管局，提出树立规范执法意识、加快基础设施建设、提升队伍整体素质等建议。围绕推进职工服务平台建设，主席走访区总工会，提出扩大建设规模、建立长效机制、强化职能作用等建议。针对群众日益增长的健身需求与体育设施建设相对滞后的矛盾，专题视察全区体育设施建设管理情况，提出加大资金投入力度、发展特色体育项目、指导群众科学健身等建议。针对残疾人保障和服务体系建设课题，专题视察全区残疾人事业发展情况，提出加大宣传力度、优化工作环境、提高保障水平等建议。围绕推进义务教育优质均衡发展难题，组织开展专题视察，提出实施校际结对帮扶、探索教育资源共享等建议。此外，还围绕金融生态环境建设、重点园区建设、社区矫正、服务业发展、“绿色工地”建设、财政工作、农田水利基础设施建设等开展走访视察。全年开展主席走访5次、专题视察8次，形成走访建议书3份、视察报告4份，报送区委、区政府，供决策和工作参考。

调查研究献良策。针对我区旅游业转型升级问题，区政协经科委组织专题调查，客观分析我区旅游业存在的问题和差距，提出了加强组织领导、科学修编规划、加快项目建设、丰富文化内涵、奋力开拓市场、倾力打造品牌等建议。围绕各级领导高度重视、基层群众广泛关注的公立医院综合改革工作，区政协城乡委开展专题调研，肯定了前期工作，梳理了存在问题，提出了规范药械招标采购、改革医保支付方式、健全管理制度、调整资源布局、提高服务水平、完善投入机制等建议。区委主要领导及相关领导对政协调查报告作出批示，肯定了政协调研成果，并要求相关部门认真研究、积极采纳。

文史宣传有影响。按照“阵地建在基层、成果来自基层”的要求，建立完善文史工作整体化建设模式，积极开展文史征集工作。全年征集出版《珍藏姜堰》《姜堰企业改革风采》以及蒋垛、溱潼古镇系列丛书共160万字。配合区纪委征集出版《姜堰勤廉人物故事》文史资料47篇。《姜堰名村》系列丛书荣获全省文化建设精品成果优秀奖。加大政协工作宣传力度，全年分别在国家、省、市报刊发表学习体会和工作经验交流文章34篇。

界别活动接地气。一是活动向基层推进。中共界委员沉到一线支招镇（区）建设，工商联界委员深入基层视察电子商务和现代物流产业发展情况，特邀界委员走进车间共商转型升级良策。二是阵地向基层拓展。启动“政协委员工作室”工作，由区政协各委办、各界别以及各镇政协工委牵头，在城区所有社区以及各镇部分村和企事业单位建立“政协委员工作室”76家，组织广大委员依托这一全新阵地，与基层群众面对面协商、点对点履职。教育界“政协委员工作室”向基层群众宣讲未成年人司法保护法律法规，无党派界“政协委员工作室”为群众提供法律咨询服务。三是服务向基层延伸。文体艺术界委员组织送文化进社区活动，丰富基层群众精神生活；医卫界委员开展健康咨询和义诊活动，受益群众500多人次；共青团界委员依托“姜堰新青年”微信公众平台，倾听青年心声，关注青年成长；科技界、科协界、经济界、农林界、妇联界等界别委员，结合自身特点，走村入企，提供技术服务，受到广泛好评。

四、弘扬民主，务实为民，自身建设再上台阶

以强化委员主体意识、提高机关服务能力为目标，深入开展党的群众路线教育实践活动，着力抓好自身建设，充分激发内在动力，政协履职的能力和水平明显提升。

团结民主促和谐。区委组织召开学习中共中央总书记习近平庆祝人民政协成立65周年重要讲话精神座谈会，区委书记李伟充分肯定区政协为姜堰各项事业发展做出的重要贡献，要求各级党组织重视支持政协工作，做好政协履职保障，鼓励全区各党派、各团体、各界别、各阶层代表人士，发扬团结民主，为姜堰改革发展凝聚合力，提供助力。会议引起了社会各界积极反响，在全区进一步营造了团结和谐、协商民主的浓烈氛围。区政协定期开展“主席接待日”活动，共接待委员20人次，收集建议30多条。加强与党外代表人士、“三胞”眷属、少数民族和宗教界人士联系，搭建多种平台，适时举办活动，促进民族团结，实现宗教和睦。与姜堰籍在外客商开展联系交友活动，继续做好扬州市姜堰商会捐资助学组织联络工作，该商会为我区贫困学生捐款50多万元。

委员履职有实绩。广大委员立足自身岗位，发挥表率作用，建树了政协委员的良好形象。丁如根等36名委员在政协委员履职考核中获优秀等次；仇爱琴委员荣获“全国巾帼建功标兵”称号；武晓明委员被表彰为“省优秀教育工作者”；冯蔚委员获全省群众文化干部业务技能大赛金奖；王洪祥委员应省委宣传部的邀请，赴俄罗斯参加“感知江苏”文化交流活动；曹德进委员荣获省科技进步三等奖；傅南昌、曹井军、刁卫东、黄海、陈豪威、张西全等委员积极参与公益慈善活动，全年累计捐赠钱物近60万元。

机关建设树形象。深入开展党的群众路线教育实践活动，积极排查整改作风建设、服务群众方面存在的突出问题，征集群众意见100多条，整改突出问题12个，修订规章制度18项，进一步建树了政协机关良好形象。全面提高服务意识，关心委员工作生活，组织委员参加体检，为委员寄送简报、订阅报刊，拓宽委员知情明政渠道。继续推进“数字化”政协建设，升级改版政协网站，发挥委员QQ群作用，为委员开展网上议政交流提供便利。积极支持政协之友联谊会和姜堰历史文化研究会开展工作。认真完成挂钩经济薄弱村、文明城市创建、房屋征收搬迁等中心工作。

基层工作显成效。各镇政协工委贯彻落实区委要求和区政协部署，在镇党委、政府支持配合下，稳步推进“123工程”，基层政协工作呈现民主和谐、生动活泼的良好局面。组织保障得到加强。根据区委提名，常委会去年任命了部分镇政协工委主任、副主任，进一步充实了镇政协工委工作力量。工作环境更为优化。各镇党委、政府高度重视、积极支持镇政协工委工作，与党政中心工作同布置、同推进，为镇政协工作提供人力财力保障。履职成效逐步凸显。白米镇工委开展委员“五挂联”活动，兴泰镇工委开展委员“三联三征三帮”活动，姜堰镇工委组织委员视察城区市场管理，俞垛镇工委开展“留守儿童生活现状”专题调研，张甸镇工委组织委员视察重点工程建设，娄庄镇工委组织委员参加基层站所作风评议，溱潼镇工委组织开展送文化下基层活动，顾高镇工委组织委员积极参与公益慈善活动，梁徐镇工委建言村庄环境整治，桥头镇工委助力秸秆“双禁”工作，兴泰镇兴亚公司“政协委员工作室”开展“我为工业经济发展献一计”座谈，溱潼镇龙港村“政协委员工作室”组织平安法治宣讲活动等，都为本地经济发展和民生改善做出了积极贡献。

各位委员、各位同志，过去的一年，区政协各项工作取得的成绩，是中共姜堰区委正确领导，区人大、区政府大力支持，各镇（区）、各部门（单位）密切配合，全体政协委员共同努力的结果。在此，我代表区政协十三届常委会，表示衷心的感谢和崇高的敬意！

在看到成绩的同时，我们也清醒地认识到，工作中还存在一些不足，主要是：协商民主重要渠道作用有待进一步发挥，参政议政水平有待进一步提高，委员队伍建设有待进一步加强。对于这些问题，我们将在今后工作中采取有效措施，切实加以改进。

2015年工作部署

2015年是姜堰“奋起泰州、崛起苏中”决胜之年，也是十三届政协各项工作的提高之年。全区政协工作的总体要求是：**以中共十八大和十八届三中、四中全会精神为指引，紧紧围绕贯彻落实区委十一届七次全会精神和全区政协工作会议精神，助推法治建设，促进深化改革，服务经济发展，维护和谐稳定，为全面实现崛起振兴奋斗目标和谱写“迈上新台阶、建设新江苏”的姜堰篇章做出积极贡献。**

一、强化思想武装，提升履职原动力

深入学习贯彻中共中央总书记习近平在庆祝人民政协成立65周年大会上的重要讲话精

神，坚持党的领导，坚持人民政协性质定位，坚持大团结大联合，坚持发扬社会主义民主，适应经济新常态和国家治理体系、治理能力现代化的新要求，推进人民政协理论创新、制度创新、工作创新。广大政协委员要切实增强做好政协工作的责任感和使命感，进一步强化自信、自觉、自为意识，把中央会议精神、区委全会精神与政协履职的生动实践紧密结合起来，与姜堰崛起振兴的发展目标紧密结合起来，坚定“当好政协人、说好政协话、做好政协事”的信心志向，做到与区委、区政府同心同向、同力同行。

二、助推崛起振兴，凝聚发展正能量

全面深化改革、加快转型升级、推进崛起振兴是当前姜堰经济社会发展的主题。区政协和广大委员要发挥优势，积极履职，把崛起振兴作为第一要务，为助推改革发展献计出力。

增强协商民主规范性。完善协商机制。主动与区委、区政府沟通对接，制定年度协商工作计划，有序开展协商。明确协商内容。将区委、区政府重要决策、重大项目、重点工作作为协商的主要内容，推动各项中心工作的部署和落实。丰富协商形式。全面开展专题协商、对口协商、界别协商和提案办理协商，定期开展“双月协商”活动，精选议题，广泛协商。强化协商效果。重视协商的组织策划、成果总结、反馈落实，不断增强协商效果，使协商的过程成为联系群众、发扬民主的过程，成为增进共识、推动工作的过程。

提升民主监督针对性。坚持委派监督为主、其他形式为辅，精选队伍、优化选题、强化履职，不断增强监督针对性。要把事关改革发展的重点问题、涉及群众切身利益的难点问题，作为政协民主监督的关注点和切入点，进一步拓展监督范围，创新监督手段，整合监督资源，提升监督实效，使党委、政府通过政协民主监督这个渠道，了解更多层次、更多领域、更多方面群众呼声和要求，实现好、维护好和发展好方方面面群众利益。继续开展项目建设专题督察，推动姜堰经济社会积极、健康、和谐发展。

突出参政议政前瞻性。紧扣“打造中心城市东部新城区、市区经济重要增长极、宜居宜业生态新名片”的总体定位，围绕我区农业改革、“多规合一”、简政放权试点，以及行政审批制度改革、园区体制机制创新、法治姜堰建设等重点领域和重大问题，突出“思想再解放、项目大突破、城建新提升”三大主题工作，助推“奋力追赶海安、加速崛起振兴”战略目标，精心安排主席走访，认真组织委员视察，深入开展调查研究，多谋发展之策，多出转型之招，做到“不一般地建言，不建一般的言”。坚持区委想什么，政协议什么；政府干什么，政协帮什么；群众盼什么，政协呼什么；党委、政府中心工作推进到哪里，政协工作就跟进到哪里，切实做到调查在先，研究在前，参政有为，议政有方，落实有力。

三、提升履职水平，唱响政协主旋律

充分发挥政协优势，不断提升履职水平，深化巩固创新成果，为推动发展、改善民生搭建大舞台，唱响主旋律。

提案办理重落实。既要注重提案质量，更要增强办理实效。引导委员以关注发展为重点，以改善民生为目标，加强学习研究，广辟提案来源，提交体现群众诉求、维护群众利益的高质量提案。进一步创新和完善提案办理机制，继续推行区政府领导牵头领办，主席、副主席重点督办，提案双向评议等制度，健全提案办理协商制度，探索群众代表评议提案工作制度，适时组织提案办理现场观摩和“回头看”活动，不断提高提案落实率和转化率，巩固提案工作的群众基础和社会基础。

文史宣传重成果。征集出版《姜堰文史》（续集）、《姜堰地名文化集萃》等文史资料，建好政协文史馆，组织开展展示展览活动，充分发挥文史工作“存史、资政、团结、育人”功能。进一步办好政协网站和政协简报，积极宣传报道我区政协工作的经验做法，不断增强外宣能力，扩大社会影响。

社情民意重质量。把服务民生作为社情民意信息工作的出发点和落脚点，及时反映群众诉求，协助化解民生难题。探索在“政协委员工作室”和区有关部门、单位建立社情民意信息征集站，密切联系群众，拓宽信息渠道，不断提高信息的准确性和时效性，编辑报送数量多、质量优的精品信息。

界别活动重实效。将社区“政协委员工作室”作为界别开展活动的重要阵地，积极探索界别活动的新形式、新内容，努力把“政协委员工作室”打造成民主协商的平台、履职尽责的平台、服务群众的平台。加强对界别活动的指导，进一步提高界别活动实效。探索建立界别联动机制，通过界别之间共同组织活动等多种途径，使界别作用发挥更加充分，履行职能更富成效。

四、发扬团结民主，建树整体新形象

充分发挥政协组织联系面广、包容性强的优势，强化自身建设，提升综合能力，谱写政协事业发展新篇章。

做好联系各界工作，营造民主和谐氛围。充分发挥爱国统一战线组织优势和协商民主重要渠道作用，加强与各民主党派、工商联、人民团体、各族各界代表人士的团结联系，营造畅所欲言、各抒己见的良好氛围，让各方的意见在政协渠道内你来我往、兼收并蓄，从而寻求全社会意愿和要求的最大公约数。倾听群众呼声，协助党委、政府多做协调关系、理顺情绪的工作。加强与姜堰籍在外人员交流交往，鼓励他们为家乡建设献计出力。加强与外来创业者、建设者联系交友，把他们的智慧和力量汇集到姜堰改革发展的生动实践中来。

加强政协自身建设，增强履职服务能力。以改革思维、创新理念、务实举措大力推进履职能力建设，不断提高人民政协的政治把握能力、调查研究能力、联系群众能力、合作共事能力。加大服务委员工作力度，规范工作流程，强化沟通协调，提高工作绩效，不断增强政协机关服务保障能力。政协委员社会知名度大、关注度高，一言一行都具有影响力和示范性。广大政协委员要牢记习总书记要求，珍惜自身荣誉，恪守宪法法律，自觉践行社会主义核心价值观，锤炼道德品行，改进工作作风，切实发挥在本职工作中的带头作用、界别群众中的代表作用，以自身建设的非常之功谋求政协工作的创新发展。

强化基层工作指导，提高工委履职水平。加强工作指导，充分发挥镇街政协工委的组织作用、“委员之家”的载体作用、“政协委员工作室”的平台作用，扎实推进镇街政协工委工作制度化、规范化、程序化建设，切实增强基层工委履行职责的计划性、活动形式的多样性、工作成果的实效性。进一步彰显基层工委在群众工作方面的独特优势，做到“进得了门、说得上话、交得上心、谈得成事”，在服务发展、维护稳定中建树品牌、再创佳绩。

潮平两岸阔，风正一帆悬。各位委员、同志们，全面改革的蓝图已经展开，崛起振兴的号角催人奋进。让我们在中共姜堰区委的坚强领导下，高举中国特色社会主义伟大旗帜，面对新常态，开启新征程，同心同德，攻坚克难，以更加旺盛的斗志、更加扎实的工作，为全面实现“奋起泰州、崛起苏中”宏伟目标而努力奋斗！

名　词　解　释

简政放权：我区简政放权试点为张甸镇，在该镇试行机构综合设置、人员编制精干、管理扁平高效、运行机制灵活的管理构架，坚持依法放权、充分授权，赋予该镇部分区级审批、执法、管理、监督等经济社会管理权限，优化财政分配体制，促进财力、事权相匹配，构建新型城镇体系，优先给予用地、融资等方面支持。

“123工程”：在各镇街政协工委建好一个“委员之家”，发挥好镇街工委和特邀委员两方面作用，推进镇街政协工委工作制度化、规范化、程序化的“三化”建设。

提案双向评议：由区政协提案委牵头，组织政协委员评议承办单位提案办理工作情况，同时，组织承办单位对政协提案质量进行评议。此举改变了以往由政协委员单方面评议提案办理情况的做法，旨在进一步提高提案撰写质量，更好地发挥提案服务发展、服务民生的作用。

双月协商：由区政协牵头，邀请相关领导和部门参加，围绕区委、区政府安排的课题或全区重大决策、重要工作，组织政协委员进行协商议政，提出有针对性的意见建议，供区委、区政府决策和工作参考。协商活动原则上每两个月举行一次，故称为“双月协商”。

大事记

1月

4—7日 中国人民政治协商会议泰州市姜堰区第十三届委员会第三次会议召开。会议听取和讨论区委书记李伟的讲话，通过《中国人民政治协商会议泰州市姜堰区第十三届委员会第三次会议决议》。

5—8日 泰州市姜堰区第十四届人民代表大会第三次会议召开。会议采取举手表决的方式分别通过《关于〈姜堰区人民政府工作报告〉的决议》《关于2013年国民经济社会发展执行情况和2014年计划的决议》《关于2013年财政预算执行情况和2014年财政预算的决议》《关于〈姜堰区人大常委会工作报告〉的决议》《关于〈姜堰区人民法院工作报告〉的决议》和《关于〈姜堰区人民检察院工作报告〉的决议》。选举张长平为泰州市姜堰区人民政府区长。

7日 溱湖湿地入选"国家生态旅游示范区"。成为江苏首批、泰州首家国家生态旅游示范区。

8日 市考核组检查姜堰区2013年区长环保目标责任状及环保专项行动工作情况。区委副书记、区长张长平，副区长王萍参加。

9日 省委、省政府召开全省农村工作电视电话会议。区委书记李伟，区委副书记、区长张长平，区委副书记何光胜在姜堰分会场参加。

△ 区委书记李伟督察信盛（姜堰）五金锻造有限公司、格兰特（江苏）钻具有限公司安全生产工作。区领导徐闻仲、薛金林、朱嘉浩参加。

△ 2014年工业经济首季"开门红"动员会召开。副区长朱嘉浩参加。

13日 市委副书记、代市长陆志鹏慰问姜堰镇新中国成立前老党员和困难党员。市政府秘书长王群，区领导张长平、戴庆柳、戴兆平、薛金林参加。

△ 中国青基会副秘书长杨春雷调研区希望工程。调研组一行实地考察姜堰镇康华社区"希望来吧"，询问"希望来吧"运营情况，查看活动台账，对进一步加强"希望来吧"建设、完善长效管理机制等方面提出建议和意见。区委副书记何光胜陪同。

15日 省新闻出版局副局长曹玉梅带领阅读惠民服务分团在白米镇马沟村开展"全民阅读手拉手·春风行动"。向贫困学生和留守儿童赠送阅读惠民书包，向农家书屋捐赠电脑、图书等。副区长刘文来陪同。

17日 市委书记张雷，市委常委、常务副市长何榕，市委常委、组织部部长陆新一行走访慰问江苏太平洋精锻科技股份有限公司董事长夏汉关。区委书记李伟，区委常委、副区长、区经济开发区党工委书记徐闻仲陪同。

20日 中央召开党的群众路线教育实践活动第一批总结暨第二批部署电视电话会议。李伟、张长平、仲亚岭等区四套班子领导在姜堰分会场参加。

△ 区委书记李伟走访慰问区残疾人托养中心。区领导张士林、薛金林参加。

△ 区政府召开全体会议。贯彻区委十一届五次全会和第十四届人民代表大会第三次会议精神，从早谋划、从紧安排、从快落实好各项工作，确保完成既定各项目标任务。区人大常委会副主任申忠华、区政协副主席陈文亚出席。

21日 市领导唐小英、戴胜利、陈明冠、张培成带领民政、人社、工会等部门负责人慰问姜堰镇南街社区部分困难群众和优抚对象。区领导李伟、张长平、张红霞、戴兆平、薛金林参加。

22日 区委书记李伟到区人武部、干休所走访慰问部队官兵和离退休老干部。区领导张士林、张荣进、薛金林参加。

△ 区领导张长平、仲亚岭、戚才俊、周如勇到区武警中队、区消防大队走访慰问驻姜堰部队官兵。

23日 老干部情况通报会召开。区委副书记何光胜通报2013年区经济社会发展情况和2014年工作打算。区委常委、组织部部长戴庆柳主持。

24日 省委召开全省党的群众路线教育实践活动第一批总结暨第二批部署电视电话会议。省委书记罗志军作重要讲话，省委副书记、省长李学勇主持，中央第三督导组组长张柏林参加。李伟、张长平、高永明、仲亚岭等区四套班子领导在姜堰分会场参加会议。

△ 区领导干部述职述廉大会暨干部选拔任用工作“一报告两评议”会议召开。李伟、张长平、高永明、仲亚岭等区四套班子领导出席。

△ 全区各界人士迎新春茶话会举行。李伟、张长平、高永明、仲亚岭等区四套班子领导与各界人士欢聚一堂，喜迎新春，展望未来，共话发展。

26日 区委召开常委会。研究讨论反腐倡廉工作及2014年机关作风效能建设暨干部警示教育大会方案，2013年度镇（区）工作目标、区级机关部门（单位）绩效管理考评情况，2014年度镇（区）工作目标、项目建设考评意见，区级机关部门（单位）绩效管理实施细则，以及招商引资“飞地”落户政策。区委书记李伟主持。

27日 市委书记张雷慰问区社会福利中心老人。市委常委、秘书长、宣传部部长卢佩民，区领导李伟、张长平、张士林、薛金林、盛育河参加。

△ 区委副书记、区长张长平带领交通等部门负责人检查节前春运工作。区委常委、常务副区长戚才俊，副区长盛育河参加。

△ 区委副书记、区长张长平带领区发展和改革委等部门负责人检查农贸市场、超市、商场等节日市场供应情况。区委常委、常务副区长戚才俊，副区长盛育河参加。

△ 区人力资源和社会保障局对全区1300多名患重大疾病的医保参保人员发放二次补偿款597万元，人均4554元，其中274名肾透析患者享受二次补偿后人均个人负担较上年下降20%。

28日 中共泰州市姜堰区第十一届纪律检查委员会第四次全体会议召开。区委书记李伟强调，要深入学习贯彻党的十八届三中全会、中共中央总书记习近平系列重要讲话和中央、省、市纪委全会精神，落实区委十一届五次全会决策部署，紧扣全面深化改革、加快转型升级，转变职能、转变方式、转变作风，为姜堰加快崛起振兴提供坚强有力的保证。区委常委、纪委书记张红霞主持会议并作工作报告。区领导张长平、高永明、仲亚岭、何光胜、戴庆柳、戚才俊、徐闻仲、张士林、戴兆平、张荣进、薛金林等出席。

△ 区委书记李伟走访慰问城管队员、环卫工人。区领导戚才俊、戴兆平、薛金林参加。

△ 市委常委、军分区司令员李国强，军分区政委李光玉一行慰问复员军人、老民兵营

长、新中国成立前老党员和贫困学生。

29日 区委书记李伟，区委副书记、区长张长平，区委常委、宣传部部长薛金林，副区长刘文来到区广电台、姜堰日报社，看望慰问新闻工作者。

△ 区委常委、常务副区长戚才俊带队走访慰问部分节日期间坚守岗位的职工，向他们致以节日问候和新春祝福。区领导张士林、戴兆平、王萍、盛育河、陈文德参加。

2月

7日 区机关作风效能建设暨干部警示教育大会召开。区委书记李伟要求，坚决破除“四风”，弘扬清风正气，扎实推进干部作风大转变、机关效能大提速、发展环境大改善，为姜堰加快实现“奋起泰州、崛起苏中”目标注入强劲动力，强势推进各项工作再上新台阶。区委副书记、区长张长平主持会议。区领导高永明、仲亚岭、何光胜、戴庆柳、戚才俊、徐闻仲、张红霞、张士林、戴兆平、张荣进、薛金林等出席。

8日 区党政班子成员2014年履职打算汇报会召开。李伟、张长平、高永明、仲亚岭等区四套班子领导出席。

10日 区委书记李伟调研区经济开发区。要求按照区委“全面深化改革、加快转型升级、推进崛起振兴”的总体要求，紧扣“产城融合”的发展思路，进一步坚定信心、鼓足干劲、奋发有为，努力实现首季“开门红”，朝着“三年翻一番，五年翻两番”的总体目标不断迈进。区领导徐闻仲、薛金林参加。

11日 区委书记李伟调研现代科技产业园区。要求突出“两化融合”发展导向，加快培育科技含量高、附加值高的新兴产业，争当全区开放创新的示范区。区领导戴兆平、薛金林参加。

△ 国务院召开第二次廉政工作电视电话会议。区委副书记、区长张长平，区委常委、常务副区长戚才俊及各部门有关负责人在姜堰分会场收看收听。

12—13日 市城市环境综合整治小组考核区2013年城市环境综合整治工作。区委常委、常务副区长戚才俊参加。

13日 区建筑业工作会议召开。区委书记李伟要求建筑企业抢抓机遇、创新实干，努力开创建筑业发展新局面，为姜堰加快实现“奋起泰州、崛起苏中”目标做出新贡献。区委副书记、区长张长平主持，区人大常委会主任高永明、区政协主席仲亚岭参加，区委常委、组织部部长戴庆柳通报有关情况并宣读表彰决定，副区长王萍作工作报告。

14日 区委书记李伟在溱湖风景区调研湖镇一体化工作。要求风景区和溱潼镇思想上同心、工作上同步、目标上同向，进一步将湖镇一体化战略引向深入，促进风景区和溱潼镇强强联合、联动发展，为加快姜堰崛起振兴做出贡献。区领导何光胜、薛金林、盛育河参加。

17日 区委书记李伟在区经济和信息化委调研工业经济。要求认清形势、从头抓紧，打好首季“开门红”主动仗，确保全年目标任务全面、超额完成。区领导徐闻仲、薛金林、朱嘉浩参加。

△ 世界女子围棋擂台赛在溱湖度假村结束第二场比赛。中国队先锋宋容慧五段执黑以四分之三子险胜日本队先锋吉田美香八段，取得二连胜。

△ 新疆江苏商会故乡情·泰州行企业家考察团考察区经济开发区。区领导徐闻仲、刘文来陪同。

18日 区委书记李伟调研“‘12345’·政风行风热线”。要求进一步强化认识，强化服务，强化责任，真正把热线打造成人民群众最信赖、最满意的服务品牌。区领导戚才俊、张红霞、薛金林参加。

△ 区招商引资工作交流会召开。区委副书记、区长张长平要求强化招商意识，明确招商方向，细化招商活动，改进招商方式，确保招商取得明显实效。区领导徐闻仲、戴兆平、王萍、朱嘉浩、刘文来参加。

19日 区绿化水利工作督察推进会召开。动员各镇（区）、相关部门围绕全年目标任务，抢抓当前黄金季节，迅速掀起绿化水利新高潮。区委副书记何光胜、副区长王萍参加。

△ 在泰州市开放创新和工业经济大会上，姜堰区获泰州市科技创新工作目标考核先进市（区）一等奖，区科技局在泰州三市四区2013年度科技工作综合考评中获一等奖。

20日 “‘12345’·政风行风热线”首期直播节目通过姜堰人民广播电台91.6兆赫进行直播。区委副书记、区长张长平及区公安局、区住建局、区城管局、区交通运输局、区环保局主要负责人走进直播室，接听群众来电，直接答复、受理群众反映的问题，进行深入交流，推动群众诉求快速办理解决。

21日 全区深入开展党的群众路线教育实践活动动员大会召开。贯彻中央、省委和市委有关会议精神，动员部署全区教育实践活动。市委常委、纪委书记唐小英出席会议并讲话。区委书记、区委党的群众路线教育实践活动领导小组组长李伟主持会议并作动员部署。市委督导组组长、市人大常委会人代工委主任冯健华讲话。

△ 区委召开常委会。研究讨论区人大、区政协2014年工作要点，全区党的群众路线教育实践活动相关事项，区纪委、区监察局关于对派驻机构实行统一管理的意见，听取政法工作情况汇报。区委书记李伟主持。

△ 区政协2014年度委派民主监督员小组工作会议召开。仲亚岭、何光胜、戚才俊、陈文亚、周林、夏彩霞、黄彭赣、陈文德参加。

△ 九三学社泰州市姜堰直属小组成立，成为全区第4个民主党派基层组织。

22日 第四届“黄龙士·双登杯”世界女子围棋擂台赛在溱湖度假村结束第一阶段角逐。第7局是第一阶段最后一局，日本棋手奥田彩3段挑战擂主韩国棋手金惠敏7段，金惠敏执黑以1又3/4子的优势取胜，取得三连胜。

24日 法国项目组考察区“黄葵胶囊治疗糖尿病肾病蛋白尿的临床研究”项目，与姜堰区及苏中药业集团会谈项目合作具体事宜。副区长刘文来参加。

25日 区国家生态区创建工作考核验收通报会召开。专家组同意创建国家生态区工作通过考核。环保部生态司副司长邱启文，省环保厅副厅长赵挺，副市长孔德平，区领导李伟、张长平、高永明、仲亚岭、何光胜、戚才俊、王萍参加。

26日 区总工会十六届四次全委（扩大）会召开。区委副书记何光胜出席并讲话。

△ 省政府召开第二次廉政工作电视电话会议。深入学习贯彻中纪委第三次全会和国务院第二次廉政工作会议精神，落实省纪委第四次全会部署要求，总结2013年全省政府系统廉政建设和反腐败工作情况，部署2014年政府系统反腐倡廉工作。区委副书记、区长张长平及各部门有关负责人在姜堰分会场收听收看。

27日 全区10个工业重大项目集中开工。市委副书记、市长陆志鹏，市政府秘书长王群，区领导李伟、张长平、高永明、仲亚岭、徐闻仲、戴兆平、薛金林、朱嘉浩、刘文来出席开工仪式。

△ 市委副书记、市长陆志鹏调研区工业经济、项目建设及旅游发展情况。要求高度重视工业经济发展，切实加大项目建设力度，着力做大做强旅游经济，推动姜堰经济社会又好又快发展。市政府秘书长王群，区领导李伟、张长平、何光胜、徐闻仲、薛金林、朱嘉浩、盛育河、刘文来参加。

△ 区十四届人大常委会第十四次会议召开。区人大常委会主任高永明，副主任钱爱社、钱拥军、申忠华、汤文林参加。区领导戚才俊、徐闻仲、王萍、盛育河、刘文来、周如勇、艾玉春列席。

△ 全区政法信访工作会议召开。区委书记李伟要求以更加扎实有效的举措做好政法信访工作，为姜堰崛起振兴创造更加和谐稳定的社会环境、公平正义的法治环境、优质高效的服务环境。区委副书记、区长张长平主持，区委常委、政法委书记张士林作工作报告，区领导何光胜、钱拥军、周如勇、夏彩霞出席。

28日 副市长张余松调研区经济开发区、白米镇、张甸镇开放型经济工作。区领导李伟、徐闻仲、戴兆平陪同。

3月

2日 泰州市暨姜堰区志愿者进社区集中行动在姜堰镇南苑社区启动。该活动旨在大力弘扬雷锋精神，践行社会主义核心价值观，推动社区志愿活动常态化。市委常委、秘书长、宣传部部长卢佩民，区领导李伟、戴兆平、薛金林、刘文来参加。区委常委、宣传部部长薛金林主持启动仪式。

3日 区服务业工作会议召开。区委副书记、区长张长平要求全区上下坚定信心、抢抓机遇、真抓实干，努力推进服务业又好又快发展，为姜堰实现“奋起泰州、崛起苏中”大突破做出贡献。区领导薛金林、钱爱社、盛育河、夏彩霞参加。

△ 全市召开三级干部大会。贯彻落实中央、省农村工作会议精神，总结上年“三农”（农村、农业、农民）工作，研究全面深化农村改革、推进农业现代化措施，部署2014年农业农村工作。区领导张长平、何光胜、戚才俊、徐闻仲、张红霞、张士林、戴兆平、张荣进、薛金林、朱嘉浩、盛育河、刘文来、周如勇在分会场收看。

4日 区委副书记、区长张长平主持召开区政府第17次常务会议。研究讨论《关于2013年度开放型经济工作先进单位的建议名单》等议题。区政协副主席夏彩霞列席。

5日 区委党的群众路线教育实践活动督导工作培训会召开。10个区委督导组分赴督导单位进行督察指导。区委常委、组织部部长戴庆柳参加。

△ 省质监局党组书记、局长刘大旺调研姜堰质监工作。副区长朱嘉浩陪同。

△ 区地方环境信息公开培训班开班。中国政法大学环境法学教授杨素娟，北京汉鼎律师事务所执行主任张义平，环保部政策研究中心研究员、社会部主任王华作报告。

6日 区开放创新暨工业经济工作会议召开。区委书记李伟要求全区上下以更加坚定的信心、更加务实的作风，强势推进开放创新，全力振兴工业经济，为实现“奋起泰州、崛起苏中”目标提供坚强支撑。区委常委、副区长、区经济开发区党工委书记徐闻仲作工作报告，副区长、高新技术装备产业园区党工委书记朱嘉浩主持会议并宣读表彰决定。区领导高永明、仲亚岭、戴兆平、刘文来参加。

△ “锦宸杯”2014年全国桥牌A类俱乐部联赛第一站在姜堰宾馆开幕。国家体育总局棋牌运动管理中心副主任、中国桥牌协会副主席兼秘书长范广升，省棋牌运动管理中心主任、省桥牌协会秘书长邵震中，副区长刘文来，区政协副主席、区桥牌协会主席陈文德出席开幕式。

7日 区委书记李伟调研省级现代农业产业园区与沈高镇“区镇合一”工作。要求准确把握“区镇合一”目标定位，切实提升“区镇合一”运行质态，真正把省级现代农业产业园区建设好、发展好。区领导何光胜、薛金林、王萍参加。

△ 区委书记李伟督察植树造林工作。要求抢时间、保任务、创特色、严管护，保质保量完成绿化目标任务。区领导何光胜、薛金林、王萍参加。

△ 区人口与计划生育工作会议召开。副区长刘文来要求人口计生部门主动适应计划生育政策新变化，凝聚人口计生工作改革发展共识；突出重点，全面完成人口计生重点目标任务；强化领导，全力构建人口计生工作保障机制，努力开创人口计生工作新局面，为实现“奋起泰州、崛起苏中”目标做出新贡献。

8日 区妇联组织召开庆“三八”“巾帼创业联盟”成立大会。区委副书记何光胜出席并讲话。“巾帼创业联盟”的成立旨在帮助创业女性解决生产经营过程中发展难题，带动更多女性创业就业，形成抱团发展、信息共享、合作双赢的创业就业格局。何光胜肯定“巾帼创业联盟”成立的重要性，要求联盟成员在全民创业大热潮中胸怀大目标、立足高起点、敢于做大事、立志创大业，充分发挥示范带头作用，把个人富裕与带动共同富裕结合起来，真正成为团结带领妇女创业就业的先锋和表率。

10日 李伟、张长平、高永明、仲亚岭等区四套班子领导到城区污水处理厂南侧，开展义务植树活动，以实际行动倡导全区上下掀起植树造林热潮。

△ 区委召开常委会。听取组织、宣传、统战2013年工作情况及2014年工作要点汇报，研究讨论全区党建工作会议方案、会船节总体方案和开幕式方案，以及城乡建设管理方案等。区委书记李伟主持。

11日 李伟出席张甸镇党的群众路线教育实践活动动员大会并讲话。要求严格按照中央和省、市、区委部署要求，把教育实践活动抓紧抓实抓好，以实际行动密切党群干群关系，大力弘扬清风正气，努力取得群众满意的成效，为推动全镇经济社会更好更快发展提供有力保障。

△ 副市长陈明冠调研区农业农村工作。区领导何光胜、王萍陪同。

12日 全区城乡建设管理工作动员大会召开。动员全区上下迅速行动起来，以大干快上、强攻猛扑的态势，迅速掀起城乡建设管理热潮，为建设美丽姜堰、幸福姜堰贡献智慧和力量。区领导李伟、张长平、高永明、仲亚岭、戚才俊、戴兆平、汤文林、王萍、陈文亚参加。

13日 市委书记、市人大常委会主任张雷在姜堰区参加市人大常委会主任接待代表日活动。就加快经济社会发展、开展党的群众路线教育实践活动、反对“四风”等问题听取代表意见。市人大常委会副主任、党组书记高纪明，市人大常委会秘书长赵留贯，区领导李伟、高永明参加。

15日 省长李学勇调研区城镇化建设工作。希望认真贯彻落实全国“两会”精神，坚持新型工业化、信息化、城镇化、农业现代化“四化”同步发展，在提升城镇化质量和水平中造福百姓。市领导张雷、陆志鹏、贾春林及区领导李伟、张长平等陪同。

18日 全区党建暨农业农村工作会议召开。区委书记李伟要求各级党组织和广大党务工作者、农村工作者进一步振奋精神、鼓舞斗志，统筹协调、合力推进，不断提升党建和农业农村工作科学化水平，为姜堰“奋起泰州、崛起苏中”奠定坚实基础。区四套班子负责人出席。

19日 全区化工生产企业重点整治工作推进会召开。回顾总结2013年全区化工生产企业重点整治工作情况，研究落实2014年目标任务，动员全区上下进一步统一思想、提高认识、抓好推进，确保按期完成整治任务。区领导徐闻仲、钱爱社、朱嘉浩、陈文德参加。

△ 区人大代表建议、政协委员提案交办会召开。区委常委、常务副区长戚才俊，区人大常委会副主任申忠华，区政协副主席夏彩霞出席。

20日 区人大常委会考察区春季农资市场联合执法行动情况。区人大常委会主任高永明，副主任钱爱社、钱拥军、申忠华、汤文林参加。

△ 中国泰州姜堰溱潼会船旅游推介会在北京举行。市领导孔德平，区领导李伟、张长平、何光胜、薛金林、盛育河，艺龙旅行网副总裁白志伟出席。中央电视台、新华社、人民日报社等30多家中央和北京媒体记者以及国旅总社、中青旅、康辉集团等60多家旅行社负责人参加。

26日 区委书记李伟调研招商引资工作。要求充分调动全区上下抓招商、上项目的积极性，以招商引资的强劲态势，推动全区实现“奋起泰州、崛起苏中”的大突破。区领导徐闻仲、薛金林参加。

△ 市委副书记杨峰带领市委农工办和市国土、环保等16个部门负责人到张甸镇开展挂钩帮扶调研活动。副市长孔德平，区领导张长平、何光胜、薛金林参加。

△ 区现代科技产业园、智谷软件园投资说明会在大连举行。150多名客商参加。区委常委、姜堰镇党委书记、现代科技产业园党工委书记戴兆平出席。

△ 副区长周如勇会见天津股权交易所总裁初明强。

27日 区十四届人大常委会召开第25次主

任会议。区人大常委会主任高永明主持，副主任钱爱社、钱拥军、申忠华、汤文林，副调研员夏月林、张逸群参加。区委常委、常务副区长戚才俊，副区长王萍、盛育河列席。

△　市委常委、常务副市长何榕带领相关部门负责人到溱湖风景区督察“三节”（第九届中国湿地生态旅游节、第六届中国泰州水城水乡国际旅游节、2014年中国泰州姜堰溱潼会船节）开幕式准备工作。副市长孔德平，区领导张长平、何光胜、薛金林、盛育河参加。

△　区委常委、姜堰镇党委书记、现代科技产业园党工委书记戴兆平带队考察大连软件园。

△　中宣部召开2014年组织推动培育和践行社会主义核心价值观电视电话会议。区委常委、宣传部部长薛金林在姜堰分会场参加。

28日　区委书记李伟调研群团部门工作。要求紧紧围绕区委、区政府工作中心，服务经济社会发展大局，更好地发挥各自的优势和作用，齐心协力，奋发进取，为姜堰加快实现“奋起泰州、崛起苏中”目标做出贡献。区委副书记何光胜，区委常委、宣传部部长薛金林参加。

29日　区四套班子领导到烈士陵园瞻仰革命先烈、缅怀英雄业绩，召开座谈会，听取先进典型事迹介绍，接受革命传统和理想信念教育。区委书记李伟主持会议并讲话，市委督导组组长冯健华、副组长蔡迎春，区领导张长平、高永明、仲亚岭等参加。

△　第十届中国·溱潼万朵古山茶观赏节在溱潼古镇景区院士旧居开幕。区委副书记何光胜、副区长盛育河出席开幕式。

△　区图书馆举行“三水中心讲坛”启动仪式。市博物馆馆长周瑾主讲《四库全书》。

31日　区委中心组召开专题学习会。集中学习中共中央总书记习近平重要讲话精神，交流群众路线教育实践活动学习体会，集中观看《大无大有——身边的周恩来》专题片。区委书记李伟主持会议并讲话，市委督导组组长冯健华、副组长孙晓龙，区领导张长平、高永明、仲亚岭等参加。区委常委、宣传部部长薛金林领学中共中央总书记习近平的《认真学习党章，严格遵守党章》《切实把思想统一到党的十八届三中全会精神上来》两篇文章。区委常委张荣进、区人大常委会副主任汤文林、副区长刘文来、区政协副主席陈文亚分别交流学习体会。

△　区委副书记、区长张长平主持召开城乡规划委员会第一次会议。听取审议城乡建设相关规划方案。区委常委、常务副区长戚才俊，区委常委、姜堰镇党委书记戴兆平参加。

4月

1日　区委书记李伟带队检查城乡环境集中整治情况。要求进一步细化措施，明确责任，深入持久地开展好整治工作，确保各项任务落到实处。区领导戚才俊、薛金林参加。

2日　区委书记李伟带队检查高速口绿化提升工程及姜堰三水公园建设情况。区委常委、副区长、区经济开发区党工委书记徐闻仲，区委常委、宣传部部长薛金林参加。

△　4月份“中国好人榜”候选人名单公布，市民李开诚和蔡振年被分别列入“诚实守信”好人26号候选人和“助人为乐”好人6号候选人。

8日　第九届中国湿地生态旅游节、第六届中国泰州水城水乡国际旅游节、2014年中国泰州姜堰溱潼会船节在溱湖之畔开幕。国家林业局湿地保护管理中心主任马广仁，全国休闲标准技术委员会主任张灵光，省旅游局局长秦景安，省林业局局长夏春胜，省环保厅副巡视员胡和林，中国国旅集团党委常委、国旅股份副总经理陈荣，市领导陆志鹏、何榕、贾春林、孔德平、姚社成，李伟、张长平、高永明、仲亚岭等区四套班子领导出席开幕式。全国休闲标准化技术委员会、省环保厅分别授予泰州凤城河风景区“城市中央休闲区”、溱湖湿地“国家生态旅游示范区”牌匾；市领导与中国银行江苏分行负责人共同为“泰州市民旅游休闲卡”发行揭牌，向道德模范代表赠送首批市民旅游休闲卡；“智游泰州”手机APP

系统在现场上线运行，标志着泰州旅游全面进入“芯”时代，游客吃、住、行、游、购、娱均可“掌”上实现。上午9时30分，马广仁、张灵光、秦景安、夏春胜、胡和林、陆志鹏、何榕、陈荣、李伟等共同推动桨柄，会船表演正式开始。溱潼会船节以“‘泰’美水乡，千篙‘船’情”为主题，展示泰州、姜堰、溱湖地域文化特色和旅游文化元素。会船表演分为“帆之梦”“船之魅”“歌之潮”三个篇章，彰显水乡自然生态之美、人文风情之美、旅游景观之美、会船民俗之美。

△　在2014年中国泰州姜堰溱潼会船节经贸洽谈会投资项目签约仪式上，21个项目签约，投资总额近59亿元。区领导李伟、张长平、仲亚岭、徐闻仲、戴兆平、钱爱社、朱嘉浩、刘文来、陈文德参加。

△　北大街文化街区举行曹俊艺术馆开馆暨曹俊法国卢浮宫获奖作品家乡汇报展。中央电视台著名主持人张宏民主持开馆仪式，著名书法家纪增军题字，著名表演艺术家唐国强参观展馆，副省长曹卫星发来贺信，副市长王学锋，区领导李伟、张长平、何光胜、戚才俊、薛金林、盛育河、刘文来参加。

△　第4届中国姜堰“黄龙士双登杯”世界女子围棋擂台赛第10局在溱湖度假村战罢。中国小将於之莹4段击败擂主韩国金惠敏7段，让对手的连胜纪录终止在5局。

△　中央电视台《新闻联播》《共同关注》节目播出两条新闻《全国非物质文化遗产溱潼船会开赛》《溱潼船会展现原生态民俗画卷》。该次“三节”受到中央电视台、新华社、中新网、人民网、《解放日报》、《新华日报》、江苏卫视等40余家中央和省市媒体关注。姜堰原生态的旅游元素借助该次节会蜚声中外。

9日　第十届中国·河横菜花节开幕式暨河横“龙卷风未来水世界”启动仪式在沈高镇河横村举行。区领导何光胜、王萍、盛育河参加。区委副书记何光胜宣布河横菜花节开幕。

△　区企业高峰论坛暨清华EMBA公开课活动举行。副区长朱嘉浩参加。

△　第4届中国姜堰“黄龙士双登杯”世界女子围棋擂台赛在溱湖度假村结束第11局，中国队选手於之莹4段击败日本队选手谢依旻6段，获二连胜。

10日　全区党的群众路线教育实践活动“一把手”推进会召开。区委书记李伟要求各镇（区）、各部门“一把手”履职尽责，进一步发挥示范带头作用，确保教育实践活动向纵深推进。市委督导组组长冯健华到会讲话。区委副书记、区长张长平主持。市委督导组副组长孙晓龙，区领导高永明、仲亚岭、何光胜、戴庆柳、徐闻仲、张红霞、张士林、戴兆平、薛金林出席。

△　第八届茶文化节在北大街文化街区举行开幕式。区人大常委会副主任钱爱社、区政协副主席陈文德出席。

△　“泰州历史文化名人展”揭幕仪式在区图书馆举行。

11日　区委书记李伟带队检查春耕备耕工作。要求抓住当前气温回升的有利时机，立足抓早争主动，做好春耕生产各项工作，确保夏粮生产丰产丰收。区领导何光胜、薛金林、王萍参加。

△　区委副书记、区长张长平带领区经济和信息化委、区商务局等部门负责人深入工业企业新开工项目现场，检查工程进度，协调解决问题，推动项目建设。区委常委、副区长、区经济开发区党工委书记徐闻仲，副区长朱嘉浩参加。

△　品泉问古——姜堰明清钱币展在曲江楼展出明清钱币近300枚。区人大常委会副主任钱爱社为展览揭幕。

14日　区委书记李伟调研城乡公交一体化工作。要求强化目标必成意识，优化运营体制机制，推进资源整合利用，提升服务质量水平，确保6月底前再开通4条城镇公交线路，实现全区城镇公交全覆盖。区领导戚才俊、薛金林参加。

15日　全省小麦赤霉病防控现场会在姜堰区召开。省农委主任吴沛良、副主任张坚勇，市政府副秘书长周天云，区领导李伟、何光胜、王萍出席，省农委农业局、植保站、作栽站负责人以及全省33个市县区农委负责人参加。

△　区人大常委会考察“法治惠民”工程建设情况。副主任钱拥军参加。

16日　区委书记李伟到蒋垛镇调研。要求按照既定目标，凝心聚力、埋头苦干，有序推进各项工作，为姜堰实现“奋起泰州、崛起苏中”做出贡献。区人大常委会副主任申忠华参加。

△　区政协在张甸镇举办党的群众路线教育实践活动报告会。省“最美基层干部”、张甸镇严唐中心村党委书记唐国强作报告。区政协主席仲亚岭，副主席陈文亚、夏彩霞、黄彭赣，近30名驻姜堰泰州市政协委员参加。

△　区村庄环境整治暨引长江水工程建设现场推进会召开。区领导张长平、何光胜、戚才俊、汤文林、王萍、陈文亚参加。

17日　副省长徐鸣调研区农村土地承包经营权确权登记颁证工作。省委农工办主任诸纪录、省农委副主任祝保平、省林业局副局长卢兆庆，市领导杨峰、陈明冠，区领导李伟、张长平、何光胜、薛金林、王萍参加。

△　市政协委员学习情况调研座谈会在姜堰区召开。市政协副主席张培成，区政协主席仲亚岭、副主席黄彭赣参加。

18日　区委中心组举行学习（扩大）会。省委组织部青年干部处处长封春晴作《党政领导干部选拔任用工作条例》专题辅导。张长平、仲亚岭等区四套班子领导参加学习。

△　区现代农业发展规划评审会召开。省农科院、省农委农业局等单位专家评审论证《姜堰区现代农业发展规划（2014—2020）》。区领导何光胜、钱爱社、王萍、艾玉春、夏彩霞参加。

△　副省长徐鸣调研溱湖湿地保护工作。肯定溱湖国家湿地公园坚持“生态优先、合理开发”的思路，要求溱湖进一步加大生态保护力度，加强水环境治理，保持和发展湿地生物多样性。省林业局副局长卢兆庆，市领导杨峰、陈明冠，区领导李伟、张长平、何光胜、薛金林、王萍参加。

21日　区委书记李伟督察小麦赤霉病防控情况。要求科学预防，争取主动，保证各项防控措施落实到位，确保小麦丰产丰收。区领导何光胜、徐闻仲、薛金林参加。

△　区十四届人大常委会召开第26次主任会议。决定4月29日召开区十四届人大常委会第十五次会议，时间1天。区人大常委会主任高永明，副主任钱爱社、钱拥军、申忠华，副调研员夏月林、张逸群参加。区委常委、常务副区长戚才俊，副区长周如勇列席。

△　市人大常委会副主任高纪明、戴胜利带领部分人大常委、代表考察区生态创建工作。副市长孔德平、区人大常委会副主任汤文林、副区长王萍参加。

△　区一季度经济形势分析会召开。区委书记李伟要求全区上下进一步认清形势、振奋精神，全力奋战二季度，确保实现“双过半”。张长平、高永明、仲亚岭等区四套班子负责人参加。

22日　区人大常委会召开《中华人民共和国土地管理法》《中华人民共和国水污染防治法》《中华人民共和国大气污染防治法》执法检查动员大会。区人大常委会主任高永明作动员讲话，副主任钱爱社、钱拥军、申忠华、汤文林参加。副区长王萍列席。

△　区委副书记、区长张长平主持召开区政府第十八次常务会议。区政协副主席夏彩霞列席。

23日　区委召开常委会。研究《姜堰区委建立健全惩治和预防腐败体系2013—2017年工作要点》，听取区法院党组、区检察院党组工作汇报，讨论《姜堰区关于加快服务业发展的激励意见》等。区委书记李伟主持。

△　市义务教育现代化学校暨农村学校文化建设现场会在姜堰区召开。副市长王学锋，市政协副主席、教育局局长奚爱国，副区长刘文来参加。

△　区委副书记、区长张长平带领住建、国土、规划等部门负责人督察城区重点工程建设情况。区委常委、常务副区长戚才俊，区委

常委、姜堰镇党委书记戴兆平参加。

△ 区政协考察全区绿色工地建设情况。区政协主席仲亚岭，副主席陈文亚、夏彩霞、黄彭赣、陈文德参加，副区长王萍陪同。

24日 市委常委、政法委书记张爱平调研区政法工作。区领导李伟、张士林、盛育河、周如勇陪同。

△ 区委副书记、区长张长平督察部分镇村庄环境整治工作情况。要求加大力度，突出重点，拾遗补阙，确保村庄环境整治有序推进。区委常委、常务副区长戚才俊参加。

25日 区委中心组召开学习会。专题学习中共中央总书记习近平在兰考调研时的重要讲话精神，集中观看影片《焦裕禄》。区委书记李伟主持。

△ 省政府召开全体会议电视电话会。区领导张长平、王萍、朱嘉浩、盛育河、刘文来、周如勇在姜堰分会场收听收看。

26日 区油气装备产业发展论坛和“李鹤林院士工作站”等科技平台成立仪式举行。中国工程院院士李鹤林，中国石油集团石油管工程技术研究院院长、党委书记张冠军，中国石油石化工业设备协会秘书长杨双全等专家，副市长杨杰，省经济和信息化委副巡视员闫浩，区领导李伟、张长平、薛金林、钱爱社、朱嘉浩、陈文德参加。

27—28日 农业部举办国家现代农业示范区农业改革与建设试点绩效评价活动。姜堰区改革试点工作绩效考评综合得分85.73分，列21个试点示范区第一。

28日 区委书记李伟检查安全生产工作。区领导徐闻仲、薛金林、朱嘉浩参加。

29日 区委书记李伟调研民政工作。要求围绕“幸福民政、服务民政、廉洁民政、文化民政”建设，办好每一件民生实事，解决好群众关注的实际问题，为姜堰加快崛起振兴凝聚力量、增强动力。区领导薛金林、盛育河参加。

△ 区政协召开十三届十四次常委会议。区政协主席仲亚岭，副主席陈文亚、夏彩霞、陈文德参加。

△ “魅力乡音 共同精彩”苏中七县市区曲艺、小品交流联谊演出在城区北大街凤凰文化广场举行。区委常委、宣传部部长薛金林，副区长刘文来参加。

△ 区十四届人大常委会召开第十五次会议。区人大常委会主任高永明，副主任钱爱社、钱拥军、申忠华、汤文林参加。区委常委、常务副区长戚才俊，副区长王萍、周如勇列席。

△ 区廉政函授学校2013年度结业仪式暨2014年度开学典礼在区委党校举行。省委党校专家就“四风”问题授课。区委常委、纪委书记张红霞对前期廉政函授学校教育工作作简要小结，对下一步如何抓好廉政函授学习及推进廉政函授教育工作作动员部署。

30日 区委举办党的群众路线教育实践活动专题党课。区委书记李伟作题为《学习弘扬焦裕禄精神，做一名让人民群众满意的公仆》报告。区四套班子负责人参加，区委常委、组织部部长戴庆柳主持。

△ 以“梦想之家圆梦姜城”为主题的区第十五届房地产展示交易会在省姜堰中学体育馆开幕。29家企业40个楼盘集中参展。区领导戚才俊、戴兆平、汤文林、陈文亚出席开幕式。

5月

4日 “梦想照进现实，青春书写华章”纪念“五四”运动95周年暨十八岁成人礼活动在凤凰文化广场举行。区委书记李伟，区委副书记何光胜，区委常委、宣传部部长薛金林参加。

△ 区政协主席仲亚岭督察兴泰镇村庄环境整治工作。要求加大整治力度，确保村庄环境整治取得实效。

5日 区委书记李伟到大坨镇调研。要求始终保持奋发进取的精神状态，进一步增强经济发展实力，加快项目建设步伐，努力建设幸福美好大坨。区领导薛金林、陈文亚参加。

6日 市委常委、纪委书记唐小英在姜堰调研指导党的群众路线教育实践活动。区委书记李伟主持座谈会，市委第六督导组组长冯健华、副组长孙晓龙，区领导张长平、戴庆柳、徐闻仲、张红霞、戴兆平、薛金林参加。

△ 中央召开党的群众路线教育实践活动视频会议。区委书记李伟，市委督导组组长冯健华，张长平等区党政班子领导在姜堰分会场参加。

7日 区委书记李伟到淤溪镇调研。要求夯实产业基础，切实加强项目建设，全面提升民生福祉，全力确保实现“双过半”。区领导张士林、薛金林、陈文德参加。

8日 区委书记李伟到区行政服务中心调研。要求坚持快捷高效服务企业发展、方便群众办事的原则，切实提升服务水平和工作效能，全力打造苏中最优的经济发展软环境。区领导戚才俊、薛金林参加。

△ 区委副书记、区长张长平到区经济开发区部分企业调研。区委常委、副区长、区经济开发区党工委书记徐闻仲，副区长朱嘉浩参加。

△ 省老龄办主任张建平专题调研区居家养老服务工作。副区长盛育河陪同。

9日 全区村庄环境整治工作推进会召开。区委书记李伟要求全区上下抢时争效、紧张快干，以扎实有力的举措推进村庄环境整治，打造更加优美宜居的城乡环境。区委副书记、区长张长平主持，区四套班子领导出席。

10日 扬州大学与姜堰区签署校地合作协议。区委副书记何光胜、副区长朱嘉浩参加签约仪式。

12日 区委办、区政府办、区人大办、区政协办举行“慈善一日捐”活动，捐款37800元。李伟、张长平、高永明、仲亚岭等区领导踊跃捐款，奉献爱心。

△ 桥头镇举办粮油产销行业协会（合作社）成立暨粮食订单签约仪式。标志着姜堰区首个镇级粮油产销行业协会诞生。区委副书记何光胜、副区长王萍参加。

14日 区委书记李伟到区住建局调研城建工作。要求铆足干劲，攻坚克难，奋力推动城乡建设再上新台阶，为加快实现“奋起泰州、崛起苏中”做出贡献。区领导戚才俊、戴兆平、薛金林参加。

15日 全省农村土地承包经营权确权登记颁证试点工作推进会召开。区委副书记、区长张长平，副区长王萍在姜堰分会场收听收看。

△ 省科协党组书记、常务副主席陈惠娟，市科协党组书记、主席竺大明等一行调研姜堰科协工作。调研组一行参观江苏远东电机有限公司和梁徐中心小学，重点了解企业科技信息推广应用和创新情况及科技特色教育方面情况。陈惠娟充分肯定区科协工作取得的成绩，希望进一步加强沟通联系、交流合作，要求将姜堰区科协工作的经验做法向全省推广。区委副书记何光胜陪同。

16日 区委、区政府召开招商引资、项目建设观摩推进会。

△ 区委副书记、区长张长平主持召开城乡规划委员会第二次会议。区领导戚才俊、戴兆平、王萍、陈文德参加。

△ 副市长张余松到联系点华港镇调研教育实践活动开展情况。市级机关姜堰群众工作团团长申泰州、区政协副主席黄彭赣参加。

17日 “百名专家姜堰百企行”活动部署会召开。要求加大与院校、专家对接，真正促进企业与高校院所深层合作，帮助企业解决难题，加快科研院所新成果、新产品转化。副区长朱嘉浩、艾玉春参加。

17—18日 “中国旅游日”姜堰主题活动在北大街文化街区举行。副区长盛育河参加。

19日 省委督导组副组长、省扶贫办副主任朱子华，市委组织部副部长程秋喜带领督导组一行专题检查指导姜堰区教育实践活动第一环节工作。区委书记李伟主持汇报会、座谈会，市委第六督导组组长冯健华及区领导戴庆柳、徐闻仲、张红霞、戴兆平、薛金林参加。

△ 区秸秆“双禁”、防汛防旱暨农业规模经营工作会议召开。区领导张长平、何光胜、王萍、艾玉春参加。

20日 区委书记李伟到区水利局调研。要求按照区委、区政府决策部署，埋头苦干、奋力攻坚，不断开创水利工作新局面。区领导何光胜、薛金林参加。

△ 全区安全生产监管专题培训班在区安监局开班。副区长朱嘉浩出席开班仪式并讲话。

△ 区委书记李伟检查罗塘小学、罗塘高级中学学校安全工作。区委常委、宣传部部长薛金林参加。

△ 省委原副书记、省关工委主任曹鸿鸣，省关工委副秘书长俞宝贤，市关工委相关负责人调研东桥中心小学南校区、残疾人康复中心、桥头镇关心下一代工作。副区长刘文来陪同。

22日 区委召开常委会。研究讨论《区委区政府教育实践活动10项即知即改重点事项（讨论稿）》，听取区委组织部关于超职数配备干部专项治理工作情况汇报、关于规范党政领导干部在企业兼（任）职工作情况汇报。区委书记李伟主持。

△ 区委副书记、区长张长平主持召开区四套班子领导挂钩服务重点骨干企业协调会，协调解决企业发展和项目建设遇到的突出矛盾和问题。区领导徐闻仲、朱嘉浩参加。

△ 区委书记李伟调研财税工作。要求财税部门加强协作、克难奋进，奋力冲刺二季度，全力争取新突破，确保财税工作实现“双过半”。区领导戚才俊、薛金林参加。

△ 区人大常委会执法监察组到区经济开发区（桥头镇、梁徐镇）检查《中华人民共和国土地管理法》贯彻执行情况。

△ 区委书记李伟主持召开区委常委会。讨论通过党的群众路线教育实践活动10项即知即改重点事项，分别交由相关区委常委负责人牵头办理。1.切实改进文风、会风，明确会议、行文规范，压缩会议数量、规模，严控文件、简报的数量和篇幅。2.进一步规范公务接待、公车管理，健全完善管理细则，严格审批程序，加强经费管理，定期进行检查。3.清理规范各类检查评比、创建达标活动，对必要的考核评比，实行扎口管理、从严从实。4.进一步优化行政审批窗口设置和服务流程，加强窗口服务人员管理，深化行政审批制度改革。5.研究制定镇（区）、机关部门中层干部和热点岗位人员交流轮岗制度，定期对制度落实情况进行检查。6.引入市场竞争机制，加大对各类社会中介组织的监督管理，规范各类中介组织与行政机关的关系。7.进一步完善绩效考核办法，建立科学的考核体系。通过绩效考核，有效推进工作、促进发展。8.研究制定加强基层服务型党组织建设的意见，建立联系服务群众的长效机制。9.加大《规范村级非生产性开支管理意见》的落实力度，严控不合理支出，让资金、资产、资源更好地服务民生、服务群众。10.加大对制假售假行为的打击力度，净化市场环境。

23日 区十四届人大常委会召开第27次主任会议。会议听取和审议区政府关于城区控制性详细规划编制及实施情况的汇报、关于农业机械化工作情况的汇报、关于“项目兴区”审议意见落实情况的反馈、关于科技创新推进企业转型升级工作审议意见落实情况的反馈、关于将旧城改建项目列入区2014年国民经济和社会发展计划的报告。会议讨论区人大常委会关于开展城市管理行政执法专项工作评议及区法院执行专项工作评议的实施方案。区人大常委会主任高永明，副主任钱爱社、钱拥军、汤文林参加。区委常委、常务副区长戚才俊，副区长王萍、朱嘉浩、刘文来列席。

△ 区政协专题调研全区城乡公交一体化工作。区政协主席仲亚岭，副主席陈文亚、夏彩霞、黄彭赣、陈文德参加，区委常委、常务副区长戚才俊陪同。

24日 姜堰游泳爱好者王高祥横渡琼州海峡，用时12时13分钟，游程27.8千米。实现泰州游泳爱好者横渡琼州海峡的“零突破”。

26日 省文明办、省教育厅组成的未成年人文明礼仪养成教育百日“回头看”督察组督察省姜堰第二中学未成年人文明礼仪养成教育工作开展情况。

27日 区委副书记、区长张长平调研区行政服务中心工作。区委常委、常务副区长戚才俊参加。

△ 区委副书记、区长张长平到沈高镇调研。要求进一步发挥自身优势，壮大特色产业，努力打造全省现代农业典范。副区长王萍参加。

△ 副市长杨杰调研区高新技术创业中心建设情况。察看科技大厦建设、孵化厂房和部分在孵企业，了解创业中心运行情况，要求进一步加强孵化场地和配套设施建设，增强中心孵化功能，努力培育更多中小型科技企业；突出高技术孵化项目引进与培育，有针对性开展科技招商，实现孵化器向“集群化、特色化、专业化”方向发展；做好专利申请、技术难题收集以及跟踪服务、产学研合作等科技工作，为企业科技创新服务，促进全区经济又好又快发展。区委副书记、区长张长平陪同。

28日 区明晰“两责”落实“三转”工作推进会召开。区委常委、纪委书记张红霞要求围绕“转职能、转方式、转作风”要求，准确定位职责，职能部门承担抓具体工作开展的主体责任，纪委监察机关承担监督责任；按照“谁主管、谁负责”原则，部署好、落实好17项重点工作；继承以往好的经验做法，加强重点工作谋划和推进；及时沟通联系，相关职能部门和纪委监察机关加强协作配合，努力形成整体工作合力。

29日 市委书记张雷检查兴泰镇、沈高镇“三夏”生产工作。要求进一步强化措施，认真做好抢收工作，确保颗粒归仓，夺取夏粮新丰收。市委副书记杨峰，区领导张长平、何光胜、薛金林、王萍陪同。

△ 区防震减灾工作联席（扩大）会议召开。副区长朱嘉浩要求各镇（区）分管负责人和部门负责人牢记责任、勇于担当、扎实工作，努力推动防震减灾工作水平不断提升，为保障市民安居乐业、为“奋起泰州、崛起苏中”营造安全发展环境做贡献。

△ 以中国环境科学学会副秘书长易斌为组长的专家组一行到溱湖国家湿地公园，考察景区“国家环保科普基地”创建工作。专家组在实地考察后，听取溱湖国家湿地公园环保科普工作汇报，肯定溱湖国家湿地公园在环保科普方面取得的成果。建议溱湖国家湿地公园进一步加强基础设施建设、文化建设、管理队伍建设，借助湿地优势打造自身特色品牌，用科普提升旅游品位，让游客在旅游休闲中潜移默化地接受环保科普教育。副区长盛育河参加。

30日 区创建全国文明城市暨城市环境综合整治工作推进会召开。贯彻落实泰州市创建文明城市动员会议精神，继续加大城市环境综合整治力度，以优美的城市形象和崭新的精神风貌，加快融入泰州主城区。区委书记李伟作出重要批示，区领导张长平、何光胜、戚才俊、薛金林、刘文来参加。

△ 区委常委、宣传部部长薛金林带领教育、卫生、公安等部门负责人检查高考准备工作。全区有7652名考生报名参加2014年全国普通高校招生考试，设5个考点261个试场、10个食宿点。在区教育考试指挥中心和罗塘高级中学，薛金林察看考场视频监控及外语听力设备等运行情况，对高考各项准备工作给予充分肯定。要求各相关部门进一步增强责任意识，对照各自工作职能，各司其职，各负其责，完善相关应急预案，确保各考点考试有序进行；要确立安全理念，加强对考点、住宿点饮食安全及交通秩序监管，确保考生饮食、出行和人身安全；要严肃考纪考风，加强对监考老师培训，高度重视高考安全保密工作，严格落实各项安全保密规章制度和责任制度，严明纪律，加强监督，确保考试公平公正；要做好电信、供电、供水、医疗等后勤保障工作，加大考点、住宿点及周边噪音污染的治理和环境综合整治力度，让广大考生在高考期间不受噪音等外来因素的干扰，考出满意成绩。副区长刘文来参加。

6月

3日 全省民营经济发展表彰大会在南京召开。100家优秀民营企业、30名优秀民营企业家受到表彰。江苏双登集团股份有限公司被表彰为优秀民营企业，江苏双登集团股份有限公司董事长杨善基被表彰为优秀民营企业家。

省委书记罗志军出席会议并讲话，省委副书记、省长李学勇主持。李伟、张长平、高永明、仲亚岭等区四套班子领导及各相关部门负责人在姜堰分会场出席。

△ 区“圆梦‘六一’”暨“十佳五有书香家庭”风采展示活动举行。激发全民读书热情，营造全民读书良好氛围。区领导李伟、张长平、何光胜、薛金林、钱拥军、刘文来、陈文亚参加。

△ 区委书记李伟带队督察桥头、溱潼、俞垛等镇部分村组秸秆“双禁”工作。要求克服松懈思想、畏难情绪，进一步组织力量，强化责任落实，确保全区秸秆“双禁”工作圆满完成。区委副书记何光胜，区委常委、宣传部部长薛金林参加。

4日 副市长陈明冠调研指导区粮食储备库夏粮收购储备工作。在听取夏粮收购工作汇报后，察看粮食储备库库房总体结构、仓储设施设备和储备粮安全存储情况，详细询问库内储备粮品种、数量、质量以及储备粮收购渠道、价格等情况。要求进一步提升仓储管理水平，保证储备粮数量真实、质量完好；与时俱进，增加拓市渠道，加强监管，维护粮食市场收购秩序，向售粮农民提供优质服务，稳定粮农的心，确保夏粮收购工作稳步有序。区委副书记何光胜陪同。

△ 区委书记李伟检查防汛准备工作。到老通扬运河、沈高镇双星村排涝站、溱潼镇湖南村电动启闭圩口闸、溱潼镇洲城村闸站等地，察看河道整治以及排涝站、闸站运行情况。要求思想认识、工作措施、责任落实到位，确保全区安全度汛。区委副书记何光胜，区委常委、宣传部部长薛金林参加。

△ 区政协考察残疾人事业发展状况。区政协主席仲亚岭，副主席陈文亚、夏彩霞、黄彭赣参加，副区长盛育河陪同。

△ 全省覆盖拉网式农村环境综合整治试点工作现场会在南京市江宁区召开。副区长王萍代表区政府在会上交流经验。2010—2012年，姜堰区被确定为全省首批农村环境连片整治示范县（市、区），紧抓机遇，围绕整治要求，紧密结合区域实际，健全“三重体系”（组织层面、业务层面、实施层面），强化“四个管理”（严格程序管理、规范资金管理、加强工程管理、健全长效管理），实现“五个（污水处理工程、垃圾处理工程、畜禽粪便无害化处理工程、村庄环境综合整治、基层环保能力建设）全覆盖”，通过3年示范建设，建成并投入运行农村生活污水处理、垃圾处理、畜禽粪便处理三大类44项重点工程，有效改善全区生态环境面貌。会上，区环保局被表彰为全省2010—2012年度农村环境连片整治示范工作先进集体。

5日 区委书记李伟调研城市管理工作。要求以群众满意为目标，进一步改进工作作风，积极履职、勇于攻坚，用实实在在的工作成效，推动城市环境的有效提升，确保文明城市创建工作有序推进、创建任务圆满完成。区领导戚才俊、戴兆平、薛金林参加。

△ 区委常委、政法委书记张士林调研区法院执行工作。要求加强与案源单位和相关部门联动，加大被执行人曝光力度，重点打击恶意拖欠工人工资以及有履行能力却故意逃避义务的被执行人。

△ 当日为“全民行动 向污染宣战”——纪念“六五”世界环境日。副区长王萍代表区政府向长期以来关心支持姜堰环保事业发展的社会各界人士表示感谢。向常年坚守一线、默默奉献的广大环保卫士致以问候。希望各镇（区）、有关部门切实发挥主导和引导作用，把污染治理摆上更加突出位置。

△ 省人力资源和社会保障厅劳动监察总队副队长张智灵、省机关党委副主任吴建龙一行督察区人力资源和社会保障局窗口单位改进作风专项行动工作情况。督察组一行实地察看社保服务大厅和人力资源服务中心窗口，对新落成的两个大厅硬件设施、工作人员服务态度和办事环境表示满意。对区人力资源和社会保障局的工作给予高度评价，认为该局专项行动工作具体、务实，表示将把先进经验带回去，加以借鉴和推广。

6日 区农村土地承包经营权确权登记颁

证工作会议召开。动员全区上下进一步统一思想，坚定信心，明确目标，理清思路，全力以赴组织开展确权登记颁证工作，确保如期圆满完成任务。区领导张长平、何光胜、钱爱社、王萍、艾玉春、陈文德参加。

△　区打击制假售假专项活动部署会召开。截至9月底，以与人民群众生产生活密切相关的食品药品、农资建材等领域为重点，集中开展打击制假售假专项活动。区委常委、政法委书记张士林出席。

7日　区委书记李伟督察光明东村整治工程进展情况。要求相关部门和单位进一步加快工程进度，保质保量按时完成各项整治任务。区领导戴兆平、薛金林参加。

△　区委副书记、区长张长平带领教育、公安、交通、住建、城管等部门负责人检查高考考点工作。到区教育局考试指挥中心、罗塘高中、姜堰中专、励才实验学校、省姜堰中学、省姜堰二中考点察看监控中心、考场设置以及考试环境。要求各部门强化服务，密切配合，做好饮食卫生、交通安全等工作，让考生满意、家长放心；严明高考纪律，加强考场管理，确保高考公平、公正；加强考试期间各项管理，提高处置突发事件能力，努力为考生创造舒适的考试环境和生活环境。看望慰问考点周围维持秩序的交警，感谢交警为考生营造安静的考试环境，为维护高考期间的道路交通秩序、保障考生出行安全做的贡献，要求他们消除一切可能影响考生的不安全因素，确保高考顺利进行。副区长刘文来参加。

9日　区委书记李伟到桥头粮管所和益众油脂有限公司调研粮食工作。要求抢抓姜堰区获批国家农业改革与建设试点的难得机遇，积极创新、扎实工作，推动粮食经济发展再上新台阶。区领导何光胜、徐闻仲、薛金林、王萍参加。

△　区委副书记、区长张长平到秸秆“双禁”远程监控中心以及白米、大埨、顾高、梁徐等镇部分村组督察秸秆“双禁”工作。要求相关部门和镇（区）毫不松懈，再接再厉，确保“双禁”工作取得实效。区委副书记何光胜、副区长王萍参加。

10日　全区党的群众路线教育实践活动工作推进会召开。区委书记李伟要求深入学习贯彻中共中央总书记习近平重要讲话精神，聚焦“四风”从严从实查摆问题，发扬“整风”精神开好专题民主生活会，坚持边查边改、立说立行取信于民，确保教育实践活动健康深入开展。市委督导组组长冯健华到会讲话，区委副书记、区长张长平主持。市委督导组副组长孙晓龙，高永明、仲亚岭等区四套班子领导出席。

△　区委书记李伟，区委副书记、区长张长平到双登集团看望慰问省优秀民营企业家杨善基，送去30万元奖金，勉励他再接再厉，再创辉煌，为姜堰加快“奋起泰州，崛起苏中”做出更大贡献。区领导徐闻仲、薛金林参加。

11日　区委中心组举行学习（扩大）会。中华环保联合会副秘书长吕克勤讲解新《中华人民共和国环境保护法》和相关环保知识，动员全区上下进一步树立“环境立区”理念，切实把环境保护工作放到更加突出的位置，全面提升全区生态文明建设水平。李伟、高永明、何光胜、戴庆柳、戚才俊、张红霞、戴兆平、薛金林等区四套班子领导参加。

△　区政协考察全区体育设施建设、使用、管理情况。考察组一行先后到体育公园、门球场、文体中心等地察看体育设施建设、使用及管理情况，听取区体育局工作人员介绍。座谈会上，政协委员们就进一步加强体育设施建设、丰富群众性体育活动、促进体育事业繁荣等提出意见和建议。区政协主席仲亚岭要求继续做好体育人才的培养和造就工作，组织和引导好全民健身，组织好全区大型体育比赛活动，建设健全体育设施，加大体育发展资金投入，为增强群众体质做出不懈努力。区政协副主席陈文亚、夏彩霞、黄彭赣、陈文德参加活动。副区长刘文来参加座谈会。

△　省计生协会会长赵龙一行调研区基层计生协村民自治及组织建设工作。区人大常委会副主任钱拥军、副区长刘文来陪同。

12日　区委书记李伟调研区供销总社。

要求抢抓改革发展机遇，不断创新工作举措，齐心协力推动供销事业加快发展。区领导薛金林、盛育河参加。

△ 区委副书记、区长张长平主持召开区政府第19次常务会议。会议听取并讨论《姜堰区镇村小型生活污水处理设施长效运行管理实施意见（讨论稿）》，要求明确各镇对镇村小型生活污水处理设施的运行管护责任，建立完善的管护体系，实现污水处理设施运行管理正常化、规范化、高效化，切实改善农村生产生活环境。会议讨论《关于在城区公园、游园等公共绿地中建设全民健身体育设施相关情况的汇报》，要求将实事办好、好事办实，满足市民健身需求。会议讨论并原则通过《姜堰区进一步加强社区物业管理工作的实施意见（讨论稿）》《关于姜堰区贯彻实施泰州市国有土地上房屋征收与补偿办法有关问题的意见等3项房屋征收文件的修订说明》《泰州市姜堰区深化行政审批制度改革实施意见（讨论稿）》《关于进一步加强新建居住区配套幼儿园规划建设和管理工作的实施意见（讨论稿）》等议题。区政协副主席夏彩霞列席。

△ 全国、省整治违法排污企业保障群众健康环保专项行动电视电话会议召开。区委副书记、区长张长平，副区长王萍在姜堰分会场收听收看。

△ 区夏季秸秆“双禁”流动现场会召开。参会人员观摩各镇（区）秸秆全量还田、机插秧以及“三清”工作现场，听取介绍。区委副书记何光胜指出，当前“双禁”工作虽已步入尾声，但路边、田边、河边、林下以及农户家前屋后还有很多零散的、随意丢弃的秸秆，思想上绝不能麻痹，行动上绝不能松懈，巡查上绝不能弱化，各镇（区）要迅速将工作重心转移到“三清”工作上来，集中时间、集中力量、集中地点，彻底消除焚烧隐患；区督导组要继续深入镇村抓好督促检查，发现问题及时处理；巡查部门要继续坚守一线，督促挂钩镇（区）按要求高标准做好“三清”工作。区领导钱爱社、艾玉春、夏彩霞参加。

△ 区委书记李伟到顾高镇调研。要求保持争先劲头、务实作风，统筹推进产业经济，切实加快项目建设，高度关注民生事业，全力确保“双过半”。区领导戴庆柳、薛金林、钱爱社参加。

12—13日 全省实施农家书屋提升工程试点工作座谈会在姜堰区召开。省纪委驻新闻出版局纪检组组长沈辉带队观摩农家书屋提升工程实施情况。观摩团一行到沈高镇河横村农家书屋、沈高镇文化中心、白米镇马沟村农家书屋和姜堰镇中天社区图书馆，详细了解配套设施、资源整合、读书环境等情况，体验区、镇、村三级图书借阅“一卡通”通借通还功能。座谈会上，副区长刘文来致欢迎词并介绍区农家书屋提升工程实施情况。沈辉要求通过“一卡通”的实施，充分调动农民群众读书的积极性，促进农民群众读书用书，逐步提高文化生活质量和农村文明程度。

13日 副区长朱嘉浩主持召开企业上市工作推进会。要求有关镇（区）和部门加强组织领导，加强协调沟通，加大难题破解，从加快地方经济发展的角度出发，切实提高上市工作重要性的认识，积极主动为企业做好服务。区上市办汇报全区企业前期上市工作进展情况、存在问题及下一步工作打算；双登、曙光、振华泵业等9家企业汇报股改工作进展、需要政府协调解决的事项等；有关镇（区）和职能部门答复需要协调解决的事项。

14日 当日为第11个世界献血者日。区血站联合区红十字会为56名市民颁发卫生部、红十字会总会以及中国人民解放军总后勤部卫生部联合授予的全国无偿献血奉献奖，其中获金奖1人、银奖5人、铜奖50人。

16日 区委书记李伟到俞垛镇调研。要求围绕“双过半”目标，自我加压、乘势而上，加快经济转型升级步伐，加大项目招引建设力度，不断改善人民群众生活，为姜堰加快“奋起泰州、崛起苏中”做出贡献。区领导戚才俊、薛金林参加。

△ 区十四届人大常委会召开第28次主任会议。会议决定，6月30日召开区十四届人大常委会第十六次会议。区人大常委会主任高

永明，副主任钱爱社、钱拥军，副调研员夏月林、张逸群参加。副区长王萍、刘文来列席。

17日 区委书记李伟到娄庄镇调研。要求以昂扬向上、争创一流的豪情壮志，务实进取、争先进位，确保实现“双过半”。区领导张红霞、薛金林参加。

△ 区政协考察现代科技产业园建设情况。委员们实地察看泰州礼恩派公司、江苏华源防爆电机有限公司、江苏君灵奔腾动力制造公司、江苏宁泰模具公司和恒基管业项目与部分园区基础设施建设现场，详细了解企业及重点项目建设情况。座谈会上，委员们听取现代科技产业园建设情况汇报后，为园区高标准定位、高目标引领，突出产业特色，创新管理机制，完善基础设施，提升科技产业园区经济总量和质量建言献策。区政协主席仲亚岭要求园区坚持高起点规划、慎重选择项目、完善服务配套、重视企业创新，打造一个有特色、有亮点的产业园区。区政协副主席陈文亚、夏彩霞、黄彭赣参加。

18日 区委书记李伟到区科技局调研。要求进一步找准定位、奋力拼搏，为姜堰加快崛起振兴提供有力的科技支撑。区领导薛金林、朱嘉浩参加。

△ 区为民办实事督察推进会召开。区委副书记、区长张长平要求强化责任意识、强化协调配合、强化督察考核，确保各个实事项目顺利实施，完成全年目标任务。区委常委、常务副区长戚才俊主持。

19日 区委书记李伟督察城建重点工程进展情况。要求进一步强化责任意识，全力以赴、奋力攻坚，高质量、快节奏推进城建工程建设，努力把城市功能做优、形象做美、品位做高。区领导戚才俊、戴兆平、薛金林参加。

△ 区政协副主席陈文亚带队考察姜堰农商行阳光信贷工程建设情况。实地察看姜堰禽丰养殖专业合作社、泰州市桥林机械厂，在区农商行梁徐支行召开座谈会。希望该行继续加大对中小企业主、种养大户的支持、服务力度，将阳光信贷工程与党的群众路线教育实践、富民创业等活动相结合，创新运营模式、优化信贷资金结构，为农业企业服务。

△ 区委副书记、区长张长平调研农业农村工作。在考察农产品质量、动物疫病、土壤肥料、水产品质量等检测中心，听取相关情况汇报后，要求农口部门将农业改革和建设试点工作作为今后农业农村工作的重要抓手，解放思想，大胆创新，不断探索现代农业发展路子；争取农业综合开发项目，加快建设进度，做好跟踪督察，确保项目质量；根据不同时期需求，调整农机装备结构，提高装备水平，确保农业增产增收；巩固发展绿色生态环境，促进老百姓居住环境持续改善；加强队伍建设，提高服务水平，深入田间地头提供优质高效服务，努力提高农民生产生活水平；进一步加快土地承包经营权确权工作，推动土地流转和适度规模经营；深化投融资改革创新，帮助、支持和指导现代农业园区建设，共同将园区打造成全省现代农业典范；集中有限资金和资源，统筹管理，用好用活资金，有效突破农业发展过程中的制约因素，努力实现农业和农村经济平稳较快增长。区委副书记何光胜、副区长王萍参加。

20日 中央政法委副秘书长、中央综治办主任陈训秋一行调研区社会管理服务中心。察看区社会管理服务中心的公共服务区、集中办公区和矛盾调处区，了解社会管理服务中心组织架构、运转情况。要求区社会管理服务中心紧扣创新社会治理主题，从事关民生、事关社会和谐稳定的关键环节入手，继续加大工作力度，努力提升平安、法治姜堰建设水平。省综治办领导朱光远、李三顺，市以及区领导陆志鹏、张爱平、李伟、张士林、薛金林、周如勇陪同。

△ 民盟泰州市委基层活动现场会在姜堰召开。参会人员参观北大街文化街区、博物馆，区盟员直属小组代表就文化与旅游融合发展作献计献策发言。民盟省委秘书长唐双辰对区盟员直属小组代表提出的意见和建议表示肯定，希望进一步发挥优势，提出有分量的提案，履行好参政职能。市政协副主席、民盟泰州市委主委董勤，区政协主席仲亚岭，区政

协副主席、统战部部长黄彭赣，副区长盛育河参加。

△　区十强、重点、成长型企业董事长（总经理）座谈会召开。区委常委、副区长、区经济开发区党工委书记徐闻仲要求各企业深入研究企业发展战略，加快转型升级步伐，加大招商引资和技术改造力度，加快管理创新，增强发展后劲，为全区工业经济更好更快发展、全面实现“双过半”、实现崛起振兴目标做出贡献。副区长朱嘉浩参加。

△　区深化行政审批制度改革动员大会召开。区委副书记、区长张长平要求按照高效便民的要求，优化流程、简化手续、压缩时限，建立岗位职责清晰、审批权限明确、工作标准具体的行政审批运行机制。区委常委、常务副区长戚才俊主持会议。区发展和改革委、区公安局、区住建局、区行政服务中心、区工商局5家单位作表态发言。区领导张红霞、钱爱社、夏彩霞参加。

23日　市委书记张雷调研张甸镇重点镇建设情况。要求树立经营集镇理念，加大建设和整治力度，打造宜居环境，提高群众的满意度和幸福感。希望张甸镇把科学规划和功能完善放在首位，多方整合资源，持续加大投入，不断提升城镇综合承载能力和服务功能。市委副书记杨峰，区领导李伟、何光胜、薛金林陪同。

△　市政协副主席张培成带队调研区非物质文化遗产保护工作。调研组一行参观溱潼会船展示馆、溱潼砖瓦馆，观看王洪祥面塑技艺表演，听取相关介绍，与“非遗”传承人交流。张培成认为区非物质文化遗产保护工作走在泰州市以至全省前列，要继续保护好、利用好非物质文化遗产，在全区形成重视、支持、帮助非物质文化遗产传承和保护工作的良好氛围。区政协副主席夏彩霞陪同。

△　区省学前教育改革发展示范区创建工作汇报会召开。省教育纪工委书记蒋吉生到会讲话，区委书记李伟致辞，区委副书记、区长张长平作创建工作情况报告。省督学、江苏开放大学副校长顾鼎竞等出席，区领导薛金林、刘文来参加。

25日　市委副书记、市长陆志鹏调研华丽塑料、太平洋精锻和南洋电缆等项目建设情况。市政府秘书长王群，区领导李伟、张长平、徐闻仲、薛金林、朱嘉浩陪同。

△　区创建省学前教育改革发展示范区督导评估通报会召开。省教育厅专家组组长、江苏开放大学副校长顾鼎竞代表专家组宣读考察意见。区委副书记、区长张长平表示，将按照专家组提出的整改意见和建议，进一步加快学前教育基础设施建设，加强教师队伍建设，加大财政投入，调整财政预算，切实提高群众满意度，让老百姓充分享受学前教育改革发展的成果。副区长刘文来参加。

△　姜堰至蒋垛等镇4条农村公交线路开通。该次投放在线运行公交车34辆、应急车8辆，由姜堰公共交通有限公司负责姜堰—蒋垛、姜堰—大抡、姜堰—顾高、姜堰—梅垛4条农公班线公交化改造。随着4条线路的开通，全区17个镇（区）实现城镇公交全覆盖。区委常委、常务副区长戚才俊，区政协副主席陈文亚参加仪式。

△　区人大常委会考察“一区两园”建设运行及重大产业项目推进情况。区领导李伟、高永明、徐闻仲、戴兆平、钱爱社、钱拥军、申忠华、朱嘉浩参加。

△　省旅游规划处处长徐晓勤带队调研古罗塘旅游文化景区建设情况。市旅游局局长王立新、区委副书记何光胜陪同。

25日—7月2日　区村庄环境整治办公室组织对村庄环境全域整治工作进行自查验收。验收情况表明，经过近3年（2011年11月—2014年7月）努力，全区262个村基本完成辖区内河道沟塘整治、暴露垃圾清理和生活垃圾集中收集处理，镇容村貌大为改观，对外形象明显提升。明确将今后整治重点转到长效管护上，解决好“人、财、物、制度”4个方面问题，从专业保洁队伍的建立、长效管理资金的落实、环卫基础设施的健全、长效管理机制的完善等方面，建立起道路保洁、河道管护、绿化养护、设施维护和垃圾清运“五位一体”长效管护机制，不断巩固整治成果，接受7月中旬泰州市复查、9月份省级考核验收。

26日 区人大常委会考察职业教育发展和规范行政自由裁量权工作。区人大常委会主任高永明，副主任钱爱社、钱拥军、申忠华参加。

△ 区政协考察城区服务业重大项目建设情况。区政协主席仲亚岭，副主席陈文亚、夏彩霞、黄彭赣、陈文德参加，副区长艾玉春陪同。

△ 区委召开常委会。研究讨论《关于推进镇（区）和区级机关部门（单位）中层干部轮岗交流的意见（讨论稿）》《关于建立“四联机制”加强基层服务型党组织建设的意见（讨论稿）》，研究确定“十佳、优秀村党组织书记”正式人选，研究讨论《关于开展新一轮择优选拔村党支部书记进专项事业编制工作的建议方案》《关于调整有关基层党组织设置的建议方案》《2014年度房屋征收搬迁重点项目工作方案》。区委书记李伟主持。

27日 区人大常委会举办职业教育专题讲座。省教科院职教所所长马成荣作《区域职业教育改革与发展》专题讲座。区人大常委会副主任钱爱社、钱拥军、申忠华参加。

28日 泰州华侨城第五届亲水节开幕。该届亲水节以“盛夏冰泉 美食狂欢”为主题，将持续至8月31日，泰州华侨城准备童心同乐的亲子夏令营、高球训练营、挑战光头强、乐高儿童益智游戏、DIY稻草人等游艺项目和云海温泉环球美食精选海鲜自助餐以及慕尼黑啤酒文化活动。副区长盛育河出席开幕式。

30日 城区19个“环卫工人歇脚处”挂牌。区委书记李伟为环卫工人歇脚处授牌。区委常委、姜堰镇党委书记戴兆平，区委常委、宣传部部长薛金林参加。

△ 姜堰博物馆新馆开馆。姜堰博物馆新馆位于天目山遗址东南侧，占地面积1万多平方米，地面建筑面积5000平方米，集陈列展览、科学研究等功能为一体，风格独特，设施先进，陈品丰富，展示姜堰4000年以来的人文历史以及天目山的历史文化。馆内设有“江淮重镇、三水古堰”——姜堰历史文化陈列厅、“西周江淮第一城”——天目山遗址文化陈列厅、“三水遗墨”——姜堰博物馆馆藏书画作品展、“新四军与老百姓”——党的群众路线教育实践活动专题文物展等展厅。姜堰博物馆新馆作为区委、区政府为民办实事的一项重点工程，自2012年开工建设以来，历经两年多时间，累计投入5000多万元。建成开馆，标志着姜堰区馆藏文物和藏品保存环境标准化建设迈向新的发展阶段，为文化姜堰建设增添浓墨重彩。区委书记李伟、市文广新局局长陈士宏为博物馆新馆揭牌。高永明、仲亚岭、戚才俊、戴兆平、薛金林、钱拥军、盛育河、刘文来、陈文亚等区四套班子领导出席开馆仪式。

△ 区十四届人大常委会召开第十六次会议。会议听取审议区政府关于职业教育发展情况的报告以及区人大常委会教科文卫工委的调查报告，区政府关于规范行政自由裁量权工作情况的报告以及区人大常委会法工委的调查报告，区检察院关于未成年人刑事检察工作审议意见落实情况的反馈，区政府关于农业现代化建设审议意见落实情况的反馈，区人大常委会执法检查组关于《中华人民共和国土地管理法》执法检查情况的报告、工商和质监部门工作报告，区人大常委会部门工作评议调查组关于区工商局、区质监局及其基层站所工作的调查报告，区政府关于2014年国民经济和社会发展计划调整方案（草案）的报告。会议票决通过职业教育发展情况的报告、规范行政自由裁量权工作情况的报告、未成年人刑事检察工作审议意见落实情况以及农业现代化建设审议意见落实情况的反馈。会议评议测评通过区工商局、区质监局及其基层站所工作。区委常委、常务副区长戚才俊，副区长刘文来列席。区人大常委会主任高永明，副主任钱爱社、钱拥军、申忠华、汤文林参加。

△ 市文广新局主办，市文化馆、市淮剧团承办的2014年泰州市新创文艺节目调演在梅兰芳大剧院献演。兴泰镇文化站携手姜堰中专表演的音乐小品《飞吧，鸽子》获一等奖。

7月

1日 区委书记李伟走访慰问姜堰镇部分新中国成立前入党老党员和生活困难党员，给他们送去慰问金和节日问候。区领导戴庆柳、戴兆平、薛金林参加。

△ 副市长张余松调研区外贸企业发展情况。区委常委、副区长、区经济开发区党工委书记徐闻仲，副区长刘文来参加。

2—3日 市经济和信息化委副主任王亚明考察江苏诚天机械有限公司、泰州市旺鑫耐火材料有限公司、汉枫缓释肥料（江苏）有限公司等12家企业申报市级企业技术中心认定工作。

3日 全区举行项目集中开工活动。集中开工的13个项目投资规模大、科技含量高、带动能力强，总投资35亿元，是区委、区政府实施加快发展重点园区战略的重要成果。亿元以上项目9个，外资项目5个，其中，现代科技产业园区有江苏力野（台湾）精工科技、江苏谐斯（韩国）模具、江苏高成新材料、扬帆中小企业创业园、智谷软件园商务中心、江苏福润（加拿大）仓储、江苏恒基（香港）管业、江苏坤和新型材料、江苏安科电气、江苏永富达科技等10个项目，区经济开发区有中国创新投资、苏州新豪轴承、泰州开广塑胶等3个项目。区领导李伟、张长平、高永明、仲亚岭、戚才俊、徐闻仲、戴兆平、薛金林、钱爱社、朱嘉浩、刘文来、陈文德出席开工仪式。在现代科技产业园区项目集中开工现场，区委常委、现代科技产业园区党工委书记、姜堰镇党委书记戴兆平致辞。参加开工仪式的领导分别为江苏力野（台湾）精工科技、江苏谐斯（韩国）模具、智谷软件园商务中心、江苏福润（加拿大）仓储项目培土奠基。现代科技产业园区开工仪式结束后，参加活动的区领导到区经济开发区，分别为中国创新投资、苏州新豪轴承、泰州开广塑胶项目培土奠基。

4日 全区征兵工作领导小组会议和征兵工作会议召开。区委常委、常务副区长戚才俊出席。

△ 市委统战部组织统一战线各界代表人士考察姜堰区现代农业。考察组参观省级现代农业产业园区服务中心、河横村稻麦展示基地、宏昌种植家庭农场、北农大农牧科技有限公司、泰州中艺农业生态园、兴泰镇为农服务综合体，了解区现代农业发展情况并听取情况介绍。市政协副主席、市委统战部部长仲建生，市政协副主席、民盟市委主委董勤参加，区领导仲亚岭、何光胜、王萍、黄彭赣陪同。

9日 市政府副秘书长周天云调研区粮食系统危仓老库维修改造、粮食扩储及地方配套资金落实情况。副区长王萍陪同。

9—10日 根据中央有关精神，省委、泰州市委统一部署和姜堰区党的群众路线教育实践活动总体安排，区委常委会召开专题民主生活会。李伟代表区委常委班子进行对照检查，作自我剖析。张长平、何光胜、戴庆柳、戚才俊、徐闻仲、张红霞、张士林、戴兆平、张荣进、薛金林等常委作对照检查，接受班子其他成员批评。省委督导组组长徐毅英，市委常委、纪委书记唐小英全程指导，市委督导组组长冯健华作点评。区领导高永明、仲亚岭列席。

10日 区安全生产工作会议召开。区领导张长平、钱爱社、朱嘉浩、夏彩霞参加。

△ 市委书记张雷调研区经济社会发展情况。市委常委、秘书长、宣传部部长卢佩民，区领导李伟、张长平、何光胜、徐闻仲、薛金林参加座谈会。

△ 泰州市省级村庄环境整治全域考核迎检工作会议在姜堰区召开。与会人员到淤溪镇周庄村、溱潼镇洲城村实地参观区村庄环境整治全域整治工作。副市长贾春林就如何做好省级考核迎检工作，要求各市（区）对照全域整治目标要求，组织一次“回头看”，认真查找整治工作中存在的不彻底、不平衡、长效管护不到位、反弹等问题，抓好长效管理，保证村庄环境整治这个实事办好办实，全力以赴抓好冲刺提升，确保通过考核验收。区委常委、常务副区长戚才俊参加会议。

11日 区委书记李伟专题听取信访维稳工作情况汇报。要求准确研判形势，切实抓好矛盾排查化解，严格落实各项工作责任，为全区改革发展深入推进保好驾、护好航。区领导张士林、薛金林参加。

△ 区政协主席仲亚岭带队走访建行区支行。副主席陈文亚、夏彩霞陪同。

△ 区委副书记、区长张长平主持召开区政府班子专题民主生活会。代表区政府班子进行对照检查，作自我剖析。戚才俊、徐闻仲、朱嘉浩、盛育河、刘文来、周如勇、艾玉春逐一作对照检查，接受其他成员批评。

14日 市城市环境综合整治小组考核验收区2014年城市环境综合整治工作。区委常委、姜堰镇党委书记戴兆平参加。

15日 区委书记李伟到区工商局调研。要求始终坚持服务发展，认真履行市场监管职能，切实维护群众利益。区领导薛金林、朱嘉浩参加。

△ 区人大常委会党组书记、主任高永明主持召开党组班子专题民主生活会。代表党组班子进行对照检查，作自我剖析。钱爱社、申忠华、汤文林逐一作对照检查，接受其他成员批评。

16日 区委书记李伟到区质监局调研。要求切实强化责任意识，扎实推进质量强区建设，突出抓好安全监管，坚决维护群众利益。区领导薛金林、朱嘉浩参加。

△ 区政协召开党的群众路线教育实践活动专题民主生活会。区政协党组成员、秘书长缪卫东代表区政协党组进行对照检查。区政协党组书记、主席仲亚岭，区政协副主席陈文亚、黄彭赣逐一作对照检查，开展相互批评。

17日 区委书记李伟到挂钩联系的张甸镇公开接访。区领导薛金林、钱拥军参加。

△ 区政协考察社区矫正工作。区领导仲亚岭、周如勇、陈文亚、夏彩霞、黄彭赣参加。

18日 区人大常委会考察民办养老机构建设工作情况。区人大常委会主任高永明，区人大常委会副主任钱爱社、钱拥军、申忠华、汤文林，副区长盛育河参加。

△ 团省委副书记蒋敏一行考察区农村区域化团建、农村合作社建团等重点工作推进情况。区委副书记何光胜陪同。

19日 区委书记李伟到北大街、气象局南侧、光明东村等地督察城市建设重点工程建设情况。区领导戚才俊、薛金林参加。

21日 省政府召开全体会议电视电话会。会议回顾总结全省上半年工作，研究分析当前经济形势，安排部署下半年工作任务，动员全省上下进一步统一思想，坚定信心，攻坚克难，扎实工作，确保完成全年经济社会发展目标任务。区领导张长平、戚才俊、徐闻仲、肖延川、王萍、朱嘉浩、盛育河、刘文来、周如勇在姜堰分会场收听收看。

22日 区人武部召开宣布命令大会。市委常委、军分区司令员李国强宣读南京军区命令和泰州军分区党委通知，任命江苏省军区司令部作训处副团职参谋邓肯为姜堰区人民武装部部长，由中校军衔晋升为上校军衔。区委书记、区人武部党委第一书记李伟出席，区人武部政委徐俊主持。

△ 2014年“百名专家姜堰科技行”活动开幕。中国科学院、中国工程院院士、武汉大学博士生导师、测绘遥感信息工程国家重点实验室主任李德仁，省科技厅副厅长段雄，副市长张余松，区委书记李伟，区委副书记、区长张长平共同按下活动启动球。该次活动为期2天，是全区实施“135工程”科技创新战略重要举措之一，开展李德仁院士工作站揭牌、科技成果发布、“一对一”科技洽谈、产学研共建项目签约仪式、走进企业考察指导等系列活动。区领导徐闻仲、戴兆平、钱爱社、艾玉春、陈文德出席开幕式。全国30多家高校、科研院所、单位的近百名专家参加。

△ “两院”院士李德仁到智谷软件园考察。区委常委、现代科技产业园党工委书记、姜堰镇党委书记戴兆平介绍智谷软件园总体设计、规划远景和一期工程建设情况，李德仁给予充分肯定，希望智谷软件园在保证工程进度和质量的基础上，加快高科技企业和先进人才

引进步伐，进一步做好园区中长期规划，建成苏中地区一流软件园。考察后，李德仁与智谷软件园签订关于建立泰州市智谷软件园智慧城市技术与应用院士工作站的合作协议。双方将围绕智慧城市、智慧农业等领域重大关键技术难题开展联合攻关。

△ 区生猪屠宰清理整顿工作会议召开。区委副书记何光胜、副区长王萍参加。

△ 区委召开常委会。传达省委全会和市委全会精神，讨论区委十一届六次全会预案和全会报告。区委书记李伟主持。

△ 市委常委、秘书长、宣传部部长卢佩民在张甸镇调研指导社会主义核心价值观和善行美德推行工作。区委常委、宣传部部长薛金林参加。

23日 区委、区政府召开领导班子专题民主生活会情况通报会。区委书记李伟通报区委常委会专题民主生活会情况，区委副书记、区长张长平通报区政府党组班子专题民主生活会情况，市委督导组组长冯健华讲话，市委督导组副组长孙晓龙出席。出席会议对象对区委常委会、区政府党组班子和党员领导干部对照检查、开展批评和自我批评情况进行民主评议。现职县处级领导干部，正县处级老领导和近5年退出领导岗位的副县处级老领导，各镇（区）、区级机关各部门(单位)党政主要负责人，不在上述范围内的区省第十二次党代会代表、市第四次党代会代表，区委聘请的教育实践活动群众观察员，部分基层“两代表一委员”和党员、群众代表，区工商联负责人和无党派代表人士，区委督导组全体人员等参加。

△ 区委副书记、区长张长平到挂钩联系的蒋垛镇公开接访。区人大常委会副主任申忠华参加。

24日 全市双拥工作领导小组成员（扩大）暨创建全国双拥模范城工作推进会电视电话会议召开。区委副书记、区长张长平，区人武部部长邓肯在姜堰分会场收听收看。

△ 区人大常委会考察代表重要建议办理情况。考察沈高镇河横村垃圾分类处理设施、沈高镇万众村引长江水工程、曲江桥滨河长廊、志博校外辅导中心。区人大常委会主任高永明，区人大常委会副主任钱爱社、钱拥军、申忠华、汤文林，副区长刘文来参加。

△ 区政协考察白米镇政协工委工作情况。区政协主席仲亚岭、副主席陈文亚参加。

25日 区委中心组召开专题学习会。集中观看影片《杨善洲》。区委书记李伟强调，要自觉实践杨善洲精神，把“为民、务实、清廉”理念和“三严三实”要求融入头脑、付诸行动，进一步严格要求、真查实改，稳打稳扎推进教育实践活动，确保活动善始善终、善做善成，促进全区经济社会事业发展再上新台阶。

△ 区人大常委会党组书记、主任高永明主持召开人大党组班子及人大机关专题民主生活会情况通报会。会议通报区人大常委会党组班子专题民生生活会情况和区人大常委会机关专题民生生活会情况，对专题民主生活会情况进行测评。区委第三督导组组长颜大龙，区人大常委会副主任钱爱社、钱拥军、申忠华、汤文林参加。

△ 国土资源部土地利用司主任科员金川一行调研区闲置土地处置工作。

28日 区委召开十一届六次全体会议。贯彻落实省委十二届七次全会、市委四届七次全会精神，回顾总结上半年工作，研究部署下半年任务，动员全区上下以深入开展党的群众路线教育实践活动为推动，改革创新、锐意进取，埋头苦干、务实奋进，全面完成“奋起泰州、崛起苏中”大突破之年各项目标任务，在崛起振兴的征程上迈出更加坚实的步伐。区委常委会主持会议。区委书记李伟作工作报告。区委副书记、区长张长平作小结讲话并部署当前工作。区委副书记何光胜通报上半年各镇（区）经济建设主要成果指标完成情况排名、综合考评排名，二季度流动杯竞赛、半年优胜奖获奖情况。

△ 区十四届人大常委会召开第29次主任会议。会议听取和审议区政府《关于科技经费使用情况的汇报》、区人大常委会教科文卫工委《关于科技经费使用情况的调查报告》、

区人民检察院《关于民行检察工作情况的汇报》、区人大常委会法工委《关于区检察院民行检察工作情况的调查报告》、区政府《关于代表建议办理工作审议意见落实情况的反馈》以及《关于财政预算及计划预算执行等审议意见落实情况的反馈》等议题。区人大常委会主任高永明主持，区人大常委会副主任钱爱社、申忠华、汤文林参加，区委常委、常务副区长戚才俊列席。

29日 区委书记李伟走访慰问驻姜堰军事单位，向广大官兵和部队离退休干部送上节日问候和良好祝愿。区领导高永明、张士林、薛金林、盛育河参加。

△ 区委常委、常务副区长戚才俊带队督察城市环境综合整治工作。要求紧扣时间节点，对照任务，逐一落实，确保规定时间内完成整治工作。

△ 区领导张长平、仲亚岭、戚才俊、周如勇到区武警中队、区消防大队走访慰问驻姜堰部队官兵，赠送慰问金。

△ 区政协举行十三届十五次常委会议暨委员活动日。会议听取区政府关于全区上半年经济和社会事业发展情况通报、区人力资源和社会保障局养老保险知识讲座及城乡居民养老保险工作情况通报。区政协主席仲亚岭，区委常委、常务副区长戚才俊，区政协副主席陈文亚、夏彩霞、黄彭赣参加。

△ 区政协党组书记、主席仲亚岭主持召开政协领导班子专题民主生活会情况通报会。会议通报区政协党组专题民主生活会情况和机关党总支专题民主生活会情况，对专题民主生活会情况进行民主评议。区委第二督导组组长张逸群，区政协副主席陈文亚、夏彩霞、黄彭赣参加。

30日 区委书记李伟看望公安交警和企业一线职工。区领导何光胜、戚才俊、徐闻仲、张士林、戴兆平、薛金林、朱嘉浩参加。

△ 姜堰镇书香社区创建活动启动。区领导戚才俊、戴兆平、薛金林参加。

31日 区环卫工人免费早餐启动仪式在城区金震手机店环卫工人歇脚处举行。从8月1日开始，城区环卫工人将吃上方便卫生的免费早餐。区委书记李伟要求把实事办好、办实，真正让环卫工人吃得舒心、吃得放心。区领导何光胜、戚才俊、戴兆平、薛金林参加。

△ 区委副书记、区长张长平赴北京慰问“老虎团”官兵，共话革命史，共叙鱼水情，赠送慰问金。区领导钱拥军、盛育河、周如勇、陈文亚参加。

8月

1日 区广播电视台“民生关注社区行”启动仪式在东街社区举行。区委常委、姜堰镇党委书记戴兆平，区委常委、宣传部部长薛金林参加启动仪式，为“记者社区工作站”揭牌，为“民生关注社区行”活动授旗。“民生关注社区行”活动是区广电台在党的群众路线教育实践活动中结合新闻战线“走转改”活动推出的“记者走基层”系列活动的一项重要内容，电台、电视记者走进社区，多媒体、多角度宣传报道社区，传播正能量。通过建立“记者社区工作站”，让记者到基层零距离倾听民声、帮助解决实际问题。

2日 区委常委、宣传部部长薛金林带领相关部门负责人到中天社区，督察文明创建和“省城市管理示范社区”创建工作。

4日 省委召开第二批党的群众路线教育实践活动推进电视电话会议。市委督导组组长冯健华、副组长孙晓龙，李伟、张长平、高永明、仲亚岭等区四套班子领导在姜堰分会场参加。

△ 市人大常委会副主任丁士宏带队督察区人大常委会法院执行专项工作评议情况。区人大常委会主任高永明、副主任钱拥军参加。

△ 全市安全生产工作电视电话会议召开。李伟、张长平、高永明、仲亚岭等区四套班子领导在姜堰分会场参加。

5日 区委书记李伟专题到安监部门调研全区安全生产工作。要求认真落实区委十一届六次全会部署，始终绷紧安全生产这根弦，狠抓各类隐患排查整改，进一步健全安全生产长效机制，为全区发展营造更加安定有序的环境。区领导薛金林、朱嘉浩参加。

6日 副市长张余松带领商务、安监和台办、消防支队等部门负责人督察区安全生产大检查工作。市政府副秘书长李志高，区领导张长平、徐闻仲、朱嘉浩参加。

△ 区委书记李伟调研食品药品监管工作。要求认真贯彻落实区委十一届六次全会部署，进一步强化监管手段，提升监管实效，为保障全区人民饮食用药安全做出贡献。区领导薛金林、刘文来参加。

7日 区委书记李伟到区编办调研。要求认真落实区委十一届六次全会部署，进一步创新工作思路，强化编制管理和服务创新，全面提升机构编制工作水平。区领导戴庆柳、薛金林参加。

△ 全区工业经济形势分析会召开。就做好下半年工业经济工作，区委常委、副区长、区经济开发区党工委书记徐闻仲要求各镇（区）科学研判形势，认清困难挑战，增强忧患意识，把握有利条件，坚定发展信心，调高目标定位，强化“目标必成”意识，逐项对照全年计划指标排找差距，将三季度及下半年目标任务重新细化、层层分解，确保各项指标“大突破、争一流”。要突出项目建设，帮助企业拓宽思路开发项目；支持企业对具备较强竞争优势的产品实施扩能改造，壮大优势产业规模；顶真碰硬推进项目，为工业经济发展培植增长点。要强化要素保障，围绕企业各类服务需求，主动加强衔接、沟通和协调，切实帮助企业破解制约发展的突出矛盾和问题，及时为企业提供及时、高效、优质服务，努力保持工业经济平稳发展。要狠抓安全生产，认真落实属地监管责任，扎实开展事故隐患排查，防范各类安全事故发生，为工业经济发展营造稳定环境。副区长朱嘉浩主持。

△ 区委副书记、区长张长平主持召开区政府第20次常务会议。研究讨论《区政府关于鼓励和支持工业企业转型升级的政策意见》《姜堰区低收入人群及特殊境况公民法律援助实施办法（试行）》等议题。区政协副主席夏彩霞列席。

8日 省经济和信息化委召开蓄热式燃烧技术推广会。重点推介江苏腾天工业炉有限公司核心技术“蓄热式加热技术”。省经济和信息化委节能与综合利用处处长张金国、副区长朱嘉浩出席。

9日 区委书记李伟督察光明东村综合整治工作。要求相关部门（单位）抓好工程扫尾，落实好长效管护，真正把小区建设好、管理好，为小区居民提供一个安全、舒适、优质的生活环境。区领导戚才俊、戴兆平、薛金林参加活动。

11日 区委书记李伟到区卫生局调研。区领导薛金林、刘文来参加。

△ 区文明城市创建暨环境综合整治工作推进会召开。区领导戚才俊、戴兆平、汤文林、陈文亚参加。

△ 区委副书记、区长张长平带领安监、住建、公安、发改、消防等部门负责人督察安全生产工作。副区长朱嘉浩参加。

△ 全区服务业经济形势分析会召开。区委常委、宣传部部长薛金林参加，副区长盛育河主持。

12日 区委书记李伟到区人口计生委调研。要求认真落实区委十一届六次全会部署，立足职能，积极创新，扎实抓好人口计生各项工作，不断提高人口计生管理水平和公共服务质量。区委常委、宣传部部长薛金林参加。

△ 区人大常委会考察搬迁安置房建设情况。区人大常委会主任高永明，区人大常委会副主任钱拥军、申忠华、汤文林参加考察，区委常委、常务副区长戚才俊参加活动。

13日 区委书记李伟到区文广新局调研。要求认真落实区委十一届六次全会部署，以文化产业和文化事业的创新发展、率先发展，彰显姜堰发展软实力，为建设美丽姜堰、幸福姜堰打牢文化根基。区领导薛金林、刘文来参加。

△ 区安委会召开全体（扩大）会议。对当前安全生产工作进行再动员、再部署，坚决杜绝重特大事故发生，为青奥会平安举行和经

济社会持续健康发展营造良好环境。区领导张长平、钱爱社、朱嘉浩、夏彩霞参加。

△ 区委副书记、区长张长平调研信访和社会矛盾纠纷调处工作。区委常委、政法委书记张士林，副区长周如勇参加。

14日 区委书记李伟，区委副书记、区长张长平分别带领相关部门负责人到溱潼镇、淤溪镇检查防汛工作。区领导何光胜、薛金林参加。

△ 区委书记李伟到区体育局调研。要求认真落实区委十一届六次全会部署，加大工作创新力度，切实把体育这项关乎民生福祉的事业抓紧抓好。区领导薛金林、刘文来参加。

△ 区委副书记、区长张长平主持召开城乡规划委员会第三次会议。会议研究讨论中天二村规划方案。4月，区政府第18次常务会议研究确定将中天二村剩余土地用于发展社会化养老服务业，建设中天养老社区。项目投资单位根据要求对原中天二村规划方案作调整，调整后，中天二村三期规划方案以6层住宅为主，规划指标参照经济适用住房指标要求进行规划设计，小区外立面形式采用英伦风格。会议原则同意中天二村规划方案调整，要求民政、规划、住建等部门就居家养老社区功能性技术指标认真对接，确保必备配套设施到位；在经济适用房基础上放宽停车位指标，适当增加地面公共停车位，满足小区住宅需求。会议讨论并原则同意蓝天大厦规划方案以及三水新都会规划方案。区委常委、常务副区长戚才俊，区委常委、姜堰镇党委书记戴兆平参加。

15日 区委书记李伟调研公安维稳工作。要求公安部门认真落实区委十一届六次全会部署，以高度的政治自觉、严谨的工作作风、务实的工作举措，高效履职、积极作为，为姜堰区全面深化改革、推进崛起振兴保驾护航。区领导张士林、薛金林、周如勇参加。

△ 省农委副主任王春喜调研区现代畜牧业发展情况。副市长陈明冠，区领导张长平、何光胜、肖延川参加。

△ 区十四届人大常委会召开第30次主任会议。会议决定，8月29日召开区十四届人大常委会第十七次会议。区人大常委会主任高永明，副主任钱爱社、钱拥军、申忠华、汤文林，副调研员夏月林、张逸群参加。区委常委、常务副区长戚才俊，副区长盛育河列席。

18日 区委书记李伟检查校舍安全工程。要求强化工程质量，狠抓施工管理，确保按序时要求，高标准、高质量地完成好各项工程建设任务。区领导薛金林、刘文来参加。

19日 区委召开常委会。研究讨论《姜堰区人大常委会关于开展“四级人大代表回选区（选举单位）访选民活动周”实施方案》《关于落实党风廉政建设党委主体责任、纪委监督责任的实施办法（试行）》《张甸镇简政放权改革试点方案》等。区委书记李伟主持。

△ 区政协主席走访区城管局。区政协主席仲亚岭，区政协副主席陈文亚、夏彩霞、黄彭赣、陈文德，区委常委、常务副区长戚才俊参加。

△ 泰州市水稻穗期病虫害防控暨专业化统防统治现场推进会在姜堰区召开。市农委副主任邱江、市植保站站长高联义，各市（区）农委分管领导和植保站站长、部分乡镇农技站站长参加。与会人员参观张甸镇蒋佴村植保专业合作社和腾飞植保农机专业合作社，现场观摩植保无人飞机、自走式弥雾机和担架式弥雾机3种器械的施药演示。

20日 姜堰区党的群众路线教育实践活动工作推进会召开。学习贯彻省、市推进会精神，对前段工作进行回顾总结，对整改落实、建章立制环节工作进行部署。区委书记李伟要求认真贯彻落实区委十一届六次全会精神，把深入推进教育实践活动与狠抓当前工作结合起来，把党的群众路线落实到增进群众福祉的实际行动中，为姜堰加快实现“奋起泰州、崛起苏中”做出贡献。市委督导组组长冯健华到会讲话，区委副书记、区长张长平主持会议。市委督导组副组长孙晓龙，高永明、仲亚岭等区四套班子领导出席。

△ 区委书记李伟调研财税工作。要求财税部门认真落实区委十一届六次全会部署，坚定信心，鼓足干劲，攻坚克难，切实抓好三季

度各项工作，为完成“大突破”之年各项目标任务奠定基础。区领导戚才俊、薛金林参加。

21日 区人大常委会召开关于区公安局、区司法局及其基层站所工作评议动员会议。区人大常委会主任高永明，副主任钱爱社、钱拥军、申忠华、汤文林参加，副区长、区公安局局长周如勇列席。

△ 全市“三农”工作推进会在姜堰区召开。市委副书记杨峰，副市长陈明冠，区领导张长平、何光胜、肖延川、王萍以及市涉农部门负责人、各市（区）分管负责人和部门负责人参加。

22日 区领导李伟、张长平、高永明、仲亚岭分别走访慰问贫困大学新生，送去助学金。区领导戴兆平、薛金林参加。

25日 市委书记蓝绍敏调研区经济社会发展情况。到太平洋精锻、苏中药业、泰达纺织、南洋电缆、新盛磨具、环球传动、五行科技、双登集团、省级现代农业产业园区服务中心、中天新村、北大街文化街区、体育公园等地，详细了解区产业发展、项目建设、城市建设等方面情况。要求进一步强化创新意识、拼搏精神、奋进姿态，全力以赴抓招商，始终不渝抓项目，真正把全区人民的创业激情激发出来，把群众的智慧力量凝聚起来，共同在姜堰的“二次创业”中展现风采。市委常委、秘书长、宣传部部长卢佩民参加。区委书记李伟，区委副书记、区长张长平等陪同。

△ 扬州市姜堰商会捐资助学仪式在区教育局举行。扬州市姜堰商会除了继续资助上年的14名大学生、20名高中生外，又新增10名大一新生、16名高一新生，总计捐助大学生24人、高中生36人，大学生每人6000元、高中生每人3000元。该商会的爱心捐助活动是连续性的，受资助学生每年将接受捐赠，从高一、大一入学直至毕业。区政协主席仲亚岭、副主席黄彭赣参加。

△ 区委常委、常务副区长戚才俊带领区委宣传部和区发展和改革委、区住建局、区城管局以及姜堰镇等部门单位负责人到社区和农贸市场，督察文明城市创建暨城市环境综合整治工作。

26日 区餐饮业商会召开第三次会员代表大会。区政协副主席、区工商联主席陈文德参加。

△ 区委副书记、区长张长平主持召开全区亿元以上工业项目协调推进会。要求全力以赴狠抓项目建设、千方百计破解瓶颈制约、真心实意提供优质服务、整合资源再掀招商热潮。区领导徐闻仲、朱嘉浩参加。

△ 市人大常委会副主任，高港区委书记、人大常委会主任王建带领高港区省市人大代表调研区旅游业发展情况。区人大常委会主任高永明、副主任申忠华，副区长盛育河参加。

△ 国家四部委印发《关于开展市县“多规合一”试点工作的通知》，全国28个市县确定为“多规合一”试点市县，姜堰区是全省列入试点唯一的区。“多规合一”是推进经济社会发展规划、城乡规划、土地利用规划、生态环境保护规划相互衔接，解决当前规划数量过多、内容交叉重复、缺乏衔接协调等突出问题，增强规划权威性和有效性的重要举措。姜堰区将统筹推进试点工作，形成试点方案，明确“多规合一”技术路径和具体内容，形成一个区一本规划、一张蓝图；探索完善区域空间规划体系，建立相关规划衔接协调机制。

27日 省委督导组组长徐毅英在姜堰检查指导教育实践活动开展情况。省委督导组副组长朱子华，区领导李伟、何光胜、戴庆柳、薛金林参加。

△ “人生新旅程·工会伴你行”2014年“金秋助学”助学金发放暨郎酒集团“中国郎·大学梦”捐资助学仪式举行。百余名贫困学生获领助学金。区委常委、常务副区长戚才俊出席。

△ 区委中心组举行学习（扩大）会。学习中共中央总书记习近平关于法治中国建设的重要讲话精神，进一步提高全区领导干部法律意识、增强法治观念，坚持严格依法行政、依法管理、依法服务，为全面推进法治姜堰建设进程、加快实现“奋起泰州、崛起苏中”提供

坚强保障。区委书记李伟出席会议并讲话，张长平、高永明等区四套班子领导参加，区委常委、宣传部部长薛金林主持。

28日　区委书记李伟督察2014年为民十个方面实事进展情况。要求以对组织、对人民高度负责的态度，强化措施，狠抓落实，确保全面完成各项目标任务，向全区人民交上一份满意的答卷，为姜堰实现"奋起泰州、崛起苏中"大突破做出贡献。区领导戴兆平、薛金林参加。

△　区委常委、政法委书记张士林带领教育、公安、城管、工商、文广新等部门有关责任人督察城区校园周边环境整治工作。

29日　区委书记李伟检查指导秋学期开学工作。要求教育部门精心组织、周密安排，以最佳的精神状态迎接新学期的到来，确保学校各项工作迅速步入正轨。区领导薛金林、刘文来参加。

△　泰兴市副市长、农产品加工园区党工委书记刘辉率队考察姜堰区"三农"工作。刘辉一行参观姜堰镇杨帆中小企业创业园帮扶经济薄弱村标准厂房、桥头镇大杨村曙光家庭农场、沈高镇农村产权交易服务站、沈高金阳光富民担保有限公司、河横国家级农业科技创新与集成示范基地、省级姜堰现代农业产业园区服务中心、沈高镇畜禽粪便处理中心、兴泰镇为农服务综合体、溱潼镇湖南村村庄环境整治等现场。高度评价姜堰区高起点、高标准、高要求推进现代农业，取得丰硕成果。表示要以该次考察为契机，认真学习借鉴姜堰区的先进经验和成功做法，进一步加强交流，优势互补，共同做好"三农"工作。区委副书记何光胜陪同。

△　区十四届人大常委会召开第十七次会议。会议听取和审议区政府关于2014年上半年国民经济和社会发展计划执行情况的报告，区政府关于2013年度财政决算草案、2014年上半年财政预算执行情况的报告，区政府关于2013年度区级预算执行及其他财政收支的审计工作报告，区人大常委会财经工委的初审调查报告，区政府关于城区住宅小区物业管理情况的报告以及区人大常委会环境资源城乡建设工委的调查报告，区政府关于社会化养老专题询问意见贯彻落实情况的反馈，区人大常委会关于《中华人民共和国大气污染防治法》和《中华人民共和国水污染防治法》执法检查情况的报告，区人大常委会、区政府、区检察院有关人事任免议案，区人大常委会提出关于提请确认主任会议许可对区人大代表张俊民采取强制措施的议案。会议票决通过城区住宅小区物业管理情况的汇报、社会化养老专题询问意见贯彻落实情况的反馈；会议表决通过关于加强区本级财政预算执行和其他财政收支监督的决议、关于批准2013年区本级财政决算和2014年财政预算调整的决议；表决通过有关人事任免议案，向新任职人员颁发任命书；表决通过关于确认主任会议许可对区人大代表张俊民采取强制措施的决定。区人大常委会主任高永明，副主任钱爱社、钱拥军、申忠华、汤文林参加，区委副书记、区长张长平，区委常委、常务副区长戚才俊，副区长盛育河列席。

△　省中医院副院长朱佳、省标准化研究院标准保障部主任陈银龙、省中医院医务处处长马朝群等组成专家组考核验收区中医院中医医疗服务标准化试点工作。区中医院2011年3月被列为江苏省中医医疗服务标准化试点单位。考评组认为姜堰中医院较好地完成任务书规定的各项指标，标准化意识明显提高，管理更加规范，服务质量持续提升，一致同意通过该项目的考核评估。副区长朱嘉浩参加。

△　区十四届人大常委会第十七次会议决定任命肖延川为泰州市姜堰区人民政府副区长。

9月

1日　区委书记李伟督察姜堰三水公园建设进展情况。要求进一步完善工程建设规划，加快绿化工程建设进度，增加绿化数量，丰富绿化层次，认真组织施工，确保按期完成各项建设任务。区领导徐闻仲、薛金林参加。

2日　区委书记李伟检查水稻病虫害防治

工作。要求抢抓晴好天气，狠抓田间管理，强化病虫害防治知识宣传，切实提高秋季农作物病虫害防治效果。区领导何光胜、薛金林、肖延川、王萍参加。

△ 市委常委、常务副市长何榕带领市发改、经信、国土、商务、环保等部门负责人，调研区重大项目建设情况。区领导张长平、戚才俊、徐闻仲、朱嘉浩陪同。

3日 区委书记李伟调研金融工作。要求紧扣区委十一届六次全会部署，以支持姜堰发展为己任，进一步深化改革、高效服务、规范管理，不断创新工作举措，提升服务水平，助推转型升级，为全区经济社会发展做出贡献。区领导薛金林、朱嘉浩参加。

△ 区委书记李伟到兴泰镇调研。要求按照区委十一届六次全会部署，围绕全年目标任务，以有力的举措推动全镇各项工作上台阶、进位次，为姜堰实现"奋起泰州、崛起苏中"的大突破做出贡献。区领导薛金林、周如勇参加。

4日 区委书记李伟到大纶镇调研。要求按照区委十一届六次全会部署，对照"大突破"的工作要求，奋力争先，大力提升转型实效，努力提升项目质态，确保完成全年目标任务，为姜堰"奋起泰州、崛起苏中"做出贡献。区领导薛金林、陈文亚参加。

△ 区委副书记、区长张长平到光明东村、西野行组团督察老小区改造情况。要求落实好长效管护，提高管理水平和服务质量，真正把该项民生工程办好、办实，让群众满意。区委常委、姜堰镇党委书记戴兆平参加。

△ 市人大常委会副主任戴胜利带队调研区食品药品安全工作。区人大常委会副主任钱拥军、副区长王萍参加。

5日 区委书记李伟与名校长、名教师代表座谈，向全区广大教育工作者致以节日问候，勉励教育工作者继续办人民满意教育、做优秀人民教师、育全面发展英才，推动姜堰教育事业再攀新高。区委常委、宣传部部长薛金林主持会议。区教育局汇报教师队伍建设情况，陈余根、沙华中、丁洪湖、潘双林、王存富等5名校长、教师代表分别结合各自工作实际，交流从事教育教学工作的体会，围绕教师队伍建设、专业提升、特色学校建设以及农村教育发展等进行畅谈。李伟、薛金林等向名校长、名教师代表发放优秀教育人才奖励基金。

9日 区委召开全区教育实践活动整改落实工作"一把手"推进会暨思想再解放动员会。市委督导组组长冯健华到会讲话，区委副书记、区长张长平主持，市委督导组副组长孙晓龙，高永明、仲亚岭等区四套班子领导出席。

△ 姜堰区全国文明城市创建暨城市环境综合整治工作推进会召开。动员姜堰镇以及各部门（单位）进一步明确目标、落实责任、抓差补缺、巩固提升，奋战2个月，全力打好全国文明城市创建迎检攻坚战。区领导戚才俊、戴兆平、薛金林参加。

10日 "心中的明灯——庆祝第30个教师节暨'我心中的好老师'风采展示活动"举行。区领导李伟、仲亚岭、薛金林、钱拥军、刘文来、陈文亚，市委群众路线教育实践活动督导组组长冯健华，市教育纪工委书记管文华，市委群众路线教育实践活动督导组副组长孙晓龙参加。

△ 省安监局局长王向明调研区经济开发区安监机构能力建设情况。市安监局局长赵昶东，区领导李伟、徐闻仲、薛金林、朱嘉浩陪同。

11日 区财税工作分析会召开。研判当前形势，突出重点，加强征管，确保实现三季度财政收入目标。区委副书记、区长张长平，区委常委、常务副区长戚才俊参加。

△ 市委宣传部、市文广新局、市体育局和泰州报业传媒集团等部门联合主办的"体彩杯""中国梦·泰州风"广场舞大赛在市体育馆举行。区委宣传部组织的3支广场舞代表队获金奖1个、银奖2个。

△ 省教育厅副厅长杨湘宁在姜堰调研泰州市职业教育发展建设情况。调研组一行考察姜堰中等专业学校，听取该校关于校区扩建工程的情况汇报。杨湘宁对该校的规划发展表示

肯定，认为高起点、高标准、高质量地发展职业教育是为民办实事、办好事。省教育厅职教处处长尹伟民，区委副书记、区长张长平，市教育局副调研员孙晓龙，各市（区）教育局局长、职业学校校长等参加。

12日 区人大常委会召开评议区公安局、区司法局及其基层站所工作座谈会。区人大常委会主任高永明，副主任钱拥军、申忠华、汤文林参加。

△ 市气象局局长姜爱军调研区气象工作。区领导李伟、何光胜、薛金林、肖延川参加。

14日 “精锻科技杯”2014年姜堰首届网民节启动。姜堰当地4名知名书画家捐赠的书画作品得到爱心企业领捐，所得资金现场捐赠区红十字会。该届网民节以“网罗正能量、助推发展、传播真善美、筑梦姜堰”为主题，旨在推动姜堰网络文化发展，净化网上舆论环境，引导更多网民参与积极而有意义的社会活动，为姜堰“奋起泰州、崛起苏中”凝聚精神力量。区领导薛金林、钱拥军、周如勇、陈文亚参加仪式。

15日 区委书记李伟督察服务业项目建设情况。要求坚持问题导向，不断优化思路，以加快服务业项目建设为抓手，推动服务业发展再上新台阶，为实现“奋起泰州、崛起苏中”的大突破做出贡献。区领导薛金林、盛育河参加。

△ 市第十七届推广普通话宣传周系列活动开幕式在区东桥中心小学举行。副市长、市语委主任王学锋，市政协副主席、市教育局局长、市语委副主任奚爱国，区委常委、宣传部部长薛金林出席。

16日 区委书记李伟督察社会事业项目建设情况。要求切实履行部门职能，创新举措，务求实效，加快推进各项社会事业项目，为建设环境优美、品质独特、宜居宜业的泰州东部新城，实现“奋起泰州、崛起苏中”大突破做出贡献。区委常委、宣传部部长薛金林参加。

△ 2014年“溱湖八鲜”美食节在江苏锦宸溱湖酒店开幕。区委副书记何光胜宣布美食节开幕，市旅游局有关负责人启动溱湖簖蟹天猫旗舰店网上运行。该届美食节为期3个月，以“深度参与”为最大亮点，让游客在融趣味性、体验性和参与性于一体的丰富活动中，从视觉、味觉、文化内涵等方面尽享“溱湖八鲜”盛宴。区领导何光胜、汤文林、黄彭赣出席开幕式。

△ 区委常委、常务副区长戚才俊带队督察文明城市创建暨城市环境综合整治工作。先后察看新世纪花园、新都铭园、紫金园、四中嘉园、天地花园等小区整治工作，察看卫生巷、满堂红大酒店、家润福超市整治情况。要求有关职能部门通力配合，确保文明城市创建暨城市环境综合整治工作取得实在效果。区委常委、姜堰镇党委书记戴兆平参加。

△ 区委副书记、区长张长平带领交通、国土、规划、农委等部门负责人督察城北现代农业走廊道路建设工作。实地察看农溱路与溱湖大道交界处、娄沈路与溱湖大道交界处、农产品加工集中区园区道路，研究确定道路建设重要节点位置，要求有关部门和沈高镇着眼长远，高起点、高标准制定好道路建设规划，做到统一规划、分步分期实施；要抓紧时间做好道路建设准备工作，确保按时开工，加快推进涉及姜堰区区域内的道路交通基础设施建设。区领导肖延川、王萍参加。

△ 区政协主席仲亚岭带队考察全区义务教育均衡发展情况。区政协副主席陈文亚、夏彩霞、黄彭赣参加，区领导刘玮陪同。

△ 区人大常委会考察“人大代表之家”建设情况。区人大常委会副主任钱爱社、钱拥军、申忠华、汤文林参加。

△ 区委农村工作领导小组成立会议召开。区委副书记何光胜任组长，区委常委、副区长、农业园区党工委书记肖延川，副区长王萍任副组长。会议明确区委农村工作领导小组主要负责全区农村工作运行政策指导、组织协调、规划制定、调查研究、督促检查；完成区委、区政府交办的有关农村工作其他任务，在区委农工办设办公室。会议讨论《泰州市姜堰区农业农村工作领导小组议事规则》《关于加

快培育和发展村级为农服务专业合作社（综合体）的实施意见》《泰州市姜堰区农村产权交易管理暂行办法》《泰州市姜堰区农村产权抵押登记暂行办法》《关于进一步加强和规范村级财务管理工作的意见》《泰州市姜堰区村集体经济组织财务管理制度》。

△ 从山东省青岛市举办的“2014年全国生态文化村经验交流会”上传来喜讯，溱溪镇周庄村获“全国生态文化村”称号，党支部书记沈向明代表江苏省受命名的5个村接受授牌。

17日 全省领导干部警示教育大会召开。李伟、张长平、高永明、仲亚岭等区四套班子领导在姜堰分会场集中收看。

△ 区政协召开十三届十七次主席会议。会议协商通过《区政协提案双向评议活动方案（征求意见稿）》《关于组织开展“政协委员工作日”活动的实施意见（试行）》《政协内设委办联系界别、部门调整方案》等。区政协主席仲亚岭主持，副主席陈文亚、夏彩霞、黄彭赣、陈文德参加。

△ 中国旅游研究院、《环球时报·环球旅游》周刊、携程旅行网攻略社区频道共同举办“2014年中国最佳旅游景区”颁奖典礼，溱湖旅游景区获评“最受读者喜爱的旅游景区”。

18日 区委书记李伟督察工业技改项目建设情况。要求进一步提高责任意识、增强服务能力，以钉钉子精神扑下身子抓技改，为姜堰实现“奋起泰州、崛起苏中”大突破注入新动力。区领导徐闻仲、薛金林、朱嘉浩参加。

△ 区人大常委会考察农产品加工园区建设情况。区人大常委会主任高永明，副主任钱爱社、钱拥军、汤文林，区委常委、副区长、农业园区党工委书记肖延川参加。

△ 市委副书记、市长陆志鹏考察溱湖龙虾养殖场、江苏北农大农牧科技公司、凌海葡萄园、省级现代农业产业园区服务中心、禽蛋交易市场、宏昌家庭农场等地，详细了解沈高镇现代农业发展情况。

△ 省国土资源厅党组成员、驻厅纪检组组长孙军带队调研姜堰节约集约用地“双提升”工作。调研组先后参观江苏太平洋齿轮传动有限公司、江苏扬动电气有限公司、扬帆中小企业创业园多层标准厂房等，对姜堰区高度重视“双提升”工作，构建节约集约用地工作新机制，制定出台节约集约用地相关制度的做法表示肯定，要求加大工作力度，强化政策引导，处置闲置低效土地，全面推进节约集约用地，促进经济社会持续稳定健康发展。副区长王萍陪同。

19日 市委副书记、市长陆志鹏在姜堰区主持召开企业家座谈会。双登集团、泰达纺织、飞船公司、振华泵业、礼恩派公司等10家企业负责人汇报企业运行情况以及需要协调解决的矛盾和问题。陆志鹏对企业提出的相关问题逐一落实解决方案，要求姜堰区和相关部门全力支持实体经济发展，抓住先进制造业的主攻方向，抓好对企业的服务和招商引资工作；深入企业开展调研，制定相关激励政策，引导企业转变生产方式，帮助企业解决实际困难，促进姜堰经济更好更快发展。

△ 区政协召开第十三届十六次常委会议。会议听取和讨论部分委派民主监督员小组组长、受派部门主要负责人工作情况汇报。会议要求，委派民主监督工作要突出监督重点，要体现团结民主、协商包容的政协特点，要打造工作亮点。区政协主席仲亚岭，副主席陈文亚、夏彩霞、黄彭赣、陈文德参加。

△ 中国计生协会副会长勾清明调研姜堰人口计生工作。到兴泰镇星光特钢有限公司、尤庄村和沈高镇河横村了解基层计划生育工作。中国计生协会秘书长姚瑛，省卫计委副主任何小鹏，市人口计生委主任王新华，区领导张红霞、钱拥军陪同。

△ 区新四军历史研究会召开三届一次会员代表大会。区委常委、宣传部部长薛金林参加。

△ 区第十二个“公民道德建设月”暨“最美姜堰人”事迹巡演巡讲活动启动。区委常委、宣传部部长薛金林参加。

20日 区委中心组举行学习（扩大）会。

会议要求全区以高度的政治自觉、思想自觉和行动自觉，贯彻落实“两个责任”，深入推进党风廉政建设和反腐败斗争，为姜堰加快实现“奋起泰州、崛起苏中”创造更加有利的政治环境。李伟、高永明、仲亚岭等区四套班子领导参加，区委副书记何光胜主持。中国社科院中国廉政研究中心副秘书长高波作题为《反腐“新常态”与“两责”担当——十八大后新形势下如何推进党风廉政建设》专题辅导。

22日 区委书记李伟调研国土资源工作。要求国土部门进一步解放思想、巧干实干，努力在保障发展上出真招、在服务民生上见真效、在严格监管上下真功，以国土资源工作的“大突破”，全力推动姜堰“奋起泰州、崛起苏中”的“大突破”。区领导薛金林、王萍参加。

23日 区委召开常委会。传达全省推进民生幸福工程暨建设现代医疗卫生体系会议精神，研究讨论行政审批制度改革工作，听取区关工委工作情况汇报。区委书记李伟主持。

△ 区委副书记、区长张长平督察白米、娄庄、沈高等镇村庄环境整治工作情况。要求突出重点，拾遗补阙，把长效管护措施落到实处，确保顺利通过省级考评。区委常委、常务副区长戚才俊参加。

△ 区人大常委会考察代表建议办理落实情况。2014年区人代会上代表提出建议138件，该次考察代表建议45件，涉及16个承办单位。区人大常委会分组现场考察、听取汇报，有关代表评议建议办理落实情况，进行现场测评。区人大常委会主任高永明，副主任申忠华、汤文林参加。

24日 区委书记李伟带领公安、卫生、食药监、消防等部门负责人到溱湖旅游景区检查节前旅游安全工作。区领导何光胜、薛金林、盛育河、周如勇参加。

△ 区委副书记、区长张长平带队督察保障和改善民生10个方面实事进展情况。区委常委、常务副区长戚才俊参加。

△ 省台商服务示范点现场观摩会在姜堰区举行。省台办副巡视员、省台商服务中心主任屠新，苏中、苏北8个地级市台办负责人，区委副书记何光胜参加。

25日 工业和信息化部电子第五研究所全额投资的泰州赛宝工业技术研究院建成开业。工业和信息化部规划司司长肖华、科技司副司长沙南生，电子第五研究所所长谢少锋，副市长杨杰，省经济和信息化委副主任戴跃强，区领导李伟、张长平、高永明、徐闻仲、薛金林、朱嘉浩等参加活动。

△ 区委书记李伟督察姜堰三水公园建设进展情况。区领导徐闻仲、薛金林参加。

△ 区人大常委会召开规范涉企中介机构服务工作专题询问会。区人大常委会主任高永明，副主任钱爱社、钱拥军、申忠华、汤文林参加。区委常委、常务副区长戚才俊列席。

26日 区十四届人大常委会召开第32次主任会议。会议听取审议区政府关于招投标管理工作情况的报告以及区人大常委会财经工委的调查报告，区政府关于农产品质量安全监管情况的报告以及区人大常委会农工委的调查报告，区政府关于村级集体经济收入发展审议意见落实情况的反馈等。区人大常委会主任高永明，副主任钱爱社、钱拥军、申忠华、汤文林，副调研员夏月林、张逸群参加，副区长王萍列席。

△ 区高新技术装备产业园举行项目集中开工活动。集中开工的6个项目，涉及飞机、汽车零配件等领域，亿元以上项目3个，外资项目1个，总投资10.34亿元。区领导李伟、张长平、高永明、何光胜、徐闻仲、戴兆平、薛金林、肖延川、朱嘉浩出席开工仪式。

△ 区委常委、副区长、区经济开发区党工委书记徐闻仲主持召开月度工业经济形势分析会暨泰州金秋投资说明会工作布置会。副区长朱嘉浩参加。

△ 现代科技产业园区管理委员会挂牌。区委常委、姜堰镇党委书记、现代科技产业园区党工委书记戴兆平参加活动。

27日 市委书记蓝绍敏专题调研旅游工作。要求将旅游业放到抓发展、抓转型、抓民生的重要战略位置，进一步挖掘旅游资源，丰富景区内涵，提升对外影响力和品牌竞争力，把姜堰打造成国内一流的旅游目的地。市委常委、秘书长、宣传部部长卢佩民，副市长孔德平参加，区领导张长平、何光胜、盛育河陪同。

28日 区委书记李伟带领发展和改革委、物价、供销、工商、食药监等部门负责人，到部分超市和商场检查节日市场供应情况。要求相关部门切实履行好职责，稳定市场价格，落实各项安全保障措施，为群众营造一个放心安全的购物环境。区委常委、宣传部部长薛金林参加。

△ 区委副书记、区长张长平主持召开区政府第21次常务会议。研究讨论《姜堰区涉企中介机构管理试行办法（讨论稿）》等议题。区政协副主席夏彩霞列席。

△ “洋河醇浆·洋河美人泉杯”姜堰第三届广场舞大赛在区文体中心广场开幕。区委常委、姜堰镇党委书记戴兆平参加开幕式，区委常委、宣传部部长薛金林宣布开幕。

△ 区委副书记、区长张长平，副区长盛育河到沈高镇看望慰问百岁老人。

29日 市委常委、纪委书记唐小英在姜堰区调研指导党的群众路线教育实践活动。区委书记李伟汇报姜堰区教育实践活动整改落实、建章立制工作情况，市委第六督导组组长冯健华及区领导何光胜、戴庆柳、张红霞、戴兆平、薛金林参加。

△ 区委书记李伟到白米镇看望慰问百岁老人。区领导张士林、薛金林参加。

△ 区人大常委会举办农业改革与建设试点及服务业发展专题讲座。区农委副主任钱存来就国家农业改革与建设试点工作的背景、目的、试点任务、试点内容等进行解析；省工程咨询中心、省产业发展与规划研究中心博士王进就姜堰区如何大力发展现代服务业、加快融入大市区进行阐述。区人大常委会主任高永明，副主任钱拥军、申忠华、汤文林听取讲座。

30日 区革命烈士陵园举行公祭烈士活动。李伟、张长平、高永明、仲亚岭等区四套班子领导，区级机关工作人员代表，烈属代表，老战士代表，驻姜堰部队官兵代表，少先队员代表参加公祭活动，缅怀先烈们的丰功伟绩，寄托对革命烈士的无限哀思。

△ 以“金秋约‘惠’，宜居姜城”为主题的区第十六届房地产展示交易会在省姜堰中学体育馆开幕。28家企业33个楼盘集中参展。区领导戚才俊、戴兆平、汤文林、陈文亚出席开幕式。

10月

2日 区公安局民警丁昌华当选江苏第二届“十大法治人物”。

8日 中央召开党的群众路线教育实践活动总结电视电话会议。李伟、张长平、高永明、仲亚岭等区四套班子领导在姜堰分会场参加。

9日 市委书记蓝绍敏，市委副书记、市长陆志鹏分别会见姜堰区参加泰州（上海）投资说明会的日本宫田工业株式会社部长阿部贤也、德国客商保罗和戴特林一行。副市长张余松，区委书记李伟，区委常委、副区长、区经济开发区党工委书记徐闻仲，区委常委、宣传部部长薛金林参加。

10日 区公安局举办第三届“警察文化节”。副区长，区公安局党委书记、局长周如勇致辞。

△ 区委常委、姜堰镇党委书记戴兆平带队督察姜堰镇农民公寓绿化情况。

11日 区“大干四季度、冲刺全年目标”动员会召开。动员全区上下认清形势、紧张快干，全面掀起大干四季度热潮，奋力冲刺全年目标，实现“奋起泰州、崛起苏中”大突破。区委书记李伟作重要讲话，区委副书记、区长张长平布置当前工作，高永明、仲亚岭、何光胜等区四套班子负责人出席，区委副书记何光胜主持。何光胜、戚才俊、徐闻仲、薛金林、王萍、朱嘉浩、盛育河、刘文来等区领导围绕全年目标任务，结合各自分管的经济工作，对照年初履职承诺作交流发言。

14日 区委书记李伟到蒋垛镇调研。要求按照区委十一届六次全会部署，认真落实“大干四季度、冲刺全年目标”动员会要求，狠抓薄弱环节，确保完成全年目标任务。区领导薛金林、申忠华参加活动。

△ 区适度规模经营、土地确权登记暨秋季秸秆“双禁”工作会议召开。区委副书记何光胜、副区长王萍参加。

△ 区人大常委会考察重点工程建设情况。现场察看泰东河淤溪大桥工程、东部干线三期工程、蒋垛镇引长江水工程、229省道姜堰改扩建工程、梁徐镇钱塘路提档升级工程、姜堰二水厂“清改浑”工程。区人大常委会主任高永明，区人大常委会副主任钱爱社、钱拥军、申忠华、汤文林，副区长盛育河参加。

△ 九三学社泰州市姜堰支社成立大会举行。会议选举产生九三学社姜堰支社第一届委员会。九三学社泰州市委会主委潘林元，区政协副主席、区委统战部部长黄彭赣出席。

15日 区委书记李伟到娄庄镇调研。要求按照区委十一届六次全会部署，认真落实“大干四季度、冲刺全年目标”动员会要求，埋头苦干、务实奋进，确保完成全年目标任务。区领导张红霞、薛金林参加。

16日 2014年姜堰金秋经贸洽谈会在溱湖风景区举行。洽谈会邀请客商100多人，分别来自澳大利亚、日本等国家和中国台湾、上海、苏锡常等地区。20个集中签约项目涉及智能电网器件、先进装备制造、节能环保、新材料、金属材料等产业。其中，内资项目17个，计划投资23.2亿元；外资项目3个，计划投资2.65亿美元。区领导李伟、张长平、高永明、仲亚岭、徐闻仲、薛金林、钱爱社、朱嘉浩、陈文德出席项目集中签约仪式。

△ 省政协调研组调研姜堰农业现代化建设情况。实地考察省级姜堰现代农业产业园区服务中心、河横国家级农业科技创新与集成示范基地等地后，调研组对姜堰区农业现代化建设取得的成效表示肯定。希望以农业改革与建设试点为抓手，重点围绕“生态牌”，在农产品品牌建设上下功夫，大力推进农业机械化、农田水利建设、高标准农田建设，扎实推进现代农业发展，确保2016年基本实现农业现代化。市政协副主席王东，区领导仲亚岭、何光胜、陈文亚陪同。

△ 区十四届人大常委会召开第33次主任会议。会议决定，10月28—29日召开区十四届人大常委会第十八次会议，时间1天半。区人大常委会主任高永明，副主任钱爱社、钱拥军、申忠华、汤文林，副调研员夏月林、张逸群参加。区委常委、副区长、现代农业园区党工委书记肖延川，副区长盛育河列席。

△ 昆山高新区党工委副书记、管委会副主任杜立新就合力推动昆山高新区姜堰工业园合作共建在姜堰进行座谈交流。区委常委、副区长、区经济开发区党工委书记徐闻仲参加。

17日 省委书记罗志军调研姜堰新型城镇化和城乡发展一体化工作。要求充分释放新型城镇化和城乡发展一体化红利，为经济社会发展注入新活力。省委常委、省委秘书长樊金龙，市领导蓝绍敏、杨峰、卢佩民，区领导李伟、张长平、戴兆平、薛金林、肖延川等陪同。

△ 市委副书记杨峰到张甸镇慰问困难家庭。区领导李伟、何光胜、薛金林陪同。

△ 区委书记李伟到张甸镇走访慰问贫困户。区领导薛金林、钱拥军参加。

△ 区委副书记、区长张长平到蒋垛镇走访慰问因病致贫的困难群众。

△ 区政协主席仲亚岭走访慰问兴泰镇贫困家庭。

18日 扬州大学水利与能源动力工程学院“青年博士基层行·走进姜堰企业”启动仪式举行。21名青年博士与10家服务企业对接交流。扬州大学水利与能源动力工程学院党委书记俞洪、区科技镇长团团长刘玮参加。

20日 中国残联副理事长程凯调研姜堰残疾人工作。希望引进新理念，实践新方法，拓展新途径，不断提升残疾人工作水平。省残联党组书记、理事长高晓平，市残联理事长邹晶，区领导李伟、张士林、薛金林陪同。

△ 省政府副秘书长杨根平带队调研姜堰

秋收秋种工作。省调研组实地察看梁徐粮管所粮食烘干库、捷运绿托盘、粮食储备直属库、兴泰镇为农服务综合体、兴泰镇秋收秸秆还田现场、省级现代农业产业园区服务中心、河横国家级农业科技创新与集成示范基地、“蓝天卫士”监控中心等地，听取情况汇报后，对姜堰区多举措促进秋熟增产、深层次优化秋播布局、全方位做好农机调度、高质量保障农资供应，全力以赴做好秋收秋种各项准备工作表示肯定，希望抢抓节点，抢时争效，全力做好秋收秋种、秋粮收购、秸秆综合利用及机械化全量还田、秋冬农田水利建设、农业综合开发、高标准农田建设等工作，确保全面完成各项任务，努力实现粮食增产、农业增效、农民增收。区领导李伟、何光胜、薛金林、肖延川、王萍参加。

△ 全市第二个民族团结进步宣传周活动在区凤凰文化广场举行。区政协副主席、区委统战部部长黄彭赣参加。

21日 区委书记李伟调研财税工作。要求财税部门认真落实“大干四季度、冲刺全年目标”动员会的要求，自加压力、强化措施，苦干实干、持续攻坚，全面完成年度目标任务。区领导戚才俊、薛金林参加。

△ 区政协召开2014年度提案双向评议大会。区政协主席仲亚岭，副主席陈文亚、夏彩霞、黄彭赣、陈文德参加。区委常委、常务副区长戚才俊列席。

22日 区委召开常委会。听取全区教育实践活动总体情况汇报，讨论《关于组建专业招商队伍，加强驻外招商工作的建议方案》《城乡居民养老保险财政配套资金负担办法调整建议方案》等。区委书记李伟主持。

△ 市委常委、常务副市长何榕带领市委农工办、市级机关工委、市发展和改革委等12个市级机关部门负责人到梁徐镇开展挂钩帮扶活动。区委副书记、区长张长平参加。

23日 全区党的群众路线教育实践活动总结大会召开。区委书记李伟强调，经过全区各级党组织和广大党员干部的共同努力，教育实践活动取得预期成效，全区上下要深入学习贯彻中共中央总书记习近平重要讲话精神，坚持从严治党不动摇、创先争优不停步、强化作风不懈怠，一心一意谋发展，聚精会神抓党建，为实现“奋起泰州、崛起苏中”目标做出贡献。市委督导组组长冯健华出席会议并讲话。区委副书记、区长张长平主持，市委督导组副组长孙晓龙，高永明、仲亚岭等区四套班子领导出席。

△ 区委宣传部、区法制宣传教育领导小组办公室、区司法局、区文广新局、姜堰日报社联合举办的“和谐使者 法润万家”法律知识竞赛颁奖典礼暨“法律进机关”专场法治文艺演出在区委党校大礼堂举行。区委常委、政法委书记张士林，区人大常委会副主任汤文林，区政协副主席夏彩霞观看演出，为全区“和谐使者 法润万家”法律知识竞赛获奖代表颁奖。

24日 区委书记李伟调研供电部门工作。要求统筹安排好电力需求，加快推进电网建设，加强安全生产管理，为全区“大干四季度、冲刺全年目标”提供电力支持。区领导薛金林、朱嘉浩参加。

△ 区委书记李伟督察姜堰三水公园建设进展情况。区领导徐闻仲、薛金林参加。

27日 区委书记李伟与网民代表一起乘坐公交，体验城乡公交一体化带来的发展和变化。区委常委、宣传部部长薛金林参加。

△ 区人民法院自主创作、导演的首部微电影《真情》举行首映式。微电影《真情》是根据区人民法院执行局副局长孙广明成功办理一起交通事故人身损害赔偿案件的事迹改编而成。该剧原汁原味地再现这起历时两年多，历经两次诉讼、两次申请执行，最终以双方满意的结果圆满执结的案件全过程，展现人民法官践行“忠诚、为民、公正、廉洁”核心价值观、关注民生、情暖民心的时代风采。区领导高永明、张士林、钱爱社、钱拥军、申忠华、汤文林、夏彩霞出席首映式。市人大内司工委主任居锦杰、副主任窦文喜，市中级人民法院党组副书记、副院长纪阿林参加活动。

△ 区委书记李伟带队督察梁徐、姜堰、白米等镇秸秆“双禁”工作。要求疏堵结合，

严防死守，确保圆满完成秋季秸秆“双禁”任务。区领导何光胜、徐闻仲、薛金林、肖延川参加。

28日 区委召开区经济开发区（梁徐镇、桥头镇）党政领导班子会议。宣布市委、区委关于区经济开发区管委会主要负责人调整的决定。区委书记李伟要求区经济开发区抢抓机遇、奋力拼搏，加快推动开发区“二次创业”，为姜堰“奋起泰州、崛起苏中”做出贡献。区领导戴庆柳、徐闻仲、薛金林参加。

△ 区十四届人大常委会第十八次会议决定任命王平、黄健全、刘玮为泰州市姜堰区人民政府副区长。决定免去徐闻仲、周如勇、艾玉春的泰州市姜堰区人民政府副区长职务。

28—29日 区十四届人大常委会召开第十八次会议。会议听取审议区人大常委会提出关于召开区十四届人大四次会议的决定（草案）、区政府关于推进服务业发展情况的报告以及区人大常委会财经工委的调查报告，区政府关于代表建议办理工作情况的报告以及区人大常委会人代工委检查督办情况的报告，区政府关于农业改革与建设试点工作情况的报告以及区人大常委会农工委的调查报告，区政府关于义务教育均衡发展工作审议意见落实情况的反馈、关于医德医风专项工作评议意见落实情况的反馈，区政府关于城市管理行政执法工作情况的报告以及区人大常委会关于城市管理行政执法专项工作的调查报告，区法院关于执行工作情况的报告以及区人大常委会关于法院执行专项工作的调查报告，区公安局、区司法局工作报告以及区人大常委会关于评议区公安局、区司法局及其基层站所工作的调查报告，区人大常委会提出关于进一步加强人民法院执行联动工作的决定（草案），区政府、区检察院提出人事任免、任职议案。会议表决通过有关人事任免、任职议案，向新任职人员颁发任命书；表决通过关于召开区十四届人大四次会议的决定，关于进一步加强人民法院执行联动工作的决定，关于接受高云燕、张俊民辞去区十四届人大代表职务请求的决定；会议票决通过推进服务业发展情况的报告、代表建议办理工作情况的报告、农业改革与建设试点工作情况的报告、义务教育均衡发展工作审议意见落实情况的反馈、医德医风专项工作评议意见落实情况的反馈；会议测评通过城市管理行政执法工作、区法院执行工作和区公安局、区司法局及其基层站所工作。区人大常委会主任高永明，副主任钱爱社、钱拥军、申忠华、汤文林参加。区委常委、常务副区长戚才俊，区委常委、副区长、现代农业园区党工委书记肖延川列席。

29日 区委召开高新技术装备产业园区（白米镇）党政领导班子会议。宣布区委关于高新技术装备产业园区党工委主要负责人调整的决定。区委书记李伟作重要讲话，要求装备园区进一步开拓创新、务实奋进，不断谱写发展新篇章，为姜堰“奋起泰州、崛起苏中”做出贡献。区领导戴庆柳、薛金林、朱嘉浩、黄健全参加。

△ 区委召开风景区（溱潼镇）党政领导班子会议。宣布市委、区委关于风景区（溱潼镇）主要负责人调整的决定。区委书记李伟作重要讲话，要求风景区（溱潼镇）同心同德、扎实工作，锐意进取、奋勇争先，全力打造国内一流的旅游景区，为姜堰“奋起泰州、崛起苏中”做出贡献。区领导戴庆柳、薛金林参加。

30日 区人大常委会召开学习会。省人大常委会特约研究员孙庭兆讲解《地方组织法》。区人大常委会主任高永明，副主任钱拥军、申忠华、汤文林参加。

31日 城区房屋征收搬迁工作动员大会召开。动员全区上下利用一个月时间，集中精力，整体联动，全面快速推进新一轮城区房屋征收搬迁工作，确保在11月底前基本完成任务。区委书记李伟作重要批示，区领导张长平、戚才俊、张红霞、张士林、戴兆平、汤文林、盛育河、刘文来、王平、黄健全、陈文亚参加。

△ 区委副书记何光胜看望赴北京接受表彰的全国公安机关爱民模范丁昌华。区委常委、政法委书记张士林，副区长、区公安局局

长王平参加。

11月

2日 泰州市益众油脂有限责任公司领取第十三届中国国际粮油展参展产品金奖奖牌和证书。中国国际粮油产品及设备技术展示交易会组委会发来《关于组织第十三届粮油展候选金奖参展产品现场审核暨参展产品金奖颁奖大会的函》，泰州市益众油脂有限责任公司“益众”牌菜籽油作为6个江苏省粮油产品之一入围第十三届中国国际粮油展参展产品金奖。

△ 泰州华侨城第五届温泉养生节开幕。区委副书记何光胜、副区长盛育河出席开幕式。

3日 区委中心组召开专题学习会。集中学习党的十八届四中全会精神。区委副书记、区长张长平主持。

△ 区委副书记、区长张长平带队督察张甸、顾高、蒋垛、大纶等镇秸秆“双禁”和综合利用工作。要求相关部门和镇毫不松懈，突出疏堵结合、以疏促堵，扎实做好秸秆综合利用工作，确保“双禁”工作取得实效。区委副书记何光胜、副区长王萍参加。

4日 省委中心组召开学习会。深入学习贯彻党的十八届四中全会精神。省委书记罗志军主持。张长平、高永明、仲亚岭等区四套班子领导在姜堰分会场参加。

△ 省法官协会主办、区法院承办的第十四届学术论文研讨会在姜堰宾馆召开。研讨会以“侵权责任法在审判实务中的实践与应用”为主题，从142篇论文中评选出34篇优秀论文，区法院两名干警获奖。省法院党组副书记、副院长周继业，泰州中院党组书记、院长熊毅，区委常委、政法委书记张士林，全省各市中院法官协会秘书长及获奖论文作者等50余人参加。

△ 区委、区政府致电祝贺白米派出所副所长丁昌华被表彰为“全国公安机关爱民模范”。

7日 区综治委召开成员单位述职会议。区领导张士林、钱拥军、王平、夏彩霞参加。

△ 民建泰州市委姜堰区支部成立。区政协副主席、区委统战部部长黄彭赣参加活动。

△ 副市长陈明冠调研城北现代农业走廊（省级现代农业产业园区）建设情况。区委副书记何光胜陪同。

11日 区政协召开十三届十七次常委会议。审议讨论区纪委关于全区党风廉政建设和反腐败工作情况的通报、区政府关于提案办理情况的通报、区政府关于“一区两园”建设发展情况的通报、区政协城乡建设委员会关于姜堰区县级公立医院医药价格综合改革情况的调查报告、区政协关于设立“政协委员工作室”的实施意见（试行）。会议以举手表决的方式通过《区政协关于我区县级公立医院医药价格综合改革情况的调查报告》，该调查报告作为决策建议提交区委、区政府；通过《区政协关于设立“政协委员工作室”的实施意见（试行）》。会议以举手表决的方式通过增补花庆如为政协委员，撤销周林、刘文坤政协委员资格。区政协主席仲亚岭，副主席陈文亚、夏彩霞、黄彭赣参加。

△ 区创建省义务教育优质均衡发展区评估现场考察汇报会召开。省义务教育优质均衡发展评估现场考察专家组一行8人对姜堰区进行为期3天的评估考察。汇报会上，区委副书记、区长张长平致欢迎辞，介绍姜堰区近年来经济社会发展情况。专家组组长、苏州职业大学党委书记鲍寅初介绍现场考察任务、主要活动和基本要求。专家组集中观看教育专题片，听取副区长刘文来的专题汇报。查阅创建资料，访谈有关党政领导和部门负责人。区领导高永明、钱拥军参加会议，市委教育工委副书记孙平参加活动。

△ 区委副书记、区长张长平带队督察泰州振昌公司环境整治工作。区委副书记何光胜、副区长王萍参加。

11—13日 姜堰区“江苏省义务教育优质均衡发展区”创建工作接受省教育厅督导组专家评估考察。专家们一致认为：姜堰的创建工作重视程度高，教育投入大；工作起步早，创建基础好；创建力度大，工作措施实；创建成效显，特色亮点多。在创建中姜堰坚持公平共享，着力建设优质均衡体系；坚持城乡一体，切实优化资源配置；坚持人才强教，整体提升队伍素质；坚持立德树人，全面提高教育质量。

12日 区委副书记、区长张长平督察引长江水工程进展情况。到蒋垛镇仲院供水点、蒋垛镇管网改造点、大坨镇供水点、大坨镇运粮管网改造点、白米镇管网改造点，了解村民饮用长江水情况以及工程进展情况。区委常委、常务副区长戚才俊，副区长、高新技术装备产业园区党工委书记黄健全参加。

13日 中国民主促进会姜堰支部成立。区政协副主席、区委统战部部长黄彭赣出席会议。

14日 农工民主党泰州市委姜堰支部成立。市政协副主席、农工党泰州市委主委黄立红，区政协副主席、区委统战部部长黄彭赣参加活动。

17日 城区房屋征收搬迁工作督察会召开。区委书记李伟要求以时间倒逼任务，进一步加大工作力度，坚持公平公正，做好群众工作，营造良好氛围，尽快全面完成征收搬迁任务。区委副书记、区长张长平主持，区委常委、常务副区长戚才俊汇报征收搬迁工作进展情况。高永明、仲亚岭等区四套班子领导参加。

18日 区三季度经济形势分析会召开。区委书记李伟要求进一步把握形势、鼓足干劲，咬定目标、奋力攻坚，保质保量完成“大突破”之年各项目标任务，为姜堰“奋起泰州、崛起苏中”打下坚实基础。张长平、高永明、仲亚岭等区四套班子领导参加。

19日 农业部党校常务副校长，农业部管理干部学院党委书记、院长蒋协新带领农业部调研组成员调研姜堰区开展农业改革与建设试点工作。调研组一行先后到省级姜堰现代农业产业园区服务中心、河横国家级农业科技创新与集成示范基地等地，了解农村土地承包经营、现代农业发展、农民专业合作社建设等方面情况。区领导李伟、何光胜、肖延川、王萍陪同。

△ 区政府专题召开政府融资工作座谈会。就如何落实国务院及省、市关于加强政府债务管理精神征求意见，研究部署下一阶段工作任务。区委副书记、区长张长平，区委常委、常务副区长戚才俊参加。

△ 区政协主席仲亚岭带队走访区财政局。区政协副主席陈文亚、夏彩霞、黄彭赣、陈文德，区委常委、常务副区长戚才俊参加。

20日 全市召开城建新提升动员大会。蓝绍敏、陆志鹏、王守法等市四套班子领导带队调研姜堰城建工作，考察姜堰体育公园、北大街文化街区、陈庄路等。区领导李伟、张长平、高永明、仲亚岭等参加活动。

△ 区政协召开政协委员工作室工作动员会。区政协主席仲亚岭，副主席陈文亚、夏彩霞、黄彭赣、陈文德参加。

△ 区人大常委会考察区政府为民办实事工作。区人大常委会主任高永明，副主任钱爱社、钱拥军、申忠华、汤文林，副区长盛育河参加。

21日 区委书记李伟走访调研开广塑胶、邦富莱磨具、力野精工、特耐王包装等外资企业。区领导徐闻仲、戴兆平、黄健全参加。

24日 区委书记李伟到区经济和信息化委调研工业经济运行情况。区领导徐闻仲、薛金林参加。

25日 镇（区）党（工）委书记、镇长（管委会主任）述职大会召开。28名镇（区）党政主要负责人就各项指标完成情况、冲刺年度目标措施、翌年工作打算等进行述职。区委书记李伟主持，张长平、高永明、仲亚岭等区四套班子领导参加。

△ 区政协主席仲亚岭带领特邀界委员专题考察区慈善工作。考察姜堰中福在线、福利院和中医院“健行天下”慈善助医项目，了解区公益慈善事业发展情况。

26日 市委书记蓝绍敏调研区“三农”工作。副书记杨峰、副市长陈明冠，区领导李伟、张长平、何光胜、戴兆平、肖延川参加。

△ 区委召开常委会。研究讨论《中共泰州市姜堰区委关于中央第十二巡视组巡视反馈意见整改工作方案》，召开常委议军会。区委书记李伟主持。

27日 区委书记李伟到华港镇调研。要求严格按照“大干四季度、冲刺全年目标”动员会和三季度经济形势分析会的部署要求，切实对照述职承诺，进一步强化责任，务实苦干，抓改革促转型，抓项目增实力，抓民生构和谐，确保全面完成年度目标任务。区委常委、宣传部部长薛金林参加。

△ 区委副书记、区长张长平与8名网民代表围绕“我为建设宜居宜业宜游城市建言献策”主题开展座谈。区委常委、常务副区长戚才俊，副区长刘文来参加。

28日 区庆祝人民政协成立65周年座谈会召开。学习贯彻中共中央总书记习近平在庆祝人民政协成立65周年大会上的重要讲话精神，进一步团结各方力量、凝聚各方智慧，共同把区人民政协事业不断推向前进。区委书记李伟参加会议并讲话。区政协主席仲亚岭主持，区领导戴庆柳、戚才俊、陈文亚、夏彩霞、陈文德、花庆如参加。

29日 党的十八届四中全会精神专题报告会举行。全区460多名副科级以上领导干部接受培训。省委宣讲团成员、省人大法制委员会副主任委员、省人大常委会法工委副主任刘克希作专题辅导。区委常委、宣传部部长薛金林主持。

12月

1日 区委书记李伟检查城乡绿化工作。要求思想认识到位，工作措施到位，责任落实到位，保质保量完成林业绿化工作任务。区领导何光胜、薛金林、王萍、黄健全参加。

2日 区委书记李伟调研统计工作。要求按照“大干四季度，冲刺全年目标”动员会和三季度经济形势分析会要求，围绕服务发展这一要务，做好数据收集、整理、分析和成果转化运用，切实当好参谋助手，为姜堰实现“奋起泰州、崛起苏中”大突破做出贡献。区领导戚才俊、徐闻仲、薛金林、王萍、朱嘉浩、盛育河、黄健全参加。

△ 区政协主席会议讨论确定年度委派民主监督工作建议书16份。这是区政协16个委派民主监督员小组围绕委派部门职能和监督主题开展年度民主监督工作的重要成果。

3日 副市长孔德平调研区旅游工作。区领导李伟、何光胜、薛金林、盛育河陪同。

4日 全省人大工作电视电话会议召开。深入学习贯彻党的十八届三中、四中全会和中共中央总书记习近平系列重要讲话精神，分析地方人大工作面临的新形势、新任务，对做好全省地方人大工作进行全面部署。省委书记、省人大常委会主任罗志军作重要讲话。区领导李伟、高永明、钱爱社、钱拥军、汤文林在姜堰分会场集中收看。

△ 市委常委、常务副市长何榕带领市财政、国税、地税等部门负责人调研区财税工作。区委副书记、区长张长平参加。

△ 市委第一督查组督察中央巡视组反馈姜堰整改意见落实情况。区领导何光胜、戴庆柳、张红霞参加。

△ 区委书记李伟到淤溪镇调研。要求按照“大干四季度、冲刺全年目标”动员会和三季度经济形势分析会的部署要求，兑现述职承诺，一着不让推进项目建设，全力以赴加快产业升级，持之以恒增进民生福祉，确保全面完成全年目标任务。区领导薛金林、陈文德参加。

△ 区政协考察农田水利设施建设。区政协主席仲亚岭，副主席陈文亚、黄彭赣，党组成员花庆如参加，副区长王萍陪同。

5日 区委副书记、区长张长平主持召开区政府第22次常务会议。研究讨论《姜堰区城镇污水处理厂运行管理实施意见（讨论稿）》等议题。区政协副主席夏彩霞列席。

△ 区农村土地承包流转经营权抵押贷款现场签约会召开。区农商行与8名家庭农场主代表签订合同。区领导何光胜、王萍，人民银行泰州市中心支行副行长姚金楼参加活动。

△ 区委书记李伟到区住建局调研城建项目进展情况。要求按照全市“城建新提升”动员会部署，围绕建设宜居宜业宜游的中心城市东部新城区，进一步强化责任意识、大局意识，主动承担好城市建设重任，全面推进各项工程建设。区领导戚才俊、戴兆平参加。

6日 农业部副部长、国家首席兽医师于康震在姜堰区考察。于康震一行到大坨镇海伦羊业有限公司，详细了解公司湖羊开发、利用以及养羊业发展情况。希望姜堰进一步发展现代畜牧业，不断满足市场需求，延长农业产业链，为农民群众谋取更大利益。副市长陈明冠，区领导李伟、何光胜、肖延川、王萍陪同。

8日 区委书记李伟调研开放型经济工作。要求按照“大干四季度、冲刺全年目标”动员会和三季度经济形势分析会的部署要求，一着不让抓好当前各项工作，力争总量再提升、位次再前移，确保全面完成全年目标任务。区领导徐闻仲、薛金林、黄健全参加。

△ 区委副书记、区长张长平调研旅游工作。区委副书记何光胜、副区长盛育河参加。

9日 区农业经济发展座谈会召开。区委书记李伟要求严格按照“大干四季度、冲刺全年目标”动员会和三季度经济形势分析会的要求，在保持良好势头的基础上再接再厉，确保圆满收官，为姜堰实现“奋起泰州、崛起苏中”做出贡献。区领导何光胜、薛金林、肖延川、王萍参加。

△ 区“放心消费”创建工作接受省放心消费创建督导组考核督察。省“放心办”负责人刘朝军带队走访城区步行街，检查人民商场和新华书店“省级放心消费示范单位”工作情况，听取放心消费创建活动介绍。就如何营造更高水平的放心消费环境、提升内需拉动力，督导组提出意见和建议。副区长朱嘉浩参加。

10日 区服务业发展座谈会召开。区委书记李伟要求按照“大干四季度、冲刺全年目标”和三季度经济形势分析会要求，紧扣大突破之年的各项目标任务，狠抓落实，奋发进取，为姜堰实现“奋起泰州、崛起苏中”做出贡献。区委常委、宣传部部长薛金林参加。

△ 区社会事业发展座谈会召开。区委书记李伟要求社会事业口各部门进一步强化责任意识，凝聚整体工作合力，以工作的实际成效不断提升群众幸福指数，为姜堰加快“奋起泰州、崛起苏中”做出贡献。区领导薛金林、刘文来参加。

△ 区委书记李伟在江苏曙光华阳钻具有限公司会见世界石油钻具顶级专家尼尔斯·威肯德。区委常委、宣传部部长薛金林，副区长黄健全参加。

11日 区委副书记、区长张长平主持召开企业经营风险排查防范工作座谈会。要求统一思想，建立联动机制，认真排查风险，落实稳控措施，严格把握原则，明确责任主体，确保全区经济平稳运行、社会稳定。副区长朱嘉浩、王平参加。

12日 区委召开常委会。听取市场监督管理体制改革情况汇报，讨论政务服务管理机构调整建议方案。区委书记李伟主持。

14日 上海“两新”组织中央党校延安班首期学员到区经济开发区考察。区委常委、区经济开发区党工委书记徐闻仲参加。

15日 区十四届人大常委会召开第35次主任会议。会议决定，12月26日召开区十四届人大常委会第十九次会议。区人大常委会主任高永明，副主任钱拥军、申忠华、汤文林，副调研员夏月林、张逸群参加。副区长刘玮列席。

16日 省督查组督察区农业农村政策贯彻落实情况。区委副书记何光胜汇报区农业农村政策贯彻落实情况。省督查组对区农业农村政策落实情况予以充分肯定，希望进一步加大对农业农村政策的宣传力度，认真组织政策落实情况“回头看”，进一步贯彻落实好农业农村政策。

17日 昆山高新区姜堰工业园第一次联席会议在姜堰区召开。标志着南北园区共建工作进入实质性运作阶段。昆山高新区党工委副书记、管委会副主任杜立新，昆山高新区管委会副主任张建文，区领导李伟、何光胜、徐闻仲、薛金林出席。

△ 市政协副主席刘励率队走访驻区政协委员。区政协主席仲亚岭、副主席黄彭赣参加。

17—18日 省质监局考核验收组考核评估溱湖河蟹农业标准化示范区。副区长刘文来参加。

18日 区民生工作座谈会召开。区委书记李伟要求坚持“为民生而发展、以民生促发展”的理念，始终把民生工作摆在重要位置，以民生工作的新突破、新作为，不断满足群众的民生新期盼、新需求，努力开创全区民生工作新局面。区领导戚才俊、张士林、戴兆平、薛金林、刘文来参加。

△ 泰州市考核验收姜堰区2014年城市环境综合整治工作。

19日 台湾旅沙电力协会理事长李锦田带队考察区智能电网产业发展情况。实地考察区智能电网产业园先行启动区以及双登集团、南洋电缆、太平洋精锻等企业。区领导李伟、张长平、徐闻仲参加。

△ 全国机关事业单位“吃空饷”问题治理工作电视电话会议召开。区委常委、常务副区长戚才俊在姜堰分会场参加。

△ 区委书记李伟调研财税工作。要求按照“大干四季度、冲刺全年目标”动员会和三季度经济形势分析会的部署，对照“大突破”的要求，全力以赴抓扫尾、抓冲刺，确保全面完成年度目标任务。区领导戚才俊、薛金林参加。

△ 区市场监督管理局挂牌成立。标志姜堰正式实现区级层面的工商、质监、食药监“三合一”，建立起综合行政执法新机制。区领导张长平、戴庆柳、戚才俊、薛金林、刘文来参加仪式。

22日 全区企业上市暨工业经济形势分析会召开。区领导徐闻仲、朱嘉浩参加。

△ 市政协副主席、市委统战部部长仲建生带队督察区党外代表人士队伍建设。区委副书记何光胜，区政协副主席、区委统战部部长黄彭赣参加。

24日 区委书记李伟调研信访工作。要求高度重视信访，部门精心组织、周密部署，进一步强化工作举措，全力维护全区社会和谐稳定。区领导张士林、薛金林、王平参加。

25日 区委书记李伟调研考核工作。要求准确把握“新常态”的发展特征，最大限度发挥好考核“指挥棒”作用，推动全区打赢翌年“奋起泰州、崛起苏中”决胜之战。区领导何光胜、薛金林参加。

△ 区十四届人大常委会召开第十九次会议。区人大常委会主任高永明，副主任钱爱社、钱拥军、申忠华、汤文林参加，副区长刘文来列席。

△ 区人武部组织全区民兵营长参观海安县角斜“红旗民兵团”史绩陈列馆。角斜民兵组织始建于1941年，战争年代老一辈民兵参战支前屡立战功；1958年成立民兵团；1964年7月，被江苏省人民委员会、江苏省军区命名为“红旗民兵团”；1966年3月，被中央华东局、南京军区命名为“红旗民兵团”。区委常委、区人武部政委徐俊参加。

26日 区委书记李伟主持召开区四套班子领导工作务虚会。传达学习中共中央总书记习近平在江苏视察时的重要讲话精神和省委十二届九次全会精神，深入分析当前形势，集中交流年内工作，认真谋划翌年思路。张长平、高永明、仲亚岭等区四套班子负责人立足经济发展新常态的宏观背景，结合各自工作实际，围绕姜堰如何适应明年新的情况、新的形势和新的变化，怎样更好地推动发展、加快崛起振兴，敞开思路、畅所欲言、各抒己见。

△ 农业部农机化司副司长孔亮调研淤溪镇友农农机专业合作社农机化工作。近年来，淤溪镇坚持以创建省农机化综合示范县（市）为契机，以率先实现农业机械化为目标，多渠道增加投入，多形式开展服务，大力推广新型适用农机化新机具、新技术，切实加快农机服务组织创新，极大地提高农业综合生产能力，促进社会主义新农村建设。友农农机综合服务专业合作社拥有农机机库320平方米、农机具60多台套、农机固定资产100万元，带机入社社员28人，年服务面积666.67多公顷，2013年

获“全国农机合作社示范社”称号，成为全区唯一获该称号的农机专业合作社。省农机局副局长王勇、副区长王萍陪同。

27日 全市人大工作电视电话会议召开。深入学习贯彻党的十八大和十八届三中、四中全会以及中共中央总书记习近平系列重要讲话精神，研究部署新形势下全市人大工作。市委书记蓝绍敏作重要讲话。区领导李伟、高永明在泰州主会场参加会议，张长平、何光胜、戚才俊、钱爱社、钱拥军、申忠华、汤文林、王萍、朱嘉浩、刘文来、王平在姜堰分会场收看收听。

△ 中共泰州市姜堰区委三水街道工作委员会、中共泰州市姜堰区委罗塘街道工作委员会成立。根据区委《关于建立中共泰州市姜堰区委三水街道工作委员会、中共泰州市姜堰区纪委三水街道工作委员会、中共泰州市姜堰区委三水街道工委政法委员会及徐闻仲等同志任职的通知》精神，中共泰州市姜堰区委三水街道工作委员会挂牌成立。徐闻仲兼任中共泰州市姜堰区委三水街道工作委员会书记，孙大明兼任副书记。三水街道辖原区经济开发区管委会所属的18个村和4个社区及果林场，辖区面积33平方千米，常住人口5.3万人。根据区委《关于建立中共泰州市姜堰区委罗塘街道工作委员会》《中共泰州市姜堰区纪委罗塘街道工作委员会》《中共泰州市姜堰区委罗塘街道工委政法委员会》《戴兆平等同志任职的通知》精神，中共泰州市姜堰区委罗塘街道工作委员会等部门挂牌成立。戴兆平兼任中共泰州市姜堰区委罗塘街道工作委员会书记，姜洁云、滕智东、林宏任副书记。罗塘街道辖原姜堰镇所属的20个村和22个社区，辖区面积46.48平方千米，常住人口15.79万人。区领导徐闻仲、戴兆平分别出席挂牌仪式。

△ 市委书记蓝绍敏到溱湖湿地公园、泰州华侨城、溱潼古镇调研旅游工作。要求将旅游业放到抓发展、抓转型、抓民生的重要战略位置，挖掘旅游资源，丰富景区内涵，提升对外影响力和品牌竞争力，把姜堰打造成国内一流的旅游目的地。

29日 区“残疾人幸福生活推进计划·爱心圆梦”行动启动仪式在光明东村广场举行。区领导李伟、张长平、高永明、仲亚岭、张士林、戴兆平、薛金林、盛育河参加。

△ 区政府与区政协举行工作协商联席会议。区领导张长平、仲亚岭等参加。

30日 区委召开常委会。研究讨论《区委十一届七次全会报告（讨论稿）》及会议方案，听取区人大、区政协党组关于召开区“两会”有关工作的请示意见，研究讨论《政府工作报告（讨论稿）》《2015年改善民生十个方面实事项目（讨论稿）》《关于2014年国民经济社会发展计划执行情况和2015年计划草案的报告（讨论稿）》《关于2014年财政预算执行情况和2015年财政预算草案的报告（讨论稿）》等。区委书记李伟主持。

△ 团省委书记万闻华调研姜堰服务型团组织建设工作。市委常委、组织部部长陆新，区领导李伟、何光胜、丁志强、戴兆平、肖延川参加。

△ 江苏有线姜堰分公司举行成立大会。江苏有线总公司总经理薛留忠，区委常委、常务副区长戚才俊共同为江苏有线姜堰分公司揭牌，副区长刘文来主持会议。江苏有线发展公司董事长、总经理陈法林宣布江苏有线姜堰分公司成立，任命金山为总经理。戚才俊在成立大会上致辞。

（葛旭东）

姜堰概貌

地 情 概 要

【位置面积】 泰州市姜堰区位于江苏省中部、江淮之间，北纬32° 20′ —32° 42′ 、东经119° 48′ —120° 18′ ，地跨长江三角洲和里下河平原。东邻海安县、东台市，西接泰州市海陵、高港二区，南北分别与泰兴市、兴化市接壤。通扬运河贯穿其中部。南部地面程高4.5—6.5米，属长江三角洲平原；北部地面程高2.5米，属江淮湖洼平原。全区总面积927.52平方千米，占全省面积0.89%，其中平原面积751.7平方千米、水面面积175.82平方千米。全区耕地面积5.01万公顷。

【自然资源】 泰州市姜堰区地处亚热带北部，物产丰富，土地肥沃，素有“鱼米之乡”之称。农作物主产水稻、三麦、棉花、大豆、油菜等，特色经济作物有香丝瓜、青椒、食用菌等，绿色食品有“河横大米”“三泰酱菜”等，养殖业主产猪、羊、鸡、鸭、鹅等，水产品主要有鱼、虾、蟹等，特种养殖主要有彩豚、鹌鹑、银鱼等。境内蕴藏丰富的石油和天然气资源。

（区统计局）

【气候】 气温 2014年，全区年平均气温16.1℃，较常年平均气温偏高0.9℃。其中，冬季平均气温4.8℃，比常年平均值偏高1.5℃；春季平均气温16.3℃，比常年平均值偏高2.8℃；夏季平均气温25.3℃，比常年平均值偏高1.8℃；秋季平均气温18.2℃，比常年平均值偏高1.7℃。极端最高气温36.5℃，出现在5月30日；极端最低气温-4.8℃，出现在2月10日。

降水 2014年，全区降水量1047.7毫米，较常年平均值多28.1毫米。其中，冬季降水量143.0毫米，比常年平均值偏多41.3毫米；春季降水量228.0毫米，比常年平均值偏少1.7毫米；夏季降水量531.3毫米，比常年平均值偏多72.7毫米；秋季降水量144毫米，比常年平均值偏少60.3毫米。6月25日入梅，入梅略偏迟；7月18日出梅，出梅略偏晚；梅期长23天，梅雨总量153.9毫米，比常年平均值偏少。

日照 2014年，全区日照时数1080.7小时，较常年偏少13.6小时。

霜情 2014年度初霜日11月19日，终霜日3月21日，无霜期242天。

（章萍萍）

【建置沿革】 泰州市姜堰区春秋时属吴，战国时属越、楚，秦时属东海郡。汉武帝元狩六年（公元前117年）置海陵县，治所即今泰州市，姜堰为其属地。唐高祖武德三年（620年），改海陵县为吴陵县，南唐升元元年

（937年）升为泰州，姜堰一直隶属其中。民国元年（1912年）废州设县，县治泰州。民国29年（1940年）10月，中国共产党建立抗日民主政权——泰县县政府，县治先在海安镇（今海安县城），民国38年（1949年）5月，迁至姜堰镇西郊。中华人民共和国成立后，泰县与县级泰州市两度分合，1962年1月分治，复称泰县，县治姜堰镇。1994年7月，撤县设立县级姜堰市。1996年隶属新设立的地级泰州市。2012年12月，撤销县级姜堰市，设立泰州市姜堰区。

【行政区划】 2014年年末，全区辖罗塘街道、三水街道等2个街道，溱潼镇、顾高镇、蒋垛镇、大坨镇、白米镇、娄庄镇、沈高镇、俞垛镇、兴泰镇、张甸镇、梁徐镇、桥头镇、淤溪镇、华港镇等14个镇，1个经济开发区——江苏省姜堰经济开发区，1个风景区——泰州市姜堰溱湖风景区。辖有居民委员会39个、行政村262个。2014年4月1日，江苏省人民政府发文（苏政复〔2014〕49号），撤销姜堰区姜堰镇，设立姜堰区罗塘街道办事处、姜堰区三水街道办事处。罗塘街道辖原姜堰镇所属20个村和22个社区，三水街道辖原姜堰镇陈庄居委会、区经济开发区管委会所属17个村、梁徐镇新南村及果林场区域。12月27日，罗塘街道、三水街道挂牌成立。

【城市荣誉】 泰州市姜堰区为全国县域经济百强市（县）、全国综合实力百强市（县）、全国科技实力百强市（县）、全国社会治安综合治理先进市（县）、全国生态示范市（县）、全国科技进步先进市、中国最具投资潜力中小城市百强县（市）、全国农村中医工作先进市、全国村务公开民主管理示范市、全国中小城市科学发展百强县（市）、全国粮食生产先进市、全国科普示范市、全国计划生育优质服务先进市、全国农村劳动力转移就业工作示范市、浙商（省外）最佳投资城市、全国信访工作“三无”（无进京非正常访、无重复去省集体访、无信访积案）市、首批创建全国农民林业专业合作社示范县、国家卫生城市、全国围棋之乡、全国六星级慈善城市、全国绿化模范区、国家生态区、中国民间文化艺术之乡、全国农村集体“三资”管理示范县、全国休闲农业与乡村旅游示范县、全省人口计生目标管理责任制及人口协调发展先进市、全省发展高效设施农业先进市、江苏省文明城市、江苏省卫生城市、江苏省园林城市、江苏省双拥模范城、江苏省小康市（县）、江苏省社会治安安全市、江苏省首批生态农业市、江苏省农民创业就业工作先进市、江苏省建筑强市、江苏省教育工作先进市、江苏省人口与计划生育示范市、江苏省群众文化先进市、江苏省有线电视示范市、江苏省教育现代化建设先进市、江苏省秸秆综合利用示范市、江苏省平安铁路县（市、区）、全省“扫黄打非”工作先进模范市、江苏省户户通有线电视县（市）、江苏省老年体育工作先进市（县）、江苏省人民防空先进城市、江苏省残疾人工作先进县（市、区）、江苏省现代渔业建设先进县（市）、绿色江苏建设先进县（市、区）、江苏省农业现代化建设试点县（市、区）、全省村务公开民主管理“薄弱村”治理工作先进县（市、区）、江苏省金融生态优秀县、全省农业综合开发工作先进市、全省新农村新家庭计划示范县、全省亩产吨粮县（市）、全省和谐社区建设示范县（市、区）、江苏省节水型社会建设示范市、江苏省水资源管理示范市、江苏省农民健康工程先进县（市、区）、江苏省义务教育发展基本均衡县（市、区）、江苏省省级生态县（区）、江苏省药品安全示范县（市、区）、江苏省创建无“小耳朵”先进县（市、区）、全省平安县（市、区）、全省挂县强农富民工程对接突出县、全省家庭教育先进市（区）、江苏省实施农家书屋提升工程试点工作示范县（市、区）、全省发展现代高效农业成效显著县、全省森林资源保护与管理成效显著县（市、区）等。

（鉴 编）

【交通】 截至2014年年底，全区公路通车总里程1907千米，其中高速公路68千米、一级公路172千米、二级公路214千米、三级公路210千米、四级公路1243千米。基本形成"四纵四横"干线公路网络（四纵：盐靖高速，兴泰公路，溱湖大道，宁盐公路、姜八公路；四横：328国道，启扬高速，姜高公路，沈马公路）。其中，盐靖高速公路（S29）纵贯南北，全长40.25千米，途经顾高镇、梁徐镇、罗塘街道、桥头镇、溱潼镇、兴泰镇等6个镇（街道），设梁徐、姜堰、溱潼三个互通；231省道（兴泰公路）全长13.5千米，沿途俞垛镇、淤溪镇，一级公路；溱湖大道全长19.9千米，沿途溱湖风景区、渔业社、桥头镇、沈高镇、三水街道、梁徐镇，一级公路；229省道（宁盐公路—姜八公路）全长31.7千米，沿途兴泰镇、溱潼镇、沈高镇、罗塘街道、梁徐镇、顾高镇，二级公路沥青砼路面，正实施改扩建工程；328国道全长28.29千米，沿途白米镇、罗塘街道，一级公路；启扬高速公路（S28）全长28千米，沿途华港镇、淤溪镇、桥头镇、沈高镇、娄庄镇、白米镇，设盐靖高速枢纽、溱湖大道互通和白米服务区；姜高公路全长14千米，沿途梁徐镇、张甸镇，二级公路沥青砼路面；沈马公路全长19.2千米，沿途淤溪镇、俞垛镇、溱潼镇、溱湖风景区、沈高镇，二级公路沥青砼路面；353省道正在规划建设中。全区有国道28.29千米、省道112.94千米、县道327.05千米、乡道552.42千米、村道882.31千米。

宁启铁路纵贯东西，全长26千米，途经桥头镇、罗塘街道、沈高镇、娄庄镇等4个镇（街道），设有姜堰客货两用站，基本完成电气化、复线化改造。

全区有内河航道49条，通航里程550千米。有新通扬运河、中干河、泰东河、南干河、鲁汀河等主要航道，水路交通较为便利。

区内有投资8100多万元建成的姜堰汽车总站，达标改造一级站1个、三级站2个、四级站4个、五级站1个。交通运输营运车辆中出租车328辆1640座，公交车230辆235.1标台，客班车118辆5477座，货车7552辆45452吨，营运船舶4239艘352万载重吨。2014年，公路运输客运量710万人，旅客周转量36292万人·千米。

（张晓华）

【人口】 2014年年末，全区家庭总户数27.16万户，户籍总人口79.44万人。其中，女性39.35万人，占49.5%。全年出生6114人，人口出生率7.69‰；死亡6814人，死亡率8.57‰；人口自然增长率-0.88‰。年末，全区常住人口73万人；常住人口城镇化率55.56%，比上年提高1.05%。

（区统计局）

【民族】 2014年12月底，全区定居少数民族总人口1311人。有少数民族成分34个，主要为土家族、苗族、壮族、回族和满族，分散居住在全区，呈南多北少分布，少数民族人口增加的主要原因是外地婚入及其子女民族成分变更。全区有少数民族流动人口约190人，相对集中于主城区，绝大多数来自青海、甘肃、新疆等西北地区，主体民族为回族、维吾尔族和东乡族，大部分从事拉面和烧烤经营，少量在镇企业打工。

（申建中）

【方言】 姜堰方言属江淮官话泰如片。主要特征是无全浊声母，全浊声母读送气清音；不分尖团，边鼻相混；无舌尖前音和舌尖后音之别；咸山两摄为三分，舒声韵都鼻化；鼻音尾韵母不分前后；有卷舌韵母，韵母单元音化、高元音化；有入声韵，都为喉塞尾，入声调值短促、分阴阳；次浊声母字多归阴平。姜堰方言内部一致性很强，差异不十分明显。西部华港等镇与南部顾高、蒋垛等镇语音略有差异，各镇语音又都与市区语音稍稍有别。

（《泰县志》）

【风景名胜】 姜堰是一座集水乡、湿地、生态、古镇为一体的旅游城市，是最具风情民俗文化旅游目的地。风景名胜有中国历史文化名镇、国家AAAA级旅游景区溱潼镇，全国第二家、江苏省首家国家级湿地公园溱湖湿地公园，国家AAAAA级旅游景区、国家水利风景区、全国生态旅游示范区溱湖风景区，集温泉度假、休闲运动、佛学文化与主题地产于一体的湿地温泉景区泰州华侨城，国家AAAA级旅游景区古罗塘旅游文化景区，国家AAA级旅游景区溱湖湿地农业生态园，中国农业公园、江苏省四星级乡村旅游点沈高镇河横村，苏维埃政权诞生地纪念馆蒋垛苏维埃纪念馆，新四军苏北指挥部旧址曲江楼，纪念当代“草圣”高二适的高二适纪念馆，江淮地区发现的最早城址天目山遗址等。

【文化传统】 泰州市姜堰区境内人类活动历史悠久。城西北郊单塘河新石器遗址出土石刀、玉坠等器物，20世纪70年代中期，姜堰镇镇北天目山发现宋代和汉代墓葬，出土北宋政和铁钱，两汉陶器、铁剑、铜镜、五铢钱等，80年代初和90年代，在天目山遗址考古调查，获得鬲、豆、罐、箭镞、网坠、铜削等。21世纪初，发现陶、铜、石、骨、蚌、牙等质料的人工器物，鹿、獐、犬、鱼、鳖、蚌、鸟等类动物遗骨。考古证实，至少在6800年前后，姜堰就有先民居住、生活，进行初始生产开发，创造早期农耕文明。叶甸仓场为汉代吴王刘濞设置的粮仓。宋代岳飞、文天祥等均在姜堰驻足。明代抗倭名将唐顺之在姜堰抗倭直至病逝；“泰州学派”创始人之一王栋长期在姜堰讲学；画家唐志契所著《绘事微言》入选《四库全书》。清代围棋棋圣黄龙士引领清代围棋达到封建时代最高峰，至今享誉海内外；“一门五都督，三科两状元”的刘氏家族兄弟刘荣庆、刘国庆连中武状元，时称“熙朝盛事，旷古未闻”；清朝及民国政治人物、中国花鸟画大家、书法家、经济学家凌文渊与齐白石、陈半丁、陈师曾齐名，时称“京师四大画家”；现代学者、诗人、书法家高二适由毛泽东倡导，与郭沫若开展“兰亭论辩”传为历史佳话。1940年，陈毅率领新四军苏北指挥部驻扎姜堰曲江楼指挥闻名中外的黄桥决战。“溱潼会船节”由南宋相沿至今，被誉为“民俗文化之大观，水乡风情之博览”，荣膺“大世界基尼斯之最”称号，入选第一批国家级非物质文化遗产扩展项目名录。传统技艺“溱潼砖瓦”、传统舞蹈“滚莲湘”和姜堰面塑入选江苏省非物质文化遗产名录。天目山西周古城遗址获首批“江苏大遗址”称号。清明习俗入选首批文化生态保护示范区。以棋圣黄龙士为原型拍摄电影《黑白道》。古罗塘旅游文化景区获批国家AAAA级景区。

（窦银芳）

国 民 经 济

【概况】 2014年，全区实现地区生产总值488.52亿元，可比增长11.1%。其中，第一产业增加值36.18亿元，可比增长3.5%；第二产业增加值243.18亿元，可比增长10.9%；第三产业增加值209.16亿元，可比增长12.6%。姜堰区跻身全国中小城市科学发展百强区。三次产业结构比例为7.4∶49.8∶42.8，服务业占地区生产总值比重比上年提高1.5%。全区实现高新技术产业产值448.81亿元，比上年增长16.1%；占规模以上工业比重39.8%，比上年提高2.3%。

民营经济 全区净增私营企业数和个体经营户数分别为1591户、2581户，新增“个转企”371户、著名商标6件、注册商标705件。年末，全区私营个体经济注册资本523亿元，私营企业1.09万户，个体经营户3.48万户。

财政收支 全区公共财政预算收入30.35亿元，比上年增长12.7%。其中，税收收入25.16亿元，比上年增长13.5%，占公共财政收入比重82.9%，比上年提高0.6%。全区公共财政预算支出44.45亿元，比上年增长13.5%。

【农林牧渔业】 农业生产 2014年，全区实现农林牧渔业总产值59.94亿元，比上年增长5.6%。粮食产量56.15万吨，比上年增长1.3%，实现“十一连增”。粮食播种面积7.56万公顷，比上年增长0.4%；粮食单产7425千克/公顷，比上年增长0.8%。姜堰区被评为“全国粮食生产先进县”。

林牧渔业　全区新增造林面积423.86公顷，森林覆盖率23.6%。生猪饲养量88.67万头，比上年增长1.8%。其中，生猪出栏62.27万头，比上年增长2.5%。家禽饲养量1319万羽，比上年增长4.1%。其中，家禽出栏895.49万羽，比上年增长4.6%。主要畜产品中，肉类总产量5.96万吨，比上年增长3.6%；禽蛋总产量2.68万吨，与上年基本持平。水产品产量4.27万吨，比上年增长3.6%。

现代农业　新增规模经营面积8066.67公顷、设施农业面积1413.33公顷、设施渔业面积340公顷、农村“三大合作”组织197家，新认定规模经营种养大户及家庭农场727个。省级现代农业产业园区服务中心建成运行，城北现代农业走廊建设提速，姜堰区获“全省发展现代高效农业成效显著县（区）”称号，创建成全国休闲农业与乡村旅游示范县（区）。

【工业】　工业生产　2014年，全区452家规模以上工业企业完成产值1127.38亿元，比上年增长17.7%。其中，轻工业、重工业产值分别为329.72亿元、797.65亿元，分别比上年增长17.8%、17.6%。国有工业比上年增长11.0%，集体工业比上年增长13.6%，股份制工业比上年增长20.3%，外商及港澳台投资工业比上年增长13.2%。纺织业完成产值91.99亿元，比上年增长20.7%；化学原料和化学制品制造业完成产值131.72亿元，比上年增长30.3%；专用设备制造业完成产值134.63亿元，比上年增长16.1%；电气机械和器材制造业完成产值205.93亿元，比上年增长11.1%。在规模以上工业中，十强、重点、成长型工业企业产值分别比上年增长14.3%、5.5%、19.2%。三大园区实现产值640.36亿元，比上年增长20.4%，高于全区增幅2.7%；占规模以上工业比重56.8%，比上年提高7.2%。

工业效益　全区规模以上工业企业实现主营业务收入1046.10亿元，比上年增长19.6%。实现利税总额124.18亿元，比上年增长25.6%。其中，利润78.61亿元，比上年增长26.2%。全区规模以上工业企业亏损企业数量与亏损企业亏损额分别比上年下降84.6%、78.9%。

【国内贸易】　2014年，全区社会消费品零售总额154.55亿元，比上年增长12.5%。批发和零售业零售额143.30亿元，比上年增长12.6%；住宿和餐饮业零售额11.24亿元，比上年增长11.2%。城镇消费品零售额147.71亿元，比上年增长12.7%；乡村消费品零售额6.84亿元，比上年增长9.2%。限额以上单位消费品零售额39.15亿元，比上年增长14.8%，占社会消费品零售总额25.3%；限额以下单位消费品零售额115.40亿元，比上年增长11.7%，占社会消费品零售总额74.7%。在限额以上批发和零售业商品销售额中，粮油、食品、饮料、烟酒类商品销售额35.16亿元，比上年增长20.1%；服装、鞋帽、针纺织品类商品销售额4.35亿元，比上年增长6.8%；家用电器和音像器材类商品销售额2.38亿元，比上年增长17.8%；书报杂志类商品销售额1.17亿元，比上年增长4.8%；汽车类商品销售额2.90亿元，比上年增长14.8%。

【对外贸易】　外贸进出口　2014年，全区外贸进出口总额（海关数）106922万美元，比上年增长24.6%。其中，进口总额16364万美元，比上年增长7.5%；出口总额90558万美元，比上年增长28.3%。油气装备、五金工具、装饰建材、纺织服装等4个产业进出口超过亿美元。

利用外资　全区新批协议注册外资34994万美元，比上年增长1.9%；实际到账注册外资15007万美元，比上年增长1.9%。

对外经济合作　全区新签外经合同额27907万美元；外经实际营业额14744万美元，比上年增长4.9%。

【旅游业】　2014年年末，全区有旅游星级饭店2个，其中四星级1个。全年接待游客540万人次，实现旅游直接收入13.5亿元，比上年分别增长10.0%、12.0%。溱湖旅游景区创建成中国环境科普教育基地，古罗塘旅游文化景区、溱湖湿地农业生态园分别跻身国家AAAA级、AAA级旅游景区。

【建筑业】　截至2014年年末，全区有资质建筑施工企业168家，施工面积6991万平方米，比上年增长18.6%；竣工面积2892万平方米，比上年增长16.9%。全年实现建筑施工总产值488.73亿元、建筑企业增加值141亿元，分别比上年增长17.0%、23.2%。

【交通运输】　2014年，全区完成交通运输业增加值31.64亿元，按可比价计算增长16.5%，占地区生产总值比重6.5%，比上年提高0.2%。全年完成公路客运量724万人，公路旅客周转量37021万人千米；完成公路货运量362万吨，公路货物周转量12702万吨千米；完成水路货运量1784万吨，水路货物周转量139944万吨千米，均比上年有所增长。完成农公班线路公交化改造，实现城镇公交全覆盖，全区96.5%的行政村通达公交。

【邮电通信业】　2014年，全区完成邮电业务收入25905万元，比上年下降0.9%。其中，邮政业务收入7177万元，比上年下降1.2%；电信业务收入18728万元，比上年下降0.8%。年末，全区固定电话用户26.63万户，移动电话用户64.17万户，电信互联网宽带接入用户9.12万户。

【银行保险业】　截至2014年年末，全区金融机构本外币存款余额534.46亿元，比年初增加53.24亿元，增长11.1%。其中，人民币存款余额528.72亿元，比年初增加50.83亿元，增长10.6%。本外币贷款余额389.93亿元，比年初增加33.77亿元，增长9.5%。其中，人民币贷款余额386.37亿元，比年初增加36.78亿元，增长10.5%。在人民币贷款中，短期贷款219.33亿元，比年初增加3.57亿元，增长0.3%。全年保险业务收入11.03亿元，比上年增长7.0%。其中，财产险业务收入2.78亿元，比上年增长13.4%；人寿险业务收入8.25亿元，比上年增长5.0%。全年保险业务支出4.08亿元，与上年持平。其中，财产险业务支出1.64万元，比上年增长35.6%；人寿险业务支出2.44万元，比上年下降15.0%。

【固定资产投资】　2014年，全区完成固定资产投资345.56亿元，比上年增长29.3%。其中，第一产业投资2.86亿元，比上年下降11.5%；第二产业投资232.10亿元，比上年增长26.1%；第三产业投资110.60亿元，比上年增长38.1%。第二产业投资中，工业投资231.75亿元，比上年增长28.4%。房地产开发完成投资51.93亿元，比上年增长39.8%。

项目建设　全区签约5000万元以上工业项目55个，其中亿元以上项目30个；在建亿元以上项目26个，其中5亿元以上项目9个。竣工5000万元以上工业项目42个，其中亿元以上工业项目21个。实施3000万元以上技改项目48个，其中亿元以上技改项目11个。南洋电缆一期、普奥新材料、飞船公司变速箱齿轮等一批重大项目建成投产，投资45亿元的健康养老产业园项目初步列入省重点项目计划。

房地产市场　全年房地产施工面积417.11万平方米，比上年下降3.6%；竣工面积173.29万平方米，比上年增长68.5%。全年商品房销售面积89.06万平方米，比上年增长1.4%；商品房销售额44.92亿元，比上年增长4.0%。

社　会　事　业

【科技事业】　2014年，全区授权专利1524件，其中发明专利49件，比上年分别增长3.5%、8.9%。全区发明专利拥有量320件，比上年增长49.5%，万人发明专利拥有量4.39件。全区组织申报各级各类科技计划项目112项。新增国家级科技计划项目13项，其中国家火炬计划项目8项、国家重点新产品计划项目1项、国家科技型中小企业技术创新基金2 项；获省级科技计划项目35项，其中省重大成果转化项目1项，省科技支撑计划（工业）项目2

项，省重点新产品计划项目3项、省创新基金1项，省科技企业上市培育计划推荐入库企业2家，农业科技成果转化资金项目1项，星火计划项目2项。组织或参与各类产学研活动28场次，实施高质量产学研合作项目68项，企业与高校院所签约共建产学研联合体20家，区政府与中南大学签约合作共建“江苏省金属新材料工程技术研发中心”。举办首届“百名专家姜堰科技行”大型产学研活动。新增高新技术企业17家、国家火炬计划重点高新技术企业1家、省高新技术（后备）企业23家，高新技术企业总数居泰州第一。新增省级企业重点实验室1家、省级企业重点研发机构2家、企业研究生工作站6个，新建市级以上科技公共服务平台1项，新批院士工作站1家，新建市级工程技术研究中心8家、区级工程技术研究中心34家。区生产力促进中心参与国家级绩效评价获批为B类示范中心，成为苏中、苏北地区唯一一家市（区）级国字号示范中心。华港镇入选江苏省创新型试点乡镇。

【教育事业】 2014年年末，全区有幼儿园33所，在园幼儿1.38万人；小学27所，在校学生3.42万人；初中17所，在校学生1.98万人；普通高中8所，在校学生1.38万人。2014年，全区学龄儿童入学率99.0%，初中毕业生升学率98.8%，高中阶段教育毛入学率98.0%，分别比上年提高0.3%、0.2%、0.1%。中、高考和学业水平测试成绩保持泰州领先、全省一流位置，姜堰区创建成全国义务教育发展基本均衡区、省义务教育优质均衡发展区、省学前教育改革发展示范区。

【文化事业】 举办2014年中国泰州姜堰·溱潼会船节、第十届群众文化艺术节、第二届“欢乐新春”十大文化惠民等系列文化活动；完成“激情三水”2014年演出季广场文艺演出12场，送书30万码洋、电影3200场、演出100场。姜堰区入选中国民间文化艺术之乡，获评全省农家书屋提升工程示范区。两台在上级台用稿（片）800多篇（条），其中中央电视台用片12条。广播剧《假如战争明天发生》获江苏省“五个一工程”奖，电视纪录片《醒篙人家》获第20届中国纪录片奖。2014年年末，全区有文化馆1个、艺术表演团体1个、公共图书馆1个、博物馆1个、美术馆1个、档案馆1个，公共图书馆总藏量46万册，电子图书藏量255万册，全年向社会开放各类档案数1.16万卷。

【卫生事业】 推进县级公立医院综合改革，泰州市第二人民医院、姜堰中医院实施医药价格综合改革。建立完善乡村医生多渠道补偿机制，落实乡村医生养老保障制度，兴泰、沈高、蒋垛等3个镇9个村卫生室实施乡村医生签约服务试点，探索构建新型农村卫生服务模式。新型农村合作医疗筹资标准提高到430元/人，新型农村合作医疗参合率100%，出台姜堰区农村居民大病医疗保险实施意见，启动农村居民大病医疗保险制度。全区建立居民电子健康档案60.52万份，建档率83%；65岁以上老人健康体检10.75万人。2014年年末，全区有各类卫生机构303家，其中医院、卫生院30家，各类卫生机构实有床位3311张，有卫生技术人员3469人。

【体育事业】 举办第四届“黄龙士·双登杯”世界女子围棋擂台赛、全国桥牌A类俱乐部联赛等大型赛事。三水公园、人民公园健身器材安装到位，城区30处小游园健身设施建成。举办“建工杯”职工长跑比赛，职工乒乓球、篮球、羽毛球比赛，第三届广场舞大赛。开展第六个全民健身日健身舞表演暨2014年姜堰区武术比赛，承办泰州市老年人棋类等比赛，城市社区“10分钟体育健身圈”通过省级验收。参加省十八届运动会，自行车、摔跤等比赛获1金、3银、3铜，女足乙组获第五名。培养输送的运动员杨敏、钱佳睿在仁川亚运会上获女子橄榄球、女子击剑金牌、银牌。姜堰区成为全国校园足球精英训练营20个城市之一。

【城市建设】 五中东路、河南大街、花园西路等15条道路建成通车。三水公园建成开放，人民公园开园。实现引长江水工程行政村全覆盖，16个镇（区）接通天然气管网。铺设天目东路、五中东路等污水管网9千米，城区生活污水集中处理率近90%。张甸、蒋垛、白米、华港、俞垛等镇5座二级生活污水处理厂建成运行，建设配套污水管网27.27千米。完成药厂北侧、振兴北路、气象局南侧等3处游园建设，实施高教路、二布厂东路等新建道路配套绿化，补植、提升城区主次干道绿化，更换、补植灌木30余万株、乔木1000余株，全年新增绿地面积31.36万平方米。完成光明东村、西野行组团、北苑新村3个老小区综合整治和青年路组团外立面出新，出新房屋本体修缮80幢，惠及住户2000余户。建成200套经济适用住房交付使用，新增公共租赁住房1005套，发放廉租住房租赁补贴147户，改造棚户区危旧房2544套。通过省级全域整治考核验收，实现全区262个行政村2160个自然村整治全覆盖。疏通城区主次干道、后街背巷排水管道近5000多米，维修各类路面29400平方米、人行道板3200平方米；更换路牙600米，更换各类井盖650套，增设马眼窨井68座，清理各类窨井13600座次，清运淤泥1200立方米。

【环境保护】 2014年，全区15个镇获国家生态镇命名，区经济开发区创建成省级生态工业园区，溱湖风景区创建成国家生态旅游示范区、国家级环保科普教育基地，国家生态区创建在泰州地区率先通过环保部组织的考核验收，国家生态文明示范区建设规划编制工作启动。评价公示全区662家企业环保信用等级，4家企业获评泰州市绿色企业。整治燃煤小锅炉63台套，夏秋秸秆“双禁”工作取得显著成效。高考、中考等期间开展“绿色护考”专项行动，全区区域环境噪声均值、交通噪声昼夜均值均保持国家控制标准以下。新增$PM_{2.5}$、CO和O_3监测能力，实时发布$PM_{2.5}$等空气质量数据，各因子日均值、平均值基本达到《环境空气质量标准（GB3095-2012）》二级标准要求。全年减排化学需氧量862.9吨、氨氮108.7吨、二氧化硫238.6吨、氮氧化物100吨。

人　民　生　活

【概况】 居民生活　2014年，全区城镇居民人均可支配收入31375元，比上年增长9.3%；人均消费性支出18673元，比上年增长7.1%。农村居民人均可支配收入14887元，比上年增长11.0%；人均生活消费支出10749元，比上年增长10.0%。城乡居民恩格尔系数分别为29.5%、35.8%。年末城乡居民储蓄存款余额338.76亿元，比年初增加40.32亿元，增长13.5%。

劳动就业　2014年年末，城镇登记失业率2.02%，比上年下降0.24%。

社会保障　2014年年末，企业职工月最低工资1630元，企业退休人员月均养老金1743元，城乡低保标准分别为每人每月530元、430元，60周岁以上城乡居民养老保险实现全覆盖。全年实施医疗救助8021人，发放救助金1731.5万元。全区基本养老保险新增参保8100人，基本医疗保险新增参保8058人，失业保险新增参保6488人，工伤保险新增参保6178人，生育保险新增参保6408人。全区享受农村最低生活保障15482人，其中农村13746人、城镇1736人。全年最低生活保障金额2981万元，其中农村2442万元、城镇539万元。

（《2014年姜堰区国民经济和社会发展统计公报》）

社会主义政治文明建设

【概况】 2014年，全区开展党的群众路线教育实践活动，建立作风建设常态化督察机制。建立区政务服务管理办公室、公共资源交易中心，区便民服务标准化通过国家级试点建设项目验收。深化行政审批制度改革，审批事项由633项精简至176项，审批时限压缩一半，年压减行政审批收费近700万元，启动企业注册登记“四证一体”。政风行风热线接处来电34058个，区级负责人现场接处群众来电636个。开展“网罗正能量”互动活动，义茶亭论坛答复民生问题发帖2020个。48个部门和单位3213项行政权力网上公开透明运行。出台保障民生和经济转型升级类规范性文件12件。办结人大代表建议174件、政协委员提案208件、选民代表建议124件。11个区级部门进行预算信息公开试点。排查整改2011年以后政府投资工程849个。

（区政府办）

【法治姜堰建设】 2014年，全区建立重大决策听证对话机制，推进重大决策民主化。将社会稳定风险评估纳入镇（区）部门综合考核，把法治思维贯穿经济社会发展各个环节，实行社会稳定风险评估项目库动态管理，实施稳评60项，全区未发生因决策不当引发的社会稳定事件。排查梳理各部门行政执法项目及执法依据，减少权力寻租空间，实现行政机关、行政事项、电子监察全覆盖。规范行政权力公开运行，建立完善行政权力数据库和行政权力动态跟踪监督机制。落实监督检查、考核评价、责任追究等配套制度。推进行政审批制度改革，核减行政审批项目，实行减政放权，清理行政许可和非许可事项457个，网上公开运行权力4311项，实现“行政审批项目清单”之外无审批。强化行政负责人出庭应诉制度，全区行政机关负责人出庭应诉率100%。从市法院、市政府法制办、市检察院、市公安局聘请专家8人，设立法治建设专家库。区人大常委会通过区政府《关于落实“六五”普法工作审议意见落实情况》。制定出台《关于进一步加强法院执行联动工作的决定》，提出提升执行质效、推进协作联动，解决被执行人难找、执行财产难寻、协助执行人难求、应执行财产难动等问题。区政协民主监督员小组对区法院、区检察院委派民主监督员5批次16人，监督区法院商事审判和区检察院终结性法律文书公开试点工作。加强法治宣传教育。区司法局联合区委组织部3次组织35名新任副科级以上领导干部开展任前法律知识考试，参考率、合格率均为100%，领导干部学法网校增设“在线测试”专栏；全区64所中小学校开展校园法制征文、“唱响法治 畅想明天”主题法制歌曲唱响校园活动；组织开展“农民工学法活动周”“普法惠民村村行”专项宣传主题活动；组织开展“法律进企业”活动；区电台开设《律师在线》《律师讲堂》栏目，围绕社会热点问题和群众关注民生问题，采取新法解读、在线咨询、以案说法等形式，宣传法律知识；建成全省首家网上法制宣传教育中心；区法院定期分类汇总、点评发布典型民生热点案件；开展“千人听案评案”活动，组织9批次千余名群众及人大代表、政协委员、党员领导干部等旁听评议案件；建立法治文艺宣传专业创作队伍，开展法治文艺镇村行，组织法治文艺演出6场次；新建淤溪、张甸、俞垛等镇及兴泰镇尤庄村等一批各具特色法治文化主题公园、法治文化广场和法治游园，区法治文化广场、娄庄镇法治文化公园成为市法治文化建设示范点，全区16个镇(区)建成各类法治游园、法制一条街、法治文化广场22处。下发《全区法治惠民实事项目实施意见》，实施法治惠民工程。做好8件法治惠民实事：1. 建设网上诉讼服务中心，搭建便民服务、司法公开平台；2. 检察服务走进镇村、走进基层；3. 构建城区半小时、农村1小时法律服务圈；4. 法律援助对象从低保人群向低收入人群延伸；5. 省级民主法治示范村（社区）创建率提高5%；6. 建成“110”接处警智能指挥调度平台；7. 开展“零犯罪校园”创建活动；8. 开展“诚信姜堰与法同行”系列活动，打造诚信文化，强化法治保障。推进基层法治创建活动，全区284个村（社区）创建成省级民主法治示范村85家，创成率30%。

（唐伯和）

【干部人事制度改革】 2014年，全区开展清理党政领导干部在企业兼职和超编超职数配备、“吃空饷”和在编不在岗专项整治等工作。加强干部品行修养、生活作风、社会交往、家庭关系等方面表现考察，考准考实干部德才表现。突出重大任务跟踪考察，了解党员干部在区委、区政府项目建设、房屋搬迁等重点工程、中心工作中的政治素质、能力水平、工作作风等现实表现。坚持乡镇党政正职拟任人选函询制度和干部考察预告制、任前公示制、向常委会承诺发言制等制度。

（陆 锋）

【基层民主政治建设】 2014年，全区加强和谐社区建设，巩固“一委（党委）一居（居委会）一站（管理服务站）一办（综合治理办公室）”服务管理模式，推进社区服务管理网格化建设，解决农村社区两房建设资金难题，推动基层社会治理创新和公共服务能力提升。截至年底，城区22个社区全部达到省和谐社区标准，农村77%（197个）的社区达到省和谐社区标准。深化村务公开、民主管理，加强居民自治。3月份，组织全区新当选村委会主任集中培训。结合党的群众路线教育实践活动，开展减轻城乡社区负担专项整治行动，落实社区准入制度。

（树寿兵）

【职工民主管理】 推进职代会、厂务公开制度建设，选树厂务公开示范企业，新增行业职代会1个，企业和园区开展和谐劳动关系创建。开展工资集体协商“春季要约”“秋季要约”行动，突出抓好行业性工资协商，举办工资协商指导员培训班，召开旅游行业第一次会员（职工）代表大会暨行业工资集体协商观摩会，镇（区）、行业（协会）签订区域性、行业性工资专项集体合同22份，覆盖职工3.1万余人。中华全国总工会民管法工部部长杨汉平调研姜堰区工资集体协商和民主管理工作，工资集体协商工作在全省评比中获一等奖。落实“六五”普法规划，开展普法宣传活动。发放《劳动合同法》《工会法》、维权手册、服务手册等宣传资料，接受职工群众咨询。

（梁 亮）

社会主义精神文明建设

【概况】 2014年，全区围绕区委、区政府工作中心，开展精神文明创建活动，提升市民文明素质和城市文明程度，营造文明和谐社会环境。

社会风尚建设 开展“践行核心价值观、寻找‘最美姜堰人’”活动，表彰“最美姜堰人”63人。编印发放《最美姜堰人——先进事迹选编》，组织“最美姜堰人巡演巡讲”活动，涌现出王永盛、李开诚、王成友、唐国强、吉琴等一批见义勇为、助人为乐、诚实守信、敬业奉献、孝老爱亲的先进典型。5人候选“中国好人”，华港镇王永盛、张甸镇李开诚当选“中国好人”，淤溪镇王成友当选“江苏好人”，白米派出所副所长丁昌华当选“全国公安机关爱民模范”，5人当选“最美泰州人”，3人入选“泰州最美基层干部”，华港镇李明春被表彰为泰州市“最美儿媳”，许东英等6人被表彰为泰州市见义勇为先进分子。举办“激情三水”广场文艺演出、“书香姜堰”全民读书等活动，营造和谐友善社会氛围。各镇、村、社区、机关、企业、学校等推行道德讲堂建设，规范“七个一”（作一番省身、唱一首歌曲、看一部短片、诵一段经典、讲一个故事、作一番点评、送一份吉祥）流程，抓好“一堂、一队、一牌、一桌、一传播”工作。开展廉政教育专场道德讲堂活动，倡导全社会修身律己。以公共信息联播平台和凤凰广场大型户外电子显示屏为载体，建立姜堰美德善行总榜，建成300多个镇、村、社区、单位美德善行榜，宣扬好人好事，推行善行义举，全区形成“崇德向善、见贤思齐”良好社会风尚。

市民素质建设 实施全民素质提升工程，加强社会公德、职业道德、家庭美德和个人品德建设，弘扬助人为乐、诚实守信、敬业奉献、见义勇为、尊老爱幼的道德风尚。组织全区各级文明行业、文明单位和城区各社区开展文明礼仪常识宣传、教育和培训，引导人们在待人接物、交通出行、旅游购物、环境保护等方面养成讲文明、懂礼貌的良好习惯。开展“公民道德建设月”活动，在区检察院举行“公民道德建设月”暨“最美姜堰人”巡演巡讲启动仪式。

未成年人思想道德建设　组织实施学校育人、文明关爱等5个系列30项重点工作。开展文明礼仪教育，在姜堰中学、励才实验学校、东桥中心小学举办成人仪式、青春仪式、成长仪式，组织青少年文明礼仪风采大赛、“八礼（仪表之礼、仪式之礼、言谈之礼、待人之礼、行走之礼、观赏之礼、游览之礼、餐饮之礼）四仪（入学仪式、成长仪式、青春仪式、成人仪式）”青少年文明礼仪校园邮票展。开展“蒲公英”行动、“一千零一个愿望”圆梦行动、“明日之星”助学等关爱活动；推进未成年人成长指导中心建设，开展心理健康培训、宣讲活动，关爱未成年人健康成长、快乐成才。开展校园周边环境集中整治行动，“五老”（老干部、老战士、老专家、老教师、老模范）网吧志愿者常年监督，有效遏制未成年人进入网吧现象。加强乡村学校少年宫建设，白米中心小学和张甸中心小学等乡村学校少年宫获106万元中央、省彩票公益金项目扶持；乡村学校少年宫、教育少年宫、文化馆、图书馆等举办文体培训、演出、展览、读书、比赛等各类活动，丰富未成年人业余文化生活。组织开展“传承美德 涵养文明——‘爱学习、爱劳动、爱祖国’”“我们的节日”“向国旗敬礼”等主题教育活动，引导青少年弘扬中华传统美德。打造“德育工作月”、校外辅导站、“激情三水”少儿文艺专场、“成长916”、“小白鸽”、“足球夏令营”等未成年人工作品牌，“一千零一个愿望”圆梦行动获省青少年公益项目二等奖。检察院“德法并举、润蕾无声”护航行动和俞垛镇“培养道德富翁、丰富精神家园”获泰州市未成年人思想道德建设创新创优奖。

文明创建　组织召开文明城市创建推进会、督察会，编印发放《城市文明程度指数测评责任分解表》《全国文明城市创建工作责任分解表》，明确责任，细化分工，将文明城市创建要求转化为常态目标，建立健全文明城市创建长效机制。金桂园等4个小区被表彰为泰州市首届文明小区，中天社区等3个社区被表彰为文明城市创建先进社区，获奖金18万元。社区环境综合整治项目获泰州市100万元资金支持。开展文明行业、单位、镇村、社区创建工作。启动市区级文明创建申报，做好“江苏文明单位在线”工作，新华书店、娄庄镇、沈高镇河横村等3家单位做好全国文明单位（镇、村）复查迎检工作。开展道德领域突出问题专项教育和治理活动。在食品行业、窗口行业和公共场所三大领域，围绕群众关心、社会关注的食品药品安全、社会服务、公共秩序三个重点，做好道德教育、道德评议、道德引导、道德治理、道德宣传，解决诚信缺失、公德失范问题。开展文明单位优质服务品牌创建活动，“维权360°”“亲民检务”“民生新农合”等服务品牌形成影响，“教育服务校校行”“为发展 微服务”等4个服务品牌被确认为“泰州市机关（行业）服务品牌”。围绕丰富农民精神文化生活、培育文明乡风，深化文明村镇创建。开展村庄环境整治、“十星文明户”评选等活动。张甸镇建立“村民道德新风录”培植“好人集群”的相关经验在泰州市美德善行推进会上交流，活动项目被授予泰州市农村精神文明建设工作创新案例奖。姜堰镇曹家村、溱潼镇湖南村、沈高镇河横村当选“泰州首届最美乡村”。

【开展志愿服务活动】　完善覆盖镇村、社区、单位的志愿服务站，组织开展志愿服务进社区系列活动，在南苑社区举行泰州市暨姜堰区志愿服务进社区集中行动启动仪式。招募注册志愿者，建立健全区志愿者管理网络，部分社区和志愿服务点配备服务计时设备，全区初步建立志愿服务供求平台、管理机制、鼓励措施。各镇（区）、各部门以城市绿化、环境整治、城市管理、敬老助残、关爱留守儿童和空巢老人等为重点，开展“巾帼志愿服务”“文明交通”“走进低碳生活”“学习雷锋榜样 践行姜堰精神”等志愿服务活动，形成“姜堰先锋单车俱乐部”“巾帼志愿服务”等志愿服务品牌项目。“姜堰先锋单车俱乐部”获省志愿服务创新案例奖，被表彰为“江苏省优秀志愿服务组织”；费在云被表彰为“江苏省优秀志愿者”，田美娟等7人被表彰为“泰州市优秀志愿者”。

【王永盛、李开诚当选“中国好人”】 王永盛，华港镇港口村人，中国人民解放军海军某部驾驶员，下士军衔。2013年8月24日回家探亲期间，在罡杨镇罡门村附近，从河里救起一对因躲避行进中货车不慎落水的母子，事后悄然离开。李开诚，张甸镇张甸村人，72岁，在儿子意外身亡留下98万元债务后，每年替儿子还债，5年为儿子偿还债务近30万元。在中央文明办主办、中国文明网承办的“我推荐、我评议身边好人”活动中，王永盛入选2014年1月榜单，当选“见义勇为”中国好人；李开诚入选2014年6月榜单，当选“诚实守信好人”。

（朱　建）

生态文明建设

【概况】 2014年，区政府出台镇村小型生活污水处理设施长效运行管理办法、生态红线区域保护监督管理考核办法、生态补偿资金使用管理办法系列政策文件，加大生态引导，细化考核要求，明确奖惩措施。开展《姜堰区推进国家生态区创建工作的实践及启示》课题研究，农村环境连片整治、绿色学校创建等工作经验在全省大会上交流。区考核办、区效能办分别将生态文明建设、环境保护工作纳入镇（区）、机关部门考核体系。6月，大坨镇、顾高镇、蒋垛镇、沈高镇、兴泰镇、淤溪镇、俞垛镇、张甸镇、白米镇、华港镇、梁徐镇、桥头镇获国家生态镇命名，全区实现国家生态镇命名全覆盖。区经济开发区创建成省级生态工业园区，溱湖风景区创建成国家生态旅游示范区、国家级环保科普教育基地。2月，姜堰区创建国家生态区工作在泰州地区率先通过环保部组织的考核验收。国家生态文明示范区建设规划编制工作启动。

【全区建立生态红线区域管控机制】 2014年10月，区环保局、区财政局联合制定《生态红线区域保护监督管理暂行办法》。全区划定生态红线区域4类11个，分别是风景名胜区、森林公园、饮用水水源保护区、清水通道维护区，总面积154.28平方千米，占全区国土面积16.64%，其中一级管控区面积1.7平方千米、二级管控区面积152.58平方千米。一级管控区域禁止一切形式的开发建设活动；二级管控区严禁有损主导生态功能的开发建设活动，从事符合生态红线区域总体规划的开发建设活动必须经区发改、国土、规划等职能部门审批、核准、备案。区相关责任部门建立生态红线区域监察制度，对违法资源开发、非法排放污染物、盗伐树木等违法违规活动及时查处、严格追责。省级生态补偿转移支付资金全部用于生态红线区域内生态恢复、生活补偿、环境保护等工程。探索制定支持生态红线区域保护的经济、科技、环保等创新政策。每年年底结合镇（区）自评、部门考评、综合评估3个方面内容，形成年度评估报告，向社会公布，作为拨付专项资金依据。

（闵立银）

党政社团组织机构与领导人名录

（2014年1月1日至2014年12月31日）

中共泰州市姜堰区第十一届委员会

书　记：李　伟
副书记：张长平　何光胜
常　委：李　伟　张长平　何光胜
戴庆柳（至2014-12）　戚才俊
徐闻仲　张红霞（女）
丁志强（2014-12任）
张士林　戴兆平
张荣进（至2014-09）
薛金林　肖延川（2014-06任）
徐　俊（2014-09任）

泰州市姜堰区第十四届人大常委会

主　任：高永明
副主任：钱爱社　钱拥军　申忠华　汤文林
常　委：王圣彪　王吉根
石宝荣（2014-01任）　刘爱军
杨　希（女）　李新荣（女）
张怀东　周亚平
周宏才（2014-01任）
洪其华（2014-01任，至2014-08）
胡中华　胡银虎
袁海燕（女）　钱忠林
钱志强（2014-01任）　高亚军
高金凤（女）　黄晓萍（女）
曹学军　曹德锋
蒋跃东　熊先明

泰州市姜堰区第十四届人大常委会党组

书　记：高永明
副书记：钱爱社

第十四届泰州市姜堰区人民政府

区　长：张长平（2014-01任）
代区长：张长平（至2014-01）
副区长：戚才俊　徐闻仲（至2014-10）
肖延川（2014-08任，挂职）
王　萍（女）　朱嘉浩
盛育河　刘文来
周如勇（至2014-10）
王　平（2014-10任）
黄健全（2014-10任）
艾玉春（挂职，至2014-10）
刘　玮（2014-10任，挂职）

第十四届泰州市姜堰区人民政府党组

书　记：张长平
副书记：戚才俊　徐闻仲（至2014-10）

政协泰州市姜堰区第十三届委员会

主　席：仲亚岭
副主席：陈文亚

周　林（至2014-04，被捕）
夏彩霞（女）
黄彭赣　陈文德
常　委：丁如根　丁粉红（女）　王　坚
王　凯　王百年　冯祯龙　朱善宽
刘宏芹（女）
刘晓东（至2014-05，去世）
许恒才　孙　极　孙亚飞　李焕军
李书军（2014-01任）　严桂珠
何益民　沈宇清　沈军林　宋　羽
张　晖　张　益　武晓明　林祥华
郁胜天　罗圣蒂（女）　郑希文
郑桂发　学　贤　孟向惠
孟晓庆（女）　洪　艳（女）
顾广明　钱　进　钱才凤（女）
徐　隽　高文章　高茂平
黄翠玲（女）　龚秀凤（女）
常家旺　蒋晓斌　潘红宝
秘书长：缪卫东

政协泰州市姜堰区第十三届委员会党组

书　记：仲亚岭
副书记：陈文亚

中共泰州市姜堰区纪律检查委员会

书　记：张红霞（女）
副书记：莫鹏权　刘爱军
常　委：张红霞（女）　莫鹏权　刘爱军
徐　冉（女）
夏德明（至2014-08）
石克飞　周怀旺
徐立新（2014-08任）

办公室

主　任：常　军

信访室

主　任：徐立新

纪检监察一室

主　任：周怀旺（至2014-08）
张华官（2014-08任）

纪检监察二室

主　任：黄晓军（至2014-08）
翟志勇（2014-08任）

纪检监察三室

主　任：王志刚（2014-08任）

案件审理室

主　任：王顺林

案件监督管理室

主　任：黄晓军（2014-08任）

宣传教育室

主　任：周大松

干部管理室

主　任：丁　勇

执法监察室

（2014年1月撤销）

主　任：王伯华（至2014-08）

执法和效能监督室

（2014年1月设立）

主　任：王伯华（2014-08任）

党风廉政建设室

（2014年1月撤销）

主　任：潘晓红（女，至2014-10）

纠风室

（2014年1月撤销）

主　任：黄建军（至2014-08）

党风政风监督室

（2014年1月设立）

主　任：黄建军（2014-08任）

效能监察室

（2014年1月撤销）

主　任：张华官（至2014-08）

基层纪检监察一室

主　任：翟志勇

监察局（与纪委合署办公）

局　长：莫鹏权
副局长：夏德明（至2014-08）　石克飞

经济环境监察中心

主　任：石克飞
副主任：杨永兰（2014-10任）

泰州市姜堰区人民法院

院长、党组书记：褚靖娟（女）
副院长：姜国云　钱厚明　张桂林
　　　　韩国清　刘宗开
党组副书记：姜国云　夏德明（2014-08任）
纪检组组长：韩国清（至2014-08）
　　　　　　夏德明（2014-08任）

执行局

局　长：陈网喜

泰州市姜堰区人民检察院

检察长、党组书记：丁军青
副检察长：芮明伟　王　健
　　　　　潘　贤（至2014-08）
　　　　　相华生（2014-03任）
　　　　　宋祥网（2014-03任）
　　　　　李鸿贵（2014-10任）
纪检组组长：朱智彬

反贪局

局　长：陈　进（2014-03任）

反渎职侵权局

局　长：童圣荣

泰州市姜堰区人民武装部

部　长：张荣进（至2014-03）
　　　　邓　肯（2014-06任）
政　委：徐　俊

泰州市姜堰区国防动员委员会

第一主任：李　伟
主　　任：张长平
副 主 任：戚才俊　张荣进（至2014-03）
　　　　　邓　肯（2014-06任）　徐　俊

中共泰州市姜堰区委工作部门、事业单位

办公室

主　任：薛金林（兼）
副主任：沈　崎（至2014-10）　杨少军
　　　　薛勇明　俞言平（兼）
　　　　许　兵　缪杰明

研究室

主　任：沈　崎（至2014-10）
　　　　许　兵（2014-10任）
副主任：李光辉　王文跃（2014-08任）

接待办公室

（区委办下属事业机构，副科级）

主　任：薛勇明

组织部

部　长：戴庆柳（兼至2014-12）
　　　　丁志强（2014-12兼任）
副部长：王圣彪　丁如根　吴庆海
　　　　陆　锋（2014-12任）

组织员办公室

主　任：吴庆海
副主任：丁如根（至2014-10）
　　　　陆　锋（至2014-10）

非公经济组织党工委

书　记：丁如根（至2014-10）
　　　　陆　锋（2014-10任）

宣传部

部　长：薛金林（兼）
副部长：胡中华　陶惠林　黄跃华（兼）
　　　　刁义峰　黄立群（女）

精神文明办公室

主　任：胡中华
副主任：赵亚娟（女）
　　　　李玉明（2014-10任）

对外宣传办公室

主　任：黄立群（女，2014-08任）
副主任：黄　苏（女，2014-10任）

新闻中心

主　任：黄立群（女）

统战部

部　长：黄彭赣（兼）
副部长：许恒才　黄翠玲（女，至2014-08）
　　　　郑迎军（2014-08任）

民族宗教事务管理局
（统战部挂牌机构）

局　长：许恒才
副局长：钱震美（2014-08任）

政法委

书　记：张士林（兼）
副书记：盛育河（2014-03兼任）
　　　　周如勇（兼至2014-10）
　　　　王　平（2014-10任）
　　　　褚靖娟（女，兼）
　　　　丁军青（兼）　朱国旺
　　　　杨　春（2014-08任）

综合治理办公室

主　任：朱国旺
副主任：杨　春（至2014-08）
　　　　刁日耕（至2014-08）
　　　　刁振翔　徐庭林（2014-10任）

农村工作办公室

主　任：周亚平
副主任：凌志群　唐兴培　骆小兵

台湾工作办公室

主　任：夏建琪
副主任：游　飞（至2014-08）
　　　　陶爱武（女）

机构编制委员会办公室
（挂事业单位登记管理局牌子）

主　任：于　健
副主任：杨　鹏

党　　校

校　长：戴庆柳（兼）
常务副校长：王余华
副校长：钱厚亮　高　玉　孙成喜

行政干部学校

校　长：戚才俊（兼）
副校长：王余华

史志档案办公室

主　任：周建军
副主任：张桂平（至2014-08）
　　　　严文富　葛旭东
　　　　钱　俊　李卫东（2014-08任）

信访局

局长、党组书记：俞言平
副局长：张　林（至2014-08）
　　　　周广林　黄根东　张　晖

老干部局

局　长：王圣彪
副局长：葛新华　沈发旺　葛根红
　　　　田杰才（2014-08任）

老干部大学

校　长：戴庆柳（兼）

区级机关工委

副书记：张如生　王　珩
纪工委书记：王　珩（至2014-12）
　　　　　　龚　飞（2014-12任）

泰州市姜堰区
人大常委会办事机构

办公室

主　任：高亚军
副主任：熊先明　袁海燕（女）
　　　　谢志宏（至2014-08）

研究室

主　任：熊先明

财经工委

主　任：杨　希（女）
副主任：石宝荣

环资城建工委

主　任：钱忠林
副主任：张怀东

教科文卫工委

主　任：钱志强

法制工委

主　任：李新荣（女）
副主任：钱小军（2014-08任）

人事代表工委

主　任：曹德锋
副主任：王景瑛

农村工委

主　任：曹学军

泰州市姜堰区
人民政府工作部门、直属单位

办公室

主任、党组书记：周　谅
副主任：景吉跃（至2014-08）
　　　　颜礼明（兼至2014-10）
　　　　曹圣基（2014-03兼任）
　　　　李建胜（兼）　谷文林
　　　　单平宏　黄　辰
　　　　卞红兵（至2014-10）
　　　　刘汉宝（兼至2014-08）
　　　　申　兵　王偕根　吴俊明

政府研究室

主　任：景吉跃（至2014-08）
　　　　谷文林（2014-08任）
副主任：王小培　游滨滨（女）

招标采购管理办公室
（副科级，2014年12月撤销）

主　任：申　兵（至2014-12）

法制办公室
（政府办挂牌机构）

主　任：吴俊明（至2014-12）
　　　　周　谅（2014-12任）
副主任：吴俊明（2014-12任）

应急管理办公室
（政府办挂牌机构）

副主任：周　兵

外事侨务办公室
（政府办挂牌机构）

主　任：景吉跃（至2014-08）
　　　　单平宏（2014-08任）
副主任：潘　婧（女）

金融办

主　任：谷文林

发展和改革委员会

主任、党组书记：李宝权
党组副书记：黄　强
副主任：朱为春　柳泽友
　　　　王　健（2014-12任）
纪检组组长：潘晓红（女，2014-10任）

服务业局
（发展和改革委挂牌机构）

副局长：丁小虎

经济和信息化委员会

主任、党委书记：沈锦云
副主任：游海涛　胡振裘　拱启海
　　　　冯祯龙　严德宝　蒋晓斌
党委副书记：游海涛（2014-03任）
纪委书记：蔡鹏晋

中小企业局
（经济和信息化委挂牌机构）

局　长：沈锦云（至2014-03）
　　　　胡振裘（2014-03任）

工业资产经营公司

董事长：魏玉山（至2014-03）
总经理：游海涛（至2014-03）

教育局

局　长：武晓明
副局长：沈　崎（2014-10任）
　　　　王　晖　卢开明　黄　勇
　　　　张　强　林忠玲

区委教育工作委员会

书　记：武晓明（至2014-10）
　　　　沈　崎（2014-10任）
副书记：武晓明（2014-10任）　王　晖
纪工委书记：于云海

区教师发展中心

主　任：沈　崎（2014-10任）

区政府教育督导室

副主任：曹根生

科技局

局长、党组书记：胡建华（至2014-08）
　　　　　　　　王长林（2014-08任）
党组副书记：何　剑（至2014-08）
副局长：何　剑（至2014-08）　杨立军
　　　　钱忠喜
　　　　张　巍（挂职，至2014-08）
　　　　刘　峰（2014-08任，挂职）
纪检组组长：钱忠喜

地震局

局　长：何　剑（至2014–08）

知识产权局

局　长：胡建华（至2014–08）
　　　　王长林（2014–08任）

副局长：王邦文　王　展

公安局

局长、党委书记：周如勇（至2014–10）
　　　　　　　　王　平（2014–10任）

督察长：周如勇（至2014–10）
　　　　王　平（2014–10任）

政　委：陆　进

党委副书记：陆　进

副局长：拜志强　朱国旺（兼）　姜根明
　　　　李亦文　陈元福　陈书根　李　健

副政委：蒋亚明　于忠海

纪委书记：杨　俭

政治处

（2014年1月设立）

主　任：张红喜（2014–03任）

政工监督室

（2014年1月撤销）

主　任：蒋亚明（至2014–03）

警务督察大队

大队长：蔡鹏飞（2014–03任）

指挥中心

主　任：赵　林

教导员：钱宏生

国内安全保卫大队

大队长：王长青

教导员：仲亚明

治安警察大队

大队长：曹祥宾

教导员：姜庆海

交巡警大队

大队长：刘国乾

教导员：沈爱宝

刑警大队

大队长：钱鸿元（2014–03任）

教导员：叶姜生

经济犯罪侦查大队

大队长：田俊福

教导员：蔡鹏飞（至2014–03）

水上警察大队

大队长：缪昌俊（2014–03任）

教导员：缪昌俊（至2014–03）
　　　　刘荣发（2014–03任）

防控特警大队

大队长：陈　勇

教导员：孙伯明

网络安全监察大队

大队长：闫　冰（2014–03任）

教导员：闫　冰

禁毒大队

大队长：王安富（2014–03任）

教导员：陈年华（2014–03任）

民政局

局长、党委书记：张苏平

副局长：朱顺林　曹　玲（女）
　　　　刁日耕（2014–08任）　蒋兆国

纪委书记：郑华林

司法局

局长、党组书记：刘兆山

副局长：丁　骏　徐宝福
　　　　朱卫峰　纪桂华

纪检组组长：王凌云

社会矛盾纠纷调处服务中心

主　任：黄根东

财政局

局长、党组书记：黄健全（至2014–10）
　　　　　　　　秦永金（2014–10任）

副局长：王剑红（至2014–08）　沈冬喜
　　　　王　宾　游有珍（女）　朱　斌
　　　　王　凯（2014–10任）

纪检组组长：陆亚林

预算外资金管理办公室

主　任：赵莉莉（女）

财政集中支付中心

主　任：曹严华

国投集团公司

董事长：戚才俊（兼至2014–03）

副董事长：黄健全（兼至2014–03）

总经理：黄健全（兼至2014–03）

副总经理：王　凯（常务，至2014–03）

卢义群（兼至2014-03）
监事会主席：马　林（兼至2014-03）
监事会副主席：王　宾（兼至2014-03）

人力资源和社会保障局

局长、党组书记：陈中华（至2014-10）
丁如根（2014-10任）
副局长：王吉军　李　秋　钱友才
刘长明　张海新（女）
纪检组组长：杨存贵

公务员局

（人力资源和社会保障局挂牌机构）

局　长：陈中华（至2014-10）
丁如根（2014-10任）

社会保险管理中心

主　任：顾　祥（2014-12任）

人力资源服务中心

主　任：刘　静（女，2014-12任）

国土资源局区分局

局长、党组书记：钱忠星
副局长：王兆春　周玉林　付会生
纪检组组长：顾骏驰（2014-09任）

住房和城乡建设局

局　长：郑长进
党委书记：宋　羽（至2014-10）
郑长进（2014-10任）
党委副书记：郑长进（至2014-10）　沈　梅
颜礼明（2014-10任）
副局长：宋　羽（至2014-10）　沈　梅
颜礼明（2014-10任）
朱孝彤　缪　斌　黄亚山
刘晓东（至2014-05，去世）
黄旭兵
纪委书记：曹新余

房屋拆迁管理办公室

主　任：蒋　华

城市管理局

局长、党组书记：颜礼明（至2014-03）
曹圣基（2014-03任）
副局长：嵇祥华　黄永勤　夏裕祥　张永东
纪检组组长：夏裕祥

城市管理行政执法局

（城市管理局挂牌机构）

局　长：颜礼明（兼至2014-03）
曹圣基（2014-03任）

城管执法大队

大队长：刘　勇
教导员：丁　玮

交通运输局

局　长：丁家余
党委书记：顾安宝
党委副书记：丁家余　郭大文
副局长：顾安宝　李留启　朱桂凤
丁红梅（女）
纪委书记：吴晓亮

交通建设投资公司

董事长：丁家余（兼至2014-03）
总经理：左　明（至2014-03）

地方海事处

处　长：朱桂凤（至2014-10）
石克峰（2014-10任）

水利局

局长、党委书记：陈永吉
副局长：许　健　曹　亮　王根宏
沈军民
纪委书记：黄　莉（女）

农业委员会

主任、党委书记：王玉才（至2014-08）
孙来扣（2014-08任）
党委副书记：赵文澜　钱兔琳（女）
副主任：赵文澜　钱兔琳（女）　杜华章
张存銮　孟鸿平（女）
夏义华（兼至2014-08）　钱存来
纪委书记：戴晓东

农干校

校　长：钱存金

农业技术推广中心

主　任：钱存来

农科所

（农业技术推广中心挂牌机构）

所　长：钱存金

商务局

局长、党委书记：薛维昌

党委副书记：王洪峰　杨俊贤
副局长：王洪峰　杨俊贤
　　　　邱德和　孔爱明
　　　　夏　阳　夏和平（女）
纪委书记：许珈豪（至2014-08）

企业投资服务局

（商务局下属事业机构，副科级）

局　长：薛维昌
副局长：孔爱明　夏　阳　夏和平（女）

文化广电新闻出版局

局长、党组书记：曹学林
党组副书记：黄跃华
副局长：黄跃华　吉　宏
　　　　荚长海（至2014-08）
　　　　谢志宏（2014-08任）
　　　　洪　艳（女，2014-10任）
纪检组组长：沈巍毅

卫生局

局长、党委书记：凌　涛
党委副书记：殷玉进　单春旺
副局长：殷玉进　沈宇清　蒋茂喜
　　　　杨　勇　陆振豪
纪委书记：单春旺

食品药品监督管理局

局　长：王　方
党组书记：郑洪林
党组副书记：王　方
副局长：郑洪林　赵会林　陈景联
　　　　仲　林　戚爱俊
纪检组组长：赵会林

人口和计划生育委员会

主任、党组书记：王天波
副主任：黄桂生(女)　王富楼　丁粉红（女）

审计局

局长、党组书记：马　林
副局长：戴忠全　钱永祥
　　　　陈金喜（至2014-08）
　　　　陆志刚（援疆工作）
　　　　柳泽勤（2014-10任）
纪检组组长：殷宏海

环保局

局长、党组书记：张亚平
副局长：赵子宏（至2014-08）　夏龙池
　　　　吴　涛　汪骏生
　　　　周广明（2014-08任）
　　　　鞠勇明（挂职，至2014-08）
纪检组组长：许柏忠

统计局

局长、党组书记：林俊宽
副局长：顾书东　倪倩如(女)
　　　　孙荣荣（女，2014-12任）

安全生产监督管理局

局长、党组书记：窦华泰
副局长：钱志恒（至2014-05，被捕）
　　　　蒋元礼　钱厚亮
纪检组组长：仲伟任

行政服务中心

（2014年12月撤销）

主任、党组书记：王东升（至2014-12）
副主任：纪桂祥（至2014-12）
　　　　李　华（至2014-12）
　　　　黄海晏（至2014-12）
纪检组组长：梁青松（至2014-12）

政务服务管理办公室

（2014年12月设立，正科级，挂区政务服务中心牌子）

主任、党组书记：王东升（2014-12任）
副主任：纪桂祥（2014-12任）
　　　　李　华（2014-12任）
　　　　黄海晏（2014-12任）
纪检组组长：梁青松（2014-12任）

公共资源交易中心

（2014年12月成立，为区政务服务管理办公室下属全额事业单位，副科级）

主　任：王东升（2014-12任）

体育局

局　长：陈国胜
副局长：殷宝军　郑希文
　　　　黄海燕（女）

供销合作总社

（商务局下属事业机构，正科级）

主任、党委书记：杨俊贤
党委副书记：曹正明
副主任：曹正明　沙兆华
纪委书记：孟咸君

广播电视台

（文广新局下属事业机构，正科级）

台长、党组书记：黄跃华

副台长：仓惠忠　沈　军　金　山　钱忠信

纪检组组长：袁　玲（女）

机关事务管理局

（政府办下属事业机构，副科级）

局　长：刘汉宝（至2014–08）

副局长：朱洪海　王月军

建筑工程管理局

（住建局下属事业机构，副科级）

局长、党委书记：宋　羽（至2014–10）

颜礼明（2014–10任）

副局长：丁　卫　鲍春喜　沈翠龙

中江正太公司

总经理：宋　羽（至2014–03）

农业资源开发局

（农委下属事业机构，副科级）

局　长：钱兔琳（女）

副局长：陈　平　张万明　史建国

农业机械管理局

（农委下属事业机构，副科级）

局长、党委书记：赵文澜

副局长：李志强　高荣林

人民防空办公室

（政府办挂牌机构）

主任、党组书记：李建胜

副主任：林向东　费在云　魏崇真

纪检组组长：魏崇真

物价局

（发展和改革委挂牌机构）

局　长：李宝权

党组书记：黄　强

副局长：黄　强　许锦龙

王　健（至2014–12）　吴盛霖

纪检组组长：林志明

检查分局局长：夏秋明（2014–10任）

规划局区分局

局长、党组书记：沈　梅

副局长：孙卫军　陈　宏

刘　明（2014–03任）

刘宝国　陈建章

纪检组组长：刘　明

林业局

（农委挂牌机构）

局　长：夏义华（至2014–08）

粮食局

（商务局挂牌机构）

局长、党委书记：王洪峰

党委副书记：黄　荣（2014–10任）

副局长：沈军林　孔德金　黄　荣

纪委书记：王加兰（2014–08任）

姜堰中等专业学校

校　长：高文章

党总支书记：李兰芳（女）

副校长：李兰芳（女）　张　敏（女）

谢春明（2014–03任）

张庆根（2014–03任）

江苏省姜堰中学

校　长：高志雄

党委书记：武晓明

党委副书记：高志雄　孙友新

副校长：孙友新　陈久宽　陶宏根　朱　勤

纪委书记：王　晖

江苏省姜堰第二中学

校长、党委书记：陈余根

副校长：姜立东　宋文举　徐树旺

游　忠　朱　进

党委副书记：姜立东

纪委书记：王立翔

溱潼中学

校　长：孙治林

党总支书记：沈春祥

党总支副书记：孙治林

副校长：沈春祥　钱忠志　陈久根

夏云海（2014–12任）

张甸中学

校　长：卢开明

副校长：张建奇　王建宏　于望云

李小卫（2014–12任）

泰州市第二人民医院

院　长：陈文德（兼）

党委书记：申仕海

中医院

院长、党委书记：沈宇清

政协泰州市姜堰区委员会工作机构

办公室

主　任：王　坚

提案委员会

主　任：龚秀凤（女）

副主任：何　毅

学习文史委员会

主　任：郑桂发

副主任：熊小芳　郁胜天

经济科技委员会

主　任：高茂平

副主任：王　华（女）

社会事业委员会

（2013年12月撤销）

主　任：王　凯（至2014-08）

副主任：周　军（至2014-08）

城乡建设委员会

（2013年12月设立）

主　任：王　凯（2014-08任）

副主任：周　军（2014-08任）

文教卫体委员会

（2013年12月设立）

副主任：邵宝楠（2014-08任）

群众团体

总工会

主　席：肖乐平

党组书记：张　进（至2014-08）

　　　　肖乐平（2014-08任）

党组副书记：肖乐平（至2014-08）

副主席：张　进（至2014-08）

　　　孟广洲　陈小军

纪检组组长：许文根

团区委

书　记：翟文周

副书记：冒　云（女）　高　兴

妇　联

主　席：黄晓萍（女）

副主席：洪　敏（女）　孙振爱（女）

工商联（总商会）

主席（会长）：陈文德（兼）

党组书记：许恒才

副主席：许恒才　王　俊　朱文林　秦　勇

　　　王兆斌（不驻会）

　　　张希平（不驻会）

　　　唐仁茂（不驻会）

　　　夏汉关（不驻会）

　　　李焕军（不驻会）

　　　李　军（不驻会）

　　　丁　舜（不驻会）

　　　徐仁觉（不驻会）

　　　王国平（2014-12任，不驻会）

副会长：许恒才　王　俊　朱文林

　　　陆　军（不驻会）

　　　蒋跃东（不驻会）

科　协

主席、党组书记：王百年（至2014-08）

　　　　　　　何　剑（2014-08任）

副主席：王少宁（女）　林红彬

　　　钱忠喜（不驻会）

　　　杜华章（不驻会）

　　　陈久宽（不驻会）

纪检组组长：宋兆顺（2014-10任）

残疾人联合会

理事长、党组书记：游庆宝（至2014-08）

　　　　　　　　杨书标（2014-08任）

副理事长：李兆来　黄　云　许东春

纪检组组长：蒋正兰（女）

红十字会

会　长：刘文来

党组书记：刘文来（2014-10任）

副会长：凌雨佳　丁仲生　黄　辰（不驻会）

　　　邓杰明（不驻会）　沈冬喜（不驻会）

　　　蒋茂喜（不驻会）

党组副书记：凌雨佳（2014-10任）

纪检组组长：夏　军（2014-10任）

侨　联

主　席：景吉跃（兼至2014-08）
副主席：潘　婧（女）
　　　　陈巧兰（女，不驻会）
　　　　曹　旭（不驻会）
　　　　缪　岭（不驻会）

哲学社会科学联合会

主　席：刁义峰
副主席：朱红耀　郑桂发（不驻会）
　　　　钱厚亮（不驻会）

文学艺术界联合会

主　席：陶惠林
副主席：曹学林（不驻会）
　　　　唐天杰（不驻会）
　　　　王景峰（不驻会）

双重管理单位

国税局

局长、党组书记：顾学群（至2014-07）
　　　　　　　　朱　勇（2014-07任）
副局长：李　琳　沈　杰　汤　旭
纪检组组长：朱卫卫

地税局

局长、党组书记：刘佑渠
副局长：秦　峰　吴晓明　徐　宏
　　　　王荣明　高　峻（女）
纪检组组长：王荣明（兼）

工商局

（2014年12月整合至市场监督管理局）

局长、党组书记：李国民
党组副书记：王敬阳
副局长：王敬阳　卢小锋（至2014-12）
　　　　花玉祥　沈宣东（2014-12任）
纪检组组长：姚　进

质量技术监督局

（2014年12月整合至市场监督管理局）

局长、党组书记：张兆海
副局长：杨　斌　王苏华　王大义
纪检组组长：朱如富

邮政局

局长、党委书记：徐赣林
副局长：张学锋　胡铁龙
纪委书记：胡铁龙
工会主席：张学锋

电信公司

总经理、党委书记：姜文红（2014-03任）
副总经理：姜文红（至2014-03）
　　　　　唐　斌　徐永康
　　　　　刘新宇（挂职，至2014-01）
　　　　　蒋　锋（2014-01任）
党委副书记：姜文红（至2014-03）
纪委书记：徐永康
工会主席：唐　斌

供电公司

总经理：朱云山（至2014-01）
　　　　唐晓勇（2014-01任）
党委书记：陈　健（至2014-11）
　　　　　姚维俊（2014-11任）
党委副书记：朱云山（至2014-01）
　　　　　　唐晓勇（2014-01任）
副总经理：秦志军　杨庆华（至2014-09）
　　　　　孙智勇　戴　亮（2014-09任）
纪委书记、工会主席：王　猛（至2014-01）
　　　　　　　　　　金保华（2014-09任）
检修分公司经理：戴　亮（兼）

烟草专卖局

局长（经理）、党组书记：王　芳（女）
副经理：顾夕锋
副局长：冯　明

盐业公司（盐务局）

局长、党支部书记：丁　华
经　理：姚　炜（至2014-01）
副局长：秦存东
副经理：丁　华　秦存东
经理助理：江学礼（2014-01任）

气象局

局长、党支部书记：吕冬红（至2014-03）
　　　　　　　　　袁昌洪（2014-03任）
副局长：夏　震

中国人民银行姜堰区支行

行长、党组书记：陆开杰

副行长：季新民（至2014-02）
　　　　刘正芳（至2014-02）
　　　　李　强　陈　涛（2014-04任）
纪检组组长：季新民（兼至2014-02）
　　　　　　陈　涛（2014-04兼任）

中国工商银行姜堰支行

行长、党委书记：丁　峰
副行长：闵炳强　王怀元　陈　皎（女）
纪委书记：闵炳强（兼）

中国农业银行姜堰区支行

行长、党委书记：丁俊龙
党委副书记：凌　坚（至2014-11）
副行长：凌　坚（至2014-11）
　　　　左爱国（至2014-11）　丁为民
　　　　姚　晶　张亚辉（2014-11任）
纪委书记：左爱国（兼至2014-11）
　　　　　姚　晶（2014-12兼任）
行长助理：王丽萍（女，2014-12任）

中国银行姜堰支行

行长、党支部书记：张惠宇
副行长：张荣华（至2014-08）
　　　　卜继峰（2014-08任）
　　　　刘马扣　刁　勇
党支部副书记：易剑虹（至2014-04）
　　　　　　　姚庆芝（2014-06任）

中国建设银行姜堰支行

行长、党委书记：赵　强
副行长：李存根
纪委书记：黄维松

江苏姜堰农村商业银行

董事长、党委书记：洪其华（至2014-07）
　　　　　　　　　刘友余（2014-07任）
行　长：王国平
党委副书记：王国平　施正山
监事长：施正山
副行长：秦阿林　孔令平　严德明
　　　　肖卫华
纪委书记：施正山

交通银行股份有限公司姜堰支行

行　长：陈前进
副行长：陈立新（至2014-09）
　　　　钱丽珠（女，2014-09任）
行长助理：夏东升（至2014-12）
　　　　　陆元一（2014-12任）

中国农业发展银行姜堰区支行

行　长：赵季民（至2014-01）
　　　　范建锋（2014-01任）
副行长：曹志勇　周浣纱（女，2014-08任）
行长助理：周浣纱（女，至2014-08）

邮政储蓄银行姜堰区支行

行　长：徐向春（至2014-12）
　　　　汪毅进（2014-12任）
副行长：汪毅进（至2014-12）　薛汉兵
行长助理：乔　凯（2014-08任）

南京银行股份有限公司姜堰支行

行　长：曾勇祥（2014-12任）
副行长：曾勇祥（至2014-12）
　　　　陈　松（至2014-07）
　　　　陈晓军（2014-12任）
行长助理：陈晓军（至2014-12）

吴江农村商业银行姜堰支行

行　长：王志勤（女）
副行长：金　山（至2014-07）
行长助理：庞志刚（2014-07任）
　　　　　鲍建明（2014-07任）

江苏银行姜堰支行

行　长：冯文志
副行长：张庆国（至2014-10）
　　　　黄　祥（2014-12任）
行长助理：钱　斌

中信银行股份有限公司姜堰支行

行　长：李　晴（女）
行长助理：陈章庆　秦朋俊（至2014-12）
　　　　　王　琴（女，2014-12任）

江苏长江商业银行姜堰支行

行　长：汪爱国
副行长：徐　彪　缪爱萍（女）

中国人民保险公司姜堰区支公司

总经理：许如宏
副总经理：黄　肇　钱　程

中国人寿保险有限公司姜堰区支公司

经　理：曹爱军

副经理：黄　恂（女，至2014-01）
吴素兰（女）
朱　军　许海斌（2014-01任）

太平洋财产保险公司姜堰支公司

经　理：周兴中

太平洋人寿保险公司姜堰支公司

经　理：张春凤（女）
副经理：陆海燕（女）

住房公积金管理中心（正科级）

主　任：凌　成
党支部书记、副主任：王正明

新华书店

经　理：王万军
副经理：黄庆之　孟尔祥

石油公司

党总支书记：陶　潜
经　理：陈明君
副经理：熊伯崎
经理助理：徐　勇

移动公司

经　理：朱荣军
副经理：杨忠敏
经理助理：夏安洵（女）

联通公司

经　理：谢天海（至2014-06）
王爱华（女，2014-07任）
副经理：王爱华（女，至2014-07）
马　飞（至2014-03）

江苏省姜堰经济开发区

党工委书记：徐闻仲
主　任：花庆如（至2014-10）
孙大明（2014-10任）
党工委副书记：花庆如（至2014-10）
孙大明
胡正新（挂职，至2014-08）
张金果（2014-08任，挂职）
副主任：孙大明（至2014-10）
俞扬祖（兼）
杨书标（兼至2014-08）
金　峰　石佳生
蒋金荣（2014-08任）
卞红兵（2014-10任）
纪工委书记：孙大明（至2014-10）
宋华卿（2014-10任）
纪工委副书记：宋华卿（至2014-10）
政法委书记：王春辉（兼）

开发区办事处

副主任：陈宝林　包金山

党政办公室

主　任：于忠华

经济发展局

局　长：缪发明

建设管理局

局　长：左　丞

社会事业局

局　长：王春辉

财政审计局

局　长：王蓉凤（女）

招商局
（开发区经济发展局挂牌机构）

局　长：石佳生

项目服务局
（开发区经济发展局挂牌机构）

局　长：陈宝林

溱湖风景区

主　任：秦永金（至2014-10）
陈中华（2014-10任）
党工委书记：秦永金（至2014-10）
宋　羽（2014-10任）
党工委副书记：陈中华（2014-10任）
曹圣基（至2014-03）
王国文
副主任：曹圣基（常务，至2014-03）
宋　羽（2014-10任，常务）
唐　进（至2014-08）　李荣圣
张宏晓　曹福荣　王　强

纪工委书记：孔　纬
政法委书记：倪红根（兼至2014-08）

办公室

主　任：孔　纬

经济发展部

部　长：张宏晓

规划建设部

部　长：王　强

旅游工作部

部　长：吴　鸿

财政审计部

部　长：曹福荣

社会事业部

部　长：倪红根（至2014-08）

溱湖湿地公园管理处

主　任：曹福荣
副主任：倪红根（至2014-08）　黄森林
　　　　谢　捷　李云江

旅游局

局　长：王　斌
副局长：吴　鸿

泰州市姜堰区现代科技产业园区

党工委书记：戴兆平
主　任：姜洁云（女）
党工委副书记：姜洁云（女）
　　　　　　　王兆祥（挂职，至2014-08）

党政办公室

主　任：陈晚林（2014-10任）

规划建设局

局　长：包爱民

财审局

（党政办公室挂牌机构）

局　长：杨　芹（女）

招商局

（经济发展局挂牌机构）

局　长：王晨霞（女，2014-10任）

泰州市姜堰区高新技术装备产业园区

党工委书记：朱嘉浩（至2014-10）
　　　　　　黄健全（2014-10任）
主　任：吴　琼
党工委副书记：吴　琼
　　　　　　　王嫒妮（女，挂职，至2014-08）
　　　　　　　刘广斗（2014-08任，挂职）
副主任：夏义华（2014-08任）
　　　　王吉军　葛年明
　　　　鞠勇明（挂职，至2014-08）

党政办公室

主　任：葛年明（2014-03任）

规划建设局

局　长：陈志涛（2014-03任）

经济发展局

局　长：孙桂春（2014-03任）

财审局

（党政办公室挂牌机构）

局　长：姚中华（2014-03任）

招商局

（经济发展局挂牌机构）

局　长：王吉军（至2014-10）
　　　　姚　冬（2014-10任）

江苏省姜堰现代农业产业园区（2014年8月设立）

党工委书记：肖延川（2014-08任）
党工委副书记：周宏才（2014-08任）
主　任：周宏才（2014-08任）
副主任：陆双琳（女，2014-08任）

（泰姜委）

农　业

综　　述

【概况】 2014年，全区贯彻中央1号文件和省、市、区农业农村工作会议精神，以现代农业发展为主线、以“三农”“三增”（粮食增产、农业增效、农民增收）为总揽、以农业改革与建设为抓手，强化服务，狠抓落实，农业经济稳步发展。实现农业现价总产值59.94亿元，比上年增长5.6%，其中种植业37.88亿元、林业0.30亿元、牧业12.88亿元、渔业6.18亿元、农林牧渔服务业2.7亿元。实现农业增加值36.18亿元，比上年增长6.1%，其中种植业25.53亿元、林业0.20亿元、牧业6.37亿元、渔业3.05亿元、农林牧渔服务业1.02亿元。粮食种植总面积7.55万公顷次，粮食总产量56.14万吨。其中，小麦面积3.27万公顷，总产20.05万吨；水稻面积3.36万公顷，总产31.26万吨；玉米面积2760公顷，总产1.88万吨；油菜面积8973公顷，总产2.4万吨；蔬菜面积2.23万公顷次，总产77.74万吨。生猪年饲养量88.67万头，其中出栏62.27万头；家禽年饲养量1319万羽，其中出栏859.49万羽；禽蛋产量2.8万吨。水产品总产量4.27万吨。

现代农业　开展现代农业产业园区建设，推进结构调整，促进高效设施农业发展。全区新增设施农业面积1413.33公顷，累计8880公顷；新增设施渔业面积366.67公顷，累计1273.33公顷；比重分别为16.2%、25%。畜禽规模养殖比重生猪、山羊、肉禽、蛋禽、奶牛分别为93.13%、77%、98.46%、99.65%和100%，其中生猪大中型规模养殖比重61.5%。推进高效规模农业项目建设，上报符合条件泰州市高效规模设施农业项目27个。农业现代化进程保持全省第二、泰州第一。

农产品质量　开展农产品质量安全检测监管，创建成3.33万公顷国家绿色食品原料基地，农产品抽检合格率96%以上，农产品质量监管保持全省先进、泰州第一。新增“三品”44个，其中无公害农产品40个、绿色食品2个、有机食品2个，“三品”面积占比96.8%。推行镇农产品质量安全监管“定对象、定人员、定任务”新模式，15个镇建立农产品质量安全监管站，配备专职监管员2—3人，各行政村配备村级协管员，实施“一对一”监管，配套电脑、速测仪、监管车等监管设备。全区15个镇(街道)均正常开展检测，定期实施质量安全巡查，与省监管平台联网，上传检测数据和巡查情况。年内检测蔬菜样品10658个，不合格样品95个，合格率99.11%。

农业保险　实施高效农业保险无赔偿优待制度，调整粮食保险保额至8250元/公顷，降低农户自缴保费比例（自缴比例20%，其余由国家和省、市、区配套）。推行设施大棚、育肥猪、家禽等保险，开创肉鸽政策性保险和鸡舍保险。政策性农业保险增至22个，水稻、小麦、油菜等主要农作物和能繁母猪、奶牛等保险实现应保尽保。高效设施农业保险保持全省领先、泰州第一。全年实现高效农业保险保费3000万元，超额完成2900万元目标，高效农业保费占比58%。根据国家现代化农业示范区农业改革与建设试点区项目要求，开展农保机构建设，形成区有农保办、镇有农保站、村有农保点的三级农保网络，江苏省电视台作专题报道，1月21日被市农委评为农业工作创新创优奖。建设涉农保险协保员队伍，每镇配备协保员1—2人。农业保险查勘理赔及时到位，经区审定的理赔资金20日内通过“一折通”打卡发放到户，能繁母猪等主要养殖业保险死亡率控制在5%以内，保险赔付标准不低于保险金额70%。

农业信息化　结合农事、农时，编制短信分类别发给用户。“12316”惠农短信用户新增1500户，用户总数9840户，发布各类短信232条122.97万条次。省级河横农业园区服务中心、北农大农牧科技有限公司、溱湖龙虾养殖基地、泰州中艺农业生态园等4个基地示范应用设施农业物联网技术。推进农产品电商发展。江苏鲜乐美生态农业发展有限公司自建门户网站，首次在淘宝网、1号旗舰店、微信公众号三个网络平台开设网店，销售水蜜桃。溱湖食品天猫旗舰店、1号店特产中国姜堰馆成为农产品销售的网络主平台。泰州市姜堰区水乡蔬菜种植专业合作社等20家农民专业合作社组成泰州市苏合农副产品销售专业合作社联社，主要生产销售姜堰大米、溱湖八鲜、绿壳鸡蛋等姜堰特色农产品，在淘宝天猫建立网上旗舰店销售，姜堰区农产品第一次组团登录电子商务平台。江苏无界电子商务有限公司注册投资1000万元，在全区开展农产品电商服务和农产品网上销售活动。

农业科技　巩固“五有”（有先进服务手段、有优良专业人员、有规模示范基地、有严格责任制度、有稳定财政保障）乡镇农技推广综合服务中心建设，开展“五有”（有先进的服务手段、有健全的专业队伍、有严格的工作制度、有稳定的财政保障、有科学的管理机制）乡镇畜牧兽医站创建工作，配齐配全专业技术岗位人员，推行包村联户工作责任制度，推进村级规范化农业科技服务站建设，推动科技进村入户、入社、入企。组织实施农技推广体系建设“百千万”示范工程（每年建设100个乡镇农技推广综合服务示范中心、1000个村级规范化农业科技服务示范站、10000个农业科技核心示范户），培育乡镇农技推广综合服务示范中心2个、村级规范化农业科技服务示范站25个、农业科技核心示范户120个。组织申报实施国家级、省级各类科技项目40项，其中部基层农技体改示范县补助项目1项、省三项工程项目2项、省基层农技人员培训项目1项、省科技入户工程项目4项、省农民培训项目2项、省高效设施农业项目9项、省农产品质量安全项目4项、省农作物重大病虫害防治项目3项、粮食作物高产增效创建等专项项目3项、畜禽业专项项目8项、渔业专项项目3项。获各类科技成果3项，获省科技成果奖1项、泰州市科技成果奖2项。实施科技入户工程项目，承担稻麦、畜禽、瓜菜和水产四项省农业科技入户工程项目和农业部基层农技推广服务体系改革与建设补助项目，选聘技术指导员畜禽类90人、水产类42人、稻麦类85人、瓜菜类57人。培育科技示范户4720户，其中畜禽类1500户、水产类620户、稻麦类1500户、瓜菜类1100户，每个科技示范户辐射带动周边农户20个以上，共辐射带动农户10万户以上。每名技术指导员年入户指导不少于120天；示范户示范农产品产量比上三年平均产量增长10%以上，示范户示范农产品纯收入比上年纯收入增长15%以上，示范户对主导品种、主推技术的入户率95%以上；辐射农户示范农产品产量比上三年平均产量增长10%以上，辐射农户对主导品种、主推技术的入户率90%以上。5项项目均通过省、市级年度检查验收。实施财政支持农业科技推广应用项目，河横展示基地购置盂苗摆栽插秧机械，引进植保飞机4架，新建流水线育秧机械和粮食烘干设备，示范应用物联网信息技术。

农民培训　全区农业职业技能培训5098人。其中，举办省任务农业职业技能培训班5期，培训1132人；举办地方任务农民职业技能培训班21期，培训3218人；组织种养大户358人参加省农民创业培训班；分期举办以家庭农场主为主要培训对象的新型职业农民培训班，培训51人；举办农机获证奖补培训班6期，培训339人。组织农艺工（初级）技能鉴定2期，鉴定243人，完成省任务110.5%。发放自编教材2万多册、省编教材1万多册、各类明白纸10万多份。

（戴稳兵　王　琳）

【农业园区建设】　开展国家农业改革与建设试点和泰州北部现代农业走廊建设，推进现代农业产业园区发展，建成省级现代农业园区、农产品加工集中区、休闲农业精品园和台湾农民创业园"四园一体"现代农业园区，2013年认定泰州市级现代农业园区2个，2014年创建成兴泰现代农业产业园区、娄庄镇粮食生产现代化示范园、张甸镇畜禽生态养殖园和溱湖簖蟹特色水产品产业园4家市级园区。全区15个镇每个镇规划发展1个333.33公顷以上特色农业园区，其中粮食产业园区3个、水产园区2个、农牧结合型园区5个、蔬菜园艺类园区3个、综合类园区11个，全区10个镇农业产业园区建成面积333.33公顷，占比重66.7%。

【姜堰区农业改革与建设试点绩效考评全国第一】　4月，农业部举办国家现代农业示范区农业改革与建设试点绩效评价活动。姜堰区改革试点工作绩效考评综合得分85.73分，在21个示范区试点中排名第一。该区根据国家农业改革试点承诺书年度目标和建设内容，结合农业部、财政部《关于加强国家现代农业示范区农业改革与建设试点工作的指导意见》相关要求，展示农业物质技术基础建设、农业适度规模经营新体系、订单农业产销衔接新模式、资金整合财政支持新方式、金融支持农业投融资新机制、农业风险防范新措施、为农社会化服务体系建设等方面创新举措和改革成效。

【姜堰区成为全国休闲农业与乡村旅游示范县】　该区按照全区旅游业发展总体思路，发展高效规模农业、设施农业、园区农业，建设一批旅游观光农业基地和景区，形成休闲农业与乡村旅游的特色和优势。全区有休闲农业与特色旅游村98个、休闲农业与乡村旅游点438个，其中经营收入500万元以上规模基地和企业49个。休闲农业与乡村旅游业就业人数2.58万多人，其中农民从业人数1.76万多人，占比68.2%。2014年12月24日，农业部和国家旅游局联合发文（农加发〔2014〕5号），公布2014年认定的37个全国休闲农业与乡村旅游示范县名单，姜堰区名列其中，成为江苏省9个全国休闲农业与乡村旅游示范县之一。

（张　圆　王　琳　戴稳兵）

【《姜堰区现代农业发展规划（2014—2020）》通过省专家评审】　4月18日下午，姜堰区现代农业发展规划评审会召开。省农科院、省农委农业局等单位专家组成的专家组认为，该规划客观科学分析姜堰区现代农业发展优势条件和制约因素，把握全区现代农业发展脉搏、方向，突出该区"国家农业改革与建设试点"发展定位，对推进姜堰农业现代化进程、促进城乡一体化统筹发展均具有重要意义，具有科学性、前瞻性、综合性和可操作性，同意通过评审。区领导何光胜、钱爱社、王萍、艾玉春、夏彩霞参加。

（王　琪）

【科技兴农扶县强农富民项目被中央电视台报道】　2013年，中央电视台7套《科技苑》栏目组在白米镇苏腾绿野农业发展有限公司芦花鸡繁育基地拍摄芦花鸡的生长环境、繁育过程以及该基地如何提高芦花鸡品质等方面内容，在沈高镇蛋鸭笼养基地拍摄科技兴农、扶县强农富民工程项目相关内容。该节目于2014年2月在中央电视台7套播出。

（王宇飞）

种 植 业

【概况】 2014年，全区建成部省级小麦、油菜高产增效创建万亩示范片5个，创建成小麦、油菜A级示范片各1个，各镇建设千亩示范方，示范推广各种先进实用栽培技术。中艺农业生态园被评为全国首批三星级优秀蔬菜生产商（全国13家），桥头曙光家庭农场、河横汉土家庭农场入选2014年省级示范家庭农场（泰州市7个），河横展示基地攻关田创下605千克的小麦单产新纪录，姜堰区被表彰为全国粮食生产先进县。

粮食补贴 全区种粮补贴资金8309.73万元。其中，水稻直补，补贴标准300元/公顷，补贴面积3.30万公顷，补贴资金990.8万元；农资综合补贴，补贴标准1551元/公顷，补贴面积3.84万公顷，补贴资金5953.97万元；水稻、棉花良种补贴，补贴标准225元/公顷，补贴面积3.37万公顷，补贴资金759.23万元；小麦、玉米、油菜良种补贴，补贴标准150元/公顷，补贴面积4.04万公顷，补贴资金605.73万元。

蔬菜种植 全区蔬菜播种面积2.23万公顷次，总产量近69.2万吨，总产值12.9亿元，比上年分别增长2.4%、4.1%、21.5%。棚室蔬菜亩产值8000元左右，露地蔬菜亩产值2500元左右,草莓亩产值近1.8万元,食用菌亩产值超过2万元,其中香菇、双孢蘑菇等品种亩产值超过2.5万元。蔬菜总产值占种植业比重超过38.9%，逐步成为农村经济持续发展的支柱产业，农业增效、农民增收的主要途径。开展蔬菜生产标准建设，姜堰区城南省级蔬菜标准园内生产的蔬菜无公害农产品合格率100%。新建姜堰区曹家省级蔬菜标准园生产基地。

植保服务 各镇村组建专业化病虫防治队(户)，成立各类服务组织84个，新增工商注册12个。有植保机械3017台，其中担架式161台，植保无人飞行器5架，自走式植保机6台。培植植保“田保姆”式服务组织。全区有全程承包服务面积200公顷以上服务组织14个，其中姜堰区蒋佴植保专业合作社等12个服务组织被评为泰州市植保社会化服务“示范组织”；全程承包服务面积333.33公顷以上服务组织2个，分别是淤溪的泰州市金农植保专业合作社和兴泰的泰州市姜堰区田花园农业综合服务专业合作社，这两个合作社被评为泰州市植保社会化服务“十强组织”。开展集中培训3次，参训人员450人次，146人达乡镇植保员资质。结合粮食丰产工程，全区建立绿色防控示范区670公顷，辐射全区1.71万公顷，其中核心示范基地377.33公顷。

（戴稳兵 王 琳）

【开展耕地质量评定工作】 2014年，全区开展占补平衡补充耕地质量评定工作。从土壤养分、理化条件、剖面性状、立地条件和土壤管理五大指标体系中讨论确定有效磷、质地、成土母质、侵入体含量等14项指标作为姜堰区补充耕地质量评定指标，构建指标层次分析模型和隶属函数模型，建立完善姜堰区补充耕地质量评定系统。按照《江苏省耕地质量评定与地力分等定级技术规范(试行)》，开展耕地占补平衡项目耕地质量评定。

（钱宏兵 戴稳兵）

【河横稻麦科技示范基地成为国家农业科技创新与集成示范基地】 该基地是江苏省唯一以稻麦创新为主的基地，强化稻麦油高产增效创建万亩示范片建设，其中水稻7个、小麦4个、油菜1个。多次承担部省级观摩考察活动。主要有：3月11日，副市长陈明冠考察基地；5月29日，副省长张雷考察基地；6月18日，省农机局局长观摩基地；7月4日，市委统战部组织各民主党派、工商联、无党派人士一行50多人观摩基地；7月18日，扬州大学主持实施的“优质食味稻米规模化轻简化机械化高产技术研讨会”代表一行近100人观摩基地；8月15日，辽宁省阜新无党派代表一行30多人考察基地；8月21日，泰州农业工作推进会代表50余人观摩基地；8月28日，山西术谷县农委考察基地；9月9日，市长陆志鹏考察基地；9

月14日，河南永定农委一行20多人观摩基地；9月26日，日本东北大学水稻专家、教授中村贞二，中国农业科学院、山东聊城大学、扬州大学等高校和科研院所专家参观基地；10月10日，省农委组织淮南地区新品种、新技术观摩会代表一行150人观摩基地；10月11日，科技部主持的国家粮食丰产科技工程南方区项目总结会代表观摩基地；10月14日，市政协、东台县农委观摩基地；10月17日，江都区农委、兴化市农委组织种田大户、技术人员观摩基地；10月18日上午，江都区农委组织科技特派员一行90人观摩基地，下午省政协调研组观摩基地；10月20日，省政府副秘书长杨根平考察基地；11月19日，农业部党校常务副校长，农业部管理干部学院党委书记、院长蒋协新带领农业部调研组成员考察基地；11月28日，中央农广校副校长田桂山带领农业部调研组考察基地；11月28日，农业部国际合作司组织中国与东盟粮食安全生产信息管理与信息技术应用培训班学员，包括泰国、柬埔寨、印尼、马来西亚等东盟8国11名农业专家考察基地。

（刘　俊　李亚伟　戴稳兵）

【承办全省小麦赤霉病防控现场会】　4月15日上午，大会在姜堰区召开。会议部署小麦赤霉病等病虫害防控工作，泰州市、盐城市、张家港市农委负责人交流小麦赤霉病防治经验，省农委植保站通报小麦主要病虫发生趋势，提出防治意见。省农委主任吴沛良、副主任张坚勇，市政府副秘书长周天云，区领导李伟、何光胜、王萍出席，省农委农业局、植保站、作栽站负责人及全省33个市（县）、区农委负责人参加。会前，吴沛良一行观摩沈高镇河横村小麦高产示范方和沈高镇宏昌植保专业合作社。

（丁　洁　姜　伟）

【承办全国粮食丰产科技工程南方区现场观摩交流会】　10月11日上午，大会在姜堰区举行。参会人员听取该区粮丰工程项目实施情况介绍，察看河横稻麦种植示范区田间试验与示范现场，参观现代农业产业园区、科技特派员工作站。科技部农村司司长陈传宏肯定该区粮食丰产科技工程项目，认为该区在工作上有布置、研发上有进展、技术上有突破、管理上有创新。中国农村技术开发中心副主任蒋丹平、省政府副秘书长陈少军，湖南省、湖北省、四川省、安徽省、江西省、江苏省100多名科技部门领导和专家参加，副区长朱嘉浩陪同。

（段婷婷）

畜　牧　业

【概况】　2014年，全区加快畜牧业发展转型升级，养殖规模化、品种良种化、生产设施化、防疫制度化、废弃物处理无害化的生产企业成为畜牧生产主力军。新建成农业部畜禽标准化示范场1家、省级畜牧生态健康养殖示范基地5家，1家部级示范场、3家省级畜牧生态健康养殖示范基地通过复核验收。全区有祖代种禽场2家、祖代羊场1家，立项“泰州市姜堰区湖羊原种场基地建设”项目，申请中央投资300万元。2月，泰州市河横仙岛农业科技发展有限公司获省农委核发的苏禽绿壳蛋鸡（祖代场）种畜禽生产经营许可证。全区祖代种禽场存栏规模6.8万套。畜禽产品价格波动加大。生猪价格持续低迷，在盈亏平衡点附近震荡；牛奶价格大幅下跌，养殖户无利可图；鸡蛋价格为多年来的高位，蛋鸡养殖效益较好；肉羊价格稳中有升，年底价格在30元—34元/千克。畜禽规模养殖比重生猪、肉禽、蛋禽、奶牛分别为90.5%、97.%、99.2%和100%,其中生猪大中型规模养殖比重61.24%,年出栏肥猪310548头、262020头，比上年增加4853头。截至年底，全区生猪栏存30.83万头，比上年同期30.67万头增加0.16万头，增长0.52%。其中，母猪栏存总数3.86万头，同比减少6166头，下降13.76%；能繁母猪3.64万头，同比减少6100头，下降14%。生猪良种覆盖率和生产水平有所提高、栏存结构趋于合理。年出栏肥猪总量50.71万头，比上年49.42万头增长2.61%。奶牛栏存2579头，同比增加552头，增长27%。家禽存栏总数560.39万羽，同比减少56.73万羽，下降9%。其中，蛋鸡栏存417.63万羽，比上年同期417.11万羽增加0.52万羽，与上年基本持平；蛋鸭栏存15.43万羽,比上年同期15.52万羽下降1%。家禽年出栏总量907.8万羽，比上年增加67.13万羽,增长8%，年家禽饲养总量1500万羽以上。肉羊栏存5.95万头，比上年同期5.75万头增加0.2万头，增长3.5%。肉羊全年出栏6.73万头，比上年出栏5.55万头增加1.18万头，增长21.26%。肉鸽栏存42.59万羽，同比减少8.56万羽，下降17%。

疫病防控　组织制定《关于姜堰区“五有”乡镇畜牧兽医站基本建设计划》（泰姜农发〔2014〕19号），将姜堰、梁徐等10个畜牧兽医站列入“五有”乡镇畜牧兽医站第一批建设单位，姜堰、梁徐、华港等站基本改造到位。做好动物防疫工作，发放猪口蹄疫苗194.9万毫升、猪瘟疫苗197.8万头份、高致病性猪蓝耳病疫苗104.6万头份、牛口蹄疫三价苗2.19万毫升、牛羊口蹄疫二价苗18.8万毫升、高致病性禽流感疫苗1090万毫升。根据畜禽生产量及疫苗使用量测算，全区重大动物疫病免疫密度均为100%。根据春防、秋防检查，全区口蹄疫、高致病性禽流感、猪瘟、高致病性猪蓝耳病群体免疫密度均为100%。

畜禽屠宰管理　根据《泰州市姜堰区生猪屠宰清理整顿工作方案》（泰姜政办〔2014〕79号）要求，区农业委员会（以下简称“区农委”）联合公安等部门在全区范围内集中开展打击生猪私屠滥宰等违法行为联合执法行动。关闭无证生猪屠宰场9家，出动农委执法人员485人次、公安68人次，检查各类疑似私屠点360个次，查处违法行为25起，其中立案6起，结案3起，没收私宰猪肉620千克。监管违规添加瘦肉精、三聚氰胺以及饲料兽药等行为。抽查企业和养殖场3850个，抽检样品数28540份，抽检生鲜乳76份，均未发现瘦肉精阳性样本；检查饲料兽药生产企业、销售门店125家次，出动检查人员260人次，查处违法行为5起。加大病死畜禽无害化处理监管工作。登记造册全区所有年出栏50头以上养殖场，委派各镇畜牧兽医站监管辖区内病死动物及处理情况。核查上报养殖环节无害化处理病死猪8807头,养殖环节无害化处理病死猪10389头，监督泰州众品食业有限公司、城郊屠宰场、三水屠宰场处理病害生猪及其产品3749头，发放病死生猪无害化处理补贴资金16.04万元。

（陈　军　丁传贵　戴稳兵）

【畜牧健康养殖示范场创建】　组织实施畜牧生态健康养殖示范创建活动。泰州市恒龙养殖专业合作社创建成农业部畜禽标准化示范场，全区有农业部标准化示范场4家；新增省级畜牧生态健康养殖示范场5家，全区有省级畜牧生态健康养殖示范基地55家。

（张　圆　王　琳　戴稳兵）

渔　业

【概况】　2014年，全区贯彻落实省海洋与渔业工作会议和区农业工作会议精神，加快现代渔业发展，渔业经济保持平稳增长。全区渔业放养水面5200公顷，投放鱼种7.95万千克，其中河蟹放养面积2733.33公顷；实现水产品产量3.93万吨，其中养殖产量3.45万吨；渔业一产产值7.25亿元，一产增加值3.95亿元。

高效渔业　区政府将高效渔业纳入全区“三农”经济考核重要指标。加强渔业基础设施建设，改造池塘1200公顷。推进渔业经济结构调整和转型升级，提高高效渔业养殖综合生产能力。新增高效设施渔业面积342.8公顷，装备微孔增氧面积93.33公顷、自动投饵机等养殖机械380余台套。

水产品药残快检　承担2014年泰州市姜堰区水产品药物残留快速检测项目，区水产技术指导站、曹安市场、渔业社、沈高、溱潼、淤溪等6个水产品药残快检实验室检测样品513个，覆盖草鱼、鲢鳙鱼、鲫鱼、河蟹、小龙虾等当地主要养殖品种，检测项目主要为孔雀石绿、呋喃唑酮代谢物，检测结果无阳性。在省海洋与渔业局组织的项目绩效评估中被评为优秀。

渔政监督　打击电鱼等非法捕捞行为，出动执法艇26艘次、执法车120辆次，参加执法人员458人次，查处电鱼案件52起，收缴非法渔具32件套，结案47起，罚款5.77万余元。区渔政监督大队被省海洋渔业局、市农委表彰为先进单位。

【水产健康养殖示范场创建】　按照农业部水产健康养殖示范场标准要求，加强基础设施改造和配套，建立生产记录、用药记录、销售记录和产品包装标签制度，完善内部质量安全管理机制，加快水产标准转化与推广应用，示范推广生态健康养殖方式。泰州市苏珍溱湖簖蟹专业合作社、泰州市姜堰区鑫旺水产养殖专业合作社通过农业部水产健康养殖示范场验收，获“农业部水产健康养殖示范场”称号。泰州市苏珍溱湖簖蟹专业合作社获批“江苏省现代渔业示范场”，姜堰区溱湖簖蟹特色水产品产业园获批“泰州市现代渔业产业园”。

（杨华军　陈翔宇　戴稳兵）

林　　业

【概况】　2014年，全区贯彻落实省、市林业工作会议精神，围绕“扩量、提质、增效”总体思路，开展植树造林，加强资源管理，提升林业效益，完成年度林业绿化工作目标。

绿化造林　新建完善宁靖盐高速、姜溱路、新城大道、白龙路、姜洲路、姜泗路、星马路、一支河道等12条道路和河道绿化，每条道路坚持“不增高地势不绿化”原则，以乡土树种为主，主栽乔木树种不少于3种，做到“抬土造形、绿化造景”。区林业局牵头实施4个高速出入口绿化提档升级改造工程，新增景点12处，绿化面积6.9万平方米。结合环境整治，实施村庄绿化，打造娄庄镇洪林村、沈高镇双星村等高标准绿化示范村。开展林业招商引资，发展花卉苗木、经济林木。全区通过林业招商发展成片林面积206.67公顷，占全区成片林面积48%，吸引社会投入资金1800万元以上。其中，沈高镇招商引资面积超过33.33公顷，张甸、白米等镇超过20公顷，华港、顾高、蒋垛等镇发展黄金梨、水蜜桃、冬枣等经济林果。建立乡土树种保护园，促进乡土树种迅速发展。全区建立乡土树种保护基地5个，总面积66.67公顷以上，主要培育乌桕、臭椿、苦楝、桑树、重阳木等乡土树种。年内，全区完成造林面积733.33公顷，建设绿色通道81千米，打造绿化示范村和森林生态示范村15个，发展林下经济66.67公顷以上、名优经济林66.67公顷以上，开展森林抚育1333.33公顷。

林政管理　执行林木采伐限额管理制度，加强作业设计管理，规范采伐程序，明确各个环节责任人。加强省级生态公益林保护管理，重要位置设置省级公益林保护标志。启动林地变更工作，将林地变更信息入库，做到全区林业“一张图”。开展林业执法检查，查处各类毁坏林木违法案件6起，结案率100%。

病虫害防治　抓好苗木调运检疫工作，严防美国白蛾等危险性外来林业有害生物入侵。加大森林病虫害预测预报力度，发布森防信息10期，各地提前做好防治农药储备和机械调试工作。全区新购高射程车载喷雾机1台、推车式喷雾机2台、弥雾机6台、打孔注药机20台、太阳能诱虫灯10台、美国白蛾性诱捕剂30个，重点绿色通道和重点生态公益林实施普防，防治面积1.33多万公顷次。

森林防火　加强森林火灾预警机制和应急指挥系统建设，落实森林防火责任和各项防火措施，实行重点时期、重点位置全天候监控。全区无森林火灾发生。

（陈东子）

【承办全省林业有害生物普查试点工作座谈会】　12月23—24日，座谈会在姜堰区召开。会议总结交流2014年林业有害生物防治工作，研究2015年林业有害生物发生趋势和防治工作。省林业局副局长葛明宏要求各地区高度重视林业有害生物普查工作，按照“预防为主”方针，掌握林业有害生物的分布情况、发生规律、发展态势和变化特点，建立数据资源库；突出普查重点，调查已经造成危害和可能造成危害的林业有害生物种类；做好普查保障工作，通过定期督察、技术指导、合作交流等形式保证普查工作顺利推进。市农委主任毛正球、副区长王萍分别致辞。全省13个省辖市和3个省管县（市）森防站站长以及常熟、新沂、姜堰等12个试点县森防站站长参加。

（王宇飞）

农业资源开发

【概况】 2014年，全区改善农业生产条件，调整农业生产结构，调查研究新时期下农业综合开发对家庭农场等新型农业经营主体的扶持方式，实施农业综合项目，探索项目工程建后管护新机制，提高农业综合生产能力，为全区农业持续、快速发展奠定物质基础。全区农业综合开发高标准农田建设示范工程项目1666.67公顷、国家增量土地治理项目333.33公顷、省级高沙土治理项目500公顷、现代农业园区项目133.33公顷、产业化“一县一特”项目1个，范围涉及娄庄、沈高、张甸、梁徐、大坨等镇，立项财政总投资6029.57万元。

（姜　明）

农业机械化

【概况】 2014年，全区农机总动力38.92万千瓦，农机资产总值4.08亿元。拖拉机3430台，联合收割机1320台，插秧机1536台，秸秆还田机560台，农用水泵4566台，农产品初加工机械2832台，渔业机械8260台，农用运输车1350台，全区农业综合机械化水平80.2%。全区农民机手通过耕作、播种、灌溉、收脱、运输等作业收入3.618亿元。

农机推广　全区新增插秧机151台，其中乘坐式插秧机147台、手扶式插秧机4台，折合标准台445台。新增粮食烘干机71台、收割机38台，75马力以上大中型拖拉机176台，新增大中拖配套旋耕机、秸秆还田机、复式作业机等农机具305台，其中新增复式作业机133台。使用中央及省农机购置补贴资金1569.634万元。

农机监理　全区有平安农机示范镇10个、平安农机示范村149个、平安农机示范户500个。拖拉机注册登记133台，年检1430台，变更备案74台，注销85台，省内转移22台。收割机注册登记69台，年检563台，省内转移420台。驾驶证审验135台。

职业技能培训　举办农机获证奖补培训班6期，获证奖补人员370人。组织植保机操作工培训班2期，培训初级工98人；组织插秧机初级工培训班2期，培训111人；组织插秧机中级工培训班2期，培训130人；31人参加省、市举办的培训班。秋季组织稻秸秆机械还田、施肥、小麦机条播复式作业技术培训班，培训160人。结合水稻育秧、机械化还田等深入镇（区）开展专题讲座、培训辅导、现场指导等30多场，参加人数2000余人。

农机合作社建设　培植农机大户200户以上。全区有农机合作社264个，实现种粮村全覆盖、机手全参加。

【农机项目管理】 2014年，全区上争项目资金2434.247万元。其中，农机购置补贴资金1670.047万元；2014年农作物秸秆机械化还田作业省级补助资金678万元，2014年农机购置补贴管理工作补助经费7万元，2014年农机购置补贴管理工作第二批补助经费3万元，2014年省级农机服务体系建设项目经费12万元，农业部2014年农业技术试验示范（农机）项目资金50万元，2014年省级农机化专项资金（第一批）14.2万元。

（吴亚玲）

工 业

综 述

【概况】 2014年，全区工业完成开票销售455亿元，比上年增长12.2%；完成全部工业用电量22.48亿千瓦时，比上年增长6.5%。列统工业完成现价产值1127亿元，比上年增长17.63%；完成利税124.2亿元，比上年增长25.59%；完成利润78.6亿元，比上年增长26.18%。列统工业利润、利税、技改投入增幅在泰州三市三区均列第2位。工业增加值、列统工业产值、工业开票销售增幅均列泰州三市三区第3位。

项目建设 实施1000万元以上技改项目126项，其中竣工项目86项，40个项目将结转到2015年实施。86个竣工项目实现投资23.79亿元，其中1000万元—3000万元项目66个、3000万元以上项目20个，重大技改项目主要集中在区经济开发区、科技园区、娄庄镇、俞垛镇等镇（区），竣工项目年新增效益25亿元以上。

特色园区 “一区两园”实现工业开票销售281.37亿元，占全区总量61.8%，比上年增长14.5%；实现列统工业产值640.34亿元，占全区总量56.7%，比上年增长20.3%；拉动全区工业开票销售增长7.2%，拉动列统工业产值增长6%。

重点企业 全区70家成长型以上企业实现开票销售214.8亿元，占全区总量47.3%，比上年增长4.3%；实现工业产值532.53亿元，占全区总量47.2%，比上年增长12.1%。十强企业中开票销售增幅超20%有3家；30家重点企业中，开票销售增幅在20%以上有6家；30家成长型企业中，开票销售增幅超20%有8家；苏中药业、华丽塑料、精锻科技、五行材料、化肥公司等重点骨干企业运行良好，发展势头强劲。

特色产业 汽车零部件轿车齿轮板块、医药、化工、钨钼制品等特色产业发展情况持续向好。汽车零部件行业轻卡、轿车齿轮板块开票销售比上年增长23%，高于全区平均增幅10%；医药制造业开票销售比上年增长24.6%，高于全区平均增幅11.6%；化工行业企业开票销售比上年增长17.4%，高于全区平均增幅4.4%；钨钼制造业开票销售比上年增长48%，高出全区平均增幅35%。

节能降耗 推进淘汰落后产能工作，完成贝思特电源、华源纺织、新型纺织、鑫宇精密铸造等4家企业全年淘汰落后产能目标任务。实施节能技术改造，实施年耗能100吨以上节能技改项目16项，项目总投资1.7亿元，曙光集团、飞船公司、华源纺织等企业部分优化节能改造项目竣工投产，年节约标准煤13.55万吨以上。完成省、市下达节能降耗目标任务。

【开展化工企业专项整治】 2014年是化工企业重点整治的第二阶段，全区纳入重点整治企业25家，涉及镇（区）9个。关停并转小化工企业20家，其中关停10家、转为非化工生产企业6家、化工集中区内转型升级2家、注销工商营业执照1家、准备搬离姜堰1家。

重要活动

【概况】 1月8日，省经济和信息化委相关领导到江苏太平洋精锻科技有限公司、江苏泰达纺织有限公司调研。考察两家企业生产经营情况，指导企业申报国家级和省级企业技术中心相关工作。

2月11日，市经济和信息化委主任黄红旗一行调研2014年全区重大工业项目建设以及央企招引情况，听取区经济和信息化委员会（以下简称“区经济和信息化委”）工作汇报，对下阶段项目建设和招引工作提出建议。

2月27日上午，全区10个重大项目集中开工仪式举行。市委副书记、市长陆志鹏，市经济和信息化委主任黄红旗，区领导李伟、张长平、高永明、仲亚岭、徐闻仲、戴兆平、薛金林、朱嘉浩、刘文来等出席。

3月6日上午，全区开放创新暨工业经济工作会议召开。区委常委、副区长、区经济开发区党工委书记徐闻仲作开放创新和工业经济工作报告，区委书记李伟就做好年内全区开放创新和工业经济工作作重要讲话。会议表彰2013年度工业经济、科技和开放型经济工作先进单位和先进个人，通报2014年十强工业企业、重点工业企业、成长型工业企业名单。

3月21日上午，市政协副主席王东调研全区重大项目建设情况。调研曙光集团深海石油钻井管柱生产线、五行材料科技有限公司页岩油气开采压裂软管、环球传动（江苏）有限公司传动链条、泰州常春高氮合金研发中心有限公司高性能高氮合金材料及制品等4个项目。

4月9日下午，清华EMBA公开课暨区企业高峰论坛活动在姜堰区举行。清华大学经济管理学院教授李宏彬就三中全会后全球与中国宏观经济形势作讲座。

4月11日上午，区长张长平一行调研全区2014年重大工业在建项目建设情况。调研泰州捷能动力、江苏普奥、大唐燃电等8家企业，听取项目具体情况和建设进展介绍。区委常委、区经济开发区党工委书记徐闻仲，副区长朱嘉浩，区经济和信息化委主任沈锦云陪同。

4月26日上午，油气装备产业发展论坛举行。中国工程院院士李鹤林，中国石油集团石油管工程技术研究院院长、党委书记张冠军，中国石油石化工业设备协会秘书长杨双全等国内外专家，副市长杨杰，省经济和信息化委副巡视员闫浩，区领导李伟、张长平、薛金林、钱爱社、朱嘉浩、陈文德参加。

5月10日上午，扬州大学·姜堰区人民政府校地合作签约仪式暨扬州大学社会合作与服务资源发布会在黄河大酒店举行。扬州大学专家教授、区成长型以上相关企业200多人参加。

5月13日上午，市委副书记、市长陆志鹏，市政府秘书长王群等一行调研区工业企业发展情况。深入曙光集团、苏中药业、泰达纺织、振华泵业、五行材料、太平洋精锻等企业生产车间，了解企业运行质态和生产经营情况。区领导李伟、张长平、徐闻仲、戴兆平、薛金林、朱嘉浩陪同。

5月29日下午，市经济和信息化委副主任李留根一行联合市国土、环保、统计、消防支队、人行等部门在姜堰举行“走进项目服务发展”现场服务活动。姜堰区南洋电缆、博尔富、罗曼·罗兰等8家重大项目实施企业参加。

6月14日上午，区委书记李伟带队在北京召开央企招商恳谈会，宣传推介姜堰区域优势、产业特色。20多家央企近30名单位领导或部门骨干参加。

6月20日上午，区经济和信息化委、区委组织部、区工商联在区委党校报告厅联合举办2014年姜堰区新生代企业家和企业高管素质提升研修班集中授课活动。各镇（区）分管工业经济负责人、企服站站长，区新生代企业家和企业高管研修班全体学员参加。

6月20日下午，全区十强、重点、成长型企业董事长（总经理）座谈会召开。区委常委、副区长、区经济开发区党工委书记徐闻仲，副区长朱嘉浩参加。

7月2日上午，区经济和信息化委、扬州大

学水利与能源动力工程学院走进江苏奥力星太阳能有限公司开展校企合作调研考察。扬州大学水利与能源动力工程学院书记俞洪、副院长吉庆丰等5人，区经济和信息化委副主任胡振裘以及相关科室工作人员参加。

7月25日下午，区经济和信息化委、区委组织部、区工商联在区委党校报告厅联合举办2014年区新生代企业家和企业高管素质提升研修班第二次集中授课活动。各镇（区）分管工业经济负责人、企服站站长，区新生代企业家和企业高管研修班全体学员参加。

7月29日，中国赛宝实验室（工业和信息化部第五研究所）在姜堰区召开企业交流座谈会。赛宝实验室专家丁翔作关于企业问题整体解决（TSQ）方面主题报告。全区相关企业负责人、区经济和信息化委相关人员参加。

7月30日上午，扬州大学“产学研合作基地”和扬州大学“实习基地”签约暨挂牌仪式在江苏奥力星太阳能有限公司举行。

8月21日下午，省经济和信息化委副巡视员闫浩带领企业智能化工作组到太平洋精锻科技股份有限公司调研大中型企业智慧化计划。区领导朱嘉浩、区经济和信息化委主任沈锦云参加。

9月19日上午，市长陆志鹏在姜堰召开企业家座谈会。要求各企业准确判断当前经济形势，抓住当前机遇期，强化企业管理，强化技术创新，强化资本运作，强化电商建设，推动姜堰工业经济平稳较快发展。市政府秘书长王群，市经济和信息化委、市财政局、市人力资源和社会保障局、市环保局主要负责人，区委书记李伟及相关负责人参加。

9月22日下午，区经济和信息化委、区委组织部、区工商联在区政府三楼东会议室联合举办2014年区新生代企业家和企业高管素质提升研修班第四次集中授课活动。各镇（区）分管工业经济负责人、企服站站长，区新生代企业家和企业高管研修班全体学员参加。

10月17日，区经济和信息化委组织全区上市后备企业赴苏州、江阴两地上市公司考察学习，借鉴苏南地区企业上市工作经验，推进全区企业上市工作。

10月18日上午，扬州大学水利与能源动力工程学院“青年博士基层行——走进姜堰企业”启动仪式在姜堰举行。扬州大学与姜堰区开展校地合作活动。

11月28日上午，区经济和信息化委组织召开船舶企业安全生产工作会议。全区22家船舶修（拆）造企业主要负责人、乡镇企服站站长参加。

12月17—18日，区经济和信息化委主任沈锦云带领区供电公司电力专业人员，区经济和信息化委能源科、资产办、综合科有关人员深入安全生产和消防重点企业，开展2015年元旦节前安全生产工作。

（钱申涛　朱国峰）

【油气装备产业发展论坛举行】　4月26日上午，姜堰区举办油气装备产业发展论坛和“李鹤林院士工作站”等科技平台成立仪式。该论坛旨在科学研判油气装备产业发展趋势，共谋油气能源装备产业的高端发展、绿色制造，推动油气装备由制造向创造转型，促进全区油气装备产业快速、健康、可持续发展。区委书记李伟向李鹤林、张冠军、杨双全、朱国新、褚元林等9名专家指导委员会委员颁发聘书；区委副书记、区长张长平与中国石油大学机电工程学院院长肖文生为中国石油大学（华东）姜堰油气装备工程技术研究中心揭牌；副区长朱嘉浩与中国石油集团石油管工程技术研究院总工程师马秋荣互换战略合作协议书。李鹤林、李伟共同为“李鹤林院士工作站”揭牌。副市长杨杰，省经济和信息化委副巡视员闫浩，区领导薛金林、钱爱社、陈文德参加。

（张　明　姜　伟）

【泰州赛宝工业技术研究院建成开业】　9月25日，工业和信息化部电子第五研究所全额投资的泰州赛宝工业技术研究院建成开业。该研究院位于区经济开发区，占地2.90公顷，有办公场地和实验室2800平方米、厂房9200平方米，是中国赛宝在苏中区域的业务平台，将围绕仪器设备开展校准、检测检验、维修、研发、培训等技术服务，为国防军工、制造业、生产服务业等提供相关综合解决方案和一站式服务。工业和信息化部规划司司长肖华、区委书记李伟为研究院揭牌。工业和信息化部科技司副司长沙南生，电子第五研究所所长谢少锋，副市长杨杰，省经济和信息化委副主任戴跃强，区领导张长平、高永明、徐闻仲、薛金林、朱嘉浩等参加。

（张泽海　姜　伟）

重点企业简介

【江苏苏中药业股份集团股份有限公司】　法人代表唐仁茂，职工996人。主要产品为中成药。2014年，完成工业现价产值34.6亿元，销售收入33亿元；实现利税5亿元，其中利润2.7亿元，分别比上年增长16.3%、16.9%；集团总资产15.6亿元，其中净资产7.5亿元，资产负债率51.81%；两项资金合计6.5亿元，其中应收账款6.1亿元。

【江苏双登集团有限公司】　法人代表杨善基，职工2953人。主要产品为通讯、电力用电池。2014年，完成工业现价产值50亿元；销售收入44亿元；实现利税3.6亿元，其中利润2.7亿元，分别比上年负增长23.4%、1.6%；集团总资产30亿元，其中净资产9.6亿元，资产负债率68.2%；两项资金合计10.7亿元，其中应收账款6.4亿元。

【泰州市华丽塑料有限公司】　法人代表袁华寿，职工640人。产品主要为PVC中高档塑料地砖。2014年，完成工业现价产值13.8亿元，比上年增长19%；销售收入13.7亿元，比上年增长30.6%；实现利税1.6亿元，其中利润1亿元，分别比上年增长19.6%、15.5%；企业净资产2699万元，资产负债率88.75%；两项资金合计2727万元，其中应收账款1515万元。

【江苏飞船股份有限公司】　法人代表王欣林，职工1103人。主要产品为汽车齿轮。2014年，完成工业现价产值7.5亿元，比上年增长9.7%；销售收入6.6亿元，比上年增长3.7%；实现利税6168万元，其中利润4089万元。企业总资产8.8亿元，其中净资产5.6亿元，资产负债率36.34%；两项资金合计1.8亿元，其中应收账款0.9亿元。

【江苏太平洋精锻科技股份有限公司】　法人代表夏汉关，职工940人。主要产品为汽车齿轮。2014年，完成工业现价产值7.1亿元，比上年增长22.5%；销售收入6.1亿元，比上年增长20.3%；实现利税1.4亿元，其中利润1.2亿元；公司总资产14.8亿元，其中净资产11.7亿元，资产负债率21.04%；两项资金合计2亿元，其中应收账款1.3亿元。

【姜堰市化肥有限责任公司】　法人代表左勇春，职工982人。主要产品为农用化肥。2014年，完成工业现价产值8.73亿元，比上年增长6.7%；实现销售收入8.3亿元，比上年增长6.3%；企业总资产5.5亿元，净资产2亿元，资产负债率62.83%；两项资金合计1亿元，其中应收账款6000万元。

【江苏泰达纺织有限公司】　法人代表蒋跃东，职工950人。主要产品为棉纺纱。2014年，完成工业现价产值28.5亿元，比上年增长27.8%；销售收入27.6亿元，比上年增长31.7%；实现利税3亿元，其中利润1.8亿元，分别比上年增长61.9%、97.8%；总资产12.4亿元，其中净资产6亿元，资产负债率51.4%；两项资金合计3604万元，其中应收账款2539万元。

【江苏康洁环境工程有限公司】　法人代表徐仁觉，职工299人。专业从事环境工程和大气污染治理设备的设计开发、制造、销售、安装调试、运营管理。2014年，完成工业现价产值7.5亿元，比上年增长18%；销售收入7.3亿元，比上年增长18%；实现利税1亿元，其中利润5800万元，分别比上年增长18.8%、11%；总资产1.59亿元，其中净资产6839万元，资产负债率56.97%；两项资金合计11177万元，其中应收账款4944万元。

【江苏良帅服饰有限公司】　法人代表卞善良，职工698人。主要产品为针织服装。2014年，完成工业现价产值5.1亿元，比上年增长12.2%；销售收入5.1亿元，实现利税8403万元，其中利润6633万元；总资产1.36亿元，其中净资产5000万元，资产负债率63.26%；两项资金合计3452万元，其中应收账款2240万元。

【2014年度区十强、重点、成长型工业企业名单】

（1）十强工业企业：
江苏双登集团有限公司
江苏曙光集团股份有限公司
江苏苏中药业集团股份有限公司
江苏太平洋精锻科技股份有限公司
格兰特（江苏）钻具有限公司
江苏飞船股份有限公司
江苏泰达纺织有限公司
泰州市华丽塑料有限公司
江苏扬动电气有限公司
礼恩派（泰州）有限公司
（2）30家重点工业企业：
泰州市姜堰博特新材料有限公司
泰州菁茂科技（泰州）有限公司
五行材料科技（江苏）有限公司
江苏振华泵业制造有限公司
泰州众品食业有限公司
泰州捷锋帽业有限公司
江苏宏泰橡胶助剂有限公司
泰州鑫宇精密铸造有限公司
泰州开广塑胶有限公司
泰州市科研精细化工有限公司
江苏汇丰羊绒有限公司
姜堰市化肥有限责任公司
江苏日出化工有限公司
江苏维娜时装有限公司
江苏百新集团有限公司
一拖（姜堰）动力机械有限公司
泰州泰怡热工电器有限公司
江苏康洁环境工程有限公司
江苏康健医疗用品有限公司
泰州良帅服饰有限公司
柏纬（泰州）铁工有限公司
信盛（泰州）五金锻造有限公司
泰州依莱特钻杆有限公司
泰州振昌工业废渣综合利用有限责任公司
江苏嘉晟染织有限公司
姜堰市益众油脂有限责任公司
江苏信成电器总厂
江苏高强水泥制品有限公司
泰州市龙沟电镀有限公司
泰州市姜堰新型纺织有限公司
（3）30家成长型工业企业：
泰州市恒立管业制造有限公司
江苏润泰化学有限公司
泰州开源化工有限公司
姜堰华胜石油钻具有限公司
江苏利思德化工有限公司
泰州市里华机械有限公司
江苏博格东进管道设备有限公司
泰州市姜堰区华泰制钢有限公司
江苏远通波纹管有限公司
泰州市万鑫钨钼制品有限公司
泰州市旺鑫耐火材料有限公司
江苏晨鑫波纹管有限公司
江苏太平洋齿轮传动有限公司
泰州华源纺织品有限公司
科思茂（江苏）管业有限公司
泰州市华源电机有限公司
江苏远望仪器有限公司
泰州市华晨机械有限公司
泰州金宝来纺织有限公司
江苏光明新材料有限公司
江苏星光特钢有限公司
泰州市里华齿轮厂
江苏博立生物制品有限公司
江苏华星轧华油脂有限公司
江苏恒威机械制造有限公司
泰州市苏蒙砂轮有限公司
泰州科世茂工程设备有限公司
泰州市龙达亚麻纺织有限责任公司
泰州高得复合材料有限公司
江苏鸿诚金属制品有限公司

（钱申涛　朱国峰）

商贸流通

综　　述

【概况】　2014年，全区实现社会商品销售零售总额154.55亿元，比上年增长12.5%；系统实现商品销售114.58亿元，完成年度目标任务101.82%；连锁销售额13.74亿元，完成目标任务101%；农副产品购进总额21.43亿元，完成年度目标任务111.7%；再生资源回收额2.36亿元，完成年度目标任务102%；农副产品市场交易额16.32亿元，完成年度目标任务102%。

商贸活动　组织重点商贸企业开展消费促进月活动，18家企业实现商品销售9964万元，同比增长11.05%。开展厨师技能竞赛，15家饭店25名厨师获资格证书。举办2014年“溱湖八鲜”烹饪大赛，12家餐饮企业18道菜肴分别获金、银奖。

市场秩序监管　加强市场监测，做好市场分析。新增酒类流通备案企业114家、再生资源回收备案企业12家。区商务局生猪屠宰管理职能向区农委移交。开展安全检查5次，发现安全隐患83处，下发安全检查意见书58份、安全隐患整改通知书1份，全系统无安全生产责任事故发生。加强公有资产管理,开展财务检查活动，完成小梁山市场年度招标工作。开展行政权力审核清理工作。区供销合作总社为东方不夜城入驻商户提供咨询和办证服务，争取政府奖励扶持资金20多万元，100多家国内外知名品牌落户。人民商场、锦宸百货、苏果亚方店、大洋百货等4家企业被市文明办、市商务局等部门授予泰州市“诚信经营示范店”称号。

（崔凤武）

【“溱湖八鲜”美食节】　9月16日，2014年“溱湖八鲜”美食节在溱湖国家湿地公园江苏锦宸溱湖酒店阅湖堂开幕。该届美食节由溱湖风景区管委会、区供销合作总社、区旅游局主办，溱湖风景区开发建设有限公司承办，溱湖簖蟹养殖有限公司协办。为期3个月，以“深度参与”为最大亮点，让游客在融趣味性、体验性和参与性于一体的丰富活动中，从视觉、味觉、文化内涵等方面尽享“溱湖八鲜”盛宴，通过参与溱湖湿地微信、微博抽奖和网络购票等活动有机会获赠簖蟹等“八鲜”美食。区领导何光胜、汤文林、黄彭赣出席开幕式。9月15—16日，作为2014年“溱湖八鲜”美食节重头戏之一的烹饪大赛在江苏锦宸溱湖酒店举行。该大赛分为“溱湖八鲜”创新菜品烹饪表演和烹饪比赛两个环节，著名淮扬菜大师周晓燕和中国烹饪大师嵇步峰担任评委，全区12家餐饮企业50人参赛。周晓燕和嵇步峰利用“溱湖八鲜”原材料创新制作的“菱米桂花鸭”“莲藕爆甲鱼”“香辣青鱼条”“珍珠鳜鱼会”“溱湖富贵菊”等5道菜品被列入“溱湖八鲜”菜品名录；锦宸大酒店的“脆皮蒜香桂花鱼”和“溱湖虾滑”、溱湖大杂院的“洪扒野生大甲鱼”3道创新菜品获特别金奖，其他菜品被评出金奖6个、银奖9个。

“溱湖八鲜”美食节系列活动举行

（张泽海　孔　纬　吴芳苏）

供销合作商业

【概况】　2014年，全区销售农产品100多万元。新发展种养殖业农民专业合作社10个，入社1164户。新增农资加盟店10个、直营店3个，新建顾高翟庄中心超市。

为农服务　完善2008年前创建的9家三星级为农服务社，提升农资超市、日用品超市和庄稼医院“两超一院”服务功能，提档升级为农服务社整体形象。将溱湖八鲜养殖专业合作社、桥头食用菌种植专业合作社和顾高鸿泰超市纳入基层社恢复重建范围，按照“五有”（有证照、有场所、有标识、有人员、有收入）标准落实。各镇为农服务社安装POS终端80台。组织4家企业参加2014年海峡两岸（江苏）名优农产品展销会，销售7万多元，发放各类农产品简介千余份。江苏易销电子商务公司建立电子商务平台，全区100多种农副产品开展网上销售。申报农产品连片项目5个，通过验收2个，可申请财政补贴资金80万元。

服务中心　区供销合作总社处理信访4件、网上舆情6次，接待上访人数500多人次。完成城区15户搬迁包保任务。落实城区商场、超市和小梁山农贸市场创建工作。帮扶经济薄弱村解决生产发展资金5万元。

（崔凤武）

粮　油　商　业

【概况】　2014年，区粮食局开展“三改三创”（改革国有粮食购销企业体制、改良粮食企业经营体制、改善粮食仓储条件，创新粮食订单新机制、创优粮食购销经营新模式、创建“诚信粮安”服务新品牌）活动，创建机关服务品牌，完成年度工作任务。该局获“全省粮食系统先进集体”“全省粮食流通监督检查示范单位”“全省粮食质量安全监管先进单位”“区级机关效能建设先进单位”等称号。

粮食购销储备　开展购销企业改革，成立区粮食购销总公司，进入实际运营阶段。组织夏秋两季粮食收购工作，实现粮食购销总量86.67万吨。加强储备粮管理。落实粮食保供稳价政策措施，加强粮油市场监测，定期预报价格信息，发布粮油市场行情。做好军粮供应工作，全区军需民食和粮食市场稳定。建立实施“粮食订单”三级平台购销机制。区粮食购销总公司与桥头、兴泰、沈高等镇，签订落实粮食订单2666.67公顷，其中小麦1133.33公顷、稻谷1533.33公顷（包含优质稻谷266.67公顷），加价收购优质品种稻谷。姜堰区“公司+合作社+农户”的订单运作模式得到国家粮食行业协会和省粮食局肯定。

粮食产业　实施粮食全产业链战略，由购销总公司统一供种、收购、加工。“姜堰大米”进入实际营销阶段，“益众油脂”新上小包装油品，新建芝麻油生产线。建成北大街、罗塘路两处“姜堰大米”和“益众油脂”品牌专卖店，初步形成集供种、种植、收购、仓储、加工、销售于一体的全产业链。参加江苏名特优农产品（上海）交易会，与上海粮油生产加工企业签订稻谷销售协议，共同打造优质稻谷生产基地，副省长徐鸣向上海市民推荐“姜堰大米”。

粮食流通管理　开展成品粮油市场检查、粮食库存检查、转圈粮专项检查、粮食收购资格审查及粮食收购市场检查等活动11次。完成107家涉粮单位诚信等级评定。“金谷—红盾”三联监管机制得到省粮食局肯定。围绕“诚信粮安”“姜堰大米”“益众油脂”三大品牌，推进“放心粮油”工程建设。创新“放心粮油店（柜）”运作模式，省内首创运作放心粮油连锁店9家，全区放心粮油店28家，签订粮油食品安全责任书55份。实行“放心粮油”社区代理制，益众公司“放心油”进社区活动被《新华日报》专题报道。

仓储建设　做好“危仓老库”维修改造工作，投资1200多万元，其中上争资金565万元，维修改造粮管所10家，维修总仓容5.45万吨，改造仓房33栋。建成粮食收储信息可视化系统，与省级平台互联互通，实现全区粮食收储信息资源共享。完成直属库“数字粮库”建设。成立粮食烘干服务中心，筹措资金600万元，在梅垛、梁徐、里华三个库点新上烘干线3套24台，新增烘干能力600吨。直属库和梁徐库库点烘干线在秋粮收购中投入使用，为售粮农民烘干稻谷2000多吨。

粮食行业协会　区粮食行业协会举行换届选举，成立区粮油产销行业协会，部分镇（区）成立镇级协会，参与实施“粮食订单”收购。举办第三届优质稻米品尝会，推广优质品种。开展全区粮食经纪人培训，培育和发展粮食经纪人的工作经验在全国交流。“益众”菜籽油获第13届中国国际粮油展金奖，益众油脂公司获全国粮食行业第四批信用评价试点企业AAA级信用评价。

（黄少华）

开展节粮爱粮宣传活动

（潘　俊　黄少华　摄）

【全区首家镇级粮油产销行业协会成立】　5月12日上午，桥头镇举行粮油产销行业协会（合作社）成立暨粮食订单签约仪式。该镇全域推进土地适度规模经营，重点打造特色家庭农场，提升农业转型升级水平。全镇流转土地1673.33公顷，占耕地总面积94.7%，建有家庭农场140个，其中种植业家庭农场106个。该协会成为姜堰区首个镇级粮油产销行业协会。区委副书记何光胜、副区长王萍参加。

（陈燕华）

【全省首家粮油产销行业协会成立】　9月18日，区粮食行业协会召开第三届换届暨粮油产销行业协会成立大会。该协会为全省首家粮油产销行业协会，旨在加快推进现代农业改革与建设试点示范区服务体系建设。协会实行政企分开、政社分开原则，行政编制人员不在协会任职，由企业家、粮食生产者、粮食经营者、服务者组成。增补有影响力、有实力的种粮大户、专业合作社、家庭农场代表，有代表性、有实力的粮食经纪人代表，各镇粮油产销行业协会会长等服务型组织代表。聘请区委农工办、区农委、区粮食局主要负责人为粮油产销行业协会名誉会长，聘请有关监管、服务部门为行业协会顾问单位。

【区粮食经纪人发展情况得到国家粮食局调研组肯定】　5月27日，国家粮食局政策法规司副司长韩继志、中国粮食行业协会处长唐炜等一行4人调研区粮食经纪人发展情况。深入梁徐镇周埭村询问粮食经纪人、种粮大户年内预计收成、土地成本、出售价格、订单等情况，听取粮食经纪人发展等方面意见和建议。肯定区粮食经纪人发展成绩，要求各级粮食部门保护种粮农民利益，发挥好粮食经纪人作用，确保粮食收购工作顺利进行。11月23—26日，国家粮食局主办、中国粮食行业协会协办的第二期全国粮食经纪人师资培训班在武汉举办，区粮食行业协会作为全国粮食行业唯一受邀单位在培训班上授课。区粮食行业协会副秘书长蒋松涛就姜堰区粮食经纪人培训工作向大会做经验介绍和交流。

（孙　柳　黄少华）

烟 草 业

【概况】 2014年，区烟草专卖局（江苏省烟草公司姜堰分公司）（以下简称“分公司”）围绕经济运行指标，开展网建营销，卷烟销售稳中有升；围绕卷烟打假破网，实行市场监管，规范卷烟经营秩序；围绕“规范、创新、发展”工作主线，加强企业管理，提升科学发展水平；围绕“阳光同心”企业文化，开展社会公益事业，各项工作取得新成绩。区烟草专卖局（分公司）被表彰为全省卷烟打假先进单位、全市市场管理年度标兵单位、江苏省文明单位、泰州市文明单位标兵、姜堰区文明单位、预防职务犯罪先进集体、先进基层党组织、江苏省放心消费先进单位、泰州市廉政文化示范点。

卷烟营销服务 关注宏观经济和政策变化，开展卷烟营销工作，解码落实营销政策，开展品牌培育，加强现代零售终端建设。推行“与客户共创成功”服务理念，开展“阳光同心”服务品牌建设。组织市场调研，了解零售户需求，把握市场需求及销售变化趋势；通过宣传解释、经营指导、跟踪服务，加强新老客户应知应会培训指导，拓宽服务品牌内涵，推广应用客户经理移动工具，实现客我互动信息化及营销管理现代化。各项服务质量评价指标均处于全系统前列。年内，实现卷烟销售2.93万箱，比上年上升1.81%；实现含税销售收入8.83亿元，比上年上升7.53%；实现税利2.02亿元，比上年上升9.91%。

烟草专卖监管 按照“打击严厉、管理到位、疏导及时、服务周到”市场监管体系要求，推进烟草专卖管理监督，维护市场经营秩序。查获涉烟案件302起，比上年上升33.6%；查获违法卷烟21106条。其中，“12·19”假烟网络案件6名案犯被分别判处1—7年有期徒刑，处罚金66.2万元；“8·21”涉烟网络案件抓获嫌疑人7人。全区市场净化率97%。

企业基础管理 深化“总成本领先战略”，结合“贯标、对标、目标考核”三项重点，加强精益管理、“三创（创意、创优、创新）”工作、预算管理与执行、反腐倡廉建设、安全稳定、7S现场管理等工作，夯实企业管理基础，提高企业科学发展水平。开展省、市、区三级文明单位及标兵创建活动，开展“慈善一日捐”、走访慰问贫困户、挂钩帮扶贫困村等社会公益活动，开展“3·15”维权服务、“六五”普法、学雷锋等活动。

（任其正 黄 璐）

盐 业

【概况】 2014年，区盐务管理局（以下简称“区盐务局”）贯彻落实省盐业集团泰州区域公司一届五次职代会精神，按照“稳中求进、质效为先、改革创新、增强动力”总定位，开展食盐营销、改革、管理等工作。实现销售收入2442万元，完成年计划100%。其中，主盐销售收入1426万元，完成年计划100%。集采商品销售收入608万元，完成年计划75%。其中，酒类108万元，完成年计划36%。油类400万元，完成年计划100%。味精120万元，完成年计划127%。实现非盐毛利额110万元，完成年计划100%。实现小包装盐销售总量3600吨，完成年计划100%；销售品种盐2520吨，完成年计划100%。实现利润230万元，完成年计划100%。查处案件168起，罚款40792元。全年无食盐事故。

盐业宣传 以各类宣传活动为契机，开展食盐安全知识、碘盐健康知识、盐业法规知识宣传。走进《行风热线》栏目，与听众直接交流，为听众解疑释惑。开展“食盐安全访万家”活动，每天每组盐政、营销人员实地走访40户以上，重点地区、重点企业和重点人员实行拉网式检查，每天当日所有走访照片与走访情况汇总表发送至泰州QQ交流群。

盐政管理 区盐务局与公安、卫生、工商、食品药品监管等部门联合开展执法行动，打击非法经营食盐和工业盐等违法犯罪行为，净化食盐市场；盐政人员挂钩到门店片区，以盐政保销售，以市场促盐政，将销售和案件两项指标作为门店和盐政的考核依据，保障小包装盐销售；每天盐政科科长按照科脉系统反映的上一天行业用盐户购盐情况，按门店区域安排盐政人员开展回访和跟踪服务，堵住大包装盐侵销小包装食盐市场的源头；建好盐政信息网络，为涉盐违法案件的查处提供保障；加强区域间食盐市场管理，禁止片区间相互窜销，保障食盐市场有序供应。截至12月，检查零售商店(超市)8562个，农贸市场307个，食品加工企业(作坊) 554个，食堂、餐饮（饭店）546个，访问居民户3485户。查处盐业违法案件179起，罚款41792元，刑事判刑3人。

产品结构　抓好经常性销售与阶段性特色销售，巩固结构调整销售工作。分解细化月度销售，小包装分解到客服部，客服部细化到终端客户，大包装盐客户实行一月一回访。推进320克海藻碘盐销售，引导健康消费，提升品种销售和结构质态。

（江学礼）

成品油管理

【概况】　2014年6月底、9月底，区商务局两次牵头组织全区成品油市场监管工作领导小组成员单位开展全区加油站综合检查，整改检查中发现的问题。截至2014年年底，全区有加油站（点）62家，其中中石化加油站（点）21家、中石油加油站10家、社会加油站（点）31家，新建加油站3座，分别是中石油港桥站、康华站、溪南站。

开展成品油联合执法检查

（王式学　高　晶）

泰州市姜堰区2014年度成品油零售企业基本情况

表3

数量情况					从业人数			加油点所有制情况			加油船所有制情况			成品油零售量（万吨）			
零售企业总数	加油站	加油点	加油船	其他	国有	民营	外资	国有	民营	外资	国有	民营	外资	汽油	柴油	煤油	合计
62	49	10	3	—	206	122	—	2	8	—	—	3	—	5.4	3.8	—	9.2

注：（1）“零售企业总数”为加油站、加油点、加油船及其他合计数量。（2）“所有制情况”中，“国有”指国有及其国有控股企业；“外资”包括港澳台资企业；“民营”指国有及其外资以外企业。（3）“成品油零售量”为2014年1—12月份零售企业的成品油零售量。

物　流　业

【概况】　2014年，全区有华东五金城物流园区、劳武物流东郊交易中心、劳武物流西郊园区等物流中心3个，有太宇运输公司、银宝运输公司、兴亚运输公司、第四运输公司等物流企业。全区物流业完成货运量2126万吨。其中，道路货运量359万吨，道路货物周转量12577万吨千米；水路运输货运量1767万吨，货物周转量138559万吨千米。实现收入2840353万元。

（张晓华）

对外及对港澳台经济贸易

利用外资及港澳台资

【概况】 2014年，全区实现协议利用外资3.4994亿美元，完成年计划3亿美元的116.65%，比上年增长1.89%；实际利用外资1.5007亿美元，完成年计划1.4亿美元的107.19%，比上年增长1.94%，占全市比重15.97%。全区新批外资项目15个、增资项目10个。新批外资项目中，总投资1000万美元以上（含1000万美元）项目13个、500万美元以下项目2个；到账项目7个，到账率46.67%，其中1000万美元以上项目到账5个。截至年底，全区有外资项目207个，其中独资项目145个、合资项目59个、合作项目3个。投资主要来自美国、英国、日本、德国、韩国、泰国、新加坡、马来西亚、巴基斯坦、叙利亚、越南、萨摩亚、澳大利亚、新西兰、英属维尔京群岛等国家及中国香港、澳门、台湾地区。全区有外资任务单位3家。其中，全面完成协议外资、实际外资任务单位1 家，占总数33.33%；有实绩单位2家，占总数66.67%。

【招商引资活动】 4月8日下午4：30—5:30，2014年中国泰州姜堰溱潼会船节经贸洽谈会在溱湖会务中心二楼大会议室召开。签约项目21个，其中10亿元以上项目2个（投资16亿元的城市综合体项目和投资2亿美元的商贸物流园项目）、1亿元以上项目15个，投资总额近59亿元。区委书记李伟、区长张长平等领导参加。

溱潼会船节经贸洽谈会投资项目签约仪式

7月30日—8月1日，泰州市在上海举办2014年泰州（上海）投资说明会。区商务局局长薛维昌参加。

9月14日下午5：00，驻沪自贸区投资客商姜堰考察团接待活动在溱湖风景区会议室举行。该活动由市商务局主办、区商务局承办，副市长张余松，区长张长平，副区长朱嘉浩、刘文来，区商务局局长薛维昌参加。

10月7—9日，泰州（上海）投资说明会在上海市虹桥宾馆举行。区委书记李伟带队，区长张长平，区委常委徐闻仲，“一区两园”及区发展和改革委、区经济和信息化委、区台办、区商务局等单位主要负责人参加。

10月16日上午10：30，2014年姜堰金秋经贸洽谈会签约仪式在锦宸溱湖大酒店二楼大会议室召开。签约项目20个，总投资39.6亿元。涉及智能电网、金属制品、新材料、先进装备制造等产业。其中，内资项目17个，计划总投资23.2亿元；外资项目3个，计划总投资2.65亿美元。该活动由区委办、区政府办牵头，区商务局承办，四套班子主要负责人及相关部门参加。

【区招商局挂牌成立】 11月5日，区委常委会会议纪要第1期明确，区商务局增挂区招商局牌子，区招商局工作人员从区发展和改革委、区经济和信息化委、区商务局等部门抽调，负责全区驻外招商工作。先期组建驻北京、上海、苏州3个驻外招商分局，副科级建制，分别设在区经济和信息化委、区发展和改革委、区商务局内，其中苏州分局设在区商务局，配招商人员15人。首批驻外招商人员委派期从2014年11月份至2016年年末。

对外及港澳台贸易

【概况】 2014年，全区有自营进出口实绩企业231家，其中外贸流通企业27家、生产型内资企业140家、“三资”企业64家。实现自营进出口10.69亿美元，比上年增长24.62%，完成年计划9.1亿美元的117.5%。其中，出口9.05亿美元，比上年增长28.34%；进口1.63亿美元，比上年增长7.39%。自营进出口市场主要是欧美、东亚、南亚等国家和中国香港、台湾地区，逐步向澳洲、非洲等新兴市场发展，产品销往120个国家和地区。进出口商品主要以纺织服装、石油装备、建材、五金工具、消防器材等产品为主，品种2500多个，其中纺织服装进出口13.78%、石油装备制造进出口16.26%、建材进出口10.89%、五金工具进出口10.02%、消防器材进出口11.57%、其他一般产品进出口37.48%，高新技术产品出口占全部出口商品2.3%。

对外经济技术合作

【概况】 对外工程承包 2014年，全区有外经企业4家，分别是正太集团有限公司、锦宸集团有限公司、鸿佳集团有限公司和正威科技建设集团有限公司。新派劳务人员133人。实现新签外经合同额2.7907亿美元，比上年增长73.19%，完成年计划1.3亿美元的214.66%。实现外经营业额1.4744亿美元，比上年增长4.93%，完成年计划1.3亿美元的113.42%。对外工程承包和劳务合作的主要国家是纳米比亚、博茨瓦纳、塞内加尔和乍得。

对外投资 2014年，全区有4家企业在境外投资，分别是泰州华丽塑料有限公司在法国和美国各投资120万美元设立的华丽塑胶法国有限公司和华丽塑胶美国有限公司、江苏双登股份有限公司在韩国投资1.819万美元设立的双登韩国有限公司、正太集团在塞内加尔投资15万美元设立的正太集团塞内加尔有限公司。截至年底，全区有对外投资企业21家，其中亚洲8家、非洲5家、北美洲5家、欧洲3家，投资主要分布在美国、新加坡、加拿大等国家和中国香港地区等。对外投资主体主要有机械、家具、建筑业等。

（王式学　高　晶）

2014年有外资任务单位利用外资完成情况

表4

单位：万美元

镇（区）	协议外资			实际利用外资		
	计　划	实　绩	完成（%）	计　划	实　绩	完成（%）
姜堰镇(科技园区)	8000	8154	101.93	3000	3002	100.07
装备园区(白米镇)	8000	1769.6	22.12	3000	269	8.97
经济开发区 (梁徐镇、桥头镇)	24000	24040	100.17	10000	8007.91	80.08

注：该表统计时间为2014年12月31日。

泰州市姜堰区前十位外贸企业完成情况

表5

单位：万美元

序号	企业名称	累计进出口实绩	累计进出口增减（±%）	累计出口实绩	累计出口增减（±%）	累计进口实绩	累计进口增减（±%）	企业类别
1	泰州市华丽塑料有限公司	10398	25.87	10364	25.75	34	76.5	内资企业
2	江苏曙光集团有限公司	8850	31.01	8701	33.9	149	-42.25	内资企业
3	格兰特（江苏）钻具有限公司	7902	45.26	5962	33.95	1940	96.21	“三资”企业
4	五行材料科技（江苏）有限公司	7456	68.54	7456	69.07	0	-100	内资企业
5	江苏泰达纺织有限公司	5371	-2.52	1940	21.94	3431	-12.43	内资企业
6	江苏太平洋精密锻造有限公司	4213	14.02	1409	-9.8	2804	31.46	内资企业
7	姜堰市中裕消防器材有限公司	4198	92.13	4191	91.81	6	—	内资企业
8	江苏双登股份有限公司	3422	14.3	3382	15.15	40	-29.82	内资企业
9	江苏扬动电气有限公司	3093	7.19	39	818.51	3055	6.01	内资企业
10	江苏维娜时装有限公司	3087	12.76	3070	12.12	17	—	“三资”企业

注：（1）该表为2014年12月份海关统计数。（2）全区1—12月份累计自营进出口106928万美元，比上年同期85807万美元增长24.62%，完成泰州任务9.1亿美元的117.5%，超序时进度17.5%。其中，累计出口90553万美元，比上年同期70558万美元增长28.34%；累计进口16375万美元，比上年同期15248万美元增长7.39%。

2014年度泰州市姜堰区对外承包工程统计

表6

单位：万美元

单位名称	合同个数		合同额（万美元）				营业额（万美元）			
	当年累计	上年累计	当年累计	上年同期	完成年计划（1.3亿元）（%）	同比（±%）	当年累计	上年同期	完成年计划（1.3亿元）（%）	同比（±%）
正太集团有限公司	7	10	27907	11080	—	—	11260	9955	—	—
锦宸集团有限公司	—	3	0	3038	—	—	2421	1985	—	—
正威科技集团有限公司	—	—	—	—	—	—	—	1611	—	—
鸿佳集团有限公司	—	1	—	1995	—	—	1063	500	—	—
合　计	7	14	27907	16113	214.66	73.19	14744	14051	113.42	4.93

注：该表统计时间为2014年12月31日。

旅　游

综　述

【概况】　2014年，全区推进旅游兴区战略，加大旅游产业开发力度，呈现蓬勃发展良好态势。1—10月份，接待游客483.76万人次，旅游直接收入11.62亿元，同比分别增长9.91%、11.08%。

旅游产品建设　推进全区旅游景区（点）、宾馆酒店等旅游项目建设。完成溱湖湿地公园湿地迷宫项目、水生植物调配、湿地体验园亲水项目等改造工程和水上游览线两侧绿化改造提升工程；城区北大街历史文化街区的曹俊艺术馆、王氏宗祠布展工程在会船节期间对外开放；推进人民公园休闲街区建设；天目山遗址公园区域的姜堰博物馆建成开放；河横龙卷风水上乐园项目竣工。

旅游市场拓展　借助姜堰旅游人文频道，宣传溱湖湿地公园、泰州华侨城、北大街历史文化街区等核心景区；编印姜堰旅游杂志3期，宣传姜堰旅游发展情况。在主要客源地市场主流媒体上定期宣传姜堰旅游产品和线路；与同程、携程、驴妈妈等专业旅游网站合作，开展姜堰旅游景点、节庆活动宣传。溱潼会船节期间，中央电视台1套《朝闻天下》栏目开展为期1个月宣传；开幕式当天，中央电视台《新闻联播》以《全国非物质文化遗产溱潼船会开赛》为题，用20秒报道会船盛况；中央电视台《共同关注》栏目以《溱潼船会展现原生态民俗画卷》为题，用2分钟报道溱潼会船节场面；中央电视台《走遍中国》栏目组拍摄播放专题片《溱潼会船 水上狂欢》；新华社、新华网、人民网、新浪、腾讯、搜狐等主流媒体报道旅游节开展情况。巩固江苏、上海、浙江、安徽、山东等传统客源市场，拓展北京、广东、湖北、河南、四川等省市远程游客市场，姜堰旅游从长三角地区走向全国市场。

旅游品牌创建　1月7日，国家旅游局、环保部联合颁发旅发〔2014〕1号文件，公布2013年国家生态旅游示范区名单，溱湖旅游景区创建成国家级生态旅游示范区，成为江苏首批、泰州首家国家生态旅游示范区。启动溱湖旅游景区创建国家环保教育基地、江苏省旅游标准化试点单位，北大街历史文化街区申报AAAA级旅游景区，中艺农业生态园申报AAA级旅游景区，以及溱潼镇湖南村、丰源生态农庄申报省三星级乡村旅游点等工作。中艺农业生态园通过省旅游局组织的AAA级创建验收。

旅游行业管理　规范旅游企业生产经营行为，组织开展全区旅游商品生产经营企业专项检查活动3次。开展全区旅游企业安全生产大检查，完善应急预案，杜绝各类旅游安全事故发生。

【第十届中国溱潼古山茶观赏节】　3月29日上午，第十届中国溱潼万朵古山茶观赏节在溱潼古镇院士旧居开幕。该届古山茶观赏节由溱湖风景区管委会、溱潼镇政府、区旅游局主办，江苏卫视《旅游天下》栏目和南京广播电台私家车广播频道协办。溱湖风景区管委会副主任、溱潼镇镇长李荣圣致辞，市旅游局领导，区委、区政府分管领导，溱湖风景区管委会及协办单位负责人共同开启古山茶观赏节启动球，现场嘉宾、游客共同观赏千年万朵古山茶。

第十届古山茶观赏节启动仪式　（网络处）

【2014年中国泰州姜堰溱潼会船节】　4月8日上午，第九届中国湿地生态旅游节、第六届中国泰州水城水乡国际旅游节、2014年中国泰州姜堰溱潼会船节在溱湖风景区开幕。全国休闲标准化技术委员会、省环保厅分别授予泰州凤城河风景区“城市中央休闲区”、溱湖湿地“国家生态旅游示范区”牌匾。副市长孔德平、中国银行江苏分行副行长蒋魁伟共同为“泰州市民旅游休闲卡”发行揭牌，向道德模范代表赠送首批市民旅游休闲年卡。“智游泰州”手机APP系统现场上线运行，泰州旅游进入“芯”时代，游客吃、住、行、游、购、娱均可“掌”上实现。2014年溱潼会船节以“‘泰’美水乡，千篙‘船’情”为主题，5月3日结束，展示泰州、姜堰、溱湖地域文化特色和旅游文化元素。其间举办第四届“黄龙士·双登杯”世界女子围棋擂台赛、曹俊艺术馆开馆暨曹俊法国卢浮宫获奖作品家乡汇报展、泰州华侨城“芳菲天、踏春行”回馈季，开展经贸洽谈、集中签约等活动。国家林业局湿地保护管理中心主任马广仁，全国休闲标准化技术委员会主任张灵光，省旅游局局长秦景安，省林业局局长夏春胜，省环保厅副巡视员胡和林，中国国旅集团党委常委、国旅股份副总经理陈荣，市领导陆志鹏、何榕、贾春林、孔德平、姚社成，区领导李伟、张长平、高永明、仲亚岭等出席开幕式。

【媒体推介溱潼会船节】　3月1—31日，每逢单日6：45、7：49，中央电视台1套新闻频道《朝闻天下》栏目播放溱潼会船节宣传片，时长15秒。4月8日晚，中央电视台《新闻联播》以《全国非物质文化遗产溱潼船会开赛》为题，用20秒时间报道溱潼会船盛况；中央电视台《共同关注》栏目以《溱潼船会展现原生态民俗画卷》为题，用近2分钟时间报道溱潼会船节壮观场面，介绍溱潼会船悠久历史。5月1日20：00—20：30，中央电视台4套《走遍中国》栏目播放专题片《溱潼会船 水上狂欢》，讲述溱潼会船历史和独特的清明民俗文化，记录溱潼人投身旅游产业、享受旅游发展成果的生活状态，介绍溱湖美食“溱湖八鲜”，重播时间为5月2日5：05—5：35、13：30—14：00。江苏卫视《江苏新时空》栏目以《2014泰州姜堰溱潼会船节开幕》为题展现开幕式现场。新华社播发《2014江苏溱潼会船节开幕》图文通稿；《农民日报》编委沈建华采访会船活动；《新华日报》以《溱潼会船节，千篙逐春潮》为题在重要版面报道；《东方早报》《扬子晚报》《南京晨报》分别以半版篇幅报道开幕式盛况。新华网在首页“节会”专栏推出会船节专题网页，以《2014中国泰州溱潼会船节今在姜堰“开篙”》为题，在网站首页“节庆”板块推出图文报道；新华网江苏频道在主页挂出会船节开幕展示栏，制作专题网页；人民网于4月8日10时19分以《“天下第一水上庙会”泰州姜堰会船节开幕》为题推出报道，发布图片8幅；中国新闻网以《江苏溱潼千篙“船”情现民俗画卷》为题描绘溱潼会船特色民俗场景；新浪网、腾讯网、搜狐网、光明网、东方网等网站于会船节当日推出相关报道，国内50多家网站转载。

（孔　纬）

【第十届中国·河横菜花节】 4月9日上午，第十届中国·河横菜花节开幕式暨河横“龙卷风未来水世界”启动仪式在沈高镇河横村举行。“龙卷风未来水世界”项目由泰州凤城旅行社有限公司投资创办，占地18公顷，总投资1.2亿元，填补泰州地区大型水上娱乐项目空白。菜花节期间，举办拔河比赛、滚铁环比赛、“新康杯”乒乓球赛、篮球赛、文艺演出、自行车慢赛等多项活动。区委副书记何光胜宣布河横菜花节开幕。区领导何光胜、王萍、盛育河出席。

（陈燕华）

【2014年溱湖女子龙舟邀请赛】 6月2日上午，2014年“建工杯”溱湖女子龙舟邀请赛在溱湖国家湿地公园举行。该次龙舟赛由溱湖风景区管委会、区体育局、区旅游局主办，18支代表队参加，比赛形式为400米直道竞速赛。各代表队通过预赛、复赛和决赛，分享现金大奖15万元。淤溪镇武庄村代表队、姜堰建工风景区代表队、华星轧花溱潼镇溱东村代表队、淤溪镇淤溪村代表队分获前4名。

（孔 纬）

2014年溱湖女子龙舟邀请赛举行 （网络处）

【泰州华侨城第五届亲水节】 6月28日，泰州华侨城第五届亲水节在溱湖畔开幕。该届亲水节以“盛夏冰泉 美食狂欢”为主题，持续至8月31日，其间开展亲子夏令营、高球训练营、挑战光头强、乐高儿童益智游戏、DIY稻草人等游艺项目和云海温泉环球美食精选海鲜自助餐以及慕尼黑啤酒文化活动。副区长盛育河出席。

（张泽海 花 荣）

【第五届华侨城温泉养生节】 11月2日上午，第五届温泉养生节在泰州华侨城开幕。该届温泉养生节以“温润身如玉 泉缘华侨城”为主题，持续到2015年1月8日，其间举办享美食、泡汤暖、挥高球、游古寺、观稻草人艺术展等活动。区委副书记何光胜、副区长盛育河出席。

（袁 亮）

【溱湖国家湿地公园入选江苏省经典旅游景区】 5月19日，江苏省旅游局首次对外发布“畅游江苏”经典旅游景区和精品旅游线路。溱湖国家湿地公园凭借优美的生态环境、深厚的文化底蕴以及舒适的体验感入选江苏省经典旅游景区，溱湖国家湿地公园、溱潼古镇景区入选“畅游江苏”推荐精品旅游线路。

【溱湖湿地农业生态园创建成国家AAA级旅游景区】 7月15日，江苏省旅游景区质量等级评定委员会发布公告，批准泰州溱湖湿地农业生态园等9家旅游景区为国家AAA级旅游景区。这是继溱湖旅游景区成为国家AAAAA级旅游景区、溱潼古镇景区成为国家AAAA级旅游景区后溱湖地区获得的第三块国家级旅游景区品牌。该园是省内仅有一家以农作物为主的集现代农业与设施农业为主题的农业观光休闲景区，是省内农业及设施农业投资密度和投入面积最大的生态园区，占地约32公顷，其中观光智能温室2.7万多平方米，各类温室大棚、连栋温室、轻钢大棚9万多平方米，展示鲜明的构造特点和超前的农业发展理念。

溱湖风景区

【概况】 2014年，溱湖风景区紧扣区委、区政府“大溱湖”发展战略，围绕“旅游品质提升年”主题，实施项目提升、知名度提升、市场提升、品牌提升、服务提升等“五大提升”工程，发展大旅游，建设小城市，经济社会平稳发展。溱湖旅游景区通过全国环境科普教育基地、江苏

省服务标准化试点单位验收，被评为“最受读者喜爱的旅游景区”，入选青奥之旅指定接待景区、最受外国人欢迎的中国50大景区。

旅游品质建设　提升旅游品质，推进旅游从观光型向休闲度假型转变、从过境游向目的地游转变、从门票经济向税源经济转变。湿地公园完成水上游览线两侧绿化改造、湿地迷宫及水生植物调配、湿地体验园亲水项目等工程；溱潼古镇完成状元府、院士旧居轿厅改造、曹俊艺术馆等项目建设。举办溱潼会船节、“溱湖八鲜”美食节、茶花观赏节、端午龙舟赛等系列旅游节庆活动。开通溱湖湿地微信公众服务号，在中央电视台《朝闻天下》栏目开展为期1个月的会船宣传，与100家网站联合推介溱潼会船线路，与新浪网合作开展“寻溱记”大型网络互动、“舌尖上的溱湖”有奖征集等系列活动。年内接待游客162.93万人次，实现旅游直接收入1.94亿元，比上年分别增长10.91%、12.05%。

经济建设　实现地区生产总值16.39亿元，比上年增长10.52%；公共财政预算收入4510万元，比上年增长5.49%。实现农民人均纯收入17668元，比上年增长16.6%。新增设施农业和渔业面积54.07公顷，建成农产品电商平台2个，完成200万元以上农业项目5个，其中500万元以上农业项目2个，6个村成为姜堰区规模经营推进村，溱东村创建成省级现代渔业示范村，溱湖簖蟹特色水产品产业园创建成泰州市现代渔业产业园，中艺农业生产园被中国蔬菜协会表彰为“优秀蔬菜生产商”。全部工业开票销售10.19亿元，比上年增长1.7%；列统工业产值20.65亿元、利润2亿元，比上年分别增长9.77%、10.9%；竣工1000万元以上技术改造项目1个，实施1000万元以上技改项目3个。完成服务业税收4293.88万元，与上年基本持平；实现服务业固定资产投资5亿元、限额以上服务业企业销售6881万元，比上年分别增长20.4%、24%；完成1000万元以上服务业项目4个。

城镇建设　坚持“发展大旅游，建设小城市”总体思路，配合泰东河拓浚工程，加快小城市和基础设施建设，建成新城区安置区、新海滨农贸市场，建设读书址大桥、溱潼北大桥、姜溱河硬质护坡工程。基本落实长江水管网铺设、溱湖商业中心及府前路南侧污水管网工程、新城区污水提升泵站等改善民生十个方面实事。推进村居环境长效管护和村容村貌整洁维护工作，以全区第一名通过省整治办考核验收。湖南村、洲城村村庄环境长效管理工作得到省委、省政府主要领导肯定，湖南村、湖北村、洲城村、洲南村申报泰州市“美丽乡村”。9月份，开展集镇环境专项整治行动，清除乱堆乱放890处，消灭卫生死角344处，新建、改造厕所12座。

【溱湖旅游景区合作旅行商年会召开】　1月9日下午，溱湖旅游景区召开2013年度重点合作旅行商年会。表彰2013年度“十佳组团社”“十佳地接社”旅行社和2013年度最佳网络供应商，与参会旅行社代表洽谈业务，签订2014年旅游合作协议。上海、安徽、山东、浙江、南京、苏州、无锡、常州、镇江、南通、盐城、扬州、徐州、泰州等地80多家旅行社和同程旅游网、携程网、驴妈妈网代表参加。

【开展主题宣传活动】　2月2日是第18个“世界湿地日”，主题是“湿地与农业”，宣传口号是“湿地与农业：共同成长的伙伴”。溱湖国家湿地公园向全市市民免费开放；中国溱湖湿地科普馆设立湿地知识宣传台，向游客介绍湿地与农业知识；姜堰电视台旅游人文频道、《姜堰日报》、溱湖国家湿地公园网站、义茶亭论坛等媒体开展宣传活动。5月17—24日是全国科技活动周暨江苏省第二十六届科普宣传周。溱湖国家湿地公园围绕“科学生活，创新圆梦”活动主题，紧扣“节约能源资源，保护生态环境，保障安全健康，促进创新创造”科普活动内容，向游客宣传溱湖湿地生态环境及野生动植物知识，在溱湖湿地科普馆内外设置科普宣传展板12块，发放宣传资料1000多份；在湿地科普馆4D影院设立湿地知识竞赛答题机，知识竞赛通关者可免费观看4D电影。5月19日是第四个“中国旅游日”，主题是“快乐旅游，公益惠民”。溱湖旅游景区实行半价优惠，省内60岁以上老人和身高1.5米以下儿童免票入园；景区设立宣传台，宣传“中国旅游日”起源、设立依据、重大意义及活动主题，姜堰电视台旅游人文频道、《姜堰日报》、溱湖旅游网站、三水姜堰网站等媒体开展宣传活动；活动现场设立年卡办理、旅游咨询、特色线路等咨询服务平台，15家旅行社联合周边省市重点景区推出精品旅游线路和优惠活动。

【开展“寻溱记”大型网络互动活动】 3月15日，新浪网“寻溱记·逃离城市去溱湖”专题上线。新浪网、新浪旅游、新浪江苏以及新浪微博等多个位置开展专题宣传，原创微博转发近900条，点赞120次，评论近880条，微博总覆盖6032576人次。

【溱湖旅游景区亮相《新闻直播间》】 6月5日下午，“发现最美夏季旅游地——游水乡品梅菜 有滋有味的旅行”节目亮相中央电视台《新闻直播间》。该节目全长一分半钟，围绕地理环境、溱湖湿地水乡风情和梅府家宴介绍泰州美景美食。

【溱湖湿地科普夏令营开营】 7月9日上午9点，2014年溱湖湿地科普夏令营开营。该活动由武汉市教育局、溱湖国家湿地公园主办，主题为“跟着课本游中国”。7月、8月，10多批5000多名学生到溱湖参观游览湿地科普馆、溱湖水下世界，体验溱湖“慢生活”，参与湿地体验园、探险乐园、水上迷宫体验项目等。武汉市各中小学校300多名学生参加开营仪式。

【溱湖旅游景区入选青奥之旅指定接待景区】 2014年，溱湖旅游景区入选“青奥之旅”指定接待景区，为世界各地青奥参赛选手、观赛游客提供旅游线路。“‘青奥之旅’指定接待景区、推荐景区”征集工作由南京市发展和改革委与青奥组委会发起，主要用来接待世界各地青奥参赛选手、随行人员和观赛游客。溱湖景区是扬州—泰州两日游线路上唯一指定游玩景区。全市有凤城河和溱湖两个景区入选。

【溱湖被评为“最受读者喜爱的旅游景区”】 9月17日，中国旅游研究院、《环球时报·环球旅游》周刊、携程旅行网攻略社区频道共同举办的“2014年中国最佳旅游景区”颁奖典礼举行，溱湖旅游景区被评为“最受读者喜爱的旅游景区”。该次评选活动吸引国内近160家AAAAA级风景区参加，经过读者报纸投票、网络投票、外国旅游局驻华机构首席代表投票、专家意见及舆情调查，溱湖旅游景区以其秀美的自然风光、悠久的历史文化、浓郁的人文景观获评。全省有苏州园林和溱湖旅游景区两家入选。

【溱湖风景区入选最受外国人欢迎的中国50大景区】 10月，溱湖风景区、“溱潼会船节”入选英文旅游指南图书《CHINA》专栏“CHINA TOP50”（最受外国人欢迎的中国前50大景区）。该书由加拿大著名旅游指南专业出版机构出版，江苏省两家景区入选。全书用两个版面介绍溱湖湿地、溱潼古镇风貌和溱潼会船节。

【溱湖河蟹农业标准化示范区和湿地公园旅游标准化试点工作通过省级考核验收】 2014年12月17—18日，省质监局、省旅游局、苏州大学、省标准化研究院等单位组成专家组考核评估溱湖河蟹农业标准化示范区和溱湖国家湿地公园旅游服务标准化试点工作。2011年，溱湖河蟹省级农业标准化养殖示范区创建工作启动。溱潼地区533.33公顷蟹塘按照溱湖河蟹生产技术规程，从水质、螃蟹种苗到病害防治、捕捞等养殖全过程实施标准化养殖，示范区内水质、河蟹产品质量明显提升，形成示范区养殖合作社主动制定有机河蟹、无公害河蟹养殖标准的良好氛围，河蟹产品经多次检测均符合标准要求。溱湖国家湿地公园围绕旅游服务内容和目标等环节，收集国家和行业标准86项，制定企业标准109项，共253项，涉及景区管理、旅游服务、环境卫生、安全管理等内容，满足景区旅游服务需求。省考评组到汤记农庄、溱湖国家湿地公园等地了解溱湖河蟹标准化示范区和省级旅游服务业标准化试点建设情况，认为该区较好地完成河蟹标准化示范区和旅游服务标准化试点建设任务，同意通过考核评估。副区长刘文来参加。

（孔　纬）

开发园区

江苏省姜堰经济开发区

【概况】 2014年，江苏省姜堰经济开发区（以下简称“区经济开发区”）以转型升级、项目推进、园区建设为主线，转变发展方式，应对宏观经济“新常态”，经济社会发展保持良好势头。实现地区生产总值107.23亿元，比上年增长11.5%。实现列统工业产值354亿元，比上年增长20%；工业开票销售190亿元，比上年增长7.87%；工业设备抵扣增值税额1.08亿元，比上年增长22.6%。纳税销售过亿元企业36家，比上年增加10家。完成固定资产投资84.7亿元，比上年增长28%。实现公共财政预算收入5.43亿元，比上年增长26.9%。农民人均可支配收入18533元，比上年增长14.2%。

招商引资　完成协议利用外资1.9亿美元，实际利用外资9000万美元。

项目建设　新增固定资产投资1亿元以上工业项目8个、200万元以上农业项目4个、1000万元以上服务业项目6个；竣工验收规模以上项目26个，其中工业项目8个、第三产业项目14个、农业项目4个，在建亿元以上项目19个，待开工项目5个。五行能源装备、太平洋精锻科技等一批重大项目竣工验收。昆山高新区姜堰工业园“南北共建”获批。

科技创新　实施“一企一策”，强化服务指导，培植特色产业，培育规模企业，以优质增量推动产业转型升级。实现高新技术产业产值147.7亿元，高新技术产业产值占列统工业产值比重38.2%。申报高新技术企业10家，省高新技术后备企业7家，民营科技企业29家，申报国家重点新产品4个，省高新技术产品69个，申报国家火炬计划产业化示范项目5个，国家科技型中小企业创新基金项目4个，省科技支撑计划项目6个，申请专利1236个，申请发明专利159个，专利授权数322个。

社会事业　坚持城乡一体发展和“产城融合发展”理念，抓好新城区功能配套建设，实施陈庄路对接迎春路等重点道路工程，5大类16项工程完成序时任务。区经济开发区大型生态绿地工程建成对外开放，学校进入装修收尾阶段，启动建设区经济开发区工业污水处理厂、泰州市第二人民医院开发区分院。建成军铺、陈庄二期、许陆二期、马厂七期C区等安置区16.8万平方米。开工建设马厂七期D区、陈庄三期、许陆三期等工程。实施农村垃圾处理一体化工程，开展环境综合整治，建立健全长效管理机制，村、社区面貌明显改善。推进被征地农民社会保障工作。转移农村劳动力就业424人，推动农民创业730人，带动就业2159人。完善社会保障体系，五大社保扩面单项增幅都在90%以上。化解重大矛盾纠纷，刑事案件发案率比上年下降14%。

（王　磊）

【昆山高新区姜堰工业园“南北共建”获批】 2014年9月，省发展和改革委、省商务厅联合发文，同意将区经济开发区智能电网产业园列为省南北挂钩共建园区，名称为“昆山高新区姜堰工业园”。该园区由昆山高新区与区经济开发区合作共建，总规划面积2.5平方千米，合作双方共同出资5000万元，注册成立泰州昆姜开发投资有限公司，重点发展智能电网器件及其配套产业项目。享受3年期“以奖代补”扶持资金，每年1500万元，纳入苏北共建园区年度考核评价范围。12月17日下午，昆山高新区姜堰工业园第一次联席会议在姜堰区召开。区委常委、区经济开发区党工委书记徐闻仲说明园区共建有关具体工作，区经济开发区管委会负责人介绍共建园区发展规划，昆山高新区招商局负责人介绍共建园区筹备情况及2015年工作目标。昆山高新区党工委副书记、管委会副主任杜立新，昆山高新区管委会副主任张建文，区领导李伟、何光胜、薛金林出席。

（鲍连华　张志海　张泽海）

泰州市姜堰区现代科技产业园

【概况】 姜堰区现代科技产业园地处姜堰南郊，是省级工业集中区、泰州市重点园区。始建于1998年，规划面积11.8平方千米。2014年，该园区拥有工业企业近600家，其中规模以上企业69家。完成工业开票销售48亿元，比上年增长13%。区现代科技产业园获“泰州市特色工业园区”称号。

招商引资　出台招商引资考核奖励办法，提升招商人员综合素质和专业水平。重点围绕汽摩配件、石油钻具、五金机电、船舶配件、医药健康、电子信息等产业开展招商活动，高成新材料、韩国汽车模具、台湾汽车零部件项目相继落户；招引发展前景好、可塑性强的小微企业入驻中小企业创业园；围绕投资强度、税收、产值三个基本要素，选择符合园区产业发展的企业，跟踪洽谈，争取落户；成立江阴、无锡、常州、南京、苏州、宁波、深圳、北京8个招商办事处，安排驻点招商工作人员30人左右。招商服务中心协助举办大连招商投资说明会等招商活动，吸引客商考察投资。国家嵌入式软件检测中心、李德仁院士工作站落户，智谷软件园是泰州首家、苏中地区档次最高的高科技人才集聚基地，扬帆中小企业创业园是泰州地区规模最大小微企业集聚区。年内，园区新增签约项目12个，总投资32亿元，其中亿元以上项目7个。实现协议利用外资8114万美元，实际利用外资3000万美元。

项目建设　通过市考核验收项目21个，其中一产4个、二产4个、三产13个，亿元以上项目3个。新开工5000万元以上二产项目7个，其中亿元以上项目3个。

科技创新　共建产学研联合体5家，创建李德仁院士工作站，签订产学研合作协议11项，引进高层次创新创业人才8人，国家火炬计划产业化示范项目2项，国家科技重大专项项目1项，省科技企业上市培育计划推荐入库企业1家，江苏省科技支撑项目1项，省高新技术产品29项，省级高新技术企业6家，省高新技术后备企业2家，省民营科技企业11家，省科技型中小企业备案8家，省工程中心1家。实施技改项目5个，其中3000万元以上重大技改项目3个。

基础设施建设　投资4720万元，新建周山河滨河大道、兴业路、幸福南路等9条道路，改造提升兴姜东路，拉开东园区“两横三纵”、西园区“四横三纵”道路框架。投资220万元的园区服务中心入驻办公。投入300万元，完成园区技防工程；投入150万元，实施东园区绿化补植；投入300万元，实施振宇西路停车场地、雨水管网改造。智谷软件园一期投资5亿元，建成行政和研发中心、培训中心；扬帆中小企业创业园一期10万平方米、16幢四层标准厂房建成竣工。

（陈晚林　王耀明）

泰州市姜堰区高新技术装备产业园

【概况】 该园区组建于2013年1月，是姜堰区重点建设“一区两园”之一。位于姜堰城区东部，总规划面积16平方千米，以曙光工业园区为基础，以东部干线为轴线，整合娄庄、白米、蒋垛、大抡四镇资源。区内曙光工业园是省政府重点扶持100家特色产业集群之一，拥有以江苏曙光集团股份有限公司、格兰特（江苏）钻具有限公司为代表的石油装备制造企业30多家，主要产品有石油钻杆、接头、涂层、钻铤、套管头、高压管道、法兰等，形成较为完整的钻采装备产业链。实行区镇融合发展，围绕“招商引资、工业经济、规划建设、项目服务、融资保障”五大重点，打造“亿元企业10亿级、亿元项目10亿级、油气装备60亿级”三大板块，引导产业项目加快集聚，促进工业经济提质增效。与中国石油大学合作，实施专利发明、成果转化、产学研合作“科技兴区”战略，打造高端化、规模化、专业化产业基地。2014年，完成全部工业纳税销售40.77亿元，实现公共财政预算收入1.38亿元。该园区被省商务局确定为省级油气装备出口基地。

工业经济 新增规模以上企业2家，曙光集团完成纳税销售12.62亿元，格兰特公司完成纳税销售7.77亿元。

“三项工作”（招商引资、项目建设、技术改造） 推行党政主要负责人和专职招商负责人挂钩联系招商分局、党政负责人AB岗招商、后备干部驻点招商、各村支书兼职招商、其他人员轮岗招商等制度，成立招商分局5个，除企业招商分局外，在上海、苏州、常州、宁波驻点招商，实行招商引资半月督察通报制及专业招商人员绩效考核制。制定出台《关于打造百亿特色园区，培大育强规模企业梯队的实施意见》《关于实施亿元企业孵化基地的建设意见》等扶持企业发展政策。推行企业技术改造月度例会制度。竣工1000万元以上技改项目5个，其中3000万元以上1个。创建国家高新技术企业1家、省以上高新技术产品8项，与中国石油大学、江南大学、南通大学等高校开展产学研对接活动16场次，新办研发机构4家，建成省重点实验室1家。

基础设施建设 投资8800多万元，实施蒲津大街南延、园二路、园四路、花园西路、园六路、振白路“四横二纵”6条道路建设，全长9.23千米，新建桥梁10座，埋设排水管道15千米，6条道路基本具备通车条件；完成人民路、花园路、园一路道路改造工程设计和招投标工作。投入680万元为新建6条道路配套LED节能路灯760杆；投入270万元实施328国道亮化提升工程，新建路灯145杆，改造原有路灯153杆。开展安置区建设。甸河安置区一期工程10幢别墅封顶，3幢单元房在桩基施工中；竹窠庄安置区3幢安置房封顶，在内外粉刷中。

（潘　利）

江苏省姜堰现代农业产业园

【概况】 2011年6月，江苏省姜堰现代农业产业园区获批，范围涉及沈高镇、溱潼镇、桥头镇和溱湖风景区，面积近6666.67公顷，以沈高镇为核心区。2014年，江苏省姜堰现代农业产业园区与沈高镇实行“区镇合一”管理，打造现代农业园区核心区。组建中共泰州市姜堰区委现代农业产业园区工作委员会与江苏省姜堰现代农业产业园区管委会，区委常委、副区长肖延川任党工委书记，沈高镇党委书记周宏才任管委会主任。园区服务中心一期于2013年年底建成投入使用，建筑面积2452平方米，内设办公场所、智慧农业信息中心、电商平台、农产品检验检测室、展示大厅等。该园区策应国家农业改革与建设试点、全省农业现代化试点和泰州市主城区北部生态走廊建设，形成省级姜堰现代农业产业园、省级姜堰农产品加工集中区、省级姜堰河横休闲观光农业园以及省级苏台（姜堰）农业创业园“四园一体”发展格局。园区规划分为优质稻麦种植区、设施农业产业区、休闲观光农业区、农产品加工集中区等四大功能区，其中前三个功能区规划面积均为666.67公顷、农产品加工集中区规划面积200公顷。规划建设农业产业带，形成娄沈路、沈马路、幸盟路、农溱路“四横”，溱湖大道、229省道、星马路、沈新路“四纵”8条特色产业带。截至2014年年底，该园区有高效农业面积2123.87公顷，其中设施农业面积988.27公顷；拥有有机食品1个、绿色食品20个、无公害农产品53个，“河横”大米被列入国家地理保护产品名录；省级姜堰农产品加工集中区完成43户农户搬迁安置和安置区57户农户土地流转工作，农产品加工集中区一期完成“一纵一横四桥”主干道建设。该园区获“全国绿色食品生产基地”“全国‘一村一品’示范镇”“国家农业科技创新与集成示范基地”等称号。

（张广明　张永进）

一拖（姜堰）10万台轻型柴油机项目

人事·劳动·社会保障

人　事　工　作

【概况】　2014年，全区有公务员2161人、参公人员300人、各类事业单位人员10718人。人才总数14.2万人（包括管理人才、专业人才、技能型人才和农村适用人才），其中专业技术人才5.64万人、高层次人才5432人。

人才培养　严把职称评审关，申报通过高级专业技术资格190人、中级专业技术资格347人、初级专业技术资格1502人。创新企业人才服务评价体系，开展“职称服务企业行”活动，向长期工作在一线的企业技术骨干适度倾斜，认定专业技术人员96人。新增泰州市有突出贡献的中青年专家6人、姜堰区有突出贡献的中青年科技工作者10人。

人才服务　高校毕业生就业见习实行网络化管理，就业登记、档案托管、人事代理、户口迁移实现一站式服务。大学生“村官”、“三支一扶”（支农、支教、支医和扶贫）和“985”高校人员实行动态跟踪服务。开展“三行三送”（园区行、企业行、校园行，送政策、送信息、送培训）人才服务活动，为全区转型升级发展提供针对性人才服务。组织26家企业参加省内外各类人才招聘活动35场次。全区引进、聘用高层次人才202人，其中海外人才29人。

人事管理　启动“年轻公务员成长计划”，新录用公务员实行导师培养制，组织轮岗锻炼；近1800名公务员参加基本能力提升网上培训。区政府嘉奖连续三年年度考核优秀公务员83人。核准事业单位岗位设置方案，岗位设置方案调整的单位规范实施人员岗位聘用工作。落实人员聘用制度，全区聘用合同签订率97%以上。做好机关事业单位人员招录和调配工作，录用公务员和参照管理事业单位工作人员42人、事业单位工作人员160人，安置军队转业干部9人。

劳　动　工　作

【概况】　2014年，全区劳动力总数41.26万人，其中城镇劳动力8.52万人、农村劳动力32.74万人。城乡就业总数38.05万人，其中城镇就业8.22万人、转移农村劳动力29.83万人，登记失业率2.0%。

用工就业　开展“春风行动”，举办“天天招聘周”“就业援助专场招聘会”等各类招聘会107场。成立“一区两园”服务工作领导小组，举办用工服务专题推介活动。实行成长型以上企业定期挂钩联系制度，实时监控重点企业失业动态，每月分析用工情况，汇总发布企业用工需求。组织人员赴外地联系劳务输入，编印《外来人员务工指南》，为用工企业和求职者提供就业指导。启用新的人力资源市场，通过省人力资源和社会保障厅“五星级公共人力资源市场”验收。调整就业失业登记证等业务办理流程，在媒体公布就业培训业务清单26项。开展“创建高质量就业企业”活动，相关论文获人力资源和社会保障部二等奖。全区城镇新增就业12305人，新增农村劳动力转移10176人，劳动者职业技能培训8472人，创业培训3415人，新增创业9532人，创业带动就业33462人，城镇登记失业率2.0%。

技能培训　投资250万元建立焊工、车工、钳工、电工四大高技能人才培训鉴定基地，提升职业技能培训鉴定等级。26家企业开展职业技能现场鉴定，新增高级工1989人、技师204人。区人力资源和社会保障局联合区总工会组织春季职工技能大赛，816人晋升为高级工。组织开展“溱湖八鲜”美食培训竞赛、“农村家宴”厨师培训，培训学员352人。组织企业在职职工技能提升培训14138人，新增高技能人才3114人，职业技能鉴定取证14575本。

劳动关系　加强工资集体协商机制建设，全区订立集体合同1590份、工资集体协商合同1488份，劳动用工报备10.52万人。开展“春暖百家企业”走访调研和“百家企业观摩庭审”活动，为企业用工提供法律帮助。向社会发布劳动争议仲裁白皮书，通过典型案件分析，为争议双方合法理性维权提供参考。开展职业中介机构专项检查，取缔非法职业介绍中介机构15家。组织在建工程项目综合执法大检查，责令整改16家，涉及农民工5000余人。受理投诉举报案件835件，帮助职工追回拖欠工资2800万元。

（刘海涛　解恒俊）

【区人力资源市场功能建设五星级创建工作通过省级验收】　2014年12月26日，省人力资源和社会保障厅检查组检查验收区人力资源市场功能建设五星级创建工作。2012年起，姜堰区新建人力资源市场大楼，安装进场人员视频计数系统，省、市、区三级实时联动系统，信息发布系统，计算机监控终端系统，服务对象电子叫排号系统，自助查询和远程服务系统，满意度测评系统；设置面试洽谈室、职业指导室、就业援助室、创业指导室、项目评估室、远程面试室和职业素质测评室等多个功能室，配备专业服务设施和设备；市场内安装15平方米LED全彩显示屏，滚动发布市、区最新用工信息和就业服务信息，设置触摸查询机4台、自助求职终端6台、企业招聘摊位110个。增设无障碍服务设施，大厅入口内铺设残疾人专用道，自助求职区辟有残疾人专席。验收组检查市场设施，翻阅档案台账，察看就业管理信息系统，听取创建工作汇报，肯定区人力资源市场功能建设五星级创建工作。

（肖亚林　王　念）

社　会　保　障

【概况】　2014年，全区城镇职工养老保险参保总数13.78万人，城镇职工医疗保险参保总数16.21万人，城镇居民医疗保险参保总数4.51万人；工伤保险参保总数13.91万人，生育保险参保总数9.71万人，失业保险参保总数7.79万人。城乡居民养老保险参保总数22.80万人，在领养老金15.43万人，月人均养老金172.03元。社会保险基金结余24.607亿元。

惠民政策　推进城乡居民养老保险全覆盖，实现全区年老人员人人享有养老保险待遇，基础养老金增至每人每月100元，惠及城乡居民14.7万人。调整4.9万名企业退休人员养老金，人均每月增资170元，人均月退休费1743元。最低工资标准从每月1480元调至1630元。出台居民大病保险相关政策，患大病居民个人负担1.5万元以上部分报销救助50%—60%。实行大病二次救助，城镇职工基本医疗保险二次补偿封顶标准从2万元提高到5万元。全区实行大病二次救助患者1365人，增报医药费641万元，人均救助4698元。将2012年12月31日前一次性缴纳五年医保费用的非剥离退休人员大病统筹费用单位负担部分改由医保支付。自2015年1月1日起不再从参保退休人员养老金中扣1%的大病救助医疗费。生育保险缴费比例从0.8%降至0.5%；失业保险单位缴费从2%降为1.5%，个人从1%降为0.5%。推进公立医院改革，建立公立医院改革医保补偿机制，医保付费总额控制取得成效。

扩面征缴　做好城乡居民养老保险续缴费工作，一季度完成全年续缴费任务，续保15.85万人，续保率95.2%。创新社保稽核形式，确定被稽核企业，将社保稽核与扩面征缴结合，实地稽核参保单位255家，书面稽核1260家，补收社保基金799万元。全区职工养老、医疗、失业、工伤、生育等五大保险分别新增参保8100人、8058人、6488人、6178人、6084人。

社保管理　社保业务大厅整体进驻区政务服务中心办公，通过“省社会保险经办服务示范窗口”验收。调整退休手续办理流程，实现一次性办结。创新QQ视频认证和承诺式认证法，方便长期居住外地和行动不便离退休人员进行资格认证。加强医保定点医院、药店监管，加大定点医疗机构责任医师百分制考核力度，控制不合理支出。全区262个行政村完成城乡居民养老保险“四个（参保登记、个人缴费、待遇领取、权益查询）不出村”建设，市人力资源和社会保障局在姜堰区召开现场推进会。

退管服务　加大退休人员社会化管理服务力度，承办省离退休人员摄影作品巡回展，区退管中心获“全国敬老文明号”称号。

（刘海涛　解恒俊）

【“姜堰人社”微信公众平台开通】　该平台10月初试运行，常设人力资源、社会保障和人文社区三大板块，设置生活人文信息板块。日常更新发布人社知识、工作动态、案例解析、“12333”咨询问题、品牌创建等时效性信息，宣传展示人社工作，发布人社工作信息，为手机客户端使用者提供便民服务。

（陈　亮　冯彦铭）

三水公园

城乡建设

城　乡　规　划

【概况】　2014年，泰州市规划局姜堰分局（以下简称“规划局区分局”）围绕泰州东部新城建设主线，开展工作，在推进项目建设、统筹城乡发展、改善百姓民生、塑造城市特色、提升城市功能等方面取得新成绩。

规划编制　编制城市建设规划，城区三个片区控制性详细规划正式成果获市政府批准。研究年内实施的原时代超市地块、政法委地块、农工商地块等旧城改造项目，细化规划控制指标。完成人民路环境景观整治规划、南北大街整治规划方案、原扬动厂地块规划方案。完成市第二人民医院周边、区建管局北侧等滨河绿化和区气象局南侧、振兴北路、城东健身游园等游园方案。修编全区旅游发展总体规划，研究细化城区“两线四区”旅游规划。北大街文化街区深化景点布置和人文内涵展示，创建成国家AAAA级旅游景区。完善天目山遗址公园规划和净业寺—万竹园概念规划。完成人民公园改造二期工程、区经济开发区三水公园等项目规划方案。服务全区保障和改善民生十个方面实事项目。规划建成城区停车场6处、农贸市场2处；完成婴幼儿早教中心和老年活动中心规划设计，启动实施；完成区经济开发区医院选址和规划方案；完成洪林、王石、马庄、大抡卫生院相关规划许可工作，做好港口卫生院搬迁工程规划服务。做好溱潼旅游小城市、白米工贸小城市，蒋垛、张甸、娄庄、俞垛等镇以及其他集镇规划服务。落实村庄环境整治实施计划，完成淤溪镇周庄村、俞垛镇忘私村创建成省三星级康居村整治规划。

规划管理　按照城乡规划建设管理决策规则和程序，决策城乡规划重大事项。上报市规委会研究议题6项，提请召开区规委会3次，研究议题16项，召开分局业务会议33次，讨论审议事项569个。出台建设项目规划管理工作规程，依法履行“一书三证”（建设项目选址意见书和建设用地规划许可证、建设工程规划许可证、乡村建设规划许可证）行政许可职能和行政管理职能，做好技术审查认定工作，明确责任科室、责任人、办理要求和办结时限，提高办事效率。精简审批流程，缩短审批时限。梳理行政审批事项19项，保留行政许可事项4项、非行政许可事项2项，挂起行政审批事项3项，取消行政许可事项3项、非行政许可事项5项，合并非行政许可事项2项。做好行政权力网上公开透明运行，实行建设项目规划批前公示和批后公布制度。畅通规划网站“网友留言”、政府信息公开等渠道，在“三水网”开设规划咨询专栏，参加“‘12345’·政风行风热线”在线交流、区长网友面对面交流、义茶亭论坛在线交流等活动，倾听群众呼声。规划局区分局与区城管执法局联合踏勘建设项目现场，共同监督管理。开展全区在建工程规划专项检查，加强规划执行。与镇村管理机制衔接，明确职责、加强管理，确保按规划实施。年内，核发选址意见书63份、用地许可证81份、乡村建设规划许可证328份、工程规划许可证234份，核发面积152.8万平方米。绘制道路红线17份、用地红线110份、搬迁红线8份。出具设计要点79份，组织规划论证8次，审定详细规划方案（建筑设计方案）66个，审批村民建房340户。核实单体规划20次，核实竣工规划62次，核实面积162万平方米。

规划服务　按照转型升级和打造主题园区、特色园区要求，完善各类园区规划，为园区产业转型、扩容提质、功能集成提供规划支撑。完成区经济开发区发展规划和区经济开发区梁徐镇中小项目区规划方案，经区规委会讨论通过；为高新技术装备产业园道路、给排水等基础设施提供规划技术服务；编制现代科技产业园家居广场整治规划；“一区两园”上争、融资13.8亿元。推行“规划服务面对面”，将全区153个重大项目分解到规划局区分局相关科室，明确专人帮办，跟踪服务。5月、6月份，开展“规划镇区行，服务面对面”主题服务月活动，规划局区分局负责人带队深入各镇（区），解决一批影响项目推进的规划矛盾和问题。实行“四联”审批项目“容缺受理”，设立“规划预许可”绿色通道，将规划管理提前介入，确保项目按规划顺利落地。全区34家企业补办建设工程规划许可证。

（林泽朋）

【姜堰区被列入国家“多规合一”试点】　2014年8月26日，国家发展和改革委、国土资源部、环境保护部、住房和城乡建设部联合下发《关于开展市县“多规合一”试点工作的通知》（发改规划〔2014〕1971号），全国28个市县确定为“多规合一”试点市县，姜堰区是全省列入试点唯一的区。该次试点的主要任务是探索经济社会发展规划、城乡规划、土地利用规划、生态环境保护规划等规划“多规合一”的具体思路，研究提出可复制、可推广的“多规合一”试点方案，形成一个市县一本规划、一张蓝图。

（肖亚林　林泽朋）

城　区　建　设

【概况】　2014年，区住房和城乡建设局（以下简称“区住建局”）围绕《2013—2015年城市建设行动纲要》各项既定目标，开展工作。

道路建设　药厂路（励才路—东海路）、紫金路（长江路—体育路）等14条道路建成通车，实现道路环网。完成二水厂路（长江西路与三水大道交叉口）等2处交叉口渠化改造。

旧城改造　完善城区基础设施功能，改善群众居住条件。全区8个地段553户10万平方米实施征收搬迁工作。

市政养护　开展地下管网查询系统建设，普查主城区地下管线约1900千米。疏通城区主次干道、后街背巷排水管道5000多米，维修各类路面29400平方米、人行道板3200平方米,更换路牙600米，更换各类井盖650套，增设马眼窨井68座，清理各类窨井13600座次，维修路灯、景观灯、射灯4478盏次，新安装社区路灯46盏，处理各类故障200余次。

园林绿化　完成振兴北路、区气象局南侧等3处游园建设，实施高教路等新建道路配套绿化，补植提升城区主次干道绿化，更换、补植灌木30余万株、乔木1000余株，新增绿地面积31.36万平方米。

供水供气　完成区域供水，出台《姜堰区区域供水工程建设与运营管理考核办法》，加快各镇（区）供水支管网改造，全区以行政村为单位实现全覆盖；启动实施引长江原水工程。向镇（区）延伸天然气管网，除蒋垛镇外，所有镇（区）实现天然气管线全覆盖。

污水处理　铺设天目东路（姜官路以东)等处污水管网9千米，城区生活污水集中处理率近90%。张甸镇、蒋垛镇等5座二级生活污水处理厂建成运行，建设配套污水管网27.27

千米。

社区整治　完成光明东村等3个老小区综合整治和青年路组团外立面出新，出新、修缮房屋80幢，惠及住户2000余户。光明东村老小区整治工作得到省委书记罗志军和市委书记蓝绍敏肯定，南、北大街示范路，中天新村示范社区创建工作通过省级验收。

行业管理　“姜堰区房地产市场信息系统”通过省级、市级验收，房产数字化管理走进全国先进行列，完成商品房预、实测项目307个，核发预销售许可证66件。完成各类房屋安全检测和鉴定报告145份，审查施工图设计160项170万平方米，核定工程造价162项160万平方米，受监工程70项132万平方米，实施白蚁防治项目154个144万平方米，整理入库建设档案4449卷。

【全区物业管理工作会议召开】　7月22日，区住建局召开全区物业管理工作会议。传达学习有关文件精神，研究部署下阶段物业管理工作。要求各物业管理公司学习领会《姜堰区进一步加强社区物业管理工作的实施意见》，创新物业管理工作；结合区委、区政府城乡环境综合整治行动，对小区内“小广告”、秩序、保洁、安全设施等进行一次大排查、“回头看”，对存在问题整改到位；加强与业主沟通，建立沟通渠道，公示物业管理工作中服务项目和收费标准，接受业主监督。区住建局将与有关职能部门联动办理、完善督察机制，提高物业服务水平。区物业管理处负责人解读《姜堰区进一步加强社区物业管理工作的实施意见》《姜堰区物业公司考核管理办法》。50多家物业公司负责人参加。

镇　村　建　设

【概况】　2014年，全区按照城乡统筹一体化发展总体目标，推进重点镇村建设和村庄环境整治，打造环境优美、生态宜居、特色鲜明镇村形象。全区262个行政村2160个自然村实现整治全覆盖，7月底通过市级复查，9月底通过省级考核验收，姜堰区被评为泰州地区较好的市（区）之一。改造农村危房500户，蒋垛镇朱高村被列为危房改造示范项目，上争危房改造资金515万元。

集镇建设　溱潼镇建成10万平方米新城区工程道路、排水、绿化等基础配套设施，建成泰东河大桥、溱潼医院病房大楼；白米镇发展壮大石油钻采设备，规划133.33公顷高新技术装备园区，建设园区道路排水等各项基础设施，完成园区道路拆迁、建设工程6条10千米，实施东兴家园二期、祝窠庄安置区、甸河安置区建设；娄庄镇鼓励民营企业发展，建设8.67公顷小微企业孵化区和30.67公顷波纹管补偿器主题工业园区，建成恒大铭园、雍景华府近7万平方米生态宜居小区；蒋垛镇建成2万平方米商贸城、4万平方米幸福小区，观音寺500罗汉山粗具雏形；张甸镇开工建设86.67公顷热处理装备产业园区，锦尚名苑二期、迎宾公寓、迎宾华庭二期及福源新村二期竣工；俞垛镇转型升级原化工产业，发展工业废渣循环利用，完成俞垛镇中心幼儿园及中心小学改造。全区14个镇实现污水处理设施覆盖率100%，其中溱潼、白米、蒋垛、张甸、俞垛、华港等6个镇为二级城镇污水处理厂，梁徐镇建设提升泵站接管城区污水处理厂，其余7个镇均为中日合作小型生活污水处理装置。

村庄整治　出台《姜堰区推进村庄环境全域整治实施方案》，明确整治名录和整治计划。对列入整治的991个自然村普遍实施“五个清理”（清理暴露垃圾、清理乱堆乱放、清理露天粪坑、清理违章搭建、清理河道沟塘）规定动作；对已整治村庄及镇（区）主要干道两侧环境组织“回头看”、抓整改；对规划布点村庄按照星级康居乡村标准，围绕基础设施建设实施配套完善，落实长效管理。建立区领导及相关部门挂钩联系镇（区）村庄环境整治工作制度，组织业务培训，开展宣传发动，开辟《美丽乡村行》电视、报纸专栏，编印《村庄环境整治简报》30多期。

（钱凯峰）

【村庄环境全域整治工作通过市级复查验收】 7月21—22日，泰州市村庄环境整治领导小组分成3个组到姜堰区复查验收村庄环境全域整治工作。从2011年11月起，该区坚持“因地制宜、分类指导、突出重点、分步实施”原则，按照“六整治、六提升”（整治生活垃圾、生活污水、乱堆乱放、工业污染源、农业废弃物、河道沟塘，提升公共设施配套、绿化美化、饮用水安全保障、道路通达、建筑风貌特色化、村庄环境管理水平）要求，开展村庄环境整治工作。2014年，按照“五清理”要求，全区实施村庄环境全域整治，重点清理暴露垃圾、乱堆乱放、露天粪坑、违章搭建、河道沟塘，全区262个行政村基本完成辖区内河道沟塘整治、暴露垃圾清理和生活垃圾集中收集处理，从专业保洁队伍建立、长效管理资金落实、环卫基础设施健全、长效管理机制完善等方面，建立起道路保洁、河道管护、绿化养护、设施维护和垃圾清运“五位一体”长效管护机制，全区镇容村貌大为改观，对外形象明显提升。检查组查阅相关资料，抽取全区16个镇（区）100个自然村（其中星级康居乡村32个、环境整洁村68个）开展现场检查，肯定该区村庄环境整治工作，给予全域整治已经“完成”的考核结论。区委常委、常务副区长戚才俊参加活动。

（周文彬）

【农村环境综合整治工作通过省级考核验收】 9月26日上午，省村庄环境整治考核验收组考核验收姜堰区农村环境综合整治成果。按照“六整治、六提升”和“三整治、一保障”（整治生活垃圾、乱堆乱放和乱搭乱建、农村河道等环境卫生，保障农民群众生产生活条件改善）要求，全区2142个自然村中486个规划点达星级标准，创建省三星级康居乡村16个，其余非规划点全部达环境整洁村标准。区域内交通干道沿线、城区和重要园区窗口地带村庄环境整治成效显著，农村面貌焕然一新。考核验收组一行深入桥头镇三沙村、状元村和白米镇杭家铺村、新华村、马沟村等5个行政村，实地察看各村村庄环境整治工作推进情况。肯定该区各村道路、河道、绿化、垃圾处理及各类公共设施配套等情况，认为该区重视村庄环境整治工作，各部门协调配合，组织到位，措施有力，成效显著。区委常委、常务副区长戚才俊陪同。

（朱　熹）

房　地　产　业

【概况】 2014年，区住建局围绕“奋起泰州、崛起苏中”总体目标，探索城市管理新思路、新举措，通过举办房交会、出台房地产扶持政策，引导房地产市场健康发展。全区商品房预销售6945套近83万平方米，销售金额41.55亿元，销售均价5011元/平方米。规范房屋测绘、销售许可证发放及网上备案。完成商品房预、实测项目307个299万平方米，产权登记发证（含抵押）15685件近543.98万平方米，核发商品房预销售许可证66件137.18万平方米，完成各类房屋安全检测和鉴定报告145份12万平方米。

保障房建设　建成200套2.5万平方米经济适用住房交付使用，新增公共租赁住房1005套，发放廉租住房租赁补贴147户，改造棚户区危旧房2544套。超额完成省政府下达保障性安居工程建设目标任务。

（钱凯峰）

【第十四届房地产展示交易会】 2013年12月30日上午，交易会在省姜堰中学体育馆开幕。该届房交会由泰州市姜堰区房地产协会、泰州市中广文化传媒发展有限公司联合主办，以“新年、新家、新生活”为主题，2014年1月3日结束，为期5天。全区30家企业36个楼盘参展，成交563套，面积约6.15万平方米，总成交金额约3.2亿元。戴兆平、汤文林、盛育河、陈文亚等区领导出席开幕式，区委常委、常务副区长戚才俊宣布房交会开幕。

（秦　明）

【第十五届房地产展示交易会】 4月30日，交易会在省姜堰中学体育馆开幕。该届房交会由泰州市房地产协会姜堰工作委员会、泰州市中广文化传媒发展有限公司联合主办，以“梦想之家 圆梦姜城”为主题，5月5日结束，为期6天。29家企业30多个楼盘参展，成交555套，成交面积约64721平方米，成交金额约3.16亿元。

【第十六届房地产展示交易会】 9月30日，交易会在省姜堰中学体育馆开幕。该届房交会以“金秋约‘惠’，宜居姜城”为主题，10月5日结束，为期6天。28家企业33个楼盘参展。成交916套，成交面积103699平方米，成交金额51128.1万元，均价4930元/平方米。其中，成交住宅827套，成交面积96050平方米，成交金额45082.4万元，均价4694元/平方米；成交商铺89套，成交面积7649平方米，成交金额6045.69万元，均价7904元/平方米。区领导戚才俊、戴兆平、汤文林、陈文亚出席开幕式。

（孙 柳）

【姜堰首届家装建材博览会】 8月9—10日，博览会在省姜堰中学体育馆举行。该届博览会由姜堰日报社主办、道承文化传媒有限公司承办，以“带来商机促成交易，创新管理服务营销，助推品牌放大效应”为主旋律。30家知名品牌参展，3000多名消费者进场观展、购物，成交近600单，订金80多万元，意向成交金额超1000万元。

（陈燕华）

城 市 管 理

【概况】 2014年，区城市管理局（以下简称“区城管局”）围绕城市环境“十大整治”（市容环境、社区环境、交通秩序、物业管理、农贸市场及周边环境、建筑场地、公共设施、城中村城郊接合部、户外广告、违法建设摊点棚亭等十项整治工作）目标任务，以创建全国文明城市为契机，管市容、美环境、防违建，解决城市管理顽症，提升市容环境卫生管理水平。

环卫管理 实行16小时不间断巡回保洁，推行“一把扫帚扫到底”，确保无缝隙、全覆盖、机扫到边、人扫到角。加大清运频率，所有垃圾房、垃圾箱（筒）实行循环拉运，做到点清片净、不留死角。更换城区主次干道以及公交站台果壳箱300只；改扩建垃圾房和垃圾箱65座，升级改造公厕7座，新建公厕3座、垃圾中转站1座。按照“户三包、组保洁、村收集、镇转运、区处理”模式，各镇（区）建立健全保洁、收集、转运三支队伍，合理布局垃圾收集设施，确保清扫到位、收运及时。推行农村生活垃圾委托处理模式，提高生活垃圾转运效率。1—12月份，处理农村生活垃圾65万吨，无害化处理率平均为93%。制定出台《姜堰区加快推进城乡生活垃圾一体化管理工作实施办法》《姜堰区村庄环境长效管理工作考核办法》，实行城乡生活垃圾一体化管理。按照“五位（环境卫生管护、河道管护、农村公路管护、绿化管护、公共设施设备维护）一体”思路，开展村庄环境长效管理，巩固村庄环境整治成果，推动农村环境整治向环境建设层面提升；健全考核督察机制，实行区、镇、村三级考核，将各镇（街道办）考核结果纳入区年度目标正常化考核内容，确保村庄环境长效管理落到实处。

环卫执法 开展“城区环境综合整治突击月”活动和“奋战一百天，面貌大改变”行动，通过循环整治，化解城市管理顽症。取缔流动摊点4000多个，查处出室经营5500余次，清除沿街乱拉乱挂800余处，拆除竖式灯箱近500个、“小耳朵”广告3000多个，拆除罗马旗1000多杆、开发楼盘道旗160余杆，钩除过街横幅1000余条、布幔6000多平方米，改造店招广告280处。

违建防控 区城管局联合社区（村）构建防违控违责任网络，加强源头防控和源头治理，确保违法建设早发现、早制止、早拆除。围绕“新生违建零增长，历史违建负增长”

目标，开展拆违专项整治行动，拆除违法建设41300平方米。各镇（区）开展违建整治活动，拆除镇区违法建设60余处1000多平方米。

【南北大街、中天社区通过省级示范创建考核验收】 10月25日下午，省城市管理示范路、示范社区考核组考核验收区南北大街、中天社区创建江苏省城市管理示范路、示范社区工作。南北大街、中天社区分别为姜堰区商业、休闲、景观特色街和万人居住小区。该区围绕省级市容管理示范路创建标准，拆除南北大街历史违建、整治沿街秩序、完善基础设施，拆除并重新安装防盗窗120个，清理乱拉乱挂30余处，设置空调外机格栅210个，改造南、北大街及相邻支路店招广告180处；按照中天社区创建任务分解，做好图文广告清理、违法建设拆除、出室经营整治、店招广告改造、空调外机遮挡、公厕升级改造等整治工作。考核组一行实地察看南北大街、中天社区，走访沿街店铺、社区服务中心，了解南北大街基础设施建设、市容秩序管理、道路景观维护，中天社区城管服务网络、小区配套设施、环境长效管理措施等方面情况。对该区创建工作给予高度评价，认为该区创建工作起点高、规划好，社区服务体系建设、店铺立面改造工程等工作值得推广。区委常委、政法委书记张士林参加。

（沈国栋　谢新华）

北大街立面出新

环境保护

环 境 管 理

【概况】 2014年，区环境保护局（以下简称“区环保局”）以“环境立区”战略为导向，开展国家生态区创建，推进污染减排、污染防治、环境监管、环保宣传等各项工作，全区生态建设和环境保护水平得到明显提升。姜堰区被表彰为2014年度完成环境保护目标责任状先进市（区），区环保局被评为全省环保系统先进集体、全省农村环境连片整治示范工作先进集体，被区委、区政府表彰为2014年度区级机关效能建设“先进单位”。

项目管理　加强建设项目环境管理，重新修订出台项目环境管理规程，推行环境项目风险提示、重大项目跟踪服务等制度。完成区经济开发区、高新技术装备产业园区规划环评编制。咨询、审批各类建设项目219个，核发排污许可证80件。验收建设项目32个。

污染物减排　确定污水处理设施配套管网建设、畜禽养殖污染治理等大气、水污染减排重点工程5大类12项，核发机动车绿色环保标志33730件，削减化学需氧量862.9吨、二氧化硫238.6吨、氨氮108.7吨、氮氧化物100吨，分别完成市交指标143.8%、167.2%、238.6%、165%（氮氧化物削减量全省统筹），超额完成年度目标任务。

污染防治　区政府成立大气污染联防联控领导小组，制定全区大气污染防治三年行动计划。实施工业园区重点企业废气治理设施提标改造工程，整治燃煤锅炉63台套，夏收、秋收期间查处露天焚烧秸秆违法行为37起，完成南京青奥会环境保障任务。开展全省“覆盖拉网式”农村环境综合整治试点，全区13个镇26个村实施生活污水处理工程。开展许陆河和马宁河黑臭河道整治、新通扬运河水质异常排查、汛期环境安全专项检查等行动，省、市主要考核断面重点水质指标有所好转。核准转移各类固废、危废32批次2162.6吨。双登集团通过环保部铅酸蓄电池行业环保核查。

企业管理　推进企业绿色发展机制。全区662家企业实行环保信用等级评级，其中绿色34家、蓝色486家、红色10家、黄色132家；13家企业投保环境污染责任保险，保费261332.8元，保额3250万元；10家企业通过清洁生产审核；五行材料、嘉晟染织、格兰特钻具、双登集团等4家企业被评为泰州市绿色企业。

宣传教育　组建环保巡回宣讲团，开展各类巡回宣讲11场，培训2000余人次。编印环保宣传读本5万多册，举办生态文化进校园大型文艺演出、“生态文明 美好家园”专场文艺会演，区励才实验学校获国际生态学校绿旗。启动全国地方环境信息公开行动计划，配合环保部、亚洲基金会举办地方政府环境信息公开培训班，在全国首届环境社会治理研讨会上做主旨发言，环境社会治理的“姜堰模式”在全国推广。

（闵立银）

【2012年度农村环境连片整治工作通过省级考核验收】 2014年7月31日下午，姜堰区2012年度农村环境连片整治省级考核反馈会召开。2012年，全区确定大坨、溱潼、沈高等9个镇为第三批连片整治示范片区，按照“抓点、带线、促面”原则，重点实施生活污水处理、生活垃圾转运两大类14项工程，2013年7月全部建成投入使用，整治面积314.9平方千米，涉及行政村100个、规划保留自然村243个，直接受益人口23.8万人。验收组认为该区区域内水质明显改善，环境质量明显提升，让老百姓真正得到实惠，达到农村环境连片整治标准，同意通过考核验收。建议加大农村环境连片整治示范引领力度，做好综合治理方案研究，增加投入，确保各项工程正常运转，重点解决老百姓关心的环境问题。副区长王萍参加。

（周文彬）

环境监察和环境监测

【概况】 环境监察 区人大常委会开展《大气污染防治法》《水污染防治法》执法检查，启动“整治企业违法排污、维护群众环境权益”专项行动，通过区领导督察、环保牵头核查、各镇（区）自查3个层面，重点排查涉重、化工、印染、畜禽养殖等行业企业污染防治、环境信访调处等6个方面情况，现场检查重点环境风险源企业3880厂次，出动执法人员8683人次，限期整改环境安全隐患139个，完成市、区两级重点挂牌督办案件15件，立案查处各类环境违法行为80件，区法院公开审理泰州市首例环境污染案件。建立健全领导带案下访、环保局局长大接访等制度，制定网络舆情处置规程，调处各类环境举报投诉392件，省级以上越级信访比上年下降9.1%。

环境监测 坚持“科学、准确、公正、高效”的质量方针，开展文明单位创建、监测能力建设、监测质量保证、例行监测、污染源监测、应急监测等工作。定期发布空气质量日报、预报，环境质量简报，国控污染源监督监测报告，为环境管理提供优质服务。区环境监测站工作职责和内设机构方案通过区编委办批准，内设机构6个，分别为综合室、技术业务室、环境质量监测室、污染源监测室、分析测试室、自动监测室。2014年，该站通过实验室资质认定监督评审和实验室认可复评审。

环 境 质 量

【概况】 2014年，全区地表水质量介于Ⅲ类水标准与Ⅳ类水标准之间，地下水质良好，市区内道路交通噪声、区域环境噪声均达到国家标准要求。

水环境质量 新通扬运河姜堰段桥头备战桥断面、林场公路桥断面基本达到Ⅲ类水标准，官庄大桥断面达到Ⅳ类水标准。老通扬运河姜堰段曲江桥断面基本达到Ⅳ类水标准，杭家铺断面、白米刘池桥（市界）断面水质基本达到Ⅲ类水标准。周山河坡岭大桥断面基本达到Ⅲ类水标准。姜溱河河横大桥断面基本达到Ⅲ类水标准。泰东河泰东大桥(出境)断面基本达到Ⅲ类水标准。

大气环境质量 姜堰区城区大气污染物SO_2全年日平均值0.031毫克/立方米，NO_2全年日平均值0.014毫克/立方米，PM_{10}全年日平均值0.099毫克/立方米，空气质量优良率78.1%；全年平均降尘量7.71吨/平方千米·月；全年降水29次535.16毫米，酸雨0次。

声环境质量 全年城区区域环境噪声昼间均值55.4分贝（A），达到二类混合区标准要求。城区道路交通干线噪声昼间噪声均值65.9分贝（A），达到交通干线噪声标准要求。

（闵立银）

建筑业

综　　述

【概况】　2014年，全区完成建筑业总产值390亿元，比上年增长11.11%；实现建筑业增加值92亿元，比上年增长12.20%，约占全区地区生产总值18.83%；房屋建筑施工面积6991万平方米，比上年增长18.57%。建筑业在姜堰入库税收4.44亿元，比上年增长5.42%。

建筑市场拓展

【概况】　2014年，全区建筑企业把握机遇，创新模式，整合资源，抱团发展，以大市场、大业主、大项目为重点，巩固主力市场，开拓新兴市场。有超亿元市场31个，施工队伍遍布长三角、环渤海湾、珠三角、中西部等20多个省、市、自治区以及西南部非洲等6个国家和地区。外埠市场、省内市场分别完成建筑业产值278.91亿元、111.09亿元，比上年分别增长18.27%、8.32%。境外市场完成营业额2.55亿美元，比上年增长46.03%。正太集团在博茨瓦纳新签约合同额1.12亿美元、118千米长供水工程，为姜堰区在海外承建单体规模最大项目。

产业结构调整

【概况】　2014年，全区建筑企业转型升级，拓展市场。正太集团在全区建筑行业率先创新内部管理，引入办公自动化、网上银行结算、项目施工远程视频监控、印章使用监控等系统。围绕抢占高端市场，正威科技集团与央企合作，在武汉、重庆、上海、西安等各大市场承接大批规模工程；中程公司以自身品牌率先打入上海自贸区热点市场，跻身“上海中心”建设施工单位行列，在深圳承建第一个大规模超高层建筑群——和平里花园二期工程；正裕公司在深圳承建玛丝菲尔项目，施工难度为工程界罕见，得到两名工程院院士称赞。万邦集团、中程公司、正裕公司、鸿佳集团4家总承包一级资质企业组建企业联盟，通过资源整合、市场共享、人才互助、资金联动等方式，实现兼并重组、流程再造、强强联合、共生发展。

建筑科技创新

【概况】　2014年，全区建筑行业主编行业标准2部，获评国家级工法1项、省级工法4项，获批发明专利1项，获省级新技术应用示范工程2项、国家级QC成果3项、省级QC成果8项、省优工程奖12项、市优工程奖22项。正太集团海南文昌航天城火箭水平总装厂房QC小组获“全国优秀质量管理小组”称号，“提高发泡水泥复合板安装一次性合格率”“控制27.4米高支模支撑体系的质量”两项QC成果获全国一等奖。中程公司施工总承包的百仕达大厦工程在全国实施用户满意工程活动中被评为“2014年度全国用户满意建筑工程”。正太集团被评为“中国建筑业竞争力百强企业”；正太集团、锦宸集团被评为“江苏省建筑业最具竞争力百强企业”；万邦集团、江苏正威被评为“江苏省建筑业最具成长型百强企业”；锦宸集团被评为“2014年度中国工程建设企业社会信用评价AAA企业”。

建筑行业管理

【概况】 2014年，全区建筑行业按照建筑安全监管人本化、标准化、科技化理念，落实行业监管责任，创新行业监管举措。在建筑安全“记分式”动态监管基础上，研究制定《施工现场实体检查标准》，规范施工人员、监管人员工作职责，建立在建工程监督档案；推行“一岗双责、分区包保”安全生产工作责任制，区建筑工程管理局（以下简称“区建管局”）班子成员分别挂钩“一区两园”，协调指导园区施工项目落实安全主体责任，保障重大项目开工建设；实施每周、每月、每季例会制度，随机抽签决定观摩施工现场；推广远程视频监控系统，加强塔吊运行及分部、分项工程关键部位施工远程监控；建立完善企业基本信息、信用管理、施工监管网络信息平台；将现场管理人员LBS考勤情况纳入安全评价考核，为安全监管人员配备执法记录仪，提高现场执法检查的公正度、透明度。区建管局被表彰为全省建筑扬尘集中整治先进单位。

安全管理 抓好设备备案登记和危险性较大分部分项等安全工作监管，登记设备650台，按要求规范建立一机一档。召开全区建筑业企业年度安全生产工作会议，区建管局与各建筑企业签订“2014年施工安全生产目标责任书”；定期检查各镇（区）建管人员履职情况，巡查在建项目现场，规范管理行为；加强建筑企业诚信体系建设，打击违法分包、违规转包行为；违规经营、信誉差的企业，实行警示约谈、停工整改。年内组织日常巡查1297人次，检查在建工程111项，排查登记机械设备650台套，下发巡查记录334份、隐患整改通知书62份、停工整改通知书41份。

文明创建 开展施工现场文明创建活动，推进“平安工地”创建；实行安全标准化管理，推进“文明工地”“文明城市”创建；控制工地扬尘，规范建筑垃圾处理，推进“绿色工地”创建。14个工程获“江苏省文明工地”称号。

服务企业 培育扶持发展态势较好的二、三级企业，开辟绿色通道，为企业资质升级提供服务。晋升一级资质企业5家、二级资质企业6家，新增建筑企业17家，建筑企业联盟（万邦）挂牌成立。定期召开专题会议，研究分析市场形势，了解掌握经营动态。组织一线调研，协调化解发展中问题，与当地政府和建设单位联络，促进合作发展。与南京理工大学、泰州职大、姜堰电大合作办学，开展技能培训。组织培训班31期，培训各类人员8100人。

（严广平）

2014年度产值亿元以上建筑企业一览

表7 单位：万元

序号	企业名称	资质等级	建筑业总产值
1	正太集团有限公司	特级	1837822.9
2	江苏中程建筑有限公司	一级	206185.2
3	锦宸集团有限公司	一级	587119
4	江苏正裕建筑安装工程有限公司	一级	95041.3
5	江苏万邦建设集团有限公司	一级	311097

续表7

序号	企业名称	资质等级	建筑业总产值
6	正威科技集团有限公司	一级	322038.7
7	鸿佳集团有限公司	一级	185013.4
8	江苏溱潼建设集团有限公司	一级	69128
9	江苏金环球建设有限公司	一级	22052.3
10	江苏亚盟净化装饰工程有限公司	一级	21200
11	江苏中装建设有限公司	一级	10655.1
12	江苏凤城建设工程有限公司	一级	10187
13	江苏佳宇建设工程有限公司	一级	100512.4
14	江苏华扬艺松建设工程有限公司	一级	10032.6
15	江苏金鼎建设工程有限公司	二级	35080
16	姜堰市建筑安装总承包有限公司	二级	17415.9
17	江苏君洋建设有限公司	二级	21188.3
18	江苏正兴建设工程有限公司	二级	34249.3
19	江苏正宇建设有限公司	二级	46270.3
20	江苏三水建设工程有限公司	二级	34690.2
21	江苏方正安装工程有限公司	二级	26801.2
22	江苏天晟建设有限公司	二级	20737.7
23	江苏金堰交通工程有限公司	二级	57134.2
24	宇宸江苏建筑工程有限公司	二级	28150
25	江苏全顺建设工程有限公司	二级	18594.5
26	江苏恒佳建设有限公司	二级	25328.8
27	江苏金城建设有限公司	二级	20304.9
28	江苏华厦建设工程有限公司	二级	45439
29	泰州市中天建筑安装工程有限公司	二级	19141.9
30	江苏千诚建设工程有限公司	二级	20188.2
31	江苏鑫环球建设工程有限公司	二级	14100.4
32	江苏润泰建设工程有限公司	二级	18306.4
33	江苏方太建设工程有限公司	二级	19512
34	江苏云泰建设工程有限公司	二级	10832.1
35	江苏大发建设工程有限公司	二级	28273.1
36	正太集团姜堰机电设备安装工程有限公司	二级	11386
37	江苏美华交通工程有限公司	二级	31884.6
38	江苏齐达路桥工程有限公司	二级	43065
39	江苏兴达交通工程有限公司	二级	23402.2
40	江苏圣达建设工程有限公司	二级	15809.3
41	姜堰市张甸建筑安装工程有限公司	三级	32794.6
42	江苏华丰建设工程有限公司	三级	11559.9
43	江苏万鸿建设工程有限公司	三级	21004.6
44	江苏创新建设有限公司	三级	15173.7

续表7

序号	企 业 名 称	资质等级	建筑业总产值
45	泰州万鼎建筑工程有限公司	三级	4195.6
46	泰州市姜堰区新光电力工程有限公司	三级	18335.4
47	泰州市祥泰工程有限公司	三级	10103.9

2014年新开工26层及以上工程一览

表8

序号	企业名称	工程名称	工程结构形式	建筑面积（平方米）	建筑层数（层）	实际开工日期	签订合同额（万元）
1	江苏正裕建筑安装工程有限公司	中海城南西区商业H座	钢混	127547	38	2014-05-10	10723
2	鸿佳集团有限公司	首创光和郡四期商业一、二期工程	框剪	118430	33	2014-10-18	14703
3	江苏万邦建设集团有限公司	楚天都市朗园一期B标段	框剪	167886	33	2014-05-26	25806
4	正太集团有限公司	合能・珍宝琥珀	框架	140100	32	2014-06-03	19316
5	江苏中程建筑有限公司	花样年2—4期	框剪	104814	32	2014-04-06	15114
6	鸿佳集团有限公司	沈阳首创国际城四期限	框架	136987	32	2014-04-01	26898
7	锦宸集团有限公司	新都城市广场住宅工程	框架	201728	32	2014-01-20	24430
8	江苏溱潼建设集团有限公司	嘉禾广运大厦	框架	75000	31	2014-11-06	14600
9	正威科技集团有限公司	内蒙古师范大学附属中学新建工程	框剪	468000	31	2014-02-28	92000
10	锦宸集团有限公司	首府中央花苑15#住宅楼	框剪	51082	30	2014-05-10	8986
11	锦宸集团有限公司	首府中央花苑13#住宅楼	框剪	51000	30	2014-05-06	9280
12	锦宸集团有限公司	首府中央花苑6#住宅楼	框剪	51295	30	2014-05-02	9284
13	锦宸集团有限公司	首府中央花苑7#住宅楼	框剪	52000	30	2014-05-02	9285
14	锦宸集团有限公司	键龙金融中心二期办公楼	框剪	80868	29	2014-04-10	17500
15	锦宸集团有限公司	键龙金融中心二期住宅楼	框剪	36956	29	2014-05-08	8226
16	江苏中程建筑有限公司	龙年广场2.1期	框架	202500	29	2014-02-20	32500
17	鸿佳集团有限公司	联奥林匹克二期工程28#、30#楼	框剪	48520	28	2014-12-01	7954
18	锦宸集团有限公司	荔山雅筑项目40#、44#住宅楼	框剪	72115	28	2014-07-24	15854

续表8

序号	企业名称	工程名称	工程结构形式	建筑面积（平方米）	建筑层数（层）	实际开工日期	签订合同额（万元）
19	江苏万邦建设集团有限公司	菏泽南华大酒店及商务楼工程	框剪	155526	28	2014-03-11	27995
20	江苏溱潼建设集团有限公司	尚品馨界商住	框架	76000	27	2014-06-06	13355
21	锦宸集团有限公司	高新区办公楼	框架	50000	26	2014-09-08	8300
22	锦宸集团有限公司	荔山雅筑项目38#、39#、45#住宅楼	框剪	50200	26	2014-07-24	10542
23	正威科技集团有限公司	海逸国际二期	框剪	132000	26	2014-06-13	22835
24	锦宸集团有限公司	巨龙江山国际三期工程	框架	98961	26	2014-04-08	7128

2014年获省级以上优质工程一览

表9

序号	奖项名称	获 奖 项 目	获奖单位
1	扬子杯	惠民花园三期中学项目	锦宸集团
2	扬子杯	锦绣姜城1.2期10#楼	正太集团
3	世纪杯	辽宁移动综合业务楼	正太集团
4	扬子杯	朗诗·绿色街区9#楼	正太集团
5	楚天杯	楚天都市佳园9#楼	江苏万邦建设集团

2014年度获江苏省文明工地一览

表10

序号	工 程 名 称	承 建 单 位
1	福田铭苑（世纪新城3-1）	浙江祥生建设工程有限公司
2	帝景蓝湾二期二标	江苏润扬建设工程有限公司
3	中天清华园三期二标	江苏华厦建设工程有限公司
4	中天清华园三期一标	苏通建设集团有限公司
5	锦绣姜城2.2期	正太集团有限公司
6	软件园办公综合楼工程	江苏金鼎建设工程有限公司
7	科技研发大厦	江苏永泰建造工程有限公司
8	中天清华园二期10#、11#楼	苏通建设集团有限公司
9	福田铭园二期（世纪新城3-2）	浙江祥生建设工程有限公司
10	泰达星河湾二期	江苏省建筑工程集团有限公司
11	扬帆中小企业创业园标准厂房一标	江苏大发建设工程有限公司
12	扬帆中小企业创业园标准厂房二标	江苏金城建设有限公司
13	罗马嘉园1#、2#、4#、5#、7#、8#、9#、10#地下室1	江苏万邦建设集团有限公司
14	罗马嘉园3#、6#地下二层	江苏万邦建设集团有限公司

水利·交通·邮政·电力

水　　利

【概况】　2014年，区水利局紧扣水利改革发展主题，围绕年度考核指标，开展水利工作，取得成效。姜堰区获2014年度泰州市水利工作目标考核一等奖。区水利局被区委表彰为2014年度机关效能先进单位，局水政水资源科被表彰为机关效能先进科室。

水利建设　全区疏浚整治区级骨干河道1条、镇级河道39条、村庄河塘96条，加固圩堤1.41千米，新建、拆建圩口闸34座，更新改造泵站108座，新建衬砌渠道20多千米，改造农村危桥70座，国家省重点水利工程卤汀河、泰东河进展顺利。实施引长江水工程，开展镇村管网改造和水厂回收组织工作，实现引长江水工程以行政村为单位全覆盖。

防汛防旱　开展汛前检查，交办督办重点险工患段和圩口闸电启闭设备安全隐患整改，修订水旱灾害应急预案，增储补足防汛物资，开展周山河、新生产河、黄村河防汛清障联合执法行动。夏秋连绵阴雨天气，启动应急响应机制，全区安全度汛。

水资源管理　做好入河排污口登记归档工作，实施水功能区全覆盖监测；编制全区地下水压采方案，保护饮用水源和地下水；出台《水事违法建设防治工作实施方案》，查处违法建设6起；围绕“姜堰与水”主题，开展水情教育进校园、进社区、进微信等系列活动。落实水资源管理制度通过市级考核验收。

【全区60万人用上长江水】　2010年，全区启动引长江水区域供水工程，采取整体规划、统一筹建、集中供水、分级核算管理方式。截至2014年年底，全区输水干管总长约138千米，项目概算总投资3.3亿元，区域供水建制村覆盖率100%，全区60万人用上长江水。

（殷新华）

交　通　运　输

【概况】　2014年，区交通运输局围绕年度工作目标，开展“惠民交通”品牌创建、“下访走访”、“体验公交”、结对帮扶等主题活动，做好客运服务、运输市场管理等工作。“惠民交通”服务品牌被评为全区十大优质服务品牌，区交通运输局被表彰为全区机关作风建设“十佳部门”，获泰州市综合考核一等奖。

交通工程建设　年内实现交通建设投入10.8亿元，建成东部干线三期、新通扬河官庄大桥。推进229省道改扩建姜堰南段、北段，陈庄路通道工程，华溪大桥等重点工程。开展泰镇高速、阜兴泰高速建设服务工作。建设改造205县道张甸段、俞垛段，304县道娄庄段，现代科技园滨河路，顾高镇双园路，大坨镇文化路，沈高镇农业路等县乡公路6条30千米。出台以奖代补政策，上调补助标准，提档升级通村公路30千米、桥梁37座。

运输行业管理　培育“江苏快修”企业1家、“绿色汽修”企业2家、农村物流示范点1家，公司化经营率85%，旅游高级车比例90%以上，中长途客运班车高级车比例75%。新增汽车维修企业20家，新增货车726辆、厢式货车123辆，新建船舶83艘，培训机动车驾驶员1万余人，办理车辆两证审验4786辆，安装北斗卫星定位718台，拆解船舶38艘，42家水运企业通过资质核查。撤销俞垛何野，桥头西沙、殷圣3道渡口，全区渡口减少为6道。修订完善《姜堰区内河港口总体规划》，开展危险化学品码头整治，11家无证经营危险化学品码头企业被下达停业通知书，内河港口企业“港口经营许可证”持证率80%，干线航道码头“港口经营许可证”持证率100%，辖区内港口危险货物作业企业均取得“港口危险货物作业附证”。开展经济开发区许陆河港口物流作业区、中石油泰州成品油油库码头和中石化泰州溱湖油库码头建设服务工作。

运输安全监管　健全水陆安全监督管理责任制，组织开展“六打六治专项行动”“安全生产月”“危化品码头安全生产标准化达标建设”“安全随手拍”等专题活动，加强重点领域、重点部位、重点车船安全监管，完成春运、黄金周、溱潼会船节、神童关水上庙会等安全保障工作，检查整改安全隐患984处，系统企业未发生安全生产责任事故，辖区航道未发生24小时以上堵塞事件。

交通执法　开展执法督察4次、专项督察5次，深化行政权力网上公开透明运行，接受社会各界和群众监督。精简行政许可项目16项，压缩行政许可办结时限105天。未发生因行政处罚、行政许可不当引起的行政复议变更、撤销和行政诉讼败诉案件，未发生公路、河道“三乱”（乱设站卡、乱收费、乱罚款）行为和违反法律、法规、规章及上级相关规定的事件。

（张晓华）

【区交通运输局第六次党员代表大会召开】　1月10—11日，中共泰州市姜堰区交通运输局第六次党员代表大会召开。会议回顾总结第五次党员代表大会以后特别是近三年主要工作，讨论确定今后三年党的建设目标和措施，选举产生中共泰州市姜堰区交通运输局第六届委员会和纪律检查委员会。动员全系统各级党组织、广大党员和干部职工，深入贯彻落实党的十八大和十八届三中全会精神，进一步瞄准新目标，迎接新使命，为推进全区交通运输事业的新一轮跨越发展而奋力前行。会议明确今后三年全区交通工作的主要任务：紧紧围绕区委“两步走”战略目标和“建设大交通，促进大发展”的总体要求，实施S229改扩建等交通重点工程30个180千米，实现三年交通工程建设总投资30亿元以上，基本实现城乡公交一体化目标，为全区加快实现交通运输现代化、“2015年实现奋起泰州、崛起苏中，2017年全面建成更高水平小康社会”等奋斗目标提供坚强的交通保障。

（严荣根）

【城乡公交一体化建设】　4月18日，泰州市姜堰公共交通有限公司挂牌成立，该公司由交投公司、大运公司、振兴公交公司3家单位联合组建。6月25日，姜堰至蒋垛、顾高、大坨、梅垛4条农公班线改造为城镇公交，投入车辆34辆、应急车辆8辆，采用一票制到底，票价2元/人次，全区实现17个镇（区）城镇公交全覆盖。11月10日，城乡公交线路调整到位，合并线路5条，新增线路5条，延伸优化13条，走向基本不变15条，线路番号统一以8字开头。全区28条公交线路整合为30条，新增通公交行政村86个，12个镇（区）实现行政村公交全覆盖，253个行政村通公交，通达率96.5%，比上年提高33%，线路总里程由680千米提高到750千米，日运行里程由5万千米增加到5.3万千米。

（张晓华）

【东部干线三期建成通车】　12月17日下午，

东部干线三期工程建成通车。该工程2013年5月开工建设，全程长10.274千米，起于东部干线与307县道交叉口处，止于姜堰与泰兴交界处，采用二级公路标准设计，路面宽15.5米，设计速度60千米/小时。

（袁　亮　蒋　敏）

【官庄大桥建成通车】　该大桥位于新通扬运河上，全长860米，按二级公路兼城市次干路标准设计，采用双向四车道加非机道系统。该工程2013年8月开工建设，2014年12月建成通车。

（孙晓旭）

【全区首张IC卡道路运输证发放】　11月4日，全区第一张IC卡道路运输证在区行政服务中心交通窗口核发。该证和高速公路ETC卡合一，包含车辆基本信息、年审信息、违章信息等，提高车辆运行效益。

（田洪祥）

邮　　政

【概况】　2014年，区邮政局以加快转型为抓手，以有效收入增长为主线，开展各项业务工作。实现业务总收入7179万元，完成年计划103.3%，比上年增长5.9%。其中，函件业务实现收入677万元，完成年计划119%，比上年增长30.2%；两包业务实现收入318万元，完成年计划141.3%，比上年增长3.74倍；报刊发行业务实现收入514万元，完成年计划100.4%，比上年增长5.4%，《读者作文素材》《幸福家庭》《政务图书》等项目营销取得较好成效；集邮业务实现收入225万元，完成年计划60%，比上年增长-51.7%。重点定向开发完成68万元，完成年计划136%，个性化邮票完成6200版，完成年计划124%，集邮协会会员702人，“姜堰集邮”微信、微博服务平台、网络营销平台开通；代理信息业务实现收入278万元，完成年计划101%，比上年增长44.1%；发展代办车险、短信等高效业务，拓展车险客户2400个，车险实现收入90.2万元，完成年计划102%，比上年增长47%，短信实现收入190万元；分销业务强化酒类项目开发，实现收入170万元，完成年计划101.1%；代理金融业务实现收入5204万元，完成年计划106%，比上年增长11.7%；代理保险实现收入1249万元，完成年计划111%，比上年增长45.8%。代理金融业务新增总资产7.89亿元，储蓄余额32.4亿元，年度净增余额3.26亿元；新增标保保费2.7亿元，比上年增长42.9%。蒋垛、顾高、沈高、桥头等支局被评为“优质服务单位”，姜堰邮政被区委、区政府命名为“效能建设服务地方建设先进单位”；邱德平、曹民进被评为“最美姜堰人”。

经营管理　结合利润和经营预算收入，制定与经营预算相配套激励政策，实施季度重点业务营销激励办法，完善经营绩效考核办法，突出有效收入和重点高效业务贡献，推行对部室、专业局的KPI考核体制。启动代理金融网点销售化转型工作，打造示范网点8个、省级示范网点6个。撤销发行投递局、函件业务局，设立邮政业务局；重组函件集邮业务局；成立运保中心，调整张甸支局、梅垛支局投递作业流程。定期与银行召开邮银联席会，协调解决发展过程中存在问题；明确具体业务发展目标，共同开展小额贷款、POS消费等营销活动。

内控管理　加强资金管控，营收资金管理平台实现报账制；开展现金流量、流向分析预测；调整分销、报刊款、集邮品库存欠费管控，各项业务欠费、库存指标实现有效控制；建立成本费用预警机制，重点控制各类非生产性支出，全局招待费比上年下降30.3%，会议费比上年下降54.8%，差旅费比上年下降14.7%。出台盘活企业人力资源系列办法，下发《理财经理管理办法》《大学生员工人才培养管理办法》《代理金融网点人员配置实施意见》；对跨赛营销业绩突出人员，按照要求及流程办理转聘手续；开展“四个百优”评选及投递、营业技能大赛比武等活动，提升员工素质；开展网络远程培训、职业技能鉴定培训考核和操作技能竞赛，20人取得大专文凭，48人大专班在读，全局大专学历以上人员占比64%；举办保险代理资格证培训、考试3期，35名营业人员取得保险代理资格证；举办窗口服务、金融合规制度、车险、短信等培训22期，参培人员1860人次；组织184名金融从业人员参加金融合规大行动网上学习和考试，参学率、合格率均列全区第一。开展“文明行业创建”“规范服务”主题服务活动，提升窗口服务规范化水平；实施机关人员挂钩制度，开展“走千家访万户，客户大走访”活动，配合保险公司做好保险期满兑付工作；实行营投管理台账电子化，加大国内小包投递质量管控；开展“服务意识大讨论、作业流程大梳理、操作规范大排查、服务建议大征集、服务问题大整改”综合整治活动，提升客户服务整体水平。加强金融资金安全风险控制，出台《金融A类问题责任查究办法》，强化凭证请领管理工作，开展民间借贷专项排查活动；邮银共同开展代理金融网点现金管理风险排查、保险合规销售、风险等级评价等专项活动，初步建立代理金融操作风险防控检查体系，加强代理金融内控风险管理，主观A类问题比上年下降42%；组织开展安全生产、金融安全等专项检查活动，实施金库保安专业化机构管理，年内无重大事故、案件发生。

【开展“职务犯罪预防邮路”主题活动】 4月20日上午，活动启动。该活动由区预防职务犯罪协会主办，区检察院与区邮政局协办。将预防职务犯罪工作与邮政通信服务有机融合，开展形式多样的预防宣传，形成覆盖全区的职务犯罪预防网络。区检察院检察长丁军青为预防职务犯罪志愿者邮路宣传队授旗，102名投递员成为区预防职务犯罪邮路宣传队队员，分赴126条邮路传播廉政理念。活动开展以后，“职务犯罪预防邮路”志愿者深入社区、村，投放宣传资料上万份，协助开展宣讲、警示教育20多场，反馈群众对检察工作意见、建议50多条。

“职务犯罪预防邮路”活动启动

（李亚俊 摄）

【邮政工程建设】 2014年，邮政生产综合楼完成基础、地下室、主楼、裙楼的主体和墙体工程，实施装潢设计。通扬等4个邮政支局完成改造装潢工程。增设康华支局。开展邮亭整治活动，建设村邮站65个。

（陆劲松）

供　　电

【概况】 2014年，区供电公司抓管理、强素质，开展安全稳定、优质服务、迎峰度夏和企业管理等工作。完成供电量28.6979亿千瓦时、售电量27.1467亿千瓦时、全社会用电量28.9363亿千瓦时，分别比上年增长2.45%、4.51%、2.51%；线损率5.41%。区供电公司被表彰为区级机关效能建设“服务地方建设先进单位”。

电网建设　完成国网2015—2020年配电网滚动修编工作，制定“一流配电网”分年度实施计划及姜堰电网“十三五”规划。建成第二座智能站110千伏三沙变，完成110千伏张甸变扩建工程。打造白米小城镇建设一流配电网试点项目；完成配网项目460项、农网项目790项。

客户服务　开展优质服务主题活动，明确专职社区服务经理，现场办理用电业务，组织人员进社区、农村，宣传阶梯电价、分时电价等用电政策，普及用电常识、电力设施保护相关知识。定期开展走访客户、走访政府活动，关注重点用户用电服务需求。跟踪服务全区重大企业、重点项目，为博尔富、曙光、双登等企业生产发展需要提供服务。办理人大代表建议、政协委员提案，完成“95598”工单、“12345”热线交办工作。做好重大活动、重要时段保供电工作。文明城市创建活动中，配合完成路中杆、废旧杆清理，杆线入地及部分老旧小区环境整治等工作；完成拆迁户思想包保和拆迁地段、安置区电力配套服务工作。

（田　元）

开展用电主题宣传活动

（张泽海　李　洋　摄）

姜堰坝口

坝口，是姜堰的市中心，又是姜堰的代名词。据民国《姜堰市乡土志》记载：“吾姜古称罗塘，又名三水，南可通江，西达淮湖，东则到海，明代坝口未经堵塞，三水汇于河湾，激湍成罗纹形，北流而入下坝，并无阻隔。清初，黄君眉房建龙王庙于坝上，而上下河始分。”这就是坝口的来历。

新中国成立初期，坝口是联结几条伸向东西南北石板街的接合部，也是东街、西街、南街、北街的起点和界定。街巷条石铺筑，弯曲狭窄，房屋矮小简陋，一式平房，偶尔有一两家二层小楼就非常突出。坝口是姜堰的商业中心，商店林立，著名店号有乾隆昌、裕隆昌、洪义泰和、胡源泰、乾德大、连升、冷公茂、吴裕和等，小商小贩或定摊、或流动，点缀街市的繁华。

1958年，姜堰拓宽东西南北四条主要街道，坝口几条石板街汇集的地方，有一个长宽不到百米的小广场，人们习惯称之为坝口广场。广场周边排满商店，坝口广场成为购物中心、休闲中心。“文化大革命”期间，坝口被改称为“文革场”。20世纪90年代，城市改造，广场周边筑水泥路道，广场中央矗立姜堰撤县设市纪念碑，广场北边东西两侧建6根立柱，广场西侧立碑雕刻姜氏父子筑堰拦水史绩，铭记姜堰来历。2009年，实施全面改建，东至东卫生巷，西至原坝口广场后侧道路，南至东、西北大街，北至迎宾路，兴建一幢21层商住楼、一幢22层综合大楼；北大街东侧新建3800平方米人民广场、14600平方米停车场和商业街。

（黄稳成）

信息化建设与信息服务

综　　述

【概况】 2014年，全区开展“两化融合”示范（试点）企业和“数字企业”创建活动，促进信息化和工业化深度融合。开展“网上村委会”建设、农村信息化应用示范基地创建活动，推进农村综合信息服务平台建设，为农业现代化和农村社会和谐发展提供信息服务支撑。全区建成“数字企业”21家，其中江苏苏北砂轮厂有限公司、江苏扬动电气有限公司等6家企业被列入四星级“数字企业”。建成省级“两化融合”示范（试点）企业1家、市级“两化融合”示范（试点）企业8家。姜堰镇，溱潼镇洲城村、湖北村被认定为市农村信息化应用示范基地。

【2014年度“数字企业”名单】 1. 四星级“数字企业”6家：礼恩派（泰州）有限公司、江苏苏北砂轮厂有限公司、江苏扬动电气有限公司、泰州市里华机械有限公司、江苏江进泵业有限公司、江苏省飞霞医保用品有限公司。2. 三星级“数字企业”15家：江苏宝瑞机械有限公司、江苏永昌膨胀节有限公司、江苏卉欣波纹管业有限公司、江苏泰阳消防器材有限公司、泰州市东风波纹管厂、泰州市昊力机械配件厂、江苏恒浩机电制造有限公司、江苏五星波纹管有限公司、泰州市天力铁芯制造有限公司、江苏远东电机制造有限公司、江苏扬远船舶设备铸造有限公司、江苏润泰化学有限公司、江苏江华阀业有限公司、江苏新方圆电气设备制造有限公司、泰州市瑞华化工设备制造有限公司。

【2014年度“两化融合”示范（试点）企业名单】 1. 省级“两化融合”转型升级类示范企业1家：江苏振华泵业制造有限公司。2. 泰州市“两化融合”示范企业3家：江苏苏北砂轮有限公司、江苏万里活塞轴瓦有限公司、姜堰市船舶舾装件有限公司。3. 泰州市“两化融合”试点企业5家：泰州捷锋帽业有限公司、泰州市里华机械有限公司、江苏远望仪器有限公司、江苏泰阳消防器材有限公司、姜堰市飞霞医保用品有限公司。

信　息　安　全

【概况】 2014年，全区各镇（区）、机关部门加强信息安全管理。根据市信安办《关于组织开展2014年度泰州市重点领域信息安全检查工作的通知》文件要求，制定《关于组织开展2014年度姜堰区重点领域信息安全检查工作的通知》。结合自查和评估方式，全区各重点领域完成信息系统安全检查工作自查报告和市

（区）信息安全保障工作检查报告表。

无线电管理

【概况】 2014年，全区围绕“服务与责任”年度工作主题，开展无线电管理工作。创建“企业娘家——服务到家”服务品牌，推进“两化融合”，保障重大活动、重大项目实施。以“打击非法设台行为，维护空中电波秩序”为主题，组织实施纪念《中华人民共和国无线电管理条例》颁布21周年暨《江苏省无线电管理条例》颁布9周年宣传活动。研究制定无线电台站核查工作方案，开展无线电台站核查工作。区经济和信息化委与区公安局、通讯单位联合开展“平安通讯”创建活动，维护公众通信安全，净化通信服务环境。查处伪基站1个，完成全年频率占用费征收工作。

（钱申涛　朱国峰）

信息服务业

·中国电信股份有限公司泰州姜堰区分公司·

【概况】 2014年，中国电信股份有限公司泰州姜堰区分公司（以下简称“区电信公司”）围绕“发展、变革、创新、合作、效率”，践行“一去（去电信化）两化（市场化、差异化）新三者（智能管道的主导者、综合平台的提供者、内容和应用的参与者）”战略，整合资源，创新体制机制，转变发展方式，推进企业转型发展，提升运营效率，各项工作取得新成效。区电信公司获全省国庆营销区县优秀发展奖，被表彰为泰州市诚信单位、姜堰区服务地方建设先进单位。

市场经营　开拓市场，加大渠道成本投入，改善门店运营环境，各项业务发展良好。

通信建设　结合市场需求，开展FTTH、4G、WiFi建设，满足业务发展需要。实现城区、农村集镇FTTH全覆盖，农村262个行政村FTTH覆盖率18.7%；做好居民小区2G网络补盲，保持语音领先优势；挖掘3G网络资源潜力，解决网络热点问题，3G使用感知不下降；聚焦重点区域和商圈，增加WiFi覆盖，支撑行业用户；做优4G，提高4G覆盖区网络质量。

客户服务　贯彻落实《2014年服务工作要点》、《新兴业务客户服务标准》（2014年版）、《客户服务质量考核办法》等，定期通报装维服务回访分析、实体渠道服务稽查情况等。开展服务风险排查防范、电信服务协议专项检查、“客户回访”满意服务劳动竞赛等活动，规范投诉建单与投诉自动回访承接工作。畅通投诉渠道，完善投诉处理全流程闭环管理和服务问题问责考核制度。配合市消协开展消费维权进电信调研活动。

（金　伟）

·中国移动通信集团江苏有限公司姜堰分公司·

【概况】 2014年，中国移动通信集团江苏有限公司姜堰分公司（以下简称“区移动公司”）围绕传统市场运营、流量经营、集客经营、家客经营四大市场年度重点工作，实施“变革、整合”，提升行商队伍、客服管理能力，提高移动通信市场占有率。截至11月份，完成业务收入27294万元，日均通信份额同比改善1.75%；通信份额61.7%，同比提升1.15%。区移动公司获“全国职工教育培训示范点”“江苏省放心消费创建活动示范行业”“省级‘12315’消费维权示范服务站”“江苏省消费教育示范基地”“江苏省文明单位”“泰州市巾帼文明岗”“三八红旗集体”“年度诚信单位”“姜堰区工人先锋号”“巾帼文明岗”“消防安全管理工作先进单位”等称号，被省移动公司评为2013年先进集体和先进分工会。

业务经营　挖掘终端、宽带、行业、业务等四类客户需求，拓展城镇、农村、集团、家庭、校园、聚类六大细分市场，做好融合营销，提升渠道营销、终端管理、营销策划、宣传整合和系统支撑五大能力，实现个人市场和集团市场融合保有，推进家庭市场和农村市场新增转型。细分目标客户群体，以流量经营为主，做强手机互联网业务，将合适产品推广至有需求客户群体中去；加强宽带覆盖，提高宽带网速，提升用户上网满意度；整合资源，推进行业信息化，助力政府信息化应用。

移动服务　围绕新一代营业厅服务、流量服务、终端服务等关键环节，变革流程机制；围绕公司转型发展，提升客户满意度精准管理能力、焦点难点问题解决能力及服务优势传播能力。开展“四心”关怀服务，让客户全程无忧；加强终端售前—售中—售后全流程管理体系建设，提升终端售后能力；通过精确营销、目标提醒做好流量客户提醒，提供多渠道流量查询服务。改善商业过程中服务短板，提升到厅客户、投诉客户、终端客户、流量客户四类重点客户满意度。

服务社会　结对帮扶淤溪镇、梁徐镇坡岑村，挂钩帮扶南苑社区多户困难家庭；“八一”期间慰问武警、消防官兵；参加房屋搬迁包保；参与老小区和村庄环境整治、解困房通信基础设施建设；参加省道和交通干线杆路整治。开展服务进社区、员工义务献血、关爱留守儿童、爱心捐款、向困难学生赠送学习用品及图书、“情系教育”赠书、优秀共产党员赠手机等社会公益活动。

（徐月圆）

·中国联合网络通信有限公司姜堰分公司·

【概况】　2014年，中国联合网络通信有限公司姜堰分公司（以下简称“区联通公司”）围绕“抢抓增量市场、深挖存量市场、加大创新转型、加强队伍建设”工作思路，加快发展，加强客户服务，实现业务收入比上年增长0.6%。

工程建设　投资约1000余万元，加强3G网络覆盖，部分城区覆盖4G试验网。新建WCDMA基站16个，增强3G网络连续覆盖能力，部分重要场所新建WCDMA室分分布系统8套，增加室内信号强度。试点建设4G网络，新建LTE-FDD基站10个、LTE-TDD基站2个，4G网络高速稳定，给用户带来新体验。建成烽火传输扩容OTN传输3套，新建622M传输设备5套，扩容升级155M传输设备1套；传输配套工程新增24光缆80千米，新增管道15孔千米，新增48光缆10千米，新增96芯光缆5千米。

客户服务　秉承“以客户为中心，用服务促发展”服务理念，为客户提供优质通信服务，做到“消费请客户放心，服务让社会满意”。各自有营业厅增设服务休息区，配备网络电视、演示真机。公布六项服务承诺，投诉处理首问负责，限时办结。公开省、市两级服务热线，接受社会监督。话费误差双倍返还，短信差错先行赔付。建立“内部服务承诺制度”，从大服务氛围营造、过程管控、水平考核结果评价等方面，制定系列制度、流程和规范。加强服务缺陷管控、服务风险预警和重大服务问题问责，实现客户服务全过程渗透。

（吴　农）

金 融

综 述

【概况】 2014年，全区金融部门围绕区委、区政府重点工作，安排信贷投放，调整信贷结构，增加信贷总量，控制表外规模，为全区经济健康增长做出贡献。截至年末，全区金融机构本外币各项存款余额534.46亿元，比年初增加53.24亿元；本外币各项贷款余额389.93亿元，比年初增加33.77亿元，增长9.48%。综合存贷比在泰州三市一区中居第1位。全区有保险机构35家、证券营业部2家，实现保费收入11.3亿元，比上年增长7%，其中产险收入2.78亿元、寿险收入8.25亿元，分别比上年增长14%、5%,保险深度2.2%，保险密度1378元。全区新开业农村小额贷款公司1家、科技小额贷款公司1家，7家小额贷款公司贷款余额5.27亿元。全区14家农民资金互助合作社投放互助金余额6.29亿元。全区金融业完成税收3.38亿元，比上年增长8.33%。其中，国税1.62亿元，比上年增长11.72%；地税1.76亿元，比上年增长5.39%。

信贷结构 年末，全区工业类贷款余额132.77亿元，占全部贷款余额34.05%，十强、重点和成长型企业新增贷款2.47亿元；建筑业贷款余额49.1亿元，较年初增长21.87%；“三农”贷款余额8.05亿元，较年初增加1.32亿元，增长19.62%；个人消费、房屋贷款余额63.3亿元，较年初增加9.57亿元，增长17.81%。全区银行业不良贷款余额4.99亿元，不良贷款率1.27%，比上年下降0.06%。

金融环境 开展打击非法集资系列宣传教育活动，在淤溪镇、凤凰广场等开展现场宣传，利用电视、网络、报刊等多媒体营造打击非法集资氛围，构建诚信体系。金融生态优秀县（区）创建考核打分列全省先进（第二名）。加大银企协调力度，处置各类金融风险，化解世纪行公路港等逾期贷款，解决龙达亚麻等一批企业因担保链、还贷资金紧张导致的风险。区金融工作办公室（以下简称“区金融办”）与区法院召开金融风险防范与矫治座谈会，落实青奥会期间金融维稳工作，全区无系统性、区域性风险发生。

金融服务 年初，区金融办联合华泰证券公司召开新三板及中小企业融资推介会，天交所挂牌企业2家（华飞金属、鸿诚金属），上海股权托管交易中心挂牌1家（姜堰宾馆）。区金融办与中国人民银行姜堰区支行（以下简称“人行区支行”）举办桥头镇金融支持家庭农村、“一区两园”银企签约仪式等银企合作活动6场，意向性贷款13.7亿元，贷款落实率80%。落实中小企业金融顾问制度。江苏姜堰农村商业银行股份有限公司（以下简称“区农商行”）新成立“金阳光”担保公司2家，专门为农民和小微企业贷款提供担保，全区有“金阳光”富民担保公司8家，年末担保贷款1727户，余额3.5亿元。各保险机构全年产险赔款1.2亿元，比上年增长14%；寿险赔款给付2.92亿元，比上年增长66%。区农商行获小微企业贷款转贷方式创新试点资格，开展农村土地承包流转经营权抵押贷款试点，签约户数8家，授信额412万元。

（殷　俊）

银　　行

·中国人民银行姜堰区支行·

【概况】　2014年，人行区支行按照基础工作标准化、重点工作项目化、创新工作精品化的工作要求和方法，顺应金融改革不断深化新趋势，服务实体经济和社会民生。截至年末，全区金融机构本外币各项存款余额528亿元，比年初增加50亿元；贷款余额386亿元，比年初增加36亿元。

执行货币政策　组织14家银行举办大型银企对接会6次，100余家企业同银行达成意向性贷款13.48亿元，贷款落实10.78亿元。支持“一区两园”建设，与园内34户企业对接贷款7.14亿元，现场签约16户，贷款4.9亿元。12月5日，姜堰区首批农村土地流转经营权抵押贷款现场签约会召开，区农商行与艳阳等8户家庭农场现场签约，授信总额463.6万元。

宣传教育　以央行志愿者为依托，组建金融消费者权益保护知识宣传队，“3·15”“9月金融知识普及月”等期间，开展金融知识进企业、进乡镇、进集市、进社区、进农户、进学校等宣传活动，营造“学条例、讲诚信、守信用”良好氛围。推进农村反假货币“壁垒工程”，各银行为农村反假货币宣传站配置反假机具。

金融服务　推进实施《争创江苏省金融生态十佳县工作规划》，从三个维度开展探索建设立体化金融风险监测机制，姜堰区以全省考核第二名的成绩通过金融生态优秀县复核验收。启动农村金融综合服务站建设，为镇村群众就近取款转账提供便利，全区建成金融综合服务站113家。推动冠字号码联网上传工作，各银行机构执行现金收支两条线管理，确保全额清分。做好国库管理，推进服务型国库建设，财政与人行信息共享无纸化系统上线运行。江苏银行股份有限公司泰州姜堰支行（以下简称“江苏银行区支行”）等5家机构完成资格认定，获国库集中收付代理银行资格证书；中国工商银行股份有限公司姜堰支行（以下简称“工行区支行”）等8家具有集中收付代理银行资格的金融机构通过年审。打击银行卡违法犯罪活动，维护良好支付结算环境。

（季圣华）

·中国工商银行股份有限公司姜堰支行·

【概况】　2014年，工行区支行围绕客户，转型升级，夯实业务基础,拓展优质信贷市场，抓好存款和中间业务两项工作。截至年末，本外币存款余额35.64亿元，比年初增加1.53亿元，其中对公存款增加0.26亿元、储蓄存款增加1.27亿元。各项贷款余额32.76亿元，比年初增加5.14亿元，其中流动资金贷款减少1.48亿元、项目贷款增加4.36亿元、房地产贷款增加0.3亿元、个人住房贷款增加0.91亿元、个人消费贷款减少0.11亿元、个人经营贷款减少0.27亿元、票据贴现增加1.43亿元。中间业务收入4505万元，比上年增加460万元。全年实现拨备前利润10164万元。不良率0.34%，比年初下降0.45%。

信贷业务　围绕“调结构、促转型、坚持创新改革”主线，促进地方经济转型发展，重点拓展城镇化基础设施、现代服务业及重点工业项目，加大汽车零部件、石油装备、船舶配件、智能电网等装备制造业和建筑业信贷投放。投放公司贷款353笔，金额30.38亿元；个人贷款779笔，金额2.39亿元。其中，城镇基础设施占比7.74%；服务业占比25.23%；建筑业占比28.79%；工业制造业占比38.24%。个人贷款投放以个人住房按揭贷款为主。支持重点企业，推动小企业信贷业务发展，制定“一区一策”“一镇一策”“一园一策”等区域发展方案，为“园区平台企业+区内实体企业”提供金融服务，实现区内优质实体企业和重点项目批量拓展，推进链融资服务，区内十强、重点及成长型工业企业贷款余额较年初增加6353万元。

负债业务　拓展代发工资业务，以建筑板块、医药板块、人力资源公司为重点对象，做好年终分配款工作。深入农村市场，加强交易市场合作。对机构客户、条管客户和关键公司客户，排定攻关项目，上门营销。利用“工商通”平台，拓展大额资金平台目标客户。制定对公存款专项营销奖励办法、营销产品计价计分绩效考核办法，提高全行维护增存积极性。完善公私联动营销机制，挖掘现有客户资源，提升综合贡献度。

中间业务　抓好储蓄互动型产品销售，以结构性存款和保本理财为主、期次理财为辅，实现理财产品与储蓄存款良性互动。开展资产配置型产品销售，实行持续营销，做好客户资产配置，稳固老客户，拓展新客户。抓好产品营销渗透，开展精准营销、集群营销，提升客户活跃度和贡献度。抓好个人金融资产总量，加大基金、保险、国债、理财产品等重点产品销售力度，实现个人金融资产量质并举，稳中有升。

内控管理　做好网点转型工作，发展新客户，提高客户留存率，培养客户自助、理财意识。选择1—2个客户资源丰富网点开展综合性网点试点，提升网点功能。增设理财经理，加强客户维护，增强网点营销力量。加强零基团队建设，让零基团队走出去营销，多产品、全方位营销。建立完善以网点增存和服务客户为主要指标的考核评价体系，网点人均增存、客户服务与网点人员收入分配挂钩。调整柜面业务结构，改善柜面服务。开展“三声、两站、一微笑”网点规范服务达标活动，提高网点服务水平。实行客户分层维护，不同层级客户分别由行长、分管行长、网点管户人员、零基团队分层维护。实行公私联动、私私联动维护客户，公司、个金、个贷联动拓展政府要客、优质企业贵客，做好客户服务。

（吉雄文）

·中国农业银行股份有限公司泰州姜堰支行·

【概况】　2014年，中国农业银行股份有限公司泰州姜堰支行（以下简称“农行区支行”）围绕稳中求进工作总基调，开展创新、营销、服务、管理。截至年末，本外币存款余额84.62亿元，比年初增加4.76亿元，增长5.96%。存款总量和增量均居同业第一，存款偏离度符合监管要求。本外币各项贷款余额42.6亿元，比年初净增3.75亿元，呆账核销3283万元，政府考核口径新增投放4.08亿元，完成区交任务113%。小微企业贷款、“三农”贷款均实现“两个不低于”（贷款增幅不低于各项贷款增幅、贷款增量不低于上年）目标。实现中间业务收入5257万元，完成年度目标。农行区支行获农行总行批准，成为“全国农村土地承包经营权抵押贷款试点行”。

信贷业务　实施项目4个，发放贷款7.08亿元。办理“苏科贷”“金农贷”信贷业务。现金清收不良贷款本息3812.49万元，核销3283.78万元。年末不良贷款余额2946.11万元，比年初减少5719万元（泰州全行比年初减少4858万元）；不良率0.69%，比年初下降1.54%（泰州全行比年初下降0.23%）。

中间业务　开展新业务、新产品营销。存放光大银行上海分行10亿元。营销首单“双益宝”产品、比率远期业务、首笔工程保理；营销“E商管家”2家、大型收单商户2家。

内控管理　加强员工行为管理，强化内控合规建设和风险防控工作。推进会计“三化（临柜业务的标准化、规范化、制度化）三铁（铁账、铁款、铁规章）”、信贷“三化(制度化、程序化、规范化）三无（无不良、无逾期、无不合理经济资本占用)”、安全“三化（安全保卫工作标准化、制度化、精细化管理）三达标（物防达标、技防达标、人防达标）”等创建工作，开展基础管理。无大要案件、重大风险事件和声誉风险发生。农行区支行内控评价保持一类行，银监局监管评级居四大行前列。

（孙展宏）

·中国银行股份有限公司姜堰支行·

【概况】 2014年，中国银行股份有限公司姜堰支行（以下简称“中行区支行”）围绕“做地区最好银行”战略目标，贯彻分行“改革攻坚年”工作要求，应对市场形势变化，开展各项业务，提升品牌形象。截至12月末，本外币各项存款余额34.77亿元；本外币各项贷款余额34.13亿元；实现营业净收入1.65亿元，同比增长15.92%。全年运营无事故。

信贷业务 推进“项目库”管理，实行“名单式营销”，加大客户拓展模式创新推动力度和授信投放力度。调整内部流程，建立项目立项流程节点管理制度，提升项目审批时效性。

负债业务 围绕存贷比考核，调整负债结构，加强主动负债管理，构建“高层营销、交叉营销、全员营销”立体化营销体系，挖掘资金来源，实现存款快速增长。

中间业务 做大资产业务，提高定价议价水平，以资产业务推进中间业务有效增长；与海外机构合作，推广跨境人民币等战略产品。

内控管理 学习传导行业政策、授信政策，审慎对待项目准入，做好项目准入过程中贷前调查、贷后检查等工作，落实预警机制，严控授信风险发生；检查监督屡查屡犯问题，严格违规问责机制，落实合规档案在绩效考核中的运用，形成处理违规行为高压态势；完善内控考核机制，推进员工异常行为排查，开展典型案例学习警示教育，开展合规示范网点创建活动，提高员工合规意识、风险意识，营造合规文化氛围。

（宋 昀）

·中国建设银行股份有限公司姜堰支行·

【概况】 截至2014年年末，中国建设银行股份有限公司姜堰支行（以下简称“建行区支行”）一般性存款余额58.45亿元，日均存款新增超4亿元，其中储蓄存款日均新增3.47亿元、对公存款日均新增0.56亿元；个人存款余额38.73亿元，个人存款比年初新增3.63亿元。公司贷款余额35.06亿元，当年新增4.02亿元；个人贷款余额14.97亿元，当年新增0.98亿元，余额、新增列同业第一位；公积金贷款余额4.88亿元，新增1.13亿元，市场占比列同业第一位。实现中间业务收入4380万元，实现账面利润1.43亿元。资产质量在系统内外处于领先水平，完成各项经营目标。

信贷业务 结合区域性经济发展形势，调整信贷工作思路。优先支持先进制造业，巩固扩大建筑业领域合作业务，实现全区建筑总承包一级施工资质企业全覆盖。创新金融服务方式，支持中小企业发展。开展名单制中小企业上门营销，支持科技创新型企业发展。贷款投放新增居当地同业第一。注重风险防范，加强贷后管理，提高信贷资产质量，控制不良贷款反弹。

负债业务 坚持“以存款增长为核心、以客户增长为基础、以提升市场份额为目标”工作思路，加强存款市场营销。适应客户金融需求变化和金融市场发展趋势，吸收各路资金。注重日均存款经营质量，发挥“聚财宝”“惠存通”等创新存款产品优势，开展专项活动确保时点存款，突出日均存款和市场份额。

中间业务 各营业网点均衡推进贵金属产品销售，实物金、账户金、账户银等任务完成率位居分行前列；柜面代销保险、基金销售等金融产品营销指标完成率靠前；发展电子银行业务，新增活跃个人网银客户、手机银行客户、个人短信及微信银行客户数均居分行前列，实现存款、产品、客户同步快速增长。

内控管理　以上级行案件防控工作为导向，贯彻落实万人警示教育大会会议精神，开展“正风肃纪、勤业守廉”主题教育活动、“管控关键环节，防范突出风险”案件专项治理活动以及“案防教育进基层”活动等，区委党校讲师为党员干部上党课，建行省分行监察室专家作“远离非法集资、珍惜职业生涯”讲座，区公安局和区消防大队宣传员宣讲防范电信诈骗和防火安全知识，开展防抢劫演练，增强员工案件防控和安全合规经营意识，实现全年安全经营无事故。

（宋继鹏）

·江苏姜堰农村商业银行股份有限公司·

【概况】　2014年，区农商行围绕“稳中求进、提质增效”主基调，应对经济下行、结构调整以及利率市场化等复杂形势，推进改革创新，拓展优质客户，加强风险防控，提升队伍素质，增强核心竞争力和综合服务能力。截至年末，各项存款余额183.1亿元，比年初增加22.1亿元，地区市场份额34.3%，比上年提升0.8%；各项贷款余额135.3亿元，比年初增加16.1亿元，地区市场份额34.7%，比上年提升1.3%。区农商行连续11年被区委、区政府评为服务地方建设“十佳单位”；连续5年在全省农商行系统综合考核中位列AAAAA级。

信贷业务　支持“三农”和小微企业，通过金融产品创新、服务模式创新、担保方式创新，推动“两小”（小企业和小微企业）贷款提质增效扩面。开展千户家庭农场调研和建档授信工作，走访调研全区家庭农场634个、农民专业合作社933个，在全省率先创新开办农村土地流转经营权抵押贷款和大型农机具抵押贷款业务。规范推广“阳光信贷”工程，全辖惠农担保公司8家，年末担保贷款户数1727户、余额3.5亿元。推出“科技金融贷”产品，给辖内50多家科技型企业发放“科技金融贷”2亿元。开展小微企业转贷试点工作，解决优质小微企业转贷、倒贷过程中资金周转压力和融资成本问题。在城区设立微贷事业部，引入德国IPC微贷技术，形成小额贷款营销模式。

中间业务　转变以净利差为主的盈利模式，在巩固传统业务基础上，拓展电子银行业务、理财业务、资金业务、国际业务等业务品种。推进手机银行、网上银行、POS等服务渠道配套建设，开通借记卡定活通理财业务、贷记卡账单分期业务、网上银行购买理财业务、手机银行及网上银行电费代缴业务等，实施圆鼎借记卡ATM取款以及手机银行、网上银行跨行转账手续费全免优惠政策，实现电子银行业务柜面替代率55%，比上年提高6%。开展民生金融服务。实施自助取款机10元券取款改造，投放硬币兑换机；在金阳光支付通助农取款工程基础上，设立农村金融综合服务站12家，配置A类点钞机和保险箱，实现农民养老保险登记、缴费、查询、取现足不出村；代收电费；推进社保卡、市民卡建设。

内控管理　修订完善相关规章制度，新增《股权管理办法》《集中采购管理制度》等规章制度31项。上线股权登记管理系统、合规系统、印章管理系统、阳光信贷标准化平台、移动银行等系统。加强存量正常类贷款风险监测、新增贷款监测检查以及不良贷款清收督察，组织开展瑕疵贷款、中长期贷款及临时贷款、贷后管理、对公账户清理、同业存款、财政性账户、现金及重要空白凭证、电子银行业务、员工行为等专项检查，实行资金营运管理、呆账核销、工资计划执行等项目专项审计，将风险隐患消灭在萌芽状态。推进管理模式转型，上线客户关系管理系统、管理会计系统、产品定价系统等，实现网点远程授权全覆盖。搬迁总行大楼，基本完成基层网点第一轮标准化装修。

（章　华）

【承办全省农商行信息科技达标交流会】 4月21日，省联社在区农商行金融大厦九楼会议室组织召开2014年信息科技达标工作交流会议。总结2013年全省信息科技达标情况，通报2014年达标工作计划。省联社科技管理部总经理傅晓三一行4人出席，新沂、洪泽（筹）、东方、灌云、赣榆、扬州、宝应、阜宁、滨海、响水、大丰农商行与东海、灌南农联社等13家单位分管科技工作领导、科技部门负责人参加。区农商行董事长洪其华、副行长严德明、科技信息部总经理储培出席。

（宋星烨）

【区农商行第五次股东大会召开】 4月22日，江苏姜堰农村商业银行股份有限公司第五次股东大会在金融大厦三楼会议室召开。大会审议通过第一届董事会、监事会工作报告，2013年度财务决算和2014年度财务预算编制情况报告，2013年度利润分配及股金分红方案，2014年度经营发展计划，修改章程说明等10项报告或议案，提出今后三年目标任务和工作建议。大会选举万瑞春、王国平、李焕军、刘月珠、严华麟、沈载福、汪瑜、陆军、邵新国、周伟钢、洪其华、秦阿林、蒋跃东等13人组成区农商行第二届董事会，选举洪其华为董事长，聘任王国平为行长，秦阿林、孔令平、严德明、肖卫华为副行长，聘任沈载福为董事会秘书；选举王芳、王桂林、刘洪明、李俊龙、周正明、周松奎、施正山、黄玉桂、程兆迁等9人组成区农商行第二届监事会，选举施正山为监事长。会议由董事长洪其华主持，96名股东及其代理人，董事会董事、监事会监事出席，机关各部门总经理、各支行（部、中心）负责人列席。

【区农商行第一次临时股东大会召开】 8月15日上午，大会在区农商行总行三楼报告厅召开。会议审议《关于增补本行董事的议案》，增补刘友余、陈东平、徐光华为区农商行第二届董事会董事，刘友余为执行董事，陈东平、徐光华为独立董事。代表股份36082万股、占全部股权72%的104名股东及股东代理人参加。

【区农商行二届四次董事会召开】 8月15日，大会召开。会议选举刘友余为姜堰农村商业银行董事长。选举刘友余、陈东平、王国平、秦阿林和沈载福为第二届董事会“三农”与战略委员会委员，刘友余为主任委员；徐光华、刘友余、李焕军、万瑞春、陆军为第二届董事会薪酬与提名委员会委员，徐光华为主任委员；陈东平、刘友余、王国平、汪瑜、沈载福为第二届董事会风险管理与关联交易控制委员会委员，陈东平为主任委员；徐光华、蒋跃东、刘月珠、周伟钢、秦阿林为第二届董事会审计委员会委员，徐光华为主任委员。

（徐宝俊）

【区农商行缓解融资难做法被中央电视台报道】 1月15日，中央电视台新闻频道《新闻直播间》节目播报区农商行缓解小微企业融资难做法。该行探索推出富民担保模式，指导推动镇政府、龙头企业和村干部出资组建富民担保公司，为辖区内农民和小微企业向区农商行贷款提供定向免费担保，区农商行将贷款利息收入的一部分让利给担保公司，作为其工作经费。

【区农商行支持土地流转经营做法被中央电视台报道】 8月23日，中央电视台《新闻联播》以“农村金融改革创新推动农业规模化经营”为题，报道区农商行支持土地流转经营做法。该行为全区土地流转承包经营权抵押贷款试点工作主要信贷投放平台，研究探讨农民住房财产权、土地承包经营权等抵押贷款的规范化运作模式，推动全区土地流转经营和规模化发展。

（章　华）

【淤溪金阳光担保公司成立】 6月16日上午，淤溪金阳光富民担保有限公司开业。该公司以“经营讲信用、管理有措施、担保负责任、用心谋发展”为宗旨，以“打造为‘三农’发展服务的专业担保机构”为发展目标，主要为区域内从事种养业、加工业、商业、服务业的农民和农民专业合作社提供担保中的履约类担保。副区长王萍与区农商行董事长洪其华揭牌。

（孙　柳　章　华）

·交通银行股份有限公司泰州姜堰支行·

【概况】　2014年，交通银行股份有限公司泰州姜堰支行（以下简称“交行区支行”）围绕“改革创新、转型发展”工作主题，夯实基础，服务客户，提升市场份额，取得新成效。截至年末，存款余额13.1亿元，较年初减少3.1亿元，日均存款增量较年初增加4亿元；贷款余额15.3亿元，较年初减少3亿元。交行区支行被中银协评为“全国千佳文明示范单位”，成为泰州市唯一获评区县级银行。

信贷业务　捕捉招商引资信息，抓好项目源头，构建以姜堰城区为龙头、各重点镇为羽翼的一体化营销大平台。围绕姜堰纳税百强、工业销售及进出口百强企业，加强营销拓展和项目储备，新增华丽塑料有限公司、五行材料有限公司、扬动电气有限公司等优质基本客户群。加大政府融资发债情况跟踪服务，发放姜堰市鑫源建设有限公司(姜堰经济开发区融资平台)过桥贷款3亿元。

中间业务　围绕做优存量、做大流量、做优增量目标要求，分析比较所有存量授信客户，挖掘潜力；梳理战略客户，通过缴税通、票据池、蕴通账户、对公理财等产品提升流量，争取一批以交行区支行为主结算行的重点客户；盯紧新项目，抢抓信息源，利用中票、短融、私募债、信托、租赁及境内外联动等产品，创新转型，减少资本占用，做优增量。以公私联动服务提升代发工资、薪金联名卡、薪金理财客户数量，增加对私客户源。根据“织网补链，拓圈入园，进场合流”战略定位，以家易通、商务收单为抓手，开展主城区家具市场、批发市场及其他商贸集中区挖潜，扩大客户营销面；深入授信单位、社区，扩大培育一批新客户，完善调整对私客户结构。向客户宣传交行电子银行产品特色，扩大客户来源。梳理对接证券公司、重点企业和平台客户，建立平台和重点企业两大目标客户库。建立信托公司、证券公司、租赁公司、基金公司等人员信息联系表，加强重点项目推进进度。

内控管理　贯彻落实“风险合规管理提升年”要求，开展“学规章、防违规”集中宣传教育活动，开展“违规放贷和非法集资案件风险”专项排查、员工失范行为排查活动，开展公司、国际、个金、信贷、营运、电银及营销费用使用等方面自查活动，强化全员遵章守纪、自我约束、风险防范意识。

（陈前进）

·中国农业发展银行泰州市姜堰区支行·

【概况】　2014年，中国农业发展银行泰州市姜堰区支行（以下简称“农发行区支行”）开展信贷支农，严控经营风险，夯实精细管理，狠抓队伍建设。截至年末，各项存款余额46478万元，比年初增加12738万元，增长37.78%；各项贷款余额116102万元，比年初增加16454万元，增长16.51%；实现中间业务手续费收入126.14万元，比上年增加8.11万元，增长6.87%。

信贷业务　执行信贷管理措施，做好粮食收购资金供应与管理，投放地方储备粮食贷款8773万元、小麦收购贷款12000万元、油菜籽收购贷款1500万元、棉花收购贷款4650万元。支持农业农村基础设施建设，投放农村集中住房27000万元。支持农业产业化经营，投放流动资金贷款12400万元。

内控管理　加强制度学习，增强职工精细管理意识。执行CM2006系统操作要求，做好贷前、贷中、贷后管理工作，提高办贷质量，将信贷风险降到最低。开展增收节支，加强财会管理，加大财务收入组织、监测和分析力度，抓好反洗钱工作。落实安全保卫措施，确保生产安全。

（顾　伟　刘惠芳）

·中国邮政储蓄银行股份有限公司泰州市姜堰区支行·

【概况】　2014年，中国邮政储蓄银行股份有限公司泰州市姜堰区支行（以下简称“邮政储蓄银行区支行”）围绕精细化管理、员工素质提升目标，以普惠金融和服务地方经济为中心，以强化风险管控为抓手，落实各项措施。截至年末，各项存款余额44.06亿元。其中，个人存款余额38.91亿元，比年初净增4.57亿元，增长13%；公司存款余额5.15亿元，比年初净增1.03亿元，增长25%。各项贷款余额8.79亿元。其中，个人类贷款余额6.66亿元，比年初净增1.34亿元，增长25%；小企业贷款余额2.13亿元，比年初净增0.27亿元，增长15%。

基础业务　开展项目营销，培育市场发展理念，强化储蓄存款竞争手段。加大理财产品宣传力度，开展信用卡特惠商户刷卡消费活动。

信贷业务　开办房产净值抵押小额贷款、浮吊船抵押贷款、富农贷、专业大户贷款等，满足客户贷款需求。邮政储蓄银行区支行与区邮政局开展合作业务，与区民发办、区工商局、区民协联合举行“服务民营经济 工商·邮储送贷行动”，挖掘客户资源。开展产业集群营销活动，发展小企业业务。举办各类银企对接会，批量选择优质客户；与担保公司合作，降低中小企业融资门槛，提高中小企业金融服务水平。

内控管理　组织开展合规大行动、“排风险、重操守、促合规”风险排查工作，提高案件防控能力。关注银行金融案件新动向、新变化，防范案件风险。开展案件风险事故排查整治和要害岗位考核工作，预防遏制职务犯罪。举办首届“邮储银行杯”广场舞大赛，营造优质金融服务环境。

（王　瑾）

·南京银行股份有限公司姜堰支行·

【概况】　2014年，南京银行股份有限公司姜堰支行（以下简称“南京银行区支行”）围绕“以客户为中心、以市场为导向”经营理念，完善服务机制，开展营销管理，为客户提供综合金融服务。

信贷业务　调整贷款资源配置，实现客户与贷款结构优化调整。从不符合国家政策和风险提示的领域退出，向重点区域、重点行业和重点客户倾斜。加大优质项目支持，资金向实体经济（包括产生持续现金流的行业、国家产业政策鼓励的行业等项目）和中小企业倾斜，向与政府合作及民生工程等领域发展。提升贷款利率定价水平，选择综合效益高、成长性好的行业和优质项目，加大投放力度。加强项目储备，促进项目储备转化率增长。发放泰州市姜堰区龙翔城镇建设发展有限公司委托贷款2亿元、姜堰国有资产投资集团有限公司结构性融资3亿元、姜堰自来水公司委托贷款2.5亿元等。

负债业务　出台纯存款奖励、战略性指标奖励等考核制度，每周、每月、每季通报业绩完成情况。实施日均存款考核，不同业务、不同产品设置不同考核权重和放大倍数，引导业务、产品、客户结构调整，促进发展方式转变。梳理存款客户，明确专人追踪，支行行长室督办。调查全区新存款户，完善信息资源，跟踪协调各大拆迁区域进展情况，取得区经济开发区等拆迁地段拆迁款发放权。

中间业务　建立市场营销新体系，健全市场营销新机制。将客户分为优质类、发展类、一般类三大类，指定营销责任人，设计营销方案和营销办法，支行行长、分管行长、各部门负责人等负责营销，员工分组开展相关业务营销。确立重点营销客户，通过行长亲自拜访，客户经理定期回访、制订理财方案等形式，宣传对公产品，和多个优质企业建立合作意向。注重基础营销、中端客户营销、大户营销并重。根据客户类型、投资需求，提供理财方案。春节、端午节、中秋节期间，为金卡、白金卡、财富卡客户花费营销费用9.35万余元。走访各职能部门，做好特色业务营销。完善基础营销，做好梅花借记卡、贷记卡和金梅花理财产品发售工作，周末在小区设点宣传，推荐理财系列产品，理财产品销售超额完成支行下达任务。制定个人业务宣传方案，利用绿岛灯箱、电视台、报纸等媒介开展宣传，发放宣传单页15000份。组合表内、表外业务各种金融产品，实现一体化营销，完成包括公司业务、个人业务、国际业务、票据业务、中间业务在内的各项经营指标。

内控管理　完善内部管理制度，构建风险管理体制，增强合规经营意识。成立业务拓展部，派专人清收兴化地区不良贷款。开展安全知识教育，组织消防宣传培训、防盗抢演练演习。落实安全保卫制度，定期做好检查工作。年内全行安全无事故。

（夏　锐）

·吴江农村商业银行姜堰支行·

【概况】　2014年，吴江农村商业银行姜堰支行（以下简称“吴江银行区支行”）开展优质文明服务体系建设，提升营销服务品牌，提高服务质量，支持中小企业发展。截至12月31日，各项存款余额31082万元，各项贷款余额52487万元，总量存贷比168.86%。贷款比上年年末增加2335万元，全部用于支持小微企业发展。

（庞志刚）

·江苏银行股份有限公司泰州姜堰支行·

【概况】　2014年，江苏银行区支行围绕“以支持地方中小企业、民营经济为重点，同时参与地方重大项目、重点企业的建设和发展”市场定位，服务中小企业、地方经济、城市居民，构建公司业务、零售业务、国际业务、小企业金融业务和资金业务五大业务板块，综合竞争能力显著增强。截至年末，各项存款余额17.54亿元，各项贷款余额16.5亿元。全年实现营业收入5965万元，实现净利润4541万元。中小企业客户150多户。

信贷业务　推行小企业金融业务专营机制，为中小企业量身定做适合其企业特点的信贷产品，提供“全方位、全流程、全覆盖”金融服务，帮助中小企业客户突破融资担保难题。为中小企业业主、微小企业业主等提供零售资产类业务，推进特色产品卡易贷、现金分期业务等消费贷款业务，营销卡分期、及时贷等个人产品。推动零售业务转型升级，零售价值客户持续增长，客户群体结构进一步优化，零售客户存、贷款规模稳定增长。

中间业务　发展高端投行业务，投放政府项目15个6.15亿元。

内控管理　将各类业务信用风险管理纳入风险条线，实现风险管理全覆盖。落实重点领域风险防控，实施周期风险管理，对重点行业、重点客户、重点产品和重点区域，采取针对性风险管控措施。启动风险管理基础能力建设，了解客户生产经营状况，关注客户报表、水表、纳税表、工资表等，推进内外部风险管理信息在授信准入、风险预警和资产质量管理中的应用。

（王海宁）

·中信银行股份有限公司姜堰支行·

【概况】　2014年，中信银行股份有限公司姜堰支行（以下简称“中信银行区支行”）贯彻“加强客户开发，深化专业营销，优化业务结构，有效控制风险，积极创新产品，实现可持续发展”指导思想，创新营销思路，推进各项业务工作。截至年末，本外币各项存款余额

155541万元，较年初增加31260万元。其中，对公存款时点余额117269万元（其中，保证金存款余额32719万元,占比28%；活期存款余额61516万元，占比53%；结算存款余额56930万元，占比49%），较年初增加29761万元；储蓄存款时点余额38271万元，较年初增加1500万元。本外币贷款余额98531万元，比年初增加10651万元。其中，对公贷款余额91843万元，比年初增加6493万元；零售贷款余额6688万元，比年初增加4158万元。贷款逾期及欠息2户。银票余额80046万元，比年初增加12746万元。保函余额402万元。结构化融资3亿元。

信贷业务　调整信贷客户结构，开展授信客户再评价，6月末完成授信客户评级工作。压缩或退出不符合信贷政策、产业政策、无综合收益和风险过大客户，年内退出客户8户、金额12850万元，其中预警客户龙城钢管全额退出。新增授信7户，新增授信金额6亿元。围绕区域内十强、重点和成长型企业开展营销。对拟拓展客户和项目，行长、分管负责人、客户经理组成团队营销；对存量客户加强上门走访和业务调度。获批城镇化金融拆迁项目3亿元，高新装备园信贷投放8000万元，区经济开发区博尔富公司投放1亿元。

负债业务　围绕“转型、提升、发展”零售经营思路，发展零售负债业务。维护拓展个人高价值客户，实施个性化、差异化分层维护营销策略和名单制管理。掌握白金卡以上客户信息，实施增值服务维护和重点营销，锁定储蓄存款资金。开展归集拆迁资金工作，归集陆庄和城区拆迁补偿款3500万元。狠抓公私联动及代发工资拓展。对公和零售客户经理组成营销团队，深入企业开展多维度营销；清查梳理开户对公企业代发工资，将代发工资拓展落实到每个客户经理。开展各种趣味性营销活动，举办中信银行广场舞比赛。

中间业务　推出国际业务“二合一”产品。江苏泰达纺织有限公司办理2笔、金额1620万美元，直接拉动存款1亿元，实现中间收入138万元，企业实现收益近40万元。锁定授信客户资金成本，组合贷款、银票、信托贷款、保本理财等产品，直接拉动定期存款14000万元。

内控管理　严把授信客户入门关，严格筛选存量客户。加强信贷业务重点环节管理。做好风险预警客户化解工作，化解风险预警客户2户、金额2300万元，收回预警客户贷款1500万元。制定各项服务规范制度，推进支行网点转型。结合信贷案防要求，助推合规文化建设，完善内控机制，全行合规、稳健、安全经营，无责任性事故和刑事案件发生。

（杨　帆）

·江苏长江商业银行姜堰支行·

【概况】　2014年，江苏长江商业银行姜堰支行（以下简称“长江银行区支行”）围绕全区经济中心工作，走社区化经营路线，开展小微贷款、长江卡、票据贴现三大核心业务，服务小微企业。截至12月末，各项存款124438万元，较年初增加30473万元。其中，储蓄存款92886万元，较年初增加31785万元；企业存款31099万元，当年新增3000万元。各项贷款67777万元，较年初增加9445万元。其中，小微贷款客户数增加361户，小微贷款余额57315万元。发行长江卡有效卡29193张。票据贴现26.94亿元。

信贷业务　开展社区宣传，建立社区客户信息档案，按照“定时、定点、定人”要求，为社区内小微企业、个体工商户提供零辅币兑换、办理贷款卡等金融服务，为社区内小微企业发放贷款近300户。召开银企对接会，与娄庄、白米、兴泰等镇以及工业园区企业对接，介绍小微企业贷款业务；做好市场拓展，配备信贷营销员48人。当年新增小微企业贷款10865万元。

中间业务　完善票据贴现客户档案，建立联系人制度，定期与客户沟通报价，做好票据贴现转贴工作。通过票据转让，开展票据融资业务，为全区各类工商企业办理贴现业务26.94亿元。

（白　荣）

保　　险

·中国人民财产保险股份有限公司姜堰支公司·

【概况】　2014年，中国人民财产保险股份有限公司姜堰支公司（以下简称“人保财险区支公司”）实现保费收入14704万元，比上年增长16.17%。其中，车险保费收入9587万元，比上年增长24.65%；商业非车险3001万元，比上年增长9.09%；农险2116万元，比上年下降4.51%。市场份额52.91%，比上年增长1.09%；剔除农险后市场份额49.04%，比上年增长1.74%。其中，车险市场份额46.38%，比上年增长1.55%；商业非车险市场份额59.95%，比上年增长5.51%。处理各类赔案12591件，赔付金额12386万元。缴纳地方税收1331万元。安置应届大学毕业生5人。人保财险区支公司被评为全国人保系统“经营管理先进单位”，被人保财险江苏省分公司表彰为“经营管理先进单位”，被省消协评为“2014年江苏省放心消费创建活动先进单位”。

（吴秋飞）

·中国人寿保险股份有限公司姜堰支公司·

【概况】　2014年，中国人寿保险股份有限公司姜堰支公司（以下简称“寿保区支公司”）实现总保费收入5.41亿元。首年标准保费3945.51万元，比上年增长11.75%；短险保费2876.47万元，列市辖首位。个险渠道10年期交规模和短险规模分别列全省县支公司前9位、前5位；银保渠道期交比上年增长181.5%；团险渠道短险规模列市辖首位。处理赔案5308件，赔付金额2661.01万元。其中，短险赔案4885件，赔付金额1414.7万元；长险赔案423件，赔付金额1246.31万元；短险赔付率48.98%。在姜堰缴纳税收571.29万元，其中营业税及附加136.85万元、代扣代交营业税及附加44.12万元、代扣代交个人所得税369.12万元、地方税费21.2万元。寿保区支公司获“江苏省文明单位”“中国人寿省系统先进单位”“泰州市平安金融创建工作先进集体”“姜堰区金融工作先进单位”等称号。

宣传教育　举办“诚信我为先”系列活动。召开保险消费维权座谈会，听取社会各界意见和建议；组织“代签名”“销售误导”等关键风险点专题教育，每月上旬各职场召开一次专题早会，“3·15”早会现场举行诚信宣誓活动；“3·15”消费者权益日、“6·16”客户服务节等期间，组织举办大型业务咨询活动，利用横幅、站牌、宣传彩页向消费者宣传保险业务知识，解答热点问题；开展营销员信用等级评选活动，加强销售人员行为规范检查。

内控管理　开展送赔款上门服务和限时办结等服务项目，客服部的重要考核指标在泰州全辖名列前茅。加强农村网点建设，溱潼镇服务网点集缴费、保全、理赔等多项服务于一体。开展“国寿绿色服务”品牌创建活动，推行“三大服务承诺”（即首问责任制承诺、一次性告知承诺、限时办结承诺），开展月度服务明星评选、服务质量绩效考核，提高工作效率和服务水平。开展关键岗位人员风险教育，签订风险管控承诺书。开展风险预警教育。5月份，开展非法集资风险专项排查活动，增强合法合规意识；6月份，下发《关于禁止公司员工及个人代理人参与非法传销活动及直销组织的通知》，防范传销组织及直销组织在公司渗透。不定期召开前后台沟通协调会，讲解新管理规定，解决一线实际问题。加强监督检查，遏制腐败，防范经营风险。强化综合治理工作，落实安全保卫责任制。

（费　璐）

证 券

·综 述·

【概况】 2014年，全区有江苏华飞合金材料科技股份有限公司、江苏鸿诚金属制品股份有限公司、江苏天鹅食品股份有限公司等3家企业在天交所挂牌，姜堰宾馆有限公司、江苏东方惠乐健康科技有限公司、泰州市华夏典当有限公司等3家公司在上海股权托管交易中心挂牌，挂牌数量在泰州三市三区中名列第一。江苏扬动电气有限公司通过并购重组方式并入远程电缆股份有限公司，进军资本市场。晟芯微电子、汉枫缓释肥料等多家企业开展新三板挂牌前各项准备工作。

（钱申涛 朱国峰）

【江苏华飞合金材料科技股份有限公司挂牌上市】 3月27日上午10时30分，全区首家民营企业江苏华飞合金材料科技股份有限公司股权在天津股权交易所挂牌交易，该公司成为全区首家在天交所挂牌企业。股权简称为“华飞科技”，代码为632010。该公司位于姜堰区兴泰镇工业集中区，是一家集科研与生产于一体的不锈钢丝专业生产的高新技术企业，生产的不锈钢再伸线、不锈钢网线等系列产品和不锈钢丝检测设备达到同行业领先水平。副区长周如勇、华飞科技董事长袁卫华以及相关部门、镇负责人参加挂牌仪式。

（杨 澄 李 晓）

【江苏鸿诚金属制品股份有限公司上市】 5月28日上午10时30分，江苏鸿诚金属制品股份有限公司（“鸿诚金属”股权代码为932005）在天津股权交易所挂牌上市。该公司成立于2009年6月，是一家集科研与生产于一体的不锈钢丝专业生产企业，是全区第二家民营企业，拥有实用新型专利6项。副区长朱嘉浩、鸿诚金属董事长孙红军以及相关部门、镇负责人参加挂牌仪式。

（许 啸）

【姜堰宾馆挂牌】 7月29日下午2时08分，姜堰宾馆有限公司（企业代码201166）在上海股权托管交易中心Q板挂牌，成为全区首家在上海股权托管交易中心挂牌企业。该公司由澳大利亚澳达集团有限公司投资3亿元建设，是全区第一家按国际五星级旅游饭店标准设计装修的商务型酒店，为全区前20强服务业企业之一，获“江苏餐饮名店”“江苏百年老店”等称号。区委常委、现代科技产业园党工委书记、姜堰镇党委书记戴兆平，副区长朱嘉浩，区政协副主席陈文德出席挂牌仪式。

（张泽海）

【江苏东方惠乐健康科技有限公司挂牌】 9月25日，公司在上海股权托管交易中心挂牌，成为全省首家挂牌上海股权托管交易中心的养老服务机构。股权简称为“东方惠乐”，代码为201732。该公司总部位于泰州市姜堰区，围绕“一码在手、智慧养老”“休闲养生、循环养老”“一地有房、全国有房”创新理念，构建智慧连锁养老服务平台，提供“健康养老、生态养老、文化养老、科技养老”全新居家社区养老服务，在巴马、漠河、青岛、南京、泰州、扬州、常州、上海、北京、大连、海南等地建有连锁老年服务机构20余家。全国老龄办副主任闫青春，中央政策研究室巡视员王德春，中国老龄事业发展基金会副理事长张志

江苏东方惠乐健康科技有限公司挂牌仪式

鑫，国家卫生计生委中国健康教育中心政策研究室主任胡俊峰，全国老龄办事业发展部主任吴秋风，江苏东方惠乐健康科技董事长陶金海等出席挂牌仪式。上海全立实业发展有限公司与该公司签署6000万元战略投资意向协议书。

（缪锦国）

【泰州市华夏典当有限公司挂牌】　10月8日，公司（股权代码为201916）在上海股权托管交易中心挂牌。该次挂牌是泰州澳达资产管理有限公司运作的第一个资本项目。澳达资产是姜堰区一家国际化专业资产管理公司，从事不良资产收购与处置、实业及股权投资、企业转型及上市策划等资产管理业务，通过项目运作，推荐符合条件的企业走向资本市场。区委常委、常务副区长戚才俊参加活动。

（袁　亮）

【江苏天鹅食品股份有限公司挂牌上市】　12月26日，公司在天津股权交易所挂牌，成为全区第一家在天交所上市的农业企业。股权名称为“天鹅股份”，股权代码为232006。该公司位于沈高镇，前身是江苏天鹅食品有限公司，成立于2003年4月，注册资本2940万元，主要生产特种灰天鹅等禽类肉制品、酱卤肉制品和蛋制品，200多个品种远销北京、天津、上海、深圳等城市。该公司凭借绿色环保的养殖技术和安全健康的食品加工工艺，成为国家农业产业化项目示范企业、国家重点农业龙头企业，拥有全国著名商标。2006年，该公司被评为“江苏消费者信得过AAA级品牌企业”。2014年7月，该公司被区经济和信息化委推荐为上市企业。

（顾盛杉　姜伯堂）

·华泰证券股份有限公司姜堰东大街营业部·

【概况】　2014年，华泰证券股份有限公司姜堰东大街营业部（以下简称“华泰证券区营业部”）围绕“提高份额、增创收入、提高服务、更新手段”发展方向，稳定市场份额、产品销售、新增客户和新增客户资产等传统业务，拓展新型常规业务，形成新的业务增长点。截至12月3日，营业部新增客户639户，其中新增有效户212户，有效率33%，客户资产总额较年初增长45%，高于同期大盘31%涨幅。融资融券日均余额2450万元，较上年日均余额797万元增长217%。销售天天发、季季发等现金管理类产品2400余万元，折算后产品销售总额700余万元。

业务经营　从基础客户份额、理财产品销售、新增核心高频交易客户、高净值客户等方面提升市场份额。截至12月1日，总市场份额0.163‰，较上年增长33.6‰。开发高净值客户，盘活、引进高净值客户市场份额贡献超过5‰。加大产品销售力度，截至12月末，折合之后产品超过2000万元。新上线涨乐财富通，推广收费类咨询项目。开展融资融券等新兴常规业务。做好天天发、月月发、季季发等现金管理类产品，合格客户池以及新开户、二次业务办理客户实行全覆盖。发展机构业务，提高机构客户质量。华泰证券区营业部联合区上市办、区金融办举办新三板及企业融资报告会，100余家企业参加。走访10多个镇及区经济开发区重点企业超过50家，收集两家企业新三板上市需求。

基础建设　压缩营业面积，营业部由原来1000多平方米压缩至400平方米；缩减劳务派遣用工人员，压缩线路费用，取消现场机位200余个，营业部转变为C型营业部，节约成本超过40万元。

（翁　践）

财政·税务

财　　政

【概况】　2014年，全区实现公共财政预算收入30.35亿元，比上年增长12.7%；上划中央收入16.84亿元，比上年增长2.4%。实现公共财政预算支出44.28亿元，比上年增长13.1%。全年财政收支实现平衡。区财政局被评为泰州市依法行政示范点、泰州市法治文化建设先进单位、姜堰区区级机关效能建设“十佳单位”等。

2014年泰州市姜堰区主要财政收入、支出项目一览

表11　　金额单位：万元

财政收入	实　绩	财政支出	实　绩
1. 工商税收收入	404888	1. 一般公共服务支出	54643
2. 农业两税	15163	2. 公共安全支出	28520
3. 罚没及行政性收费	51919	3. 教育支出	86726
4. 基金收入	134554	4. 科学技术支出	4646
		5. 文体和传媒支出	4573
		6. 社保和就业支出	38901
		7. 医疗卫生支出	49841
		8. 节能环保支出	5963
		9. 城乡社区事务支出	45835
		10. 农林水事务支出	70550
		11. 交通运输支出	7107

财政收入　推进综合治税工作，按月通报各单位涉税信息报送情况，加强涉税信息分析，强化税源控管，创新税收征管方式。组织开展营业税专项清理活动，加强建筑工程项目、销售不动产和转让无形资产、服务业和文化体育业等营业税征管。落实企业主辅分离政策措施，提高服务业税收比重。规范非税收入减、免、缓审批程序，坚持统一领导、归口管

理、规范程序、从严审批，建立非税收入减、免、缓动态管理监控机制。完善财政收入月报制，跟踪分析收入动态，落实征管措施，完成年度收入目标。税收收入占公共财政收入比重82.9%。

财政支出　按照建立公共财政基本框架要求，遵循“保工资、保民生、保运转”原则，统筹安排财政支出，调整财政支出结构，提升资金使用效益。围绕区委、区政府中心工作，保障事关全局、事关民生的重点产业、重点工程、重大项目顺利推进。增加民生建设投入，落实各项强农惠农政策，筹集校舍维修、校安工程等专项经费，推进教育均衡发展。落实促进就业相关政策，支持社会化养老建设，完善公共卫生与医疗保障体系。支持政法、环保、文化等社会事业稳步发展。执行公务用车购置审批程序，加强会议和接待经费管理，将“三公”经费管理纳入部门（单位）绩效考核内容，控制一般性支出。

财政监管　开展“法治财政”建设，完善财政管理体系，加强风险节点排查防控，提升依法理财、依法行政水平。推进预算绩效管理工作，加强预算绩效目标申报、审核和批复，试点财政专项资金第三方绩效评价。推进预算信息公开，11个区级部门开展预算信息公开试点。规范政府性债务管理，根据债务审计情况，制定整改工作方案，各镇（区）、各部门按要求落实整改；成立政府性债务清理甄别工作领导小组，清理甄别政府性债务。加强财政资金监督管理，执行《姜堰区财政资金安全管理暂行办法》，确保财政资金安全运行。

（黄乐蓉）

国　家　税　务

【概况】　2014年，区国家税务局（以下简称“区国税局”）履行职责，组织税收收入，规范税收执法，优化纳税服务，狠抓队伍建设，严肃廉政纪律，各项工作取得一定成效。区国税局蝉联泰州国税“综合先进单位”五连冠，连续九年被区委、区政府评为“服务地方经济建设先进单位”，被区纪委、区监察局表彰为“全区纪检监察工作先进集体”；五分局被省国税局、团省委授予“2013—2014年度省级青年文明号”；二分局被市总工会授予“工人先锋号”；一分局、六分局被市国税局表彰为“十佳”标兵分局；四分局、六分局被市纪委表彰为“基层站所作风建设五星级单位”，三分局被表彰为“四星级单位”；“快易通”被区效能办表彰为“2014年度优秀机关服务品牌”。9人获“十佳”称号，9人获三等功，26人获嘉奖，1人被表彰为“全省国税系统信息工作先进个人”。

组织收入　组织税收收入22.6亿元，其中增值税15.03亿元、企业所得税6.07亿元、车购税1.47亿元，比上年增收1.73亿元，增长8.28%；折算一般预算收入7.2亿元，比上年增收8400万元，增长13.21%，是泰州国税系统唯一完成年度目标单位；实现营改增收入1.35亿元，占全部税收收入5.99%，占一般预算收入18.75%。

税收征管　开展税收风险管理，初步形成风险识别、风险分析、案头检查、实地核查、评定处理等环环相扣税收风险管理运行机制。通过联动办统一管理，规范管理流程，发挥“两会两审”（会商、会办，预审、复审）功能，提升风险应对实效。补缴增值税6580万元、企业所得税4395万元、滞纳金64万元、罚款26万元、调减留抵39万元，调减亏损961万元，查补税款对组织收入贡献率5.37%。选择8个行业，打破地域界限，完善基本架构，推行集群化管理。组织应对367户，补税2944.87万元。

税收执法　围绕“以查促收、以查促管、以查促查”，开展税务稽查。查处各类涉税案件108件，查补税款1653.9万元，其中10万元以上大要案17件、40万元以上9件，大要案查补税款699万元。

纳税服务　开展“便民办税春风行动”，推行“非接触式”服务和个性化服务。建立微信群，为纳税人提供在线交流平台；规范“特服号”运行，做到人员、场所、电话接听“三集中”；推出便民办税春风卡，方便纳税人办税、咨询；区国税局与地税部门协作，定期举办纳税人大讲堂；与工商、质监协作，实行“三证合一”；推出纳税人个性化需求辅导团队，为纳税人解决疑难税收问题。网上抄税、网上认证、代开发票网上申请率等指标均列泰州第一；工作流程处理平均用时从2013年的2.39天缩短为1.78天，95%以上的办税事项耗时在泰州地区最低。落实税收优惠政策，审核办理民政福利企业退税5989万元、资源综合利用企业退税1569万元、出口退税6.31亿元、调库2.12亿元，落实小微企业税收优惠330.3万元（其中所得税优惠1343户、减免258万元，增值税优惠626户、减免72.3万元）。

（朱　勇）

地　方　税　务

【概况】　2014年，泰州市姜堰地方税务局（以下简称“区地税局”）围绕“强基争先”工作主题，开展基层建设、基础管理和基本功建设，各项工作取得明显成效。区地税局获省“五一”巾帼标兵岗、省地税20年岗位建功标兵、泰州市“五四”红旗团委等地市级以上荣誉14项，连续四年在区级机关绩效考核中列垂直部门第一。

组织收入　年内，全区入库税费收入35.98亿元。其中，公共财政收入17.96亿元，比上年增长13.65%。

税收征管　严格税种管理，完善两个所得税警戒线管理，企业所得税汇算清缴入库3917万元，个人所得税12万元申报补税790万元；运用房土两税动态管理系统，入库房土两税1.86亿元；推行土地增值税“模板式”清算，入库税款5891万元；完善“耕契”两税征管流程，入库“耕契”两税1.4亿元。开展个体零散税收专项清理、“房土”两税征收专项竞赛、税务行政指导、清漏补税竞赛等活动，入库税款1.17亿元；开展营业税专项清理活动，入库税款1.91亿元。

税收执法　制定出台《依法行政工作要点》《规范执法示范岗创建办法》，配套建立税收执法风险防范联席会议制度，1个反避税案例获国家税务总局审核通过。开展税收优惠政策执行等6个方面执法督察，追究执法责任23人次。编印《执法督察通报》10期，编写执法过错典型案例24个，实现执法风险监控闭环管理。加强税收执法督察疑点库建设，完善行政处罚裁量权管理制度，规范税款征收标准。建立“管查协同”工作机制和多部门联合选案机制，查补入库税款9151万元，其中查处百万元以上大要案2件。

纳税服务　加强税收政策法规宣传，执行各类税收减免政策，为242户企业办理各类减免税6397万元。深入辖区企业走访调研，为重点税源企业提供上门服务，对成长型企业实施跟踪服务，对新办企业加强管理服务。选派业务骨干成立专业化服务团队，为谋划上市企业量身定制服务方案。推行重大项目领导挂点服务制度、税务人员定期联系制度、重大项目全程跟踪服务制度。撰写建筑业、房地产业、扶持小微企业发展等方面调研文章15篇，被地市级以上刊物采用政务信息和调研文章60篇，其中3篇信息分别得到省委、市委主要负责人批示。

（王　瑜　刁爱兰）

综合管理监督

国民经济计划管理

【概况】 2014年，全区实现地区生产总值488.52亿元，可比增长11.1%。其中，一产增加值36.18亿元，可比增长3.5%；二产增加值243.18亿元，可比增长10.9%；三产增加值209.16亿元，可比增长12.6%。三次产业结构比为7.4∶49.8∶42.8，产业结构更趋合理。全区公共财政预算收入30.35亿元，比上年增长12.7%。其中，税收收入25.16亿元，比上年增长13.5%，占公共财政收入比重82.9%。净增私营企业1591户、个体经营户2581户，新增“个转企”371户。全区私营个体经济注册资本523亿元，私营企业1.09万户，个体经营户3.48万户。城镇居民和农村居民人均可支配收入分别为31375元、14887元。

（葛文才）

固定资产投资

【概况】 2014年，全区完成固定资产投资额345.6亿元，比上年增长29.3%，高于泰州市增幅8%，增速列泰州市第3名。一产投资2.86亿元，比上年下降11.5%。二产投资232.1亿元，比上年增长26.1%。其中，工业投资231.75亿元，比上年增长28.4%。三产投资110.6亿元，比上年增长38.1%。其中，房地产投资51.93亿元，比上年增长39.8%；商品房销售额44.92亿元，比上年增长4%。全区153个重大项目开工建设138个，开工率90.2%；完成投资67.7亿元，完成年度计划72.4%。纳入泰州市考核的29个“双百”（组织实施100个传统产业升级改造和100个新兴产业及服务业、现代农业项目）工程全部按期开工建设，完成投资35.7亿元，占年度投资计划105.3%。其中，传统产业项目18个，完成投资24.9亿元；新兴产业项目6个，完成投资5亿元；现代服务业项目3个，完成投资5.4亿元；现代农业项目2个，完成投资0.4亿元。天康电子、普奥新型装饰材料、嘉龙电力、赛宝苏中信息研究院、河横风城水上乐园、南洋电缆一期、常春高氮合金一期、智能电网产业园、智谷软件园研发中心等项目基本竣工，三水·新都会项目进场施工。

（周文红）

服务业管理

【概况】 2014年，全区服务业呈现“总量扩大、质量提升、结构优化、贡献提高”发展态势。实现服务业增加值209.16亿元，可比增长12.6%，高于地区生产总值增幅1.5%；占地区生产总值比重42.8%，比上年提高1.5%。实现社会消费品零售总额154.55亿元，比上年增长12.5%。实现服务业税收19亿元，占国税、地税总收入42.4%。其中，地税收入13.46亿元，占全部地税收入60.7%。溱湖旅游景区创建成中国环境科普教育基地，古罗塘旅游文化景区、中艺农业生态园分别跻身国家AAAA级、AAA级旅游景区，华东五金城创建成省级服务业名牌，镇村便民服务标准化试点和湿地公园旅游服务业标准化试点分别通过国家级、省级验收，劳武物流创建成“江苏省农村物流示范基地”。首家电子商务服务机构江苏易销电子商务有限公司投入运营，启动农副产品网上销售。

转型发展　制定出台《关于加快服务业发展的激励意见》，将服务业发展引导资金提高到1000万元，20家单位获区引导资金扶持，智谷软件园获国家专项资金180万元；发展旅游经济，接待游客540万人次，旅游直接收入13.46亿元，分别比上年增长10.2%、12.2%；优化金融生态，实现各项贷款余额389.93亿元，比年初增加33.77亿元，增长9.5%；加快“两业”(制造业、服务业)融合步伐，全区生产性服务业占比42.8%，比上年提高1.5%。

项目建设　全区实现服务业固定资产投资110.6亿元，比上年增长38.1%。44个服务业区级重大项目开工建设40个，完成投资25.1亿元，完成年度投资计划96.5%；8个泰州市重点考核项目完成投资16.7亿元，完成年计划98.2%。苏泰沥青仓储、赛宝研究院等48个1000万元以上服务业项目新开工建设，溱湖健康产业园项目列为2015年全省重大项目。

【2014年度服务业十强企业、重点企业、定报企业名单】　1. 十强企业（年纳税销售2亿元以上或利税1000万元以上的服务业企业，省级现代服务业集聚区，国家AAAAA级旅游景区，年交易额10亿元以上的专业市场）：江苏姜堰农村商业银行股份有限公司、泰州市华达贸易有限公司、泰州华侨城有限公司、泰州市姜堰人民商场有限公司、苏果超市（姜堰）有限公司、泰州市俞垛运输公司、江苏华东五金城有限公司、泰州市姜堰区高新技术创业中心、泰州市姜堰溱湖风景区开发建设有限公司、泰州市姜堰兴盛市场服务中心。2. 重点企业（年纳税销售5000万元以上或利税300万元以上的服务业企业，三星级以上的酒店，年交易额4亿元以上的专业市场）20家：泰州市华东汽车城有限公司、泰州市金姜堰旅游发展有限公司、泰州市姜堰区万达运输有限公司、姜堰大运交通运输集团有限公司、泰州市姜堰三航运输有限公司、泰州市海虹物流有限公司、泰州市桥头运输有限公司、泰州市兴良运输站、泰州市姜堰区庆林废旧物资经营部、姜堰荣创废弃电子产品回收有限公司、泰州市盛华物资回收有限公司、中国石油化工股份有限公司江苏泰州姜堰石油分公司、江苏金榜钢铁有限公司、江苏润昌贸易有限公司、姜堰吉祥糖烟酒有限公司、农工商超市集团(姜堰)有限公司、姜堰世纪联华超市有限公司、姜堰新华书店有限责任公司、锦宸商贸股份有限公司、江苏黄河大酒店有限公司。3. 定报企业[年营业额（销售额）1000万元以上的服务业企业，年交易额1亿元以上的专业市场]40家：姜堰宾馆有限公司、姜堰天水雅居大酒店有限公司、泰州市新康假日酒店有限公司、江苏锦宸宾馆有限公司、泰州市姜堰中天清华园大酒店、泰州文峰千家惠超市有限公司姜堰分公司、泰州市大洋百货有限公司、泰州苏常电器有限公司、泰州文峰电器销售有限公司姜堰店、泰州苏宁云商商贸有限公司姜堰大道店、江苏金日商贸有限责任公司、无锡肯德基有限公司姜堰锦宸分店、姜堰荣生废弃电子产品回收有限公司、姜堰海泰物资有限公司、姜堰金鹏商贸有限公司、江苏明欣医药集团有限公司、泰州市第四汽车运输有限责任公司、泰州市马庄运输有限公司、泰州市瑞骠汽车运输有限公司、江苏骏龙物流有限公司、泰州市第五航运公司、泰州和海油品运输有限公司、泰州市姜堰区中油石油有限公司、中国银行股份有限公司姜堰支行、中国工商银行股份有限公司姜堰支行、中国农业银行股份有限公司泰州姜堰支行、中国建设银行股份有限公司姜堰支行、交通银行股份有限公司泰州姜堰支行、中国人民财产保险

股份有限公司姜堰支公司、中国人寿保险股份公司姜堰支公司、中国太平洋财产保险股份有限公司姜堰支公司、中国电信股份有限公司泰州姜堰区分公司、中国移动通信集团江苏有限公司泰州姜堰分公司、中国联合网络通信有限公司姜堰分公司、泰州市姜堰保安服务公司、泰州市天衡建设工程质量检测有限公司、泰州锦天汽配港项目开发有限公司、泰州市姜堰曹安市场有限责任公司、泰州市姜堰德众汽车销售服务有限公司、泰州市姜堰广播电视传输网络有限公司。

（张继忠）

【便民服务标准化试点项目通过国家级验收】 2011年，国家标准化委员会将“姜堰区便民服务标准化试点”列为试点项目，姜堰区所有镇村、社区全部实行达标管理。2014年4月24日，省发展和改革委服务业处调研员吴滨带领国家标准化管理委员会专家验收组验收姜堰区国家级便民服务标准化试点项目。验收组一行实地察看桥头镇小杨村、沈高镇河横村、姜堰镇及中天社区4个便民服务中心，听取试点单位情况汇报，查阅有关文件和资料，察看服务现场，走访部分服务对象。认为该区国家级便民服务标准化试点工作领导重视、组织得力；体系健全、特色明显；持续推进、成效显著。一致同意通过该项目考核评估，综合得分96.5分。区委常委、纪委书记张红霞，副区长朱嘉浩，市、区纪委、质监、发改等相关部门负责人参加会议。

（丁　洁）

统　　计

【概况】 2014年，区统计局改革创新，开展现代化服务型统计建设，服务决策、服务基层、服务民生，各项工作取得显著成效。区统计局被省统计局表彰为“江苏省第三次经济普查先进集体”，被团区委授予“青年文明号”称号。

统计基础　贯彻落实《江苏省统计数据全程质量管理体系（2013）》要求，制定《姜堰区统计数据质量控制办法》《姜堰区统计数据质量评估办法》《区统计局统计数据质量管理与责任追究制度》，修订《统计数据使用和发布工作制度》。构建“三张网”（联网直报企业一体化质量控制网、重点数据质量风险防控网、统计违法行为惩戒网）统计数据质量保障体系，实现统计数据质量立体化、全方位监控。修订《镇（区）固定资产投资新开工项目入库管理规定和评估办法》，提高全区固定资产投资统计数据质量。年初启动联网直报平台“光纤提速工程”，将政府公文OA平台与统计联网直报平台并网运行，全区16个镇（区）统计站全部接入区统计局20M光纤专线。加强基本单位名录库建设，做好新增“四上”企业（规模以上工业企业、资质等级建筑业企业、限额以上批零住餐企业、规模以上服务业企业）申报入库工作，做到“应统尽统、统全统实”。

统计监测　开展全面小康监测、文化产业调查、健康服务业核查等工作，反映全区经济转型升级和社会发展现状。根据区政府办《2014年度镇（区）部门工业经济工作专项考评办法》（泰姜政办〔2014〕13号）、《2014年度民营经济发展专项考核办法》（泰姜政办〔2014〕51号）和《2014年度服务业工作目标考评实施意见》文件要求，区统计局在部门联席会议上，运用统计数据开展统计分析，提出针对性建议。

统计法制　将执法检查与企业走访制度结合，开展经常性统计执法监督行动。将“四条红线”（坚持“先进库、再有数”，绝不自行修改名录库；坚持由企业独立报送真实的统计数据，绝不干预企业独立报送真实数据；坚持由企业自己上报联网直报数据，绝不代填代报企业数据；坚持由企业修改差错或补填不完整报表的原始数据，绝不自行修改企业任何数据）执行情况作为统计执法检查重点，开展执法检查活动。结合省统计局案卷评查标准，全局执法人员开展规范化执法程序和业务培训，执行统计行政处罚自由裁量权标准，规范统计执法行为。各专业科室检查联网直报企业69家，责令限期整改3家。

统计服务　区统计局农业科、工业科、服务业科和法制科统计人员分别围绕畜牧业规模大户生产情况、工业新增长点、新增“四上”单位经营状况等主题开展走访调研。截至10月底，撰写各类信息106篇、分析27篇，其中信息被省统计局采用19篇、市统计局采用53篇、市政府网站采用6篇、区政府网站和快报采用23篇。改版《姜堰统计月报》资料手册，将“一区两园”主要经济指标单列，增加领导和社会公众关注的重点指标，增加反映全区服务业发展的内容。

【开展《江苏省统计条例》宣传教育活动】　2014年5月1日起，《江苏省统计条例》（以下简称《条例》）施行。全区开展宣传教育活动。5月15日、19日，区统计局分两期开展《条例》内容集中宣讲活动，《条例》单行本被发至全部联网直报企业，区统计局机关工作人员、各镇（区）分管领导和统计站人员参加；5月21日，《姜堰日报》刊登《条例》解读，以问答方式介绍《条例》出台的背景、实施时间、违反条例的法律责任、部门统计工作要求、民间统计的相关规定等；区统计局内外网和《姜堰统计月报》开辟专栏开展宣传。全区形成良好统计法制环境。

【开展统计规范化建设】　一是开展蒋垛镇、区经济开发区等6个镇（区）统计规范化建设。全区16个镇（区）统计站全部通过验收。区统计局法规科组织“回头看”活动，强化统计资料收集管理，实现基层统计工作网络化、统计手段现代化。二是开展联网直报企业统计规范化对标指导和检查验收。区统计局分管领导多次督察各镇（区）企业规范化建设情况，与区住建局和区建管局对接，做好房地产和资质建筑企业申报、验收工作。全区652家联网直报企业通过检查验收。三是推进部门统计规范化建设。区政府办发出《关于进一步加强部门统计工作的通知》（泰姜政办〔2014〕70号），明确规范部门统计工作职责，将部门统计工作考核结果纳入政府绩效考核内容。制定部门规范化建设标准，明确4家单位先行试点，确保2015年所有部门通过部门统计规范化建设验收。

（田小明）

审　　计

【概况】　2014年，区审计局履行职能，加大审计执法力度。开展审计（审计调查）项目56个，查出违规金额337万元，管理不规范金额171494万元。

财政审计　加强预算管理，深化财政体制改革，构建财政审计大格局。组织审计区建管局、区体育局等3个部门2013年预算执行和其他财政收支情况，区总工会、区广电台等4个部门2013年度财政财务收支情况。重点关注税收征管、预算编制、预算执行、资金绩效等情况，推动预算管理科学化、规范化。

专项资金审计　开展农业综合开发等2项专项资金（工程）审计和审计调查。实施审计署统一组织的城镇保障房安居工程跟踪审计。区审计局抽调4个科室10名审计人员组成审计组赴镇江句容参加全国土地出让收支和耕地保护情况审计。

固定资产投资审计　开展政府投资建设项目结算或竣工决算审计，工程决算审计项目56个、工程预算审核项目370个，审计总核减10011.08万元。开展部分项目跟踪审计，促进政府投资项目规范管理。成立政府投资工程审计审核中心，建立中介机构备选库，管理行政机关、事业单位、国有及国有控股企业聘用中介服务情况，制定《泰州市姜堰区中介机构备选库建设管理暂行办法》及配套文件。

经济责任审计　贯彻落实《江苏省党政主要领导干部经济责任审计规定》，加强地方党政领导干部决策权、执行权和资源分配权等权力运行情况检查。开展10名离任领导干部经济责任审计。

（王春荣）

工商行政管理

【概况】 2014年，全区工商行政系统围绕“改革创新”主题，践行务实创新、履职尽责、依法行政、队伍建设四大理念，服务地方经济和民生，各项工作取得新业绩。泰州市姜堰工商行政管理局（以下简称“区工商局”）被省文明委命名为“江苏省文明单位”；被市全面推进依法行政工作领导小组办公室命名为2014—2015年度“泰州市依法行政示范点”，连续第五年被区委、区政府表彰为“服务地方建设先进单位”。

市场主体登记 实施登记制度改革，在泰州市率先实施“负面清单”“先照后证”等举措，降低准入门槛，服务创业转型。实施网上登记1157户，发放电子营业执照410份，换发新版二维码执照9622份。实施“先照后证”公司222家，办理“住改商”单位137家，办理“一址多照”公司74家。发展私营企业1804户、个体工商户3316户、农民专业合作社218户、家庭农场127户。将企业年检和个体户验照制度改为市场主体自主年报，从2014年8月1日起实施2013年度市场主体年报工作，市场主体年报率61.8%。根据撤市设区企业变更登记工作方案，办理变更企业7213家、个体户12089户、合作社275家，完成经济户口总量89.1%，371家个体工商户实现“个转企”转型。

商标广告管理 利用商标服务QQ群，加强新《中华人民共和国商标法》宣传，做好商标申报工作，新增中国驰名商标3件（飞船股份的“飞船”、苏北砂轮厂的“人民”和康洁环境工程的“康洁”），新增东进、华泉、九洲、PPF、新亚、中艺园等江苏省著名商标6件，新增祥立、宁晶牌、苏福、阿林等泰州市知名商标18件。设立广告经营单位24户，其中企业18户、个体工商户6户，登记户外广告232件。

经济合同管理 办理抵押登记179件，抵押物价值38亿元，帮助企业融资14亿元。区工商局与邮政储蓄银行区支行联合开展“服务民营经济 工商·邮储十亿送贷行动”，办理泰州市首件农林产品抵押登记，泰州市中艺农业生态园艺有限公司以景观林木和农产品从区农商行贷款500万元。加强合同备案审查，重点审查3户银行业、3户电信业合同文本，提出整改意见8条，调处合同纠纷3起，创建成“守合同重信用”企业219家。实施市场信用分类监管，市场监管软件录入率100%，创建成泰州市文明诚信市场6家。建立完善农资商品经营购销台账，创建成省级农资经营示范店6家、泰州市级示范店19家、区级示范店23家。

经济监督检查 立案查处各类经济案件246件，罚没314万元。开展房地产市场专项整治，查处房地产有奖式销售不正当竞争、门面房面积缩水等违法案件12起。组织开展打击假冒伪劣商品专项执法活动，没收假冒名牌白酒162瓶、假冒“欧普”集成吊顶组件380件，集中销毁拼装电视59台、假冒电磁炉26台。加大流通环节食品安全监管力度，组织开展食品安全快速检测1600起、定向监测290起，查处食品案件64件，罚没35万元，查处假冒伪劣食品48.6千克。区工商局组织区旅游局、区农委、区食品药品监管局等部门开展旅游食品市场专项检查3次，配合区粮食局、区物价局等部门开展成品粮油市场专项检查，配合区教育局、区卫生局等部门开展校园食品安全监管。组织执法人员检查农贸市场经营户使用的计量衡器1次，开展市场内非法销售野生动物行为专项整治活动多次。

开展市场度量衡器检查活动

消费者权益保护　组织开展“六五”普法宣传和诚信经营宣传，区工商局联合区法院为200多家联络站培训新《中华人民共和国消费者权益保护法》，组织大型商场超市、服装销售单位和电动车行业实施行政约谈，引导行业整体规范。实施“12315”“五进”（进商场、进市场、进学校、进企业、进社区）活动，建成“一会两站”（消费者协会分会，消费者投诉站和“12315”联络站）288家。受理各类申诉、举报814件，办结786件，消费纠纷自行和解273件，消费者投诉调解成功率96.6%，消费者对投诉处理过程和处理结果的满意率均在95%以上。

【区市场监督管理局挂牌成立】　根据国家、省、市相关文件精神，区委、区政府将区工商局、区质监局、区食品药品监管局三部门职责和机构整合，组建泰州市姜堰区市场监督管理局，增挂泰州市姜堰区食品药品监督管理局牌子，为区政府工作部门，履行全区工商、质监、食品药品监管职责，承担区政府食品安全委员会具体工作，建立一体化市场监管体系。12月19日，区市场监督管理局挂牌成立。区领导张长平、戴庆柳、薛金林、刘文来分别为区市场监督管理局和区食品药品监督管理局揭牌。各市场监督管理局基层分局、基层食品药品安全监督管理所先后挂牌成立。

（王金钰　刘淦林）

国土资源管理

【概况】　2014年，全区国土资源系统履行职责，开展土地服务、节约集约、土地保护等工作，取得新成绩。泰州市国土资源局姜堰分局（以下简称“国土资源局区分局”）被表彰为全区档案管理工作先进单位，与团区委联合举办的“微信公众平台”宣传活动获省国土资源厅第24个全国“土地日”宣传好项目奖。

项目用地保障　成立挂钩服务“一区两园”工作领导小组，帮助解决涉土问题，国土资源局区分局领导班子成员牵头业务科室负责人挂钩联系重点企业26家。保障全区重点项目和基础设施、民生工程用地需求，落实各类用地计划193.73公顷，其中上争计划108.9公顷，使用2013年度结转增减挂钩计划10.19公顷。组织修改乡镇级土地利用总体规划，调整允许建设区面积近200公顷。国土资源局区分局联合区经济和信息化委等部门开展工业用地效益调查及闲置低效土地处置活动。查出闲置低效利用土地、圈而未用违法用地、关停企业用地122宗，用地总面积280.2公顷。截至年底，72宗闲置及低效利用土地盘活34宗，面积49.87公顷；31家关停企业处置到位4家，面积3公顷；19宗圈而未建违法用地处置到位3宗，面积18公顷。

耕地保护　加强基本农田保护。完成全区基本农田保护标志牌设立、各级保护责任状签订、责任网络建立、到户台账建立等工作，编制2014年度高标准基本农田建设实施方案，建成高标准基本农田4046.67公顷。推进土地复垦。增减挂钩新增耕地36.71公顷，耕地占补平衡新增耕地73.90公顷。

土地资源市场　组织土地出让。挂牌成交工业项目用地44宗，面积58.98公顷，成交金额1.52亿元；挂牌成交经营性项目用地26宗，面积48.51公顷，成交金额11.2786亿元；收购储备土地2宗，面积1.03公顷，收购金额4468万元；挂牌出让黏土资源22宗，征收矿业权价款近100万元，征收矿产资源补偿费近15万元。

土地执法监察　建立健全土地执法监管机制。聘请268名村干部组建全区土地协管员队伍，修订《姜堰区土地行政执法共同责任追究暂行办法》，下发全区国土资源工作考核办法，违法用地管控取得明显成效。推进违法用地整改。2013年度卫片违法用地立案率、查处率均为100%，结案率90%，整改率75%，填报数据通过国土资源部在线系统审核。完成省国土资源厅4宗挂牌督办及127宗发函交办案件查处整改工作。按照区人大常委会《中华人民共和国土地管理法》执法检查部署要求，国土资源局区分局组织开展自查、集中检查等活动，完成执法检查审议意见整改落实工作。

土地基础工作　开展全区地理国情普查，调查成果上报市国土资源局。启动“一张图”工程建设，完成硬件采购任务。开展地籍管理，实施宗地统一编码、登记动态监管、城镇调查实时动态维护工作，登记发证从“以证管地”扩展为图形、证书、数据库三位一体综合管理。开展农村宅基地已发证地块档案扫描录入、图形定位入库工作，完成农村宅基地入库45120宗。开展地籍管理社会化服务，为土地承包经营权确权发证、城区房屋征收、农村集镇规划、土地使用税征收提供基础数据。国有土地使用权登记发证8740本，其中抵押土地登记5870宗、融资111.8355亿元；区法院执行办理查封登记121宗。开展不动产统一登记调研，掌握房产、农业、林业等相关不动产登记部门人员编制、信息化建设、档案管理、登记规范等情况。在系统中融入房地一体信息化理念，为土地房屋信息系统合并打下基础。开展承包经营权确权登记发证方案论证、队伍招标等工作。

开展“测绘法宣传日”主题宣传活动

（潘俊　华宏　高路　摄）

服务民生　贯彻落实《江苏省征地补偿和被征地农民社会保障办法》，制定实施新征收土地“即征即保、应保尽保”初步工作方案。安排保障性住房用地计划7.44公顷。办理区“‘12345’·政风行风热线”交办事项，调处涉土信访矛盾。受理各类信访115件，其中厅长信箱27件、人民来信47件、“12336”来电9件、自收信访件32件，接待群众来访36人次，全部办结反馈。为城市建设融资10.93亿元，超额完成区融资委员会下达任务。完成279户10.16万平方米被征收房屋土地权属、用途等认定工作，完成原区委政法委及周边B地段、姜堰镇敬老院地段征收搬迁牵头及3户搬迁包保、1户协保任务。

（高　路）

物　价　管　理

【概况】　2014年，区物价局围绕“民生价格导航”机关服务品牌建设，加强价格调控、深化价格改革、助力经济发展、维护市场环境，完成年度目标任务。

价格调控　区政府办出台全年价格调控目标考核意见，明确考核目标，分解考核责任，落实调控措施，基本完成全区价格调控目标任务。监管新建商品住房价格备案、明码标价等四项制度执行情况，稳控住房价格。备案新建商品房104.7万平方米。其中，住宅商品房94.2万平方米，销售均价4887元/平方米，比上年下降5.51%；营业房10.5万平方米，销售均价9824元/平方米，比上年下降5.65%。

价格监测　开展生猪、鸡蛋、粮食等价格监测。调整采报价人员10人，价格监测点从95个增加到99个，其中省级监测点10个、市级46个，采集价格699种40多万笔。加强价格监测预警分析，上报监测分析48篇，1篇被国办采用，6篇被省政府采用。

收费管理　开展违规收费专项清理活动，处罚民政部门违规收取婚姻登记证明卡费、城管部门收取渣土费、国土资源局区分局和区农开局收取报名费等问题，没收违法所得173.71万元，上缴财政或退还缴费者。检查区住建局等16个部门收费情况，查出违规问题部门5个，下发整改意见通知书。建立年审工作QQ群，从3月起，采取网上年审与上门送审结合的方式，开展收费年审工作。审验行政事业性收费单位236家，审核收费许可证正本223本、副本236本，年审率100%。2013年全区行政事业性收费总额7.7亿元，比上年上升9.4%，收费总额占财政收入12.4%。立案查处部分单位自立项目收费等行为。调整明确全区涉企重点中介机构服务收费25类。10月份，经区政府第21次常务会议讨论通过，房地产价格评估、建设工程交易综合服务等19类收费标准下浮50%，建设工程监理服务费等4类收费标准下浮30%—40%，技术咨询服务收费由双方协商，取消地质灾害危险性评估收费。

价格监管　开展医药价格、涉企收费、涉车收费、银行服务价格、商品房明码标价等专项检查，查处价格违法案件8起，没收上缴财政近200万元。配合国家、省和市物价局，开展银行收费、交通收费、医药价格等专项检查活动。开展城区52家物业公司服务人员价格培训，解读物业公共服务费、代办服务费等政策，剖析提醒乱收费问题。开展汽车销售和维修行业明码标价政策提醒和专项检查动员。培训全区60多家校外辅导及托管服务机构人员，要求合理确定收费标准、落实收费备案、完善收费公示、坚持诚信服务。调研海安、泰兴等地，了解相关收费情况；走访全区房地产开发企业12家，指导规范商品房明码标价工作，引导行业健康发展。规范银行服务收费公示工作，检查全区12家银行收费情况。规范城区60多家美容美发店价格行为，实行网格化服务和监管，区人大常委会、区政协参与执法监督，开展综合整治。

价格服务　开展涉案财产价格鉴定和商品房成本认证等工作，受理作出价格鉴证结论242件，标的额2.85亿元。办理首项海关完税价格认定，出具价格鉴证结论。调整城区房屋征收附属物补偿价格，在2012年政策的基础上新增17项，剔除2项，提高项目补偿标准96个，上升约21%。开展价格争议调解工作。调解价格争议案件3起，标的额近40万元，当事人均对调解结果满意；调解交通事故引起的电视光缆、电杆等财物受损案件，区物价局获车主赠送“公正廉洁、优质服务”锦旗。做好成本调查基础工作，完成成本调查工作5件，监审成本1.28亿元，核减3577万元，核减率27.96%。开展农本调查，创新农本调查领域，在全省率先新建家庭农场农本调查点，桥头镇曙光家庭农场等3家家庭农场被定位为小麦、水稻成本直报调查点。

【开展价格为民办实事工程】　一是规范平价商店运行。贯彻新的平价商店考核管理办法，落实专人每日巡查、包保科室每周检查、局领导每月考核三级管理体系。10家平价商店销售平价蔬菜600多万千克，低于市场平均价16.4%；销售平价猪肉、大米、鸡蛋、食用油21.5万千克，低于市场平均价6.6%；受益人数300万人次以上，为民众节省140万元左右。二是强化惠民药店管理。健全惠民药店运行管理模式，加强日常督促检查，4家惠民药店每次考核都在90分以上。核查价格惠民药店特惠人员信息，全区有五保老人等困难群体2895人，每人发放药价补助300元，全年享受购药资助金86万多元。三是推进价格公示全覆盖。建立电子显示屏公示渠道，试行《泰州晚报》版面公示。新增涉农、涉居方面公示内容。搜集和调整更新主要涉农价费项目，制作涉及农村用水、用电等与农民生活相关的13个部门29项价费公示表，免费发放张贴到全区17个镇（区）262个村；采集主副食品、家用电器、药品等258种商品价格，将各大商场、超市、药店价格通过6大公示平台比价发布，促使经营者合理标价，引导老百姓选择消费。

【价格改革】　一是实施公立医院价格改革。市第二人民医院和区中医院实施价格改革，按照总量控制、结构调整、配套实施、动态考核的原则，实行药品零差率，降低大型设备检查治疗价格，规范常规检验项目，降低有关检验项目价格，调升医疗服务标准851项、降低33项、取消8项、暂不调整456项，年取消药品差价约3000万元。开展医药价格调整后跟踪评估，反馈整改意见。二是放开部分价格和收费。放开水稻、小麦等主要农作物种子价格、农药价格等4项价格；放开非公立医疗机构医疗服务价格；放开专利代理服务、质量体系认证等10项专业服务收费；放开非政府投资建设项目前期咨询等4项服务收费；放开房地产权证代理等经纪服务收费。三是深化行政审批制度改革。将“核定游览参观点门票价格”“核定部分医疗服务收费项目标准”等34项审批项目削减成“核定价格”1项，调整审批流程，缩短审批时限一半以上。清理全区上报的涉及行政审批收费的9个部门收费项目，保留34项。其中，免收国内植物检疫费等收费项目7项，降低房产网络信息服务费等收费项目2项，暂停企业注册登记费等收费项目5项，每年减少收费额约266万元。暂停“收费许可证”年审收费项目22项，降低标准收费项目14项，每年减少涉及行政审批项目收费约635万元。出台《姜堰区行政事业性收费和政府性基金清单》，在各单位和行政服务中心窗口等平台公布，涉及全区26个行政事业单位94个收费项目和标准。

（许　伟）

安全生产监督管理

【概况】　2014年，区安全生产监督管理局（以下简称“区安监局”）以“强化红线意识、促进安全发展”为主线，以保障人民群众生命财产安全为根本，以遏制较大事故、减少人员伤亡和实现控制指标为重点，建立健全安全生产工作机制，加强安全监管，开展隐患排查治理，全区安全生产形势总体平稳。区安监局被省安监局表彰为“全省2013—2014年度烟花爆竹安全生产监督管理工作表现突出集体”，被区政府表彰为安全生产工作先进单位；安全生产文化建设工作受到省安委会表彰；安全生产宣传工作位列全市前列；区政务服务中心安监窗口被评为2014年全区行政服务工作先进集体。陈玉东入选泰州市安监系统“美德善行榜”，华志强、陈玉东、孟尔进、查庆芳、曹荣彰被区政府表彰为安全生产工作先进个人，查庆芳被评为姜堰区政务服务工作先进个人。

机制建设　区委、区政府出台《安全生产党政同责、一岗双责暂行规定》，区委书记李伟调研安全生产工作2次，区委书记李伟、区长张长平分别带队开展安全生产督察活动5次。区政府制定《进一步明确农村建设工程领域安全监管职责》，将农民拆建房、农村基础设施等建设工程纳入安全监管范围。各镇（区）基本配备安全监管人员不少于3人，村（居）委会基本配备安全管理人员，全部实现持证上岗。全区基本形成“党政同责、一岗双责、齐抓共管”的安全生产工作机制，基本形成“横向到边、纵向到底”的区、镇、村三级安全监管网络。

专项整治　组织开展13项安全生产专项整治。召开安全生产工作会议7次。镇（区）、部门消除安全隐患37处。按照“全覆盖、零容忍、严执法、重实效”总体要求，区安监局联合公安、住建、建管、消防等部门组织开展“六打六治”[打击矿山企业无证开采、超越批准的矿区范围采矿行为，整治图纸造假、图实不符问题；打击破坏损害油气管道行为，整治管道周边乱建乱挖乱钻问题；打击危险化学品非法运输行为，整治无证经营、充装、运输，非法改装、认证，违法挂靠、外包，违规装载等问题；打击无资质施工行为，整治层层转包、违法分包问题；打击客车客船非法营运行为，整治无证经营、超范围经营、挂靠经营及超速、超员、疲劳驾驶和长途客车夜间违规行驶等问题；打击“三合一”“多合一”（集生产、经营、住宿、仓储等功能于一室）场所违法生产经营行为，整治违规住人、消防设施缺失损坏、安全出口疏散通道堵塞封闭等问题]“打非治违”专项行动。出动执法检查人员2876人次，联合执法检查企业1605家，发现各类隐患3096起，督促整改3050起，打击危险化学品非法运输、非法改装等783起，处理无证无照经营行为40起，打击整治货车无证经营4起，整治油气管道周边乱建乱挖9起，整治“三合一”场所309起，责令停产停业、停止建设62家，实施重点地区和单位暗察暗访78

次，挂牌督办整改重大隐患6起。从6月份起，全区组织开展危险化学品、建筑施工、交通运输等19个行业专项整治行动。在危险化学品隐患排查治理方面，区安监局邀请化工专家250人次，检查全区危险化学品生产企业120家，排查各类隐患问题725条，下发责令改正指令书118份；在道路交通安全方面，区公安局开展“违停、顽症”专项整治，查扣各类车辆214辆，查处酒驾227起，治安拘留5人，吊销驾驶证73本，移送起诉211人；在交通运输方面，区交通运输局开展“百日”安全生产专项检查活动，治理超限运输车辆176起，排查隐患163处；在校园安全监管方面，区教育局以“平安校园”为抓手，排查鉴定校舍357栋75万平方米，投入近1000万元补贴新置校车，取缔“黑校车”2辆，校车安全管理做法在全国推广；在特种设备隐患排查治理方面，区质监局建立重大隐患和报告制度，出动检查人员100余人次，检查住宅小区电梯50余台，查封电梯3台；在建筑施工隐患排查治理方面，区建管局建立常态化安全生产检查制度，日常安全巡查1297项次，查处隐患1894条，局部停工整改41起；在消防安全方面，区消防大队以预防和遏制重特大火灾事故为目标，挂牌督办重大火灾隐患单位5家，排查劳动密集型企业38家，集中核查火锅店35家。

应急救援　全区组织开展建筑施工、道路交通、校园安全、人员密集场所等专项应急演练13次。有关镇（区）、重点企业开展安全生产应急救援队伍建设，完善预案修订工作，充实救援装备物资，为有效处置突发事故、最大限度减少人员伤亡和财产损失提供保障。

安全创建　根据企业安全标准化创建要求，区安监局、区交通运输局组织开展企业安全生产达标工作，推进企业安全生产标准化建设，提升企业安全生产水平。全区危险化学品、工贸规模以上企业全部完成三级安全生产标准化创建，7家危险化学品、4家工贸企业开展二级标准化创建，397家小微企业通过标准化考核验收，职业危害申报企业1450家。

宣传教育　利用广播电视等媒体，开展常态化安全宣传；利用“行走的课堂”，开展安全文化知识“进企业、进社区、进校园、进乡村、进家庭”“五进”宣传活动，在娄庄、溱潼、兴泰等镇开展职业卫生知识宣讲，格兰特钻具有限公司、润泰化学有限公司创建成省、市安全文化示范企业；通过移动短信平台发送安全生产提示短信8万余条；6月份，全国“安全生产月”期间，集中组织大型安全生产宣传咨询活动。举办安全监管人员业务培训7次，组织监管人员赴江阴考察学习，借鉴交流监管工作经验；举办企业负责人、安全管理人员、特种作业人员安全培训班，培训“三项岗位”人员5819人。

【举行危险化学品事故应急救援演练】　7月9日下午，区政府在中石油姜堰油库开展危险化学品事故应急救援演练。该次演练模拟“中石油江苏销售泰州分公司姜堰油库TG-101#汽油罐静电引发火灾扑救”。演练分为公司自救、政府协同救援、事故善后处理三个阶段，启动危险化学品事故应急救援预案，成立应急救援领导小组，公安、卫生、环保、气象、消防大队赶往事故现场参与救援，最终模拟事故现场得到控制，完成应急救援任务。市安委办主任、安监局局长赵昶东，副区长朱嘉浩出席，市安监局、区政府办、区应急办有关领导，镇（区）、部门分管负责人，区安监办负责人，“两重点一重大”（重点危险工艺、重点监管危险化学品和重大危险源）危险化学品企业负责人180人现场观摩。

（朱阿忠）

质量技术监督

【概况】　2014年，泰州市姜堰质量技术监督局（以下简称“区质监局”）履行职责，开展“执行力巩固年”活动，质量强区，打假治劣，保障食品质量、特种设备和质量监管队伍三项安全。区质监局被省质监局评为全省质监系统先进单位，被省人力资源和社会保障厅、省公务员局、省质监局联合表彰为

“2009—2013年度江苏省质量技术监督系统先进集体”，被区政府表彰为安全生产工作先进单位，创建成姜堰区文明单位；标准化科被泰州质监局评为年度先进集体。2人被泰州质监局表彰为先进个人，1人被区政府表彰为安全生产先进个人。

综合管理　加强质量、计量、标准化等技术基础管理工作。宣传《质量发展纲要》，开展质量强区工作，完成2014年度区长质量奖评审。开展“卓越绩效专题培训”讲座，江苏理工大学张家港校区党委书记、教授顾平授课，全区“一区两园”企业及新办企业参加。开展“3·15”、质量日、安全日、计量日、标准化日等宣传活动。全区工业产品质量水平逐年提高，省、市两级监督抽查合格率均高于平均水平。实施名牌战略。创建成江苏省名牌产品4个，其中工业江苏名牌3个、服务业江苏名牌1个，创建成泰州市名牌产品7个。全区有江苏名牌产品17个、泰州名牌产品22个，有国家级标准化良好行为企业22家，其中AAAA级2家、AAA级18家、AA级2家。推进标准化示范区工作建设，国家级姜堰区镇村便民服务标准化建设项目、省级“溱湖簖蟹”农业标准化示范区、溱湖风景区旅游服务标准化以及姜堰中医院中医医疗服务标准化示范区项目等4个标准化示范区通过验收。江苏太平洋精锻、新亚船舶舾装件、润泰化工等企业参与制（修）订国际标准3个、国家标准3个、行业标准9个。加强计量监管，开展两免检活动，为医院、农贸市场等减收检定费80多万元。

举办“计量与绿色中国”主题宣传活动
（潘　俊　忠　华　摄）

行政执法　以食品、农资、建材、电器等产品为重点，开展打假保真系列活动。出动执法人员286人次，检查生产加工企业84家，组织开展专项执法打假活动4次，立案查处案件46件，查获假冒伪劣标值1659余万元，移送公安查处案件1件。受理举报投诉74次，案件举报投诉处理率、办案准确率均为100%。细化自由裁量规则，办理首查不罚案件3件。开展免费打假服务，为企业挽回损失40多万元。

食品监管　加大食品安全监管力度，巡查企业225家次，回访企业18家次，12家企业完成快检任务。召开全区食品生产加工企业安全工作会议，与全区140余家食品生产企业签订质量安全主体责任承诺书。春节、端午、中秋、夏令用品消费高峰期间，开展白酒、大米、肉制品、蛋制品、饮品、月饼等专项检查。创建卫生城市过程中，区质监局联合姜堰镇开展城区食品生产小作坊专项整治活动。

安全监察　宣传新《中华人民共和国特种设备安全法》，落实企业特种设备安全主体责任。举办特种设备安全监督管理和作业人员培训班6期，培训人员1100余人次。控制在用特种设备检测率，特检所对全区在用锅炉定检率95%以上，压力容器定检率90%，电梯、起重机械、游乐设施定检率85%以上。元旦、春节、溱潼会船节、中高考、中秋、国庆等期间，组织专业执法人员深入溱湖风景区及周边镇对在用锅炉、电梯、观光车等特种设备开展检查，查封某酒店拒不整改扶梯2台。年内监督检查企业110家，整改隐患38个，下发安全监察指令书76份，下发行政指导告诫书15份。

（宋明新）

食品药品监督管理

【概况】　2014年，区食品药品监督管理局（以下简称“区食品药品监管局”）开展食品药品安全监督管理，保障人民群众饮食用药安全，全区无食品药品安全事件发生。

餐饮服务食品安全监管　开展餐饮单位

量化分级管理，加强日常监管，量化分级评出A级单位216家、B级单位742 家、C级单位304家，中型以上餐饮单位、学校及机关事业单位食堂量化分级管理率100%。做好重要节日、重大活动餐饮服务安全保障，完成世界女子围棋擂台赛、中高考、溱潼会船节、美食节等重大活动、重要节日餐饮服务食品安全保障53天114餐次，保障就餐6万人次。1人被省食品药品监管局选调参加南京青奥会餐饮安全保障活动。

药品医疗器械综合监管　结合新版GMP要求，加强药品生产企业监管，药品生产企业检查覆盖率100%。加强药品流通企业日常监管，以新版GSP要求为主导，将基本药物列为重点检查品种，规范药品购销渠道，严防假劣药品在市场流通，着重检查含特殊药品复方制剂、处方药销售、远程监管数据传输及药源性兴奋剂等方面管理和执行情况。组织开展医疗器械“五整治”（整治医疗器械虚假注册申报、违规生产、非法经营、夸大宣传、使用无证产品等五种行为）、义齿、高风险植入物、经营使用关键环节、药源性兴奋剂、含特殊药品复方制剂等专项检查活动，打击违法违规行为。各涉药单位推广使用药品安全信息化监管系统，实现全区所有医药监管单位基本信息电子数据库查询，完善药品零售企业远程监管系统，基本做到100%药品零售企业与区食品药品监管局远程监管信息平台实现进销存数据传输和信息互通，初步构建数字化监控体系。

药械稽查　开展医疗机构、药品零售经营企业药械安全节前市场巡查，学校医务室购进使用药品专项检查，开展为期5个月的医疗器械专项整治活动。把医用氧气专项检查、基层医疗机构购进使用医疗器材、体外诊断试剂专项检查、隐形眼镜专项检查融入专项整治活动中，立案查处涉及医疗器械产品案件7起，其中1家义齿生产企业被立案查处、开展保健品店专项检查。开展城区保健品店经营假冒知名品牌天然胶乳橡胶避孕套以及保健品非法添加枸橼酸西地拉非专项检查。年内出动执法人员400多人次，出动执法车辆150辆次，立案查办药械类案件30件，罚没款50余万元。监督药品违法广告20余起，全部移交工商部门。其中，“朱子伍无证经营药品案”被省食品药品监管局列为督办案件，涉案金额逾千万元。

【开展餐饮服务食品安全放心工程创建】　从2012年起，全区开展餐饮服务食品安全放心工程创建活动。截至2014年年底，全区各镇（区）全部创建成泰州市级餐饮服务食品安全达标镇（区），各中型规模以上餐饮服务单位全部创建成泰州市级餐饮服务食品安全合格单位，建成泰州市级餐饮服务食品安全示范镇（区）8个、泰州市级餐饮服务食品安全示范单位（店、食堂）32家、省级示范单位1家，全区形成点线面结合，多层次、全方位、全业态的餐饮服务食品安全示范群体。

（余文胜）

住房公积金管理

【概况】　2014年，泰州市住房公积金管理中心姜堰分中心（以下简称“区住房公积金管理中心”）贯彻落实党的十八大提出的“建立公开规范的住房公积金制度，改进住房公积金提取、使用、监管机制”精神，开展住房公积金管理各项工作，提高住房公积金管理水平和服务职工能力。全年归集住房公积金3.85亿元，完成年度计划100%，比上年增长12%，归集余额12.2亿元；当年新增开户单位69家，新增开户人数4763人，比上年增长4.2%；年末职工缴存人数43373人，覆盖率82%，比上年增长2%。当年职工购、建住房，偿还贷款提取使用住房公积金2.2亿元，占当年归集额56.1%。当年办理职工住房公积金贷款1212户，发放3.1亿元，回收贷款1.3亿元；年末住房公积金贷款户数6287户，贷款余额11.2亿元；贷款运用率92%，贷款运转良好，贷款逾期率为零；期房抵押率75.5%。区住房公积金管理中心被区委、区政府表彰为“文明单位”。

制度建设　实施住房公积金按月提取还贷

政策；出台中低收入家庭住房公积金贷款额度上浮政策；简化公积金贷款流程，取消贷款公证，减掉收入证明，规范提取手续，拓宽使用渠道，解决中低收入家庭购房实际困难，提高职工住房公积金使用率。

政策宣传　开展公积金政策宣传。4月份，《住房公积金管理条例》颁布15周年之际，区住房公积金管理中心全体人员在凤凰广场设台宣传，区电视台、姜堰日报社跟踪报道，各承办银行网点电子屏滚动宣传住房公积金政策。《姜堰日报》开设4期专版宣传住房公积金管理情况、缴存提取贷款程序和所需材料、住房公积金知识、政策调整情况、表彰先进单位和先进个人。年初列出成长型以上企业催建计划，成立3个走访小组，深入规模企业宣讲《住房公积金管理条例》。8月份，结合“亮品牌、送服务”活动，深入园区、企业、乡镇、社区、楼盘开展“五走进”服务活动，提高企业缴存公积金意识。年内走访单位72家242人次。

开展住房公积金政策法规宣传

（潘　俊　申士华　摄）

归集扩面　抓好住房公积金扩面工作。落实人大代表关于“加大住房公积金征缴力度”的建议，明确责任人，制定可行措施。鑫宇精密铸造公司、华源纺织品公司、博特新材料公司等规模企业开户缴存。开展行政执法工作，推进职工举报投诉、经济效益好的单位开户缴存，立案查处3起。明确专人催缴催调，短期欠缴及时提醒，长期欠缴上门调查；转发基数调整文件，督促达不到最低缴存基数的单位调整到位。催缴单位219个，催缴资金1004万元；催调基数调整单位500多家，月增加缴存额282.4万元。

贷款管理　执行贷款各环节管理制度，实行贷款“逾期即催”管理，全年每月末贷款零逾期。办理逾期贷款诉讼1起，已执行到位。通过要求承办银行限期办理、开发企业按时提交两证所需材料，督促中介公司及时传递材料，请求房管、国土部门优先办理等措施，加大他项权证办理工作力度，解决期房抵押率低问题。组织开展承办银行核对清理抵押情况检查，提高期房抵押率。检查承办银行4家，召开贷款工作座谈会2次，办理他项权证1042份。与开发商签订合作协议，落实贷款保证金制度。

服务社会　区住房公积金管理中心与顾高镇低收入农户以及经济薄弱村白米镇大安村结对帮扶，与古田社区契约共建，参加区级机关工委、区妇联、姜堰镇组织的志愿服务活动和各项文体活动。为全区住房保障建设提供补充资金306万元，上争帮扶资金25.15万元。

（申士华）

招标采购管理

【概况】　2014年，区招标采购管理办公室（以下简称“区招管办”）加强统一交易平台建设，加大招标采购市场监管力度，推行流程标准化和节点严控制，坚持监管与查处并举，依法依规查办违法投标案件，净化招标采购市场环境，实现招标采购活动公开、公平、公正。截至12月份，完成工程项目634个，预算价28.2874亿元，中标价24.4688亿元，节约资金3.8186亿元，节约率13.84%。直接发包项目20个，发包价1.5153亿元；直接备案项目300个，总备案价2.1604亿元。招标政府采购项目467项近1.02亿元，节约资金约962万元，节约率8.7%；完成土地交易70宗12.80亿元，实现土地增值3973万元。

规范招标采购活动　一是组织政府采购。发布2014年度集中采购目录，对列入目录和限额标准以上的项目依法实施政府采购。对采购规模大、规格要求特殊、市场差异化大的项目，实行采购要素公示。推行批量集中采购，发挥规模采购效益。加强政府采购预算执行，每月集中受理政府采购活动，做到无预算不审核、无计划不采购。制定“政府采购项目预算价核定通知书”，要求各采购单位采购项目前进行市场调研，核定采购项目预算价，提高政府采购资金使用效率。拓展公共服务采购，将物业管理、安保、中介机构服务、医疗责任保险、居民大病保险等公共服务纳入集中采购范畴。二是规范工程招投标。建立工程招标控制价标前审核制度；尝试合理价随机抽签定标；推行资格后审，取消报名环节，所有参与投标单位一律通过网上下载标书，网上答疑；实行多银行、多账户交纳投标保证金。实行建设工程项目招投标全程电子化单轨运行，建成流程统一、标准统一、工具统一、评标统一的电子招投标系统。规范市场交易行为，构建诚信评价机制，推行“三标（商务标、技术标、信用标）合一”综合评估法评标。加强招标前置条件、招标公告信息、招标文件和资格审查文件、中标通知书备案审查。完善电子监察系统功能，实现每个电子化招标项目全流程实时监察。三是加强交易双方行为监管。规定招标人不得作为评标专家参加评标，招标单位纪检监察人员列席评标现场全程监督。拍摄微电影《抹不去的行贿犯罪记录》在开评标前现场播放，在《姜堰招标采购情况简报》《姜堰日报》上刊登有关招标采购当事人违规案例剖析，加强警示教育。建立招标文件争议事项共议票决制度，由招标人、代理机构、监管机构、派驻监察室和随机抽取的专家共同讨论研究、票决确定。实行中标企业项目经理押证上岗或系统自动锁定跟踪。每月举办一期招投标社会“开放日”活动，接受社会各界监督。通报违规企业不良行为，严格市场准入。四是查纠违纪违规问题。建立区纪委牵头，区招管办协调，相关职能部门查办、会商招投标案件的工作机制和“两场联动督查”机制，实行不定期飞行检查，做到标前项目审查、标中全程监管、标后督促整改，重点查处区移动公司装饰项目工程、姜堰镇安置房路灯工程。

创新招标采购方式　一是精简招标前置手续。工程项目招标前，招标人提供前置手续由5份减少到立项批文、施工图审查合格证书2份。政府采购类别中的部门集中采购、分散采购、定点采购实行直接备案。简化诚信保证金供应商入库审核条件，优化采购委托协议签订。二是压缩招标时间。简化民营资本招标流程，将民营资本由邀请招标改为建设单位自主决定发包，实现民资项目备案随到随办。公开招标项目采取招标文件与招标公告同时发布，变资格预审为后审，招标时间由38天压缩为23天。简化政府采购流程，集中采购目录内限额以下项目实行自行采购备案公示制，要求各采购单位一年内采购同类物品不超过两次。三是在全省首创短信提醒服务。在招标采购活动中的重要节点和关键环节，向招标人发送手机短信，通报招标项目进展情况。

服务中心　成立专门工作组,指派专人跟进“一区两园”项目,确保园区项目即到即办；在交易大厅增设“园区项目招标”窗口，实行周六、周日预约服务，保证“一区两园”招投标活动全天候进行。完成三水公园、天目山文化新城、泰州市第二人民医院科研楼、229省道改扩建、328国道东延、353省道、姜高线东延等道路工程建设和全国小型农田水利重点县工程、马宁河闸站等重点工程招投标工作。配合区人大常委会做好全区招标采购工作调研，泰州市招投标业务专家为区人大常委会领导开展招投标业务知识讲座。完成《江苏省建筑工程施工项目部现场监理部主要管理人员变更管理办法》和《关于明确非国有资金投资建设工程项目招投标管理等有关问题的通知》等课题研究及文件的起草工作。

（张　立）

科技·教育

科　　技

·科学技术·

【概况】 2014年，区科学技术局（以下简称“区科技局”）围绕区委、区政府“奋起泰州，崛起苏中”总体目标，实施创新驱动战略，全区科技工作呈现“创新措施实、创新亮点多、创新效果好”总体格局。科技创新工作目标考核获泰州市先进市（区）二等奖，姜堰区被批准为省知识产权战略实施示范区，区知识产权局连续12年被省科技厅、省知识产权局表彰为省知识产权工作先进集体。

科技计划项目申报　围绕区域特点、产业特色和企业亮点，加强科技项目对接。新增国家级科技计划项目13项，其中国家火炬计划项目8项、国家重点新产品计划项目1项、国家科技型中小企业技术创新基金2项；获省级科技计划项目35项，其中省重大成果转化项目1项，省科技支撑计划（工业）项目2项，省重点新产品计划项目3项、省创新基金1项，省科技企业上市培育计划推荐入库企业2家，农业科技成果转化资金项目1项，星火计划项目2项。江苏康洁环境工程有限公司和中科院过程工程研究所合作承担的“高效烟气脱硫脱硝脱二噁多污染物协同控制技术的研发与产业化”、区生产力促进中心的“姜堰科技型中心企业技术转移平台”、江苏世隆电机有限公司的“高可靠性超大扭矩船用起重电机”、区高新技术创业中心的“姜堰区快速检测智能仪器技术服务中心建设”、江苏苏中药业集团股份有限公司的“中药黄葵胶囊二次开发关键技术研究及产业化”、江苏振华泵业制造有限公司的“低振动、低噪声舰船用离心泵关键技术研究与应用”、五行材料科技（江苏）有限公司的“环保高强阻燃热塑性弹性体合金纳米复合材料”、区生产力促进中心的“科技成果转化综合平台建设”、江苏东华分析仪器有限公司的“新型国V标准汽柴油硫氮元素一体化检测系统”、江苏曙光集团股份有限公司的“江苏省海洋油气钻井装备重点实验室”等35个项目获批省和国家级科技计划立项。上争省级以上科技项目经费支持2345万元，科技品牌上争层次和科技资金上争规模居泰州前列。

高新技术产业化　通过专题培训、培育后备企业、开展“一对一”辅导服务等措施，加大高新技术企业培育力度。新增高新技术企业17家、国家火炬计划重点高新技术企业1家、省高新技术（后备）企业23家，高新技术企业总数居泰州前列。全区174家高新技术产业列统企业实现产值448.81亿元，占规模工业产值比重39.8%。全区R&D（研究与开发）占GDP（地区生产总值）比重1.96%，企业技术开发费备案额7500万元。新增省级以上高新技术产品124项，省高新技术产品认定数居泰州第一。围绕省优先发展十大战略性新兴产业要求，引进注册资本5000万元以上新能源、新材料、生物医药等产业项目11项，其中注册资本最高为2000万美元。创业投资规模5.5亿元。

政产学研合作 围绕补强产业“短板”、做强产业链、解决核心技术“缺心少魂”问题，推进“三位一体”产学研综合试点，把企业研究机构建在企业、把专家教授请到企业、把科技资源配置到企业。编印《企业技术需求汇编》近1000册，向省内外数百所高校院所投寄发送，为企业转型升级解忧化难。针对新能源、油气装备、先进装备制造、汽车关键零部件等重点产业，征集企业技术难题204项，组织或参与各类产学研活动28场次，实施高质量产学研合作项目68项，企业与高校院所签约共建产学研联合体20家，区政府与中南大学签约合作共建“江苏省金属新材料工程技术研发中心”。举办首届“百名专家姜堰科技行”大型产学研活动，李德仁等全国30多所高校、科研院所近100名专家参加。新建研发机构及省绩效优良研发机构6家、省级企业研究生工作站3家、泰州市级研发机构10家，新获批泰州市企业院士工作站1家、泰州市科技公共服务平台1个、泰州市外资研发机构1家，新增区政府与赛宝（泰州）信息技术研究院有限公司共建的“泰州计量检测科技”公共服务平台1个。

知识产权 推进知识产权创造、管理、运用、保护工作，姜堰区创建成省知识产权战略示范区，双登集团等12家企业开展知识产权管理标准化示范单位创建活动；江苏飞船公司实施省知识产权战略推进计划重点项目；人民商场、大洋百货等5家企业创建省“正版、正货”承诺企业；振华泵业等3家企业实施市知识产权战略项目；双登集团、江苏江分、乐威（泰州）申报市知识产权密集型企业，新认定市级知识产权密集型企业2家，规模以上工业企业专利申请率90.13%，大中型工业企业发明专利申请率100%，专利侵权纠纷立案6件。全区专利申请总量4942件，发明专利申请1205件，专利授权数1666件，PCT专利申请12件，专利授权数位居全市第一。

农业科技 全区组织申报省级农业科技支撑计划项目5项、社会发展计划项目4项、基础研究计划项目1项、星火计划项目5项。推进农业科技服务向合作社外延伸，服务内容向产前、产中、产后延伸。统一农村科技服务超市分店、便利店门面建设，在2014年度省级专家考评中，农村科技服务超市分店和张甸镇蔬菜便利店被评为优秀，获省总店奖补资金40万元。

高新技术创业中心 实施人才引进培育工程，引进高层次创新创业人才33人，其中海外人才8人，引进高层次人才创新创业团队2个。组织参加省科技创新创业大赛，参赛项目63项，占泰州参赛项目数33%，其中6个项目入围江苏省科技创新创业大赛决赛，五行材料科技（江苏）有限公司等2个参赛项目团队获二等奖，快速检测智能仪器技术服务团队等3个参赛项目团队获三等奖，参赛项目数和获奖项目数均居全省第二位。区高新技术创业中心有在孵小企业121家，涉及电子信息、机电一体化、科学仪器、新材料、新型环保设备、生物医药等高新技术新兴产业，通过国家级科技企业孵化器2013年享受税收优惠政策审核，被省经济和信息化委认定为省级小企业创业示范基地，通过省科技厅“江苏省创新驿站姜堰服务点”考核验收。科技研发大厦工程提前两个月工期封顶，进入装潢阶段。

生产力促进中心 区生产力促进中心围绕中小企业科技创新、转型升级需求，开展产学研对接、成果转化、科技培训、专利申请等服务。与石油大学、四川大学及奥鹏学习中心等高等院校和办学机构合作，扩大高等教育成人教育招生规模，四川大学网络学院姜堰教学点被评为优秀教学点。开展科技查新、文献检索和论文查证服务，提供查新74项次，文献检索、下载近40GB，为10多家大中型企业无偿提供科技信息数据库。申报“姜堰科技型中心企业技术转移平台”项目获科技部资助100万元，申报“科技成果转化综合平台建设”项目获科技部资助70万元。

科技宣传　开展《中华人民共和国科普法》、《知识产权保护条例》、农村民居抗震住宅图集等相关法律法规及相关知识宣传，发放宣传单1500多张，接待科技咨询人员近100人。上报泰州市级以上信息112条，获泰州市科技宣传信息二等奖。被区委办、区政府办采用信息20余条，被省政府办公厅采用信息2条，区科技局被评为全区党政信息工作先进单位，1人被评为全区党政信息工作先进个人，1篇信息入选全区2014年十佳优秀政务信息。在《姜堰日报》《泰州日报》《新华日报》等媒体刊播宣传报道80余条（篇）。

【姜堰区高性能土木工程材料院士工作站成立】　2014年，泰州市姜堰博特新材料有限公司举行院士进站签约仪式。中国工程院院士、东南大学博士生导师缪昌文成为首名签约进站院士，姜堰区高性能土木工程材料院士工作站成立。缪昌文及其创新团队将以引进高性能混凝土，耐久性、防水防护材料，交通工程材料等领域为核心，为企业提供决策咨询、技术指导、项目研发、高层次人才培养等服务活动，完成生产工艺和设备优化与选型，推动产品设计与市场产品布局，加快实现“高性能”技术产业化，为培育自主知识产权和自主品牌筑牢技术基础。

【一项目获国家重大科技专项省补资金193万元】　2014年，姜堰区苏中药业集团股份有限公司承担的治疗慢性肾脏病创新药物黄葵胶囊Ⅳ期临床研究项目获国家重大科技专项省级配套资金193万元。该项目由苏中药业集团股份有限公司与中国人民解放军总医院联合承担，计划投入研发经费2636万元，按国际标准和规范要求，建立黄葵胶囊治疗CKD网络数据库平台，探索黄葵胶囊治疗CKD作用机理，拓展临床应用范围，提高产品市场占有率20%以上，逐步形成年销售10亿元规模。该项目被列入国家重大科技专项，先期获国家经费386万元。

【区生产力促进中心跻身国家级示范中心】　2014年9月4日，科技部公布2013年度国家级示范生产力促进中心绩效评价结果。区生产力促进中心跻身B类国家级示范中心，成为苏中地区唯一县级国字号示范中心。

（丁金华）

获2014年度国家科学技术进步奖项目

表12

项目名称	完成单位	获奖等次
高效离心泵理论与关键技术研究及工程应用	江苏振华泵业制造有限公司	二

获2014年度教育部科学技术进步奖项目

表13

项目名称	完成单位	获奖等次
高效离心泵理论与关键技术研究及工程应用	江苏振华泵业制造有限公司	一

获2014年度江苏省企业技术创新奖项目

表14

奖项名称	获奖单位	获奖等次
江苏省企业技术创新奖	江苏太平洋精锻科技股份有限公司	省级

获2014年度泰州市科学技术进步奖项目

表15

项目名称	完成单位	获奖等次
具有抗静电和抑菌功能的碳纳米管/TIO_2改性UV树脂涂层	泰州市华丽塑料有限公司	一
不同剂量紫杉醇同步放化疗治疗局部晚期非小细胞肺癌的临床研究	泰州市第二人民医院	二
姜堰农村COPD中西医结合急诊治疗服务体系应用示范	泰州市姜堰中医院	二
钢铁渣及化工渣综合利用新技术研发与应用	泰州振昌工业废渣综合利用有限责任公司	二
生大黄综合灌肠法有效缓解重症急性胰腺炎麻痹性肠梗阻的研究	泰州市第二人民医院	三
ABCD2评分、DWI、MRA对预测TIA继发脑梗死的研究	泰州市第二人民医院	三
单味中药水葱用于治疗前列腺增生症伴尿潴留的临床研究	泰州市第二人民医院	三
耕地质量保护技术集成与推广	泰州市姜堰区农业技术推广中心耕保站	三
高密封耐压耐腐全衬氯碱专用阀	江苏江华阀业有限公司	三
基于浊毒学说治疗幽门螺旋杆菌相关性胃炎的临床研究	泰州市姜堰中医院	三
长寿命耐腐蚀耐高压新型管道旋转补偿器	江苏贝特管件有限公司	三
精锻齿轮坯无氧化无脱碳等温正、退火工艺开发应用	江苏太平洋精锻科技股份有限公司	三

获2014年度泰州市姜堰区科技进步奖项目

表16

项目名称	完成单位	获奖等次
具有抗静电和抑菌功能的碳纳米管/TIO_2改性UV树脂涂层	泰州市华丽塑料有限公司 南京航空航天大学	一
多磨削性能陶瓷砂轮	江苏苏北砂轮厂有限公司	二
精锻齿轮坯无氧化无脱碳等温正、退火工艺开发应用	江苏太平洋精锻科技股份有限公司	二
姜堰科技型中小企业技术转移服务平台	泰州市姜堰区生产力促进中心	二
高中化学新课程规范教学的区域性实践研究	江苏省姜堰中学	二
GHM高温防穿透补偿器	江苏新方圆电气设备制造有限公司	二
姜堰农村COPD中西医结合急诊治疗服务体系应用示范	泰州市姜堰中医院	二
高附加值鸡蛋活性成分产业化开发	泰州苏鹏蛋业生物科技有限公司	二
钢铁渣及化工渣综合利用新技术研发与应用	泰州振昌工业废渣综合利用有限责任公司	三
长寿命耐腐蚀耐高压新型管道旋转补偿器	江苏贝特管件有限公司	三
曲柄销油温监测报警装置	江苏远望仪器有限公司	三
不同剂量紫杉醇同步放化疗治疗局部晚期非小细胞肺癌的临床研究	泰州市第二人民医院	三

续表16

项目名称	完成单位	获奖等次
耕地质量保护技术集成与推广	泰州市姜堰区农业技术推广中心	三
汽车自动变速器高性能粉末冶金结构组件	泰州市科诚汽车零配件有限公司	三
基于浊毒学说治疗幽门螺旋杆菌相关性胃炎的临床研究	泰州市姜堰中医院	三
大直径高密度高耐磨钼合金顶头	泰州市华诚钨钼制品有限公司	三
非洲鸵鸟的引进及养殖技术研究与示范	泰州市姜堰区君鹏鸵鸟养殖专业合作社	三
高速通信新型半导体超低电容放电管	江苏晟芯微电子有限公司	三
虚拟化总有机碳和总氮在线分析LIMS系统	泰州市升拓精密仪器有限公司	三
镍铁冶炼废渣用作混凝土粗细集料	为海（泰州）建材有限公司	三
杨树食叶害虫生物防治技术的应用	泰州市姜堰区森林病虫害防治检疫站	三
水蛭规模化繁育及高效生态养殖技术	泰州市三洋水蛭养殖专业合作社	三
ABCD2评分、DWI、MRA对预测TIA继发脑梗死的研究	泰州市第二人民医院	三
自封闭式末梢血采集管	江苏康健医疗用品有限公司	三
高性能混凝土自保温新型墙体材料	泰州市顺天世浩新型建材科技有限公司	三
高血压脑出血显微手术及预后临床研究	泰州市第二人民医院	三
生大黄综合灌肠法有效缓解重症急性胰腺炎麻痹性肠梗阻的研究	泰州市第二人民医院	三
高密封耐压耐腐全衬氯碱专用阀	江苏江华阀业有限公司	三

·防震减灾·

【概况】 2014年，区地震局围绕建设工程抗震设防管理要求，加强学校、医院等人员密集场所建设工程抗震设防管理，被评为泰州市防震减灾工作综合评比先进单位。

地震监测 全区有苏（姜堰）10地震观测井1处、数字化强震台1处，两台站均正常运行；有姜堰区种猪场、姜堰区沈高养殖场、区经济开发区藏獒养殖场、顾高镇种猪养殖基地4家挂牌宏观观测点。区地震局坚持日、周、月地震监测资料收集管理制度，每日收集数据，每周分析数据，每月形成数据报表上报省地震局，保障地下水微动态监测资料信息连续完整。监测资料在2014年江苏省监测资料评比中获水位三等奖。

抗震设防管理 区地震局与区发展和改革委、区住建局、规划局区分局等单位执行建设工程抗震设防要求办法，完善重要工程抗震设防要求备案和地震安全性评价单位承接业务备案管理制度，执行建设项目地震安全性评价备案程序。截至年底，审批一般建设工程28件，安全性评价建设工程3件，学校、医院等提高一度设防人员密集型工程12件。

地震应急 6月底，完成《姜堰区地震应急预案》修编印发工作；各联席会议成员单位地震应急预案编制工作基本结束，报区地震局备案；各镇地震应急预案修订工作全部完成，以文件形式下发。全区收集保存重点部门及单位预案50多个。推广地震应急桌面演练经验，鼓励各单位、各部门开展应急演练。“5·12”防震减灾日期间，区地震局联合区教育局、区人防办等部门，在东桥小学南校区组织全校师生开展地震应急逃生演练，赠送地震应急资料及地震宣传展板。

防震减灾宣传 开展“进校园、进乡村、

进机关、进社区、进企业”“五进”活动。“5·12”防灾减灾日、“7·28”唐山大地震宣传日和科普宣传周，在全区开展防震减灾法律法规及地震科普知识宣传，在中小学宣传防震减灾自救互救技能知识。暑期，区地震局联合古田社区开展青少年地震安全教育，播放地震动画片《皮皮历震记》，教育引导学生做好日常安全工作。

（丁金华）

举办“防灾减灾”宣传活动　（潘　俊　摄）

·气象工作·

【概况】　2014年，区气象局围绕区委、区政府中心工作和社会需求，开展气象服务，推出专题气象服务12类，发布服务信息149期，服务近26万人次。开展重要天气过程、政府重要活动、中心工作全程服务，发布汛期专题气象、雨情汇报、台风专题气象、会船专题气象、夏收（秋收）与“双禁”专题气象等信息。联合农业部门，围绕适宜生长农业气象条件、农业气象灾害防御、病虫害防治等开展农事提醒贴身服务。实现重大气象灾害预警信息通过三大无线通讯运营商在全区范围内全网免费发布；中、高考期间，围绕晴雨、高温、温度变化以及人体舒适度开展“中、高考专题气象”服务；根据不同季节人体易发病气象特点，联合卫生部门开展健康专题气象服务。

（夏华云）

教　　育

【概况】　2014年，全区有各级各类学校98所，其中幼儿园42所、小学26所、初中16所、九年一贯制学校4所、完全中学2所、普通高中6所、职业中专1所、特殊教育学校1所，在校学生80959人，教职员工7694人。4月，姜堰区以全省第一成绩通过全国义务教育发展基本均衡区评估验收；6月，创建成省学前教育改革发展示范区；11月，创建成首批省义务教育优质均衡发展区。区教育局连续四年被评为区“十佳单位”，普教科连续三年被评为“十佳科室”；机关服务品牌“教育服务校校行”连续三年被评为区“十佳品牌”，入选泰州市机关文明品牌。在泰州教育工作七项考核中，姜堰区被表彰为学前教育工作先进区、素质教育工作先进区，区教育局获泰州市政府综合考核一等奖、普通高中教育考核一等奖、素质教育“5+2”工程考核一等奖，区教育局综治办被评为泰州市社会治安综合治理先进集体。区教育局学生资助中心连续四年被表彰为“江苏省学生资助优秀单位”。区实验初级中学教育集团、区实验小学教育集团、区蒋垛初中教育联盟、区娄庄小学教育联盟、区华港小学教育联盟、区东桥小学教育集团等6个集团（联盟）被市教育局表彰为泰州市教育共同体建设先进集体。“姜堰教育”入选“十大姜堰符号”。

教育管理　执行省“五严规定”[严格禁止下达高（中）考升学指标、严格控制学生在校集中教学活动时间、严格执行国家课程计划、严格规范考试和招生管理、严格制止义务教育办学中的违法行为]，规范招生收费行为，四星级普通高中“指标生”比例增加至75%，形成抑制择校、推进均衡的政策导向机制。启动中小学校责任督学挂牌督导工作，提升全区学校规范办学意识和教育教学管理水平。加大教育审计力度，规范学校财务工作，提升教育资金使用效益。推进“教育服务校校行”活动，开展“走进E学习”——翻转课堂落地行动、“守望教育梦”——教师发展关爱行动、“完美进行时”——美丽校园升级行动、“服务进万家”——教育公益志愿行动等四大行动。实施完美教育，从“完美教室”延伸拓展到“完美办公室”“完美课堂”“完美课程”“完美校园”等校园生活各个方面，初步形成具有姜堰教育特色的“完美”文化。承办泰州市义务教育现代化学校创建暨农村学校文化建设现场会，运粮、官庄、张甸等3所幼儿园通过省优质幼儿园现场评估验收，省示范性教师发展中心创建获专家组好评。

教育教学　突出课堂中心，多次分学段举行教学研讨会、质量分析会，优化教学管理，注重因材施教，提高课程实施水平。全区中考均分564.5分，660分以上1212人，高分率、优分率均名列泰州前茅。高考录取率、高分层人数等指标保持泰州领先位置。在参考人数减少156人的情况下，全区4372人达省本科最低控制线，达线率57.72%；2600人达普通类本二控制线，比上年增加237人；达线率50.76%，比上年提高4.57%。省姜堰中学钱逸文以395分列泰州文科类第1名。省姜堰中学成为东南大学优质生源基地。全区开展省、市规划和教研课题研究近300个，所有学校教师开展区级课题研究，5所学校教学成果获国家和省特等奖、一等奖、二等奖，26个研究项目被泰州列为下一批教学成果培养对象，省姜堰中学开放教育、省姜堰二中本真教育被评为泰州市首批特色项目并成立研究所，71名教师成为姜堰“厚重通灵”教育教学风格代表性人物。

教育资助　开展“五联五促”（联系农村学校，促进教育均衡；联系骨干教师，促进专业提升；联系留守儿童，促进健康成长；联系贫困农户，促进脱贫致富；联系社区村组，促进文明进步）行动、“关爱留守儿童”行动、“万名教师访万家”行动、“网罗正能量、爱心助特教”——“蓝丝带”网络志愿者走进特殊教育群体活动。以留守儿童之家、校园心理咨询室等为平台，解决弱势学生群体在学习、生活、人际交往、心理等方面存在问题。构建从学前教育到大学教育学生资助体系，各级各类学校发放资助经费1893万元，资助学生25424人次。

校园安全　建立未成年人司法保护基地和未成年人爱心帮教基地，全区所有学校加入泰州市安全教育实验平台，开展“2014年全国中小学生平安暑假专项作业”活动。加强学校食堂管理，所有食堂配发检测器材，实现食物农药残留检测全覆盖。加强校车安全管理，定期、不定期开展校车安全运行检查。全区有省平安校园42所、泰州市平安校园示范校19所，创建成泰州市依法治校示范校43所，所有学校警务室创建成泰州市合格校园警务室。年内未发生安全卫生责任事故。

基础设施建设　新增泰州市义务教育现代化学校9所，全区有义务教育阶段现代化学校49所，90.7%的学校创建成泰州市义务教育现代化学校。所有学校均通过10M以上光纤接入教育城域网，节点到达每个班级和其他学习活动场所。每个师生均能通过教育城域网共享泰微课、名师导学、网络同步课堂、资源共建共享等网络课程，电子期刊、工具图书、艺术博物馆、虚拟实验室、数字图书馆等优质数字教育资源。投入近7000多万元，改善农村学校办学条件，所有农村学校操场实现塑胶化。完成3所幼儿园重建工程，加固校舍16300平方米，新建11所学校综合楼、食堂，改善10所农村学校现代化技术装备。

队伍建设　组织管理干部赴上海、浙江知名学校观摩学习，拓宽办学视野。加大教师培训力度，全区教师参加市级以上培训率100%，合格率95.4%。推进读写体艺“221”工程（具备读写两项基本能力，掌握两项体育技能和一项艺术技能），80%的教师通过验收。组建学科或名师工作室29个，新增教授级高级教师4人、特级教师4人。组织开展“心中的明灯——我心中的好教师”等评选活动，出版全国师德模范、省姜堰中学离休教师陈凯著作《姜中情缘五十年》。整治在职教师有偿家教行为，维护教育行风，得到上级部门和社会各界肯定。

（林忠玲）

【全区组建学前教育集团6个】 3月，全区开展打造学前教育发展共同体工作。以区实验幼儿园、第二实验幼儿园、实验小学幼儿园、三水幼儿园、东桥幼儿园、罗塘幼儿园等为牵头，将全区41所幼儿园分别组建成学前教育集团6个。集团采用“多法人联动型”管理、“捆绑”考核模式，牵头园园长为集团总园长，各成员幼儿园法人、园名和行政隶属关系不变，保持人、财、物独立。各集团制定集团《章程》以及三年发展规划、目标达成要求及常规管理和考核方案等。各成员幼儿园实行园务管理互通，教育教学联动，优质师资共享，教师抱团发展。

（王小波）

【姜堰区通过全国义务教育发展基本均衡县（市、区）评估认定】 该区城乡之间、校级之间办学条件、办学水平等方面差距明显缩小，义务教育阶段学校基本实现办学条件一样好、师资素质一样优、教学质量一样高。4月16日，该区接受教育部全国义务教育发展基本均衡督导评估。教育部评估认定专家组一行查阅资料，召开各界代表座谈会，察看6所义务教育阶段学校办学水平、教育装备等方面情况。肯定该区推进义务教育均衡发展取得的成绩，高度评价该区在推进集团化办学、打造完美教育文化、丰富素质教育实践、塑造“一校一品”特色、加强师资队伍建设等方面的举措，认为该区基本均衡各项差异系数、公众满意度等均达到国家标准。区领导薛金林、刘文来陪同。

（雷文俊）

【优质均衡发展教育工作被《江苏教育报》报道】 11月11日，《江苏教育报》以《泰州姜堰把义务教育均衡发展落到实处》为题刊载通讯。该通讯从“大手笔，让学校建设一样棒”“多手段，让内涵水平一样高”“新评价，让学生成长一样好”三个方面重点介绍姜堰区义务教育优质均衡发展情况。11月11—13日，省义务教育优质均衡发展评估现场考察专家组一行8人在姜堰区开展评估考察。听取该区创建省义务教育优质均衡发展县（市、区）工作汇报，查阅核实创建工作材料和数据资料，考察22所中小学校，召集教育、财政和地税等部门负责人与校长、师生等开展专题访谈和座谈，征求学生家长和社会人士意见。肯定该区创建工作，认为该区义务教育阶段优质均衡发展起步早、力度大、措施实，区域义务教育公平度、均衡度、优质度、保障度和人民群众满意度得到明显提升。市委教育工委副书记孙平，区领导张长平、钱拥军、刘文来出席评估现场考察意见通报会。

（沈璐璐　姜红军）

【教师交流工作被中央电视台采访】 11月，中央电视台新闻栏目记者一行在区实验小学三水校区专题采访姜堰区教师交流工作。东桥小学、实验初中、实验小学4名参与交流老师分别介绍交流期间酸甜苦辣，实验小学集团总校长祝中录就如何实现地区小学教育优质均衡发展谈经验看法。全区数千名教师、100多名校级干部、数十名机关工作人员参与城乡学校交流活动，推动全区区域教育优质均衡发展。

（张益明）

【治理有偿家教做法被教育部推广】 2014年，姜堰区印发《治理在职教师从事有偿家教的实施意见》，出台“建立教师信息库、规范房屋出租、报告备案、公开承诺、快速答疑、课堂质量监控、试行弹性放学、创新发现机制、健全核查队伍、强化奖惩措施”10项措施，治理在职教师从事有偿家教现象，廉洁从教、依法治教成为全区新常态；开展“教育服务进社区”公益活动，规范校外辅导及托管服务市场，形成“堵疏结合、标本兼治”特色之路。该治理有偿家教成果被教育部部长袁贵仁批转教育部副部长刘利民等研究，教育部师范教育司司长许涛批示师德处有关部门、相关负责人研究推广该成果，要求在相关落实措施中借鉴。江苏省治理教育乱收费工作联席会议办公室以2号文件形式全文转发姜堰区《创新

机制 标本兼治 破解在职教师有偿家教治理难题》的经验总结，向全省推广。

（王 东）

【2014年姜堰教育十大新闻】 1. 全区90.7%学校创建成泰州市义务教育现代化学校。2. “我心中的好老师”风采展示活动举行。3. 区教育局治理在职教师有偿家教。4. 全区16所学校启动“E学习”试点工作。5. 姜堰区入选全国青少年校园足球精英训练营试点城市。6. 全区新增省特级教师4人、教授级高级教师4人。7. 《姜中情缘五十年》掀起师德学习新高潮。8. 完成“三大创建”活动。9. 全区参与城乡交流教师567人、校级干部58人。10. 省姜堰二中获国家基础教育教学成果二等奖。

（黄 为）

【中小学生作文集《青涩的年华》出版】 该选集由区教育局、姜堰日报社共同选编。包括上下两卷,分别为中学生作文精选和小学生作文精选。入选作品原载《姜堰日报·教育周刊》，既有作文，也有绘画、书法和摄影，以中小学生作文为主，兼顾部分幼儿作品。

（孙 柳）

崇实学堂

崇实学堂在大抡镇，始建于1900年，是清代晚期泰州东部地区创办的第一所新式学校。

1898年，戊戌变法之后，维新思潮席卷全国，各地纷纷创办新式学堂。1900年，大抡、白米一带热心教育的孙海山、卢少伯、游百川等人利用大抡乡戚家垛“道人堂”创办“饮芗义学”。“道人堂”原是游姓宗族祠堂，始建于明朝初年，前后三进，加上两边厢房共20余间，建筑古朴。饮芗义学推行新思潮，倡导新教育，不收学费，不教八股文，自己编印教材，名播方圆百里。

1906年春，“饮芗义学”更名为“崇实学堂”。1909年，慕名求学者南至黄桥、北至娄庄、东至曲塘、西至张甸，有学生200多人，是当时泰州最有影响的新式学校之一。学校用汉白玉刻成“崇实学堂”隶书石匾，嵌入校门，门前两侧立一对石鼓。卢少伯出任校长，学校实行分级分班制，开设英语、现代文学、数理、音乐、体育、美术等课程，黄仲信等名师执教。

1912年，崇实学堂进入鼎盛时期。孙海山任校长，依照“教之道，贵以专”教育理念，采用单科、分组教学法培养一批外语、数学和文学人才。1917年冬，崇实学堂被批准为县立完全小学，是泰州最早的完全小学校之一，校名“县立崇实完全小学校”，学制六年，班制三轨。

新中国成立后，县立崇实完全小学校更名为“泰县茆戚小学”。20世纪60年代，校址从戚家垛迁至茆家垛。2006年秋，茆戚小学并入大抡中心小学。留下的校舍先后被用作村部、私营工厂，嵌有校匾“崇实学堂”的圆形大门仍然保持原貌。

（叶轻痕）

文化

综述

【概况】 2014年，全区围绕姜堰“奋起泰州、崛起苏中”和“两步走”战略目标以及“文化姜堰”建设任务，实施文化惠民工程，加强文化产业建设，净化文化市场，推进公共文化服务体系建设，保障群众文化权益。姜堰区获“2014—2016年度中国民间文化艺术之乡”“江苏省实施农家书屋提升工程试点工作示范县”等称号，俞垛镇、梁徐镇被评为第二批江苏省公共文化服务体系示范区，淤溪镇被命名为第五批江苏省特色文化之乡。

群众文化

【概况】 2014年，全区举办2014年中国泰州姜堰·溱潼会船节开幕式、闭幕式，第十届群众文化艺术节，第二届“欢乐新春”十大文化惠民等系列文化活动；组织“激情三水”2014年演出季广场文艺演出12场，总场次170场；举办“翰墨三水”书画联谊活动3次、专题展览4次；实施“三送”（送书、送电影、送演出）工程，送书30万码洋，送电影3200场，送演出100场。文体中心二期工程（文化馆）建设项目封顶；镇综合性宣传文化中心规划建设工作稳步推进；实施公共文化服务“3311”工程，扶建百姓大舞台30个、扶持特色文艺团队30个、送演出下乡进社区100场、培训文艺骨干100人；城区各社区基本建成图书室和文体活动室，配备图书、报刊和活动器材；全区建成固定放映点。编辑出版演唱作品专辑《姜堰文艺》、散文杂志《溱湖》。举办2014年全区文艺作者创作培训班，海安县文化馆创作员朱万川、兴化市文广新局原创作室主任潘金国讲解群众文艺创作技能与技巧，60多名文艺创作者参加。参加2014年泰州市新创文艺节目调演，区文化广电新闻出版局（以下简称“区文广新局”）选送的微型音乐剧《飞吧，鸽子》获金奖第一名，戏歌伴舞《乡村行》、舞蹈《夕阳情韵》获银奖；小品《我的地盘我做主》获第十一届江苏省“五星工程奖”表演艺术类银奖，《过云楼留朱》获书法类银奖；在2014年全省文化馆（站）业务干部技能展演中，区文化馆冯蔚、李芳、陈曦参演的群舞《水韵泰州》获舞蹈类金奖，洪艳的漆画《夏日》获美术类银奖，徐骅的《过云楼印稿》获书法类银奖，杨雪芹的《古文摘抄六尺小楷条幅》获书法类铜奖。

【十大文化惠民活动】 1月11日—2月28日，区文广新局组织开展第二届“欢乐新春·十大惠民文化活动”，送图书、送演出、送电影、送春联、送灯谜、送讲座、送法规、送培训、送展览、送韵白下乡。活动覆盖全区15个镇。

开展“欢乐新春·十大惠民文化活动”

【姜堰区第十届群众文化艺术节】 4月10日—5月10日，姜堰区第十届群众文化艺术节举行。该届艺术节凸显“梦想中国，多彩姜堰”主题，体现地方品位、民俗特色、时代精神，展示新姜堰、新气象、新成就。包括溱潼会船节开幕式文艺表演、群众文艺新作调演暨优秀节目公演、苏中七县市曲艺小品交流演出、公共文化服务文艺团队社区巡演、生态美术书法摄影展、全民阅读工程读书报告会、泰州历史文化名人展、姜堰明清钱币展、泰州作家走进溱湖笔会、闭幕式“奋起之歌”文艺晚会等10项大型活动。

图 书

【概况】 2014年，区图书馆接待读者22.1万人次，新增图书5036册，订购报刊562种。办理读者借阅证1.1万张，培训学员近2000人。“一卡通”通借通还工程录入图书20多万册，基本实现全区262个行政村全覆盖，承办全省实施农家书屋提升工程工作座谈会。自建文化共享工程，实现镇（区）全覆盖，通过党员远程教育网合建，实现村村通。举办“行走的课堂——三水讲坛”59期，听众14576人次，入选机关服务创新品牌30强。省作家协会副主席、《扬子晚报》副总编周桐淦赠书3000余册，开设“溱湖书屋”。区图书馆被省文化厅表彰为第十届江苏省“服务农民、服务基层”文化建设先进集体，获泰州市红领巾读书征文活动组织奖；专著《堰上留声》获第十一届“五星工程奖”理论成果类三等奖。

【姜堰区被评为“江苏省实施农家书屋提升工程试点工作示范县（市、区）”】 该区围绕图书“一卡通”通借通还创特色，在沈高镇尝试利用B/S模式启动“一卡通”建设，率先制定技术标准和服务规范30条，首次实现图书无纸化共享。将“一卡通”列入区政府“为民办实事”项目，统一筹措建设资金、统一调配图书资源、统一培训业务人员，建成运行流通服务点230多个。通过财政资金以奖代补等形式，将“一卡通”建设纳入经济发展规划、财政预算方案、公共文化服务示范区创建范畴。实施“一卡通”以后，全区农家书屋新增借书证1.3万张，2014年全区借阅量21.3万册次，接待读者32.4万人次。2014年，该区被评为“江苏省实施农家书屋提升工程试点工作示范县（市、区）”，全省8家。

（陈治洪）

【《姜堰书画》创刊】 8月5日，区书画艺术研究会会刊《姜堰书画》发行。该刊由区书画艺术研究会主办、姜堰新闻信息中心承办，刊头由著名国画家和油画家徐悲鸿的遗孀廖靖文题写。随《姜堰日报》在全区发行，可通过互联网同步浏览。

（郁菲菲）

【区图书馆机关分馆开放】 9月1日上午10时，区图书馆机关分馆开馆仪式在区行政服务中心四楼举行。该馆由区行政服务中心和区图书馆联创共建，藏书3000册，内容涵盖哲学、社会科学、自然科学、军事、历史、地理、文化、教育、医学、卫生、艺术等10多个门类。机关工作人员凭身份证办理借书证后可借阅图书。开放时间为每周二、周四中午12：30—13：30。

副区长刘文来为该馆揭牌。

（莫小慧）

【区图书馆“溱湖书屋”揭牌】　12月29日下午，区图书馆“溱湖书屋”揭牌。该陈列室收藏省作家协会副主席、《扬子晚报》副总编周桐淦捐赠的图书文献资料近3000册，涉及政治理论、中外经典名著、实用农业技术、医疗保健、绘画艺术等多个方面，包括现代版各式图书，线装古籍、善本等。

（孙　柳　秦月红）

文　化　遗　产

【概况】　文化遗产保护　完善文物保护单位“四有”（有保护组织、有保护范围、有保护标志、有科学记录档案）保护基础台账，建立可移动文物和不可移动文物电子数据库，全区有文保单位55家、不可移动文物名录167处。编制完成《天目山遗址核心区本体保护设计方案》，获国家、省文物局批准。组织开展“5·18”国际博物馆日、文化遗产日以及“我们的节日”等系列活动。编制完成《姜堰清明习俗文化生态保护区建设总体规划（2013—2025）》，通过专家评审上报省文化厅。公布第五批姜堰区非物质文化遗产保护名录项目。申报泰州市第五批“非遗”项目及泰州市第三批“非遗”传承人。全区有各级非物质文化遗产名录项目42项，其中国家级非物质文化遗产名录项目1项、省级非物质文化遗产名录项目2项、泰州市级非物质文化遗产项目18项、姜堰区级非物质文化遗产项目21项；有各级非物质文化遗产项目代表性传承人16人，其中省级1人、市级11人、区级4人；有非物质文化遗产项目代表性传承人工作室2个，建立非物质文化遗产四级保护机制。编写泰州知识丛书《坚硬的泥土——泰州砖瓦的制作和工艺》《在水一方——姜堰溱潼会船》和姜堰地方文化散文《寻踪与倾听——姜堰杂记》。

博物馆　区博物馆收藏珍贵文物165件，其中一级文物1件、二级文物14件、三级文物150件。2014年，区博物馆新馆建成对外开放。新旧两馆免费开放接待参观人数约13万人次，其中曲江楼约3万人次、新馆约10万人次。新馆及曲江楼旧馆举办“心中风景——关宏臣油画作品泰州邀请展”等各类临时展览10次。征集文物63件套，修裱完成馆藏晚清至民国时期古字画300余件套。完成第一次全国可移动文物普查工作任务，上报文物185件套。参与区政协文史资料编辑工作，受到区政协表彰。12月24日，省文化厅副厅长龚良率调研组参观区博物馆。

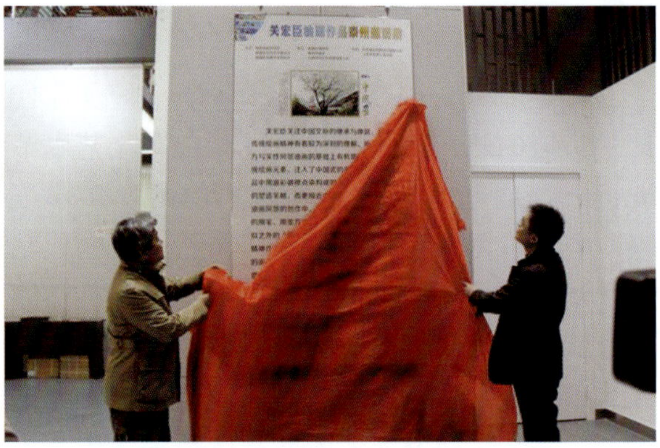

举办关宏臣油画作品泰州邀请展

高二适纪念馆　区高二适纪念馆编印馆刊《舒凫》第四期，介绍高二适书法及理论研讨文章、翁文炜绘画艺术，推出当代书画名家作品及姜堰地区14名书法家作品，新增“文史天地”栏目，刊载姜堰传统历史文化。参与编辑江苏凤凰美术出版社出版发行的《高二适手批经典书法碑帖》四册合订本丛书，提供《东晋·王羲之〈兰亭序〉》《东晋·王羲之〈十七帖〉》2册及简评1篇。接待北京郭沫若纪念馆，上海检察院，无锡“廉知书画社”，浙江省书画家采风团，市人大、市党史办、市住建局、市书画院等参观团体以及各地专家学者。

【姜堰博物馆新馆开馆】　6月30日上午，姜堰博物馆新馆开馆，向社会公众开放。该馆位于天目山遗址东南侧天目东路688号，为遗址综合博物馆。该工程为区委、区政府重点工程之一，2012年开工建设，投入5000多万元，占地面积1万多平方米，地面建筑面积5000平方米。该馆集陈列展览、科学研究等功能于一体，展示姜堰4000年人文历史以及天目山历史文化。馆内设有“江淮重镇、三水古堰”——姜堰历史文化陈列厅、“西周江淮第一城”——天目山遗址文化陈列厅、“三水遗墨”——姜堰博物馆馆藏书画作品展、“新四军与老百姓”——党的群众路线教育实践活动专题文物展等展厅。区委书记李伟、市文广新局局长陈士宏为该馆揭牌。高永明、仲亚岭、戚才俊、戴兆平、薛金林、钱拥军、盛育河、刘文来、陈文亚等区四套班子领导出席，泰州、兴化、姜堰文博界及其他各界代表、市民代表参加。

姜堰博物馆新馆开馆仪式

【姜堰区被命名为2014—2016年度“中国民间文化艺术之乡”】 9月，文化部开展“2014—2016年度中国民间文化艺术之乡”申报评选工作。姜堰区以溱潼会船民俗和各种民间文艺表演形式为特色，启动“中国民间文化艺术之乡”创建申报工作。经专家评审和公示，入选“2014—2016年度中国民间文化艺术之乡”，成为泰州市唯一入选市（区）。该区重视民间文化艺术挖掘、保护、传承和弘扬，加大资金投入，加强阵地建设，开展特色文艺评选，培育民间文艺特色品牌，制定发展规划，落实保障措施，推进全区民间文化艺术发展繁荣。溱潼镇创建成“中国民间文化艺术之乡”，淤溪镇创建成“江苏省特色文化之乡”。

【6个项目入选泰州市第五批非物质文化遗产项目名录】 民间文学姜堰天目山的传说、岳飞泰州抗金故事，传统音乐溱潼窑工号子，传统技艺姜堰酥饼制作技艺、姜堰大炉烧饼制作技艺，传统舞蹈牵驴花鼓等6个项目入选泰州市第五批非物质文化遗产项目名录。

【姜堰区第五批非物质文化遗产项目】 2014年，全区有7个项目入选姜堰区第五批非物质文化遗产项目名录。分别是白米、娄庄马灯舞，大抡栾三羊肉制作技艺，蒋垛维财猪头肉制作技艺，溱潼小磨麻油制作技艺，姜堰米醋制作技艺，溱潼寿圣寺佛教音乐，俞垛孙氏喉科病症疗法。

【开展非物质文化遗产保护系列活动】 6月14日是全国第9个“文化遗产日”，区文化馆围绕“让文化遗产活起来”主题，开展“非遗”保护系列活动。包括“姜堰滚莲湘传习所”揭牌授徒、“保护文化遗产，添彩美丽姜堰”——姜堰区非物质文化遗产保护专场文艺表演、泰州市第三批“非遗”传承人颁牌仪式、姜堰区非物质文化遗产保护成果展等四大部分。

【淤溪面塑走进俄罗斯圣彼得堡市】 10月17日，俄罗斯圣彼得堡“感知江苏”文化周活动在俄罗斯圣彼得堡市俄罗斯博物馆民族馆开幕。淤溪面塑与扬州漆器、金坛刻纸、宿迁核雕等作为江苏工艺美术精品展板块参加现场展示表演活动，展出列宁、普金、托尔斯泰等俄罗斯民众偶像人物造型和八仙过海、西游记、济公活佛等中国传统人物造型作品，受到俄罗斯民众欢迎。

泰州市姜堰区非物质文化遗产项目

表17

序号	项目类别	项目名称	公布时间（年）	级别
1	民俗	溱潼会船	2008	国家级
2	传统舞蹈	姜堰滚莲湘	2009	省级
3	传统技艺	溱潼砖瓦制作技艺	2009	省级
4	传统美术	面人王面塑	2007	市级
5	传统美术	白米糖塑	2008	市级
6	民间文学	吉高的故事	2008	市级
7	传统技艺	溱潼鱼饼虾球制作技艺	2008	市级
8	传统医药	许氏伤骨（正骨）疗法	2008	市级
9	传统医药	姜堰陈氏针灸	2010	市级
10	民间文学	“棋圣”黄龙士的故事	2010	市级
11	民间文学	刘氏兄弟状元故事	2010	市级
12	传统技艺	姜堰薄脆制作技艺	2012	市级
13	传统技艺	梁徐董记牛肉制作技艺	2012	市级
14	传统技艺	桥头纸牌制作技艺	2012	市级
15	传统体育竞技	姜堰撂石锁	2012	市级
16	民间文学	姜堰天目山的传说	2013	市级
17	民间文学	岳飞泰州抗金故事	2013	市级
18	传统舞蹈	牵驴花鼓	2013	市级
19	传统音乐	溱潼窑工号子	2013	市级
20	传统技艺	姜堰大炉烧饼制作技艺	2013	市级
21	传统技艺	姜堰酥饼制作技艺	2013	市级
22	传统医药	姜堰邓氏痹症疗法	2008	区级
23	民间文学	张士诚的传说	2010	区级
24	传统舞蹈	斗七巧	2010	区级
25	传统曲艺	溱潼道情	2010	区级
26	传统美术	华港雕版木刻技艺	2010	区级
27	传统技艺	仁裕隆熏烧制作技艺	2010	区级
28	曲艺	姜堰唱凤凰	2012	区级
29	传统舞蹈	淤溪踩高跷	2012	区级
30	民间文学	大纶土山的传说	2012	区级
31	传统技艺	俞垛风鹅制作技艺	2012	区级
32	传统技艺	姜堰跳面制作技艺	2012	区级
33	传统技艺	华港钉秤技艺	2012	区级
34	传统技艺	里下河渔具制作技艺	2012	区级
35	传统技艺	三水盆景制作技艺	2012	区级

续表17

序号	项目类别	项目名称	公布时间（年）	级别
36	传统舞蹈	白米、娄庄马灯舞	2014	区级
37	传统技艺	大坨栾三羊肉制作技艺	2014	区级
38	传统技艺	蒋垛维财猪头肉制作技艺	2014	区级
39	传统技艺	溱潼小磨麻油制作技艺	2014	区级
40	传统技艺	姜堰米醋制作技艺	2014	区级
41	传统医药	俞垛孙氏喉科金灼疗法	2014	区级
42	传统音乐	溱潼寿圣寺佛教音乐	2014	区级

泰州市姜堰区非物质文化遗产项目传承人

表18

项目类别	项目名称	保护单位	传承人	公布时间	公布批次	级别
传统舞蹈	滚莲湘	姜堰区文化馆	李道功	2013-06	四批	省级
传统技艺	溱潼砖瓦制作技艺	溱潼刘氏家窑公司	孙鞋根	2009-06	一批	市级
传统技艺	溱潼砖瓦制作技艺	溱潼刘氏家窑公司	刘宝庆	2009-06	一批	市级
传统美术	“面人王”面塑	姜堰区文化馆	王洪祥	2011-06	二批	市级
传统医药	姜堰陈氏针灸	姜堰区中医院	陈　宁	2011-06	二批	市级
传统体育	姜堰撂石锁	姜堰区石锁协会	姜宝洪	2014-01	三批	市级
传统美术	白米糖塑	白米镇文化站	谢荣安	2014-01	三批	市级
传统技艺	桥头纸牌制作技艺	王希曾纸牌铺	王希曾	2014-01	三批	市级
传统技艺	溱潼鱼饼虾球制作技艺	溱潼段记鱼饼虾球店	段瑞龙	2014-01	三批	市级
传统技艺	姜堰薄脆制作技艺	泰州市明智园食品公司	严奇平	2014-01	三批	市级
传统技艺	梁徐董记牛肉制作技艺	梁徐董记牛肉铺	董元林	2014-01	三批	市级
传统医药	许氏正骨疗法	姜堰区中医院	许　勇	2014-01	三批	市级
传统舞蹈	姜堰滚莲湘	姜堰区文化馆	张进军	2013-06	一批	县级
传统音乐	溱潼窑工号子	姜堰区文化馆	王德文	2013-06	一批	县级
传统曲艺	溱潼道情	溱潼镇文化站	黄圣荣	2013-06	一批	县级
传统美术	华港雕版木刻技艺	宋保旺雕版木刻工作室	宋保旺	2013-06	一批	县级

文化市场

【概况】 2014年，全区开展网吧、“扫黄打非”、校园周边环境等专项整治行动，取缔网吧1家，收缴各类非法图书2300余册、非法计算机软件及音像制品4200余张，销毁非法音像制品2000余张、非法图书3000余册。建立完善文化市场数据库和信用档案；加强知识产权保护，开展机关、企事业单位正版软件使用和推进工作；减少行政审批项目，调整服务流程，完善许可项目跟踪服务机制。区文化市场综合执法大队获江苏省文化行政综合执法案卷评选三等奖，区文广新局被表彰为泰州市“扫黄打非”先进集体。

文 化 产 业

【概况】 制定实施《文化产业发展规划》《文化产业发展扶持政策》。溱潼古镇文化旅游产业园项目通过区发展和改革委立项，姜堰凤凰国际电影城项目申报2014年省文化产业引导资金，古寿圣寺水云楼佛儒文化建设与推广、姜堰凤凰国际电影城项目申报2014年泰州市市级文化产业专项资金。加强古罗塘旅游文化景区建设，12月，古罗塘旅游文化景区被授予“国家AAAA级旅游景区”称号；实施人民公园提升改造工程，12月31日建成开园；加强体育公园管理维护，得到市委、市政府主要领导，省、市人大代表等上级领导、嘉宾好评。组织全区5家文化企业参加泰州市第二届文化企业产品展示会，展出文化旅游、工艺美术和文化创意设计三大类产品，姜堰区获优秀组织奖，特耐王包装（江苏）有限公司获优秀展示奖。

泰州市第二届文化企业产品展示会

（陈治洪）

【古罗塘旅游文化景区获批国家AAAA级景区】 该景区以“文化的元素、旅游的色彩、现代的理念、繁荣的目标”为原则，完善旅游服务设施，规范景区标志，优化旅游环境，完善安全管理制度和防范措施。增设交通指路牌，建成1万多平方米地下及地上停车场，新建主入口游客中心，建成姜堰古罗塘旅游文化景区网站和微信平台，设置游客意见箱，设立游客咨询投诉受理台，抓好讲解人员和导游队伍建设，加强经营户商品质量、价格、食品卫生检查。2014年12月，古罗塘旅游文化景区被授予“国家AAAA级旅游景区”称号。

【姜堰人民公园开园】 2014年12月31日上午，历时20个月、总投资1.5亿元的姜堰人民公园完成升级改造工程，对外开放。该公园西临通扬运河，南临西姜黄河，占地12.81公顷，始建于1999年。该公园升级改造工程为区委、区政府为民办实事项目，2013年4月开工建设，由金姜堰旅游发展有限公司负责。改造后的人民公园以体现姜堰传统休闲文化旅游景点为建设重点，以传统市井文化、休闲文化为主题，建有荷花水院、碧水金沙、文化长廊、水榭乐舫等十大景观，设置儿童游乐场、成人健身场、空竹场、健身跑道等锻炼休闲场地，是大众休闲、健身、娱乐的综合性城市公园。区委书记李伟，区委副书记、区长张长平为公园揭幕，区委常委、常务副区长戚才俊主持开园仪式，区领导高永明、仲亚岭、戴兆平、薛金林、刘文来出席。

广 播 电 视

【概况】 2014年，区广播电视台（以下简称“区广电台”）围绕区委、区政府中心工作，坚持“新闻立台、人才强台”发展思路，开展新闻宣传、经营创收、队伍建设、文化产业发展等活动，为姜堰经济社会持续健康发展营造良好舆论环境和文化氛围。在区级机关效能建设评比中，区广电台被表彰为“先进单位”，电视新闻部被表彰为“十佳科室”。

新闻宣传 两台开辟《转型升级在姜堰》《开展教育实践活动 推进姜堰崛起振兴》《美好城乡建设在行动》等专栏26个，策划系列报道、系列评论20组。围绕党的群众路线教育实践活动，报道活动中涌现出的先进典型、好做法、好经验超过260篇（条）；宣传“姜堰好人”“身边的共产党员”“月度新事”，引领社会思潮，凝聚社会共识。围绕区委、区政府中心工作，开展城区征收搬迁、秸秆“双禁”等活动宣传报道。新闻栏目开辟“视点”“每周卫生监督报告”“服务到家”等子栏目，围绕上学难、看病难、买房难等社会热点、难点，报道各地、各部门采取措施，开展为困难群众“送温暖工程”，关注“零就业家庭”、特困职工、民工工资发放情况等。整合各类群众诉求平台，建立统一的“‘12345’·政风行风热线”。直播《“12345”·政风行风热线》节目45期，其中区领导上线19期、部门上线26期，受理群众咨询投诉1790件，现场接受咨询投诉460件。在上级台用稿（片）800多篇（条），其中中央电视台用片12条，溱潼会船节当天拍摄的开幕式新闻被中央电视台《新闻联播》采用；电台《姜堰新闻》栏目被评为全省新闻宣传先进单位；广播剧《假如战争明天发生》获江苏省“五个一工程”奖；电视纪录片《醒篙人家》获第20届中国纪录片奖；反映人民法院执行法官先进事迹的微电影《真情》被列入全国十佳法治微电影评选行列。

经营创收　以节目创新和举办各类活动为载体，开展经营创收活动，完成年度创收任务。针对汽车市场，两台开办《我是有车族》《二手车评估》等栏目；与区教育局联办《教育新闻》栏目，展示全区教育教学工作；开辟《相约北大街》栏目，讲述城市记忆，开展北大街创建国家AAAA级旅游景区工作。联合团区委，以“微爱频率 青春梦想”公益助学活动为依托，举办大型儿童魔幻音乐剧《绿野仙踪》演出；举办房地产展示交易会3届，与汽车4S店联合举办车展，拉动房地产和汽车市场销售；举办首届“凤凰书城杯”汉字听写大赛小学组比赛，全区34所小学参赛，开创广电台大型比赛自主现场直播先河。举办以三水文化和茶文化为主题的书画作品展销活动，搭建本土书画作品交易平台；创办北大街旅游产品商店，开发一批具有地方文化内涵的北大街旅游产品；与区文明办联合打造“姜堰区公共信息联播平台”，覆盖全区政府机关、公共场所、窗口行业。

【开展大型新闻采访行动】　从8月份起，区广电台启动“民生关注社区行”“姜堰新闻村庄行”大型新闻采访行动，选派党员记者、骨干记者进社区、进村庄，倾听民声，反映民情，搭建民意和民需通道。两个报道组采播新闻100多条，帮助老百姓解决难事20多件，给东街社区9名贫困空巢老人和康华、北街、振兴、高陈4个社区低保困难家庭小学生送慰问金和慰问品。

（宋丽丽）

【江苏有线姜堰分公司成立】　2014年12月30日，江苏有线姜堰分公司成立大会举行。金山被任命为分公司总经理。姜堰广电网络自1993年10月1号开通有线电视信号起，围绕产业化、规模化、标准化发展思路，完成从模拟到数字，从单一传输业务到涵盖标清数字电视、互动电视、高清电视、付费电视、宽带和专线租赁等综合业务提升，用户总规模21万户，城乡综合入户率98.6%，年营业收入近9000万元。江苏有线发展公司董事长、总经理陈法林宣布分公司成立，江苏有线总公司总经理薛留忠，区委常委、常务副区长戚才俊为分公司揭牌，副区长刘文来主持。

（潘　俊）

卫　生

综　　述

【概况】　截至2014年年末，全区有各类医疗卫生机构303个。其中，三级综合医院1个，三级乙等中医医院1个，卫生院23个（其中二级医院1个），民营医院5个（其中二级医院1个），城市社区卫生服务中心3个、站17个，村卫生室191个，诊所、医务室47个，门诊部5个，疾病预防控制中心、卫生监督所、妇幼保健所、皮肤病防治所、急诊急救、血站、卫生职工培训中心、合管办、疗养院、益民精神病院等其他卫生机构10个。全区医疗卫生机构实有床位数3311张，其中医院2394张（其中民营医院274张）、卫生院（医院）902张，平均每万人拥有46张；有卫生技术人员3469人，其中执业医师（含助理）1472人、注册护士1248人，平均每万人拥有卫生技术人员48人、执业医师（含助理）20人、注册护士17人。2014年，全区卫生部门医疗机构门急诊412.89万人次、出院8.41万人次。全区卫生部门固定资产11.12亿元，医疗卫生事业费31860.86万元（含城乡基本公共卫生经费、改厕专项经费、合作医疗经费），占地方一般预算支出8.26%；平均每门诊人次医疗费用136.43元，人均住院费用7936.94元。

农村卫生　全区新型农村合作医疗筹资标准提高到430元/人，新型农村合作医疗参合率100%，实现应保尽保。调整新型农村合作医疗住院和门诊医药费报销补偿政策，实施镇村医疗机构门诊即时结报和区镇医疗机构住院即时结报，扩大区外定点医疗机构即时结报范围，新型农村合作医疗住院医药费最高补偿提高到12万元。全年住院补偿56683人，发放新型农村合作医疗住院补偿金20179.61万元；门诊补偿216.01万人，发放门诊补偿金2480.47万元；拨付一般诊疗费785.52万元；实施儿童先天性心脏病等21种重大疾病补偿3853人次，即时结报补偿金2913.43万元，实际补偿比70%；实施贫困人群住院新型农村合作医疗补偿与医疗救助同步结算5120人次，同步结算医疗救助资金791.42万元；实施门诊总额预付和住院按床日付费等新型农村合作医疗支付方式改革，控制住院和门诊费用，减轻农村居民住院和门诊医药费负担。出台姜堰区农村居民大病医疗保险实施意见，启动农村居民大病医疗保险制度。

公共卫生　加强基本公共卫生服务，按人均35元标准建立项目专项资金，采取“分季预拨、年度考核结算”方式下拨专项经费，开展基本公共卫生服务项目11类43项。全区建立居民电子健康档案60.52万份，建档率83%；65岁以上老人健康体检10.75万人，完成目标任务113.38%；开展老年人中医药健康管理服务5.08万人，管理率53.58%；高血压病、糖尿病、重性精神疾病患者规范管理率分别为85.22%、92.74%、86.18%。规范实施重大妇幼卫生服务项目，农村孕产妇住院分娩直补2797人，直补率100%，完成年度目标任务125.88%；待孕妇女及孕妇增补叶酸3479人，完成年度目标任务131.83%；做好预防艾滋病、梅毒、乙肝母婴阻断传播工作，艾滋病、梅毒受检人数4581人，乙肝检测人数4927人；农村妇女“两癌”（乳腺癌、宫颈癌）免费筛查4882人。推行“四制、五有、六统一”（乡村医生择优聘用制、考核工资制、养老保险制、医疗责任保险制，看病有登记、就诊有病历、收费有票据、用药有处方、转诊有记录，统一机构管理、统一人员管理、统一业务管理、统一药械管理、统一财务管理、统一绩效考核）镇村卫生机构一体化管理，实施镇卫生院健康管理团队服务。建立完善乡村医生多渠道补偿机制，落实乡村医生养老保障制度，为全区193个村卫生室和在岗乡村医生缴纳医疗责任保险，办理工伤保险。在兴泰、沈高、蒋垛等3个镇9个村卫生室实施乡村医生签约服务试点，探索构建新型农村卫生服务模式。开展“建设群众满意的乡镇卫生院”活动。全区创建成省示范乡镇卫生院9家、省示范村卫生室4家。

基础建设　组织实施政府为民办实事项目，洪林卫生院病房楼、三院综合楼竣工，中医院制剂楼、马庄卫生院主体工程封顶，完成泰州市第二人民医院科研教学楼地下室土建工程、王石卫生病房楼装饰工程以及区域卫生信息平台二期工程年度建设任务，溱潼人民医院内科病房楼、大伦和港口卫生院整体搬迁土建工程开工建设。

行风建设　执行中央八项规定和省、市、区委十项规定以及《医疗机构从业人员行为规范》《加强医疗卫生行风建设“九不准”》，结合党的群众路线教育实践活动和区人大组织开展的医德医风专项评议工作以及“规范医疗服务行为，构建和谐医患关系”主题活动和院务公开工作，纠正卫生行业不正之风，规范医疗服务行为，全区卫生行风进一步好转，人民群众对卫生工作的满意度明显提升。在人大组织开展的医德医风专项工作评议活动中，区人大常委会对卫生系统的综合评价满意度96.5%。

【卫生改革】　自2014年3月20日起，泰州市第二人民医院、姜堰中医院开展县级公立医院综合改革工作。实施医药价格综合改革，取消药品加成，药品（除中药饮片和医院制剂外）全部实行零差率销售，按照“总量控制、结构调整”原则，通过调整医疗技术服务价格和增加政府投入等途径补偿医院减少的合理收入，破除“以药补医”机制。深化人事分配制度改革，实行公开招聘、岗位管理、人员聘用制度；完善绩效考核机制，加强考核结果和收支结余运用，体现多劳多得、优绩优酬，调动各方面积极性。

【泰州市第二人民医院被确认为三级医院】　该医院始建于1950年4月，是一所集医疗、急救、教学、科研、保健于一体的综合医院。原名姜堰市人民医院，2013年4月11日，经泰州市政府同意，泰州市机构委员会办公室批准，更名为泰州市第二人民医院。有职工1213人，各类专业技术人员1175人，其中高级职称221人、中级职称338人。有床位1300张，设职能、临床、医技等科室40余个，其中肿瘤科、神经内科、心血管内科、肾内科、感染性疾病科、骨外科、泌尿外科等为泰州市重点专科。2014年12月15日，泰州市卫生局转发《省卫生计生委关于确认太仓市第一人民医院等11所医院为三级医院的通知》（苏卫医政〔2014〕4号），确认该院为三级综合医院，纳入三级医院管理。

医　政　管　理

【概况】　执行医疗制度，加强医疗质量管理。开展“医疗质量万里行”活动、平安医院创建和“三好一满意”（服务好、质量好、医德好，群众满意）活动，定期开展医疗质量巡查和医疗文件书写规范抽查。推行医疗责任保险制度，化解医疗风险。建立医疗纠纷第三方处置机制，促进医疗纠纷及时有效处置。加强医疗废物处置管理。开展无偿献血工作，无偿献血占临床用血100%，成分输血率平均99%以上。加强医疗机构“两非”行为监管，组织开展“两禁止”专项整治行动，打击非法鉴定胎儿性别和选择性别人工终止妊娠等违法违规行为。加强镇级医疗机构特色科室建设，建成泰州市乡镇卫生院特色科室4个。开展中医“治未病”工程，推广中医药适宜技术和中医药特色预防保健服务项目，新建成中医馆6家；启动吴尚先行医旧址保护利用工作。

加强卫生人才队伍建设，引进硕士研究生以上高学历、高层次医学人才16人，完成省“333工程”（培养30名左右研究成果具有国际先进、国内领先水平的国家级科学家、工程技术专家和理论家；培养300名左右具有省内领先水平的省级优秀人才；培养3000名左右成绩显著的市级优秀人才）和泰州市“311工程”（培养30名左右中青年科技领军人才，100名左右中青年学术、技术带头人，1000名左右优秀青年拔尖人才）培养对象培养工作。加强科技创新，引进开展新技术、新项目66项，获姜堰区科技进步奖7项。开展住院医师规范化培训、全科医师转岗培训和医师定期考核，做好城市医疗卫生机构对口支援基层卫生院和城市医生晋升职称前到卫生院服务工作，加强基层医疗卫生单位业务指导，提升基层医疗单位服务能力。

（姜森林　祝　华）

【区中医医疗服务标准化试点工作通过省级验收】　8月29日，省中医院副院长朱佳、省标准化研究院标准保障部主任陈银龙、省中医院医务处处长马朝群等组成专家组考核验收区中医院中医医疗服务标准化试点工作。该院2011年3月被列为江苏省中医医疗服务标准化试点单位。考评组认为该院较好地完成任务书规定的各项指标，标准化意识明显提高，管理更加规范，服务质量持续提升，一致同意通过该项目考核评估。副区长朱嘉浩参加。

（孙　柳）

卫　生　监　督

【概况】　2014年，全区核发各类卫生许可证1098份。组织开展公共场所卫生、放射卫生、学校卫生、饮用水卫生以及传染病防治和医疗市场重点监督检查，出动卫生监督人员2182人次，出动监督车辆700多台次，监督检查4135户次，监测各种卫生指标800多项次，监督覆盖率100%，监督户次率200%以上。查处各类案件69件，其中查处非法行医案件21起，移送公安机关3起，追究刑事责任2起。开展食品安全综合协调工作，全区未发生食品安全事件。正常开播《每周卫生监督报告》，累计500多期；拍摄制作20集《学校卫生知识情景剧——卫生监督协管人员培训系列教材》通过省级专家评审，启动与国家卫生计生委签订的《公共场所卫生消毒操作技术指南》拍摄工作。区卫生局被确认为2014—2015年度泰州市依法行政示范单位。

【《学校卫生知识情景剧》通过专家评审】　12月22日下午，江苏省《学校卫生知识情景剧》评审会在姜堰举行。该情景剧初步完成23集，分为学校预防性卫生监督、教学环境、生活环境、卫生（保健）室、传染病管理与突发事件处置、生活饮用水、公共场所7个部分。自5月起，按照明确定位、每集时长3分钟左右、语言通俗易懂总要求，区卫生监督所开展该剧剧本编写修改拍摄工作，12月中旬完成。专家们认为该剧剧情设置巧妙、生动有趣、寓教于乐，为全国协管员培训提供好的素材，通过后期制作，将在全省和全国发行。省卫生监督所所长李延平、处长周群霞，市卫生局副局长孙正太，区卫生局、区教育局、区文广新局、区司法局、区卫生监督所等部门有关人员参加。

疾病预防控制

【概况】 2014年，全区报告传染病2877例，其中乙类传染病发生13种1134例、丙类传染病发生6种1743例，无甲类传染病发生，疫点处理率100%，个案流行病学调查率100%，传染病网络及时直报率100%，无重大突发公共卫生事件报告。加强血吸虫病、乙肝、结核病、艾滋病等重大疾病防控以及手足口病、人感染H7N9禽流感、埃博拉出血热和登革热疫情等传染病防控和麻风病治管工作。春季查螺工作调查流行镇9个、行政村51个，参加查螺人员1605人，投入工作日14005个，调查面积1093.4277万平方米，设计死螺830只，查出死螺443只，未发现活螺。血防DDIA查病4029人，阳性7人；粪检查病1009人（含血检阳性7人），均为阴性。牲畜查病110头，未发现病畜。根据市卫生局《关于开展结核病定点医院结核病诊疗能力建设复核评估的通知》要求，加强“三位（疾控机构、综合医疗机构与定点医院、基层医疗卫生单位）一体”新型结核病防治服务体系建设，落实定点医院结核病专科门诊专职医生、资料员及相关配置，建立结核病专用实验室。全区登记报告并规范治疗管理活动性肺结核患者386例，完成年度目标任务101.6%。其中初治涂阳病人72例、复治涂阳26例，涂阳率25.3%；98例涂阳病人密切接触者筛查294人，复查率100%；应追踪病人103例，追踪到位率100%；痰培养菌阳肺结核病人52例，其中15例复治涂阳病人涂阳培阳率93.3%；8例患者被确诊为耐多药，拒治1例，管理7例，在治5例，死亡2例。全年登记结核病人系统管理率99.7%，涂阳治愈率91.3%。全区实际管理HIV感染者和艾滋病病人51例，其中艾滋病病人21例、HIV感染者30例，当年新发现HIV感染者19例；健全VCT门诊和艾滋病检测点，全区建成初筛实验室6家、艾滋病抗体检测点23家；4家VCT门诊接待求询者914人，均自愿接受HIV抗体检测，HIV抗体阳性6例；全年检测49384人，发现HIV抗体阳性19例，开展4次CD4检测89人次，29例病人及感染者接受抗病毒治疗。推动数字化预防接种门诊建设，建成13家。拓展健教平台，办好《健康播报》电视栏目、《每日健康提示》电台栏目。建立健全应急组织体系，修订完善卫生应急预案，加强监测预警、培训演练和物资储备，强化应急体系建设。开展突发事件公共卫生风险评估，组织全区医疗卫生单位开展应急演练活动20多次。泰州市第二人民医院建成泰州市道路交通事故社会救助基金一站式便民服务试点医院。

开展肿瘤防治知识宣传

（潘 俊 王 梅 摄）

【处置人感染H7N9禽流感病例】 2014年，姜堰区发现人感染H7N9禽流感病例1例。全区启动防控预案，开展流行病学调查和疫点处理，医学观察密切接触者，采样监测疫点周围禽类农贸市场、养殖场等外环境，在泰州市第二人民医院、姜堰中医院开展2周流感样病例强化监测工作，有效遏制疫情传播。

（姜森林 祝 华）

【肠道线虫病有效控制工作通过省级考评】 12月22日上午，省寄防所组织专家考核评估姜堰区肠道线虫病有效控制工作。该区开展健康教育宣传活动，落实目标管理责任制，实行科学防治对策，肠道线虫病感染率逐年大幅度下降。全区人群肠道线虫总感染率以及钩虫、蛔虫、鞭虫单一虫种感染率连续下降至

1%以下，达到省订有效控制目标。专家组一行到顾高镇顾高村、梁徐镇前舍村实地了解基层防治网络建设和工作开展情况，察看改水、改厕和农村环境卫生状况。认为该区开展肠道线虫病防治工作扎实，资料收集齐全，数据真实可靠，两个镇每年将重点人群驱虫服药工作列为年度卫生目标管理的做法值得省内同类地区借鉴学习。

（陈燕华）

妇 幼 保 健

【概况】 2014年，全区开展妇幼保健工作，抓好孕产妇和婴幼儿两个系统管理检查、督促、指导和培训。孕产妇保健管理率99.80%，0—7岁儿童保健管理率98.47%，无孕产妇死亡，婴儿死亡率4‰以下，新生儿出生缺陷发生率5‰以下。开展新生儿疾病筛查和婚前医学检查。新生儿疾病筛查率二级医院95.62%、一级医院91.07%，新生儿足跟血筛查率94.17%，新生儿听力筛查率90.64%；免费婚检6175对，婚检率94.9%。开展免费增补叶酸预防神经管缺陷、孕产妇住院分娩补助和HIV、梅毒、乙肝母婴阻断等重大妇幼卫生服务项目，在叶甸、俞垛两镇试点开展农村妇女“两癌”免费筛查项目。爱婴医院抽查合格率100%；孕产妇住院分娩率100%，二级医疗机构剖宫产率44%，一级医疗机构剖宫产率57.4%，剖宫产率较上年明显下降，基本达到年度剖宫产率控制指标。相关单位开展规范化妇儿保健门诊建设，规范化达标率100%；全区提供母婴保健技术服务的机构和人员全部持证执业。妇女病普查普治率85%以上，托幼机构卫生保健合格率95%。

爱 国 卫 生

【概况】 2014年，全区组织开展爱国卫生月、“世界卫生日”“世界无烟日”宣传及义诊活动，巩固卫生城市长效管理、无烟医疗机构控烟和除“四害”工作成果。完成农村无害化卫生户厕改厕16089户，完成率100.56%。农村生活饮用水水质卫生监测覆盖率100%。张甸镇通过省卫生镇考核验收，全区创建成省级卫生村、泰州市卫生村各7个。

（姜森林　祝　华）

开展“世界卫生日”宣传活动

（潘　俊　摄）

体　育

群　众　体　育

【概况】　2014年，区体育局与区级机关工委、区总工会等部门联合举办“建工杯”职工长跑比赛，职工乒乓球、篮球、羽毛球比赛，组织参加泰州市第五届广场舞等比赛。开展第六个全民健身日健身舞表演暨2014年姜堰区武术比赛，举办第三届广场舞大赛，承办泰州市老年人棋类等比赛。国民体质监测近1000人次。推进城市社区“10分钟体育健身圈”建设，通过省级验收。加强镇村体育健身器材更新维护维修，新增健身路径50多套、篮球架10多套，总投资近80万元。建立城区各健身点维修包保联系卡，公布联系人姓名、手机号码，解释、解决市民反映的健身诉求。三水公园、人民公园健身器材配套到位。

（杨　莉）

【省老年人体育节姜堰分会场开幕】　4月15日，江苏省老年人体育节暨“江苏百万老年人健步走向北京迎国庆活动”姜堰区分会场启动仪式举行。该活动主题为“快乐健身，传播正能量”，宗旨是“参与、康乐、和谐、风范”。活动期间，全区组织体育项目竞赛、文体节目展示、特色项目交流等系列活动。副区长刘文来参加。

（李晓倩　陆伯明）

【“全民健身日”暨武术比赛举行】　8月6日，姜堰区2014年“全民健身日”暨“正裕杯”武术比赛在姜堰中学体育馆举行。该次比赛由区体育局、区教育局、姜堰镇政府联合主办，区武术协会承办。分为集体项目和个人项目，包括集体健身气功、集体太极器械、集体传统武术项目和集体太极拳，以及全民健身对应个人项目，决出一、二、三等奖。古田、荷叶等21个社区和励才实验学校武术爱好者近500人参加。副区长刘文来、江苏武术协会副会长王金宝出席开幕式。

竞　技　体　育

【概况】　组织参加省十八届运动会，自行车、摔跤等比赛获1金、3银、3铜，女足乙组获第五名。姜堰区培养输送的运动员杨敏、钱佳睿在2014年仁川亚运会上获女子橄榄球、女子击剑金牌、银牌。承办2014年中国·姜堰第四届“黄龙士·双登杯”世界女子围棋擂台赛和全国桥牌A级俱乐部联赛。组队参加全国校园足球冬令营、夏令营系列活动，举办区第四届“区长杯”和“竞彩杯”校园足球联赛。姜堰区被命名为全国校园足球精英训练营试点城市（全国20个），成为唯一入选县级城市，10月份实现全区小学校园足球全覆盖。承办2014年“谁是球王”中国足球民间争霸赛。开办乒乓球、篮球、击剑、摔跤等青少年体育竞赛项目。

（杨　莉）

【承办第四届世界女子围棋擂台赛】　2月15日晚，2014年中国·姜堰第四届“黄龙士·双登杯”世界女子围棋擂台赛抽签仪式在溱湖度假村举行。国家体育总局棋牌运动管理中心主任刘思明、中国围棋协会主席王汝南、江苏省体育局副局长朱维宁、中国围棋队领队华学明、江苏棋院院长邵震中、副区长刘文来及江苏双登集团有限公司代表和中国、日本、韩国三国参赛棋手等出席。该届围棋擂台赛由中国围棋协会、姜堰区政府主办，区体育局、中国·姜堰黄龙士研究会承办，江苏双登集团有限公司协办，冠军奖金45万元，比赛用时每方1小时，1次1分钟读秒，超时判负。比赛分两个阶段进行，第一阶段为2月15—23日，第二阶段为4月5—13日，每个阶段进行7盘对局。中国队获冠军。

（潘　俊　黄小燕　杨　莉）

【承办全国桥牌A类俱乐部联赛第一站】　3月6日，“锦宸杯”2014年全国桥牌A类俱乐部联赛第一站在姜堰宾馆开幕。该次比赛由中国桥牌协会主办，区体育局、区桥牌协会承办，锦宸集团有限公司协办，为期6天，采取单循环赛，每轮16副牌，共13轮，以VP积分排定名次。泛华集团队以183.41分获第一名，上海浦发集团、吉林鼎元分获第二、三名，上海金融、恒源祥分获第四、五名。国家体育总局棋牌运动管理中心副主任、中国桥牌协会副主席兼秘书长范广升，省棋牌运动管理中心主任、省桥牌协会秘书长邵震中，副区长刘文来，区政协副主席、区桥牌协会主席陈文德出席开幕式。

（潘　俊　黄小燕）

【姜堰区第四届“区长杯”校园足球联赛】　5月24日，全国校园足球2014年姜堰区第四届“区长杯”联赛比赛开赛。该届联赛由区政府主办，区体育局、区教育局承办，为期两天。以“阳光体育、快乐足球”为主题，23所学校111支足球队2000名男女运动员参加，举办比赛220场。比赛采取五人制，分小学甲、乙、丙组和初中组四个组别，分别在励才学校、罗塘高级中学、姜堰中专和南苑学校进行。每个队评定“希望之星”或“玫瑰之星”1人。全国校足办派专人现场评估督导。

第四届“区长杯”校园足球联赛开赛

（潘　俊　郁　东）

【2014年姜堰区“竞彩杯”校园足球联赛】　11月29日，比赛举行。该次比赛由区政府主办，区体育局、区教育局承办，为期1天，采取五人制。18所校园足球定点学校72支球队600多名男女运动员参加，每个组别决出一、二、三等奖各6个，评选出“希望之星”和“玫瑰之星”各1人。省足球管理中心、区体育局、区教育局相关负责人观摩。

（杨　莉）

【姜堰籍运动员杨敏获亚运会金牌】　10月2日，姜堰籍运动员杨敏参加的中国橄榄球女子队在仁川亚运会的金牌决战中以14：12挫败日本队，获金牌。杨敏，20岁，姜堰区梁徐镇梁徐村人，南京体育学院学生，省体育局训练中心唯一参加国家队得冠军队员。在2010年江苏省第十七届运动会上，参加的姜堰女足获甲组冠军，同年被选入省橄榄球集训队；在2013年第十二届全运会上，作为主力队员参加的江苏队获团体第五名；全运会后，进入国家队集训，在2014年仁川亚运会和亚洲锦标赛上，参加的中国橄榄球女子队获冠军。

（孔 钱 杨宏萍）

体 育 产 业

【概况】 加强体彩工作，完成销售9200万元。组织体育产业做好引导资金申报上争工作，获省引导资金180万元、泰州引导资金105万元。包装文体中心上争200万元，包装门球场向省体育局上争30万元。文体中心完成主体工程进入内部装修阶段。实施行政许可，清理规范水立方、星光游泳馆等游泳高危行业。完成第六次全国体育场地普查工作。

（杨 莉）

百龙桥

姜堰古称罗塘。罗塘河呈南北走向，河道南端直达老通扬运河，北至罗塘东路都是宽阔的河道，向北进入招商街路下，过姜堰大道通向新通扬运河。南端河道岸边是罗塘街道老庄新村。老庄路跨过罗塘河连接着姜堰城区两条南北主干道——人民路和三水大道。老庄路在罗塘河上的桥为百龙桥，是泰州最有特色的桥之一。

百龙桥是三孔石拱桥，两侧没有栏杆，与桥一样长的两面雕刻着龙与云的石墙，石墙是拼凑起来的，浑然天成。桥端石墙上都有一条龙昂首迎接过桥人，石墙中间为仰头戏珠的两条龙，二龙身下有“百龙桥”三个行草大字。以中间的两条龙为界限，每面墙两侧各有3对低头戏珠的龙。百龙桥两侧的河道边上均匀地安放着100个龙头，岸边种植常绿灌木，龙头掩映在灌木丛中。龙头的口中有细管，有一个总控制开关，一旦打开，100个龙头会一齐朝罗塘河里喷水，颇为壮观，有“百龙戏水”之称。河道两岸是游步道，游步道离水面很近。步道外侧是坡，上面是小区地面。坡上有12块石质浮雕，刻有远古、商周、春秋战国、秦汉、汉、汉魏、北魏、唐、宋、元、明、清等时期龙的图案。

该处已经形成以百龙桥为中心、覆盖罗塘河南端两岸的风景带。罗塘河靠近老通扬运河的地方是古田西路，古田西路北侧在桥上建有牌楼，坐在牌楼的椅子上，百龙桥景区一览无余，草木青青，百龙戏水，一派祥和。百龙桥景区是2007年姜堰城区最主要的河道扮靓工程，与海陵白凤桥遥相呼应，寓意龙凤呈祥。百龙桥还是闸区，桥东为“姜堰城区河道管理所罗塘河闸站”，曾经挡住无数汹涌的洪水，守护一方安宁。

（叶轻痕）

社会生活

民　政　事　务

【概况】　2014年，全区开展民生幸福工程和社会治理创新工程建设，完善基础设施，保障基本民生，开展双拥优抚活动，实施社会化养老服务，开展公益创投活动，营造公益慈善氛围，文化民政建设取得新成效。

社会救助　根据自然增长和共享发展成果要求，调高低保、五保等基本民生保障标准。从7月1日起，城市低保标准由480元/人·月调整到530元/人·月，农村低保标准由350元/人·月调整到430元/人·月；农村五保集中供养标准由5500元/人·年调整到5800元/人·年，分散供养由4500元/人·年调整到4800元/人·年；城市“三无”人员及孤儿救助标准由960元/人·月调整到1098元/人·月。贯彻落实国务院《社会救助暂行办法》，建立社会救助家庭经济状况核对系统，健全低保动态管理和自然退出机制。开展集中核查、信息比对和错保、漏保、拆户保、关系保、人情保专项整治行动，取缔生活条件已经改善的老低保，信息比对反馈有汽车等非生活必需品的家庭、拆户入保家庭，以及因拆迁、征地、信访等历史特殊原因照顾享受低保的家庭，把符合条件的困难群众纳入低保。新纳入低保1352户2161人，核减低保2146户2956人。建立社会救助联席会议制度，相关部门协同配合，避免多头救助、重复救助。探索“支出型”贫困救助制度，保障遭遇突发性、临时性困难家庭基本生活，向321人发放临时生活救助42.1万元。提高医疗救助标准，实施医疗救助8021人，发放救助金1731.5万元。投入174.5万元资助农村低保、五保等困难对象19385人参加新型农村合作医疗。开展“困境儿童”帮扶工作，落实孤儿生活保障等政策，向79名孤儿发放保障金98万元。春节期间，开展城乡低保等困难对象普惠制慰问活动，发放慰问金440万元，慰问城乡低保、五保、重残无业等困难对象30792人。开展全国“防灾减灾日”主题宣传和“防灾减灾示范社区”创建活动，发放宣传手册800多本、传单3000多份，为全区所有居民及居住房屋投保“佑护万家”自然灾害惠民保险，理赔20多万元。

慈善事业　从加大宣传、广开渠道、改变方法、盘活母金等方面增强公益慈善影响力、募集力和救助力。试行慈善资金留本用息运作模式，区民政局与区财政局签订协议，将1000万元慈善母金交由财政运作，留本用息（年息10%）。开展慈善“一日捐”等活动，募集善款400余万元，接受捐赠物资20余万元，其中区农商行迁址，一次性向区慈善协会捐款80万元。开展慈善“情暖万家”、“明日之星”、“健行天下”、“快乐童年”贫困家庭儿童重大疾病慈善救助等活动，发放救助善款235万元、物资20余万元，救助各类困难群众5600多人次。

社会事务　加大福利企业监管力度，全区50家福利企业集中安置残疾人员1756人，在册残疾职工劳动合同签订率、社会保险投保率、工资打卡发放率均为100%。宣传贯彻中共中央办公厅、国务院办公厅《关于党员干部带头推动殡葬改革的意见》，推进绿色殡葬。建成投资1000多万元的殡仪服务中心即将投入使用；投资近亿元的文化塔陵暨生态殡葬园区项目列入工作计划，启动土地征用、规划设计等前期工作。与泰州殡仪馆签订协议，解决华港镇丧户就近火化免除基本丧葬费问题。实施殡葬惠民政策，为5553名去世居民减免基本丧葬费475万元。推进区划调整，姜堰镇改设街道办事处工作得到省、市批准，12月27日，罗塘、三水街道办事处挂牌成立。重新命名城区6条与泰州主城区同名重复的路名，办理新命名城乡道路35条、新建小区命名20个。办理收养登记26例，登记合格率100%。推进民政公益性项目建设，开展行政审批制度改革，组织编印民生民事卡片，开展“以大爱之心、亲民之心做好民政工作”主题征文等活动，打造“惠民兴政”民政服务品牌。

社会组织管理　扶持社会组织发展，完善直接登记管理制度，简化社会组织登记流程，印发《泰州市姜堰区城乡社区服务类社会组织登记管理办法》。加强区社会组织孵化基地建设，孵化优质组织36个，整改各类违规组织54个，培训农民合作资金、行业协会等重点组织3次95人。设立100万元公益基金，扶持社会组织开展公益创投活动。“贫安行动——城市低收入居民户应急服务关爱项目”在省民政厅创投活动中中标，“给力夕阳，情暖晚霞”等3个项目在泰州市中标。开展社会组织年检，加强社会组织监管，指导社会组织完善法人治理结构，推进社会组织信息公开，引导社会组织规范化、专业化运作，全区548家社会组织年检，年检率95%，合格率90.8%。推进社区、社会组织、社工人才和志愿者“三社联动、四位一体”，实施社会工作专业人才培养教育工程，组织44名参加社会工作者职业水平考试人员集中培训。加强志愿者队伍建设，城区22个社区注册志愿者2万多人。开展寻找“最美姜堰人”活动，宣扬志愿服务、见义勇为、助人为乐、孝老爱亲等精神，涌现出一批“最美孝星”“最美村官”“最美慈善人”。

婚姻登记　实施婚姻免费登记，减免婚姻登记工本费近10万元。提升婚姻登记规范化水平，办理结婚登记9603对、离婚登记1421对，出具婚姻登记记录证明5574人次，婚姻登记合格率100%。4月4日，区婚姻登记处被民政部认定为国家AAAAA级婚姻登记机关，成为全国第二批（第一批5家、第二批4家，共9家）、江苏省首批、泰州市第一家国家AAAAA级婚姻登记机关。

双　拥　工　作

【概况】　2014年，全区开展双拥模范城创建活动，提高双拥优抚安置水平，实现省级双拥模范城“四连冠”目标。春节、“八一”等期间，开展慰问驻姜堰军事单位、北京“老虎团”、抗日老兵、“两参人员”(即参战参试退役人员)和举办“激情三水”双拥文艺晚会等活动。调整发放各类重点优抚对象抚恤、定补、优待金和护理费，向在乡复员军人遗孀发放生活补助近650万元，向全区5200多名60周岁以上农村籍退役士兵发放生活补助220万元，向409名60周岁以上烈士子女发放生活补助金96万多元，为356名参战参核人员调整生活补助标准，从323元／人·月提高到507元／人·月。开展优抚走基层活动，为优抚对象巡诊、换发“烈士证明书”和“残疾军人证”，加强优抚对象精神抚慰。落实《关于加强烈士纪念工作的意见》，清明节、烈士纪念日、国家公祭日，开展征集保家卫国历史遗物、“烈士在我心中”征文等活动。做好退役士兵安置工作，实行城乡一体化安置。调整自谋职业补助金标准，向全区383名退役士兵发放一次性自主就业补助金1260多万元。开展退役士兵职业技能培训，加强日常监管，提高参训人员出勤率。动员社会力量，为自谋职业退役士兵创造宽松的就业环境，在就业培训、学历教育、创办实体、办理证照等方面提供优先、减免照顾。

老 龄 事 业

【概况】 2014年，全区落实80周岁以上高龄老人尊老金制度，发放尊老金1900多万元，惠及老年人近3万人。宣传贯彻《老年人权益保障法》，保障老年人乘车和旅游优待等权益。推进养老服务业发展，30家居家养老服务站、1家老年关爱之家、1家小型托老所通过省民政厅验收，全区有187家AA级、17家AAA级居家养老服务站，9家老年关爱之家和2家小型托老所通过省民政厅验收。召开全区五保供养服务机构提升工程推进会，提升敬老院设施水平。加大养老机构建设推进力度，实施中天养老社区项目建设，建成利用机关幼儿园改造的城区老年活动中心，基本完成区社会福利中心综合楼装修，新增养老床位720张（含民办养老床位和居家养老床位）。全区有各类养老福利机构20家、养老床位4518张。

（树寿兵）

人口与计划生育

【概况】 2014年，全区各级人口计生部门以实施单独两孩政策为重点，开展人口计生服务。截至年底，全区人口出生政策符合率98%以上，人口出生率5.29‰，人口自然增长率0.26‰，独生子女累计率82.6%，出生人口性别比基本正常，孕前优生健康检查任务完成率、计划生育政策兑现率、行政许可规范率均为100%，流动人口管理服务率95%以上。各项计划生育惠民政策投入资金4000多万元，惠及全区育龄妇女10万余人。区人口和计划生育委员会（以下简称“区人口计生委”）被区委、区政府表彰为机关效能建设先进部门，获泰州市工作考评第一名。

宣传教育　开展生育文化建设，打造“一镇一品、一村一特色”人口文化工程，推进人口文化基地示范创建，优化人口计生户外宣传环境。全区16个镇（区）均建有人口文化示范基地，85%的村（居）达到“人口文化”示范村标准。

计划生育服务　开通再生育审批绿色通道，创新“委托办理、村级代理、上门办理和预约办理”等方式，调整再生育审批流程，审批时限由省规定45天缩短为15天。宣传孕前优生健康检查项目，提高待孕夫妇优生意识；加强项目全程质控，开展参检人员优孕指导、随访服务、妊娠结局跟踪和后期育儿知识普及。全区完成免费孕前优生健康检查2116对。加强孕期及哺乳期妇女健康知识宣讲，注重出生人口一、二级干预。全区新生儿出生缺陷发生率3‰，低于国家平均水平。10月，区计划生育指导站大楼竣工投入使用，新大楼配备免费孕前优生健康检查区、生殖健康家庭保健区、免费孕前优生健康检查检验中心，兼备数字化服务站所。

计划生育执法　建立凭证定点终止妊娠手术、出生实名登记、B超检查、终止妊娠药品处方单单列、医学需要胎儿性别鉴定和人工终止妊娠等管理制度，形成责权明晰、覆盖全面、上下协调、监督有力的管理体系。召开集中整治“两非”（非医学需要胎儿性别鉴定和选择性别的人工终止妊娠）专项行动领导小组（扩大）会暨“两非”警示教育大会，开展警示教育活动。区人口计生委与食品药品监管、卫生部门开展联合执法4次，检查全区民营和定点引产医疗卫生单位、终止妊娠药品销售单位等。立案查处“两非”案件1起。全区出生人口性别比处于正常值范围内。

计划生育奖励扶助　落实奖扶、特扶、独生子女父母奖励金、两项一次性奖励等各类计划生育惠民政策，发放独生子女父母奖励金195万元、农村部分计划生育家庭奖励扶助资金1999.58万元、特扶金767.76万元、两项一次性奖励金1415万元，投入计划生育四项手术免费服务经费100万元，直接受益3万多人。将计划生育手术并发症对象纳入特别扶助，实施计划生育手术并发症对象定点免费对症治疗。新增并发症对象21人，发放并发症特别扶助金111.34万元，负担计划生育手术并发症人员新型农村合作医疗参保费用近10万元，减免住院治疗费70多万元；区计划生育指导站随访诊治1754人次，发放免费治疗药物600多盒。

计划生育协会建设　全区有计生协组织347个、会员小组6176个、会员之家283个，会员9万多人。创新计划生育基层群众自治工作模式，将基层群众自治与村民自治、新农村新家庭建设、诚信计生等工作融合。推行诚信计生“三项公开”“四项评议”“五项监督”制度。建立生育关怀行动、流动人口服务、幸福家庭创建等工作载体。中国计生协会副会长勾清明，省计生协会会长赵龙，省卫计委副主任何小鹏、副主任徐东红到姜堰区调研，肯定区协会工作、生育文化宣传等工作。

【流动人口管理】　2014年，全区深化流动人口基本服务均等化，投入经费约35万元。春节期间为流动人口开展各类计划生育服务7056人次；为流入已婚育龄妇女提供孕环情服务13498人次；开展“亮品牌、送服务”活动，为70家企业10100多名女工提供免费服务。核实公安暂住人口信息，全区新增流进入库人数15973人。打造姜堰区家具建材市场等5家流动人口示范单位。

【开展“爱心助孕万里行”活动】　10月14日，区人口计生委在区委党校举行“生育关怀‘爱心助孕万里行’”公益活动，宣讲科普优孕优育知识。省慈善总会和南京新协和医院领导、医生，全区200对婚后一年以上不孕不育夫妇及符合单独二胎政策未孕夫妇参加。东南大学附属中大医院妇产科副主任医师、硕士生导师彭丹红作“不孕不育与优孕优育”专题讲座，专家现场提供咨询指导。各镇（区）计划生育服务站征集贫困不孕不育家庭名单。申报家庭持贫困证明向省慈善总会申请爱心助孕基金2000元—5000元。

【承办泰州市人口计生书画摄影作品展】　11月28日上午，泰州市在姜堰区曲江楼举办“建设幸福家庭，构建和谐社会——泰州市人口计生书画摄影作品展”。该作品展以“人人健康、家家幸福”为主旋律，以“建设幸福家庭，构建和谐社会”为主题，反映新型生育文化、优生优育等婚育新风，反映人口与自然等协调与可持续发展，宣传人口计生国策，讴歌人民幸福生活。展出作品180余幅。市人口计生委副主任王权、处长陈兴栋，市司法局相关领导及区人口计生委主任王天波参加。

（孟尔春　朱小雅）

民 族·宗 教

【概况】　2014年，区民族宗教事务局（以下简称“区民宗局”）围绕新时期民族工作主题和党的宗教工作基本方针，抓规范、创平安、强服务，发展民族团结进步事业，加大宗教事务管理力度。

民族工作　采取以会代训、举办专题培训班等形式，不定期组织基层民宗系统干部学习党的民族政策和法律法规。举办民宗干部法制培训班2期，开展专题学法活动2次。第二个民族团结进步宣传周活动期间，在凤凰文化广场举办民族知识竞赛和文艺表演活动，发放宣传资料400余份、相关法规书籍400余本、奖品2000多元，市民宗局和海陵区少数民族社区20多人参加。更改民族成分27人。上争资金15万元，帮扶张甸镇梅垛村金桐林木种植专业合作社吸收少数民族家庭40多户。节日期间走访慰问少数民族贫困户23户，送去慰问金、慰问品2万多元。聘请少数民族联络员15人，协调平息涉及少数民族权益矛盾纠纷2起，10多家拉面店领取或更换餐饮许可证。健全少数民族人员基础台账，申请清真食品补贴90人。

宗教工作　区民宗局与40名宗教场所负责人签订安全工作责任书，落实安全稳定责任制。联合相关部门开展辖区内宗教场所饮食卫生、消防设施、燃香安全等方面检查5次，举行消防安全知识培训暨灭火演练1次，研究制定《宗教场所安全应急救援及处置预案》。加强宗教场所基础设施和文化建设，梁徐基督教堂建成投用，顾高千佛寺建设稳步推进，蒋垛观音寺承办中国佛教协会传戒法会，古寿圣寺大型水陆法会举行。开展和谐寺观教堂、平安宗教活动场所创建以及基督教私设聚会点分类治理，规范宗教活动秩序。全区认定宗教场所37处；备案宗教活动场所主要教职5人，登记场所实际负责人32人。明确净业寺、古寿圣寺和姜堰基督教堂等3个场所为2014年宗教场所档案工作重点单位，通过市民宗局验收。开展公益慈善活动，全区宗教界向社会困难群众发放款物20余万元。

（申建中）

【第二届药师佛文化节】 10月23日，2014年江苏泰州药师佛文化节开幕式在泰州华侨城古寿圣寺景区举行，缅甸玉佛和泰州禅修基地揭幕。中国佛教协会副会长、江苏省佛教协会会长心澄等海内外佛界诸山长老参加。文化节期间，举行“药师佛文化藏品展”，举办放生大法会、药师佛文化研讨会、菩提健康义诊等系列活动。

（郑　剑）

泰州市姜堰区少数民族分布情况统计

表19　　单位：人

	蒙古族	藏族	回族	维吾尔族	苗族	彝族	壮族	布依族	朝鲜族	满族	侗族	瑶族	白族	土家族	哈尼族	傣族	黎族	畲族	京族	仫佬族	傈僳族	羌族	仡佬族	水族	保安族	拉祜族	锡伯族	景颇族	纳西族	布朗族	毛南族	土族	德昂族	佤族	合计
罗塘街道	10	7	37	2	10	2	5	1	1	35	11	4	—	4	—	—	—	3	—	—	—	—	—	—	—	—	—	—	—	—	—	—	—	—	132
溱潼镇	—	—	3	—	—	—	1	—	—	—	—	1	—	1	—	—	1	—	—	—	—	—	—	—	—	—	—	—	—	—	—	—	—	—	7
顾高镇	8	3	14	1	19	4	11	2	—	17	7	—	—	33	—	—	—	1	—	—	—	—	—	—	1	—	2	—	1	—	—	—	—	—	124
蒋垛镇	2	12	6	—	14	4	9	11	1	4	7	—	—	17	—	—	2	—	1	2	—	—	1	—	—	—	—	—	—	1	2	2	—	—	98
大抡镇	6	2	5	—	49	5	20	24	1	—	11	2	4	54	5	—	—	—	—	—	—	1	2	—	—	—	—	—	—	—	—	—	—	—	191
白米镇	5	2	4	—	21	16	19	8	1	1	9	1	2	25	—	2	1	—	—	—	—	—	4	—	—	—	1	—	—	—	—	—	2	—	124
娄庄镇	8	—	4	1	15	7	3	10	—	5	4	1	1	2	—	—	1	1	—	1	—	—	3	1	—	—	—	—	—	—	—	—	—	—	68
兴泰镇	—	—	2	—	3	2	—	—	—	—	1	—	—	1	—	—	—	—	—	—	—	—	—	—	—	2	—	1	—	—	—	—	—	1	13
俞垛镇	2	—	11		8	6	9	9	2	4	6	—	—	—	—	—	—	—	—	—	—	—	1	1	—	—	—	—	—	—	—	—	—	—	59
桥头镇	—	1	1	—	6	3	—	—	—	2	—	—	1	—	—	—	—	—	—	—	—	—	—	—	—	—	—	—	—	—	—	—	—	—	14
淤溪镇	2	—	—	—	2	2	—	—	—	1	2	—	—	2	—	—	—	3	—	—	—	—	—	—	—	—	—	—	—	—	—	—	—	—	14
华港镇	3	—	5	—	9	8	2	6	—	2	2	1	7	4	—	—	—	—	—	—	—	—	1	—	—	1	1	—	—	—	—	—	—	—	52
梁徐镇	9	1	—	—	30	7	24	3	—	7	2	1	—	36	—	3	2	—	—	—	1	—	7	—	—	—	—	—	—	1	—	—	—	—	134
张甸镇	2	1	8	—	13	3	31	8	—	8	11	7	3	61	1	3	2	—	—	—	—	4	—	—	—	—	—	—	—	—	—	—	—	—	166
沈高镇	3	—	1	—	4	1	3	2	2	5	—	—	2	7	—	2	—	—	—	—	—	—	—	—	—	—	—	—	—	—	—	—	—	—	32
三水街道	4	—	2	—	6	10	19	2	1	7	2	—	1	19	—	—	1	1	—	—	—	—	—	—	—	—	—	—	—	—	—	—	—	—	75
风景区	—	—	2	—	1	—	2	—	—	—	—	—	—	3	—	—	—	—	—	—	—	—	—	—	—	—	—	—	—	—	—	—	—	—	8
合　计	64	29	105	4	210	80	158	86	9	98	75	18	21	269	6	10	10	9	1	3	1	5	19	2	1	3	4	1	1	2	2	2	2	1	1311

注：该表统计时间为2014年12月。

中共泰州市姜堰区委员会

重要会议

【全区机关作风效能建设暨干部警示教育大会】 2月7日召开。区委书记李伟要求坚决破除“四风”，弘扬清风正气，推进干部作风大转变、机关效能大提速、发展环境大改善，为姜堰加快实现“奋起泰州、崛起苏中”目标注入更加强劲的动力，推进各项工作再上新台阶。会议通报2013年各镇（区）四季度流动杯竞赛获奖情况，2013年度镇（区）工作目标考评先进单位，2013年度区级机关效能建设先进集体，2013年全区案件查处、机关作风建设情况，各单位受泰州市级以上表彰情况。区委、区政府与各镇（区）、各部门签订2014年度工作目标责任书。区委副书记、区长张长平主持。区领导高永明、仲亚岭、何光胜、戴庆柳、戚才俊、徐闻仲、张红霞、张士林、戴兆平、张荣进、薛金林等出席。

【中共姜堰区委十一届六次全体会议】 7月28日召开。会议贯彻落实省委十二届七次全会、市委四届七次全会精神，回顾总结上半年工作，研究部署下半年任务，动员全区上下以深入开展党的群众路线教育实践活动为推动，改革创新、锐意进取，埋头苦干、务实奋进，全面完成“奋起泰州、崛起苏中”大突破之年各项目标任务，在崛起振兴的征程上迈出更加坚实的步伐。区委书记李伟作工作报告。区委副书记、区长张长平部署当前工作。区委副书记何光胜通报上半年各镇（区）经济建设主要成果指标完成情况排名、综合考评排名，二季度流动杯竞赛、半年优胜奖获奖情况。区领导高永明、仲亚岭、戴庆柳、戚才俊、徐闻仲、张红霞、张士林、戴兆平、张荣进、薛金林、肖延川，区委委员、候补委员出席。

【全区“大干四季度、冲刺全年目标”动员会】 10月11日召开。会议动员全区上下认清形势、紧张快干，全面掀起大干四季度热潮，奋力冲刺全年目标任务，实现“奋起泰州、崛起苏中”的大突破。区委书记李伟作重要讲话，区委副书记、区长张长平布置当前工作，高永明、仲亚岭、何光胜等区四套班子负责人出席。

（李　健　马中林）

组织建设

【概况】 2014年，区委组织部贯彻落实全国、省、市组织工作会议和区委十一届五次、六次全会精神，开展党的群众路线教育实践活动，推进干部工作、人才工作和基层组织工作，取得明显成效。

干部监督　组织开展《党政领导干部选

拔任用工作条例》学习活动，检查基层执行情况。加强领导干部日常监督，审核干部基础资料，组织干部人事档案专项督察，落实领导干部离任经济责任审计、函询诫勉等制度，组织有关人员开展“三责联审”和经济责任审计。做好领导干部出国（境）政审、备案工作和领导干部个人重大事项报告工作。

干部教育培训　围绕转型升级、跨越发展新要求，深化“领导干部素质提升工程”，加强领导干部理想信念和能力素质培训，举办十八届三中全会精神轮训班、全区经济转型与产业升级研究班等30多期，培训人数6000多人次。开展领导干部双休日“菜单式”自主选学活动，举办专题讲座21期。

党员教育管理　编制年度发展党员计划，深化发展党员工作监督员制度，加强发展党员预审工作，提高发展党员质量。做好党员管理服务日常工作，开展民主评议党员活动，为生活困难党员、群众解决实际困难。开展党员关爱服务月活动。结合机关社区契约化共建活动，组织机关党员干部深入挂钩联系社区（村），走访老党员、生活困难党员及流动党员家庭，做好老党员生活补贴发放工作。开展“党员阳光服务快车”活动。抓好流动党员管理，健全流动党员信息库、流动党员登记制度，构建“双向联系，双向沟通，双向管理”的流动党员管理体系，定期组织党员开展义工服务活动。

人才工作　深化党管人才“项目化”工作，定期编印《季度人才工作要点》，分解落实重要政策统筹、重点目标任务。开展“人才政策落实推进年”活动，编发《人才政策汇编》，组织政策宣讲，联动实施“企业人才服务直通车行动”。开展人才需求信息调查，组团赴北京、湖南、哈尔滨、山东等地重点高校举办人才专场招聘活动，新建李鹤林、李德仁、缪昌文3名院士工作站。开展科技镇长团服务工作，确定省第七批科技镇长团到姜堰挂职成员。推进园区“人才特区”建设，协调园区优化人才服务运行机制、加强服务平台建设。相关部门分类制定教育、卫生、文化等条线人才队伍建设意见，加强本土人才队伍总体规划。启动区“321青年拔尖人才培养工程”（选拔300名左右在各学科、行业中成就突出，有较好学术、技术水平和发展潜力的优秀青年人才，通过培养，力争有200名左右青年人才成长为全区各行业骨干人才，100名左右青年人才进入泰州市“311高层次人才培养工程”第三层次培养），深化区“双创（创新、创业）人才培养工程”“企业家培育工程”，举办企业高管和新生代企业家专题培训班。开展人才项目申报组织动员和业务辅导，推荐申报省“双创计划”项目4项、省“博士计划”项目8项，省“333工程”科研资助项目4项，市“双创计划”项目8项。组织各类人才申报市级以上人才培养工程，新增市第一层次培养对象1人、第二层次培养对象7人、第三层次培养对象38人。

基层党组织建设　制定落实《关于建立“四联机制”加强基层服务型党组织建设的意见》，深化村（社区）党组织“1234”（建立一套群众工作档案、搭建两个服务平台、打造三支服务队伍、实行四种方式服务）服务群众工作模式，总结推广姜堰镇中天社区、张甸镇宫王村、兴泰镇尤庄村、桥头镇小杨村等村（社区）服务群众典型做法，推动基层健全服务载体、建强服务队伍、创新服务方式、提高服务质效。围绕“治四风、树形象”主题，举办群众路线教育基层党员干部“培训周”暨第四届村干部“培训周”活动，培训镇村干部1700余人。评选2013年度“十佳、优秀”村党组织书记，选拔20名优秀村党组织书记进入专项事业编制，调整离任“三大员”（党支部书记、村委会主任和行政村会计）生活补贴标准。跟踪管理选派到村机关干部和选聘退役士兵村干部，新选聘8名退役士兵村干部到村工作。推进村综合服务中心、“网上村委会”建设以及村集体经济发展。规范联建村党组织运转，调整基层党组织设置，新建中心村党委2个。采取“四个一”措施（制定一套方案，整合一支队伍，化解一批难题，构建一套推进机制），整顿转化软弱涣散村（社区）党组织27

个。统筹推进非公有制企业、社区等领域基层组织建设。在全区非公有制企业中开展以党组织基本情况集中核查、党群组织集中组建、党务知识集中培训、入党积极分子集中推优为主要内容的“四集中”活动，举办全区非公有制企业党工共建现场会，组织机关部门（单位）与社区党组织开展“契约化”共建活动，开展区级机关党员干部“走群众路线，建和谐社区”主题活动。

领导班子和干部队伍建设　坚持“德才兼备，以德为先”“以实绩论英雄，为发展配干部”用人导向，完善干部考核评价和选拔任用工作机制，加强领导班子和班子成员综合分析研判，谋划调整充实方案，做好女干部、年轻干部、党外干部选拔培养工作。通过召开座谈会、互动点评、考察考核、谈话提醒等形式，教育培养公选年轻干部。启动实施“年轻公务员成长计划”，提高年轻干部经济工作能力，选调45名年轻干部到上海、北京、苏州等地驻外招商。加强中层干部队伍宏观管理，制定出台《关于推进镇（区）和区级机关部门（单位）中层干部轮岗交流的意见》，启动实施机关中层干部轮岗交流工作。

【开展党的群众路线教育实践活动】　2月21日下午，区委召开全区深入开展党的群众路线教育实践活动动员大会，贯彻中央、省委和市委有关会议精神，动员部署全区教育实践活动。3月5日，区委召开党的群众路线教育实践活动督导工作培训会。10个区委督导组分赴督导单位开展督察指导。4月10日上午，全区党的群众路线教育实践活动“一把手”推进会召开。区委书记李伟要求各镇（区）、各部门“一把手”履职尽责，发挥示范带头作用，确保教育实践活动向纵深推进。6月10日上午，全区党的群众路线教育实践活动工作推进会召开。区委书记李伟要求深入学习贯彻中共中央总书记习近平重要讲话精神，聚焦“四风”，从严从实查摆问题，发扬“整风”精神，开好专题民主生活会，坚持边查边改、立说立行，取信于民，确保教育实践活动健康深入开展。8月20日上午，全区召开党的群众路线教育实践活动工作推进会，学习贯彻省、市推进会精神，回顾总结前段工作，部署整改落实、建章立制环节工作。8月27日上午，省委督导组组长徐毅英一行检查指导教育实践活动开展情况，肯定姜堰区教育实践活动取得的成效。9月9日上午，区委召开全区教育实践活动整改落实工作“一把手”推进会暨思想再解放动员会，动员部署“思想解放再发力、科学发展勇攀登”大讨论大落实活动，推进教育实践活动深入开展。10月23日上午，姜堰区党的群众路线教育实践活动总结大会召开。全区“四风”问题得到有效遏制，涉及群众切身利益问题得到较好解决，干部作风发生很大转变，各项管理制度更为健全，作风建设呈现新气象。该活动按照“照镜子、正衣冠、洗洗澡、治治病”总体要求，把握“突出实践特色、贯彻群众路线”原则，把贯彻落实中央八项规定和省、市、区委十项规定作为切入点，把“群众工作团”作为重要载体，坚持严格的标准、严格的措施、严格的纪律，完成学习教育、听取意见，查摆问题、开展批评，整改落实、建章立制三个环节各项工作任务。全区17个镇（区）、72个区级机关部门（单位），1420个基层党组织，4.5万多名党员参加。

【大学生“村官”工作】　推进大学生“村官”规范化管理。各镇建立大学生“村官”党支部，落实大学生“村官”日常管理“四项制度”（驻村制度、工作日志制度、分工及承诺制度、考核评议制度），做好大学生“村官”年度考核、聘期考核和招录选聘工作。加强大学生“村官”培训。举办大学生“村官”履职能力培训班和村两委正职后备干部培训班，开展“四当好四争先”（当好理论政策“宣传员”，在筑牢宗旨上争先；当好查找问题“先行者”，在求真务实上争先；当好强村富民“主推手”，在奉献进取上争先；当好为民办事“贴心人”，在群众满意上争先）主题活动。做好大学生“村官”富民创业工作。区委组织部组织科技、农业、税务以及金融等部门召开协调会，为大学生“村官”创业提供资金支持；区农商行出台金阳光小额贷款系列产品管理办法，发放2013年度泰州市大学生“村官”创业富民奖励资金9.73万元。组织拟创业、已创业56名大学生“村官”分4期参加泰州市创业学院培训班，6名大学生“村官”赴台湾参加涉农创业培训。

（陆　锋）

宣　传　教　育

【概况】　2014年，全区宣传思想文化战线贯彻落实党的十八大，十八届三中、四中全会和中央、全省宣传思想工作会议精神，围绕中心，服务大局，为姜堰“奋起泰州、崛起苏中”提供思想舆论支持。

理论武装　围绕中共中央总书记习近平系列重要讲话精神，通过聘请专家授课、观看影像资料、集中交流研讨等形式开展中心组学习活动，贯彻党的十八大，十八届三中、四中全会和区委十一届六次全会精神。围绕“中国梦”主题，通过组织宣讲、文艺演出、远程教育等形式开展宣传教育。全区冬训实施党员干部学习“成绩报告单”制度，姜堰区被评为全省冬训工作示范区。白米镇章再文被省委宣传部表彰为“江苏省理论宣讲先进个人”。开展“三水讲坛”“三水评坛”“三水论坛”，举办“行走的课堂”宣讲活动，专家学者、区级机关相关部门业务骨干和各条战线先进典型走进镇村、部门、社区、企业、医院、学校，为全区党员干部群众提供“菜单式”宣讲服务，打造学习宣传新平台，该项目被省社科联列为创新资助项目。

新闻宣传　“两台一报”、政府及各镇、部门网站在重要时段、重要版面、重要频道、网站首页开辟专题、专栏、专版，围绕区委、区政府中心工作，开展党的群众路线教育实践活动、文明城市创建、城乡环境综合整治及项目集中开工等重大活动宣传报道。开展打击新闻敲诈行为专项整治活动，净化新闻舆论环境。新闻系统开展“走转改”活动，全区新闻工作者走农家、到社区、进车间，产生一批精品佳作，引领社会舆论风向。举办溱潼会船节推介会和开幕式，被中央电视台《新闻联播》、新华网等媒体报道。全区在泰州市级以上媒体刊发（播）稿件1600余篇（条），其中中央级媒体39篇、省级媒体120多篇。

网络监管　通过“@姜堰发布”、姜堰宣传网、姜堰政府网、义茶亭论坛、镇（区）部门门户网站、官方微博、微信等平台宣传区委、区政府中心工作和城镇公交线路再开通、引长江水工程、环卫工人免费早餐、三水公园竣工等民生工程、德政之举，组织网评员开展网上正面宣传引导，发表评论1300多条。“@姜堰发布”发布信息4000多条，在“@江苏微政务”发布的泰州各市（区）官微月度影响力中排行第一。健全完善舆情监控、处置、研判和反馈工作机制，定期召开网络文化建设和管理联席会议，24小时监控网络舆情，实行零报告和大事报告制度。妥善处置重大突发舆情，注重网上网下联动。开展“网罗正能量”网络文化建设活动，举办2014年姜堰首届网民节。《抹不去的行贿犯罪记录》《亲民之歌》《真情》《思念》等微电影在网络发布。

【文化姜堰建设】　2014年，姜堰区围绕省级公共文化服务体系示范区建设，打造城市“15分钟文化圈”“10分钟体育健身圈”和农村“5千米文化圈”，实现三级公共文化设施网络全覆盖。俞垛镇、梁徐镇被确定为第二批“江苏省公共文化服务体系示范区”，沈高镇文化站被评为省“一级文化站”。全区公益性文化设施全部免费向群众开放，博物馆新馆、凤凰姜堰文化广场等文化设施建成开放，文体中心二期项目封顶，镇宣传文化中心基本完成建设改造，所有镇建有特色文化广场、文化游园或主题公园等公共文化活动场地，所有村、社区建有农家书屋、图书阅览室和文化活动室，姜堰区被评为“江苏省实施农家书屋提升工程试点工作示范县（市、区）”，河横村农家书屋被评为省“五星级示范农家书屋”。

举行区第十届群众文化艺术节，举办群众文艺调演、“激情三水”广场文艺演出及第八届茶文化艺术节、泰州市历史文化名人展等展览演出，观众达数万人次。姜堰区成为泰州市唯一入选“2014—2016年中国民间文化艺术之乡”的市（区）。举办全区第三届广场舞大赛、全市广场舞大赛优秀队伍巡演等系列文化活动；在“中国梦·泰州风”全市广场舞大赛中，姜堰区获1金、2银。广播剧《假如战争明天发生》获江苏省第九届精神文明建设“五个一工程”奖，7部作品获泰州市第六届精神文明建设“五个一工程”奖。制定实施《泰州市姜堰区文化产业发展规划》，设立文化产业发展专项资金，加强产业引导和政策扶持，推进全区文化产业发展。古罗塘旅游文化景区创建成国家AAAA级旅游景区，智谷软件园、天目山文化新城和重点文化产业园区建设有序推进，北大街中国历史文化名街创建工作完成各项申报准备工作。

（陈　华）

【《姜堰日报》】　2014年，该报围绕中心，恪守大局，秉承引领文明风尚、发展地方经济、服务社会事业、滋润百姓生活宗旨，传递党委、政府声音，反映社情民意，为推动社会经济和各项事业健康、可持续发展做出奉献。该报获“江苏省县市报先进集体”称号，王根明等5人被表彰为“江苏省县市报新闻中心系统先进个人”。

新闻宣传　开辟“两会特刊”专题报道，以及“开展环境整治 建设美丽乡村”“敢担当 善作为 做表率 开创又好又快发展新局面”“文明城市 你我共建”“核心价值观 你我共践行”等专栏，展现姜堰创新跨越和人文轶事。采编人员深入村组农户、车间班组、街头巷尾，书写百姓见闻，倾诉社情民意，体贴群众需求，弘扬先进典型。“姜堰新闻网”“姜堰在线论坛”上线，运行质态良好。推出“第九届中国湿地生态旅游节暨2014年中国泰州姜堰溱潼会船节”活动实践和活动特刊，推介姜堰特色品牌。开展“江苏长江商业银行杯”2013年度姜堰十大新闻评选活动，评选出十大新闻热心读者一等奖1人、二等奖2人、三等奖6人、纪念奖20人。与区教育局联合出版中小学生作文集《青涩的年华》，首次付印3000套。《姜堰日报》创刊六周年，组织省县市报研究会名誉会长沈成嵩点评《姜堰日报》、召开各界人士座谈会、“民生记者伴你行”广场活动、新闻职业道德访谈、新入职记者体会互动交流等活动；开展牵手老区党员献爱心活动、组织团队拓展训练、出版《见证6年》特刊等。举办姜堰首届家装建材博览会，参展知名品牌30多家，消费者进场3000多人，成交意向金额超1000万元。联合住建、国土、规划等部门，举办《姜堰楼市》通联会，参加房企35家。承办“洋河醇浆·洋河美人泉杯”姜堰第三届广场舞大赛。开展特约记者、通讯员全天候培训活动，镇（区）、部门150多名通讯员参加。

舆论监督　围绕人民群众关注的热点、难点和疑点问题，开辟《读者来信》《记者调查》《曝光台》等栏目，实施舆论引领监督。公布24小时新闻热线，为读者排忧解难。民生版开辟《大家拍新闻》专栏，鼓励读者用相机、手机拍摄身边不文明现象。年内收到读者来电、来信300多次封，接待来访60余人次，通过舆论监督和新闻呼吁等形式，化解社会矛盾，帮助群众解决实际困难200多件。

（何学桂）

【姜堰新闻网上线运行】　1月1日，姜堰新闻网（www.jyxww.com.cn）、姜堰在线论坛（bbs.jyxww.com.cn）上线运行。该网站论坛由姜堰日报社主办。姜堰新闻网站以提供新闻资讯为主，关注姜堰发展进程，发挥媒体舆论导向和监督作用，报道热点事件与现象。网站包括焦点新闻、部门动态、区镇动态、图片新闻、社会民生、读者社区、楼市新闻等板块，首页右侧边栏设立“书记信箱”“区长信箱”。姜堰在线论坛注重与读者互动，结合用户浏览习惯和体验诉求，设置《导读》《群组》《广播》《日志》等多个栏目，突出服务性。

（孙　柳）

【2013年度姜堰十大新闻评选】 该评选活动由区委宣传部主办、姜堰日报社承办，区文广新局、区住建局、区水利局、区发展和改革委等单位协办。活动通过网站、报纸、电视、手机短信、LED广告车、楼宇广告、现场投票、易拉宝、印制小礼品等形式开展宣传，参与报纸投票4800多张、现场投票1500多张、网上投票5000多人次。4月17日，社会各界近20名评委对20条十大新闻候选条目进行初选，泰州市姜堰区正式揭牌、全区城乡公交一体化加速推进等12条新闻进入终评条目。5月14日下午，“江苏长江商业银行杯”2013年度姜堰十大新闻评选活动新闻发布会召开，评选结果揭晓。泰州市姜堰区正式揭牌等10条新闻入选，28名参与报纸投票、现场投票、网上投票的读者分获一、二、三等奖和优秀奖。区委常委、宣传部部长薛金林，区政协副主席陈文德出席。

2013年度姜堰十大新闻评选活动投票现场
（潘　俊）

【2014年度姜堰十大新闻】 1. 全区开展党的群众路线教育实践活动。2月份，全区教育实践活动启动，各级党组织和党员干部贯彻“照镜子、正衣冠、洗洗澡、治治病”总要求，紧扣为民务实清廉主题，做到规定动作环环相扣，自选动作特色鲜明，完成各项目标任务，教育实践活动达到预期效果。2. 姜堰区继续跻身全国中小城市科学发展百强区。10月17日，全国中小城市科学发展评价指标体系研究成果在北京发布。姜堰区入选2014年度全国综合实力百强市辖区，排名第75位，名次较上年提升2位。从2008年起，姜堰多次入围“中国中小城市综合实力百强榜”。3. 姜堰区创建成全国休闲农业与乡村旅游示范县（区）。12月，农业部和国家旅游局联合公布全国休闲农业与乡村旅游示范县、示范点名单，姜堰区榜上有名。该区重视休闲观光农业发展，建设一批旅游观光农业基地和景区，形成休闲农业与乡村旅游特色和优势。4. 全区义务教育、学前教育“三喜临门”，高考、中考再创辉煌。姜堰区以3个高分通过全国义务教育发展基本均衡县区、省义务教育优质均衡发展区和省学前教育改革发展示范区三项创建评估。2014年高考录取率、高分层人数等指标在泰州保持领先位置。省姜堰中学钱逸文获泰州高考文科第1名。2014年中考高分率、优分率均名列泰州前茅。5. 姜堰区入选“2014—2016年度中国民间文化艺术之乡”。12月16日，文化部下发《关于命名2014—2016年度“中国民间文化艺术之乡”的通知》，姜堰区榜上有名，成为泰州市唯一入选市（区）。该区重视民间文化艺术挖掘、保护、传承和弘扬，制定发展规划，落实保障措施，推进全区民间文化艺术发展繁荣。6. 区博物馆新馆、人民公园对外开放。6月30日，姜堰博物馆新馆开馆，展示姜堰4000年人文历史以及天目山历史文化。12月31日，升级改造后的姜堰人民公园对外开放。该公园以体现姜堰传统休闲文化的旅游景点为建设重点，以传统市井文化、休闲文化为主题，是大众休闲、健身、娱乐的综合性城市公园。7. 全区实现城镇公交全覆盖。6月25日，全区完成城区至各镇（区）最后4条农公线路公交化改造，实现17个镇（区）城镇公交全覆盖。8. 王永盛等3人获“国字号”殊荣。王永盛入选“见义勇为”中国好人，李开诚入选“诚实守信”中国好人。王永盛，华港镇港口村人，海军某部驾驶员，2013年8月24日回家探亲期间，勇救落水母子。李开诚，张甸镇张甸村人，在儿子去世后，承担儿子留下的98万元债务，5年还债务30万元。10月28日，白米派出所副所长兼杭家铺村社区警务室民警丁昌华被公安部表彰为“全国公安机关爱民模范”，赴北京参加

先进事迹报告会，受到党和国家领导人接见。9. 姜堰区通过国家生态区创建验收。2月24—25日，环保部检查验收专家组肯定姜堰区创建国家生态区工作。认为该区将生态创建作为推进生态文明建设、提升核心竞争力和居民幸福指数的重要载体，发展绿色经济、低碳经济、循环经济，实施系列生态保护与环境污染防治工程，推动生态环境保护与经济社会协调发展。该区在泰州市率先通过国家生态区创建验收。10. 全区60周岁以上人员养老金实现全覆盖。全区排查出60周岁以上年老人员未享受养老保险待遇14642人，截至11月28日，全区60周岁以上年老居民全部享受城乡居民养老保险待遇。

（何学桂）

【姜堰首届网民节】 2014年9月14日上午9时，“精锻科技杯”2014年姜堰首届网民节在凤凰文化广场（坝口广场）启动。该届网民节由区委宣传部主办，区新闻中心、泰州中广文化传媒有限公司等单位承办，江苏东方惠乐健康科技有限公司协办。以“网罗正能量、助推发展、传播真善美、筑梦姜堰”为主题，推动姜堰网络文化发展，净化网上舆论环境，引导更多网民参与积极有意义的社会活动。活动为期4个月，2015年1月上旬结束。分设网络问题、爱心公益、文化交流三大板块，开展“跟着书记坐公交”体验活动、“畅谈姜堰网事 共筑振兴梦想”区长与网友面对面、“明日星”网络创业公益培训等九个活动项目。区领导薛金林、钱拥军、周如勇、陈文亚参加启动仪式，姜堰4名书画家捐赠书画作品募捐。2015年1月28日下午，“精锻科技杯”2014年姜堰首届网民节颁奖典礼在区实验初级中学报告厅举行。《从“跟着书记坐公交”谈姜堰民生》《无聊一周观察——“和声”与“厉色”》等10篇网帖被评为2014年姜堰“优秀帖文”；《爱上摄影》《看你！》等6幅摄影作品被评为“幸福街拍”优秀图片；区检察院《亲民之歌》、姜堰网《奔跑》等5部摄像作品被评为优秀微电影微视频；“益”起过冬——先锋公益温暖冬日公益活动、“明日星”网络创业公益培训等5项活动被评为2014年姜堰“优秀公益活动”；徐绕松、夏加祥、王慰、韩璟获年度“姜堰好网民”称号。溱湖湿地、北大街文化街区、古寿圣寺、曲江楼、天目山遗址、溱潼会船、黄龙士、高二适、姜堰教育、溱湖八鲜入选“十大姜堰符号”。区领导薛金林、钱拥军、刘文来、王平、陈文亚，全区各条战线及各大网站500余名网友参加颁奖典礼。

（刘永彬　陈燕华）

【第三届广场舞大赛】 9月28日，“洋河醇浆·洋河美人泉杯”姜堰第三届广场舞大赛在区文体中心广场开幕。该届大赛由区委宣传部、区文明办、区体育局、姜堰镇政府联合主办，姜堰日报社承办。41支代表队超千人参赛，其中城区代表队22支，镇村代表队17支，洋河醇浆、洋河美人泉业余代表队2支。大赛采用城乡分头角逐、三轮筛选淘汰赛制运作，决出一、二、三等奖及优胜奖。10月25日，在俞垛镇举行镇（区）队决赛，沈高镇代表队获一等奖；11月8日，在凤凰广场举行城区组决赛，南街社区代表队获冠军。

（肖亚林　张　明）

【区新四军历史研究会三届一次会员代表大会召开】 9月19日，大会召开。会议回顾总结区新四军历史研究会10年来的基本工作情况，审议通过研究会新章程，选举会长、副会长和秘书长等大会领导机构组成人员。区委常委、宣传部部长薛金林参加。

（孙　柳）

【《古邑烽火》出版发行】 该书由区新四军历史研究会组织编撰，区委书记李伟作序。全书分为征战篇、军政篇、统战篇、鱼水篇、人物篇、艺文篇6部分，30多万字，荟萃姜堰党史、军史资料，从不同角度，图文并茂、真实详细地记述抗战时期党领导的新四军和姜堰人民进行抗日斗争的艰苦历程、重大事件、英烈事迹和历史经验。

（陆伯明）

农业和农村工作

【概况】 2014年，区委农村工作办公室（以下简称“区委农工办”）围绕全区农业农村工作重点，服务“三农”，推进各项工作。农业改革与建设试点工作绩效评估获全国第一。农业经营体制创新做法在全国现代农业示范区经验交流会上作经验介绍，形成“1+6+7”规模经营路径、“八有”示范性家庭农场创建标准、“金阳光”富民担保模式、土地流转交易及经营权抵押贷款等一批创新实践成果。土地流转交易平台建设和农村金融服务创新做法在中央电视台《新闻联播》“中国经济新亮点”栏目报道。姜堰区被认定为第二批全国农村集体“三资”管理示范县，区委农工办获2014年度全省农工办系统优秀奖，“泰州市姜堰区培育和发展村级为农服务综合体（合作社）”获2014年度农业农村改革创新成果奖。

农村土地承包管理　全区新认定规模经营种养大户及家庭农场618家，其中家庭农场145家，经工商部门登记家庭农场99家。全区新增规模经营整体推进村75个，新增规模经营面积8066.67公顷。启动农村土地确权颁证工作，兴泰镇沙垛村测绘试点工作基本结束，3327个组完成调查摸底表填列，完成率84%。制定出台《姜堰区农村产权交易管理试行办法》。投入200多万元，建成500多平方米区农村产权交易中心。

农村“三大”合作组织建设　全区新建农村“三大”合作组织（社区股份合作社、土地股份合作社和农民专业合作社）448家，其中农民专业合作社152家、土地股份合作社34家、村经济合作社262家，新增工商登记成员数22800户。组织开展财务电算化培训，全区15个镇109家农民专业合作社参加。出台《关于加快培育和发展村级为农服务综合体（合作社）的实施意见》，培育发展一批由村经济合作社领办，以家庭农场主、种养大户、农机手、农技人员、农民经纪人、村干部等为骨干成员，其他农户参与的为农服务全覆盖、收益全员共享的村级为农服务综合体（合作社）。兴泰镇为农服务综合体建成运营。

农村集体“三资”管理　制定下发《关于进一步加强和规范村级财务管理工作的通知》，实行“四个一”强化村级财务监管。一是开设“一个账户”。执行收支两条线管理，村集体经济组织（村民委员会）开设一个基本存款账户，村级每笔收入及时解缴银行存款账户。二是使用“一种票据”。统一使用“江苏省农村合作经济组织结算凭证”，实行统一领用、核查、销号、归档。三是实行“一报一领”制度。控制村级备用金在3000元以下，备用金领取实行“一报一领”制度，预支村工程款、其他生产性开支、非生产性开支超过备用金额度的，通过转账方式支付，严禁非会计人员管理货币资金。四是开展“一次轮审”。每3年开展村级财务轮审1次，年内完成1/3村的审计任务。

农民负担监管　规范落实“一事一议”筹资筹劳。全区190个村实施“一事一议”筹资，筹资预算金额726万元，人均19.5元；90个村落实“一事一议”筹劳，筹劳总工日61万个工日，劳均5.3个工日，均控制在省、市规定限额内。开展“一事一议”财政奖补工作，实施财政奖补项目131个，争取省级“一事一议”财政奖补资金1735万元。实施农民负担“监督卡制”，发放农民负担监督卡16万份，发放率99%以上。

农业产业化经营　推进订单农业试点，组建区、镇两级粮油产销行业协会，组建蔬菜、水产、畜禽等行业协会，扩大订单农业生产面积。成立大坨羊业协会，区级粮油产销行业协会，兴泰、桥头镇级粮油产销行业协会和芋头产业行业协会，在桥头镇组织开展粮油产销订单签约活动，现场签订粮食订单1200余公顷。兴泰、桥头、沈高等镇家庭农场签订粮食订单2666.67公顷、优质品种订单204.13公顷、有机种植2.67公顷、无公害种植1.67公顷。泰州市姜堰区溱湖簖蟹行业协会在筹建中。组织开展农业招商引资百日赛活动。全区招引农业项目

140个，协议利用资金9亿元。其中，竣工验收200万元以上项目60个，投资额2.5亿元；开工在建200万元以上项目53个，计划投资额2.77亿元。探索农业产业化经营新载体。在申报省级农产品加工集中区基础上，申报省级苏台（姜堰）农业合作创业园，开展台资项目招引工作。

农民收入　实施农民收入“六年倍增”计划，推进十项富民行动，开展促进农民增收调研，推进农业集约化、专业化和组织化经营，稳定农民家庭经营性收入，促进农民创业就业、加强农村“三大”合作组织建设和农村“三资”管理、维护农民土地承包权益、落实强农惠农富农政策，提高农民工资性、财产性和转移性收入。全区农村居民可支配收入比上年增长11%。

【开展农业投融资创新】　一是推进富民担保公司组建。张甸、淤溪、白米等镇申请成立富民担保公司，2家担保公司开业。二是探索农村土地承包经营权及流转经营权抵押登记。制定出台《姜堰区农村产权抵押登记试行办法》，7家家庭农场申请土地流转经营权证，区农商行以流转经营权抵押发放贷款411.8万元。三是加强农民资金互助合作社管理。建成网络监管平台，明确专人适时监控；定期组织召开农民资金互助合作社理事长会议，部署落实内部监管措施，防范金融风险；开展“飞行”检查，督察各项监管措施落实情况。全区农民资金互助合作社投放贷款6.4亿元。

【开展新农村建设“三大工程”】　一是全面小康村提升工程。年内确定申报创建泰州市全面小康达标村6个、泰州市全面小康示范村22个、泰州市全面小康十强村3个，超额完成泰州市下达创争任务，全区有全面小康村240个，建成数为行政村总数91%。二是新一轮农村实事工程（农村饮水安全工程、农村教育培训工程、农村卫生健康工程、农村交通出行工程、农村环境整治工程、农村文化建设工程、农村社会保障工程、农村脱贫奔小康工程）。调整新一轮农村实事工程工作领导机构，按序时进度基本完成农村新一轮各项实事工程。三是新一轮农村帮扶工程。制定《2014年机关部门（单位）帮扶工作考核意见》，以帮助经济薄弱村增加经营性收入为考核目标，督促帮扶部门（单位）帮招税源型项目，每个经济薄弱村有一项稳定收入来源；实施“飞地经济”，按期完成5万平方米多层标准厂房建设，经济薄弱村每年有稳定固定资产租金收入；落实各项脱贫措施，扶持低收入农户脱贫奔小康，截至2014年年底，农村家庭年人均纯收入低于5000元的农户全部实现脱贫。

（沈双明　王稳喜）

统　战　工　作

【概况】　2014年，全区统一战线围绕增进社会共识、服务改革发展、维护和谐稳定，开展各领域工作，取得一定成效。区委统战部被表彰为全国统战宣传工作先进单位、泰州市统战工作先进单位。

经济统战　围绕区委、区政府决策部署，引导支持统一战线成员开展调研，建言献策。民盟姜堰支部开展“献计文化与旅游融合发展”主题活动，九三学社姜堰支社被评为全省2014年度参政议政先进集体。工商联、无党派界别政协委员撰写提案43篇，其中“关于加快发展电子商务，推进现代服务业发展”的集体提案被列为区政协主席督办重点提案。区工商联走访非公有制经济人士60多人次，帮助开源化工厂协调解决贷款1000万元，协助扬动电气公司办理土地产权手续，指导新康医疗器械公司拓展市场空间。区台办建立完善台企发展助推机制，实施“十项”特色服务（发挥权益保障协调委员会作用，召开台企用工专场招聘会，推行医疗保健、旅游一卡通，实施校企联合办学，成立法律、审计师、会计师顾问团，开展银企联姻活动，开通阳光快捷车，落实台企税收政策解读，推动安全生产环境达标，实施企科联动），创建全省台商服务示范点，省台办在姜堰区召开创建工作现场会。

基层统战　推进镇村（社区）统战工作规范化建设，开展组织机构网络化、基础管理信息化、运行机制规范化、阵地建设一体化、活动开展经常化“五化”创建活动。完善统战工作目标责任制，推进项目化管理，研究制定《2014年统一战线重点工作和重要活动安排》，明确重点工作和重要活动名称、具体内容、分管领导、责任科室和完成时限。制定《镇（区）2014年统战工作提示》《机关部门2014年统战工作提示》。

党外队伍建设　推进党外代表人士政治安排和实职安排。全区30名党外人士担任副（镇）局级以上领导职务，11个政府必配部门中5个配备党外领导干部；泰州市各民主党派考察20名党外代表人士担任民主党派班子成员。加强党外干部教育培训，制定印发《关于进一步推进非公有制经济人士“四信”教育实践活动的实施意见》，3名党外领导干部参加上级统战部门党外中青年干部培训。制定《区委统战部关于进一步完善区级党员领导干部与党外代表人士联谊交友制度的意见》，区委转发。推进民主党派开展社会服务活动。农工党姜堰支部与蒋垛卫生院结对开展健康年活动；民盟小组开展“牵手星儿——让星空更蓝更亮”主题爱心活动，向区残疾儿童康复中心赠送钢琴、教具及礼包；九三学社小组开展送科技进企业活动等。

（申建中）

【九三学社泰州市姜堰支社成立】　10月14日，九三学社泰州市姜堰支社成立大会举行，全区首个民主党派组织诞生。会议选举产生九三学社姜堰支社第一届委员会，选举九三学社姜堰区第一届委员会主任委员、副主任委员、委员。蒋晓斌当选为九三学社姜堰支社第一届委员会主任委员。市政协副主席、九三学社泰州市委会主委潘林元，区政协副主席、区委统战部部长黄彭赣等出席。

（张泽海　高　路）

【民革泰州市委姜堰区支部成立】　10月28日上午，民革泰州市委姜堰区支部成立大会在姜堰区召开。会议选举产生民革泰州市委姜堰区支部委员会、主委、副主委。市政协副主席、民革主委奚爱国，区政协副主席、区委统战部部长黄彭赣参加。

（郑迎军）

【民建泰州市姜堰区支部成立】　11月7日下午，民建泰州市姜堰区支部成立大会在姜堰区召开。会议选举产生民建泰州市姜堰区支部委员会、主委、副主委。民建泰州市委副主委、市规划局副局长邢秀华，市委统战部部务委员黄云平，区政协副主席、区委统战部部长黄彭赣出席。

（林少成）

【民进泰州市姜堰区支部成立】　11月13日，中国民主促进会泰州市姜堰区支部成立大会举行。会议选举产生民进泰州市姜堰区支部委员会主委、副主委。区政协副主席、区委统战部部长黄彭赣出席。

（潘　俊　黄　成）

【农工党泰州市委姜堰支部成立】　11月14日下午，中国农工民主党泰州市姜堰区支部成立大会在姜堰区召开。会议选举产生农工党泰州市委姜堰区支部委员会、主委、副主委。市政协副主席、农工党泰州市委主委黄立红，区政协副主席、区委统战部部长黄彭赣参加。

（林少成）

【民盟泰州市姜堰区支部成立】　11月21日下午，中国民主同盟泰州市姜堰区支部委员会成立大会召开。会议选举产生中国民主同盟泰州市姜堰区支部委员会、主委、副主委。市政协副主席、民盟泰州市委主委董勤，区政协副主席、区委统战部部长黄彭赣参加。

（王　琪）

台湾事务

【概况】 2014年，区委台湾工作办公室、区政府台湾事务办公室（以下简称“区台办”）围绕“加快转型升级、增创发展优势”总体要求，以主动服务创特色、搭建平台促引资、融合资源扩交流、整合力量抓推介、强化教育改作风为目标，推进全区对台各项工作。

对台服务　走访台资企业238家次，接触台商153人次，接待台属92人次。举办台企用工专场招聘会，招工342人，纠正不合理用工20起，协调处理劳动仲裁6起、群体性事件2起。开通台商在姜堰就医保健、旅游绿色通道。组织多家银行与台企对接，台企融资近1000万元。开展服务走进台资企业活动，为1600多名台企女工体检，为20多名台商台干换发驾照、32辆车年检；国地税部门开展“台企税收政策解读”活动，台企返还税金536万元。10家企业纳税超500万元，其中3家企业纳税超千万元。举办台企安全生产及环境保护座谈会。介入台企环保案件，督促企业加大技术改造、转型升级。全区台企申报发明专利2个、实用性专利5个。

招商引资　聘请台湾商界人士为对台招商引资顾问，依托区台商联谊会，构建姜堰台湾两地经济合作平台。在台湾举办招商推介会6次，开展“以船会友”、“游姜堰、看三园”、台商沙龙等特色活动，获台资项目信息8个，促成台资企业增资项目4个，增资额2000万美元。制定泰州市姜堰（台湾）农业合作创业园总体规划，启动申报程序。赴北京、上海、深圳、苏州、无锡等地举办招商引资活动9次，拜访台商协会5家，与台企洽谈7次，到姜堰参观考察台商9批次。为高新技术装备产业园区等提供有价值招商信息3个，洽谈农业合作项目4个。

交流交往　在经贸、农业、企业等领域组织筹划姜堰台湾交流交往。高雄明春企业集团董事长黄启明、台湾彰化县农业合作组织理事成员潘维刚、台湾玄奘大学董事长了中及在沪台商等台湾经济界、政治界和宗教界重点人士到姜堰参观访问，区台办接待考察台商、台胞91人次。区委、区政府负责人率团组5个，赴台湾开展经贸农业等交流合作33人次，参观访问台湾行业协会、企业119家次，接触台商及其他重要人士263人次，举行座谈交流会、洽谈会18次。企业赴台湾交流团组4个、7人次，涉及科技研发、机械制造、营销和企业策划发展等领域。

教育宣传　开展涉台教育“三进”活动，在学校、工厂、社区建立“三进”涉台教育基地，举办涉台知识讲座5次。台湾东森电视台、《联合早报》组团到姜堰采访拍摄溱潼会船节、“溱湖八鲜”美食，宣传推介姜堰旅游、美食及民间风俗文化。撰写涉台信息报道，宣传服务台企台商做法和投资软环境变化，《泰州日报》用稿、《姜堰日报》刊用涉台信息3篇，中国台湾网发表报道16篇，姜堰电视台播放涉台新闻报道7次。

【开展台企台商台胞法律、审计师、会计师顾问团工作】 姜堰区成立台企台商台胞法律顾问团和审计师、会计师顾问团，开展服务台企台商台胞工作。法律顾问团协调处理经济纠纷、交通事故等各类矛盾、问题53件，为台企挽回经济损失453万元。审计师、会计师顾问团开展台企税务清缴审计，为台企每年节约费用万元以上。该项工作在泰州市台办系统创新创优现场会作专题介绍，被中国台湾网、《现代快报》等媒体报道。

【开展全省台商服务示范点创建】 围绕“台商找台办，台办是娘家”服务理念，全区建立完善台企发展助推机制、台胞诉求快速反应机制、投诉案件处理协作机制、台商生活关爱机制，推进涉台服务主动化、多元化、特色化，实施“十项”特色服务，形成“姜台一家亲”服务品牌，创建全省台商服务示范点。2014年11月，省台办在姜堰区召开创建示范点工作现场会，表彰区台办工作。

（李再君）

机　构　编　制

【概况】　2014年，区机构编制委员会办公室（以下简称“区编办”）围绕中心，服务大局，加强机构编制管理，优化机构编制服务，加强机构编制干部队伍建设，开展行政管理体制和事业单位改革，多项工作获中央和省、市编办肯定，被评为“2014年区级机关绩效考核先进单位”。

机构编制管理　加强源头和总量控制，实现财政供养人员负增长目标。截至12月底，行政、事业人员分别比2012年年底下降3.65%、4.75%。升级改造全区机构编制实名制信息库，建立常态联络校核机制，更新机构名称、性质、规格和经费形式、人员编制、领导职数、实有人员等方面信息，形成以机构编制实名制信息库为依托，以机构编制和人员名实对应为主要内容，以空编使用计划管理为龙头，以及时调整更新为主要手段，在核定的编制内实现“一编一人一账”的规范化、科学化管理模式。

机构编制设置　成立区农村产权交易服务中心，保障农民对承包土地的使用、收益、流转等权利。建立区社会救助家庭经济状况核对中心，提高社会救助资金使用效益。整合劳动就业和人才服务管理资源，将区劳动就业管理处和区人才流动服务中心合并成立区人力资源服务中心。设立区政务管理办公室和区公共资源交易中心，将区行政服务中心更名为区政务服务中心，撤销区招标采购管理办公室和招标采购交易中心。重新制定区公安局“三定”方案，明确新形势下公安机关职责。调整纪委（监察局）机关内设机构，减少科室职能交叉。畜禽屠宰行业监管职责调整到区农委，各镇畜牧兽医站增挂动物卫生监督基层分所牌子。原隶属区妇联的区机关幼儿园划转至区教育局。

行政管理体制改革　深化行政审批制度改革，精简审批事项、提高审批效率、压减审批收费，公布行政审批项目和审批收费项目“两个清单”。全区行政许可项目由442项减少为130项，减少70.6%，审批时限压缩51.3%；非行政许可审批事项由191项减少为46项，减少75.9%，审批时限压缩50.4%；清理涉及行政审批收费部门9个、收费项目34个，年压减收费近700万元。加强事中事后监管，调整审批流程，完善审批监管体系，制定行政审批问责、重大项目“并联”审批和“会办制”、“挂起”项目重启等相关制度，推进企业注册登记“四证一体”。清理行政审批事项之外的行政权力事项，编制行政权力清单。推进工商、质监、食药监“三合一”改革，组建区市场监督管理局，印发市场监督管理局“三定”规定；整合原有相关执法力量，组建市场监管稽查大队，按区域设置市场监督管理分局，建立健全食品药品安全监管体系。试行机构综合设置、人员编制精干、管理扁平高效、运行机制灵活的管理架构，在张甸镇开展简政放权工作试点，赋予张甸镇部分县级审批、执法、管理、监督等经济社会管理权限。

全区深化行政审批制度改革动员大会召开

事业单位分类改革　从5月下旬开始，按照拟定草案、部门初审、沟通对接、审核批准和组织实施等五个程序，开展事业单位职责确定、职数核定和内设机构设定工作。

事业单位登记管理　规范登记年检工作流程，核查登记年检事项，提高登记年检工作水平。1—3月份，网上年检事业单位357家，年检率100%；年内办理事业单位设立登记17家、变更登记21家、注销登记5家。

机构编制监督检查　正常开通“12310”

举报电话，做好举报内容受理工作，加强全区机构编制工作日常监督管理。6—9月，开展机构编制专项核查工作，核查全区机关事业单位的机构设置、职数配备及编外人员使用情况等，督察整改全区机关事业单位执行机构编制纪律情况。区编办联合区委组织部、区审计局开展镇、部门主要负责人“三责联审”工作，通过听取汇报、个别座谈、问卷调查、查阅资料等形式，审核桥头、溱潼和梁徐三个镇原党委书记机构编制责任。

信息宣传　利用网络、报纸杂志、广播电视等媒体，宣传报道机构编制政策法规。不定期在《姜堰日报》出版机构编制工作专刊，正常编印《机构编制工作动态》简报。被各类媒体采用信息100多篇，区编办被评为2014年全区党政信息工作先进单位，获二等奖。

（许宝会）

区级机关党建

【概况】　2014年，区级机关工作委员会（以下简称“区级机关工委”）围绕“服务中心、建设队伍”两大任务，深化创先争优工作，开展党的群众路线教育实践活动，开展“三解三促”活动，推进机关党的思想、组织、作风、反腐倡廉和制度建设，建设学习型、服务型、创新型机关党组织。

思想建设　围绕提高党员素质、坚定理想信念，推进学习型党组织建设。组织开展“读好书”活动，每月推荐必读书目；多形式学习贯彻党的十八大和十八届三中、四中全会精神；开展“我是谁，为了谁，依靠谁”大讨论，形成“为民务实清廉”思想共识；督察机关党组织政治理论学习和开展支部活动情况；举办“党的十八届四中全会精神”专题辅导；区级机关开展“学习先进典型，践行群众路线”主题征文和演讲比赛活动。举办区级机关大党课4次、专题报告2次，培训1500余人次。

组织建设　做好机关党组织分类定级工作，深化争创“五好”（领导班子好、党员队伍好、工作机制好、发展业绩好、群众反映好）基层党组织活动。在区级机关，特别是窗口单位和服务行业，以“为民服务 创先争优”为内容，开展“三亮、三比、三评”（即亮身份、亮职责、亮承诺，比技能、比业绩、比作风和个人自评、领导点评、群众测评）主题实践活动。组织党员开展结对帮扶活动，以送资金、送技术、送点子等方式解民愁、解民怨、解民忧。新建党支部5个，换届选举党组织20个，完善机关党组织建设信息库。做好新党员教育培训和跟踪考察，开展为期4天的入党积极分子集中培训，培训212人。发展预备党员44人，转正党员44人，年末党员总数3128人。组织新发展党员进行入党宣誓，开展“党员阳光服务快车”主题党员志愿服务行动，组织300多名党员义工参加社区义务劳动，组织16个部门和单位开展大型广场服务活动。

廉政建设　把党风廉政建设纳入机关党建目标考核制度。开展“讲党性、重品行、做表率”主题教育活动。开展“廉政电教月”活动，举办党务干部和入党积极分子培训班，将《廉政准则》等纳入培训内容，把廉政谈话向新党员延伸。开展廉政文化进机关活动，组织机关党员干部上廉政党课、参观泰州廉政文化教育基地、挂廉政格言警句等。查处机关党员违法、违纪案件10起，提出处分意见13人，其中党内警告3人、党内严重警告4人、留党察看一年1人、留党察看两年1人、撤销党内职务1人、开除党籍3人。

作风建设　党的群众路线教育实践活动中，指导机关各党组织开好民主生活会。组织学习习近平系列重要讲话精神。开展道德讲堂活动，引领党员干部内强素质、外树形象。开展矛盾调处、结对帮扶、慈善救助等活动。年内，区级机关工委结对贫困户1对，挂钩帮扶村和社区各1个，为困难群众和贫困村送去帮扶资金近2.2万元。组织开展演讲比赛、知识竞赛、乒乓球赛等各类文体活动，开展争创“青年文明号”“巾帼标兵”，公益献血等活动，推进青年志愿者服务行动。

（陈　玲）

机要保密

【概况】 2014年，区委机要保密局围绕区委、区政府中心工作，履行职能，开展各项机要保密工作。1人被评为省机要工作先进个人，1人被评为市机要工作先进个人。

保密宣传教育 组织实施保密法制宣传教育。开展涉密人员确定试点、保密普查、三员培训和网络核查分类工作。9月份，开展《中华人民共和国保守国家秘密法实施条例》和保密宣传周活动；10月份，组织全区机关干部参加市“建行杯”保密知识竞赛，参加人数近3000人；11月份，开展新任公务员保密知识培训；12月份，举办保密专题党课，全区各镇、各部门主要负责人参加。

密码通信管理 做好通信报务工作，完成全年电报译传办任务。完善密码工作制度，做到科学规范、切合工作实际。做好密电及密码管理工作，无密码安全事故发生。开展密码队伍忠诚教育，提高密码干部政治素养，确保密码干部忠诚可靠。

保密监督检查 在高考、网络舆情监督、信访稳定、内网建设等方面开展保密提示，加强日常保密监管。实施党政机关网站信息保密日常检查，开展网上检查3000多次。将敏感性部门和单位作为保密技术检查重点，9月份，开展全区各镇综治办专项保密检查。组织检查城区废旧物品回收站12家，开展从业人员保密知识宣传教育。

（张锦锋　徐爱年）

党校教育

【概况】 2014年，区委党校履行职责，开展干部培训、学历教育，做好课题研究，各项工作取得新成绩。

干部培训 举办、协办各类培训班20期，培训党员干部1976人次。其中，举办姜堰镇城市管理协管员培训班1期，培训学员32人；举办全区经济转型与产业升级专题研究班1期，培训学员45人；举办全区年轻公务员机关应用文写作培训班1期，培训学员51人；举办全区大学生“村官”履职能力专题培训班1期，培训学员300人；举办大学生“村官”村（社区）“两委”正职（后备）干部培训班1期，培训学员35人；举办新录用公务员初任培训班1期，培训人数42人；举办区级机关党组织书记培训班1期，培训学员200人；举办区级机关工委入党积极分子培训班1期，培训学员212人。联办兴泰镇青年干部培训班1期，培训学员35人；联办大坨镇村股级后备干部培训班1期，培训学员36人。协助部门举办各类培训班10期，培训人数988人次。举办领导干部“菜单式”选学专题讲座6期，参学副科级以上干部2489人次。举办区廉政函授学校，结业学员289人，当年新报名学员365人。

学历教育 开办本科、大专两个层次学历班9个，截至年末，在籍学员414人。毕业66人，其中获江苏省青年管理干部学院颁发成人大专毕业证书48人、获兰州大学网络与继续教育学院颁发网络本科毕业证书18人。

科研工作 发表地市级以上科研成果19项，其中省级成果10项。围绕地方经济发展，组织开展区情专题调研，撰写决策咨询报告8篇。申报8项泰州市党校系统2013—2014年度调研课题全部结项，其中3项被鉴定为优秀，以重点课题结项，年度课题项目的鉴定层次、结项数量均居泰州四市（区）党校首位。

宣讲活动 组织外出宣讲80多场次，受教育干部群众1万人次。

（梁建新）

老干部工作

【概况】 2014年，区委老干部局围绕落实离退休干部政治待遇、生活待遇，开展群众路线教育实践活动，开展创建“五好”老干部党支部和争做“四好”（学习活动好、教育后代好、发挥作用好、保持本色好）党员干部活动，加强老干部思想政治建设和党支部建设，巩固完善离休干部“三个机制”（离休费保障机制、医药费保障机制和财政支持机制），提高全区老干部满意度。撰写调研报告7篇，被上级采用信息90篇。区公安局老干部党支部被中央组织部表彰为全国离退休干部先进集体，区老干部大学黄华幸和区政协杨震甲被表彰为全省离退休干部先进个人。

离退休干部政治待遇　4月份，举办全区离退休干部党支部书记培训班，60多人参加。上半年，组织老干部开展“我看十八大以来新变化”专题讨论；下半年，在全区老干部中开展向赵亚夫学习和“解放思想再发力、科学发展勇攀登”征文活动。组织区四套班子离退休老干部赴沈高镇参观1次，书面征求行政14级以上及区四套班子老领导意见4次；举办情况通报会1场；组织召开老干部党支部分片交流例会12场。

区四套班子离退休老干部参观沈高镇

离退休干部生活待遇　上半年，组织全区离休干部及原四套班子退休干部开展第19次健康检查；督察离休干部遗属无工作补助落实情况及离休干部定点医疗服务管理工作情况；春节、高温、重阳节期间，开展走访慰问老干部活动；接待老干部来信、来访98人次，慰问生病老干部117人，处理老干部丧事29起。

老干部活动　上半年，老干部艺术团举办“同心共筑中国梦”老干部专场文艺演出；9月份，承办泰州市老干部象棋比赛；国庆节前，区老干部大学和老干部艺术团联合举办“迎国庆、庆重阳”文艺演出。

（王青兰）

信　　访

【概况】　2014年，区信访局贯彻落实上级关于信访工作的部署要求，紧扣中心、服务大局，开展信访问题的排查交办、责任落实、积案化解等工作，解决群众反映的突出信访问题，为经济社会发展营造和谐社会环境。受理群众来信、来访1467件次。其中，受理来信852件，来信办结率100%；接待来访615批2883人次，其中集体访110批2102人次；群众去泰州到省赴京的批次、人次同比都明显下降。复查复核信访事项6件。

信访机制　落实领导包案责任制，各级领导参与包保重大疑难信访案件调处。建立健全矛盾纠纷排查调处机制。掌握涉及稳定工作的动态信息，获取、筛选、报送和分类办理可能引发群体性的苗头性、内幕性信息。实行部门联手、上下联动、条块联合的工作机制，形成依托基层、多方参与、齐抓共管的矛盾纠纷调处体系。

信访考核　把信访工作纳入镇（区）、部门年度工作综合目标考核和平安创建考核。区委、区政府与各镇（区）、各部门主要领导签订信访维稳工作责任书，形成各级党政一把手负总责、分管领导具体抓、其他领导“一岗双责”的领导责任体系。各镇（区）、部门层层签订责任状，把责任落实到部门、镇、村（居）。区委、区政府主要领导调研信访工作情况4次，召开信访工作、维稳工作专题会议6次。对信访热点、难点问题，落实领导包案，明确包案领导、责任单位、责任人，明确办理要求、办结时限等。坚持区领导每日接待群众来访制度和镇、部门班子成员每日信访值班制度，公开接待来访群众，落实首问、首办负责制。

信访基础　各镇（区）按照组织规范、制度规范、业务规范、阵地规范要求，依托综治工作，探索建立便民、畅通、快捷、高效的化解处理矛盾纠纷工作机制，全区开展争创信访工作“六无”村（居）活动。加强基层信访队伍建设，调整充实区信访工作领导小组和处理信访突出问题及群体性事件联席会议成员。加强信访部门内部建设，开展党的群众路线教育实践活动。建立健全“阳光信访”系统，构建信、访、网、电“四位一体”群众诉求表达综合平台，推进数字化办公。全区重要信访事项办结率100%，初信、初访办结率100%。

信访积案　开展进京非访挂牌销号百日活动，梳理分析省、市交办信访积案14件，会办解决一批、复查复核或听证终结一批、教育转化一批、依法处理一批和扶贫帮困一批，化解率100%。

【重大活动期间的信访工作】　做好各级“两会”、党的十八届四中全会、南京青奥会、中央巡视组驻南京、APEC会议、“会船节”等重大活动期间信访工作。一是成立组织。全国“两会”、党的十八届四中全会、青奥会、中央巡视组驻南京、APEC会议期间，抽调相关镇、部门人员，成立应急小组，制定完善应急处理预案。二是周密部署。每次召开会议和举办活动之前，组织各镇和部门负责人会议，专门部署，落实责任。重大政治活动期间，区委、区政府召开信访和维稳工作会议6次。三是开展矛盾纠纷排查。各镇、各部门每月组织开展社会不稳定因素和信访热点、难点问题排查化解活动，将信访问题解决在基层。四是落实包案。重大活动期间，区委办、区政府办发文，落实交办需稳控的信访案件和重点信访人员。区委、区政府分管领导召开各有关镇（区）、部门主要负责人会议，落实包案，限时办结，就地稳控。五是强化预警。执行24小时值班制度，重大信访信息急事急报、大事大报，涉及重点稳控人员的责任单位实行“零报告”制度。区信访局每天报送“信访日报”，向区主要领导和分管领导报告当日去京赴省到市上访情况，区领导提出处理意见，平息越级上访问题5起，化解欲越级上访件4起。六是依法治访。依法教育不服从包保稳控管理、扬言或采取过激行为、越级非访的信访人，全国“两会”、十八届四中全会、南京青奥会、APEC会议期间，全区信访零登记。区信访局在南京青奥会信访维稳工作中贡献突出，被市政府记集体二等功。

（黄卫忠）

史志档案工作

【概况】　2014年，区史志档案办公室（以下简称“区史志档案办”）围绕中心，履行职责，开展全区史志档案工作，取得一定成效。

党史工作　编纂出版《中共姜堰地方大事记》（2001—2012年）。9月份，形成大事记送审稿送上级领导审核，12月份出版发行。开展党史宣讲活动。4月份开展党史宣讲进机关活动，为区级机关200多名入党积极分子宣讲姜堰地方党史；6月份开展党史宣讲进社区活动，制作“纪念建党93周年宣传图片”展板挂进康华社区橱窗；7月份向康华社区赠送《中共姜堰地方史》《热血礼赞——姜堰革命烈士传》等党史书籍；10月份开展党史宣讲进企业活动，与区党史宣讲团成员一起为姜堰人民商场干部员工宣讲社会主义核心价值观；开展党史宣讲进学校活动，向区三水学校、区实验小学等学校师生宣讲地方党史知识；12月份开展党史宣讲进军营活动，向区人武部官兵介绍全区档案事业发展和党史、方志编研成果，捐赠《中共姜堰地方史》《中共姜堰地方史专题集》《姜堰市革命烈士传》《姜堰年鉴》等书籍。做好党史资料征编工作。向省委党史工办报送《难忘的历史瞬间——江苏解放纪实》文献资料4份、图片3幅、回忆文章2篇；为姜堰区新四军历史研究会成立10周年纪念文集整理文章8篇；“五四”前夕为团区委提供宣传地方党史方面相关资料和图片；为《扬子晚报》记者提供有关刘虎成资料，登载在《扬子晚报》“档案穿越”专版。

方志工作　形成270万字的《姜堰市志》终审稿件报泰州市党史方志档案办公室终审。编纂出版《姜堰年鉴》。1月份下发年鉴资料征编通知，6月底形成年鉴初稿，7月底形成送审稿送方志出版社，9月底形成年鉴定稿，12月份出版发行。

档案工作　开展档案宣传活动。6月9日“国际档案日”，通过电视台打字幕、移动公司发短信、电子显示屏滚动播放档案标语、开展“走进档案”征文活动、《姜堰日报》刊登“让档案更好地服务经济和社会发展”专版等形式，开展“走进档案”主题宣传活动；区三水学校、区实验小学等学校师生参观陈列展，开展红色教育活动，普及档案基本知识。开展档案知识培训。举办区级机关档案人员、镇机关文件材料集中整理培训班，参培100多人；区史志档案办与区民宗局联合举办宗教档案培训班，采取讲课与现场操作相结合的方式指导宗教场所整理归档档案。除电话指导、上门指导外，开通档案工作QQ群，实行网络档案业务指导。指导区级机关各部门、部分企事业单位整理2013年度文件材料。8月份，区史志档案办联合区委办、区政府办开展全区89家机关单位工作年检，下发情况通报，督促整改存在问题。开展档案工作星级测评工作，区供销总社、区经济开发区等8家单位通过星级测评，区农商行城南支行等7家单位通过复查测评认定。古寿圣寺、观音寺等5家宗教场所科学建档，姜堰镇北街社区、娄庄镇娄东村完成建档试点工作。区编办、区文广新局等6家机构变动单位编制文件材料归档范围和档案保管期限表，张甸镇财政所、区经济开发区财政所等12家二级单位编制文件材料归档范围和档案保管期限表，区供电公司、区邮政局、农行区支行等3家国有企业编制《企业文件材料归档范围和档案保管期限表》。购置机房服务器、存储器及其他设备，完成馆藏500万页档案实体扫描，改版姜堰史志档案信息网站，数字档案馆运行，通过省AAAA级数字档案馆测评。完善档案利用工作机制，做好档案和现行文件接收、整理、保管、提供利用等服务。接待查档520人次，调阅案卷2800卷，复印1992页，出具证明824份。完成《泰州大事记》（姜堰部分）月度上报工作，编印《姜堰大事记》（2013年），收集《姜堰大事记》（2014年）素材约10万字，征集进馆胡亚民捐赠的资料、工具书127册。

【《中共姜堰地方大事记》（2001—2012年）编纂出版】　该书是一部记述姜堰人民迈向新世纪后，在中国共产党领导下高举中国特色社会主义伟大旗帜，在全面建设小康社会的征程中取得的一系列成就的编年体简史。由区史志档案办编纂。2013年年初，编纂工作启动，年底形成资料汇编；2014年，出版成书。全书15万字，收录2001年1月至2012年12月全区政治、经济、军事、文化等各个领域发生的大事、要事、新事，兼顾各部门、各行业具体特点，采用一事一条方式编写。

【《姜堰年鉴》2014年卷出版发行】　该鉴是姜堰区第15部年鉴，记载2013年度姜堰区政治、经济、社会等各方面的基本情况和“社会主义物质文明、政治文明、精神文明、生态文明”建设的新成就、新经验及在发展过程中遇到的新问题。设特载、专记、姜堰概貌、大事记、文件选编、统计资料、便民指南等栏目35个，分目179个，子目30个。收录条目564个，随文照片40幅，彩页61页，表格85个，索引1340条，补白8篇。全书75万多字，大16开，精装本，配备电子光盘。

（周美娟）

【区档案馆通过省AAAA级数字档案馆测评】　区档案馆投入396万元，完善数字化档案馆各项软硬件建设，引进高端服务器4台，完成馆藏17万卷1010万页档案数字化扫描工作，配套开发数字档案馆应用软件平台，档案录入、管理和查询步入数字化轨道。2014年12月5日，省档案局副局长赵深等8人组成专家评估组现场评估区数字档案馆建设工作。评估组经过听取汇报、审查材料、实地考核、质询讨论和综合评估，认为姜堰区高度重视数字化档案馆建设，研发和应用符合数字档案馆功能需求，架构合理，功能完善，进一步满足档案管理和利用需求，申报程序符合要求、材料齐全，各项指标符合《江苏省数字档案馆等级评估办法》规定的AAAA级标准，评定总得分93分，予以通过。副区长刘文来参加。

（王　琪　孙　柳）

泰州市姜堰区人大常委会

【概况】 2014年，区人大常委会召开姜堰区第十四届人民代表大会第三次会议，举行区十四届人大常委会会议7次，区人大常委会主任会议听取区人民政府、区人民检察院工作情况汇报和审议意见落实情况反馈16项，组织重要考察活动16次、执法检查活动3次、专项工作评议活动2次、专题询问1次，开展区工商局、区质监局、区公安局、区司法局及其基层站所工作评议。

【第十四届人民代表大会第三次会议】 1月10—13日召开。大会应到代表282人，实到代表276人。大会听取审议代区长张长平作的《政府工作报告》，听取审议区人大常委会主任高永明作的《姜堰区人大常委会工作报告》、区人民法院院长褚靖娟作的《姜堰区人民法院工作报告》、区人民检察院检察长丁军青作的《姜堰区人民检察院工作报告》。审议区发展和改革委员会主任李宝权受区人民政府委托提交的《关于2013年国民经济社会发展计划执行情况和2014年计划草案的报告》，审议区财政局局长黄健全受区人民政府委托提交的《关于2013年财政预算执行情况和2014年财政预算草案的报告》，大会审议通过上述报告，作出相关决议。选举张长平为泰州市姜堰区人民政府区长，补选石宝荣、周宏才、洪其华、钱志强4人为泰州市姜堰区人大常委会委员。会议收到代表10人以上联名提出议案38件，其中经济建设方面6件、民生和社会事业方面16件、城乡建设管理方面7件、交通水利建设方面6件、其他方面3件。

【人大常委会会议】 2014年，区人大常委会举行会议7次，听取审议区人民政府、区人民法院、区人民检察院工作情况汇报15项，听取审议意见落实情况反馈8项；作出决议、决定8项；任免国家工作人员149人次；通过《姜堰区人民代表大会常务委员会关于对区人大常委会任命的国家机关工作人员进行述职评议的办法》。

区十四届人大常委会第14次会议 2月26日召开。会议审议并原则通过《泰州市姜堰区人大常委会2014年度工作要点》。会议听取审议副区长王萍作的《关于姜堰生态区建设规划纲要实施情况的汇报》，听取区人大常委会环资城建工委主任钱忠林作的《关于生态区建设规划纲要实施情况的调查报告》。会议通过有关人事任免事项。会议学习农资市场监管有关知识。

区十四届人大常委会第15次会议 4月29日召开。会议听取审议副区长王萍作的《关于农资市场监管情况的报告》，听取区人大常委会农工委主任曹学军作的《关于农资市场监管情况的调查报告》。会议听取审议区委常委、常务副区长戚才俊作的《关于非税收入征管工作审议意见落实情况的反馈》《关于城市管理和农村生活垃圾收运处理工作审议意见落实情况的反馈》。会议听取审议副区长周如勇作的《关于“六五”普法工作审议意见落实情况的反馈》。会议通过有关人事任免事项。会议学习规范行政自由裁量权有关知识。

区十四届人大常委会第16次会议　6月30日召开。会议听取审议副区长刘文来作的《关于职业教育发展情况的报告》，听取区人大常委会教科文卫工委主任钱志强作的《关于职业教育发展情况的调查报告》。会议听取审议区委常委、常务副区长戚才俊作的《关于规范行政自由裁量权工作情况的报告》，听取区人大常委会法工委主任李新荣作的《关于规范行政自由裁量权工作情况的调查报告》。会议听取审议区检察院检察长丁军青作的《关于未成年人刑事检察工作审议意见落实情况的反馈》。会议听取审议副区长刘文来作的《关于农业现代化建设审议意见落实情况的反馈》。会议听取区人大常委会执法检查组《关于〈中华人民共和国土地管理法〉执法检查情况的报告》。会议评议测评区工商局、区质监局及其基层站所工作。会议听取审议区发展和改革委员会主任李宝权受区政府委托作的《关于2014年国民经济和社会发展计划调整方案的报告》，作出相关决议。会议学习小区物业管理有关知识。

区十四届人大常委会第17次会议　8月29日召开。会议听取审议区发展和改革委员会主任李宝权受区政府委托作的《关于2014年上半年国民经济社会发展计划执行情况的报告》、区财政局局长黄健全受区政府委托作的《关于2013年财政决算草案、2014年上半年财政预算执行情况和预算调整方案的报告》、区审计局局长马林受区政府委托作的《关于2013年度区本级预算执行和其他财政收支的审计工作报告》以及区人大常委会财经工委主任杨希作的《关于2013年区本级财政决算草案、2014年上半年国民经济和社会发展计划及财政预算执行情况和财政预算调整方案的初审调查报告》。会议决定批准2013年区本级财政决算和2014年财政预算调整，作出相关决议。会议听取审议区委常委、常务副区长戚才俊作的《关于城区住宅小区物业管理情况的报告》，听取区人大常委会环资城建工委主任钱忠林作的《关于城区住宅小区物业管理情况的调查报告》。会议听取审议副区长盛育河作的《关于社会化养老专题询问意见贯彻落实情况的反馈》。会议听取区人大常委会执法检查组《关于〈中华人民共和国水污染防治法〉和〈中华人民共和国大气污染防治法〉执法检查情况的报告》。会议通过有关人事任免事项。会议作出关于确认主任会议许可对区人大代表张俊民采取强制措施的决定。

区十四届人大常委会第18次会议　10月28日召开。会议作出关于召开区十四届人大四次会议的决定。会议听取审议区委常委、常务副区长戚才俊作的《关于推进服务业发展情况的报告》，听取区人大常委会财经工委主任杨希作的《关于推进服务业发展情况的调查报告》。会议听取审议区委常委、常务副区长戚才俊作的《关于区十四届人大三次会议以来代表建议办理情况的汇报》，听取区人大常委会人代工委主任曹德锋作的《关于区十四届人大三次会议以来检查督办代表建议办理工作的情况汇报》。会议听取审议区委常委、副区长肖延川作的《关于农业改革与建设试点工作情况的汇报》《关于义务教育均衡发展工作审议意见落实情况的反馈》《关于医德医风专项工作评议意见落实情况的反馈》，听取区人大常委会农工委主任曹学军作的《关于农业改革与建设试点工作情况的调查报告》。会议听取审议区委常委、常务副区长戚才俊作的《关于城市管理行政执法工作情况的汇报》，听取区人大常委会城市管理行政执法专项工作评议调查组的调查报告，测评城市管理行政执法专项工作。会议听取审议区法院院长褚靖娟作的《区法院执行工作情况报告》，听取区人大常委会法院执行专项工作评议调查组的调查报告，测评法院执行专项工作。会议听取区公安局政委陆进作的《姜堰区公安部门工作情况报告》、区司法局局长刘兆山作的《姜堰区司法行政部门工作情况的报告》，听取区人大常委会公安、司法行政部门工作评议调查组的调查报告，评议测评区公安局、区司法局及其基层站所工作。会议作出关于进一步加强人民法院执行联动工作的决定。会议通过有关人事任免事项。会议作出关于接受高云燕、张俊民辞去区十四届人大代表职务请求的决定。会议学习文化遗产保护和利用有关知识。

区十四届人大常委会第19次会议　12月25日召开。会议提出讨论区十四届人大四次会议预备工作日程安排（草案）、日程（草案）、主席团和秘书长名单（草案）、计划和预算审查委员会成员名单（草案），决定区十四届人大四次会议列席人员名单。会议原则通过区人大常委会工作报告（讨论稿），要求区人大常委会相关工作机构根据审议意见作进一步完善后，提请区十四届人大四次会议审议。会议听取审议区政府《关于2014年国民经济社会发展计划执行情况和2015年计划草案的报告》《关于2014年财政预算执行情况和2015年财政预算草案的报告》，听取区人大常委会财经工委的初审报告，会议原则同意上述报告，要求相关工作机构根据审议意见作进一步修改后，提请区十四届人大三次会议审查批准。会议听取审议副区长刘文来作的《关于全区文化遗产保护和利用情况的报告》，听取区人大常委会教科文卫工委主任钱志强作的《关于全区文化遗产保护和利用情况的调查报告》。会议听取审议区法院院长褚靖娟作的《关于商事审判工作情况的报告》，听取区人大常委会法工委主任李新荣作的《关于区法院商事审判工作情况的调查报告》。会议听取审议并表决通过区人大常委会代表资格审查委员会主任委员申忠华作的《关于补选姜堰区第十四届人大代表资格审查报告》。会议听取区人大常委会代表资格审查委员会主任委员申忠华作的《关于出席姜堰区第十四届人民代表大会第四次会议的代表情况报告》。会议表决通过《泰州市姜堰区人民代表大会常务委员会关于对区人大常委会任命的国家机关工作人员进行述职评议的办法》。

区十四届人大常委会第20次会议　12月31日召开。会议作出关于接受戴庆柳辞去泰州市第四届人民代表大会代表职务的决定，补选丁志强为泰州市第四届人民代表大会代表。

【人大常委会主任会议】　根据2014年工作要点，区人大常委会主任会议听取区人民政府工作情况汇报8项、区人民检察院工作情况汇报1项，听取区政府审议意见落实情况反馈7项。分别是：召开镇人大工作会议；听取区政府关于财政支持经济发展专项资金使用情况的汇报；听取区政府关于民族宗教工作情况的汇报；听取区政府关于旅游业发展审议意见落实情况的反馈；听取区政府关于《中华人民共和国防洪法》执法检查审议意见落实情况的反馈；听取区政府关于城区控制性详细规划编制及实施情况的汇报；听取区政府关于农业机械化工作情况的汇报；听取区政府关于“项目兴区”审议意见落实情况的反馈；听取区政府关于科技创新推进企业转型升级工作审议意见落实情况的反馈；听取区政府关于科技经费使用情况的汇报；听取区检察院关于民行检察工作情况的汇报；镇人大主席团工作及代表履职经验交流；听取区政府关于代表建议办理审议意见落实情况的反馈；听取区政府关于财政决算及计划预算执行等审议意见落实情况的反馈；听取区政府关于招投标管理工作情况的汇报；听取区政府关于农产品质量安全监管情况的汇报；听取区政府关于村级集体经济收入发展审议意见落实情况的反馈；听取区政府关于重度残疾人社会救助工作情况的汇报。

【人大代表议案和建议、批评、意见办理】　区十四届人大三次会议期间收到代表建议138件，交由区政府承办128件，其中涉及经济发展方面26件、城乡规划建设管理方面48件、科教文卫体方面31件、人力资源和社会保障方面11件、社会管理和民主法制方面12件。所有代表建议答复率、见面率均为100%，除6件建议代表基本满意外，其余均为满意。其中，所提问题已经解决或正在解决87件，占办理总数68%；所提问题列入计划逐步解决18件，占办理总数14%；作为工作建议采纳20件，占办理总数15.6%；受政策、体制等限制，暂时难以解决3件，占总数2.4%。代表们在区人大常委会主任、副主任接待日活动中提出建议31件，平时提出建议2件，全部办结，代表们均表示满意。区政府向区十四届人大常委会第十八次会议汇报重要建议办理情况。代表对办理结果表示满意67.7%，表示基本满意21.5%，表示谅解9.6%，表示不满意1.2%。

2014年区人大常委会领导重点督办代表建议目录

表20

序号	代表姓名	代表所在单位	建议内容	主办单位	协办单位	牵头督办领导	参与督办委办
1	刘根林等10名代表	江苏万里轴瓦有限公司	加大小微企业扶持力度	区政府	区经济和信息化委	钱爱社	区人大常委会财经工委
2	戈艳玲等10名代表	姜堰镇三产办	加强电梯安全监管，消除电梯安全隐患	区政府	区质监局、区安监局	钱爱社	区人大常委会财经工委
3	李伯琴	蒋垛镇人大	加大对租赁企业执行欠薪保障金制度检查	区人力资源和社会保障局	—	钱爱社	区人大常委会财经工委
4	戈艳玲	姜堰镇三产办	积极推进个体工商户转型升级为企业	区工商局	区国税局、区地税局	钱爱社	区人大常委会财经工委
5	宋玉玲等10名代表	姜堰镇南街社区	宠物饲养与管理	区政府	区农委、区城管局	钱爱社	区人大常委会农村工委
6	吴桂余等10名代表	区经济开发区唐宁村	解决马宁河上游不通、下游不畅问题	区水利局	—	钱爱社	区人大常委会农村工委
7	王素芳	俞垛镇房庄村	有效化解村级集体经济债务，切实减轻村级负担	区委农工办	—	钱爱社	区人大常委会农村工委
8	王儒英	俞垛镇春草村	加大对农村农资销售点执法检查力度	区农委	区工商局	钱爱社	区人大常委会农村工委
9	李新荣、戈艳玲等20名代表	区人大、姜堰镇政府	加大无证办学点整治力度，规范有偿家教市场	区政府	区教育局、区公安局、区工商局	钱拥军	区人大常委会教科文卫工委
10	曹德锋等11名代表	区人大	进一步加强全区村卫生室建设	区政府	区卫生局	钱拥军	区人大常委会教科文卫工委
11	李新荣等10名代表	区人大	进一步加强运粮中心小学建设	区教育局	国土资源局区分局、大坨镇	钱拥军	区人大常委会教科文卫工委
12	金峰等10名代表	区经济开发区	安排适当比例的教育费附加，支持开发区教育事业发展	区教育局	区财政局	钱拥军	区人大常委会教科文卫工委
13	仲冬红	泰州马恒达机械有限公司	着力改善镇卫生院基础设施	区卫生局	区财政局	钱拥军	区人大常委会教科文卫工委
14	刘兴军	大坨镇人大	实施大坨卫生院整体搬迁	区卫生局	—	钱拥军	区人大常委会教科文卫工委
15	王吉根、李伯琴等20名代表	区中医院、蒋垛镇人大	应对人口老龄化，加大社会化养老推进力度	区政府	区民政局	钱拥军	区人大常委会法制工委
16	钱传兵	姜堰镇东街社区	为老小区增设技防器材	区委政法委	区公安局、区住建局	钱拥军	区人大常委会法制工委
17	周同庆	姜堰镇河东社区	对相关破产、改制企业周边墙体安全进行排查、整治	区公安局	区经济和信息化委、姜堰镇	钱拥军	区人大常委会法制工委

续表20

序号	代表姓名	代表所在单位	建议内容	主办单位	协办单位	牵头督办领导	参与督办委办
18	彭艳芹	娄庄镇卫生院	对代表建议办理工作进行综合督办，确保建议办理工作实效	区人大常委会办公室	—	高永明	区人大常委会办公室
19	赵　晶	区经济开发区东查村	增加村级老干部退休工资	区委组织部	区委农工办、区人力资源和社会保障局	高永明	区人大常委会办公室
20	金慧霞等10名代表	姜堰镇人大	交警执法进居民小区	区公安局	姜堰镇	申忠华	区人大常委会人代工委
21	张怀东	区人大	加强行车停车管理	区公安局	区交通运输局、区住建局	申忠华	区人大常委会人代工委
22	范宏甫	正太集团	提升城市品位，统一沿街店招、店牌格式	区住建局	规划局区分局、区城管局	申忠华	区人大常委会人代工委
23	曹德锋	区人大	将马厂新村接通天然气	区住建局	—	申忠华	区人大常委会人代工委
24	孔令山	张甸镇高家村	提高农村公路提档升级工程资金补助标准	区交通运输局	区财政局	申忠华	区人大常委会人代工委
25	曹学军、张怀东、石宝荣	区人大	加强政府债务管理	区财政局	区审计局	申忠华	区人大常委会人代工委
26	黄晓萍	区妇联	规范校外辅导培训机构	区教育局	—	申忠华	区人大常委会人代工委
27	陈蛇扣	华港镇里华村	逐步解决村卫生室条件差、村医生待遇低问题	区卫生局	—	申忠华	区人大常委会人代工委
28	夏月林、夏汉关等21名代表	区人大、太平洋精锻	对全区闲置、低效利用土地进行清理	区政府	国土资源局区分局	汤文林	区人大常委会环资城建工委
29	王余伯等10名代表	顾高镇供水站	加快引长江水工程推进力度	区政府	区住建局、区水利局	汤文林	区人大常委会环资城建工委
30	金峰等10名代表	区经济开发区	对农村垃圾实施分类处理	区政府	区城管局	汤文林	区人大常委会环资城建工委
31	戈艳玲等10名代表	姜堰镇三产办	老小区整治改造后长效管理	区政府	区住建局	汤文林	区人大常委会环资城建工委
32	陈存梅等11名代表	东桥中心小学	开展城区河道水环境整治，打造优质滨河长廊	区政府	区住建局、区水利局	汤文林	区人大常委会环资城建工委
33	钱传兵等10名代表	姜堰镇东街社区	加强小区管理物业化、市场化、规范化建设	区住建局	—	汤文林	区人大常委会环资城建工委
34	钱忠林、张怀东	区人大	建立拆迁补偿与治违联动机制	区住建局	区城管局	汤文林	区人大常委会环资城建工委
35	刘长虹	姜堰镇人大	加大违法建设监管力度	区城管局	—	汤文林	区人大常委会环资城建工委
36	杭荣芳	姜堰镇太平社区	加大对水果摊点入室经营规范和管理	区城管局	—	汤文林	区人大常委会环资城建工委

续表20

序号	代表姓名	代表所在单位	建议内容	主办单位	协办单位	牵头督办领导	参与督办委办
37	袁春玲	姜堰镇西街社区	改造城区浴室烟囱	区环保局	—	汤文林	区人大常委会环资城建工委
38	潘风珍	溱湖风景区宣教中心	对溱湖风景区周边环境进行整治	区环保局	—	汤文林	区人大常委会环资城建工委

【重要考察活动】 根据2014年工作要点，区人大常委会组织的重要考察活动分别是：考察综合治税平台建设情况；考察全区药品安全监管情况；考察邮电通信事业发展情况；考察“法治惠民”工程建设情况；考察社区卫生服务站与村卫生室建设情况；考察“一区两园”建设运行及重大产业项目推进情况；考察民办养老机构建设情况；考察重要建议办理情况；考察搬迁安置房建设情况；考察“代表之家”建设情况；考察代表建议办理落实情况；考察农产品加工园区建设情况；考察污水处理、引用长江水、垃圾中转、农村公路提档升级及重点工程建设情况；考察农开项目建设情况；考察区政府为民办实事工作情况。

【执法检查】 2014年4—10月，区人大常委会组成执法检查组开展全区贯彻实施《中华人民共和国大气污染防治法》《中华人民共和国水污染防治法》《中华人民共和国土地管理法》情况执法检查。针对存在问题，提出审议意见。

【专题询问】 2014年9月25日，区人大常委会召开规范涉企中介机构服务专题询问会。区人大常委会组成人员肯定政府及相关部门在规范涉企中介机构服务方面所做的工作，认为中介服务中存在政企分离不彻底、市场竞争不充分、服务行为不规范、监督管理不到位等问题，要求政府及相关部门加强研究，抓好问题的整改落实，解决好专题询问中提出的具体问题。

【专项工作评议】 2014年5—10月，区人大常委会通过听取汇报、查阅资料、现场察看、集中座谈、问卷调查、群众测评、明察暗访等方式，开展全区城市管理行政执法和法院执行专项工作评议。听取审议区政府相关工作报告和专项工作评议调查组报告，开展该项工作满意度测评，提出评议意见。

【部门工作评议】 2014年4—6月，区人大常委会成立部门工作评议调查组，通过区镇联动方式，开展区工商局、区质监局及其基层站所工作评议活动。调查组通过听取工商、质监部门工作汇报，与14个相关职能部门座谈，分4个小组在14个镇（区）召开部分区人大代表、镇人大主席团、政府分管负责人、镇（区）经济服务中心负责人及部分企业家代表参加的座谈会，与工商、质监各业务科室（含基层站所）负责人谈话，查阅相关资料，个别走访和电话访谈等方式开展活动，在姜堰人大网站、姜堰电视台、《姜堰日报》公布评议内容和联系方式，征求社会各界意见和建议。8—10月，区人大常委会开展区公安局、区司法局及其基层站所工作评议活动。从8月下旬起，按照区镇联动原则，评议区公安局、区司法局及其基层站所工作，15个镇人大主席团分别评议公安派出所、交警中队和司法所工作。9—10月，区人大常委会组织2个调查组，采取听取汇报、查阅资料、集中座谈、问卷调查、现场察看、个别走访等形式，开展评议调查；组织3个暗访组，围绕依法行政、服务效能、队伍建设等方面内容开展随机暗访和跟踪追访；组织5个工作组，赴各镇开展专项督察和评议调查。组织集中座谈18次，参加人员321人次；发放征求意见表248份、调查问卷389份，征集各类意见和建议4大类、231条。

（钱艺慧）

泰州市姜堰区人民政府

综　　述

【重要会议】　第十四届姜堰区政府第17次常务会议　3月4日下午，区长张长平在区行政中心四楼2号会议室主持召开。研究2013年度外资、外贸先进单位表彰方案，2013年度工业经济工作先进单位建议名单，2014年度镇（区）、部门工业经济工作专项考评办法，调整2014年度区十强、重点、成长型工业企业的方案，对完成2013年度化工生产企业重点整治工作任务的镇（区）和部门实施补助奖励的方案，组建姜堰公共交通有限公司的方案，姜堰城西客运站功能调整为公交总站的方案，推进农村公路提档升级工程的实施意见，进一步深化国有粮食企业改革的实施意见，泰州市高鑫源建设发展有限公司资质升级的方案，区气象局周边地块开发利用相关问题的处理建议等事项。

1. 关于2013年度外资、外贸先进单位表彰方案。会议听取区商务局关于2013年度外资、外贸先进单位表彰方案的汇报，讨论并原则同意该表彰方案。会议明确，区经济开发区获突出贡献奖，姜堰镇等5个镇分获一、二、三等奖；泰州市华丽塑料有限公司等6家企业被表彰为外贸先进单位。该名单以区政府名义发文公布并表彰奖励。会议要求区商务局进一步完善2014年度开放型经济工作考评办法，发挥激励导向作用。

2. 关于2013年度工业经济工作先进单位建议名单。会议听取区经济和信息化委关于2013年度工业经济工作先进单位评选结果的汇报，讨论并原则同意该建议名单。该名单以区政府名义发文公布并表彰奖励。

3. 关于2014年度镇（区）、部门工业经济工作专项考评办法。会议听取区经济和信息化委关于2014年度镇（区）、部门工业经济工作专项考评办法起草情况的汇报，讨论并原则同意该考评办法。会议认为，为加大推进工业经济转型升级力度，制定出台专项考评办法很有必要。会议要求，根据工作实际，考评办法设置4—5项关键考核奖项，具体考评工作由区经济和信息化委牵头负责。

4. 关于调整2014年度区十强、重点、成长型工业企业的方案。会议听取区经济和信息化委关于调整2014年度区十强、重点、成长型工业企业方案的汇报，讨论并原则同意该调整方案。会议明确，江苏双登集团有限公司等10家企业为2014年度区十强工业企业，泰州市姜堰博特新材料有限公司等30家企业为2014年度区重点工业企业，泰州市恒立管业制造有限公司等30家企业为2014年度区成长型工业企业。会议要求，相关部门要做好企业培大育强工作，进一步增强全区工业经济综合竞争力。

5. 关于对完成2013年度化工生产企业重点整治工作任务的镇（区）和部门实施补助奖励的方案。会议听取区化治办关于对完成2013年度化工生产企业重点整治工作任务的镇（区）和部门实施补助奖励方案的汇报，讨论并原则同意该补助奖励方案。会议明确，为激励先进，对完成2013年度化工生产企业重点整治工作任务的镇（区）和部门实施补助奖励。会议要求，相关镇（区）和部门要进一步加大工作力度，确保按时完成全区第三轮化工生产企业专项整治工作。

6. 关于组建姜堰公共交通有限公司的方案。会议听取区交通运输局关于组建姜堰公共交通有限公司方案的汇报，讨论并原则同意该方案。会议认为，组建姜堰公交公司，有利于整合资源，推进城乡客运统筹发展，是惠及民生的实事。会议明确，姜堰公交公司注册资本由大运公司、振兴公司、交投公司三方股本组成，公司试运行一年。会议要求，公司组建时要体现责、权、利相统一原则，相关部门要加快公交公司筹备组建工作，力争3月28日正式挂牌营业。

7. 关于姜堰城西客运站功能调整为公交总站的方案。会议听取区交通运输局关于姜堰城西客运站功能调整为公交总站方案的汇报，讨论并原则同意该方案。会议认为，将姜堰城西客运站功能调整为公交总站，有利于完善全区公交基础设施，加快实现城乡公交一体化改造目标。会议要求，城西客运站的收购要规范运作，区审计局要做好相关资产评估审计的组织工作，区交通运输局要在3月底前完成相关手续办理。

8. 关于推进农村公路提档升级工程的实施意见。会议听取区交通运输局关于推进农村公路提档升级工程的实施意见起草情况的汇报。会议认为，实施农村公路提档升级工程，能够进一步完善全区农村公路路网结构，提高通行能力和质量，为人民群众提供安全、便捷的服务。会议要求，农村公路提档升级按照尽力而为、量力而行的原则组织实施，区交通部门要加大上争和融资力度，从严把握补助标准，强化督察考核，对完成任务并经省验收合格的镇（区），及时补助到位。各镇（区）要加大统筹推进力度，切实做好农村公路提档升级工程建设、养护管理等工作。

9. 关于进一步深化国有粮食企业改革的实施意见。会议听取区粮食局关于进一步深化国有粮食企业改革实施意见起草情况的汇报，讨论并原则同意该实施意见。会议认为，进一步深化国有粮食企业改革，对保障粮食安全、优化资源配置、推进全区粮食流通现代化建设具有重要意义。会议明确，组建姜堰粮食购销总公司，主要承担粮食储备、政府调控和市场化收购任务；成立资产经营管理公司，主要负责将清理剥离的闲置、不良资产实施统一规范管理。会议要求，相关部门要密切配合，积极稳妥做好相关改革工作。

10. 关于泰州市高鑫源建设发展有限公司资质升级的方案。会议听取区高新技术装备产业园关于泰州市高鑫源建设发展有限公司资质升级方案的汇报，讨论并原则同意该方案。会议认为，高鑫源公司升级为区级投融资平台，为园区建设发展提供更好的投融资平台载体。会议要求，相关手续要规范办理，区财政等部门要积极支持公司发展。

11. 关于区气象局周边地块开发利用相关问题的处理建议。会议听取区住建局关于区气象局周边地块开发利用相关问题处理建议的汇报，讨论并原则同意相关处理建议。会议要求，区住建局和国土等部门规范有序做好相关工作。

第十四届姜堰区政府第18次常务会议 4月22日下午，区长张长平在区行政中心四楼1号会议室主持召开。研究2014年度服务业工作目标考评的实施意见、区域供水工程建设与运营管理考核暂行办法、加快推进城乡生活垃圾一体化管理工作实施办法、2014年民营经济发展专项考核奖励办法、2013年度姜堰区民营经济发展工作考核先进单位表彰建议名单、对连续三年年度考核优秀公务员进行嘉奖的方案、支持职业教育发展的奖励方案、校外辅导及托管服务机构管理暂行办法、县级公立医院医药价格综合改革方案、建设中天养老社区的方案、《土地行政执法共同责任追究办法》修订建议、非税收入有关优惠政策规范的处理建议等事项。

1. 关于2014年度服务业工作目标考评的实施意见。会议听取区发展和改革委关于2014年度服务业工作目标考评实施意见起草情况的汇报，讨论并原则同意该实施意见。会议认为，通过考核评比，有利于进一步激励先进，确保完成全年服务业工作目标任务，实现全区服务业又好又快发展。会议明确，考评工作在区服务业发展领导小组统一领导下进行，区发展和改革委负责具体工作。会议要求，实施意见要突出考核重点，发挥政策导向作用。

2. 关于区域供水工程建设与运营管理考核暂行办法。会议听取区住建局关于区域供水工程建设与运营管理考核暂行办法起草情况的汇报，讨论并原则同意该考核暂行办法。会议认为，实现引长江水工程以行政村为单位全覆盖的目标，是年内区委、区政府继续办好保障和改善民生十个方面实事的要求，相关工作必须周密安排、加快推进，制定出台区域供水工程建设与运营管理考核暂行办法非常必要。会议明确，各镇人民政府是镇属区域供水工程建设及运营管理的责任主体，在两年内完成供水管网建设改造工作；区水利局负责各镇供水运营管理日常指导及季度、年度考核牵头组织工作，区住建局配合做好相关工作；区财政局负责以奖代补资金的审核拨付。会议要求，相关部门要不断完善考核办法，促进考核工作科学化、规范化和制度化建设。

3. 关于加快推进城乡生活垃圾一体化管理工作实施办法。会议听取区城管局关于加快推进城乡生活垃圾一体化管理工作实施办法起草情况的汇报，讨论并原则同意该实施办法。会议认为，为不断提高农村生活垃圾减量化、资源化和无害化管理水平，巩固村庄环境整治成果，制定出台实施办法势在必行。会议明确，城乡生活垃圾集中收集和无害化处理工作实行属地管理，按照"户三包、组保洁、村收集、镇转运、区处理"的五级管理模式运作；区城管局负责日常管理和考核工作，相关补助资金在区城管局审核把关后由区财政局拨付。会议要求，区城管局要不断健全完善考核机制，科学优化考评办法，确保工作扎实推进；区财政局要保障补助资金落实到位。

4. 关于2014年民营经济发展专项考核奖励办法。会议听取区工商局关于2014年民营经济发展专项考核奖励办法起草情况的汇报，讨论并原则同意该考核奖励办法。会议认为，为促进全区民营经济更好更快发展，各镇（区）和相关部门要高度重视，进一步采取有效措施，加大推进力度。会议明确，设立民营经济发展考核奖和优秀服务奖两个奖项。会议要求，考核奖励办法要突出项目建设重点，进一步加大考核力度。

5. 关于2013年度姜堰区民营经济发展工作考核先进单位表彰建议名单。会议听取区工商局关于2013年度姜堰区民营经济发展工作考核先进单位表彰建议名单的汇报，讨论并原则同意该表彰建议名单。会议明确，以区政府名义发文公布表彰名单并进行奖励。

6. 关于对连续三年年度考核优秀公务员进行嘉奖的方案。会议听取区人力资源和社会保障局关于对连续三年年度考核优秀公务员进行嘉奖方案的汇报，讨论并原则同意该嘉奖方案。会议明确，对莫鹏权等83名连续三年年度考核优秀的公务员进行嘉奖。

7. 关于支持职业教育发展的奖励方案。会议听取区教育局关于支持职业教育发展奖励方案的汇报，讨论并原则同意该奖励方案。会议明确，由区财政每年统筹安排100万元，用于职业教育招生、教师成长以及合作办学的奖励。

8. 关于校外辅导及托管服务机构管理暂行办法。会议听取区教育局关于校外辅导及托管服务机构管理暂行办法起草情况的汇报，讨论并原则同意该暂行办法。会议认为，规范校外辅导及托管服务机构的行为，加强行业监管，促进其有序发展，对保障中小学生身心健康具有重要意义。会议明确，各镇（区）及所属社区（村）负责辖区内校外辅导及托管服务机构的日常管理和协调工作；相关部门按照职责做好相关管理工作。会议要求，区教育局要建立教育培训及托管服务的协调管理机制和部门联动机制，健全管理信息的沟通通报机制；各镇（区）和相关部门要密切配合、齐抓共管。

9. 关于县级公立医院医药价格综合改革方案。会议听取区物价局关于县级公立医院医药价格综合改革方案的汇报，讨论并原则同意该改革方案。会议认为，县级公立医院医药价格综合改革是一项惠民举措，相关部门要积极稳妥做好相关工作。会议要求，相关部门要加强舆论宣传引导，争取广大人民群众的理解支持；区物价局要加强执行情况的监督检查。

10. 关于建设中天养老社区的方案。会议听取区民政局关于建设中天养老社区方案的汇报，讨论并原则同意该方案。会议认为，建设中天养老社区是全区适应老龄化社会发展趋势、加快养老体系建设的有力举措，是一项民生工程。会议要求，相关部门要吃透政策、严格把关，同时要大力支持、做好服务，确保项目稳步实施。

11. 关于《土地行政执法共同责任追究办法》修订建议。会议听取国土资源局区分局关于该办法修订建议的汇报，讨论并原则同意相关修订建议。会议认为，为严格土地管理，加强违法用地查处工作，建立健全土地执法共同责任机制，对预防和纠正违法用地行为、切实保护土地资源有重要作用。会议要求，该办法按照会议讨论意见修改完善后出台。

12. 关于非税收入有关优惠政策规范的处理建议。会议听取区水利局、区住建局关于非税收入有关优惠政策规范的处理建议的汇报，讨论并原则同意该处理建议。会议要求，相关部门要进一步加强区本级非税收入缓减免管理，规范非税收入缓减免审批程序，确保财政收入依法征收，应收尽收。

第十四届姜堰区政府第19次常务会议　6月12日下午，区长张长平在区行政中心四楼1号会议室主持召开。研究镇村小型生活污水处理设施长效运行管理实施意见（试行），贯彻泰州市市区征地补偿和被征地农民社会保障实施办法的实施方案，进一步加强社区物业管理工作的实施意见，在城区公园、游园等公共绿地中建设全民健身体育设施的方案，将原区委政法委及周边地块列入2014年国有土地上房屋征收计划，贯彻实施泰州市国有土地上房屋征收与补偿办法有关问题的意见等3项房屋征收文件的修订建议，深化行政审批制度改革实施意见，进一步加强新建居住区配套幼儿园规划建设和管理工作的实施意见等事项。

1. 关于镇村小型生活污水处理设施长效运行管理实施意见（试行）。会议听取区环保局关于镇村小型生活污水处理设施长效运行管理实施意见（试行）起草情况的汇报，讨论并原则同意该实施意见（试行）。会议认为，为进一步提升全区镇村小型生活污水处理设施的运行质态，巩固国家生态区创建成果，制定该实施意见很有必要。会议明确，各镇人民政府是镇村小型生活污水处理设施运行管护的责任主体，负责镇域范围内的小型生活污水处理设施的日常维护和运行管理工作；区环保局负责镇村小型生活污水处理设施出水水质监测，加强日常监督检查；区财政局负责统筹镇村小型生活污水处理设施运行管护的奖补资金；区连片办负责镇村小型生活污水处理设施运行管理工作的考核。会议要求，考核奖惩要顶真碰硬，对设施故意不正常运行或连续两年考核低于70分的镇，将实施区域限批，对镇政府主要负责人和分管负责人进行问责。

2. 关于贯彻泰州市市区征地补偿和被征地农民社会保障实施办法的实施方案。会议听取国土资源局区分局关于贯彻泰州市市区征地补偿和被征地农民社会保障实施办法的实施方案起草情况的汇报，讨论并原则同意该实施方案。会议认为，制定实施方案有利于进一步做好全区征地补偿和被征地农民社会保障工作。会议要求，各镇（区）要按照相关文件要求，依法依规做好征地工作，国土资源局区分局要严格把关。

3. 关于进一步加强社区物业管理工作的实施意见。会议听取区住建局关于进一步加强社区物业管理工作的实施意见起草情况的汇报，讨论并原则同意该实施意见。会议指出，社区物业管理工作涉及千家万户，事关群众切身利益，相关部门要齐抓共管，要动员全社会参与、支持、监督社区物业管理工作。会议明确，成立区社区物业管理工作领导小组，领导小组办公室设在区住建局；全面开展住宅小区物业管理百日集中专项整治活动；区财政局负责筹措物业管理奖补资金。

4. 关于在城区公园、游园等公共绿地中建设全民健身体育设施的方案。会议听取区住建局关于在城区公园、游园等公共绿地中建设全民健身体育设施方案的汇报，讨论并原则同意该实施方案。会议认为，在公共绿地中配套建设全民健身体育设施，既能满足人民群众强身健体需求，又能节约集约利用土地，是一项惠民工程。会议明确，区体育局负责健身体育设施建设资金的上争工作，区住建局和姜堰镇社区负责健身体育设施的建设以及日常管护工作。会议要求，相关部门在今后规划建设城市公共绿地时，注意配套建设好健身体育设施。

5. 关于将原区委政法委及周边地块列入2014年国有土地上房屋征收计划。会议听取区住建局关于将原区委政法委及周边地块列入2014年国有土地上房屋征收计划的汇报，经过讨论，同意将原区委政法委及周边地块列入2014年国有土地上房屋征收计划。会议要求，相关部门要细化搬迁安置方案，积极稳妥地做好搬迁安置工作。

6. 关于贯彻实施泰州市国有土地上房屋征收与补偿办法有关问题的意见等3项房屋征收文件的修订建议。会议听取区住建局关于贯彻实施泰州市国有土地上房屋征收与补偿办法有关问题的意见等3项房屋征收文件修订情况的汇报，讨论并原则同意相关修订建议。会议要求，区住建局要严格按照文件执行，从严把关，确保公平公正。

7. 关于深化行政审批制度改革实施意见。会议听取区编办关于深化行政审批制度改革实施意见起草情况的汇报，讨论并原则同意该实施意见。会议明确全区深化行政审批制度改革的主要任务：清理和减少行政审批事项，使全区行政审批项目减少1/3以上；优化审批流程，缩短审批时限，保留的一般性审批项目办结时限总体缩短一半以上；清理和减少行政审批收费；规范中介机构执业行为；完善审批监管体系。会议要求，相关部门要周密安排、狠抓落实，确保深化行政审批制度改革工作在9月底前顺利完成。

8. 关于进一步加强新建居住区配套幼儿园规划建设和管理工作的实施意见。会议听取区教育局关于进一步加强新建居住区配套幼儿园规划建设和管理工作的实施意见起草情况的汇报，讨论并原则同意该实施意见。会议认为，进一步加强新建居住区配套幼儿园的规划建设和管理工作，对保障优质学前教育资源合理分配、有效利用具有积极意义。会议明确，按照城镇化发展的新形势和新要求，将新建居住区配套幼儿园规划布局纳入城镇化发展规划和控制性详细规划，修订完善新建居住区配套幼儿园布局规划，新建居住区配套幼儿园按照省优质幼儿园办园条件建设。会议要求，相关部门要积极支持、共同配合，确保新建居住区配套幼儿园规划建设和使用管理工作落到实处。

第十四届姜堰区政府第20次常务会议 8月7日下午，区长张长平在区行政中心四楼1号会议室主持召开。研究鼓励和支持工业企业转型升级的政策意见、低收入人群及特殊境况公民法律援助实施办法（试行）、规范开展重性精神疾病患者服务管理的实施意见、第五批姜堰区非物质文化遗产名录项目评审结果、调整城镇职工基本医疗保险部分政策等事项。

1. 关于鼓励和支持工业企业转型升级的政策意见。会议听取区经济和信息化委关于鼓励和支持工业企业转型升级的相关激励政策修订、整合情况的汇报，讨论并原则同意修订、整合建议。会议认为，修订、整合相关激励政策，制定出台《区政府关于鼓励和支持工业企业转型升级的政策意见》，有利于加快全区工业企业做强做大和转型升级步伐，进一步增强区域经济发展活力和综合竞争力。会议要求，区经济和信息化委、区财政局要严格考核、从严把关、用好政策，对不依法纳税和弄虚作假、套取财政奖励资金的企业，取消享受优惠政策的资格。

2. 关于低收入人群及特殊境况公民法律援助实施办法（试行）。会议听取区司法局关于低收入人群及特殊境况公民法律援助实施办法（试行）起草情况的汇报，讨论并原则同意该实施办法（试行）。会议认为，扩大法律援助范围，降低法律援助门槛，保障低收入人群及特殊境况公民获得法律援助，是惠民之举，有利于维护社会公平正义。会议要求，司法部门要加强法律援助宣传力度，扩大群众知晓率；要提高法律援助服务水平，提升法律援助群众满意度，切实把好事办实、实事办好。

3. 关于规范开展重性精神疾病患者服务管理的实施意见。会议听取区卫生局关于规范开展重性精神疾病患者服务管理的实施意见起草情况的汇报，讨论并原则同意该实施意见。会议指出，制定出台该实施意见，既是维护社会稳定的必然要求，又是关爱弱势群体的重要举措，相关部门要积极担当、主动作为。会议明确，区政府成立重性精神疾病患者服务管理工作领导小组，副区长刘文来任组长，领导小组办公室暂设在区民政局，负责牵头协调工作。

4. 关于第五批姜堰区非物质文化遗产名录项目评审结果。会议听取区文广新局关于第五批姜堰区非物质文化遗产名录项目评审情况的汇报，讨论并原则同意该评审结果。会议明确，该评审结果经公示后以区政府名义发文公布。

5. 关于调整城镇职工基本医疗保险部分政策的方案。会议听取区人力资源和社会保障局关于调整城镇职工基本医疗保险部分政策方案的汇报，讨论并原则同意该调整方案。会议认为，调整城镇职工基本医疗保险部分政策是惠及民生的好事，有利于进一步提高城镇职工基本医疗保险待遇水平。会议明确，对城镇职工基本医疗保险二次补偿、非剥离人员住院报销待遇、大病救助医疗费用等政策进行调整。

第十四届姜堰区政府第21次常务会议　9

月28日下午，区长张长平在区行政中心四楼1号会议室主持召开。研究涉企中介机构管理试行办法、贯彻执行省政府第93号令相关问题的处理建议方案、农村产权交易管理试行办法和农村产权抵押登记试行办法、强化社会抚养费征收工作的相关建议、促进文化产业发展的政策意见、“智慧社区”项目建设等事项。

1. 关于涉企中介机构管理试行办法。会议听取区发展和改革委关于涉企中介机构管理试行办法起草情况的汇报，讨论并原则同意该试行办法。会议认为，为加强涉企中介机构信用体系建设，倡导诚实守信、公平有序的经营秩序，促进中介服务行为规范，制定出台管理试行办法具有重要意义。会议明确，区政府成立涉企中介机构管理工作领导小组，领导小组办公室设在区发展和改革委。会议要求，中介机构管理部门要降低涉企中介机构推介库准入门槛，吸引更多优质中介机构进入姜堰中介市场；要加强涉企中介机构中介服务日常管理，建立健全中介机构诚信档案，健全完善淘汰退出机制。涉企中介机构要规范执业行为，提高服务效率，提升服务水平，降低服务收费标准，办结时限要缩短一半以上。

2. 关于贯彻执行省政府第93号令相关问题的处理建议方案。会议听取国土资源局区分局关于贯彻执行省政府第93号令相关问题处理建议方案的汇报，讨论并原则同意该方案。（1）关于新老政策的衔接。会议明确，区政府成立专项工作领导小组，统筹协调处理相关遗留问题。姜堰镇、区经济开发区的相关遗留问题分别在10月底、11月底前处理完毕。（2）关于即征即保。会议要求，各镇（区）要严格执行即征即保政策，建立专项工作领导小组，制定出台征地补偿安置方案，积极化解存本付息的问题。（3）关于被征地农民社会保障落实情况的审核。会议明确，审核工作由国土资源局区分局、区人力资源和社会保障局牵头，相关审核表由镇（区）盖章确认，相关部门分别把关，最后报区政府审批。

3. 关于农村产权交易管理试行办法和农村产权抵押登记试行办法。会议听取区委农工办关于农村产权交易管理试行办法和农村产权抵押登记试行办法起草情况的汇报，讨论并原则同意两个试行办法。会议认为，全区探索开展农村产权制度改革是促进农村经济发展和农民增收的重要举措，也是农业改革与建设试点建设的必然要求。会议要求，农村产权制度改革事关农民切身利益和农村发展稳定大局，相关部门和各镇（区）要细化方案，周密部署，积极稳妥地推进。

4. 关于强化社会抚养费征收工作的相关建议。会议听取区人口计生委关于强化社会抚养费征收工作相关建议的汇报，讨论并原则同意相关建议。会议认为，依法征收社会抚养费，是维护计划生育国策，实现人口与经济、社会、资源、环境协调发展的重要措施。会议要求，相关部门要密切配合，齐抓共管，加大征收力度，对特殊群体实施“缓减免”要严格按照程序执行。

5. 关于促进文化产业发展的政策意见。会议听取区文广新局关于促进文化产业发展的政策意见起草情况的汇报，讨论并原则同意该政策意见。会议认为，为进一步推进姜堰文化产业发展，努力提升城市文化软实力，制定相关政策意见很有必要。会议明确，区政府成立领导小组，负责统筹协调全区文化产业发展。区政府设立每年200万元的区级文化产业发展专项资金，随经济发展和财力增长而增加，主要支持重大文化产业发展。

6. 关于“智慧社区”项目建设。会议听取区公安局关于“智慧社区”项目建设相关情况的汇报，讨论并原则同意开展“智慧社区”试点项目建设工作。会议明确，区政府成立专门工作班子，由戚才俊牵头负责，戴兆平、朱嘉浩、周如勇、刘玮参加，区住建局和姜堰镇负责组织实施。会议要求，相关部门要认真学习借鉴先进地区经验，结合姜堰区实际，择优选择试点小区，形成科学合理的建设方案，统筹解决建设经费。

第十四届姜堰区政府第22次常务会议 12月5日下午，区长张长平在区行政中心四楼1号会议室主持召开。研究城镇污水处理厂运行管理实施意见（试行）、贯彻泰姜政发〔2014〕99号文件相关问题的处理建议方案、扶持现代农业产业园区发展的政策意见、2014年度姜堰区科技进步奖评审结果、新型农村合作医疗2015年筹资标准、新型农村合作医疗大病保险工作实施意见等事项。

1. 关于城镇污水处理厂运行管理实施意见（试行）。会议听取区住建局关于城镇污水处理厂运行管理实施意见（试行）起草情况的汇报，讨论并原则同意该实施意见。会议明确，区住建局负责对城镇污水处理厂和污水收集管网、提升泵站的日常运行、维护管理工作进行指导、监督和检查，对污水处理水量进行监测。区环保局负责对城镇污水处理厂出水水质的监督监测、自动监测仪器的比对监测以及收取企业排污费。相关镇人民政府负责辖区内已建污水收集管网和提升泵站的运行、维护工作，保证设施正常运行，负责加强企业、单位、个人的接管管理工作，办理相关接管手续，签订接管协议，负责征收自备水源污水处理费。污水处理费专项用于污水处理服务费的支付。会议要求，相关部门、镇要坚持“建管并举，重在管理”原则，规范城镇污水处理厂的运行管理，提高运行效率，改善水环境质量，发挥最大环境效益。

2. 关于贯彻泰姜政发〔2014〕99号文件相关问题的处理建议方案。会议听取国土资源局区分局关于贯彻泰姜政发〔2014〕99号文件相关问题处理建议方案的汇报，讨论并原则同意该方案。会议同意，2015年年底前实行过渡期政策。

3. 关于扶持现代农业产业园区发展的政策意见。会议听取现代农业产业园区有关情况的汇报。会议认为，为进一步优化现代农业产业园区的投资环境，加快招商引资步伐，促进农产品加工集中区快速发展，采取扶持措施很有必要。会议明确，全区范围内新建固定资产投资500万元以上的农产品加工项目一律落户在农产品加工集中区；2015年调整一般农用地40公顷；农产品加工集中区内固定资产投资额在2000万元以上的重点项目，区政府优先安排用地计划；对农产品加工集中区投入的用于基础设施建设的银行贷款资金，区政府按贷款基准利率50%贴息3年；地方财力新增部分，区财政与现代农业产业园区按3：7比例分成。

4. 关于2014年度姜堰区科技进步奖评审结果。会议听取区科技局关于2014年度姜堰区科技进步奖评审情况的汇报，讨论并原则同意该评审结果。会议明确，该评审结果以区政府名义发文公布并表彰奖励。

5. 关于新型农村合作医疗2015年筹资标准。会议听取区卫生局关于新型农村合作医疗2015年筹资标准的汇报，经过讨论研究，会议明确，姜堰区新型农村合作医疗2015年筹资标准为500元/人，其中个人缴费为100元/人。

6. 关于新型农村合作医疗大病保险工作实施意见。会议听取区卫生局关于新型农村合作医疗大病保险工作实施意见起草情况的汇报，讨论并原则同意该实施意见。会议认为，实施新型农村合作医疗大病保险工作，有利于提高重特大疾病保障水平、提升基本医疗保障的能力、构建多层次医疗保障体系。会议明确，全区新型农村合作医疗大病保险工作由新型农村合作医疗经办机构负责，新型农村合作医疗大病保险资金来源于年度新型农村合作医疗基金，2015年标准为15元/人。

（王安卿）

【“‘12345’·政风行风热线”开播】 2月20日，“‘12345’·政风行风热线”首期直播节目通过姜堰人民广播电台91.6兆赫直播。区委副书记、区长张长平及区公安局、区住建局、区城管局、区交通运输局、区环保局主要负责人走进直播室，接听群众来电，直接答复、受理群众反映的问题，推动群众诉求快速办理解决。该热线为“12345”政府服务热线、政风行风热线、区长信箱、义茶亭论坛等群众诉求平台整合而成，除正常接听、处理外，区政府及相关部门负责人将适时上线参与直播活动。上线节目由姜堰人民广播电台和网络视频直播。

（秦　明）

“‘12345’·政风行风热线”开播

（张泽海　李亚光　摄）

【姜堰区入选全国中小城市科学发展百强区】 10月17日，全国中小城市科学发展评价指标体系研究成果在北京发布。截至2013年年底，全国有县级行政区划市辖区872个。姜堰区入选2014年度全国综合实力百强市辖区，排名第75位，名次较上年提升2位。

（顾　笠）

政　务　服　务

【概况】 2014年，区政务服务管理办公室（以下简称“区政务服务管理办”）围绕中心，转变职能，完善服务机制，加强内部构建，政务服务工作取得新成效。

服务方式改革　推进重大项目联审会办，实行“先照后证”审批制度，为重大引资项目、基础设施项目开辟“绿色通道”。组建企业注册登记并联审批窗口，推进“三证合一”工程建设，实现正常接件办件；组织驻场部门开展联合调研，剖析解决审批瓶颈问题；开展项目清理工作，审批项目减少2/3，办结时限压减51.2%；驻场窗口审批项目由年初426项减少到261项，其中行政许可项目减少60项、非行政许可项目减少97项。多数窗口办结时限缩短一半以上。服务重点工程，对接重大项目。建立年报QQ服务群，在线指导198家外资企业通过年报审核。实施“提前介入、跟进服务、绿色通道、同步协调、严格把关”五大服务举措，创新领办、督办、帮办“三办”工作机制，增设“园区项目招标”窗口，提供双休预约服务，保证“一区两园”招投标活动全天候进行。开通招标短信提醒服务，保障招标人知情权、决策权。民生部门窗口重大节假日正常上班，办证高峰期及时增设系统，加派人员，错峰服务。推出“一号窗口”部门负责人驻班服务，现场接受群众咨询。

服务平台建设　集中养老、医疗、户籍等民生服务项目进场，各类行政许可、非行政许可审批、行政服务事项进驻，实现房产过户、出入境手续、居民身份证、企业证照、项目落户办理全覆盖，日平均办件量由上年的600多件上升到1100多件，同比增长45.5%。拓展公共服务采购，物业管理、安保、中介机构服务、医疗责任保险、居民大病保险等公共服务全部纳入集中采购范畴。

服务品牌创建　该年为“品牌建设提升年”，区政务服务管理办从组织实施、方案制订、宣传发动、内涵挖掘、资料整理等方面开展品牌建设活动。开展星级窗口、金牌窗口、服务标兵系列评选活动，营造比学赶超、争先进位工作氛围；组织文明服务宣传标语征集活动，提升目标意识、服务意识；开设中心图书馆，加强中心文化建设；创新服务方式，提升服务质效，企业、群众满意度持续攀升。

服务行为建设　区政府办出台《关于进一步规范行政审批行为的意见》，从规范行政审批行为、创新行政审批方式、实行行政审批问责、建立长效考评机制等方面提出要求；调研镇便民服务中心建设，发放《关于进一步规范镇便民服务中心运行的工作提示》，加强基层中心规范化运作；制定《涉企中介机构规范管理实施意见》和《考核办法》，引进星级评比和黑名单制度，加强中介规范服务。制定“政府采购项目预算价核定通知书”，提高政府采购资金使用效率。严格资格后审程序，加大信息备案审查，规范市场交易行为。

大楼搬迁　做好办公大楼搬迁工作，5月4日，新办公大楼启用，各项工作实现无缝衔接。该楼投资4200万元，面积8000平方米，内设电梯3部，增加多功能会议室，更换电子触摸屏、考勤机、网络专线、窗口办公设施，增设窗口咨询导办，配备等候区座椅等便民服务设施。

（黄　勇）

外事·侨务

【概况】　2014年，区政府外事侨务办公室（以下简称“区外侨办”）、区归侨侨眷联合会（以下简称“区侨联”）适应国家经济社会发展新常态，创新侨务工作思路，开展涉侨文化宣传和为侨服务活动，提升外事工作管理和服务效能。

外事管理服务　审核办理因公出国（境）团组28批52人次，其中自组团5批21人次、非自组团22批30人次、双跨组团1批1人次，所有团组按期完成出访任务，上报材料审批通过率100%，未发生违规违纪事件。审核上报企业邀请外国人来华手续16批28人次，境外客商主要来自中东、非洲等国家。7家企业申办APEC商务旅行卡29张。

外事侨务接待　组织参加重要外事侨务活动12次，接待海外华侨华人及客商60多人次，包括著名旅美艺术家曹俊，阿联酋中国江苏商会暨同乡会会长李玉银，美国犹他州立大学教授、博士凌峻，美籍华人意大利水泥集团中国区总裁、博士马维平，江苏姜堰旅港同乡会秘书长缪泽。

为侨服务活动　开展为侨服务活动。1月下旬，区外侨办、区侨联联合开展扶贫慰问活动，走访慰问荷叶、光明、北街、叶舍、桃园等社区及姜堰通南乡村空巢及困难侨眷家庭，去医院看望未回家过年侨眷；6月12日，区侨联组织全体委员和部分社区侨务工作负责人参观泰州单声珍藏文物馆和姜堰曹俊艺术馆；6月19日，区公共文化服务团队“老街坊”文艺演出队在姜堰镇荷叶社区举办专场演出，开展侨务法律法规政策知识宣传；9月11日，区侨联组织20多名侨联委员和侨眷代表参观姜堰现代农业园和畜牧业养殖基地。

【侨界书画活动】 美国当地时间2月18日，洛杉矶郡郡长麦克·安东诺维奇授予姜堰籍旅美画家曹俊杰出艺术家勋章，洛杉矶郡政府电视频道现场直播颁奖仪式。4月8日下午，以曹俊名字命名的曹俊艺术馆在北大街文化街区落成，曹俊艺术馆开馆暨曹俊法国卢浮宫获奖作品家乡汇报展举行。该馆位于北大街文化街区原乾隆昌栈院内。作品题材有曹俊擅长的狮虎走兽，有代表他个人风格的泼彩山水、荷花及空间系列新作。曹俊向区政府捐赠泼彩荷花《谦谦而和》《心结千千》，油画《涌》《有？无？》《灵性之激荡》等5幅作品，其中2幅被姜堰博物馆收藏、3幅陈列在北大街曹俊艺术馆姜堰馆。副省长曹卫星发贺信。副市长王学锋、区委书记李伟为曹俊艺术馆姜堰馆揭牌。区领导张长平、何光胜、戚才俊、薛金林、盛育河、刘文来参加。

曹俊艺术馆开馆暨曹俊法国卢浮宫获奖作品家乡汇报展举行

（曹　杰）

应　急　管　理

【概况】 2014年为“应急管理联动年”，区应急管理办公室（以下简称“区应急办”）围绕“应急联动”主线，开展应急管理各项工作，取得一定成效。

体制机制建设　每季度定期梳理汇总上报全区应急演练和应急培训情况，根据各阶段工作重点，组织相关部门参加联席会议，研究处置突发事件，组织相关部门参加应急演练和培训活动，初步形成应急处置责任共担、资源共享、队伍共建的工作格局。开展全区应急产业调研，形成基础性调研资料。以政府或政府办名义下发有关食品药品安全监管、农村建设工程领域安全监管、农产品质量安全联合监管、信息网络安全、大气污染防治行动计划等多项制度。将应急管理纳入全区双文明考核，年初表彰应急管理先进单位8家、先进个人8人。年终采取自评和抽查的方式考核列入绩效考评的63家部门，采取“一听（听简要情况）、二看（互看台账资料）、三评（互相评分）、四查（考核人员查阅资料）”的方式考核各镇（管委会）。

预案体系建设　除废止和上级未修订预案外，全区修订预案15个。各镇（区）、各部门预案修编工作进展有序，其中区经济开发区耗资100万元新制定的环境突发事件应急预案通过专家评审。

应急演练　开展区级层面应急演练活动，每季度梳理上报全区应急演练计划，向市应急办报送应急演练综合情况。在即将投入使用的10万吨中石油油库组织开展火灾应急救援演练；在梁徐镇华润燃气公司开展燃气泄漏应急救援演练；区应急办与市交通运输局、市海事处联合开展溱湖主体水域人员落水搜救演练，出动海巡艇、救助船舶6艘，模拟人员落水2人，参演人员40人，演练取得成功；组织开展“关城门”实战演练活动，通过模拟警情，检查“关城门”实战工作中涉及的指挥调度、现场处置、装备携带、布控堵截等环节；组织全区各学校结合安全教育周开展防震自救、火灾自救、防暴自救等演练活动，提高师生避险逃生技能。

应急保障　加强应急救援队轮训工作；开展应急专家队伍建设；建立完善应急物资台账基础资料；按照“十二五”规划要求，开展“十二五”突发事件应急体系建设规划中期评估，落实各项任务。

监测预警　开展自然灾害、事故灾难、公共卫生、社会安全等各类风险隐患排查整改工作。印发《关于建立全区重大气象灾害预警信息快速发布机制的通知》，预警气象灾害；水利部门汛期24小时工程监测系统、农业部门“12316”“三农”热线、交通部门GPS监控平台、公安部门重大事件预警信息发布平台等在各自领域发挥预警监测作用。

突发事件防范与处置　年内处置输入性羊小反刍兽疫疫情和人感染H7N9流感等突发公共卫生事件，处置姜堰梁徐高速段苏州大巴侧翻事件等。

宣教培训　组织手足口、埃博拉出血热防控为主题的公共卫生知识培训；市环保专家为全区23家化工电镀企业环境安全负责人进行环境风险应急预案编制培训；组织安全监管人员开展为期3天的业务水平和执法能力培训，90余人参加；组织开展全区学校食堂蔬菜农药残留检测培训，为全区84家学校食堂统一配备蔬菜农药残留检测仪。编印《社区应急指南》8期，组织“‘5·12’防灾减灾”等大型宣传活动10多场次。

信息报送　明确应急值守和突发事件信息报送制度，做到24小时无缝衔接。年内报送应急管理信息32期、近80篇。

（施国青）

区级机关事务管理

【概况】　2014年，区级机关事务管理局（以下简称“区级机关事务局”）围绕区委、区政府中心工作，履行职能，做好后勤服务保障和机关事务管理工作。

后勤服务保障　抓好机关食堂管理，工作餐供应做到及时、卫生、可口。修订完善物业保洁工作考核细则，定期检查大楼物业保洁情况，清除卫生死角。从预订会场、布置会场、场内服务、人员着装等方面，做好会议服务行为规范管理。8月份，行政中心大楼物业服务期限到期，经区政府同意，打包以行政中心大楼为主体的包括行政三期、四期工程在内的物业，组织公开招投标；10月份，区级机关事务局与上海延吉物业签订合同。从10月份起，启动行政大楼空调整体改造工作，大楼空调正常运行。

机关事务管理　制定办公用房清理整改方案，开展党政机关超标准办公用房清理整改工作，各镇（区）、机关各部门（单位）整改到位。年初发出公务用车实施方案，对节假日期间车辆使用、停放提出要求，严禁公车私用和领导干部擅自驾驶公车。节假日期间，区级机关事务局联合区效能办、区公安局、区财政局等部门开展公务用车督察。开展公共机构节能宣传周活动，通过发放《公共机构节能手册》、开辟节能宣传墙、推广节能灯具等形式传播节能理念和节能知识。完善公共机构节能考核量化体系，细化考核评分标准。完成全年公共机构能耗统计报送工作。区中医院创建成2014年江苏省公共机构节能示范单位。

【工程建设】　政府2号楼（行政服务中心及人力资源市场大楼）完成内部装饰装潢、外围路道绿化等工程扫尾工作。5月1日，区行政服务中心、区人力资源市场、区委政法委等单位入驻。原财税大楼地块、2号楼周边地块、机关食堂周边地块实施绿化栽植，新增绿化面积约4公顷。修建行政中心大院北侧围墙和北门传达室，安保人员、安保设施全部到位，北门正常开放通行。机关后勤服务中心大楼北侧建设环路，解决工作餐高峰期及大型会务期间车辆停放、行驶拥堵等问题。

（朱树元）

政协泰州市姜堰区委员会

【概况】 2014年，区政协及其常委会围绕区委“奋起泰州、崛起苏中”战略部署，把握团结、民主两大主题，履行政治协商、民主监督、参政议政职能，团结动员各民主党派、各人民团体和社会各界人士，谋创新之举、建睿智之言、献务实之策、聚发展之力，服务大局、服务群众，为推进科学发展、增进民生福祉做出贡献。

专题调研 开展区旅游业转型升级问题、全区公立医院改革情况等专题调研，形成《关于全区旅游业发展情况的调查报告》《关于我区县级公立医院医药价格综合改革情况的调查报告》，作为建议案报送区委、区政府，供决策参考。

走访考察 区政协主席走访区交通运输局、区城管局、区总工会，考察全区体育设施建设管理情况、全区残疾人事业发展情况、义务教育优质均衡发展情况。围绕金融生态环境建设、重点园区建设、社区矫正、服务业发展、“绿色工地”建设、财政工作、农田水利基础设施建设等开展走访考察。区政协与区政府及相关部门协商，提出工作建议及指导性意见100多条，供区政府及相关部门工作参考。

提案工作 区政协十三届三次会议期间，提交提案231件，经审查立案208件，其中经济建设方面73件、城市规划建设管理方面39件、科教文卫体方面38件、农业农村方面42件、其他方面16件。解决或正在解决161件，占提案总数77%；列入计划逐步解决23件，占提案总数11%；作为工作建议采纳20件，占提案总数10%；因政策条件限制等原因暂时难以落实4件。提案见面答复率100%，除1件基本满意外，其余均为满意。

社情民意 全区政协委员报送生态环境保护、道路交通安全、现代农业发展、农民增收致富等方面情况信息128条。区政协办公室编辑报送区委、区政府10条，报送市政协66条，被全国政协采用2条，省、市政协采用20条，2篇得到市领导批示。区政协连续10年被市政协表彰为社情民意信息工作先进单位。

民主监督 区政协以集中委派民主监督员小组形式，开展区法院等16家部门（单位）民主监督工作。各民主监督员小组按照区政协委派监督工作规程和实施细则要求，与受派部门协商对接，确定主题，制定计划，开展监督。通过参加会议、参与活动、走访座谈、查阅资料、问卷调查等形式，了解部门工作，收集群众诉求，提出意见建议，形成民主监督建议书16份。开展各镇（区）招商引资、项目建设工作专题督察。察看项目建设现场50多个，走访企业40多家，形成督查通报4份，反映存在问题18个，提出意见、建议12条。参加市政协民主评议市交通运输局、市住建局活动，组织座谈讨论、现场考察等活动7次，提出“推进

2014年区政协主席、副主席牵头督办重点提案目录

表21

序号	提案人	案　由	提案号	牵头督办领导	参与督办单位	承办单位
1	葛旭东	建议溱湖旅游景区为旅游业转型升级注入新活力	26	仲亚岭	区政协办	区旅游局
2	中共界	关于传统产业转型升级的制约因素及对策建议	15	陈文亚	区政协社事委	区经济和信息化委
3	韩树育	建议加强城市管网安全的监管力度	69	夏彩霞	区政协提案委	区住建局
4	医卫界	关于加快支付方式改革促进医保资金管理的建议	181	黄彭赣	区政协社事委	区人力资源和社会保障局、区卫生局
5	王　俊	关于加快发展电子商务，推进现代服务业发展的建议	1	陈文德	区政协经科委	区政府办、区发展和改革委、区经济和信息化委、区商务局

市、区交通融合发展”等意见、建议10多条。

【政协姜堰区第十三届委员会第三次会议】 2014年1月4—7日在姜堰区召开。大会应到委员273人，实到265人。区委、区人大、区政府、区纪委领导，区人武部、区人民法院、区人民检察院及区级机关各部门主要负责人（含主持工作的副职）和各镇（区）党群负责人参加。在姜堰历任政协主席、副主席、秘书长，驻姜堰泰州市政协委员，各镇政协工委特邀委员列席。中共泰州市姜堰区委书记李伟在大会开幕式上作重要讲话。大会听取并审议区政协主席仲亚岭作的常委会工作报告和区政协副主席夏彩霞作的提案工作报告；与会委员列席区十四届人大三次会议，听取并讨论区长张长平作的政府工作报告和其他有关报告；进行大会献计献策发言。大会表彰2013年度政协委员优秀提案、社情民意信息工作先进个人，协商通过政协泰州市姜堰区第十三届委员会第三次会议决议。区政协主席仲亚岭作闭幕讲话。

【政协常委会会议】 2014年，区十三届政协常务委员会召开常委会议5次。

区政协十三届常委会第13次会议　1月7日召开。会议审议2014年区政协常委会议及全年主要活动计划安排。

区政协十三届常委会第14次会议　4月29日召开。会议听取区科技局关于科技创新情况的通报、区审计局关于审计工作情况的通报，听取并审议区政协经科委《关于全区旅游业发展情况的调查报告》。

区政协十三届常委会第15次会议　7月29日召开。区委常委、区政府常务副区长戚才俊代表区政府通报全区上半年经济和社会事业发展情况，区人力资源和社会保障局负责人作养老保险知识讲座以及城乡居民养老保险工作情况汇报。

区政协十三届常委会第16次会议　9月19日召开。会议听取部分委派民主监督员小组组长、受派部门主要负责人工作情况汇报，协商通过有关人事任免、委员增补事项。区政协主席仲亚岭在会上作重要讲话，对做好委派监督工作、镇政协工委工作、政协各项工作提出具体要求。

区政协十三届常委会第17次会议　11月11日召开。区委常委、区纪委书记张红霞通报全区党风廉政建设和反腐败工作情况，区委常委、常务副区长戚才俊通报区政协十三届三次全会以后委员提案办理和“一区两园”建设发展情况，会议协商通过《关于我区县级公立医院医药价格综合改革情况的调查报告》《关于设立“政协委员工作室”的实施意见（试行）》，决定有关人事事项。

【委员活动日】 区政协举行委员活动日2次，驻姜堰泰州市政协委员、区政协委员、区政协之友联谊会会员参加。7月29日，听取全区上半年经济和社会事业发展情况通报，以及养老保险知识讲座和城乡居民养老保险工作情况汇报。11月11日，听取全区党风廉政建设情况和反腐败工作情况通报，以及区政府2014年办理委员提案情况和“一区两园”建设发展情况通报。

【政协之友联谊会】 5月10日，浙江省政协常委、省科协副主席隗斌贤带领书画名家一行6人到姜堰开展文化交流活动。5月16日，政协之友联谊会会长韩镇带领会员赴兴化市开展交流活动。

【友好往来】 3月31日，靖江市政协有关人员到姜堰考察学习；5月15日，苏州市相城区政协主席王勤林一行到姜堰考察学习；10月16日，浙江省平湖市政协副主席王华根一行到姜堰区考察学习提案工作；10月28日，镇江新区政协工委主任王祥义一行30余人到姜堰考察学习政协工作向基层延伸及姜堰区“委员之家”建设情况。11月21日，泰兴市政协主席李仁国带领驻泰兴市泰州政协委员到姜堰考察生态旅游业发展情况。

（张根林）

【《姜堰勤廉人物故事》文史资料出版】 该书由区政协、区纪委编撰，区政协主席仲亚岭题写书名，区委常委、区纪委书记张红霞作序。全书收集陈毅、王栋、鲍刚、郑士良、李德宏等47人的勤廉故事，是一部厚实鲜活的文史资料，也是一部践行党的群众路线、开展反腐倡廉宣传教育活动的生动教材。

（郑桂发　周大松）

【《珍藏姜堰》出版】 该书由区政协学习文史委员会编撰、江苏人民出版社出版，为文史资料藏书。2013年开始征编，2014年出版，历时2年。全书80余万字，分为“金戈铁马”“方言俗语”等10个栏目，图文并茂，极具地方性、趣味性、资料性，彰显“存史、资政、团结、育人”社会功能。

【《姜堰企业改革风采》出版】 该书由区政协学习文史委编撰、江苏文艺出版社出版。3月份开始征集文稿，9月份完成初稿，历时7个月。全书28篇，约12万字，反映全区重点企业改革发展的基本经验和特色做法。

（肖亚林　郑桂发）

新通扬运河官庄大桥

泰州市姜堰区纪律检查委员会

【概况】 2014年，全区各纪检监察组织围绕反腐倡廉建设与经济社会发展协调并进工作定位，贯彻落实中央和省、市纪委工作部署，履行职责，强化监督执纪问责，党风廉政建设和反腐败工作取得新成效。

监督检查 监督检查职能部门履职情况，对发现的监管缺失、失职渎职、徇私枉法等问题实时纠偏、严格追责。重点监督生态区创建、秸秆“双禁”、财政资金使用、违规收费、行政审批改革等26项工作，督促整改问题1396个。组织开展作风效能“亮剑”专项行动及执法监管部门、窗口单位、服务行业“慵懒散、不作为、乱作为”专项整治行动，监督检查17个镇（区）、90个部门的工作纪律、服务态度等，发现问题22个，下发整改通知书7份，问责当事人18人、负责人2人。建立“大督查”工作机制，列出问题清单，检查全区2011年以后的招标限额以上政府投资工程849个，排查出各类问题2115个，实行剖析、整改、问责。

案件查处 区纪委与区委反腐败协调小组成员单位及审计、财税、工商等部门协作，完善协同办案机制。严格办案程序、办案手续、办案纪律监督检查，实行自办案件“一案一档”审核备案，将监督贯穿查办案件全过程。落实“三审一评”（联合审理直属单位案件、适用简易程序审理党纪案件、交叉审理申诉案件和案件质量检查考评）机制，制定《关于缺席审理党纪案件的实施办法》。通过风险防控、领导包案等措施，超前排查化解矛盾纠纷33件。实施“问题党员”信访预警告诫18人。收接信访举报531件次，新立各类违纪违法案件195件，其中，科级干部案件11件，百万元以上案件3件，处分党员干部188人，移送司法机关处理13人，挽回直接经济损失1940余万元。重点查处区经济开发区社会事业局原副局长兼拆迁安置科科长郑锡祥受贿案，区经济开发区管委会原主任科员徐林受贿案，区安监局原副局长钱志恒受贿案，沈高镇原镇长张俊民受贿、挪用公款、违反财经纪律案。

作风建设 出台《关于加强作风建设情况监督检查的实施办法》，组建监督检查“专家库”，形成“一假一普查、一月一抽查、一季一明查、一期一暗查”常态化监督检查体系。出台《党员领导干部行为失范记录暂行办法》，将违反勤政廉政规定和道德规范的19类54种失范行为纳入记录评价范围，形成正风肃纪的防范网络。组织监督检查活动17次，纠正问题18个，查处责任人24人，通报俞垛镇姜茅村违规发放礼品等典型“四风”问题。

廉政建设 区委制定《落实党风廉政建设党委主体责任、纪委监督责任的实施办法》，把全年重点工作细化为9类78项，每项任务明确牵头负责人、主责单位和协办单位。建立党政正职向区纪委常委会汇报主体责任落实情况制度，分两次组织6家单位负责人开展汇报、质询活动。通过警示教育、岗位函授、专题解读、印发手册、集中辅导、主题征文、知识测试、新闻访谈等形式，开展反腐倡廉宣传教育。挖掘姜堰地方廉政文化资源，编印《姜堰勤廉人物故事》。制定《关于深化机关廉政文化建设的实施意见》《机关廉政文化建设考核标准》，深化廉政文化建设。

【体制改革】 围绕中央纪委“转职能、转方式、转作风”要求，全区纪检监察组织深化体制改革，推进机制转型，适应反腐倡廉建设新形势。分阶段调整内设机构和人员，充实查案力量。退出部分议事协调机构，将原来参与的137个议事协调机构取消或退出121个，保留16个。移交项目17个，通过专题约谈、专项指导、跟踪督促检查、效能问责等方式，与相关职能部门沟通协调，督促职能部门履职尽责。实行派驻机构统一管理，42个重点部门和单位实行“点派驻”，区委工作部门、人民团体、部分政府组成部门及事业单位实行“面派驻”，设立派驻纪检监察组2个，制定出台派驻机构管理配套制度9项。

（钱华平）

励材堂

励材堂设在姜堰城区东大街人民剧场东侧的原文昌宫内，今已不存。

励材堂建于清道光十六年（公元1836年）。据碑记记载，姜堰镇富裕大户张日荣临终时留下遗嘱，令其子张弼承把东桥园田1.2公顷、佃屋4间献给文昌宫，在宫内创办励材堂，以奖励学子读书致仕，改变贫穷状况。将房地产收入作为该镇贫寒子弟乡试所需笔墨、纸张、蜡烛、伙食、川资等费用。地方士绅深受感动，刻碑记之。

姜堰文昌宫内，主祀文昌帝君神像，还有仓颉、孔子、孟子、朱熹等古代学界泰斗塑像，及孔子门下七十二弟子画像。每逢阴历八月二十七日孔子圣诞，文化人总要到文昌宫祭孔。地方士绅将州官赐下的励材堂石额嵌置于文昌宫大殿西山墙上。励材堂每月由地方董事出题，学子们回去练习，吟诗作文，按期交卷，评审优劣，予以奖励；出外赶考，另发专款。越来越多的青少年加入学习行列。

新中国成立后，文昌宫被辟为姜堰镇东桥中心小学。1996年，姜堰旧城改造，文昌宫被拆去，励材堂石额作为珍贵历史文物，保存在姜堰区博物馆。21世纪初，创办一所民办中学，冠名为姜堰励材实验学校，学校东北角的十字交通大道命名为励材东、南、西、北路。

（黄稳成）

工商联·人民团体

泰州市姜堰区工商业联合会

【概况】 2014年，区工商业联合会（以下简称“区工商联”）及其常委会围绕“两个健康”（非公有制经济健康发展和非公有制经济人士健康成长）工作主题，把握“统战性、经济性、民间性”基本特征，开展党的群众路线教育实践活动，联系团结非公有制经济人士，服务管理非公有制经济，完成区工商联十一届三次执委会议确定的各项工作和区委、区政府交办的各项任务。被市工商联表彰为“先进单位”。

参政议政 围绕非公有制经济发展中的热点、难点以及社会事业的焦点、重点，发挥非公有制经济人士中人大代表、政协委员的参政议政作用。政协全会期间，区工商联界别政协委员撰写提案24篇，涉及经济、民生、社会事业、城乡规划等领域，其中集体提案“关于加快发展电子商务，推进现代服务业发展”被列为1号提案和区政协主席督办重点提案。

经济服务 建立领导班子挂钩联系制度，每位班子成员挂钩到镇，挂钩到常执委企业，每月开展走访活动3次以上，宣传党的方针政策，帮助企业剖析矛盾问题，寻求对策措施。年内走访非公有制经济人士60多人次，帮助部分会员企业解决土地征用手续办理、市场拓展、融通资金等困难和问题。10月份和12月份，举办银企对接活动2期，帮助20多家企业解决贷款3000多万元。开展中小企业转型升级和科技创新小微企业调研，形成两篇专题调研报告报送区委、区政府。

商会组织建设 2月份，区委办转发《区工商联关于开展镇商会“五有五好”（“五有”即有阵地、有经费、有制度、有活动、有作为；“五好”即班子配备好、队伍建设好、机制保障好、服务发展好、企业反映好）规范化建设创建活动的实施意见》（泰姜办〔2014〕18号），推动全区镇商会规范化建设。3月份，区工商联召开镇商会工作会议，部署“五有五好”规范化建设活动，将该项工作纳入2014年镇（区）工作目标考核，对不达标者实行扣分通报批评。4—11月，分管负责人深入各镇指导创建。沈高镇商会举办中小企业发展扶持政策专题讲座、金融业务知识培训班，帮助会员企业申报小额贴息贷款600万元。张甸镇商会组织召开招商引资座谈会，洽谈成功项目7个，其中3个项目当年竣工投产；会长袁华寿成立华韵小额贷款担保公司，帮助全镇20多家会员企业解决资金400多万元。俞垛镇商会将全镇划分为钨钼、化工、建材、阀门、服务业、农业合作社六大活动区，由会长统筹、副会长单位各自牵头，以“一日一走访、一季度一交流、半年一参观、年终一年会”形式开展活动。兴泰镇商会与区农商行、南京银行区支行、江苏银行区支行等金融单位联系，帮助会员企业融资1000多万元。大垳镇商会的大垳企业家协会出台奖励措施，奖励投资强度大、纳税销售多、财政贡献份额足的企业和项目，“七一”期间，该协会组织10多家企业举办“时代放歌”主题活动。加强行业协会商会指导引导，调研行业商会6个、异地商会1个，总结行业商会经验做法，剖析各镇商会存在问题，对各行业商会发展提出工作要求。扬州市姜堰商会组织会员企业回家乡资助贫困学生50多万元。

非公有制经济人士队伍建设　区工商联与区委统战部联合下发《关于进一步推进非公有制经济人士“四信”（信念、信任、信心、信誉）教育实践活动的实施意见》，开展“四信”教育实践活动。副主席单位江苏双登集团被省委、省政府表彰为“全省优秀民营企业”，双登集团总裁杨善基被评为全省优秀民营企业家；副主席单位锦宸集团在全省民营企业文化建设暨党建工作经验交流会上，交流企业党建工作及企业文化建设的先进做法；执委企业江苏润泰化学有限公司被省工商联中小企业委员会吸纳为委员。举办“企业用人之道”“新经济形势下企业的转型升级”“品牌销售与创意制胜”等专题培训班3期，上海交通大学教授授课，培训全区非公有制经济人士200多人。10月份，组织40多名非公有制经济人士走进上海交通大学，开展为期4天的《企业战略、品牌营销》专题培训。组织开展非公有制经济人士学习交流活动4次；组织非公有制经济人士50多人次参加全国工商联举办的《中国民营经济大家谈》电视视频会和市工商联举办的“电子商务与传统产业转型升级”等专题培训班。11月份，组织区工商联全体常执委以及企业家常执委家属、企业办公室主任120人到泰州市第二人民医院体检，建立健康档案。向各常执委赠送《新华日报》《泰州日报》《中华工商时报》《经济日报》等。

（秦　勇）

【第八届茶文化节】　4月10日上午，第八届茶文化节在北大街文化街区开幕。该届茶文化节由区工商联和区广电台主办、泰州市金姜堰旅游发展有限公司和泰州市中广文化传媒发展有限公司承办。以“文化搭台、茶商唱戏，以茶会友、为民服务”为原则，以“弘扬徽商茶文化精神，助推姜堰旅游业发展”为主题。活动持续一个月时间，其间举办茶艺表演、茶文化主题书画作品展、品茶达人秀评比、考察茶园、邀请外地茶商走进姜堰等系列活动。区人大常委会副主任钱爱社、区政协副主席陈文德出席。

（丁　洁　秦　勇）

【区餐饮业商会第三次会员代表大会召开】　8月26日上午，大会召开。会议审议通过《餐饮业商会章程（修改草案）》，选举产生第三届理事会及餐饮业商会会长、常务副会长、副会长、秘书长，制定行规行约、工作目标任务、活动制度和会费收缴办法。曹顺安当选为姜堰区餐饮商会第三届理事会会长，5人当选为常务副会长,19人当选为副会长。区政协副主席、区工商联主席陈文德参加。

（袁　亮　秦　勇）

泰州市姜堰区总工会

【概况】　2014年，区总工会紧扣工人运动时代主题，实施“组织职工、服务职工”两大战略，开展“建会、维权、服务”三大行动，推进建功立业、素质提升、和谐创建、固本强基四项工程，各项工作取得新成绩。

职工职业技能　区总工会与基层工会联合组织各类劳动竞赛，联合区人力资源和社会保障局开展第八届春季职工技能竞赛，与区邮政局共同组织投递员技能竞赛，与区建管局共同开展抹灰工、砌筑工技能竞赛。开展“我为企业发展献一策”和“我为节能减排献一计”合理化建议活动，围绕加快转变经济增长方式，征集评比在节约能源、资源综合利用，推进科技创新等方面提出的技术措施和方案，召开合理化建议表彰大会。全区职工提合理化建议1万多条，实施率70%，完成职工技术革新项目450项，总结推广先进操作法10项。以生产一线车间、班组和服务窗口为重点，表彰区级

"工人先锋号"30个。

职工劳动保护　落实劳动安全卫生专项集体合同签订，制定劳动保护工作合格、示范工会申报考核标准，规模以上企业参与创建率90%。开展"安康杯"竞赛活动，参赛企业生产事故有所下降，职业病危害状况有所改善，区供电公司连续8年被表彰为全国"安康杯"竞赛优胜单位。区总工会联合区安监局等部门，在全区规模以上企业推行"1+3"（"1"是事故隐患和职业危害监控法，"3"是建立事故隐患和职业危害动态管理机制、持续改进机制、系统评价机制）安全生产监控体系，将安全生产关口前移、重心下移。全区开展安全生产大检查4次，基层工会开展职工安全生产知识培训，镇（区）劳动保护监督服务站实现全覆盖。夏季为环卫工人、交警和记者等工作在一线的职工"送清凉、送安全、送法律"。设立环卫工人歇脚点19个，为674名环卫工人提供免费、卫生早餐。

职工帮扶服务　核发第16批特困证，全区160名困难职工领取"特困证"；组织开展"金秋助学"活动，向80名贫困家庭学生发放助学金23.9万元；给特困职工、低保户发放"购药资助卡"。组织志愿者服务队，开展服务职工志愿行动，43家"工会会员服务之家"为职工消费提供优惠。开展"技能培训促就业""家政服务工程"活动，在俞垛镇组织农村劳动力转移家政服务培训班。

职工队伍建设　开展"劳动圆梦"职工大讨论活动。依托职工学校平台，为各类企业培养成人大专、本科生223人，培训技术工人、农民工1000余人次，建立职工网上大学。开展庆祝"五一"活动，举办"文明职工"先进事迹报告会，评选表彰文明职工100人。开展"劳模精神进校园"活动，引导青少年牢固树立中国特色社会主义共同理想和实现中华民族伟大复兴的坚定信念。组织参加省运会职工部足球赛和乒乓球赛，足球赛获第三名；联合区体育局举行职工乒乓球、羽毛球、棋类、牌类和篮球比赛，丰富职工业余文化生活。

【工会服务品牌建设】　区总工会整合工会服务职工职能，开展"服务职工365"服务品牌创建活动，维护职工合法权益，提升工会工作执行力和影响力。该服务品牌既指工会组织一年365天都在为职工服务，又代表姜堰工会服务职工的三级服务平台、六项服务内容、五大保障措施。即区职工服务中心、镇（区）职工服务站、企业（村、社区）职工服务中心三级服务平台，助困、助医、助学、助业、维权、综合服务等六项服务内容，组织、人员、阵地、经费和制度五大保障措施。全区初步建成以区总职工服务中心为龙头、镇（区）职工服务站为支撑、企业职工服务中心为基础的三级职工服务平台，47家重点以上工业企业和1家服务业企业职工服务中心建成通过验收。2014年10月，区总工会被中华全国总工会确定为基层挂钩联系单位，中华全国总工会机关离退休干部局局长王晓松带队调研区总工会服务平台建设工作。

（梁　亮）

【区总工会十六届四次全委（扩大）会召开】　2月26日，大会召开。会议回顾总结2013年工作，研究确定2014年工作任务，要求全区各级工会组织继续实施建功立业、素质提升、和谐创建、固本强基四大工程，全面提升工会工作整体水平。会议表彰2013年度工会工作先进集体和基层工会工作创新创优成果。溱潼镇、大纶镇、交通系统、姜堰化肥公司等单位工会作交流发言。区委副书记何光胜出席。

（张泽海　刘金明）

【"环卫工人歇脚处"挂牌成立】　6月30日上午，区总工会职工服务中心、工行区支行步行街西侧营业厅、区农商行银达支行等19个"环卫工人歇脚处"挂牌成立。该歇脚处由区总工会联合区城管局，为城区环卫工人打造。各歇脚处实现有醒目标牌、有可供休息桌椅、有饮水机（或热水瓶、电水壶）、有一次性纸杯、有联系人等"五有"目标，方便环卫工人就近就便工间休息。区委书记李伟授牌。区委常委、姜堰镇党委书记戴兆平，区委常委、宣传部部长薛金林参加。

（张泽海　姜　伟）

【区旅游行业工会成立】 12月12日，区旅游行业第一次会员（职工）代表大会召开。大会应到会员代表48人，实到44人。会议采取差额选举和等额选举的方式，选举出第一届服务工会委员、经济审查委员会委员、女职工委员会委员，主席、副主席等组成人员。郭斌当选为区旅游行业工会主席。

（沈璐璐）

【姜堰职工网上大学开通】 12月31日，区总工会职工学校举行职工网上大学开通仪式。该网上大学是泰州市第一家职工网上大学，也是全省第一家县级市（区）职工网上大学。分为“素质提升”“技能培训”“学历教育”“服务职工365”“在线阅读”“职校概况”“学员风采”“风土人情”八个板块，为职工提供宽领域、多层次、高质量学习平台，为全区企业实现转型升级提供免费技术课堂。职工点击网址http://www.jyzgdx.com，即可登录浏览，选择各类课程视频观看学习。区委副书记何光胜出席活动。

（刘金明）

共青团泰州市姜堰区委员会

【概况】 2014年，共青团泰州市姜堰区委员会（以下简称“团区委”）团结带领全区团员青年，以助推转型升级为重点，突出“项目推动、社会运作、统筹协调、活跃基层、铸造品牌”总基调，开展团建创新，服务发展大局，为姜堰“奋起泰州、崛起苏中”贡献青春力量。团中央、团省委领导分别到姜堰调研团建、青年就业创业等工作。姜堰区在2014年泰州市（区）共青团和青少年工作年终考核中获第一。

青少年工作 开展“走听转办”（走基层、听建议、转作风、办实事）活动，实施联系、凝聚、服务青年等“五大行动”。开展“凝聚青春力量·服务崛起振兴”主题征文演讲比赛，数百名青年参加。开展纪念“五四”运动95周年、“抗日英模在我心”、“红领巾寻访最美姜堰人”等主题教育活动，弘扬社会主义核心价值观。开展国学知识竞赛、“汉字听写比赛”、“英语节风采展示”等活动，丰富青少年文化内涵。表彰优秀团干、团员、项目等，树立先进典型。蒋垛中学获首届泰州市未成年人文明礼仪风采大赛二等奖。卞月东被评为“江苏好青年”。举办“载着你·向幸福出发”单车集体婚礼，引领环保节约新风。组织推进重点青少年群体服务管理和预防犯罪“成长护航”工程，实施排查摸底等“六大行动”。《中国共青团》刊文宣传推介“一千零一个愿望”圆梦行动。

青年就业创业 整合10家企事业单位23个岗位，45名姜堰籍大学生开展暑期社会实践。打造姜堰电子商务生态圈，建成2100平方米的青年电子商务服务中心，姜堰特产天猫专营店上线，日销售额近万元。开展农村青年信用示范户评选。孙飞获江苏省“最美新型职业青年农民”称号。

青年志愿服务 组织300余名青年参加会船节志愿服务，服务游客5万人次。开展“保卫蓝天·青春行动”秸秆禁烧志愿宣传、“亲子植树节”、“美丽社区我的家”活动，倡导绿色生态理念。开展“青春益起来·牵手送温暖”关爱麻风老人、“百团·雷锋”行动，弘扬志愿精神。

济困帮扶 开展“微爱频率”“青春情暖姜城”等活动，引导全社会关爱弱势青少年。开展“励志之星”评选活动，向50名贫困励志学生发放助学金3万元。开展“益起过冬”活动，为1300多名藏族学生捐赠衣物，全区2万多名中小学生参加。

平台建设 坚持“姜堰新青年”微信平台本地化、功能化发展，公众号多次列“南方周末”“新媒体排行榜”等平台共青团微信榜第一方阵，热门文章阅读量破万。推动基层团建和工作创新，开展直属团组织“项目预报工作”。实施镇共青团工作季度考评，月初发布工作提示，季末通报工作成效。规范整合公文平台、共青团网站、QQ群等文件通知下发渠道，提高工作效率。

（毛贤惠）

【团区委二十届二次全委（扩大）会议召开】 3月3日，大会召开。会议表彰2013年度全区共青团工作先进集体、先进个人及优秀工作项目。团区委书记翟文周代表团区委常委会作题为《紧扣改革主题，助推转型升级，在崛起振兴的征程中书写青春华章》的工作报告，总结2013年全区共青团工作，部署2014年共青团工作目标任务。区委副书记何光胜，团区委委员、候补委员、各直属团组织书记和各镇（区）团委副书记参加。

（顾冬梅　徐展鹏）

【团干部微信群工作体系建设】 2014年，团区委推进以微信为代表的新媒体平台建设，形成新媒体在新时期共青团和青年工作中的系统化、整体化运用。按照向下覆盖一级的原则，打造基层团干部微信群工作体系，形成层层联动的团干部微信群。微信群包括：区—区直属团组织、镇—镇直属团组织、机关企事业单位—下属团组织、镇直属团组织微信群。团区委直属团组织、镇实体化大团委各直属团组织负责人建立微信群，以二维码统一设置团徽标识。各级微信群明确专人负责，上级团组织定期汇总通报下级团组织微信群建立、运行情况，将微信群建立情况、覆盖团组织及青年情况、信息推送情况等作为工作是否活跃的重要依据。全区建立微信群561个，覆盖联系团员青年近2万人。团区委通过微信平台开展活动。展示留守儿童微心愿，招募圆梦大使，开启圆梦之旅；发布活动公告，走进特殊教育学校，组织现场节目表演、互动游戏、爱心捐赠；争取微信合作商家支持，邀请贫困学生免费观看电影、游览景点、感受城市；组织策划“单车集体婚礼”“党团史在线PK赛”“节水知识竞答”等主题活动；围绕生态创建、秸秆“双禁”、志愿服务等工作，发动青年借助微信平台，记录感受、抒发感想、交流感悟。

【实施青年电子商务创业工程】 2014年，全区通过“政府牵头、协会驱动、平台运营、孵化支撑、全民参与”方式，推进青年电商创业工程，建立青年电子商务创业孵化基地，打造姜堰农副产品电商营销平台，实施“智慧新农村·村村建网店”工程。电商专业人才、致富能人、青年企业家等组建导师团，开展入门级、进阶级、精英级多层次培训，参培青年超2000人次。举办青年电商创业项目评选、创意创业节、创业技能基本功大赛，在公交车身、灯箱展牌、户外大屏、旅游景区、媒体页面等显著位置开展宣传，提高社会知晓率。出台扶持政策，争取项目资金，提供办公场地；开辟“绿色通道”，提供小额贷款服务；加快产品优化升级，促进产业链拓展延伸。建成总面积2100平方米的青年电子商务服务中心，提供“办公+仓储+技术支持+融资+管理咨询+其他增值业务”全方位服务。在淘宝、1号店、京东等电商平台开设姜堰特产营销示范店，打造成功模板，提供销售平台。以大学生“村官”、农村创业青年为主体，联动企业、物流、金融等单位，建立村（社区）电子商务“E站”，实现“网货下乡”和“农产品进城”双向流通。建立区、镇两级青年电子商务协会，大学生“村官”、优秀网络创业青年、供应商、第三方服务商及资深网购人士近600人为会员，实现青年网商与供应商、第三方服务商之间发展互助、信息互通、资源互补。组建7人核心运营团队，负责电商营销平台建设、推广、运营；组建20人专业孵化团队，提供店铺美化、营销策划、网络技术、页面设计、美工摄影等服务。开放电商平台，吸引创业青年参与。挖掘地方农副产品13大类逾200种，上架87种；100多人新注册网店，上线34家。以沈高、溱潼等5个镇为中心，建立基层电商服务站，形成跨镇的区域性联动机制。注重线上线下联动，开展网货品尝、农业观光、实地走访、粉丝福利、软文竞赛等主题活动30余次。

（毛贤惠）

泰州市姜堰区妇女联合会

【概况】 2014年，区妇女联合会（以下简称“区妇联”）围绕中心，开展党的群众路线教育实践活动，引领妇女创新创业，抓发展大事，办民生实事，解妇女难事，开创妇女工作新局面。

巾帼创业　区电视台《城市对话》栏目录制留守妇女创业就业专题，在凤凰广场宣传12名创业妇女事迹。开展“美丽姜堰·三水巧女”旅游商品设计（创意）大赛，19个品类作品入围，评选出二等奖1人、三等奖2人、优秀奖4人。建立巾帼示范基地项目库，区经济和信息化委、区发展和改革委、区科技局等部门相关人员组建“女性企业发展智囊团”，走访调研有一定规模的女性企业，帮助分析研究形势，理清发展思路。

培训工程　举办“用‘三创’（创业、创新、创优）精神谱写人生辉煌”讲座，传授创业致富经，参培妇女150多人。中国妇基会、完美公司“单亲贫困母亲”培训计划落户兴泰镇，170多名单亲贫困母亲参加。举办时尚生活大讲堂，为沈高镇近100名妇女开展女性健康知识讲座。娄庄镇良帅公司建立电子商务培训基地，启动实施农村妇女“网上行”培训项目。举办各类培训班112期，受益妇女2万余人。

巾帼维权　召开“巾帼反邪教、共筑幸福梦”工作推进会，成立巾帼反邪教卫士总队。推进农村妇女“两癌”免费筛查工作，检查适龄妇女3512人，实行符合救助条件妇女网上注册登记，获全国妇联贫困母亲“两癌”救助专项基金。区妇联与区委农工办联合出台《关于在农村土地承包经营权确权登记颁证工作中保护好农村妇女土地权益的意见》，接待来信、来电、来访46件，结案率98%以上，新增人民陪审员5人，人民调解员100多人。

爱心帮扶　开展“蒲公英行动”，组织“社会妈妈”与近300名留守儿童结对帮扶。争取省儿基会扶持资金，在姜堰中专创办第二届“体彩职教春蕾班”，帮助45名贫困女童解决学业生活困难。开展“金秋助学”情暖贫困儿童活动，给20名特困儿童和贫困孤儿送去慰问金2万元。

家庭创建　开展“和谐家庭、美丽姜堰”家庭创建活动，挖掘一批“最美家庭”“最美儿媳”等先进典型。汤嘉诚获省级“十佳好孩子”称号，夏晓红获省级“十佳社会妈妈”称号；李明春获泰州市“十佳最美儿媳”称号。

巾帼服务　“国际家庭日”，组织开展“让爱回家”——巾帼志愿服务乡村行活动，为留守空巢老人送健康、送文娱。实施村庄环境整治巾帼在行动，开展妇女参与植绿护绿、垃圾分类、秸秆禁烧等活动。全区各级巾帼志愿者在扶弱帮困、法律帮助、心理疏导、科技辅导等行动中，开展服务活动1000多场次。开展送科技、送教育、送文化、送服务“四送”活动35场，在素质提升、权益维护、快乐生活、科学生产等方面服务妇女群众1000多人。

基层组织建设　推动“妇女儿童之家”建设，涌现出兴泰镇“兴泰舒之旅”、俞垛镇“小蜻蜓爱心家园”等优秀服务项目，姜堰镇古田社区的“居安”行动入选泰州市“泰苏馨”公益项目。制定实施《巾帼领头雁培训工作实施方案》，印发《如何提升基层妇女干部素质与能力》培训资料1000多份，参训人数700多人，组织妇联干部参加法律知识培训，发放测试卷300多份，回收率100%。

【庆“三八”系列活动】　一是召开巾帼创业联盟成立大会。30个创业带头人与帮扶对象签订携手创业连心卡，7名创业成功女性进行交流发言。该联盟帮助创业女性解决生产经营过程中发展难题，带动更多女性创业就业，形成抱团发展、信息共享、合作双赢的创业就业格局。发展成员240人，下设工业、种植业、养殖业和服务业四个分支，每个分支聘请负责人1人。二是举行“我运动、我健康、我优雅”启动仪式。30多名女领导干部代表参加。三是举办“关爱女性·关注就业”女性专场招聘会。餐饮、家政服务、商贸等10多个行业86家单位，为女性求职者提供岗位1825个，现场达成用工意向528人次。四是开展巾帼志愿服务活动。组织公安、司法、卫生等部门巾帼志愿者深入古田社区，为居民提供法律咨询、血压测量、卫生保健等相关知识宣传和服务，现场接待咨询群众200余人次，发放各类宣传资料2000多份。

【庆“六一”活动】 举办“践行文明礼仪、争做最美儿童”文明礼仪创建成果汇报展演，展示少年儿童在知礼仪、学礼仪中的成果。区委常委、常务副区长、区妇儿工委主任戚才俊出席。

【区巾帼反邪教卫士总队成立】 9月28日，区妇联在华港镇召开“巾帼反邪教、共筑幸福梦”工作推进会。成立区巾帼反邪教卫士总队，签订“巾帼反邪教卫士承诺书”，聘请首批巾帼反邪教宣讲员。区委常委、政法委书记张士林参加。全区各级妇联组织以社区为阵地，以家庭为依托，以健康、科学、文明的生活方式为主线，开展反邪教宣传教育活动，引导广大妇女从我做起、从家庭做起拒绝邪教，在全社会逐步形成崇尚科学、反对伪科学和封建迷信的新风尚。

（王　雯）

泰州市姜堰区关心下一代工作委员会

【概况】 2014年，全区各级关工委围绕党委、政府中心工作，按照“日常工作稳步推进、重点工作创新突破、特色工作彰显亮点”工作思路，推进关心下一代工作。

宣传教育　区关心下一代工作委员会（以下简称“区关工委”）组织编写“老少共话中国梦，人生出彩会有时”宣讲稿，区青少年教育讲师团进学校、进社区、进村镇宣讲100多场次，受教育青少年10余万人。组织开展“最美五老”大伦镇胡宏根、沈高镇徐庆昌事迹演讲活动。区关工委与教育部门联合开展“争做‘三爱’（爱祖国、爱劳动、爱学习）好学生”主题教育活动，在东桥中心小学举行启动仪式。区青少年教育讲师团成员作“我们是‘三爱’好少年”宣讲，区关工委常务副主任韩镇以“爱学习者最自强，爱劳动者最自立，爱祖国者最自尊，爱文明者最自重”勉励学生，该篇青春寄语被《江苏关工》全文刊载。活动现场举办“三爱”书签书画展。5万名中小学生参加全省“三爱”书签制作大赛，获特等奖1人、一等奖15人、二等奖29人、三等奖若干人。区关工委联合区文明办、团区委、区教育局在全区开展以“八礼四仪”养成为主要内容的“传承美德，涵养文明”系列活动。3月26日，青春仪式在励才学校举行，400多名14岁初中生诵读“八礼”，合唱“队歌”，以青春名义宣誓，在“迈好青春第一步，用礼仪沟通心灵，让文明变成行为”横幅上签名立志；4月17日，成长仪式在东桥中心小学举行，300多名10岁小学生参加；5月4日，成人仪式在城区中心广场举行，姜堰中学200多名18岁学生发出“十八而至，青春万岁”誓言，区委书记李伟等区领导参加。区关工委撰写的“开展三项教育，助推梦想起航”被《泰州关工》《江苏关工》全文登载。

引导青年创业就业　区关工委联合区人力资源和社会保障局、区农委开展青年就业创业培训。举办“阳光工程”农业技能培训班2期，培训青年农民341人；举办农业专项技术培训班4期，培训2000人；举办农业信息技术培训班10期，培训406人；与区委组织部联合培训大学生“村官”210人，其中26人创业初成。全区300多名“五老”担任青年农民创业顾问，创业初成57人。

关爱特殊青少年群体　一是推进残障儿童抢救性康复工程。全区“五老”参与残障儿童跟踪调查和康复治疗。几年内，康复中心接受康复治疗残障儿童1000多人，有效率95%。二是推进残障儿童援助工程。区关工委联合区残联、大洋百货公司开展“让爱心延续，让梦想放飞”主题活动，给康复中心61名儿童送夏凉被、毛巾和夏装。三是开展为残障青少年圆梦工程。区关工委和“五老”通过推荐、引领、结对等方式，帮助80多名残障青少年就业创业，得到省关工委常务主任曹鸿鸣肯定。撰写的《三项工程办实事，爱心助残在延续》分别在省《关心下一代周报》《江苏关工》全文登载。

预防减少青少年违法犯罪　全区各社区（村）组建“夕阳红”协会、“元老会”等组织，开展普法宣讲，参与网吧和电子游乐场所监督，开展失足青少年帮教活动，调处矛盾纠纷，救助贫困儿童。大坨镇关工委常务副主任胡宏根每年调处纠纷100余起，10年帮扶失足青年58人，记下帮扶日记10多本。沈高镇村村设立“元老会”，“五老”当起编外村干部，调处各类矛盾纠纷100多起，救助特困家庭102户，捐款捐物50万元。全区有帮教小组205个、“五老”606人，结对帮教青少年305人，转化279人，转化率86%。56名“五老”宣讲员为青少年开展普法宣讲63场次，受众6万多人；1054名“老娘舅”调解各类纠纷2000多起；1000多名“五老”参与网吧监督，出动巡查3000多人次，其中组织集中巡查30批次，发现纠正未成年人进入网吧100多人次。3000多名“五老”与3000多名留守流动儿童结成“忘年交”。全区创建零犯罪社区（村）277个，创建率92%。

【校外辅导站建设】 省教育厅、省关工委下发《关于推进“校站结合”提高青少年校外教育水平的意见》。各地按照校站结合要求，整合资源，推进校外辅导站建设。大坨镇分管书记张吉祥1个月召开学校校长和关工委主任联席会议3次，研究落实校外辅导站工作。张甸镇分管书记胡银虎担任镇校外辅导站工作领导班子组长，协调各村辅导站选址。暑期，区关工委组织人员调查全区校外辅导站运行情况，各校外辅导站活动正常，形式多样，内容丰富。俞垛镇校村全挂钩、全覆盖；大坨镇、溱潼镇村校资源共享，辅导站建在村部或学校，校外活动丰富多彩。许多“五老”在辅导站当组织者、志愿者。蒋垛镇校外辅导站“讲美德故事，做美德少年——网络阅读活动计划”和溱潼镇溱东村校外辅导站“老少共话节约一粒粮”视频脚本在全省校外辅导站优秀活动方案、视频征集评选中，分获省一、二等奖。区关工委撰写的《姜堰，校外辅导站的一片热土》在《江苏关工》全文登载。

（洪惟泰）

泰州市姜堰区老区建设促进会

【概况】 2014年，区老区建设促进会、扶贫开发协会（以下简称“区‘两会’”）围绕老区建设、扶贫开发开展工作，实现区“两会”五届一次理事会确定的各项工作目标。

宣传工作　清明节期间，张甸、溱潼、白米等镇“两会”协助组织学校师生祭扫革命烈士墓，学习先烈革命事迹；俞垛、姜堰、桥头等镇“两会”协助组织文艺宣传队，宣传老区发展变化；张甸镇“两会”开展老区精神进社区、进学校、进机关、进企业、进家庭“五进人”活动。印发《姜堰老区工作》12期，刊登宣传老区文章62篇，其中9篇被省以上老区宣传刊物录用。

调查研究　全区“两会”系统参与调研290多人次，形成调研材料50多篇。6月份，区“两会”在桥头镇小杨村调研，形成调研报告《桥头镇小杨村土地承包经营权流转情况调研》，得到市委副书记杨峰批示，在《泰州农村工作参考》第三期全文转发，《江苏老区》、省扶贫“两会”《扶贫动态》转发。各镇“两会”把调研与帮助解决实际问题结合起来，为在职干部分忧，为农民群众办实事、解难事。全区“两会”系统办有影响实事500多件，涉及夏秋参与秸秆“双禁”，调处干群、邻里矛盾等方面。

扶贫帮困　各镇“两会”按照“稳步发展、优化结构、提高效能”总体要求，扩展扶贫志愿者队伍。全区有扶贫志愿者、“两会”成员2590人，其中镇级扶贫志愿者198人、村级扶贫志愿者2382人。开展最美扶贫志愿者寻找推荐工作。白米镇企业家蒋家华被评为泰州市“两会”系统最美扶贫志愿者；蒋垛镇“两会”成员仲瑞俊、沈高镇冯庄村老区分会会长徐庆昌被评为优秀扶贫志愿者，出席泰州市“两会”召开的表彰大会。加强扶贫志愿者事迹宣传。年初印发《为了老区更美好》，录入60多名扶贫志愿者、“两会”成员的先进事迹；会刊《姜堰老区工作》宣传22名扶贫志愿者的先进事迹。组织扶贫志愿者与贫困户、低收入户开展结对挂钩帮扶活动，参加挂钩帮扶志愿者1195人，帮扶贫困户1144户3044人，全部落实帮扶措施。华港镇、沈高镇“两会”组织扶贫志愿者捐资，开展“扶助孤老主题活动”。组织“两会”成员参与金融服务，大坨、溱潼等镇“两会”开展金融服务形式创新，全区有镇村“两会”成员推荐贷款120多笔1400多万元。7月，区“两会”建立500万元扶贫开发基金，基金利息作为区“两会”系统扶贫资金。该资金一部分用于扶贫开发项目的贷款贴息，扶持贫困户、低收入农户发展种、养、加等项目；一部分资助贫困学生，开展助学扶贫。截至年底，用于扶贫项目贷款贴息资金近20万元，贴息项目63个，贴息贷款600多万元；资助高中（大学）贫困学生45人，资助金8.8万元。配合市“两会”、慈善总会开展“春风助学行动”，承担区扶贫志愿者资助部分，资助全区贫困生22人。

组织建设　召开区“两会”五届一次理事会议，完成换届选举工作。梁徐、沈高等镇“两会”调整充实镇村“两会”班子和成员。镇村“两会”建立人员集中学习、定期活动、工作交流、考核评比等制度。6月，在中国老促会召开的老区宣传工作会议上，区“两会”从健全网络体系、优化人员配置、选强“两会”“班长”、提升服务能力入手，加强“两会”组织建设的做法，被作为书面交流材料转发。

【区老促会、区扶贫协会五届一次理事会召开】　3月24日上午，大会召开。会议选举产生区老区建设促进会、区扶贫开发协会第五届理事会理事，讨论通过《姜堰区老区建设促进会、扶贫开发协会章程》。表彰区“两会”工作先进集体、先进个人，通报“寻找最美扶贫志愿者”活动情况。区委副书记何光胜、副区长王萍出席。

（仇志民）

泰州市姜堰区残疾人联合会

【概况】　2014年，区残疾人联合会（以下简称“区残联”）以全面提升残疾人幸福生活指数为落脚点，施行“残疾人幸福生活计划”，实施各项扶残助残实事工程，加强残疾人社会保障体系和服务体系建设，完成年度目标任务。

残疾人社会保障　救助无固定收入重残人员2343人，年救助金额1246.6万元；救助一户多残、依老养残特困残疾人713人，救助经费225.8万元；给1760名生活不能自理重度残疾人发放护理补贴，年补贴金额124.2万元；给788名低保重度残疾人发放重残补贴金，年救助金额58.9万元；救助和奖励残疾学生360多人，救助金额15万多元；补贴参加社会意外伤害保险残疾人1万多人，补贴金额近30万元。

残疾人康复托养　贯彻落实《姜堰区重度精神残疾人集中收治暂行办法》，开展精神病防治工作，免费集中收治重度精神残疾人57人，给510多名贫困精神病人送医送药；开展白内障复明工程，完成白内障复明手术212例，人工晶体植入率98%、脱盲率98%、脱残率86%；开展辅助器具适配工作，举办残疾人辅具适配专职委员培训班2次，提供和免费发放残疾人用品用具54个品种2386件；开展残疾儿童康复工作，在全省率先启动7—14周岁贫困残疾儿童免费康复试点，实施0—14周岁残疾儿童康复268人次，其中7—14周岁残疾儿童115人次。完善托养工作机制，规范工作流程，完成托养人数201人次。

残疾人就业　开展残疾人就失业调查，制定下发《全区就业年龄段持证残疾人就失业情况调查工作实施方案》，成立工作领导小组和办公室，组织召开专项动员培训会议，深入基层，加强业务指导和工作督促，强化质量控制。调查全区就业年龄段持证残疾人8952人，得到省、市残联肯定；兴建残疾人扶贫基地3个，庇护性就业机构3家，培训残疾人800多人次，辐射带动残疾人就业240多人次。按比例安排残疾人就业，推荐安置残疾人就业90多人，征收残疾人就业保障金1220多万元。

文体宣传　助残日，开展志愿者助残系列活动。区人大、区政协开展残疾人社会保障专项调研。区运动员在省九残会获6金、2银、1铜。开设《残疾人之声》栏目，通过网站、电台、报纸等媒介，宣传残疾人事业。

【实施幸福家园工程】　全区10个社区完善社区康复室、图书阅览室和日间照料室。开展“甘露行动”，给100个贫困残疾人家庭赠送价值500元的就诊“爱心卡”，实施贫困残疾人医疗援助；开展“圆梦行动”，为残疾人家庭免费配发彩电200台、电风扇200台、洗衣机300台、收音机200台，改善贫困残疾人家庭生活质量；开展“光明行动”，组织泰州市眼科医院专家到各镇（区）免费为村（居）民提供眼部致盲疾病筛查防治，筛查1600余人。

【开展残疾人专项需求调查】　区残联建立由主要负责人担任组长的残疾人专项需求调查工作领导小组，各镇（区）建立工作机构，各村（社区）建立调查小组。召开会议，动员部署调查工作。采取区、镇两级培训方式，举办核库工作培训班1期，区、镇两级入户调查培训班16期，培训入户调查员、陪调员等业务骨干700多人次，每镇（区）至少培训业务骨干3人，每村（社区）最少培训业务骨干2人。制定残疾人专项需求调研方案，在网络、电视、报纸、各村（社区）村务公开栏等媒介开展宣传。区残联建立督导组，主要负责人到全区16个镇（区）开展专题调研、督促、检查、指导，推广大坨等镇先进做法。12月中旬，各镇（区）至少在一个村（社区）进行入户调查试点。截至年末，残疾人专项需求和服务调查工作基本完成入户调查和互查议查工作。

（殷鸿禧）

泰州市姜堰区科学技术协会

【概况】　2014年，区科学技术协会（以下简称“区科协”）依靠广大科技人员和基层科协组织，围绕区科协八届二次全会确定的工作目标，按照“三服务一加强”（服务经济社会发展、服务提高全民科技素质、服务科技工作者，加强自身建设）工作定位，开展工作，完成年度目标任务。区科协被表彰为江苏省科普宣传工作先进集体、江苏省“全国科普日活动”先进集体，通过2011—2015年度全国科普示范市（区）中期评估，被确定为合格单位，实施的“六创一带”[即创建科普示范镇（区）、科普示范村(社区)、科技示范户（家庭）、科普示范基地、示范农村专业技术协会、青少年科技教育特色学校，带动科学素质的提升]科普能力提升工程入选省科协“三服务一加强”工作创新案例。

科普活动　组织相关学会、企业科协150多名科技人员参加“胶体电池研发”等18个“讲理想比贡献”竞赛活动以及17个“金桥工程”项目活动。江苏远东电机股份有限公司科协等单位组织科技工作者撰写合理化建议60条，70%被领导批示和采用。

科普惠农工程　实施“科普惠农工程”重点项目25个，180名专家结对帮扶开展服务活动。举办实用技术培训班230期，培训1.2万人次，发放自编教材1.6万份、部省编教材240多册。张甸镇三周村成为江苏省优秀农技协。

科技信息推送　组建企业科技服务站7家。举办“企业科技信息应用”专场培训，50多人参加。下载技术专利光盘企业44家，结合技术需求开展探讨研究企业11家，借鉴引用国外专利4项。中国科协副主席张勤、省科协党组书记陈惠娟先后考察江苏太平洋精锻科技股份有限公司和江苏远东电机制造有限公司两家单位科技服务站，肯定姜堰区专利推送工作和企业科技服务站建设。

学会科技服务　建立学会科技服务站2家、首席专家工程师1家，江苏农牧科技职业学院与娄庄镇红庙村传根水产养殖专业合作社建立科技服务站，泰州高等职业技术学院与泰州良帅公司建立科技服务站，飞船集团与省汽车工程学会建立首席专家工程师。省、市科协主要领导考察江苏远东电机制造有限公司等单位和科技服务站运行情况，肯定区科协创建基地工作。

科普宣传　开展以“科学生活、创新圆梦”为主题的第23届科普周活动，开展以“创新发展，全民行动”为主题的全国科普日活动。区科协牵头33个部门开展“防震减灾”“知识产权”“世界计量日”“世界电信日”“世界禁烟日”“世界环境日”“中国旅游”等重点科普宣传活动150多项，开展大型集中宣传活动4次，送科技电影下乡15场，开展实用技术培训、科普讲座90多场，发放科技书籍、专刊、资料、手册等40多种近20万份册，义诊市民5000多人次，接待科技咨询1000多人次，溱湖湿地科普馆免费接待观众3万人次，参加活动科普志愿者1500多人次。区电台、区电视台播出稿件28条（篇）；《姜堰日报》跟踪报道科普宣传周大型活动，报道各镇（区）、各联办单位科普宣传活动信息；政府门户网站义茶亭论坛参加并报道送科技下乡以及集中科普宣传活动。近50万人次市民群众受到两次科普教育。

开展科普宣传周活动　　（潘　俊　摄）

科技工作者　开展“四比四看”学（协）会能力提升工程。各学（协）会举办承办学术交流和专题研究57次，参加人员4100人次。在各级报刊发表论文549篇。举办较高层次培训班19期。参加继续教育3150人次。相关学会会员13人赴美国、新加坡等国家和中国台湾、香港地区考察交流，316人赴上海、北京、广东、浙江等地考察交流，交流论文179篇。101篇优秀论文参加泰州市第九届自然科学优秀论文评选。江苏振华泵业制造有限公司科协等单位组织科技工作者撰写合理化建议39条，70%被领导批示和采用，向泰州申报科技工作者建议2条。全区各学会、协会、企业科协为会员办理健康检查、订阅报刊、外出考察、晋级聘用、职称晋升、出国进修、学历培训、子女入学、配偶就业和解决住房困难等方面实事17项216件。

组织建设　年内，区科协组织召开常委会议2次、全委会议1次。全区组建企业科协7家。

【区科协八届二次全委（扩大）会议召开】　2月28日下午，大会召开。会议传达学习中央书记处对科协工作的指示精神，传达中国科协八届五次全委会和省科协八届五次全体（扩大）会议、泰州市科协四届三次全委扩大会议精神。区委副书记何光胜作重要讲话，区科协主席、党组书记王百年代表区科协八届常委会作题为《抢抓机遇 锐意改革 为“奋起泰州，崛起苏中”而努力奋斗》的工作报告。会议表彰2013年度全区科协系统先进集体35个、先进个人38人，命名一批科普示范镇、科普示范村、科普示范基地，科学教育特色学校和科普示范户。区科协八届委员会委员，各镇（区）分管科协工作负责人、科协秘书长，区各学（协）会秘书长，各企业科协秘书长近百人参加。

【企业院士工作站建设】　全区有省级院士工作站5家、地市级院士工作站2家。7家院士工作站联系院士8人、团队高级科技人员113人，培养企业科技人员142人，创新和合作项目73项。

【开展全民科学素质提升行动】　调整区全民科学素质工作领导小组成员，召开领导小组会议，制定下发《2014年姜堰区全民科学素质工作要点》，推进面向5大人群（未成年人、农村劳动力、城镇劳动人口、社区居民、机关工作人员）科学素质行动。组织1.4万名中小学生参加省青少年科技创新大赛和“金钥匙”科技竞赛；以科普惠农工程、科普惠农服务站和科技示范户为载体，组织250多名科技工作者进村入户指导科技示范户5000多户，辐射带动农户9万多户，推广新品种52个、新技术26项、新模式12个，培训持证农民5000多人；提升城镇劳动人口技能，举办缝纫、家政服务等培训班20多次，开展技能比武等活动培养高技能人才300多人；依托社区科普活动站，向社区居民普及防灾减灾、卫生保健、科学生活、食品安全、识别假冒伪劣商品、反对邪教等方面科学知识，举办“社区科普讲坛”100多场；通过发送手机短信、赠送科普专刊、开辟《科普之窗》栏目等向机关工作人员普及科技创新、科学方法等方面新观念。开展科普志愿者注册登记工作，登记3000人，注册近千人。

【开展“六创一带”科普竞赛】 2014年，各镇（区）深化“六创一带”科普竞赛，培育农村专业技术协会、农村科普示范基地和科技示范户。创建成全国科普示范社区1家，省特色学校2家，泰州市科普示范镇3家、示范村16家、示范社区7家，12月底创建成区级科普示范镇1家、示范村5家、示范户100户、示范农技协5家、特色学校2家；选举产生姜堰区第一届农技协联合会并挂牌。

（钱后勤）

泰州市姜堰区红十字会

【概况】 2014年，区红十字会贯彻落实国务院及省委、省政府《关于进一步加快发展红十字事业的意见》和省红十字会九大精神，围绕市红十字会年初确定工作目标，实施生命健康工程、人道救助工程、博爱文化传播工程、志愿服务工程，完成年度目标任务。12月1日，被市政府办表彰为2007—2014年泰州市红十字会系统先进集体。

资金筹集 开展“博爱万人捐”行动，打造“为爱同行，携手公益”筹资服务品牌，做到“围绕一个转变、坚持两个共同、实现三个确保”。“一个转变”是从向爱心人士募集资金转变为向爱心人士提供优质专业服务；“两个共同”是爱心人士捐献的善款由红十字会和捐款人共同管理，救助对象由红十字会和捐款人共同审核把关确定；“三个确保”是确保每笔善款按捐款人意愿得到有效使用，确保每个捐赠人对所捐款项捐得放心、用得满意，确保捐款人从参与救助活动中享受到奉献爱心快乐。截至12月底，区红十字会筹集款物83万元。修订完善募捐款物使用管理制度，每项捐赠款物收支情况实行网上公开，接受社会监督。通过网络报名，公开聘请社会监督委员8人，成立姜堰区红十字社会监督委员会，从5月份起，跟踪监督每笔捐赠和每次救助过程。

应急救援 成立姜堰区红十字应急救援队，有应急救护培训师和社区卫生站工作人员20人。统一着装标识，配齐器材，制定管理制度和训练计划，开展应急救援演练4次。

救护培训 制定应急救护培训计划，把应急救护培训工作与文明城市创建结合，与安全生产管理结合，与机关企事业单位职工素质教育结合，到机关、学校、企业、社区开展培训90多场次，培训各类人员12000多人。

志愿服务 区中医院为红十字冠名医院，年内开展义诊、免费体检等公益活动10次，受益群众近千人。区残疾儿童康复中心和区福利院建立红十字志愿服务基地，开展红十字志愿服务8次，参加人数100多人次。

器官捐献 贯彻落实《泰州市红十字会志愿捐献遗体、角膜管理暂行办法》，完善遗体、组织、器官捐献登记流程和管理制度，建立姜堰区红十字协调员队伍，与区殡仪馆确定捐献者遗体保存及费用结算办法。年内人体组织、器官捐献登记5例。

红十字宣传 每天姜堰电视台在《民生关注》节目前播放宣传红十字精神公益广告，《姜堰日报》《泰州晚报·聚焦姜堰》定期设立《红十字之窗》，姜堰电台设立《红十字之声》，开展红十字知识专题宣传6期。改版升级姜堰红十字会网站。聘请爱好摄影网民4人，在姜堰各大网站宣传红十字工作。“3·8”学雷锋宣传日、“全国防灾减灾日”等期间，组织红十字志愿者走上街头、走进社区，开展防灾减灾、紧急避险、无偿献血、造血干细胞及遗体捐献等知识宣传，制作宣传站牌20多个，发放各类宣传资料6000多份。围绕“5·8”世界红十字日主题，全区各中小学组织开展“我与红十字的故事”征文活动，收到征文200多篇，7月份举行评比颁奖。东桥小学、桥头小学组织红十字会员到社会福利中心、镇敬老院、特殊学校、消防大队等单位开展志愿服务活动。蒋垛中心小学开展“红十字精神”演讲比赛。

组织建设　学习国务院及省委、省政府《关于进一步加快红十字事业发展的意见》，12月，印发全区贯彻落实两个意见文件初稿。区文明办将区红十字会列入区文明委和“三下乡”（科技下乡、文化下乡、卫生下乡）活动组成单位，无偿献血、捐献造血细胞、人体器官捐献、志愿服务、爱心捐赠等工作纳入姜堰区文明单位创建考核内容。全区15个镇级红十字会基本达到“六有”（有健全的组织机构和热心红十字事业的带头人，有稳定的会员和志愿者队伍，有规范的管理制度，有固定的服务平台，有红十字特色的活动，有稳定的经费保障）要求；区卫生局、区教育局分别成立“红十字青少年工作委员会”和“红十字卫生工作委员会”，全区各中小学和医院建立红十字组织。全区有红十字基层组织157个、会员15200多人、志愿者1000多人。

【区红十字会二届四次理事会召开】　2月27日，大会召开。会议听取审议通过专职副会长凌雨佳作的2013年工作报告和2014年工作计划。副会长丁仲生作捐赠款物收支情况说明。会议表决通过聘请名誉副会长决定，曹井军、傅南昌、吴天明3人担任区红十字会名誉副会长。副区长、区红十字会会长刘文来要求区红十字会积极作为，以创新的思路、务实的举措推动红十字事业科学发展；突出重点，提升人道服务水平、社会筹资水平、品牌建设水平，扩大红十字会品牌社会影响；强基提质，加强组织建设、强化部门协作、强化基础管理，维护好红十字会社会形象。

【开展红十字救助活动】　2014年，区红十字会以博爱为主题，开展系列救助活动。联合区见义勇为基金会为身患重病见义勇为先进分子许东英开展爱心传递接力活动，市、区两级电台、电视台、报社、网站等媒体宣传许东英先进事迹，报道不幸遭遇，社会各界帮助解决治病困难。开展白血病患者、先天性心脏病儿童和恶性肿瘤儿童患者救助活动5次，救助各类患者165人次。在姜堰特殊教育学校、残疾儿童康复中心等地开展救助活动12次，给近500名贫困学生和残疾儿童发放款物近10多万元。与姜堰先锋车队共同组织开展为留守儿童拍全家福活动，走访慰问大纶、蒋垛、白米、淤溪、溱潼等镇留守儿童60人，发放救助款物近3万元。开展“博爱送万家”活动，发放救助款物30多万元，受益群众600多人。

开展“博爱送万家”活动

【造血干细胞捐赠】　区红十字会与区血站沟通联系，制定造血干细胞采样工作计划和采样方案，落实专人到献血车动员献血者加入捐献造血干细胞志愿者队伍。开展救护知识培训前宣传造血干细胞捐献知识；定期组织红十字志愿者走上街头，开展无偿献血和捐献造血干细胞宣传活动。全区造血干细胞采样工作提前6个月完成省、市下达任务。

（凌雨佳）

武　装

人　民　武　装

【概况】　2014年，区人民武装部（以下简称“区人武部”）围绕“听党指挥、能打胜仗、作风优良”强军目标，履行职责，开展队伍建设，各项工作呈现稳步上升良好发展态势。

学习教育　贯彻党的十八大，十八届三中、四中全会精神和全军、军区政工会议精神，抓好年度党委中心组及机关理论学习。开展“牢记强军目标，献身强军实践”主题教育，组织全体干部职工集中收听收看军委、军区、省军区和军分区动员部署，召开党委会，制定活动计划，组织“军队要像军队的样子”和“战斗力标准”大讨论。4月，组织干部职工和基层专武干部到蒋垛苏维埃纪念馆缅怀革命先烈，重温入党誓词，开展扶贫帮困活动。开展党的群众路线教育实践活动，修订完善人武部日常管理规定，突出用人、理财、征兵等重点。

战备训练　修订完善作战方案和抗洪抢险、防化救援等6类应急方案。重大节日、敏感时期，做好战备执勤，人武部主官带1名干部、职工24小时值班，全天候接受军委总部、军区、省军区、军分区四级视频抽查。坚持周一到周五每天上午8点交班点名制度。6月，重新核实登记全区民兵装备，组织80人次到省军区溧阳武器装备仓库装卸封存，武器装备完好率100%。开展“练将练官”活动，开展现役军官军事理论、作战计算、作战标图、作战构想、体能等训练。参加省军区“五项军事考核”，所有课目全部达标。组织2批30人参加分区组织的抗洪抢险和防化救援集训演练。9月份，采取上导下演、随机抽查、跟踪考评方法，组织全区6个镇民兵应急分队240人开展维稳处突演练，10月份，经验做法被泰州军分区在全市转发。按照“三时一体”(即平时服务、急时应急、战时应战)要求，编建“应急、支援、储备”队伍4000人，专业对口率、在位率、经训率均超过省规定要求，在省军区、军分区联合考核中成绩优秀。统筹组织人防、交战312人编组，通过上级对口部门检查考评。

征兵工作　加强兵役法规宣传教育，做好兵役登记和网上报名工作。严把体检、政审和定兵关，完成新兵征集任务。

双带双扶　围绕“党建兴村、富民强村、文化育村、生态怡村、平安建村”“五村”工程，开展“美丽乡村”建设。全区民兵预备役人员清理河道39条，搬运垃圾500多吨，植树1万多棵。开展帮带争创活动。元旦、春节、“八一”期间，部机关组织走访慰问活动，给5名姜堰籍基层营连主官、特困干部亲属和14名扶贫对象和贫困学生送去慰问金和慰问品；

5月份，开展向区红十字会捐款和“慈善一日捐”活动；8月份，对全区近7000名中学生进行军训。组织民兵600多人次参加元旦、春节期间军警民大巡防，卫生城市创建，中国湿地生态旅游节、溱潼会船节治安执勤和南京青奥会安保等活动。

队伍建设　按照“四练一学”（练指挥、练智能、练技能、练体能，学理论）要求，抓好党委班子岗位练兵，做到有学习计划、有学习考勤、有资料剪贴、有讲评考核，组织班子成员参加“两实”训练、首长机关指挥技能训练，将训练成绩纳入年度综合业绩考核。贯彻“十六字”（集体领导、民主集中、个别酝酿、会议决定）方针，坚持开会研究重大问题及大项经费开支，依规依法按程序决策。6月，调整区人武部领导班子。开展谈心交心活动，落实机关组织生活制度。开展“勤俭建部”活动，办公、接待、生活等消耗性开支同比大幅下降。投入15万余元，建成与总部、军区、省军区、军分区互联互通视频指挥控制系统，安装视频监控系统，提升作战指挥和值班要素信息化水平。开展“学法规、明职责、正秩序、严纪律”活动，通过整治办公秩序、严格队列训练、端正军人仪容仪表、开展自我对照检查等，正规“四个(战备、训练、工作、生活)秩序”。开展经常性安全教育，增强干部职工条令意识。召开部党委会，研究制定整改措施，解决区人武部与地方部门合署临时办公，存在人员流动大、办公秩序难正规、管理监控难度大和安全保密风险大等问题。

【常委议军会召开】　11月26日，会议在区行政大楼四楼常委会议室召开。区人武部代表驻姜堰军事单位汇报2014年军事工作完成情况，提出6项议题，即人武部与人防应急指挥中心建设、进一步加强基层专武干部建设、人武部指挥车辆购买、消防大队装备器材经费保障、武警中队经费保障和随军家属安置等有关问题。会议审议同意前5项建议，随军安置问题待泰州市下文后再实施。会议由区委书记李伟主持，区委常委出席，驻姜堰军事单位负责人，区人力资源和社会保障局、区民政局、区财政局等相关单位负责人列席。

（王小昌）

人　民　武　警

【概况】　2014年，武警区中队按照《军队基层建设纲要》，围绕“建设一支听党指挥、能打胜仗、作风优良的现代化武装警察力量”总要求，开展“处突反恐”、武装巡逻和处置突发事件等工作，完成各项目标任务。一班被评为先进班；2人立三等功1次，2人被评为优秀中共党员，14人被评为优秀士兵，15人受到嘉奖；1人获“青奥卫士”称号。

思想政治　学习贯彻党的十八届三中、四中全会精神，开展“坚定信念，铸牢军魂，永远做党和人民的忠诚卫士”专题教育，抓好部队经常性、基础性政治工作和营区政治环境建设。

双拥工作　开展创建“双拥模范城”等拥政爱民活动，深入敬老院帮助孤寡老人解决生活困难，开展“一助一”扶贫活动，开展武警区中队与共建单位联谊活动。年内，武警区中队派出兵力200余人次为省姜堰中学、区人武部等单位军训学生、民兵、职工3500余人次，派出官兵200人次清理垃圾50多吨、植树1800余棵。

执勤工作　参与社会治安综合治理，完成“溱潼会船节”等安保及全区“军警民大巡防”。执行临时性重大勤务和参与城市武装巡逻2000余次，完成临时勤务40多起，出动兵力3000余人次，实现连续57年无安全事故。

军事训练　依据《军事训练大纲与考核大纲》，训练反恐应急小分队，提高体能、技能、职能，训练擒敌术、反恐战术、警棍盾牌术、应急棍术、射击、越野长跑等科目，提高部队应急快速反应能力，在上级组织的军事科目考核中取得优异成绩。

部队管理　依据《条令》，加强部队内部管理，正规战备、训练、工作、生活秩序。依照《基层正规化管理规定》，建设各库室，绿化营区，搭建训练大棚，为官兵创造良好生活环境。巩固“五个重点问题”治理成果，抓好部队安全稳定，年内部队安全无事故。

（袁慧明）

人 民 防 空

【概况】 2014年,区人民防空办公室（以下简称“区人防办”）围绕区委，区政府，区人武部和省、市民防局总体工作部署，落实“长期准备、重点建设、平战结合”方针，服务经济社会发展大局，取得显著成绩。在年度绩效考评中被区效能办评为优秀等次，被区委、区政府命名为“2013—2014年度文明单位”。

指挥通信建设　基本完成区人武部和区人防应急指挥中心工程建设。按照“十二五”规划和人民防空军事斗争准备要求，购置机动指挥通信车辆和设备。完善城区警报网点建设，新安装固定警报器1台、多媒体警报器1台。5月12日上午10时，姜堰区首次与泰州主城区同步鸣放防空防灾警报，区人防办组织东桥小学南校区1800多名师生开展疏散演练。9月18日，全区进行防空警报试鸣，北街社区居民同步开展防空防灾疏散演练。市区防空警报设备完好率、音响覆盖率均为100%。落实专业队整组训练，260名专业队员全部实名实编到位，组织7支专业队分队长以上28人及人防机关工作人员共40余人赴军分区靶场进行轻武器射击训练。9月25日，组织区天然气公司开展以点验、比武、抢修为主要内容的重要经济目标防护演练，提升人防专业队遂行任务能力。

工程建设　年内新立项人防工程4个，建筑面积完成区交指标任务128.23%；新开工人防工程3个，建筑面积完成区交指标任务133.6%；竣工人防工程4个，建筑面积完成区交指标任务108.6%。人防工程每年创造平战结合收入60多万元,为社会提供就业岗位100多个、停车位近200个。加强在建工程质量监督，落实人防工程标识标注牌长效管理机制，确保工程质量万无一失、人防标识标注牌完好无损。

经费筹集　坚持“以建为主、以收促建”原则，加大人防经费筹集力度，严格执行人防经费“收支两条线”管理规定，筹集经费全部纳入财政专户管理，专款专用。全年征收人防易地建设费完成区交指标任务263.34%。

宣传教育　开展民防知识进学校活动。区人防办联合区教育局在南苑初级中学召开初级中学民防知识教育现场会，全区22所初级中学分管校长和民防知识教育专任教师参加；与区教育局联合下发《姜堰区2014—2015学年度初级中学民防知识教育计划》，向全区初二年级学生赠送《民防知识》读本7300本，初二年级学生人手一册。区电台开办《人民防空》专题节目，每周一档；《姜堰日报》开设人民防空知识专版，每两个月一期，宣传人防地位作用和法律法规政策。“5·12”防灾减灾日、“5·18”科普宣传周、“9·18”警报试鸣日、“12·4”国家宪法日，在市区坝口广场、新市民广场开展民防知识宣传教育，发放《姜堰日报》防空防灾知识专版3.2万份、宣传资料3000多份。翻印《市民公共安全应急指南》3万册，免费赠送城区、区经济开发区23个社区居民。

开展人防法律法规知识宣传

（潘　俊　陆安民　摄）

社区共建　任命23个社区民防工作站站长，建立社区民防工作联络QQ群，在社区便民服务大厅设立“民防服务咨询台”，接受社区居民咨询提问。组织指导康华社区部分居民和民防志愿者开展疏散逃生、医疗救护、消防灭火等三个科目演练，提高社区居民应急处置能力。

行政服务　深化行政审批制度改革，取消行政许可事项4项，保留1项。依托区政府信息公开网和“‘12345’·政风行风热线”，向社会公开人防政策法规、职责职能、办事指南，回复义茶亭、罗塘人家等网站网民提问8次。加强人防行政许可文书和执法案卷规范化建设，优秀执法案卷数在全市民防系统案卷评查中位居第一。

（史　婧　陆安民）

消　　防

【概况】　2014年，武警泰州市消防支队姜堰区大队（以下简称“区消防大队”）以维护社会稳定为核心，以提高社会火灾防控能力为落脚点，开展消防部队建设和社会面火灾防控工作，完成以防火灭火为中心的各项任务,实现队伍建设和火灾形势“两个稳定”。

灭火救援　接警出动（含增援）791次，出动消防车1122辆次、消防官兵5590人次，抢救被困人员45人，抢救财产1171.8万元。

灭火演练　组织实战化灭火演练138家次，修订灭火作战预案106份，开展政府组织的联合演练3次，开展跨区域演练2次。

专项整治　开展消防安全大排查大整治、重大火灾隐患集中整治、“六打六治”打非治违等专项排查整治活动。区消防大队出动检查人员2628人次，发现火灾隐患915处，督促整改850处，下发责改473份，下发行政处罚决定书148份，临时查封单位22家，责令“三停”（停产、停业、停止使用）24家，罚款98.64万元。

宣教培训　组织消防文艺会演1次，开展消防志愿者宣传活动4次、主题宣传活动5次，发放、张贴宣传资料13000余份，播放电视、电台等媒体宣传广告和标语20余条，发送手机预警信息短信900余条。举办各类消防培训班6期，培训人员800余人；深入社会单位内部开展培训30次，受益人员近万人。对外开放消防教育基地及消防站12次，接待参观2000余人。

基础建设　恢复运行俞垛专职消防站，推进蒋垛消防站建设，为全区12个镇（区）各配备1辆小型消防车，基本完成乡镇保安联防消防队升级改造工作，提升乡镇扑救初期火灾和自救能力。

部队建设　开展“牢记强军目标，献身强军实践”主题教育、创先争优、“三无”（无违纪、无事故、无犯罪）争创等活动，实施部队精细化管理考评，开展“队伍正规化、业务规范化”建设，实行基层党组织规范化，推行党务公开。开展执勤岗位练兵活动，提高单兵作战和队伍协同战斗能力。开展党员先锋岗争创、铁军中队争创活动，开展“模范党小组”“先进班级”“训练标兵”“每周一星”活动，营造团结务实、奋勇争先良好氛围。参加地方作风评议活动，通过召开行风监督员座谈会、走访重点企业单位等形式，征求意见，出台便民利民措施，完善窗口服务，改进服务方式和质量。

（丁晓阳）

开展消防训练活动

（任　杰　摄）

法 治

社会治安综合治理

【概况】 2014年，全区按照省、市社会管理综合治理工作总体部署，围绕政治经济形势、社会维稳形势，以及加强和创新社会管理工作形势，推进综治平安建设，维护社会和谐稳定。区检察院、区法院分别被最高检、省高院记集体一等功，丁昌华被表彰为全国公安机关爱民模范，孙广明被泰州中院号召学习。

综治平安建设 区委常委会专题研究政法综治工作，区政府常务会议多次研究综治具体事项。实行镇（区）政法委员制，制定镇（区）、部门责任书，建立综治建设各领导小组、专项组，执行工作例会、信息报告、述职汇报等制度，实行重点工作通报、提示、警示，全区形成一级抓一级、层层抓落实工作格局。推进政法基础设施建设，提高城区辅警、流动人口协管员待遇，镇（区）戒毒社工、网格长报酬和人民调解员调解个案由区财政实行补贴。落实治安防控系统、综治信息系统建设专项经费，实施“六无”村（社区）创建专门奖励，区、镇综治经费实行专户管理，资金筹措、使用安排和工作推进到位。调整充实综治专项组织，通过以会代训、专题讲座等开展培训活动，提升协同配合和履职能力。推进平安校园、家庭、金融、水域、铁路等系列平安创建，按照“有布置、有活动、有督察、有考核”要求逐项落实创建措施，提升创建质效。

维护社会稳定 调整区、镇、村三级联动机制，推动区、镇调处中心提档升级，村（社区）、个人调解室扩面增量。镇工业集中区建立园区调解组织，重点企业设立劳动保障监察服务联系点，实现调解工作对各类涉企纠纷迅速介入、有效覆盖。健全分析报告制度，预警苗头性、倾向性问题，提出意见和建议供决策参考，提交劳资纠纷、合同纠纷、土地流转、社会集资、商品房销售等领域工作建议近20份；健全社会稳定风险评估制度，筛选经验丰富调解员纳入区、镇两级稳评专家库，下发稳评督办单，完成区级稳评项目60件。实行区调处中心与信访接待一体化运行，合并“12345”服务热线、政风行风热线、区委书记信箱、区长信箱、政府网站论坛等诉求渠道，建立“‘12345’·政风行风热线”，每周安排上线直播，解决问题、钝化矛盾，区党政班子成员上线21人次；坚持由区综治办、区维稳办、区联席办、区矛调办联合召集的社会稳定月度分析会制度，做到情况同步掌握、要求同步把握、作用同步发挥；区党政负责人牵头包案，解决突出矛盾和疑难信访问题。加强社会面管控，提升处置能力，全区无民转刑案件、暴恐案件发生，违法犯罪警情、刑事立案比上年明显下降，“八类”（故意杀人、故意伤害致死、爆炸、投毒、放火、抢劫、强奸、绑架致人死亡）案件全部告破。维护交通、场所、网络、消防、企业生产等重点领域和单位公共安全，无有影响重大公共安全事故发生。围绕信访稳定，做好群众工作，维护群众合法权益，进京非访有效控制，南京青奥会和中央巡视组驻江苏期间，全区上访批次、人次全市最低，受到市委、市政府通报表扬。围绕构建立体政法要求，创新社会治理方式，提升综治建设质效，推进三级平台高效化、综治力量专业化、综治手段信息化、人群管理长效化、矛盾调处系统化、综治法治一体化，打造平安姜堰。

社会管理创新　加强社会管理服务平台建设，区级平台年初搬迁到位，实现常态运转，镇级平台更加规范，村级平台建成率100%；推进平台规范化建设与综治规范化建设有机融合，彰显实战效能；建设综治信息系统，规范信息采集工作。推进城乡和谐社区创建，80%以上社区办公用房达标；落实社区公共服务事项准入制度，实现一厅式办公要求；启动实施“六无”村（社区）创建，将矛盾化解、治安、特殊人群服务管理等突出问题归纳为六个方面，每季通报、严格把关。配备网格长4839人，每镇新增专职戒毒社工1人以上，平安义工信息采集6000人，新增具有专业技能社会工作者44人。完善直接登记管理制度，年内新登记55个，孵化优质组织36个，5个社会组织公益创投试验项目通过省、市级初选。

（王家良）

法治政府建设

【概况】　2014年，区政府法制办公室（以下简称“区政府法制办”）围绕区委、区政府工作中心，发挥参谋、助手和法律顾问作用，开展法治政府建设，完成年度工作任务。

依法行政考核　整改2013年考核中发现的问题；召开依法行政协调指导办公室工作会议，督察指导成员单位合理推进依法行政；落实行政执法责任制，从制度、执行、报告、备案等环节考核行政执法工作。

规范性文件审查　年初下发规范性文件制定计划，全年起草或审核规范性文件12件，涉及经济转型发展、民生保障服务等方面。文件出台均经区政府常务会议讨论通过。对区政府制定的文件，报区人大常委会备案审查。采用逐部门、逐项目梳理把关方式，审查全区行政许可事项442项、非行政许可事项191项。上级明令取消和无设立依据的，均建议予以取消；设立意义不大的，均建议予以挂起整合。

行政复议办理　设立行政复议接待窗口，受理行政复议申请10件，涉及政府信息公开、工伤、行政强制等行为，运用书面审理、公开听证、和解协调等方式化解矛盾，其中维持8件、终止审查1件、驳回复议申请1件。办理以区政府为被申请人或被告的行政复议、应诉案件3件，无被确认违法或撤销情况。

行政执法监督　8月和11月，两次开展全区30个执法单位执法检查，绝大多数单位立案受理快捷，执法卷宗规范，文书说理到位，办案效果良好。8月份起，组织行政执法案件评查专家筛选各执法部门上报的2013年度行政处罚典型案例，分析点评重点执法单位19个、案例37件，将其中19件典型案例及评析内容汇编成册。发放行政执法证件1650多本，新办证件134本。

法律服务　依法审查区政府有关合作协议及合同，为区政府提供法律意见和建议21份。5月份，区政府法制办联合区法院召开行政执法与行政审判联席会议，推进依法行政。

（徐爱明）

公　安

【概况】　2014年，全区公安机关围绕区委、区政府“奋起泰州、崛起苏中”战略目标和市公安局“163”行动计划（实现传统警务向现代警务转型，实现基层基础质态、打防管控水平、应急处突能力、为民服务手段、执法管理质量、队伍整体素质六个核心能力升级，打造平安稳定、执法服务、和谐警营三个示范区），实施推进“5+2+1”工作方略，完成公安保卫任务，维护社会治安大局平安稳定。全区公众安全感98%，比上年上升2%，排名泰州第三；群众对公安机关满意率94.44%，处于全市领先水平。

维护政治稳定 完成溱潼会船节、APEC峰会、南京青奥会、中央巡视组巡视、十八届四中全会等重大安保维稳任务，保障“一区两园”建设、文明城市创建、城区房屋征收搬迁等中心工作推进。健全完善情报研判预警机制、社会稳定风险评估机制、矛盾纠纷排查化解机制、重大舆情“5+X”应急处置机制。修订突发事件和反恐应急处置预案，组建60人的治安特勤队，调整50人、200人的机关合成行动队，定期组织开展“关城门”等应急演练活动；成立武装巡逻组3个，购置运兵车1辆、武装巡逻车2辆，常态化开展武装巡逻。

打防违法犯罪 推进“技防城”和“320”工程建设，基本建成重要路面高清监控点1834个、高清智能化卡口监控系统126个方向53套。开展军警民大联防和“照亮平安”工程，启动一、二级巡防，建成街面警务站4个，组建6000人的“平安义工”队伍。青奥会期间，全区侵财性犯罪发案率同比下降50.9%，破案数全市第一。开展打黑除恶、打击“两盗一骗”侵财犯罪、“泰安行动”等严打整治专项行动，侦破“4·11”、“7·10”、“10·3”故意杀人案、“5·15”环境污染案等案件，连续六年实现“命案全破”。全区立刑事案件2878起，立案数比上年下降16.9%。其中，“八类”案件立37起，破36起，破案率97.3%。侵财性案件立2473起，破835起，破案率33.8%，比上年上升8.7%。

公共安全监管 打击群众反响强烈的娼、赌、毒等社会丑恶现象，查处各类行政案件5388起，治安罚款652人，行政拘留624人。针对交通、消防、危爆物品等公共安全管理领域存在的隐患和问题，组织开展交通环境整治、清剿火患、治爆缉枪、打非治违等专项行动20余次，查处交通违法行为42万余起，整改消防隐患818处。全区发生交通事故208起、火灾事故410起，均呈现稳中有降趋势，其中交通事故受伤人数、直接经济损失数分别下降8.6%、18.3%。

基层基础工作 探索勤务指挥室引领社区民警队、治安民警队、巡逻民警队工作的“一室引领两队、三队”警务运行模式，建成标准化派出所勤务指挥室15个，实行“指挥调度、视频监控、信息研判、巡防指导、勤务督导”。建成一级派出所4家、一级警务室30家，实施社区警务“一网考”，加强平台数据质量监管，社区民警“一网考”成绩在全市名列前茅。推广安装电动自行车“车卫士”系统8000余套，破获案件100余起，抓获犯罪嫌疑人21人，全区盗窃电动自行车案件比上年下降15.6%，该做法得到区委书记李伟肯定，市公安局向全市推广。

行政服务管理 将城区3个派出所和区经济开发区、姜堰水上派出所的户籍窗口归并到区行政服务中心集中办公，年内区行政服务中心公安窗口审批办理户口、出入境证照5.6万件，被评为“金牌服务窗口”。建立实体化“民意警务研判中心”在全市率先推进实施，采集各类信息3.2万条，编发回访短信2.9万条，督促整改群众不满意事项286件，群众满意率98.9%。

平安文化建设 举办第三届“警察文化节”，引领民警价值取向、精神风貌和行为规范。区公安局被评为“省级廉政文化建设示范

开展防范电信网络诈骗宣传活动

（张泽海 程 斌 摄）

点”。拍摄交通宣传微电影《呼唤》，推出《老章说交通》《老章说平安》等系列方言韵白作品，开展平安法治宣传。开展特色品牌创建工作，“护航发展中心”、“警务微信群”、“爱是你我”服务驿站、“平安一条街”、维护妇女儿童权益工作站等10多项做法被上级机关肯定推介。

规范执法建设　举办法制讲坛和专题讲座9期，受训民警2000余人次；参加全省初、中、高级执法资格考试，461人通过中级考试，占全局民警总数70%，41人通过高级考试，5人通过司法考试。出台《执法规范化建设考核办法》《规范执法六条规定》《办案民警工作日志》等制度，建立取保候审案件专门台账，动态监管2012年以后办理的适用取保候审措施案件1048起。落实执法办案“四进”（进社区、进村庄、进企业、进重点场所）、“四个一律”（所有案件一律在办案区办理，进入办案区后一律先行采集信息，在办案区内工作对象一律有人看管，办案主要流程一律有录音录像）和刑事案件“四回”（受案回执、立案/不予立案回复、破案回告、未破案件回访）制度，推行同步录音录像和行政案件“单轨制”运行，标准化改造所有讯（询）问室，遏制执法问题发生。

（张　峰　陆　穹）

【区见义勇为基金会一届二次理事会召开】　5月26日，大会召开。会议听取审议2013年工作情况和2014年工作计划，讨论通过《泰州市姜堰区见义勇为基金会表彰奖励办法》和理事会组成人员调整方案，调整理事会秘书长、常务理事、理事。区人大常委会副调研员、区见义勇为基金会理事长夏月林作工作报告，副区长、区公安局局长、区见义勇为基金会常务副理事长周如勇主持。

（程　斌　张红喜）

【区巡特警大队成立】　6月19日，区公安局巡特警大队揭牌成立。该队是一支承担以反恐处突、维护社会面治安为主要任务的专业队伍，具备“1分钟反应、3分钟出击、5分钟内快速处置”能力，通过巡逻、查缉等保护人民生命财产安全。

（应婷婷　张世芳）

【泰州首支民间水上救助队成立】　10月17日，姜堰为民水上救助服务中心在姜堰镇通扬村成立。这是泰州首支民间水上救助队伍，接受公安机关统一现场指挥，规范水上突发事件处置流程，为当地迅速、有序组织水上突发事件应急提供保障。

（应婷婷　刘　毅）

【区少儿交通安全情境教育基地揭牌】　12月2日，区少儿交通安全情境教育基地揭牌仪式在区实验小学教育集团三水校区举行。该基地为区委、区教育局、区公安局、区实验小学三水校区等单位联合启动实施“交通安全行动计划”打造的全区首家“少儿交通安全情境教育基地”。区实验小学为第一批“全省交通安全示范学校”。该校利用学校场地，建设集交通安全知识作品展示栏、交通实践体验场于一体的交通安全情境教育基地。学生们在施划交通标志、标线和设置红绿灯的机动车道、非机动车道、人行道上分别开动电动小汽车、骑小自行车或步行，体验马路上交通感觉。学习掌握交通法规和安全知识，提高交通安全意识和自我防范能力；将文明交通理念传递到每个家庭乃至整个社会，共同营造文明、礼让、和谐、守法的交通安全环境。市公安局交警支队、市教育局、区委宣传部、区公安局、区教育局相关领导与媒体记者、全区各学校分管校长、区实验小学200余名师生代表等参加。

（鲍　仁）

【2014年度姜堰区“十大公安好新闻”】　1. 组建民意警务研判中心。2012年、2013年，区公安局推出“1+6”[组建城南女子社区民警队、设立交通事故调解服务中心、建立街面执勤执法服务平台、成立社区警务理事会、开设“警民直通车”、建立交通管理服务站、“六

（交管、消防、网安、调解、法制、外管）进社区”]群众工作法、“123456”（在基层所队推行“一警一评”，组织机关民警“挂村、挂企”，开通群众“涉警、涉法、涉诉”三涉平台，开展刑事案件“四回”活动，实施“微互动、微调解、微服务、微打防、微整治”五微警务，推进“交管、消防、网安、外管、法制宣传、义工服务”六进社区）爱民行动；2014年，该局开展“组建民意警务研判中心”警务品牌打造活动。民意警务研判中心通过抓取110接处警、车管、户政、出入境等数据，整合平安民生服务台、政府“12345”热线、信访投诉举报等渠道，采取群发短信、电话回访等手段，收集民情民意，跟踪督办、整改群众不满意事项。该中心运行后采集有效信息30926条，督促整改群众不满意事项286件，群众满意率98.96%。2. 社会源头治理成效显著。区公安局加大治安重点地区和突出治安问题整治力度，查处各类行政案件5388起，行政拘留624人、收容教育13人、强制隔离戒毒28人。组织开展交通环境整治、清剿火患、治爆缉枪、打非治违等专项行动20余次，查处交通违法行为42万余起，整改消防隐患818处。火灾事故呈现稳中有降趋势，道路交通事故起数、死亡人数、受伤人数及直接经济损失数比上年分别下降25.6%、16.6%、32%、34%。3. 推进派出所勤务指挥室建设。从5月份起，区公安局围绕构建“一体化、扁平化、规范化、智能化、集约化、合成化”勤务指挥体系，推进派出所勤务指挥室建设。勤务指挥室运行以后，抓获违法犯罪人员194人，摧毁流窜犯罪团伙21个，全局窗口服务满意率、处警短信评警满意率分别上升12.6%、4.5%，110重复报警数和信访投诉数分别下降8.2%、26.8%。4. 完成青奥安保任务。8月初，区公安局成立青奥安保专项督查组9个，开展全区督导检查工作。8月16—28日，全区违法犯罪警情同比下降23.8%，刑事案件发案同比下降50.9%，破获各类刑事案件123起，破案数位居泰州第一。5. 推行户籍“一窗式”受理。下半年，区公安局将城区3个派出所和区经济开发区、姜堰水上派出所的户籍窗口归并到区行政服务中心集中办公，实行“一窗式”受理、“一个门”办成，给困难群众送证上门。受理内容既包括户口迁入迁出、新生儿入户、死亡注销、户籍变更、（临时）身份证办理，也包括境外人员管理、边境证办理等业务。办结各类户籍业务3000余件，区行政服务中心公安窗口被评为区级“金牌服务窗口”。6. 破获“10·3”杀人案。10月3日15时许，区公安局接报，扬州市江都区8岁女童王某在华港镇亲戚家中参加喜宴时失踪，后证实遇害。区公安局抽调各警种民警100余人，通过图侦研判、走访调查、信息研判，10月8日上午将犯罪嫌疑人王某抓获归案。全区实现连续6年命案全破。7. 社区警务工作成绩骄人。区公安局以做实社区警务为目标，以深化源头信息采集为支撑，变“打处为先”为“基础为先”。调整奖惩激励措施，集中开展户口清理整顿，完善流动人口、实有人口、实有房屋等分层分类管理机制，加强易肇事肇祸精神病人和刑释解教、涉恐涉暴、扬言报复社会等重点人员实时管控。年内清理纠正户口登记项目差错84279个，采集流动人口信息25995人，全区重点人员和肇事肇祸精神病人无漏管失控，社区民警“一网考”总体成绩在全市排名第一。8. 推广安装“车卫士”。利用现代物联网技术，推广安装电动车“车卫士”。截至2014年年底，全区推广安装电动车18000余辆，区公安局民警捐款帮助327人安装，警方通过“车卫士”系统“黑匣子”定位追踪功能抓获盗车犯罪嫌疑人45人，破获盗窃电动自行车、摩托车案件180余起，全区盗窃电动自行车案件同比下降35.6%。9. 提升民警执法能力。区公安局采取高频率、广范围学习检验模式，推进执法规范化建设进程，举办法制讲坛6期、考前辅导3期，受训民警1000余人次。实施民警法律知识“一月一考”制度，89名考试不及格民警被扣发执勤津贴。推行中高级执法资格考试奖惩机制，461人通过中级执法资格考试，占全局民警总数70%，41人通过高级执法资格考试，5人通过国家司法考试。10. 丁昌华获评“全国公安机关爱民模范”。10月28日，区公安局白米派出所副所长兼杭家铺村社区民警丁昌华获“全国公安机关爱民模范”称号，在人民大会堂受到中共中央总书记习近平、国务院总理李克强等中央领导接见。

（区公安局）

检　察

【概况】 2014年，区人民检察院（以下简称“区检察院”）围绕全区工作大局和检察工作主题，履行检察职责，参与司法改革，加强队伍建设，各项检察工作健康稳步发展。4月，区检察院被最高人民检察院记集体一等功。

刑事检察　打击严重刑事犯罪，批准逮捕101件136人，提起公诉440件541人，批捕准确率、起诉有罪判决率均为100%。批捕、起诉公安部督办的特大环境污染案，打击网络舆情高度关注的“7·10”“10·3”恶性杀人案。

查处职务犯罪　立案查办贪污受贿、渎职侵权等职务犯罪案件24件25人，其中副科级以上干部7人，为国家挽回经济损失434万元。开展“预防邮路”活动，加强“网络警示教育馆”建设，推进预防志愿者“六进”活动，打造“甜甜话预防”工作品牌，完善年度报告、专题报告制度，开展预防宣讲47场。介入政府总投资额20.2亿元的6项重点工程项目开展专项预防。建立职务犯罪侦查信息中心，投入专项资金购置多种类、高性能侦查设备，组织侦查技术实战演练,1名干警获“全省检察机关电子数据取证竞赛业务标兵”称号。

法律监督　推进诉讼监督工作。监督立案5件6人，追诉漏罪3件，追诉漏犯4人，纠正违法10件，提起刑事抗诉1件。提请或建议提请民行抗诉3件，促成当事人和解息诉6件，督促履职案件33件。健全非法证据排除机制，与公安机关共建诉前预查机制，与区法院建立联席会议制度，规范强制措施执行，坚守防止冤假错案底线。健全“捕诉监防维”一体化机制（该机制是针对未成年人犯罪，由一名承办人负责同一案件的审查逮捕、审查起诉、诉讼监督、再犯罪预防和维权的工作机制），形成学校、家庭、社会和司法保护的有效衔接。处理来访群众的各类诉求,举行公开答复活动13次。“两会”、青奥会、十八届四中全会等期间，集中开展涉检矛盾排查化解工作，全区保持涉检信访赴省进京零纪录。

检察服务　组建“检察长宣讲团”，引导党员干部勤政廉政。加强风险研判，联动推进综合治理，帮助有关单位查找机制漏洞，建立健全规章制度。组建“巡回检察大篷车”，规范“7321”（检察工作站7个、群众工作站3个、检察室2个、检察为民服务中心1个）检察群众工作站点运行，设置远程接访系统，开通网络预约接待，方便群众表达诉求。大篷车走访社区村组236个，处理群众申诉、咨询182人次，化解各类矛盾30余起。被《泰州日报》头版头条、泰州电视台黄金时段报道，“姜堰模式”在全市推广。

队伍建设　开展党的群众路线教育实践活动，完善执行长效制度18项。开展“姜检梦·我的梦”主题征文演讲。开发运行“三档（干警执法、廉政、绩效档案）合一”在线管理系统。组织公诉对抗赛、模拟审讯等实训活动，开展结对传帮带“青蓝工程”，开展书记员、速录员技能培训，按季度开展执法办案知识测试。举办“迎新年·检民联欢”“庆国庆·情系百姓”专场演出，组织干警自编自演检察微电影、编排方言情景喜剧，1部微电影被省检察院评为优秀作品，1部宣传片获全市检察机关一等奖。在区首届网民节上，区检察院上传的检察版《小苹果》网民投票第一，被中央电视台转播。

【检察改革】 作为全省检察机关案件信息公开试点单位，区检察院打造“全面公开、全程透明、全社会参与”检务公开新模式。在区电视台开办“亲民检务”专栏节目，在《姜堰日报》开设检察专版，开通姜检微博、“亲民检务”微信公众号和检察新闻客户端，其经验做法在全省检察工作会议上交流。探索民意引入执法办案新机制，围绕批捕、起诉以及量刑建议等检察权的行使，组织公开评议，将评议结果作为检委会决策参考。年内开展案件评议活动9次。创新“大部制”管理机制，试点运行检察官办案责任制，得到省检察院肯定推广。与各行政执法部门联合制定《行政执法与刑事司法衔接工作规定》，建成“两法衔接”信息共享平台。

（丁建进）

法 院

【概况】 2014年，区人民法院（以下简称“区法院”）围绕“让人民群众在每一个司法案件中都感受到公平正义”目标，坚持“司法为民、公正司法”工作主线，推进审判和执行工作，加强队伍建设和法院管理，打造“阳光审判、能动司法”服务品牌，为全区经济发展、社会稳定提供司法保障。受理各类案件11488件，其中新收10432件、旧存1056件，办结10078件。区法院被省高级人民法院记集体一等功。

审判工作　刑事审判。审结各类刑事案件446件，判处罪犯560人，其中严惩故意伤害、抢劫、贩卖毒品等严重危害社会秩序犯罪案件37件；惩处非法集资、非法经营以及生产销售伪劣产品、有毒有害食品等破坏市场经济秩序犯罪案件7件；判决国家工作人员贪污贿赂案件15件；判决全区首例污染环境刑事案件。注重刑事司法领域人权保障，无超期羁押和超审限现象。从宽处罚情节较轻、社会危害较小犯罪，判决适用缓刑、管制和单处罚金等非监禁刑229人。坚持“教育、感化、挽救”方针，审结未成年人犯罪案件9件，判处罪犯10人，姜堰中专、励才实验学校设立“未成年人司法保护基地”，区法院联合区教育局在全区中小学校开展“模拟法庭进校园”活动。

民事审判。审结各类普通民事案件4998件，涉案9.97亿元，其中处理婚姻家庭、劳动争议、民间借贷、交通事故损害赔偿、医疗纠纷等涉民生案件3857件，民事案件调解率58.14%。首次组成五人合议庭审理全区首例因土地房产评估引发的侵权责任纠纷案件。以交通合议庭为试点，组建“1+1+1”（1名法官+1名法官助理+1名书记员）审判团队，探索类型案件要素审判模式，两个审判团队审结交通事故损害赔偿案件917件，调解率67.32%，裁判文书自动履行率超90%。选择辖区内具有较高威望的干部群众组成“社情民意员观审团”，参与审判民事案件16件，社情民意员配合法庭化解矛盾激化案件12件。

商事审判。保护商事主体权益，促进市场秩序规范。审结合同、金融、公司、保险、票据等各类商事案件976件，涉案4.32亿元。审理龙腾电力设备公司、景泰石油装备公司、苏中砂轮有限公司等企业破产重整、清算案件8件，挽救产品有市场但资金紧张企业，引导濒危企业有序退出市场。

行政审判。支持监督行政机关依法行政，发布《2013年度行政审判白皮书》。审结各类行政诉讼案件38件，其中判决行政机关败诉1件。审查区人口计生委、区环保局、国土资源局区分局等部门非诉行政执行案件291件，其中裁定不准予执行1件。在行政审判庭设立环保合议庭，推进资源环境类案件刑事、民事、行政诉讼“三审合一”集中审判试点工作，办理姜堰区及兴化市涉资源环境行政诉讼案件8件、非诉行政执行审查案件73件、民事案件3件、刑事案件1件。

执行工作　执结各类执行案件3190件，执行到位2.9亿元。开展“涉民生”“涉行政执法机关”“涉重点项目”案件专项清理活动，执结追索劳动报酬、“三养”（赡养费、扶养费、抚养费）、抚恤金、人身损害赔偿等涉民生案件426件，到位4300余万元；执结行政机关申请执行案件330件；执结中天清华园南侧地段、社保中心地段司法强制搬迁案件3件。对诚信程度差、逃避抗拒执行的被执行人依法采取强制措施，司法拘留、罚款111人次；将被执行人涉嫌拒不履行生效裁判文书犯罪的3件案件移交公安机关处理，其中1件被立案侦查；通过《姜堰日报》、网站和户外显示屏曝光失信被执行人408人；通过淘宝网拍卖执行财产成交3件，成交金额215万元；贯彻落实区人大常委会《关于进一步加强人民法院执行联动工作的决定》，区法院与公安、住建、国土、工商等部门（单位）和银行、保险等金融机构建立常态化联动工作机制，组织人民陪审员、执行联络员参与执行，扩大办案效果。

【诚信诉讼】 2014年，区法院向全区发出“诚信诉讼”倡议，公布30种失信诉讼行为认定标准，从严打击诈骗、非法集资、非法经营、危害食品药品安全等各类失信犯罪，审理消费者权益、商品房买卖、劳动争议等纠纷案件，识别虚假证据材料，防范虚假诉讼。发布失信诉讼行为典型案例10个，公开408名失信被执行人信息，将失信当事人纳入“黑名单”，推动失信记录信息共享，促进全区诚信建设。

【民生审判】 2014年，区法院开展“民生审判伴你行”活动，发布《2013年未成年人刑事司法保护状况》白皮书和6件典型案例；围绕消费者权益保障、医疗纠纷、房地产纠纷等涉民生案件发布审判白皮书3篇、典型案例30件，引导人民群众依法维权。开展“百庭进村、百案讲法”活动，选择婚姻家庭、相邻关系纠纷案件以及在当地影响较大、具有典型教育意义的案件进镇村、社区巡回开庭、调解865次，当事人因农忙、健康状况等原因不能在工作日出庭的，实行预约开庭、巡回审理，利用夜晚、周末、假期等时段开庭47次。

（于世民）

法官深入当事人家中开庭　（王国亮　摄）

【区法院实名认证官方微信平台开通】 3月24日，区法院开通实名认证官方微信平台，名称为“泰州姜堰法院”，微信号为“jycourt”。该微信平台设置“立案指南”“风险提示”“案件审理”“案件执行”“法院要闻”“案例发布”“法院文化”“联系法官”“院长信箱”“举报投诉”“联系我们”等11个一级自助栏目。一级栏目下设多个子栏目，涵盖立案、审判、执行等各个工作环节。

（顾冬梅　孙素华）

【全区首家未成年人司法保护基地成立】 5月13日，区人民法院未成年人司法保护基地在省姜堰中等专业学校挂牌成立。当辖区内未成年人受到意外伤害及不法侵害时，法官将联合有关部门在第一时间介入，最短时间进入司法程序，启动司法救助及法律援助，全方位提供法律服务，最大限度维护未成年人合法权益。

（潘　俊　周庆典）

司　法　行　政

【概况】 2014年，全区司法行政系统以“深化改革促发展、业务工作优覆盖、人民群众得实惠”为目标，推进“四个全覆盖”（矛盾纠纷排查调处工作全覆盖、特殊人群服务管理工作全覆盖、法制宣传教育工作全覆盖、公共法律服务全覆盖）建设，开展“和谐使者、法润万家”服务品牌创建活动，为“奋起泰州、崛起苏中”做贡献。获上级表彰先进集体16个、先进个人20人。

法制宣传　推进“六五”普法规划实施，完成年度普法计划各项任务。3批44名新任副科级以上领导干部通过任前法律知识考试。每月编印1期《领导干部学法专刊》。承办泰州市“法律六进（进机关、进乡村、进社区、进学校、进企业、进单位）”长效机制创建延伸工程试点的“法律进机关”子项目。在区领导干部学法网校新开设“考试中心”专栏，组织全区3000多名公务员接受法律知识测试。加强青少年法制教育，开展法律知识竞赛、法制班会、带法回家、法制演讲、模拟法庭等系列校园学法活动，全区专（兼）职法制副校长为学生讲法制课120余场次。加强农民法制教育，开展“普法惠民村村行”活动，组织“和谐使者 法润万家”法律知识竞赛，发放竞赛答题卡7万张，参与抽奖30016张，产生一、二、三等奖及纪念奖2558人，制作发放法律服务手册5万册。加强企业经营管理人员法制教育，普法讲师团成员20多次深入企业，举办法律知识讲座。提档升级泰州市姜堰区领导干部学法网校和区网上法制宣传教育中心。在党校《学习》杂志“六五”普法园地平台刊登镇（区）、机关（部门）一把手学法心得交流文章。开通“姜堰司法”公众微信平台。《姜堰日报》每月2期的《老单说法》栏目增至每月3期。打造具有地方特色法治文艺宣传队，在镇（区）、村（居）演出30余场次。新建区经济开发区法制宣传一条街、兴泰镇尤庄村法治游园等法治文化设施。10月23日，举办万人学法知识竞赛颁奖典礼暨“法律进机关”法治文艺演出活动。申报省级“民主法治示范村”18家、国家民主法治示范村1家。

人民调解　提档升级区、镇两级调处中心，将区调处中心接待大厅整合成集信访受理、纠纷接待、化解分流、法律援助、公共法律服务四位一体的实战平台。6月20日，中央政法委副秘书长、综治办主任陈训秋考察区调处中心，给予肯定。建设村（居）调解组织，做优医患纠纷、劳动争议纠纷、交通事故损害赔偿纠纷专业调解特色品牌，加强接边地区调解组织建设。镇、村（居）人民调解组织建成率100%，兴泰等镇工业集中区探索建立工业园区调解组织。出台《泰州市姜堰区社会矛盾纠纷调解个案补贴实施意见》。通过庭审观摩、巡回法庭、千人听案评案等方式，加强调解员业务能力建设。落实《人民调解优秀案例发布制度》，开展调解卷宗质量检查，征集人民调解优秀案例指导调解工作。蒋垛镇人民调解委员会被评为省规范化调委会泰州示范点，兴泰镇司法所所长张千里被评为泰州市最美人民调解员。开展“和谐使者，法润姜堰”主题活动。坚持矛盾纠纷月度分析制度，实行“零报告”“日报告”。元旦、春节、“两会”、三夏大忙、秸秆“双禁”、南京青奥会期间，开展矛盾纠纷排查化解专项行动。全区各级调解组织调处民间纠纷1090件，调成率98.5%。

社区矫正　贯彻执行《江苏省社区矫正工作条例》，规范工作流程、工作规则，建立日常巡查、专项检查、特别检查、联合检查等制度。加强大排查、大走访，严管控、保稳定，落实帮教措施，提档升级区自强服务中心。摸底排查服刑人员的18周岁以下子女，与丁山监狱开展“互帮共建”活动，组织相关人员到梁徐、张甸、溱潼等地走访在丁山监狱服刑人员家属5人。10余次协调区政协、区妇联、团区委等相关部门，对梁徐、大坨、张甸、顾高等镇7名困难对象开展帮扶活动。全区接受社区服刑人员272人、解矫231人，收监执行2人，在册413人，其中缓刑343人、假释61人、暂予监外执行6人、死亡3人。

安置帮教　落实“必接必送”政策，实现刑释人员中“危安犯”，“危顽犯”，“三无人员”（无家可归、无亲可投、无业可就），涉黑、涉毒、涉邪等重点人员无缝对接。区司法局联合区人力资源和社会保障局、区卫生局制定《关于刑满释放人员参加医疗保险的相关规定》，符合条件的刑满释放人员实行即办即享受医疗保险待遇。全区有刑满释放人员182人，其中城镇籍32人、农村籍150人。

法律援助　实施法律援助“千家万户明白工程”，围绕群众主要矛盾纠纷、法律咨询热点和服务人群特点，联合有关部门开展法律援助。法援中心服务窗口实行周六固定值班，紧急法律服务事项可电话预约服务时间。将援助对象从低保人群向低收入人群延伸，在全市首家出台《低收入人群及特殊境况公民法律援助实施办法》。法援中心接待来人咨询5252人次，接听来电咨询965次，办理法律援助案件946件，其中1件被评为“2013年度江苏省法律援助十大好案例”。

法律服务 成立区级法律服务中心,依托镇社会管理服务中心，以司法所工作人员为主，以基层法律服务工作者、人民调解员为辅，建立镇公共法律服务中心，打造“城市半小时、农村1小时”法律服务圈。推动律师参与政府信访接待、政府法律顾问团、台商台资企业顾问团、消协律师团等工作，开设“律师讲堂”和“每周一法”专栏，通过以案说法、法制讲座等形式，帮助群众解决常见法律问题。城区22个社区全部建成社区律师工作站，262个行政村基本落实“一村一顾问”制度。开展“法润姜堰春风行动”专项活动，为涉企、涉农、涉民纠纷提供法律服务。深化区交警大队律师调解室工作，开展消协律师顾问团服务，律师参与消费维权流动宣传24次，为疑难投诉案件提供咨询135起，为消费者免费代理快递丢失诉讼案件1起，参与重大投诉调解52件。律师顾问团成员王祖文获“泰州市十佳维权卫士”称号。深入镇村开展法制讲座、座谈会等，接受群众咨询。8家律师事务所担任法律顾问170家，办理刑事案件110件，代理民事、经济诉讼案件1607件；公证处办理各类公证2395件，涉港、澳、台15件；16家基层法律服务所担任法律顾问292家，代理诉讼事务和非诉讼事务1178件。

司法所建设 全区有司法所15个。复查已命名省优秀司法所和“五星司法所”。组织司法所所长参加市司法局组织的司法所所长培训班；9月、10月份，分4批组织参加全省司法所所长培训班。蒋垛司法所实行电子一体化办公、一站式服务。推进司法所与公安派出所“所所共建”。姜堰司法所被评为市级“四个全覆盖”示范所，蒋垛、白米、俞垛、桥头司法所创建成泰州市“五星司法所”，全区“五星司法所”创建率80%。

（纪桂华）

姜堰步行街街景

各镇（街道）概貌

罗 塘 街 道

【概况】 2014年，罗塘街道实现地区生产总值89.7亿元，比上年增长11.6%；财政总收入11.6亿元，比上年增长15.7%；公共财政预算收入8.6亿元，比上年增长25.2%；城镇居民人均可支配收入31375元，农民人均纯收入21297元，比上年分别增长9.3%、11.5%，三次产业结构调整为2.5∶66.6∶30.9。罗塘街道便民服务中心获“省农民工示范服务中心”称号，罗塘街道获“泰州市城乡居民保障‘四不出村’示范街道”“江苏省第三次全国经济普查先进集体”等称号。

农业经济　推进农业结构调整，扩大高效设施农业规模。实现农业总产值3.63亿元，比上年增长7.2%；实现农业增加值2.26亿元，比上年增长6.4%；新增植树造林面积32.6公顷，新增“三品”（无公害农产品、绿色食品、有机食品）认证3个，申报泰州市知名商标1个、省“无公害产品整体认证”基地1个；通过区验收“三资”农业项目4个。新增高效农业面积100公顷。举办第二届草莓花卉节。

工业经济　实现工业总产值234亿元，比上年增长17.2%；实现纳税销售收入50.6亿元，比上年增长13.1%；列统工业实现利润10.9亿元，完成利税18.3亿元，比上年分别增长26.6%、27.6%。苏北砂轮厂和船舶舾装件两家企业完成“两化融合”，礼恩派、苏北砂轮厂和五星波纹管有限公司完成星级数字化企业认定。苏中药业黄葵胶囊、生脉注射液、清宣止咳颗粒获“江苏省高新技术产品”称号。

服务业　美化市场环境，开展家居广场、曹安市场、东大门、南大门等重点区域整治。限额以上企业实现销售额70.4亿元，实现服务业税收7.42亿元，比上年增长18.1%；新开工服务业项目7家，新增限额以上服务业企业9家。姜堰宾馆在上海股权托管交易中心中小企业股权系统挂牌。

建筑业　实现建筑业施工产值32亿元、增加值6.71亿元、工程结算收入25.8亿元、税收1.57亿元，无重大质量、安全事故发生。

“三项工作”　举办大连投资说明会，韩资、台资项目落户；开展招商引资“百日竞赛”活动。新增签约项目10个，总投资19亿元，其中亿元以上项目4个。实现协议利用外资8154万美元，实际利用外资3002万美元。通过区考核验收新办项目23个，其中5000万元—1亿元工业项目2个、亿元以上工业项目3个，在建5000万元以上工业项目8个、亿元以上服务业项目2个。

社会事业　开展村庄环境整治，完成光明东村、西野行、青年路组团等老旧小区改造。南、北大街创建成省级城市管理示范路，中天社区创建成省级城市管理示范小区；建成38万平方米、288幢安置房、1890套农民公寓分房到户；完成敬老院提档升级改造工程，通过省“三星级”验收，新增农村幸福院3处，实施智慧养老工程；建成曹家、三园、中天、桃园4家残疾人康复中心，创办城南村残疾人“幸福家园”；三园村被评为全国人口计生基层群众自治示范村，中天社区被评为省人口文化园示范基地，曹家村被评为泰州市人口文化园示范基地，西桥怡园新村被评为姜堰区人口示范基地；开展“中国梦·社区美”系列活动，举办“贺新春·闹元宵”文化踩街活动，正月文体大联欢、“老街坊”文艺演出队巡演等，启动书香社区建设，推进农家书屋建设，举办“中国梦·社区美”社区纳凉晚会巡演，举办姜堰镇首届居民运动会，1人入选“中国好人”，5人获“第十七届精神文明建设新人新事”称号，3人获“泰州市优秀志愿者”称号。

（陈晚林）

【姜堰镇第二届草莓·花卉节】 1月10日上午，姜堰镇第二届草莓·花卉节在姜堰镇曹家村草莓园开幕。姜堰区城南天鹏种植专业合作社、朱云蔬菜专业合作社、秋润种植专业合作社、曹家天皓种植专业合作社等四家合作社分别与经销企业、销售方签订产销合作协议，曹家生态农业科技园与江苏省农科院园艺所（蔬菜所）签订科技合作协议。区领导何光胜、戴兆平、王萍、艾玉春、夏彩霞出席，省农科院多名研究员观摩指导。截至2013年年底，全镇

姜堰镇第二届草莓·花卉节开幕 （网络处）

有高效设施农业面积1013.33公顷，其中草莓种植面积33.33公顷、花卉种植面积20公顷。该届花卉节为期3天，其间举办草莓自采、摄影采风、草莓采摘比赛、摄影作品展览、垂钓比赛等系列活动。

（孔 钱 王耀明）

【罗塘街道挂牌成立】 12月27日，中共泰州市姜堰区委罗塘街道工作委员会、中共泰州市姜堰区纪委罗塘街道工作委员会、中共泰州市姜堰区委罗塘街道工委政法委员会等部门挂牌成立。戴兆平兼任中共泰州市姜堰区委罗塘街道工作委员会书记，姜洁云、滕智东、林宏任副书记。2014年4月1日，省政府发布《关于撤销泰州市姜堰区姜堰镇设立街道办事处的批复》（苏政复〔2014〕49号），同意撤销姜堰区姜堰镇，以原姜堰镇的河西、南街、北街、高陈、东街、光明、罗塘、老庄、叶舍、康华、振兴、河东、西街、河南、南苑、荷叶、太平、桃园、古田、新城、彭垛、中天等22个居委会和前堡、公园、工联、幸福、西桥、城中、朱云、城东、通扬、东桥、城北、银穆、院子、太宇、唐园、三园、殷家、沿河、曹家、城南等20个村委会区域，设立姜堰区罗塘街道办事处，办事处驻长江西路16号。罗塘街道办事处行政区域面积46.48平方千米，人口15.79万人，管理居委会22个、村委会20个。

（费蓉蓉 王耀明）

2014年罗塘街道主要社会经济指标

表22

指 标	单 位	数 值
耕地面积	公顷	1538
农业总产值	万元	36255
粮食总产量	万千克	1523
农机总动力	千瓦	11418
出栏生猪	头	31354
出栏家禽	万羽	48.82
水产品	万千克	51.3
水果产量	万千克	5.6

续表22

指　　标	单　位	数　值
蔬菜产量	万千克	5528
工业企业	个	528
纳税销售收入	万元	506062
工业利税	万元	525577
技改项目	个	6
技改投入	万元	12000
外贸供货额	万元	—
自营出口额	万元	55398
三产从业人员	人	42016
三产增加值	万元	277538
商品零售总额	万元	423290
集贸市场成交额	万元	169800
各类汽车	辆	—
镇村公路	千米	—
科技人员	人	7210
中小学校	所	5
在职教师	人	746
中小学生	人	9854
图书馆藏书	册	—
有线电视普及率	%	100
医院	所	3
卫生室	个	17
自来水普及率	%	100
年末存款余额	万元	—
农民人均纯收入	元	21297

2014年罗塘街道各村（社区）基本情况

表23

村（社区）名	村（社区）支部（总支、党委）书记	村（社区）主任	工农业总产值（万元）
朱云村	汤玉金	张永明	14686
城东村	韩祥军	杜冬林	25970
通扬村	邱　林	邱　林	10045
前堡村	黄康来	黄康来	7103
城中村	刘双林	王宏彬	68141
城北村	周龙根	郑　勤	9152

续表23

村（社区）名	村（社区）支部（总支、党委）书记	村（社区）主任	工农业总产值（万元）
东桥村	周爱东	周春山	17810
银穆村	戴金红	王万锁	17932
院子村	王宝明	陈宝旺	19055
太宇村	沈发喜	黄兆林	16589
三园村	钱建华	徐海龙	16829
唐园村	蒋茂平	尚红玲	19771
城南村	钱存慧	钱存慧	8917
殷家村	王　俊	王　俊	23452
沿河村	陆红卫	周广喜	15058
曹家村	刘　禅	陈宏根	18153
幸福村	张桂祥	张桂祥	5850
西桥村	朱国良	王宝喜	10559
工联村	刘爱军	刘爱军	2809
公园村	徐鼎文	赵庆兰	—
桃园社区	凌　涛	丁克桂	—
古田社区	—	李亚光	—
太平社区	景春华	杭荣芳	—
南苑社区	徐　云	钱媛媛	—
荷叶社区	万俊华	万俊华	—
河南社区	陆文斌	钱善保	—
新城社区	丁爱军	蒋建敏	—
彭垛社区	王兴湊	周春玲	—
高陈社区	黄茂德	周霖飞	—
振兴社区	谢　平	彭忠琴	—
河东社区	陈俊喜	钱后勤	—
康华社区	钱晓霞	宋媛媛	—
东街社区	钱传兵	钱传兵	—
西街社区	孙海军	徐网红	—
南街社区	宋玉玲	陈　敏	—
北街社区	严晓红	丁晓峰	—
河西社区	李　楠	王月兰	—
叶舍社区	袁永培	丁兴东	—
罗塘社区	陈　波	石益华	—
光明社区	林桂萍	姚　磊	—
老庄社区	王　跃	王　跃	—
中天社区	卢晓云	王　轶	—
合　计	—	—	327881

姜堰镇领导名单

（该镇2014年12月撤销）

书　　记：戴兆平
副 书 记：姜洁云（女）
　　　　　仲文斌（至2014-08）
　　　　　滕智东　林　宏（2014-08任）
人大主席：刘长虹
镇　　长：姜洁云（女）
副 镇 长：林　宏（至2014-08）　林良泉
　　　　　钱厚军　丁晓明　戴爱亚
　　　　　刘一松（挂职）　洪小军
政协工委主任：仲文斌（2014-08任）
政协工委副主任：钱素芹（女）
纪委书记：仲文斌（兼至2014-08）
　　　　　林　宏（2014-08任）
政法委书记：林　宏（兼至2014-08）
　　　　　　林良泉（2014-08兼任）

罗塘街道领导名单

（该街道2014年12月挂牌成立）

党工委书记：戴兆平（2014-12兼任）
党工委副书记：姜洁云（女，2014-12任）
　　　　　　　滕智东（2014-12任）
　　　　　　　林　宏（2014-12任）
人大工委主任：刘长虹（2014-12任）
主　　任：姜洁云（女，2014-12任）
副 主 任：林良泉（2014-12任）
　　　　　钱厚军（2014-12任）
　　　　　丁晓明（2014-12任）
　　　　　戴爱亚（2014-12任）
　　　　　洪小军（2014-12任）
　　　　　刘一松（2014-12任，挂职）
政协工委主任：仲文斌（2014-12任）
政协工委副主任：钱素芹（女，2014-12任）
纪工委书记：林　宏（2014-12任）
政法委书记：林良泉（2014-12兼任）

三　水　街　道

【概况】　2014年4月1日，省政府发布《关于撤销泰州市姜堰区姜堰镇设立街道办事处的批复》（苏政复〔2014〕49号），以原姜堰镇陈庄居委会和陈庄、新河、石黄、前马、城西、南石、马厂、双寿、陆庄、西陆、唐宁、杏林、东查、西查、三舍、小冯甸、军铺等17个村委会区域，以及果林场区域，设立姜堰区三水街道办事处，将梁徐镇新南村委会划归三水街道办事处管理，办事处驻姜堰大道88号。三水街道办事处行政区域面积33.01平方千米，人口4.6万人，管理居委会1个、村委会18个。12月27日，中共泰州市姜堰区委三水街道工作委员会、中共泰州市姜堰区纪委三水街道工作委员会、中共泰州市姜堰区委三水街道工委政法委员会等部门挂牌成立。徐闻仲兼任中共泰州市姜堰区委三水街道工作委员会书记，孙大明兼任副书记。

（王　磊）

2014年三水街道主要社会经济指标

表24

指　　标	单　位	数　值
耕地面积	公顷	475
农业总产值	万元	—
粮食总产量	万千克	729.9
农机总动力	千瓦	13617
出栏生猪	头	8192
出栏家禽	万羽	24.29
水产品	万千克	45.5
水果产量	万千克	32.538
蔬菜产量	万千克	1422
工业企业	个	430
纳税销售收入	万元	1109545.9
工业利税	万元	110768
技改项目	个	32
技改投入	万元	176900
外贸供货额	万元	—
自营出口额	万美元	31088
三产从业人员	人	—
三产增加值	万元	93261

续表24

指　标	单 位	数 值
商品零售总额	万元	220518
集贸市场成交额	万元	1206370
各类汽车	辆	—
镇村公路	千米	—
科技人员	人	3905
中小学校	所	—
在职教师	人	—
中小学生	人	—
图书馆藏书	册	10000
有线电视普及率	%	92
医院	所	—
卫生室	个	16
自来水普及率	%	98
年末存款余额	万元	—
农民人均纯收入	元	18827

2014年三水街道各村（社区）基本情况

表25

村（社区）名	村（社区）支部（总支、党委）书记	村（社区）主任
陈庄社区	申高峰	殷永根
前马村	徐华凤	缪建红
新河村	包恒才	黄金根
石黄村	石海旺	石应春
马厂村	赵小辉	—
双寿村	唐素根	—
城西村	肖红梅	卢拥军
南石村	肖登洪	徐树宏
陆庄村	—	—
西陆村	周如成	夏志方
东查村	周爱林	蒋国平
西查村	缪玉红	—
唐宁村	包鸿乾	程雁秋
杏林村	—	王小忠
三舍村	刘顺龙	—
军铺村	成网根	刘桂明
小冯甸村	李爱平	—
新南村	孙大鹏	陶国兵

三水街道领导名单

（该街道2014年12月挂牌成立）

党工委书记：徐闻仲（2014–12兼任）

党工委副书记：孙大明（2014–12兼任）

主　　任：孙大明（2014–12兼任）

溱　潼　镇

【概况】　2014年，全镇实现地区生产总值16.39亿元，可比增长10.52%；实现财政收入8013万元，其中公共财政预算收入4510万元。实现城镇居民人均可支配收入31490元、农民人均纯收入16990元，比上年分别增长9.7%、12.1%。湖南村、洲城村村庄环境长效管理工作得到省委书记罗志军、省长李学勇肯定，湖南村、湖北村、洲城村、洲南村申报泰州市“美丽乡村”。

农业经济　新增设施农业、渔业面积54.07公顷，建成733.33公顷现代农业产业园1个，6个村成为姜堰区规模经营推进村。创建成农产品电子商务平台2个，推进土地确权颁证，完成秸秆“双禁”任务。溱东村创建成省级现代渔业示范村，溱湖簖蟹特色水产品产业园创建成泰州市现代渔业产业园，中艺农业生态园被中国蔬菜协会表彰为“优秀蔬菜生产商”。

工业经济　实现工业总产值44.99亿元，其中列统工业产值20.65亿元，完成全部工业纳税销售10.19 亿元。

服务业　开张一批服务业项目，逐步形成与旅游配套服务业品牌。实现服务业增加值5.45亿元，比上年增长11.8%；完成服务业税收4100万元，与上年持平。

“三项工作”　实现固定资产投资12.67亿元，可比增长23.7%。在建固定资产投资5000万元以上工业项目2个，分别是泰州中盛精密铸造、锦阳新材料；完成200万元以上农业项目4个，分别是江苏鲜乐美生态农业发展有限公司、泰州市通溱花卉种植专业合作社、姜堰区溱潼镇忠林粮食种植家庭农场、泰州市南寺水产品配送有限公司；完成1000万元以上服务业项目3个，分别是七天连锁酒店、润萤矿业仓储项目、溱溱人家。实施1000万元以上技改项目3个。

社会事业　落实2014年十件民生实事。基本建成读书址村、湖滨村、湖南村长江水管网铺设，新城区安置房一期工程，溱湖商业中心及府前路南侧污水管网工程，新城区污水提升泵站，海滨水产品批发市场场地、码头、污水处理等相关设施；实施溱潼人民医院8000平方米内科病房大楼、泰东河2座大桥等建设；疏浚河道12条6.5千米，拆建圩口闸、排涝站各4座，建成新城大道至府前路（华光厂南端）连接线，新建村庄硬质道路5220米，新建镇区水冲式厕所4座、垃圾房2座。实现城乡低保应保尽保，健全低保标准自然增长机制，推动低保工作由“生存保障”向“生活保障”转变，建成AAA级镇敬老院。启动小城市建设“八大工程”。3月份，开展村庄环境整治工作，通过省整治办考核验收，获全区第一名。9月份，开展集镇环境专项整治行动，清除乱堆乱放890处，消灭卫生死角344处，新建改造厕所12座，拆除违章搭建5处。

（李荣圣）

【中央电视台拍摄溱潼“礼乐”故事】　12月，中央电视台《走遍中国》百集系列片《记住乡愁》摄制组在溱潼镇原丁家沟村（现“城北社区”），以“礼乐”为主题，拍摄家家户户老有所养、民间自发赡养孤寡老人的故事。该片以弘扬中华优秀传统文化为宗旨，选取100个以上传统村落拍摄，是一部以看得见的传统村落为载体、以生活化的故事为依托、以乡愁为情感基础、以优秀传统文化为核心的大型纪录片。将于2015年1月1日在中央电视台多个频道和地方卫视频道播出，时长30分钟左右。

（张泽海　吴芳苏）

《记住乡愁》摄制组在溱潼镇城北社区拍摄

（网络处）

【溱潼古镇为全省文物消防提供观摩现场】　12月17—18日，全省文物单位消防安全工作会议在泰州市召开。17日下午，参加全省文物单位消防安全工作会议的人员集中观摩溱潼古镇消防安全管理现场。参观溱潼古镇景区消防警务室、院士旧居、山茶院、水龙局等景点，了解景区内消防人员设施配置情况。参观“水龙号”灭火救援船，观看火灾扑救实地演练。该古镇巷道狭小，灭火主要以小型消防器材为主。副区长、区公安局局长王平陪同。

（孔　纬）

2014年溱潼镇主要社会经济指标

表26

指　标	单　位	数　值
耕地面积	公顷	1271
农业总产值	万元	17788
粮食总产量	吨	12949
农机总动力	千瓦	8203
出栏生猪	头	10692
出栏家禽	万羽	1.014
水产品	吨	3446
水果产量	万千克	221
蔬菜产量	吨	19977
工业企业	个	322
纳税销售收入	万元	101986.57
工业利税	万元	3275.6
技改项目	个	10
技改投入	万元	9700
外贸供货额	万元	—
自营出口额	万美元	122

续表26

指　　标	单　位	数　值
三产从业人员	人	4532
三产增加值	万元	54533
商品零售总额	万元	30244
集贸市场成交额	万元	16462
各类汽车	辆	9250
镇村公路	千米	44
科技人员	人	704
中小学校	所	6
在职教师	人	385
中小学生	人	3792
图书馆藏书	册	1000
有线电视普及率	%	100
医院	所	2
卫生室	个	13
自来水普及率	%	100
年末存款余额	万元	136100
农民人均纯收入	元	16990

2014年溱潼镇各村（社区）基本情况

表27

村（社区）名	村（社区）支部（总支、党委）书记	村（社区）主任	工农业总产值（万元）
洲城村	顾鸭珍	—	10026
洲南村	肖成林	柳如英	8228
湖西村	王应义	周业存	2487
湖北村	—	田章玉	25747
湖滨村	朱红耀	王军华	7780
溱东村	柳秧喜	—	37327
南寺村	雍吉华	王才根	4472
龙港村	杭永德	顾亚付	28904
读书址村	姜存勇	王晓兰	18206
湖南村	王　勤	周　奎	12522
城南社区	王杰英	王　霞	—
城北社区	樊元萍	樊元萍	—
渔花池社区	汤　音	—	—
湖西社区	徐存林	田　霞	—
合　计	—	—	155699

溱潼镇领导名单

书　　记：曹圣基（至2014-03）
　　　　　秦永金（2014-03兼任，至2014-10）
　　　　　宋　羽（2014-10任）
副 书 记：李荣圣　王国文　张宏晓
人大主席：张爱丽（女）
人大副主席：王思旭
镇　　长：李荣圣
副 镇 长：王应化　钱小兵　吴鉴泉
　　　　　孔　纬　卢　阳　谢　捷
政协工委副主任：花红梅（女）
纪委书记：顾网林
政法委书记：王应化（兼）

顾　高　镇

【概况】　2014年，全镇土地总面积37平方千米，辖行政村11个、村民小组209个。总人口31057人，其中外来从业人员1192人。实现地区生产总值14.02亿元，比上年增长19.51%；完成公共财政预算收入2320万元，与上年基本持平；实现农民人均纯收入13696元，比上年增长17%。综合考核在全区排第7位，获综合三等奖，该镇被评为项目建设先进单位、国家级生态镇。

农业经济　开展土地流转和适度规模经营，新增土地规模经营面积300公顷，新增莲藕、冬枣等各类高效农业面积100公顷。通过盘活农村“三资”、集体土地流转、共建标准厂房收益分成，9个村集体经营性收入超10万元。新增农民专业合作社9家，带动3322户农民增收。新增专业大户、家庭农场30家，新增个体工商户70家、私营企业56家，完成各类创业项目86个。

工业经济　全镇有工业企业236家，完成营业收入304947万元，实现利税总额37822万元，形成纺织、服装、机械、新能源、电子等传统产业与新兴产业相融合工业结构体系。完成规模以上工业产值25.5亿元，比上年增长21.08%。完成工业开票销售收入10.6亿元，比上年增长17%。江苏维娜、正达纺织、恒茂化工3家企业开票销售突破亿元，其中江苏维娜接近2亿元；新增天康电子等规模工业企业；新增工业设备投入1430万元，完成年度任务104.77%。

服务业　实现服务业增加值3.52亿元，三次产业比重比上年提高1.25%。开展物流平台建设，注册润昌贸易、鑫福航运、振航运输等物流运输公司。开展电子商务培育，建成江苏维娜等电商运营系统3家。建设古千佛寺宗教文化旅游、红色文化旅游，打造乡村旅游项目。鑫润家园、幸福家园商业街商户陆续进驻。

“三项工作”　开展招商引资“百日赛”活动，推进“引凤还巢”工程，实行领导招商、企业招商、网上招商，党政负责人18人次到浙江、苏南、扬中等地洽谈项目，客商到访20余人次。实际外资到账680万美元；签约项目总投资1000万美元的塑料托盘项目1个；在手洽谈项目3个，分别是总投资1亿元的汽车水箱冷冻装置、6000万元的铝合金发动机外壳项目和总投资5000万元的门窗加工项目。投资700多万元改扩建园区主干道1.78千米，建设园区绿化、亮化、下水、天然气等基础设施；盘活华亚服饰、润昌贸易等5家企业用地约2.67公顷；实施银企“通达”工程，帮助企业融资3000多万元。竣工验收亿元以上工业项目1个、1000万元技改项目1个、1000万元生产性服务业项目1个、200万元以上农业项目5个。在建工业项目2个，分别是总投资1亿元的天康电子项目、投资5000万元的捷能动力项目。开展“服务企业科技行”活动。高新技术企业产值完成年度任务107.7%，完成发明专利14件；新认定省级企业技术中心2家、工程技术研究中心2家；华彤新能源与江苏大学、江苏禾喜与南京农业大学、腾威电器与合肥大学签约，共建校企研发平台；新增商标22个，江苏腾威电器、江苏斯别特分别获“省级高新技术产品”称号。

社会事业　建成幸福家园小区二期工程，绿化、亮化、下水、天然气、消防管道基本铺设到位，即将交付入住；政府西侧房地产开发摘牌，幼儿园东侧房地产开发即将挂牌上市，老农贸市场地段开发在洽谈中。投资1900万元的长江水管网改造接近尾声；实施野庄、翟庄等村土地整理项目1000公顷，芦庄、西芦等村农业综合开发项目233.33公顷，建设桥梁4座；安装双园路、集镇段团结路路灯，天然气主管道入镇入园；完成S229搬迁及清障扫尾工作，路基基本形成；建成19千米村村通公交线路会车道，实现村村通公交。开展村庄环境“五整治、五提升”活动,植树造林20.67公顷,形成地绿、路绿、带绿、村绿、庭绿等“五绿”特色，镇村环境长效管护机制初步形成。开展优美村庄创建，实现星级康居村全覆盖,塘桥村等被评为“秀美村庄”。治理化工企业5家，完成农村改厕1500座，镇级垃圾压缩中转站投入运营。城乡居民社会养老保险、农村新型医疗合作保险收缴基本实现全覆盖，城乡低保实现动态管理下“应保尽保”；改造危草房55户，启动镇敬老院改造升级工程；推进圆梦计划，关爱失独家庭。启用占地1100平方米的克强学校多功能教室，克强学校中考高分比率、公费录取四星级高中比率领先全区农村中学。小品《上任》、表演唱《梦想成真》在区第十届群众文艺创作节会演中获一等奖。8个单位、9个村被评为姜堰区文明单位，申义凤等获评“姜堰好人”。深化“长安顾高”“和谐顾高”建设，完善治安防控信息化体系，成立209人的网格长队伍，投资80万元安装视频监控60处。开展“六五”普法宣传、矛盾纠纷排查化解工作，做好重点人员安置帮教。11个村建成区级以上民主法治村，6个村被评为“六无村”；镇、村两级受理纠纷158件，调处152件，其中疑难复杂纠纷32件，调处率99%。转办政府“12345”热线821起；组建网络舆情监控队伍，搜集办理民生贴38个，回复率100%。创建信访问题听证会办工作制度，加大信访积案化解力度，11个村级为民服务中心通过区级达标验收。办理人大代表议案、建议43件，代表满意率99.5%。建立法律顾问制度，法律顾问全程参与镇重点工程、重要项目、重大决策工作，提供法律意见和建议18条。

（俞言军）

2014年顾高镇主要社会经济指标

表28

指　标	单　位	数　值
耕地面积	公顷	2443.27
农业总产值	万元	21267
粮食总产量	万千克	2355
农机总动力	千瓦	15663
出栏生猪	头	37710
出栏家禽	万羽	33.1
水产品	万千克	28.4
水果产量	万千克	22.6
蔬菜产量	万千克	3195.9
工业企业	个	185
纳税销售收入	万元	106511
工业利税	万元	37822
技改项目	个	3
技改投入	万元	4000
外贸供货额	万元	—
自营出口额	万元	3863
三产从业人员	人	6582
三产增加值	万元	35389
商品零售总额	万元	37303
集贸市场成交额	万元	12912
各类汽车	辆	1289
镇村公路	千米	111
科技人员	人	503
中小学校	所	1
在职教师	人	164
中小学生	人	1277
图书馆藏书	册	31500
有线电视普及率	%	92
医院	所	1
卫生室	个	9
自来水普及率	%	97
年末存款余额	万元	59002
农民人均纯收入	元	13158

2014年顾高镇各村（社区）基本情况

表29

村（社区）名	村（社区）支部（总支、党委）书记	村（社区）主任	工农业总产值（万元）
顾高村	申海林	申海林	148367
夏庄村	薛云亮	薛云亮	27250
芦庄村	万兴友	尹友才	21054
塘桥村	张宜平	申向阳	17699
翟庄村	许章英	翟金喜	15064
野庄村	李荣凤	张金山	8457
千佛村	高兰英	钱祥进	7943
申洋村	申三荣	申三荣	11401
俞庄村	俞卫军	俞桂春	57820
张庄村	顾银军	顾银军	10712
西芦村	翟高林	翟高林	10650

顾高镇领导名单

书　　记：吴巧林

副 书 记：江均海　申俊昌（2014-08任）

人大主席：吴巧林（兼）

人大副主席：戚良祖

镇　　长：江均海

副 镇 长：顾文杰　许飞洲　万国松

　　　　　申鹏飞　曹东文

政协工委副主任：俞扬岭

纪委书记：申俊昌

政法委书记：顾文杰（兼）

蒋垛镇

【概况】　2014年，全镇实现地区生产总值19.9亿元，比上年增长10.9%。实现财政总收入5680万元，比上年增长9.05%。其中公共预算收入2694万元，比上年增长14.47%。农民人均纯收入14139元，比上年增长12.4%。经济建设主要经济指标考核名列全区第二，各项工作综合考核获区综合三等奖。该镇创建成国家生态镇，被评为区安全先进镇。

农业经济　推进农业土地适度规模经营，全镇9个村流转土地640多公顷，其中4个村是整体推进村，土地流转80%以上。10个村利用帮扶、上争资金购买标准厂房，村级集体收入大幅提高。新增农民专业合作社14家，带动1200多户农民增收。新增专业大户、家庭农场46家，净增私营企业55个，超额完成年度任务指标。完成“个转企”14个，占年计划108%。

工业经济　全镇有开票超过5000万元企业6家、税收超过700万元企业3家，其中康洁环保、开源化工、凯世通石化3家企业开票销售突破亿元。全镇完成工业总产值55亿元，比上年增长20%；实现工业纳税销售收入14.3亿元，比上年增长15.9%。完成列统工业产值42.6亿元，比上年增长21%；完成工业纳税销售收入14.1亿元，比上年增长15.86%。新增工业设备投入1502万元，占区交任务143.1%，比上年增长55.05%。

服务业　实现服务业营业收入3.9亿元，占区交任务153%，服务业税收首次突破1000万元。基本建成4万平方米幸福园小区配套设施，推进房屋销售工作。观音寺兴建讲经堂、斋堂以及星级宿舍区1万多平方米，承办全国佛协受戒活动，禅修区纳入全区“一核三区”旅游规划，作为重点工程写进区政府工作报告。

“三项工作”　组建招商办，组织小分队多次赴南京、苏州、上海、无锡等地开展招商活动。轴承机械项目、通用机械标准件项目、电子器材项目、水溶膜项目等4个项目在洽谈对接中，雨水收集利用设备项目、汽车儿童安全座椅项目在建设中。完善工业园区道路、供水、供电等基础设施，绿化、美化、亮化等配套设施。盘活破产企业，节约土地资源。完成200万元农业项目6个，储备500万元农业项目1个。验收1000万元服务业项目1个，开工建设服务业项目2个。康洁公司的“康洁”品牌获中国驰名商标，国地税净入库为全镇第一。

社会事业　建成幸福园小区工程，绿化、亮化、下水、长江水管道基本铺设到位；政府西侧百信广场即将挂牌上市，老年人托养中心即将启动。东部干线建成通车，蒋成路提档升级改造竣工通行，姜堰至蒋垛线路实现公交化。投入800万元，疏浚河道、沟塘8条20千米，兴建、维修桥梁8座；长江水管网改造工程进入扫尾阶段，原仲院7个村饮上长江水，蒋垛集镇管网施工结束。推进村庄环境“五整治、五提升”行动,植树造林约26.67公顷，镇村环境长效管护机制初步形成，秸秆禁烧禁抛和综合利用成效明显。完成农村改厕1500多座，镇级垃圾压缩中转站正常运行。城乡居民社会养老保险、农村新型医疗合作保险收缴基本实现全覆盖，城乡低保实现动态管理下“应保尽保”；改造危房70户。村庄环境整治通过全域验收，朱高村集中居住成为全省“美丽乡村”建设试点。实施复垦项目8.47公顷，挂钩项目4.67公顷；省财政投入3800万元，实施土地整理项目1333.33公顷。启用政法中心，加快技防镇建设，消防站开工建设，司法所创建成江苏省五星司法所、江苏省示范司法所、泰州市示范人民调解委员会。办结人大代表建议14 件。

（缪昌友）

2014年蒋垛镇主要社会经济指标

表30

指　　标	单　位	数　值
耕地面积	公顷	4175
农业总产值	万元	3111
粮食总产量	万千克	4420
农机总动力	千瓦	16808
出栏生猪	头	94185
出栏家禽	万羽	45.28
水产品	万千克	111.2
水果产量	万千克	55.7
蔬菜产量	万千克	8167.1
工业企业	个	149
纳税销售收入	万元	14000
工业利税	万元	3230
技改项目	个	4

续表30

指　　标	单　位	数　值
技改投入	万元	7827
外贸供货额	万元	—
自营出口额	万元	1600
三产从业人员	人	25911
三产增加值	万元	14900
商品零售总额	万元	26000
集贸市场成交额	万元	1400
各类汽车	辆	1105
镇村公路	千米	124.707
科技人员	人	—
中小学校	所	4
在职教师	人	816
中小学生	人	4426
图书馆藏书	册	95000
有线电视普及率	%	90.5
医院	所	2
卫生室	个	11
自来水普及率	%	99
年末存款余额	万元	—
农民人均纯收入	元	14139.47

2014年蒋垛镇各村（社区）基本情况

表31

村（社区）名	村（社区）支部（总支、党委）书记	村（社区）主任
南港村	戴桂珠	颜礼波
朱高村	申太平	申士凤
薛港村	孙阳春	夏加圣
六港村	刘慧芹	孟尔金
仲院村	蒋义山	陈书标
邱刘村	尤庆根	刘幸才
许庄村	许德宏	许正勤
高曹新村	高尔功	曹培高
蒋北村	赵德宏	曹仁山
孟莲村	曹亚群	王小东

续表31

村（社区）名	村（社区）支部（总支、党委）书记	村（社区）主任
许桥村	于桂康	刘善龙
蒋垛村	徐宏辉	徐宏辉
新桥村	夏小红	夏小红
界河村	钱宜兵	朱善昌
盐大村	黄宏章	申广林
兴港村	孙丽萍	孙丽萍
溪河村	鲍祥嵩	尤正海

蒋垛镇领导名单

书　　记：张　勇

副 书 记：缪昌友　智国祥（至2014–08）

仲　剑（2014–08任）

人大主席：李伯琴

人大副主席：黄　兴（2014–08任）

镇　　长：缪昌友

副 镇 长：申余彪　仲　剑（至2014–08）

严本荣　许建军　吴静娟（女）

政协工委主任：智国祥（2014–08任）

政协工委副主任：王　艳（2014–12任）

纪委书记：智国祥（兼至2014–08）

仲　剑（2014–08任）

政法委书记：许建军（兼）

大　沦　镇

【概况】　该镇土地总面积56万平方千米，辖行政村16个、村民小组289个，总人口4.6万人。2014年，全镇实现地区生产总值15.6亿元，比上年增长11.4%；完成财政总收入4740万元；完成公共财政预算收入2103万元，比上年增长14.1%；实现农民人均纯收入13428元，比上年增长12.4%。

农业经济　新增高效农业面积242.27公顷、设施农业面积162.6公顷、无公害产品种植面积2000多公顷，海伦羊业创建成全省AAA级乡村旅游单位。发展村集体经济，建成标准厂房3600平方米；新增插秧机、大中拖配套复式机械10台套；推广轻简栽培技术应用面积1466.67公顷；实施“技能培训项目”，培训农民2000多人次。完成土地适度规模经营402.13公顷，土地流转约466.67公顷，新组建农民专业合作社16家、土地股份合作社2家、经济合作社16家。

工业经济　实现工业产值55.2亿元，比上年增长12.4%；列统工业利税7.99亿元，比上年增长32.4%；列统工业利润3.8亿元，比上年增长27.8%；全部工业纳税销售8亿元，比上年增长11.1%。博特公司创建成缪昌文院士工作站。

服务业　完成服务业固定资产投资3.19亿元，实现服务业税收550万元，实现开票税收2500万元。净增个体工商户103户、私营企业70户，净增注册资本3亿元。政府西侧9000平方米临街商住楼竣工交付。

“三项工作”　收回闲置企业土地，重新盘活招商，实施彩腾公司破产清算、伯青光电挂牌拍卖和老政府资产盘活。实现固定资产投资11.6亿元，比上年增长21.5%。新增固定资产投资200万元以上农业项目4个，招引3000万元以上工业项目4个，引进第三产业税源项目5个，通过区考核验收1000万元以上服务业项目1个。新上1000万元以上技改项目1个，新增工业设备投入2186万元。

社会事业　建成田间硬质路面32千米，新建、改造硬质渠15.2千米，新建、改造电灌16座，拆建、修缮危桥9座，完成镇级河道桥梁改造。东部干线和文化路建成通车，集镇路灯安装到位。开展村庄环境整治，建成垃圾箱（房）552座，浇筑硬质粪坑盖5414个，清运各类集群垃圾7840吨，整治河道沟塘278条。投入近400万元开展村庄环境全域整治，投入200多万元清理河道24条，通过区、市、省级检查复查验收。新增绿化示范村1个、林地绿化面积18.87公顷。新增改厕1000户，完成危房改造65户。筹资600多万元，完成大坨、运粮水厂资产回购；投入3400多万元，铺设自来水管网610千米，实现引用长江水全覆盖。大坨至姜堰城镇公交线路开通。大坨幼儿园通过省学前教育改革发展示范区现场验收。大坨卫生院整体搬迁方案获批，镇卫生院、村卫生室均实施基本药物制度和新型农村合作医疗即时结报制。建成百姓大舞台3家，实现农家书屋全覆盖，2个村开通农家书屋一卡通，原创文艺调演节目获全区二等奖。新增有线电视101户、宽带用户90户。新生儿性别比100：104，计划生育率98%以上，14周岁独生子女父母奖励金转型保险参保率95.4%，新增计划生育奖扶、特扶1572人，发放资金439.68万元。城乡居民养老保险参保率92%，比上年增长10.9%；新增五大保险缴费173人，比上年增长214%；新增转移农村劳动力518人，举办各类创业就业技能培训9场次。新型农村合作医疗参保率99%。纳入农村低保1040户1434人，发放各类民政定补230万元、低保保障金250万元、“五保”供养38万元、残疾补助92.1万元；开展医疗二次救助180人，救助金额52万元。完成博特公司周边住户搬迁工作。开展隐患大排查活动5次，查出安全隐患486处，立即整改158处，下达限期整改通知书65份。建成镇公共法律服务中心及16个村级司法行政服务站，兴驰村创建成“省级民主法治示范村”；开展法治宣传培训8场次，发放各类宣传资料3000余份。投入60多万元实施技防城建设工程，安装50多处高清摄像头覆盖镇域主要出入道口。

（刘　杰）

2014年大坨镇主要社会经济指标

表32

指　标	单　位	数　值
耕地面积	公顷	3491
农业总产值	万元	3999
粮食总产量	万千克	3865.1
农机总动力	千瓦	20253
出栏生猪	头	66987
出栏家禽	万羽	194.89
水产品	万千克	204.7
水果产量	万千克	41.7

续表32

指　　标	单　位	数　值
蔬菜产量	万千克	5411.2
工业企业	个	357
纳税销售收入	万元	81000
工业利税	万元	19702
技改项目	个	8
技改投入	万元	177000
外贸供货额	万元	12029
自营出口额	万元	12029
三产从业人员	人	5460
三产增加值	万元	49871
商品零售总额	万元	2131
集贸市场成交额	万元	26367
各类汽车	辆	710
镇村公路	千米	262
科技人员	人	717
中小学校	所	3
在职教师	人	259
中小学生	人	1994
图书馆藏书	册	42000
有线电视普及率	%	90
医院	所	2
卫生室	个	11
自来水普及率	%	100
年末存款余额	万元	102000
农民人均纯收入	元	13428

2014年大坨镇各村（社区）基本情况

表33

村（社区）名	村（社区）支部（总支、党委）书记	村（社区）主任	工农业总产值（万元）
大坨村	黄庆荣	周林荣	4387.58
麻墩村	王友桂	周如朋	3039.64
响堂村	申善华	张　进	4014.78
茆戚村	王　洪	黄海萍	4629.30
土山村	—	纪存红	2590.26
申扬村	卢金荣	黄玉勤	4258.29

续表33

村（社区）名	村（社区）支部（总支、党委）书记	村（社区）主任	工农业总产值（万元）
塔子村	祁稳红	高朋寿	3889.94
缪埭村	夏义君	朱瑞萍	5488.96
桥东村	朱宝根	朱宝根	12320.68
朱宣村	许如兵	许如兵	4452.69
顾野村	翟晓卫	翟步才	3525.04
太平村	许国喜	许国林	4417.26
运粮村	丁克成	丁加才	6621.61
东徐村	王春沐	刘国广	2468.89
兴驰村	金岳林	闾素英	2765.53
卫星村	宋玉和	翟银喜	3150.33

大坨镇领导名单

书　　记：王国斌
副 书 记：杨德宝　张吉祥
人大主席：刘兴军（至2014-08）
　　　　　王国斌（2014-08兼任）
人大副主席：游有东（2014-08任）
镇　　长：王国斌（至2014-03）
　　　　　杨德宝（2014-03任）
副 镇 长：杨德宝（常务，至2014-03）
　　　　　金岳峰　扶国富　王连章　程益云
政协工委副主任：戴兰兰（女）
纪委书记：高忠华
政法委书记：杨德宝（兼）

张　甸　镇

【概况】　该镇域面积92平方千米，辖行政村35个、居委会3个、村民小组493个，人口9万人，为泰州市22个重点镇之一。2014年，全镇实现地区生产总值32亿元，完成财政总收入1.22亿元、公共财政预算收入6036万元，农民人均纯收入14420元。该镇创建成国家生态镇，被省委、省政府表彰为“2011—2014年度社会治安综合治理先进集体”，被命名为江苏省卫生镇，被市政府表彰为安全监管规范化管理先进镇；在区目标考评中，连续两年获综合二等奖，连续三年获经济发展争先进位奖，党建、精神文明建设考核列全区第一。6月被列为泰州市重点镇（园区）简政放权改革试点单位。

农业经济　新增规模经营面积942.07公顷、设施农业面积182.4公顷；新增泰州市级农业产业园1个。推进土地确权颁证工作。

工业经济　实现开票销售21.16亿元，比上年增长18.2%；工业设备抵扣5256万元，比上年增长57.5%。

服务业　实现服务业增加值7.5亿元，比上年增长12%。

建筑业　完成建筑业增加值3.24亿元，比上年增长10.1%。

“三项工作”　竣工验收5000万元以上工业项目4个，其中亿元以上工业项目2个；验收200万元以上农业项目7个、1000万元以上服务业项目3个，超额完成年度项目建设任务。完成1000万元以上技改项目4个。完成发明专利47件、国际专利1件，实施产学研合作项目5个，引进高层次人才5人，腾天炉业举办产学研成果推介会。

社会事业　苏张路建成通车，基本完成危桥改造、农村公路提档升级等一批为民办实事项目，推进智慧公园、长江水“清改浑”管网改造工程，镇文广中心主楼竣工验收，张甸中心幼儿园建成使用，锦尚名苑高档小区一期工程竣工。全镇村集体经营性总收入572.12万元。35个村初步建成居家养老服务站，张甸镇敬老院创建成省三星级敬老院。张甸初中中考成绩连续四年保持全区农村初中第一。

（许德康）

【张甸镇成为简政放权改革试点单位】　6月，根据泰州市《关于开展重点镇（园区）简政放权改革试点工作的指导意见》文件精神，张甸镇被列为泰州市重点镇（园区）简政放权改革试点单位。11月，区委、区政府出台《姜堰区张甸镇简政放权改革试点工作实施意见》（泰姜发〔2014〕41号），破解该镇发展过程中遇到的体制机制障碍，推进城乡一体化和新型城镇化。实行区镇合一管理体制，姜堰区热处理装备产业园区与张甸镇区镇合一（一个机构两块牌子）；按照“精简、统一、效能”原则，试行机构综合设置、人员编制精干、管理扁平高效、运行机制灵活的新型行政管理架构，设置党政综合办公室、经济发展局、招商局、规划建设局、社会事业局、农业和农村工作局、财政和资产管理局、综合执法局、便民服务中心、社会管理服务中心等内设机构10个。试点工作包括扩大管理权限、加强社会管理、强化公共服务、增强发展活力等其他方面内容。

（区编办）

送春联下乡到张甸镇严唐村

（陈治洪　提供）

2014年张甸镇主要社会经济指标

表34

指　标	单　位	数　值
耕地面积	公顷	5768
农业总产值	万元	39490
粮食总产量	万千克	6903.8
农机总动力	千瓦	29501
出栏生猪	头	64710
出栏家禽	万羽	134.6
水产品	吨	158.3
水果产量	吨	53.07
蔬菜产量	万千克	18901

续表34

指　标	单　位	数　值
工业企业	个	610
工业销售收入	万元	211557
工业利税	万元	104402
技改项目	个	14
技改投入	万元	176220
外贸供货额	万元	—
自营出口额	万元	60993
三产从业人员	人	10115
三产增加值	万元	75081
商品零售总额	万元	25000
集贸市场成交额	万元	8295
各类汽车	辆	1050
镇村公路	千米	281
科技人员	人	3510
中小学校	所	5
在职教师	人	922
中小学生	人	7615
图书馆藏书	册	34000
有线电视普及率	%	95
医院	所	3
卫生室	个	35
自来水普及率	%	100
年末存款余额	万元	150106
农民人均纯收入	元	14420

2014年张甸镇各村（社区）基本情况

表35

村（社区）名	村（社区）支部（总支、党委）书记	村（社区）主任	工农业总产值（万元）
三野村	丁加平	钱厚红	4493
梅垛村	王文余	钱厚喜	4935
蒋侢村	杨秀兰	杨秀兰	1546
高家村	孔令山	孔令山	3501
大丁村	王文生	王文生	4156
杨俞村	刘金贵	孔连珍	3696

续表35

村（社区）名	村（社区）支部（总支、党委）书记	村（社区）主任	工农业总产值（万元）
华杨村	刘汝金	华召书	2614
尹庄村	刘文武	刘文武	3752
大窑村	钱后喜	李勤根	2089
三周村	殷金华	殷金根	2182
张甸村	任荣寿	杨相华	16666
杨港村	陈宏虎	陈宏虎	5430
沙梓村	鲍延兰	鲍延兰	4047
张前村	陈石章	陈石章	4635
甸头村	李才喜	李才喜	2971
魏家村	武圣日	武圣日	6422
张桥村	程阿明	王月芹	3791
严唐村	李太山	李太山	5332
朱顾村	高华官	丁粉娣	3051
土桥村	张小平	曹松平	2430
高庄村	高圣华	高圣华	3619
单庄村	阙国平	阙国平	1460
三彭村	张正林	张朋英	5729
花彭村	李书平	李书平	4639
三陈村	陈香玉	陈香玉	4381
葛庄村	丁　华	丁　华	13512
周徐村	王　进	韩必红	11151
西网村	树桂林	郭元勤	8534
河垛村	吴永春	张来林	4370
梅网村	唐后林	钱俞存	8478
蔡官村	魏稳群	魏稳群	8772
三盟村	刘　忠	郁长冬	9552
三兴村	豆永龙	吉平华	6807
大李村	李桂林	陈年忠	5331
宫王村	蔡志忠	夏秋林	8230

张甸镇领导名单

书　　记：周旺根

副 书 记：李伯群

王根贞（女，至2014-08）

许　枫（2014-08任）

人大主席：胡银虎
人大副主席：周长安
镇　　长：李伯群
副 镇 长：许　枫（至2014–08）　张　政
　　　　　于　军（至2014–08）
　　　　　陈云松　曹圣明（2014–08任）
　　　　　张晓晴（女，2014–12任）
政协工委主任：王根贞（女，2014–08任）
政协工委副主任：张晓晴（女）
纪委书记：杨桂芳（女，至2014–08）
　　　　　于　军（2014–08任）
政法委书记：胡银虎（兼）

梁　徐　镇

【概况】　该镇土地总面积63平方千米，辖行政村21个、村民小组309个，总人口5.6万人，耕地面积3933公顷。2014年，全镇实现地区生产总值36.32亿元，比上年增长12.27%。其中，一产增加值2.33亿元，比上年增长7.3%；二产增加值28.08亿元，比上年增长11.65%；三产增加值5.9亿元，比上年增长12.81%。三次产业结构比为6.42：77.32：16.26。完成财政总收入2.38亿元、公共财政预算收入1亿元。农民人均纯收入17866元，比上年增长10.57%。该镇创建成泰州市餐饮服务食品安全示范镇。

农业经济　新增高效农业面积186.67公顷、设施农业面积96.33公顷，启动高标准农田建设333.33公顷。新增规模经营整体村6个，新增6.67公顷以上农场大户48个，新增规模经营面积540.53公顷。新组建农村“三大合作”组织10家，其中农民专业合作社8家、土地合作社2家。

工业经济　以电池、电源系统为工业主导产业，形成电池、电器、电缆、机械、服装、轻纺、建材等支柱产业。全镇有工业企业300多家，其中双登集团、天力铁芯、万达电器等15家为定报企业，新增规模以上工业企业2家。完成列统工业产值65.06亿元，工业纳税销售44.86亿元。

服务业　实现服务业增加值6.31亿元，比上年增长11%；完成服务业税收1550万元，比上年增长12%；规模和限额以上服务业企业营业收入2.53亿元，比上年增长20%。新328国道南侧4家汽车4S店开票销售1.41亿元。新增个体工商户120家，新增私营企业100家，净增注册资本2000万元。

“三项工作”　引进“三资”农业项目2个。在建工业项目3个，通过区考核办验收工业项目1个。引进第三产业项目3个，其中竣工验收2个。竣工验收1000万元以上技改项目3个，其中3000万元以上项目1个。申报市级以上科技计划项目28项，获批18项；申报江苏省高新技术产品10项，其中国家重点新产品1项。累计申报专利431件，其中发明专利82件，高新技术产值占总产值84.38%。

社会事业　改造桥梁7座，修复汛期水毁工程35处，疏浚整治河道10条，护坡9000米，整治村庄河塘5个，改建电灌站14座，新建硬质渠道35千米，新建硬质化路面4.8千米，新增绿化造林面积41公顷。推进村庄环境整治，新建垃圾箱池500多个，整治镇内主次干道规划点56个、非规划点75个，通过省、市、区各级检查验收。推进新型农村社会养老保险工作，新增参保人员2112人，累计参保22368人，全镇享受基础养老金7000多人，城乡居民养老保险实现全覆盖。农村居民最低生活保障应保尽保，全镇享受最低生活保障待遇968户1285人，年保障额280万元。推进居家养老，老年人、残疾人意外伤害保险等社会保障工作。全镇有AA级以上居家养老服务站15家；老年人参保10654人，参保率90%以上；残疾人参保1338人，参保率87.3%。注重教育教学综合素质提升，小升初毕业率100%、入学率100%，梁徐中学和王石中学被省姜堰中学、省姜堰二中分别录取10人、13人。组织文娱演出15场、文艺创作会8次。新型农村合作医疗参投率100%，梁徐卫生院通过省级规范卫生院考核验收，周埭村创建成泰州市卫生村。

（姜媛媛）

区委书记李伟检查村庄环境整治工作

（林　芳　摄）

2014年梁徐镇主要社会经济指标

表36

指　标	单　位	数　值
耕地面积	公顷	3933
农业总产值	万元	23337
粮食总产量	万千克	4351.6
农机总动力	千瓦	27785
出栏生猪	头	54263
出栏家禽	万羽	53.32
水产品	万千克	101
水果产量	万千克	4.2
蔬菜产量	万千克	6469.2
工业企业	个	210
纳税销售收入	万元	448600
工业利税	万元	45000
技改项目	个	3
技改投入	万元	—
外贸供货额	万元	—
自营出口额	万元	2123
三产从业人员	人	6546
三产增加值	万元	59045
商品零售总额	万元	42244
集贸市场成交额	万元	16620
各类汽车	辆	1420
镇村公路	千米	95000
科技人员	人	3368
中小学校	所	4

续表36

指　标	单　位	数　值
在职教师	人	296
中小学生	人	1599
图书馆藏书	册	100000
有线电视普及率	%	91
医院	所	2
卫生室	个	14
自来水普及率	%	98
年末存款余额	万元	76328
农民人均纯收入	元	17866

2014年梁徐镇各村（社区）基本情况

表37

村（社区）名	村（社区）支部（总支、党委）书记	村（社区）主任	工农业总产值（万元）
林野村	钱存海	吴怀林	21130.85
王石村	王金宏	王玉华	30027.89
新九村	江本安	周　勇	11327.47
前舍村	翟桂生	郁圣金	15043.67
三林村	钱忠乔	柳宝凤	28634.18
前时村	钱忠明	钱存亮	16431.02
钱港村	吴金勇	潘国元	8367.61
东官村	肖金涛	许社明	16145.8
官野村	曹福华	曹福书	27594.09
二塘村	陈庆海	申太国	17900.4
梁徐村	张宏林	于红海	65334
周埭村	柳林书	陈建华	19738.1
张埭村	李存山	薛龙喜	11980.01
双墩村	陶友平	杨元红	18367.18
江村村	钱友余	陈祥根	32052.74
坡岭村	鲍凤珠	杨广才	25225.93
邢家村	杨　坚	杨　坚	504457.85
岭家村	杨雪杉	陈爱玲	25673.05
黄村村	陶树军	卞学运	8196.64
葛联村	张明生	田韧义	6972.93
桥林村	翟棉桂	王银喜	4998.2

梁徐镇领导名单

书　　记：孙大明
副 书 记：杨书标（至2014-08）
　　　　　张学兵（至2014-08）
　　　　　石佳生（2014-08任）
　　　　　朱爱青（2014-10任）
人大主席：孙大明（兼）
人大副主席：姜存林（至2014-08）
镇　　长：杨书标（至2014-08）
　　　　　石佳生（2014-08任）
副 镇 长：朱爱青（至2014-10）　卞红玺
　　　　　徐晓玲（女）　左　丞
　　　　　朱燕萍（女）
　　　　　陆明虎（2014-12任）
政协工委主任：张学兵（2014-08任）
政协工委副主任：徐晓玲（女）
纪委书记：张学兵（兼至2014-08）
　　　　　钱普涛（2014-10任）
政法委书记：张学兵（兼至2014-08）
　　　　　　卞红玺（2014-12兼任）

白　米　镇

【概况】　2014年，全镇实现地区生产总值49.94亿元，比上年增长11.3%。其中，一产增加值完成2.35亿元，比上年增长6.1%；二产增加值完成39.84亿元，比上年增长11.4%；三产增加值完成7.76亿元，比上年增长12.3%。实现公共财政预算收入1.38亿元，比上年增长16.2%。实现农民人均纯收入18542元，比上年增长11.9%。该镇被命名为江苏省文明镇，曙光集团被命名为江苏省文明单位，马沟村被命名为江苏省文明村，15家镇村单位被命名为泰州市文明单位；第三次经济普查工作获泰州市表彰。

工业经济　全镇实现工业纳税销售42.26亿元。实现列统工业产值127.43亿元、列统工业利税19.09亿元，比上年分别增长19.19%、20.93%。曙光集团完成纳税销售12.62亿元，格兰特公司实现纳税销售7.77亿元，百新集团实现纳税销售3.55亿元，万波电气、云海机械、江苏兆铝等一批中小企业纳税销售增幅也均在15%以上。净增私营企业72户，个体工商户转为企业26户，民营经济各项指标均完成或超额完成上级下达目标任务。

“三项工作”　完成固定资产投资24.37亿元，比上年增长24.33%。协议利用外资1770万美元，实际利用外资269万美元。完成200万元以上农业项目4个，其中500万元以上1个；新开工5000万元以上工业项目5个，其中亿元以上项目1个；完成1000万元以上服务业项目1个。实施1000万元以上技改项目9个，其中3000万元以上4个，总投入2.3亿元。曙光华阳钻具公司实施的海洋用大直径钻机焊接生产线项目投资规模5000万元，曙光压力容器公司实施的波纹管、压力容器设备更新改造项目投资规模1000万元。新增注册商标49个、知名商标1个。

社会事业　完成夏秋两季秸秆“双禁”和综合利用任务；启动白米片区自来水管网改造和入户水表安装工作；疏浚河道13条，总长30.5千米，护坡10.8千米；整治沟塘2个，新建桥梁8座，新建泵站12座，新建硬质化渠道20.41千米，硬质化道路18.89千米。开展村庄环境整治，安装村庄路灯170盏，栽植各类树木32.5万株，改造公厕7座，新建垃圾房70多个，通过省、市、区三级验收；白米、昌桥、纪林3个村改厕700户；投入200多万元改造各学校公共设施，办学条件达到省级教育现代化标准，所有中小学获泰州市教学质量评估优秀奖，成为泰州市唯一获该殊荣乡镇；白米镇敬老院创建成泰州市首批AAA级敬老院。举办“欢乐白米乡村行”送文化下乡8场，创作文艺作品16篇，每村每月放映电影1场。投入40多万元，建设镇村两级社会管理服务平台，实现组织机构、功能进驻、服务场所“三到位”。排查矛盾纠纷112起，镇调委会受理调解30起，调解成功率100%。组织安全生产大检查6次，检查各类工贸企业100多家、危险化学品经营单位20多家、烟花爆竹零售点80多家，排查隐患1400余条。

（潘　利）

2014年白米镇主要社会经济指标

表38

指　标	单　位	数　值
耕地面积	公顷	3239
农业总产值	万元	39190
粮食总产量	万千克	3785.9
农机总动力	千瓦	29118
出栏生猪	头	52274
出栏家禽	万羽	138.4
水产品	万千克	52.3
水果产量	万千克	10
蔬菜产量	万千克	5349.8
工业企业	个	302
纳税销售收入	万元	422600
工业利税	万元	272200
技改项目	个	12
技改投入	万元	20080
外贸供货额	万元	—
自营出口额	万元	21516
三产从业人员	人	3502
三产增加值	万元	77583
商品零售总额	万元	36398
集贸市场成交额	万元	15521
各类汽车	辆	200
镇村公路	千米	175
科技人员	人	2402
中小学校	所	4
在职教师	人	319
中小学生	人	1945
图书馆藏书	册	100000
有线电视普及率	%	100
医院	所	2
卫生室	个	13
自来水普及率	%	100
年末存款余额	万元	—
农民人均纯收入	元	18542

2014年白米镇各村（社区）基本情况

表39

村（社区）名	村（社区）支部（总支、党委）书记	村（社区）主任	工农业总产值（万元）
拜官村	游培祥	刘玉芳	38813
昌桥村	徐国平	王明月	43592
甸河村	陈宝林	游　春	42600
孔庄村	圣宝明	王网珍	34866
白米村	夏裕明	吉卫忠	91750
纪林村	王文斌	—	34326
吴堡村	刘爱臣	—	30278
曹新村	曹根宏	曹爱明	57995
马沟村	王俊勤	杨顺宏	26955
杭家铺村	刘　勇	王跃武	54701
碱场村	崔永同	钱宏林	23930
新华村	黄于志	吴宝海	39536
蛙庄村	黄汉峰	—	34664
野沐村	蒋加和	—	44860
孙舍村	谢瑞华	—	30887
和平村	陈龙珍	高仁旺	45653
大安村	张宏珍	王万富	43186

白米镇领导名单

书　　记：吴　琼
副 书 记：张　喜（至2014-08）
　　　　　夏义华（2014-08任）　庞爱林
　　　　　刘恩洋（挂职，至2014-08）
人大主席：张　喜（至2014-08）
　　　　　吴　琼（2014-08兼任）
人大副主席：李荣群（2014-08任）
镇　　长：吴　琼（至2014-08）
　　　　　夏义华（2014-08任）
副 镇 长：曹广富（至2014-08）　孙桂春
　　　　　邵宝楠（至2014-08）
　　　　　吉章兰（女）　顾宏宽
政协工委副主任：顾宏宽
纪委书记：毛卫军（至2014-08）
　　　　　曹广富（2014-08任）
政法委书记：张　喜（兼至2014-08）

娄 庄 镇

【概况】 2014年，全镇实现地区生产总值32亿元，比上年增长15.97%；实现公共财政预算收入5869万元，比上年增长15.94%；完成纳税销售收入26.03亿元，比上年增长4.3%；实现财政总收入1.25亿元；农民人均纯收入19198元。该镇通过第二次全国文明镇复查验收，被表彰为江苏省妇女“双学双比”竞赛活动先进集体、江苏省巾帼来料加工示范基地、江苏省“安全生产活动月”优秀单位、泰州市安全监管规范化创建示范乡镇；16个村分别创建成省、市、区级文明村，16家单位分别创建成省、市、区级文明单位；17个村分别创建成省、市级生态村。

农业经济 全镇农业园区新增投资2499.1万元，农技综合化水平85%，有农机合作社20个。以红庙、袁联两村为主的千亩渔业园，以先进、朱翟、兴胜、东阳四村为主的万亩现代粮食生产示范园基本形成。

工业经济 延伸纺织服装、波纹管制造、换热器、轧辊等4个小板块产业链。创建省、市星级数字企业5家，市“两化融合”试点企业1家，净增个体工商户70家，净增私营企业75家，新增“个转体”28个。

服务业 实现服务业增加值8亿元，服务业税收增幅列全区第一。

建筑业 完成建筑业施工总产值3.8亿元，建筑业增加值9600万元。

“三项工作” 实现服务业固定资产投资2亿元。完成5000万元以上新办工业项目5个，完成服务业新开项目3个。竣工1000万元以上技改项目6个。申请专利232件，其中发明专利57件，专利授权118件。实施产学研合作项目5项。

社会事业 新建垃圾房近500个，投放垃圾箱近600只，村村建立保洁队伍，投入人力近2万个，实现每条河、每个路段有人管，“组保洁、村收集、镇中转、区处理”垃圾清运管理模式运行良好。建设省三星级康居乡村3个，朱翟村被命名，洪林村、先进村等待验收确认。建设交通等级公路2条、长4.4千米，改建危桥14座，完成集镇青龙路、娄沈公路、兴胜北路、园区道路提档升级，新建袁联和东阳两处候车室及回转场。完成304县道娄庄段建设。上争国家农开资金2300万元，新建桥梁13座，新建改造圩口闸16座，新建排涝站6座、泵站24座，新建道路18千米、渠道16千米，疏浚河道18条，疏浚土方26万立方米，生态护坡5.4千米。娄庄中学高考本科达线率领先全区农村中学。新型农村合作医疗参合率98%。建成科技服务站2家，获批省、市级科普惠农服务站各1家。17个村建成多功能文化活动室、农家书屋，首批6个村农家书屋配备电脑，更新镇图书室图书1500册。建成放牛村、娄庄村百姓大舞台。推进数字电视网络改造工程，改造光缆线路25千米、电缆35千米、钢绞线15千米，新开通光点28个。发放低保家庭节日补助771户77100元，医疗救助176人次402649元，给610户低保对象发放低保金555900元；申报AA级居家养老服务站3个、AAA级居家养老服务站1个、老年关爱之家1个，新增床位60张。组织开展农村劳动力技能培训班2期，组织18人参加技能大赛，培养技师人才3人，农村零就业家庭成员实现就业32人，参培发证410人，农村劳动力就业稳定率在96%以上，该镇成为全省“充分就业转移镇”。参投企业社会保险4000多人，新增企业社会养老保险175人、失业保险201人、基本医疗保险151人、工伤保险162人、生育保险186人，按月领取社保退休金1044人，参投城乡居民养老保险12000多人，续保率在97%以上，按月领取居保3800多人，按月领取基础养老金9933人。开展安全生产大检查、大整治和“打非治违”活动，排查处理各类安全隐患1739处，未发生较大安全生产事故。排查各类矛盾纠纷256起，化解249起，破获刑事案件23起。建设完善绿色通道13千米，推进村庄绿化美化工程，新增绿化面积1.2万平方米，修补绿化1.4万平方米，村庄绿化覆盖率40%。关停化工企业2家。集镇生活污水处理率80%以上、“三同时”（节水设施与主体工程同时设计、同时施工、同时投产使用）执行率100%。6个村申报小康示范村；14个村申报创建省、市、区级文明村，12家单位申报创建省、市、区级文明单位。

（李建忠　仇爱琴）

公共文化服务惠民工程在娄庄镇放牛村演出

（陈治洪　提供）

2014年娄庄镇主要社会经济指标

表40

指　标	单　位	数　值
耕地面积	公顷	3864
农业总产值	万元	46097
粮食总产量	万千克	6059.3
农机总动力	千瓦	39276
出栏生猪	头	43860
出栏家禽	万羽	90.2
水产品	万千克	215.6
水果产量	万千克	70.34
蔬菜产量	万千克	4510.6
工业企业	个	816
纳税销售收入	万元	260300
工业利税	万元	156565
技改项目	个	6
技改投入	万元	53432
外贸供货额	万美元	1677
自营出口额	万元	1700

续表40

指　标	单　位	数　值
三产从业人员	人	4780
三产增加值	万元	79732
商品零售总额	万元	58680
集贸市场成交额	万元	2445
各类汽车	辆	5980
镇村公路	千米	282
科技人员	人	1260
中小学校	所	3
在职教师	人	323
中小学生	人	2550
图书馆藏书	册	11000
有线电视普及率	%	96
医院	所	2
卫生室	个	14
自来水普及率	%	100
年末存款余额	万元	184005
农民人均纯收入	元	19198

2014年娄庄镇各村（社区）基本情况

表41

村（社区）名	村（社区）支部（总支、党委）书记	村（社区）主任	工农业总产值（万元）
袁联村	冯　晖	张正家	26774.5
三联村	刘茂军	刘瑞凤	15266.01
红庙村	吴汉国	章爱华	7011
连心村	顾明珠	顾明珠	7684.79
洪林村	姚　武	王爱兵	11809
放牛村	许生权	许生权	33016.43
曹杨村	徐　斌	秦　鹏	11078
李庄村	黄业华	黄伯珍	93802.1
马赛村	王忠明	张者芳	11860
娄庄村	陈　勇	马亚龙	79110.74
娄东村	王志云	徐荣康	16130.72
团结村	王国华	陈忠明	18592.4
新龙村	陈长山	陈长山	3935.31

续表41

村（社区）名	村（社区）支部（总支、党委）书记	村（社区）主任	工农业总产值（万元）
先进村	崔广明	焦红兰	65312.57
朱翟村	张高海	王稳林	11870.94
兴胜村	周春荣	堵开元	3708
东阳村	丁传华	施元忠	17314

娄庄镇领导名单

书　　记：陈希斌
副 书 记：黄　鹏　刘海峰（至2014-08）
人大主席：陈希斌（兼）
人大副主席：黄菊香
镇　　长：黄　鹏
副 镇 长：朱文涛　黄永祥　缪锦军
　　　　　郭晓彬　管建新　罗圣蒂（女）
　　　　　严　凯（2014-08任，挂职）
政协工委主任：刘海峰（2014-08任）
政协工委副主任：管建新
纪委书记：李建忠
政法委书记：朱文涛（兼）

沈　高　镇

【概况】　2014年，全镇实现地区生产总值30.1亿元，比上年增长11%；完成公共财政预算收入5926万元，比上年增长5.11%；实现农民人均纯收入18104元，比上年增长11.8%。该镇获“国家级生态镇”“第三次全国经济普查先进集体”等称号。

农业经济　新增设施农业面积86.67公顷，完成年计划104%；培育规模种植大户85个，完成年计划266%；新办农民专业合作社24个，完成年计划267%；规模经营整体推进村11个，完成年计划275%；新增土地适度规模经营面积950.13公顷，完成年计划198%。河横村水稻展示基地获评“国家农业科技创新与集成示范基地”称号，全年四个季度获区季度单项竞赛农业金杯。

工业经济　实现列统工业总产值61.09亿元，比上年增长19.75%；完成工业纳税销售18.76亿元，比上年增长5.6%；净增私营企业76个，完成年计划101%；新增个体工商户125户，完成年计划227%。

服务业　举办第十届“中国·河横菜花节”，开发推介以绿色食品为代表的地方特色旅游产品。发展生产性服务业和生活性服务业，第三产业财税贡献额逐步增加。实现服务业增加值5.46亿元，比上年增长12.7%，获区季度单项竞赛三、四季度服务业铜杯。

“三项工作”　完成固定资产投资12.6亿元，比上年增长17%；通过区考核验收200万元以上农业项目10个、5000万元以上工业项目2个、1000万元以上服务业项目3个；通过区考核验收1000万元以上技改项目2个、5000万元以上技改项目1个。盘活利用废旧仓库、村部，废弃厂址、校舍，闲置可建设用地，使用面积不足总面积50%的企业，年纳税销售低于每公顷750万元的企业，培育创业项目孵化基地。年内盘活闲置资产4.73公顷，新办一般纳税人企业9家。引进建材、运输税收开票5.5亿元，为全镇公共财政预算收入增收700万元。

社会事业　完成引用长江水入户管网改造工程，区级重点工程官庄大桥建成通车。启动229省道改扩建沈高段工程，新建、改建镇村桥梁9座、通村公路3.2千米。推进村庄环境整治，实现卫生改厕全覆盖，新增绿化造林面积62.2公顷。组建“九年一贯制”学校，沈高中学9人录取省四星级高中。农民大舞台增至10个，镇宣传文化中心在全市乡镇中率先加盟苏演院线，镇文化站被评为全国一级文化站，河横农家书屋获“省五星级示范农家书屋”称号。企业职工养老和医疗保险参保率85%以上；城乡居民养老保险参投率98%以上，续保率94%；新型农村合作医疗参投率100%；五保、低保等最低生活保障覆盖率100%。农村低保标准提高到每人每月430元，新型农村合作医疗筹资标准提高到430元/人。流动人口管理服务率98%，免费孕前优生健康检查率100%。创建农村产权交易站的做法在中央电

视台播放，数十家地方政府组织人员到该镇参观学习。人大代表工作室、政协委员工作室、计生中心户、居家养老等做法受到省、市、区各级领导肯定。收集人大代表议案1件、建议47件，落实率100%。

【沈高宣传文化中心成为全市首家加盟“苏演院线”乡镇宣传文化中心】 2014年6月，沈高宣传文化中心加盟“苏演院线”，成为泰州市首家加盟“苏演院线”的乡镇宣传文化中心。“苏演院线”由江苏省演艺集团创办，是全国唯一一家由国有主流文化艺术团体创办的文艺演出院线，以基层为目标市场，以市县剧院为核心资源，链接其他文化资源进行产业化运作。沈高宣传文化中心加盟“苏演院线”后，“苏演院线”每年将在该中心组织高水准演出4场，首场演出黄梅戏《女驸马》于6月28日开演。

（张广明　张永进）

【沈高镇创建农村产权交易服务站的做法被中央电视台报道】 2013年6月，沈高镇农村产权交易服务站成立。该站按照统一监督管理、统一交易规则、统一信息发布、统一交易鉴证、统一平台建设的管理模式运行，全镇所有农村集体产权流转交易都在该站内进行，鼓励农民个人产权进场交易。该站联合金融和金阳光富民担保公司，开展资产评估、抵押贷款、农业项目招投标等配套服务。2014年8月23日，中央电视台《新闻联播》报道姜堰区发展示范性家庭农场、实施土地经营流转和建设产权交易平台等做法，时长1分14秒。

（刁桂琴　施金惠　王文升）

2014年沈高镇主要社会经济指标

表42

指　标	单　位	数　值
耕地面积	公顷	2811
农业总产值	万元	61050
粮食总产量	万千克	3722

续表42

指　标	单　位	数　值
农机总动力	千瓦	32052
出栏生猪	头	21070
出栏家禽	万羽	75
水产品	万千克	362
水果产量	万千克	117
蔬菜产量	万千克	6575
工业企业	个	342
纳税销售收入	万元	187600
工业利税	万元	114284
技改项目	个	29
技改投入	万元	26000
外贸供货额	万美元	4474
自营出口额	万美元	4353
三产从业人员	人	7352
三产增加值	万元	59092
商品零售总额	万元	38120
集贸市场成交额	万元	30413
各类汽车	辆	824
镇村公路	千米	214
科技人员	人	1532
中小学校	所	3
在职教师	人	191
中小学生	人	500
图书馆藏书	册	32000
有线电视普及率	%	98
医院	所	2
卫生室	个	10
自来水普及率	%	100
年末存款余额	万元	78485
农民人均纯收入	元	18119

2014年沈高镇各村（社区）基本情况

表43

村（社区）名	村（社区）支部（总支、党委）书记	村（社区）主任	工农业总产值（万元）
华杨村	张春惠	吴文龙	32704

续表43

村（社区）名	村（社区）支部（总支、党委）书记	村（社区）主任	工农业总产值（万元）
官庄村	韩东明	韩东明	65391
后堡村	陈宏喜	吴亚东	141923
万众村	李宏斌	巫荣华	194480
天民村	张成龙	朱宝红	18162
联盟村	魏双林	魏双林	19653
冯庄村	肖勤勇	肖勤勇	17463
单塘村	王春生	陈爱珍	84688
超幸村	刁传军	刁传军	19501
夏朱村	王　桢	陈九林	122803
沈高村	丁松华	张春花	49885
夏北村	张永胜	朱爱军	130123
夹河村	王爱兵	王爱兵	14769
双星村	沈昌宽	邱永明	49671
河横村	吴宏生	沈爱云	70405

沈高镇领导名单

书　　记：周宏才
副 书 记：张俊民（至2014-07）
　　　　　陆双琳（女）
　　　　　生静雅（女，2014-08任，挂职）
　　　　　王建宝（2014-12任）
人大主席：陆双琳（女，至2014-08）
　　　　　周宏才（2014-08兼任）
人大副主席：刁向荣（至2014-12）
　　　　　　黄　杰（2014-12任）
镇　　长：张俊民（至2014-07）
　　　　　陆双琳（女，2014-08任）
副 镇 长：周　静　陈忠兵　陈兆斌
　　　　　王　玮　王　燕（女）
政协工委副主任：吴宏生
纪委书记：王建宝（至2014-12）
　　　　　刁向荣（2014-12任）
政法委书记：王建宝（兼至2014-12）
　　　　　　陈兆斌（2014-12兼任）

兴　泰　镇

【概况】　2014年，全镇实现地区生产总值15.86亿元，比上年增长11.1%。其中，一产增加值1.28亿元，比上年增长6.2%；二产增加值10.69亿元，比上年增长11.5%；三产增加值3.89亿元，比上年增长11.6%。实现财政收入7121万元、公共财政预算收入3635万元，集体纯收入30万元以上村7个，20万元—30万元以上村1个。农民人均可支配收入17130元，比上年增长10.83%。该镇通过国家生态镇创建验收，尤庄村创建成省三星级康居示范村，甸址村创建成绿化示范村，兴泰学校创建成泰州市绿色学校。

农业经济　新增规模经营面积471.4公顷，流转土地总面积1400公顷，占总耕地面积80%，土地确权签字确认率98.12%，有规模种植大户65户，新建市级规模经营示范家庭农场3个，构建为农服务综合体，新增插秧机62标准台，农业机械化率84%。生猪出栏1.80万头，家禽出栏17.18万羽。设施渔业面积31.47公顷，实施高效农业保险。新增宁盐高速两侧绿色通道3.5千米，镇村道路、农开路补栽5500株，置换圩堤绿化8600株，新增林业绿化面积30公顷。

工业经济　实现列统工业产值37.9亿元、纳税销售12.44亿元。

“三项工作”　新办固定资产5000万元以上项目1个，新增200万元以上农业项目4个、规模以上工业项目1个、1000万元以上服务业项目2个，新开工第三产业项目3个，竣工项目2个。实现1000万元技改项目企业5家，江苏华飞合金材料科技股份有限公司、江苏鸿诚金属制品股份有限公司两家企业在天交所上市。

社会事业　完成村、集镇和工业园区改水工程，天然气管道铺设覆盖工业集中区；村庄环境全域整治工作通过市、区村庄环境全域整治验收，举办区村庄环境长效管护工作现场会；新型农村社会养老保险续缴率和新型农村合作医疗参合率分别为97%、98%以上，五保、低保实现应保尽保，创建成二星级敬老院1家，改造五保、低保危房22户；幼儿园建设工程完成工程招标工作；超额完成500户改厕任务；兴泰客运站主体工程通过竣工验收，建成村级公交回转场地8个；完成技防镇建设，与区技防监控网络连接；疏浚河道10条，更新改造电灌站6座，新建农桥5座；开展职业农民培训、技能培训6期，培训190人，一般纳税人企业职工受培训率80%以上。基本完成为民办实事八大工程。开展第三次化工污染企业整治活动，推广环境管理体系认证和环境污染责任保险，否决污染项目8个；加强农村环境连片整治项目建设，化解环境信访案件10多件。推动全镇8个村数字农家书屋建设，新建宣传文化活动中心和2个百姓大舞台；举办会船节、重阳节、迎元旦等文艺活动，承办激情三水“美丽乡村行”走进尤庄村专场文艺演出；创作“草根文化”作品50多篇，其中节目《飞吧，鸽子》在市、区文艺调演中分别被评为金奖、特等奖。兴泰学校建成二适书院。完成《企业风采》《珍藏姜堰》历史文稿撰写。开展平安法治创建和“六五”普法工作，形成20多人组成的三级信访网络队伍。答复网络民生问题发帖62个。社区矫正对象帮教率、安置率均为100%。办理人大代表意见、建议20多件，政协委员提案10多件，区交办建议10多件。

（潘利颖）

艺术节新作调演《飞吧，鸽子》

（陈治洪 提供）

2014年兴泰镇主要社会经济指标

表44

指　标	单　位	数　值
耕地面积	公顷	2055
农业总产值	万元	21465
粮食总产量	万千克	2841.6
农机总动力	千瓦	21999
出栏生猪	头	23906
出栏家禽	万羽	21.448
水产品	万千克	235.4
水果产量	万千克	19.8
蔬菜产量	万千克	2535
工业企业	个	158
纳税销售收入	万元	124498
工业利税	万元	59950
技改项目	个	5
技改投入	万元	—
外贸供货额	万元	—
自营出口额	万元	363
三产从业人员	人	4712
三产增加值	万元	38909
商品零售总额	万元	70350
集贸市场成交额	万元	895
各类汽车	辆	—
镇村公路	千米	—
科技人员	人	248
中小学校	所	1
在职教师	人	48
中小学生	人	611
图书馆藏书	册	32000
有线电视普及率	%	98
医院	所	1
卫生室	个	7
自来水普及率	%	100
年末存款余额	万元	44400
农民人均纯收入	元	17278

2014年兴泰镇各村（社区）基本情况

表45

村（社区）名	村（社区）支部（总支、党委）书记	村（社区）主任	工农业总产值（万元）
尤庄村	仲　明	—	91596.57
薛何村	郑伟平	徐友成	143971.95
孙楼村	钱爱舜	孙秀红	35661.45
甸址村	高乐熙	杭宝山	166318.3
沙垛村	沈加亮	吴志祥	622.82
三里泽村	申存宏	申存宏	528.25
西陈庄村	徐爱进	刘田杰	91.24
苏庄村	高银喜	孙长根	271

兴泰镇领导名单

书　　记：王荣明
副 书 记：王　亮（女）
　　　　　周宝余（至2014-08）
　　　　　张炳权（2014-08任）
人大主席：王荣明（兼）
人大副主席：陈桂林（至2014-08）
　　　　　　严忙凤（女，2014-08任）
镇　　长：王　亮（女）
副 镇 长：张炳权（至2014-08）
　　　　　王怀扣
　　　　　严忙凤（女，至2014-08）
　　　　　田志春　卞剑飞
政协工委主任：周宝余（2014-08任）
政协工委副主任：赵正云（女）
纪委书记：周宝余（兼至2014-08）
　　　　　吕爱民（2014-08任）
政法委书记：田志春（兼）

桥　头　镇

【概况】　该镇域面积38平方千米，其中耕地面积2333.33公顷、水面资源800公顷；下辖行政村7个、村民小组147个，人口2.4万人。2014年，全镇实现地区生产总值12.8亿元，比上年增长10.4%。完成公共财政收入3923万元，比上年增长8.6%。实现农民人均纯收入17866元，比上年增长12.41%。

农业经济　推进农业适度规模经营，探索形成“1+6+7”规模经营模式、“八有”示范性家庭农场创建标准，曙光家庭农场成为全省示范性家庭农场。购置新型农机具76台套、无人植保飞机1台。落实优质水稻订单179.8公顷，入库优质水稻170万千克。新组建各类新型合作经济组织11家。各村经营性收入均超过30万元，最高为200多万元。

工业经济　实现全部工业纳税销售收入8.85亿元，比上年增长27%；定报工业产值18亿元，比上年增长20%。民营经济超额完成区交任务。

服务业　新增限额和规模以上服务业企业2家，完成服务业“个转企”企业1个。实现服务业税收1774万元，超额完成年度目标任务。第三产业占比提高1%。

建筑业　新增建筑企业1家。实现建筑业税收889万元，比上年增长16.1%。

“三项工作”　组建招商办，赴南京、苏州、上海等地开展招商活动，秀乐公司注册，大靶材项目在洽谈中。实施腾笼换鸟战略，盘活双圆、三精等破产企业。完成区交农业项目2个，申报验收1000万元以上服务业项目1个。康鹏公司获批泰州市化工重点监测点，江北研磨主体厂房全部竣工。完成1000万元以上技术改造项目2个，通过区考核验收。签订产学研合作项目2个，新增注册商标1个，申请发明专利10件，专利授权30件，净增有效发明专利1件。

社会事业　开展镇村环境全域整治，通过省、市、区三级验收。落实“五位一体”长效管护制度，新增保洁人员27人、保洁车7辆，新建垃圾池（房）80多处，新增绿化造林面积26.67公顷。小杨村、大杨村推行畜禽粪便综合治理试点。投资200多万元，完成西环路、桥杨路、建安三号桥等工程建设。投资100多万元，启动东环路建设，基本形成集镇“三横三纵”道路框架体系。更换南北大街路灯。新（改）建圩口闸9座、电灌站15座、桥梁6座，硬质渠3000米、道路9500米（其中通村公路1500米、村内道路8000米），疏浚河道3条，新增体育健身器材6套48件。新增创业人员728人，带动就业2997人，转移农村劳动力445人。新增五险158人次，城乡居民养老保险参保率、续保率分别为100%、95%。100多名因病致贫群众申请二次救助，救助金额90万元。开展“慈善一日捐”活动，募集善款1.6万元。给16名家庭困难精神病患者按季免费送药，为28名白内障患者免费进行复明手术，发放残疾人轮椅24辆、助听器21件。镇敬老院完成提档升级改造工程，通过省二星级验收。落实单独两孩和计划生育惠民政策，征收社会抚养费50多万元。桥头中心小学提供省教育均衡发展会现场，桥头中学普通高中达线率位居全区第三。完成状元府道路、河道护坡等基础性工作。参加“会船节”系列表演，举办“感恩伟大祖国 建设和谐桥头”国庆节和教师节文艺庆祝活动。整顿食品药品市场，实现食品药品安全合格达标全覆盖。开展技防建设，新装数字高清监控40多台。基本建成社会管理服务三级平台，小杨村、桥头村创建成省民主法治建设示范村。化解各类矛盾纠纷112起。办结人大代表建议34件、政协委员提案2件。

（丁秀华）

2014年桥头镇主要社会经济指标

表46

指　标	单　位	数　值
耕地面积	公顷	2035
农业总产值	万元	30786
粮食总产量	万千克	2779
农机总动力	千瓦	23679
出栏生猪	头	17544
出栏家禽	万羽	175
水产品	万千克	368
水果产量	万千克	8
蔬菜产量	万千克	1403
工业企业	个	441
纳税销售收入	万元	91000

续表46

指　标	单　位	数　值
工业利税	万元	59310
技改项目	个	2
技改投入	万元	2000
外贸供货额	万元	—
自营出口额	万元	6110
三产从业人员	人	6070
三产增加值	万元	37620
商品零售总额	万元	13220
集贸市场成交额	万元	4122
各类汽车	辆	522
镇村公路	千米	712
科技人员	人	452
中小学校	所	2
在职教师	人	129
中小学生	人	1192
图书馆藏书	册	23000
有线电视普及率	%	89
医院	所	1
卫生室	个	6
自来水普及率	%	100
年末存款余额	万元	46874
农民人均纯收入	元	17865

2014年桥头镇各村（社区）基本情况

表47

村（社区）名	村（社区）支部（总支、党委）书记	村（社区）主任	工农业总产值（万元）
小杨村	王小军	卫泽民	14675
大杨村	姜　林	姜冬阳	11610
桥头村	李　荣	马长余	17742
李堡村	李留锁	卞风兰	16679
杨院村	刘　础	刘　础	15836
三沙村	卞勇军	卞勇军	17990
状元村	钱　健	王年珍	12140

桥头镇领导名单

书　　记：俞扬祖
副 书 记：石佳生（至2014-08）
　　　　　蒋金荣（2014-08任）
　　　　　曹爱国（2014-08任）
人大主席：石佳生（至2014-08）
　　　　　俞扬祖（2014-08兼任）
人大副主席：王扣凤（女）
镇　　长：俞扬祖（至2014-08）
　　　　　蒋金荣（2014-08任）
副 镇 长：王春辉　曹爱国（至2014-08）
　　　　　卞志岚　全立军
　　　　　杨红明（2014-12任）
政协工委主任：韩云峰（2014-08任）
政协工委副主任：窦　峰
纪委书记：韩云峰（至2014-08）
政法委书记：韩云峰（兼至2014-08）
　　　　　　杨红明（2014-12兼任）

淤　溪　镇

【概况】　2014年，全镇实现地区生产总值15.75亿元，比上年增长10.5%。其中，规模以上工业增加值17.22亿元，比上年增长19%；服务业增加值5.97亿元，比上年增长12.6%。三次产业结构比例为14：50：36。实现财政收入6064万元，比上年增长13.9%。其中，公共财政预算收入3409万元，比上年增长15%。农民人均可支配收入16480元，比上年增长12.4%。居民储蓄存款8.5亿元，比上年增长13%。在全区四个文明建设年度考核中，位列综合考核第六名，获区委、区政府颁发的镇（区）工作目标综合优胜三等奖。该镇被省文化厅命名为“江苏省特色文化之乡”；周庄村创建成“全国生态文化村”，被省住建厅评为“江苏省村庄规划建设示范村”。

农业经济　新增高效设施农业面积113.33公顷，新增设施渔业面积43.33公顷，新增林业面积13.33公顷，农业适度规模经营面积400公顷。成立专业合作社11家，培植种植大户37户，入社工商登记农户838户。新增农业机械12台，打响“金龙植保、友农农机”两个农机服务品牌。建设城北现代农业走廊，粮食生产实现“十一连增”。

工业经济　实现工业开票销售9.13亿元，比上年增长12.75%；工业设备抵扣19336万元，比上年增长4%；列统工业产值、利润、利税分别增长19%、22%、25%。民营经济净增58家。

服务业　实现社会消费品零售总额1.6亿元，比上年增长23%，服务业增加值占比提高2.5%，淤溪、马庄、兴良等运输公司业务蓬勃发展。

“三项工作”　实现固定资产投资7.5亿元，比上年增长39%。新办5000万元以上企业2家，在建项目1家，新办500万元以上农业项目2个、200万元以上项目3个，新办500万元以上服务业项目2个。完成1000万元以上技改项目2个。园区内企业工业开票销售6.9亿元，比2010年增长8.5%，比上年增长3.6%。

社会事业　投入600多万元，开展15个村村庄环境全域整治；实施村庄环境长效管护，聘用保洁人员98人，配备垃圾收集箱20个、保洁车100辆。建成祥云北海公寓500套规模精品小区、御墅华庭1.2万平方米高档住宅小区。宣传文化中心交付使用，完成整体搬迁，通过省社区教育中心验收。开展社会保险扩面活动，养老保险净增参保人数118人，在全区率先实现老年人基础养老金发放全覆盖。完成省改厕任务1700户。新型农村合作医疗参合率99%，筹集医保资金324.16万元，住院补偿1035.27万元，补偿3142人次，门诊补偿215.34万元，累计补偿16.8万人次。投资3600万元，实现饮长江水工程村村全覆盖。全镇实现天然气主管道全覆盖。建成淤溪、马庄两所小学综合楼。筹资450万元，建设马庄卫生院门诊综合楼封顶。投资100多万元，加强技防建设，实现镇村单位技防全覆盖。升级改造淤溪东环路1.3千米、南北桥2.1千米等农村公路，加固圩堤1.01千米，疏浚镇级河道2条，完成9个村路、桥、泵站建设。新建公交停车场5个、候车亭

15个，实现姜堰、泰州、镇内公交全覆盖。

（陈群林）

【周庄村创建成“全国生态文化村”】 9月16日，2014年全国生态文化村经验交流会在山东省青岛市举行，溱潼镇周庄村获“全国生态文化村”称号。该创建活动由中国文化生态协会主办，全国109个村庄被命名。该村围绕“一村一景”“一村一品”“一村一韵”建设美丽乡村，倡导生态文化理念，宣传生态文化思维，建成文化园、文化墙、文化大舞台；因地制宜，彰显水乡村民傍水而居村庄风貌特质；打造生态农业，注册“鲍老湖”商标，申报无公害产品，形成生态农业特色产业；推进村庄综合建设，林木覆盖率40%，建成微动力污水处理厂，使用生态砖建设河道护坡和村庄道路等公共设施。

（杨宝军　陈群林）

2014年淤溪镇主要社会经济指标

表48

指　　标	单　位	数　值
耕地面积	公顷	3578
农业总产值	万元	20409
粮食总产量	万千克	2429.5
农机总动力	千瓦	14898
出栏生猪	头	54000
出栏家禽	万羽	11.7
水产品	万千克	864.6
水果产量	万千克	7.2
蔬菜产量	万千克	3997.8
工业企业	个	120
纳税销售收入	万元	91198
工业利税	万元	13679
技改项目	个	11
技改投入	万元	46000
外贸供货额	万元	6500
自营出口额	万元	2745
三产从业人员	人	4669
三产增加值	万元	6657

续表48

指　　标	单　位	数　值
商品零售总额	万元	25402
集贸市场成交额	万元	2000
各类汽车	辆	500
镇村公路	千米	50
科技人员	人	585
中小学校	所	3
在职教师	人	242
中小学生	人	1619
图书馆藏书	册	22000
有线电视普及率	%	93
医院	所	2
卫生室	个	15
自来水普及率	%	99
年末存款余额	万元	41000
农民人均纯收入	元	16382

2014年淤溪镇各村（社区）基本情况

表49

村（社区）名	村（社区）支部（总支、党委）书记	村（社区）主任
武庄村	肖冬林	肖长林
卞庄村	陈海龙	陈德荣
淤溪村	孙加怀	沈顺山
里溪村	陈胜华	武晓晴
杨庄村	杨网元	陈网英
周庄村	周林和	韩秋龙
靳潭村	沈向明	万友如
吉庄村	夏卫东	夏卫东
孙庄村	宗爱林	徐开红
潘庄村	丁秋林	丁秋林
甸夏村	帅建宝	张永红
三垛村	邵云龙	—
马庄村	宫万祥	魏爱群
南桥村	冀国顺	冀国顺
北桥村	赵根红	赵根红

淤溪镇领导名单

书　　记：孙来扣（至2014-08）
　　　　　袁　勤（2014-08任）
副 书 记：袁　勤（至2014-08）
　　　　　卢跃林（女，至2014-08）
　　　　　沈玉堂（2014-08任）
　　　　　成　猛（2014-08任）
人大主席：沈玉堂（至2014-08）
　　　　　袁　勤（2014-08兼任）
人大副主席：徐水勇
镇　　长：袁　勤（至2014-08）
　　　　　沈玉堂（2014-08任）
副 镇 长：唐　军　沈　阳　沈新荣
　　　　　沈阿银　潘春桃
政协工委副主任：邵云龙
纪委书记：成　猛
政法委书记：沈　阳（兼）

俞　垛　镇

【概况】　该镇域面积82平方千米，辖行政村18个、居委会2个，人口5.12万人。2014年，全镇实现地区生产总值27.6亿元，比上年增长12.5%。实现公共财政预算收入4389万元。农民人均纯收入17261元。该镇获“国家级生态乡镇”“泰州市幸福家庭示范乡镇”等称号。

农业经济　实现农业现价产值5.05亿元，比上年增长6%。新增高效设施农业面积120.6公顷，新认定规模经营种养大户及家庭农场43个，组建“三大合作”组织13个，新增土地流转面积941.73公顷，新增土地适度规模经营面积946.87公顷，其中柳官、叶甸、南野、田管、薛陈等5个村实现整村推进。

工业经济　实现全部工业纳税销售19.51亿元，比上年增长25.55%。列统企业实现产值31.83亿元、纳税销售15.03亿元、利税23341万元、利润14186万元。实现工业设备投入8795万元，比上年增长103.3%，列全区第一。净增个私企业85家，新增“个转私”企业16家。

建筑业　实现建筑业增加值5400万元，施工产值增幅列全区先进行列。

服务业　实现服务业增加值8.98亿元，比上年增长22.96%；实现服务业税收1994万元，比上年增长12%。

“三项工作”　实现全社会固定资产投资12.34亿元，实际到账外资32.6万美元。完成农业项目3个，其中投资200万元、500万元、1000万元项目各1个；完成亿元太阳能光伏发电工业项目2个。实现技改投入财务数7.78亿元。完成投入1000万元以上工业技改项目4个，其中5000万元1个、亿元项目1个。新增知名商标1件，新增注册商标27件。完成专利申请254件，专利授权42件，发明专利申请80件，申报省级高新技术企业2家、高新技术产品3个，新建产学研联合体2家，实施产学研合作项目5个，引进高层次人才2人，高新技术产业产值占列统工业产值比重34%。

社会事业　投入700多万元，实施村庄环境全域整治工程。新增排涝泵站3座3个流量，加固圩堤4.5千米，清洁、疏浚河道26条，改造农村电力线路4800米，新增民用变压器46台。实施农村改厕工程，新改厕1180户。秸秆综合利用约2666.67公顷。实施集镇绿化、亮化工程，扩容镇垃圾处理中转站，实现垃圾处理村收集、镇中转。新增职工医疗保险、工伤保险、生育保险、失业保险各100人，城乡居民养老保险覆盖面95%，续保率95%以上，新增农保1400人，新型农村合作医疗参投率100%，五保、低保应保尽保，老年、高龄、重残人员补贴按时足额发放到位。新增劳动力培训、就业转移800人。3所学校通过省教育现代化验收，叶甸中学建成标准塑胶运动场，俞垛小学女子足球队获全国少年足球年赛二等奖。俞垛卫生院建成中医馆，通过省级乡镇示范卫生院验收；建成角墩村省级标准化社会卫生服务室。新增复垦土地面积4.07公顷，挂钩1.87公顷。扩建通北路工程和俞叶路亮化工程，开通公交线路1条，基本实现村村通公交。投入100多万元，新增技防探头114个。办理人大代表建议15件，办结率、满意率均为100%。

（葛新成）

2014年俞垛镇主要社会经济指标

表50

指　　标	单　位	数　值
耕地面积	公顷	4371
农业总产值	万元	30127
粮食总产量	万千克	5176
农机总动力	千瓦	20231
出栏生猪	头	10156
出栏家禽	万羽	37
水产品	万千克	711
水果产量	万千克	22
蔬菜产量	万千克	6353
工业企业	个	208
纳税销售收入	万元	195089
工业利税	万元	23341
技改项目	个	18
技改投入	万元	77800
外贸供货额	万元	—
自营出口额	万元	31376
三产从业人员	人	7185
三产增加值	万元	81959
商品零售总额	万元	35890
集贸市场成交额	万元	3800
各类汽车	辆	632
镇村公路	千米	86
科技人员	人	576
中小学校	所	3
在职教师	人	215
中小学生	人	1368
图书馆藏书	册	41000
有线电视普及率	%	89
医院	所	2
卫生室	个	13
自来水普及率	%	98
年末存款余额	万元	103360
农民人均纯收入	元	17261

2014年俞垛镇各村（社区）基本情况

表51

村（社区）名	村（社区）支部（总支、党委）书记	村（社区）主任	工农业总产值（万元）
祝庄村	蔡桂华	梁俊昌	21377
何野村	潘俊华	吴秀兵	259436
俞耿村	纪宝国	纪冬平	37352
忘私村	丁尔华	禹爱林	33354
房庄村	张茂森	张茂森	23250
宫坨村	葛新成	张如宏	26098
角墩村	杨国彬	丁志林	26177
姜茅村	姜庆中	姜广彬	26171
春草村	王　彪	曹俊才	7999
柳官村	姜彬彬	陶红粉	7345
许庄村	王俊明	王俊明	8696
横庄村	唐秋红	唐秋红	5906
叶甸村	张月朗	唐万如	8597
南野村	高玉枝	高玉枝	13819
仓场村	唐云华	尹顺勤	26968
田管村	王根民	王忠宝	4302
薛陈村	熊恒兴	李建平	11285
花庄村	顾亚民	夏国友	15699

俞垛镇领导名单

书　　记：章惠明

副 书 记：杨应国（至2014-08）

　　　　　纪马龙（2014-08任）

　　　　　张玉俊（2014-08任）

　　　　　艾延龄（2014-08任，挂职）

人大主席：纪马龙（至2014-08）

　　　　　章惠明（2014-08兼任）

人大副主席：李明根

镇　　长：纪马龙（2014-08任）

副 镇 长：葛扣林　曹春森

　　　　　纪小斌（至2014-08）　钱　程

政协工委主任：杨应国（2014-08任）

政协工委副主任：唐云华

纪委书记：张玉俊（至2014-08）

　　　　　纪小斌（2014-08任）

政法委书记：张玉俊（兼）

华 港 镇

【概况】 2014年，全镇实现地区生产总值21.26亿元，比上年增长10.3%；实现公共财政收入3440万元，比上年下降7.8%。农民人均纯收入16357元，比上年增长12.2%。该镇被环保部表彰为“2012—2013年国家级生态乡镇”。

农业经济 新增设施农业面积96.67公顷，新登记家庭农场18家，规模经营比重63.4%，农业机械化率85%；粮食生产实现“十一连增”，良种覆盖率100%。新增绿化造林面积35.33公顷，全镇森林覆盖率21.6%。

工业经济 实现全部工业现价总产值33.6亿元，比上年增长11.8%；实现纳税销售收入14.6亿元，比上年下降11%。新增规模以上企业2家。工业产业由传统汽摩产业向焊接材料、光伏发电、电动汽车配件产业转型；产品由零件向部件升级，由汽车领域向多领域拓展，由国内市场向国外市场进军。

服务业 以集镇建设为载体，发展房地产、餐饮、物流等现代服务业。完成第三产业增加值4.04亿元，比上年增长12.4%。服务业在三次产业中比重有所提升。

“三项工作” 开展“重大项目推进年”活动，通过搭建镇村招商信息平台、选优配强招商队伍、完善考核奖励办法等措施，紧盯焊接材料、光伏产业和电动汽车配件项目。招引亿元以上项目3个、5000万元以上项目4个；新建200万元以上“三资”农业项目4个，其中500万元以上2个；招引1000万元以上服务业项目3个，竣工验收1个；在建亿元以上项目1个、5000万元以上项目3个。实施1000万元以上技改项目6个。开展镇内闲置及低效利用厂房、土地资源整合、项目嫁接工作，盘活2家。

社会事业 实施集镇扩容工程，完善里华、李庄小区布局，建成润城商务等开发项目。拆除违章建筑3000多平方米。实施土地增减挂钩近2公顷，占补平衡8公顷。实施德康路、新华西路和董潭、桑湾沿河路等路桥改扩建工程，完成通村通组公路8.5千米，新建、改造桥梁17座。整治村级河塘11个、土方13.62万立方米，新建圩口闸2座，改造14座。推进镇村环境综合整治，通过省、市、区三级验收。民生类财政支出占全镇公共预算支出比重55%。引用长江水工程进入扫尾阶段，入户接水率95%；实施华庄路单侧亮化工程；推进港口卫生医院迁址工作；卤汀河拓浚工程在扫尾阶段，两座桥梁交付使用；完成敬老院提档升级工程，通过省、市、区级验收。城乡居民养老保险续保9702人，续保率95%；新增AA级居家养老服务站标准村2个，缴纳重点优抚对象住院医疗保险99人，办理残疾人意外伤害险460人；建立劳动争议调解工作室17个，化解劳动纠纷56起。调处各类矛盾纠纷120起，处理重大信访案件12起。

（袁明邦）

2014年华港镇主要社会经济指标

表52

指　标	单　位	数　值
耕地面积	公顷	3646
农业总产值	万元	45000
粮食总产量	万千克	3783.9
农机总动力	千瓦	28033
出栏生猪	头	7771
出栏家禽	万羽	55
水产品	万千克	470
水果产量	万千克	40
蔬菜产量	万千克	8000
工业企业	个	230
纳税销售收入	万元	146200
工业利税	万元	11566
技改项目	个	6
技改投入	万元	4830
外贸供货额	万元	7864
自营出口额	万元	5220
三产从业人员	人	6243

续表52

指　　标	单　位	数　值
三产增加值	万元	35987
商品零售总额	万元	35566
集贸市场成交额	万元	3380
各类汽车	辆	560
镇村公路	千米	109
科技人员	人	595
中小学校	所	4
在职教师	人	293
中小学生	人	2082
图书馆藏书	册	10000
有线电视普及率	%	90
医院	所	2
卫生室	个	10
自来水普及率	%	100
年末存款余额	万元	136510
农民人均纯收入	元	16357

2014年华港镇各村（社区）基本情况

表53

村（社区）名	村（社区）支部（总支、党委）书记	村（社区）主任	工农业总产值（万元）
溪东村	杨雨林	—	9896.75
溪西村	梁网根	梁网根	7345
港口村	王焕余	高　明	13212
桑湾村	马　寅	高宗宝	9412.88
董潭村	卢雨晴	杨志育	1210
下溪村	潘应彪	—	9273.56
刘庄村	俞巧云	周巧宝	9184.23
葛舍村	陈文林	徐爱育	14423
左舍村	张红兵	张红兵	16987
李家庄村	左玉龙	金华奎	35281
双烈村	纪维英	王桂珍	9668.62
野营村	刘灯桂	潘兆峰	7666.2

续表53

村（社区）名	村（社区）支部（总支、党委）书记	村（社区）主任	工农业总产值（万元）
里华村	王亚伟	李罗山	44619.51
塔岳村	刘荣柏	薛德胜	6697.05
许家庄村	陈　亮	薛六十	16073.1
徐家垛村	蒋树华	卢向阳	8791
野马村	王俊松	徐阿年	13799.38

华港镇领导名单

书　　记：王长林（至2014-08）
　　　　　杭绘东（2014-08任）
副 书 记：杭绘东（至2014-08）
　　　　　张　喜（2014-08任）
人大主席：蒋金荣（至2014-08）
　　　　　杭绘东（2014-08兼任）
人大副主席：徐正峰
镇　　长：杭绘东（至2014-08）
　　　　　张　喜（2014-08任）
副 镇 长：俞学铭（至2014-08）
　　　　　周虎城（至2014-08）　罗冬雷
　　　　　丁青宝　张　承
　　　　　纪　立（2014-12任）
政协工委副主任：纪　立（至2014-12）
　　　　　　　　张为芳（女，2014-12任）
纪委书记：李铜锁
政法委书记：罗冬雷（兼）

人物·荣誉栏

人　　物

丁志强

1967年12月出生，男，汉族，江苏泰兴人，中共党员，党校研究生，助理经济师，泰州市姜堰区委常委、组织部部长。

1992年8月参加工作，任泰州华厦集团公司深圳龙马分公司办公室办事员；1995年8月，任泰州华厦集团公司办公室办事员；1998年3月，任泰州华厦集团公司办公室秘书（副股级）；1998年7月，任泰州市海陵区建委城建科、办公室办事员；1999年8月，任泰州市海陵区建设工业三产管理办公室主任；2002年5月，任泰州市海陵区公路建设办公室副主任，其中2000年6月—2003年4月借调至泰州市海陵区政府办综合一科工作；2003年4月，任泰州市海陵区政府办综合一科科长；2003年12月，任泰州市海陵区政府办公室主任助理（挂职）；2005年2月，任泰州市海陵区政府办公室副主任，其中2004年9月—2007年7月在省委党校国民经济学专业研究生班学习；2008年1月，任泰州市海陵区政府办公室副主任、研究室主任；2008年6月，任泰州市委办公室工作人员；2008年10月，任泰州市委办公室综合三处主任科员；2009年3月，任泰州市委办公室综合三处处长；2011年2月，任泰州市市政公用事业管理局局长；2012年3月，任泰州市委办公室副主任，其中2014年7月—2014年10月借调至江苏省政府办公厅工作；2014年12月，任泰州市姜堰区委常委、组织部部长。

肖延川

1970年2月出生，男，汉族，江苏沛县人，中共党员，大学文化，高级农经师，泰州市姜堰区委常委，区政府副区长、党组成员，现代农业产业园区党工委书记（挂职）。

1992年7月起，在江苏省农林厅物资站工作，其中1997年10月任江苏省农林厅物资站科技开发科副科长；1999年1月，任江苏省农林厅机关团委书记，其中2001年8月任正科级干部；2003年2月起，在江苏省农林厅经营管理处工作；2005年7月起，在江苏省农林厅市场与经济信息处工作，其中，2006年8月任江苏省农林厅市场与经济信息处主任科员，2006年12月任江苏省农林厅市场与经济信息处副处长；2009年4月，任江苏省农林厅办公室副主任；2010年1月，任江苏省农委办公室副主任；2010年7月，任江苏省农产品加工发展中心主任兼省农委办公室副主任（正处级）；2011年8月，任江苏省农委机关服务中心主任兼办公室副主任；2012年12月，任江苏省农委农村经济体制与经营管理处处长兼省农村集体资产管理办公室主任；2014年6月，任泰州市姜堰区委常委、区政府党组成员（挂职）；2014年8月，任姜堰区委常委，区政府副区长、党组成员，现代农业产业园区党工委书记（挂职）。

徐　俊

1971年5月出生，男，汉族，江苏海安人，大学文化，中共党员，上校军衔，中共泰州市姜堰区委常委、区人武部政治委员。

1990年3月入伍，历任南通军分区战士、班长；1993年7月，任南京军区守备三团排长、副连长；1996年6月，任南通军分区政治部宣传科干事；1997年5月，任南通军分区政治部保卫科干事；1999年4月，任南通军分区政治部宣保科干事；2005年6月，任南通军分区政治部组干科干事；2006年3月，任南京军区海防第三团130加农炮兵营教导员；2007年3月，任南通军分区政治部宣保科干事；2008年6月，任南通军分区政治部副团职干事；2010年5月，任南京军区海防第三团政治处主任；2013年3月，任泰州市姜堰区人武部政治委员；2014年9月，任中共泰州市姜堰区委常委、区人武部政委。

王　平

1964年2月出生，男，汉族，江苏泰州人，中共党员，大学文化，泰州市姜堰区政府副区长、党组成员，区公安局局长、党委书记、督察长，区委政法委副书记。

1983年7月参加工作，任县级泰州市公安局刑警队办事员；1988年4月，任县级泰州市公安局刑警队副股级民警；1990年10月，任县级泰州市公安局法制办副主任；1995年11月，任县级泰州市公安局法制办主任；1996年12月，任泰州市公安局海陵分局法制办主任；1997年12月，任泰州市公安局海陵分局治安大队大队长；1999年1月，任泰州市公安局海陵分局副局长，其中2000年8月—2002年12月在中央党校函授学院法律专业本科班学习；2002年12月，任泰州市公安局治安警察支队副支队长（主持工作）；2006年5月，任泰州市公安局法制处处长；2009年11月，任靖江市公安局局长、党委书记（副县处级），市委政法委副书记；2012年2月，任靖江市政府党组成员，市公安局局长、党委书记（副县处级），市委政法委副书记；2012年3月，任靖江市政府党组成员，市公安局局长、党委书记、督察长（副县处级），市委政法委副书记；2013年2月，任靖江市副市长，市公安局局长、党委书记、督察长，市委政法委副书记；2014年10月，任泰州市姜堰区政府副区长、党组成员，区公安局局长、党委书记、督察长，区委政法委副书记。

黄健全

1962年12月出生，男，汉族，江苏姜堰人，中共党员，大学文化，助理经济师，泰州市姜堰区政府副区长、党组成员，高新技术装备产业园区党工委书记。

1982年7月参加工作，历任泰县农业局财务股会计、副股长，泰县土管局财务股副股长，其中1985年9月—1989年7月在江苏省委党校行政管理专业本科班函授学习；1989年7月起，在泰县县委组织部借用；1990年11月，任泰县县委组织部组织员、干部二科副科长；1994年7月，任泰县县委组织部干部二科科长；1997年9月，任姜堰市白米镇党委副书记；1998年8月，任姜堰市官庄镇党委副书记；1998年12月，任姜堰市官庄镇党委副书记、镇长；1999年7月，任姜堰市运粮乡党委书记、人大主席；2000年3月，任姜堰市俞垛镇党委副书记、镇长；2001年10月，任姜堰市俞垛镇党委书记、人大主席；2002年3月，任姜堰市俞垛镇党委书记；2006年2月，任姜堰市俞垛镇党委书记、人大主席；2007年11月，任姜堰市白米镇党委书记、人大主席，其中2010年11月明确为副县处级；2011年2月，任姜堰市财政局局长，国投集团副董事长、总经理（副处级）；2011年7月，任姜堰市财政局局长、党组副书记，国投集团副董事长、总经理（副县处级）；2012年4月，任姜堰市财政局局长、党组书记，国投集团副董事长、总经理（副县处级）；2014年3月，任泰州市姜堰区财政局局长、党组书记（副县处级）；2014年10月，任泰州市姜堰区政府副区长、党组成员，高新技术装备产业园区党工委书记。

刘　玮

1970年9月出生，男，汉族，江苏徐州人，中共党员，硕士研究生，泰州市姜堰区政府副区长、党组成员（挂职）。

1992年8月参加工作，任江苏省运河师范学校教师；1996年9月—1999年3月，在浙江大学工业心理学专业硕士研究生学习；1999年4月，任江苏省人事厅人才资源开发工作办公室工作人员；2001年8月，任江苏省人事厅人才资源开发工作办公室副主任科员；2004年5月，任江苏省人事厅人才资源开发工作办公室主任科员；2009年3月，任江苏省人事厅人才资源开发工作办公室副主任；2014年8月，任泰州市姜堰区政府副区长、党组成员（挂职）。

花庆如

1960年3月出生，男，汉族，江苏姜堰人，党校大专，中共党员，政协泰州市姜堰区委员会副主席。

1978年3月入伍；1983年3月起，在泰县县委党校青年干部培训班学习；1984年1月起，在泰县农业技术学校学习；1984年3月起，历任泰县桥头乡组织科办事员、副科长、机关党支部书记；1987年10月，任泰县桥头乡党委秘书；1988年3月，任泰县桥头乡纪委副书记、党委秘书；1988年11月，任泰县桥头乡纪委副书记，其间，1989

年6月明确为副乡职级；1992年1月，任泰县桥头乡纪委书记；1993年1月，任泰县桥头乡党委副书记；1997年1月，任姜堰市桥头乡党委副书记、人大主席；1997年10月，任姜堰市桥头乡党委副书记、乡长；2000年3月，任姜堰市淤溪镇党委副书记、镇长；2001年10月，任姜堰市淤溪镇党委书记；2003年5月，任姜堰市淤溪镇党委书记、人大主席；2005年6月，任姜堰市经济开发区党工委副书记、管委会常务副主任；2006年5月，任姜堰市经济开发区党工委副书记、管委会常务副主任兼苏陈镇党委副书记；2007年11月，任姜堰市俞垛镇党委书记；2011年2月，任姜堰市经济开发区党工委副书记、管委会副主任；2011年11月，任姜堰市经济开发区党工委副书记、管委会主任；2014年10月，任政协泰州市姜堰区委员会党组成员；2015年1月，在政协泰州市姜堰区第十三届委员会第四次会议上当选为政协泰州市姜堰区第十三届委员会副主席。

荣　誉　栏

·先进集体·

【姜堰区获得的综合荣誉】

获奖单位	颁发单位	荣誉称号
姜堰区	农业部、财政部	全国农业改革与建设试点绩效评价第一名
	教育部	推进义务教育均衡发展工作评估全省第一名
	环保部	国家生态区
	文化部	2014—2016年度中国民间文化艺术之乡
	全国校足办	2013—2014年度全国青少年校园足球活动优秀单位，二等奖
	农业部	2014年度全国粮食生产先进单位、第二批全国农村集体“三资”管理示范县
	农业部、国家旅游局	全国休闲农业与乡村旅游示范县
姜堰区	省农委、省教育厅、省科技厅	2013年度全省挂县强农富民工程对接突出县
	省海洋渔业局	2013年度全省渔业科技入户工作先进集体
	省委、省政府、省军区	江苏省第十届双拥模范城（县、区）
	省政府办公厅	第二批省学前教育改革示范区
	省委组织部、省委宣传部	2013—2014年度全省基层党员冬训工作示范县（市、区）
	省综治委	2014年度全省平安县（市、区）
	省教育系统关心下一代委员会	全省家庭教育先进市（区）
	省商务厅	江苏省油气装备出口基地
	省财政厅、省新闻出版局	江苏省实施农家书屋提升工程试点工作示范县（市、区）
	省农委、省海洋渔业局、省财政厅	全省发展现代高效农业成效显著县

获奖单位	颁发单位	荣誉称号
姜堰区	省林业局	2014年度全省森林资源保护与管理成效显著县（市、区）
	市委、市政府	全市绩效管理先进市（区）二等奖、农业农村工作考核先进市（区）一等奖、工业经济目标考核先进市（区）二等奖、科技创新工作目标考核先进市（区）一等奖、建筑业工作目标考核一等奖
	市政府	学前教育先进市（区）、教育行风建设先进市（区）、2013年度全市水利工作先进市（区）、2014年度全市水利工作目标考核一等奖
	市环境保护委员会	完成环境保护目标责任状（书）先进市（区）
	市整治企业违法排污专项行动领导小组	整治企业违法排污专项行动先进市（区）

【国家部委表彰的先进集体】

获奖单位	颁发单位	荣誉称号
区总工会	全国总工会	2013年度市级工会财务工作先进单位
省姜堰二中“本真教育：高中素质教育的校本研究”课题	教育部	国家级教学成果奖二等奖
姜堰镇、溱潼镇、顾高镇、蒋垛镇、大伦镇、白米镇、娄庄镇、沈高镇、俞垛镇、兴泰镇、张甸镇、梁徐镇、桥头镇、淤溪镇、华港镇	环保部	国家级生态乡镇
溱湖风景区	国家旅游局、环保部	国家生态旅游示范区
溱湖国家湿地公园管理处	环保部、科技部	第四批国家环保科普基地
溱潼镇、白米镇	住建部、财政部等	全国重点镇
区委统战部	中央统战部宣传办、中国统一战线杂志社	2014年度中国统一战线宣传先进单位
区检察院	最高检察院	集体一等功
区民政局	民政部	第二批国家等级婚姻登记机关
区移动公司	全国总工会	全国职工教育培训示范点
姜堰镇西街社区	中国科协、财政部	全国科普示范社区
姜堰镇三园村	中国计划生育协会	第五批全国人口和计划生育基层群众自治示范村
河横稻麦展示基地	农业部	国家农业科技创新与集成示范基地
淤溪镇周庄村	中国生态文化协会	全国生态文化村
东桥小学	教育部新教育研究院、新教育实验总课题组	全国新教育实验示范学校
行知小学		全国新教育实验优秀实验学校

获奖单位	颁发单位	荣誉称号
区公安局老干部党支部	中央组织部	全国离退休干部先进集体
城南派出所	公安部装备财政局	“210工程”建设示范单位
区生产力促进中心	科技部	B类国家级示范中心
泰州市苏珍溱湖簖蟹专业合作社、姜堰区鑫旺水产养殖专业合作社	农业部办公厅	农业部水产健康养殖示范场
励才实验学校	环保部	国际生态学校绿旗
区农业技术推广中心	农业部	国家农业科技创新与集成示范基地
区消协	中国消费者协会	全国消协组织新闻宣传先进集体

【省级和省条线表彰的先进集体】

获奖单位	颁发单位	荣誉称号
省姜堰二中“本真教育：高中素质教育的校本研究”课题	省政府	2013年度江苏省教学成果奖特等奖
姜堰镇	省村庄环境整治推进工作领导小组	全省村庄环境整治推进工作先进集体
白米镇	省委610办公室	2013年度全省无邪教创建示范镇
桥头镇	省人力资源和社会保障厅	省级劳动保障监察示范网格单位
娄庄镇	省妇联、省妇女“双学双比”竞赛活动领导小组	全省妇女“双学双比”竞赛活动先进集体
淤溪镇	省文化厅	第五批江苏省特色文化之乡
华港镇	省工商局	全省工商行政管理系统廉政文化建设示范点
区政府办	省政府办公厅	2013年度全省政务信息工作先进单位
区法院	省高院	集体一等功
区发展和改革委	省发展和改革委	全省发展改革系统2013年度综合先进奖
区教育局	省教育厅、省财政厅	2013年度全省学生资助工作绩效评价优秀
区科技局	省科技厅、省知识产权局	2013年度全省知识产权工作先进集体
区公安局	省纪委	全省廉政文化建设示范点
国土资源局区分局	省国土资源厅	2012—2013年度全省国土资源政务信息工作先进单位、全省国土资源系统预防职务犯罪工作先进集体
区卫生局	省政府妇女儿童工作委员会	2013年度全省妇女儿童工作先进集体
区环保局	省环保厅、省财政厅	2010—2012年度全省农村环境连片整治示范工作先进集体
区安监局	省安监局	2013年度全省安全生产宣传文化工作先进单位、江苏省冶金等工贸行业安全生产工作先进集体
区供销总社	省供销总社	2013年度全省供销合作社系统“新网工程建设”优胜单位
区物价局	省物价局	2013年度全省价格工作先进单位

获奖单位	颁发单位	荣誉称号
区粮食局	省粮食局	2013年度全省粮食质量安全监管先进单位、2013年度财会审计工作优胜单位
	省放心消费创建活动办公室	全省放心消费创建活动示范企事业单位
区质监局	省人力资源和社会保障厅、省质监局、省公务员局	2009—2013年度全省质量技术监督系统先进集体
	省质监局	2013年度全省质量技术监督系统先进单位
区烟草局	省烟草局	全省优秀县级烟草专卖局创建标兵单位
	省烟草局、省公安厅	全省卷烟打假工作先进集体
区盐务局	省盐务局	全省盐业行政管理工作先进单位
区移动公司	省消协	江苏省消费教育示范基地
姜堰镇东桥村、白米镇白米村、娄庄镇娄庄村	省委610办公室	全省无邪教创建示范村
姜堰镇城东村、溱潼镇湖南村、顾高镇塘桥村、张甸镇严唐村、娄庄镇三联村、沈高镇沈高村、淤溪镇周庄村、兴泰镇尤庄村	省环保厅	江苏省生态村
溱潼镇村建档案室	省住建厅	江苏省一级村镇建设档案室
溱潼镇劳保所	省人力资源和社会保障厅	全省人力资源和社会保障系统优质服务示范窗口
溱潼镇溱东村	省海洋渔业局	第二批江苏省现代渔业示范村
沈高镇河横村农家书屋	省新闻出版局	2012—2013年度五星级示范农家书屋
农产品加工集中区	省农委	第二批省级农产品加工集中区
淤溪镇周庄村	省广电总台	江苏省新农村建设示范单位
区检察院控申举报中心	省检察院	2010—2012年度文明接待室
区公安局网安大队	省公安厅	符合一级网侦手段授权资质的县级网安大队
区交巡警大队城区二中队	省总工会	全省“工人先锋号”
区农委水产技术指导站	省海洋渔业局	2013年度江苏省水产品药物残留快速检测工作先进单位
区农业技术推广中心	省农委	2012—2013年度江苏省农业丰收奖一等奖
市第二人民医院	省卫生厅	江苏省医疗服务先进单位、江苏省诚信计量单位、全省临床检验质量管理先进单位
区卫生监督所	省卫生监督所	2013年度全省基层卫生监督综合业务先进单位
区建管局团委	团省委	2013年度江苏省“五四”红旗团委
张甸镇	省委、省政府	全省社会治安综合治理先进集体
区经济开发区	省商务厅	省开发区转型升级试点
	省环保厅、省商务厅、省科技厅	省级生态工业园

获奖单位	颁发单位	荣誉称号
溱湖风景区	省质监局	湿地公园旅游服务业标准化试点
溱潼镇	省水利厅	2014年度江苏省水美乡镇
蒋垛镇	省经济和信息化委	2014年度全省“禁粘”试点合格乡镇
大坨镇	省科协	省科普示范镇
张甸镇	省爱国卫生运动委员会	江苏省卫生镇
娄庄镇	省妇联、省妇女“双学双比”竞赛活动领导小组	全省巾帼来料加工示范基地
	省安全生产委员会办公室	2014年度全省安全生产月活动优秀单位
俞垛镇、梁徐镇	省文化厅、省财政厅	全省第二批公共文化服务体系示范乡镇
兴泰镇的“培育和发展村级为农服务综合体”	省委农村工作领导小组	2014年度全省农业农村改革创新成果
区委办	省委办公厅	全省信息工作先进单位
区委宣传部	省委宣传部	江苏省第九届精神文明建设“五个一工程”组织工作先进集体
区文明办、张甸镇选送的“建立‘村民道德新风录’培育‘好人集群’”	省文明办	全省农村精神文明建设工作创新案例一等奖
区科技局	省知识产权局	全省实施知识产权战略区域试点示范工作单位
	省人力资源和社会保障厅	2014年度省级创业示范基地
区司法局	省维护妇女儿童权益联席会暨“平安家庭”创建活动领导小组	全省“平安家庭”创建活动先进集体
姜堰镇银穆村	省维护妇女儿童权益联席会暨“平安家庭”创建活动领导小组	省平安家庭创建活动示范社区（村）
区文广新局	省委宣传部、省文化厅、省广电局、省新闻出版局	服务农民服务基层文化建设先进集体
区卫生局	省机关事务局、省经济和信息化委	全省公共机构节能示范单位
区经济普查办公室	省第三次全国经济普查领导小组	全国经济普查先进集体
区安监局	省安监局	全省2013 2014年度烟花爆竹安全生产监督管理工作表现突出集体
区粮食局	省粮食局	第二批全省粮食流通监督检查示范单位、全省粮食系统先进集体
区物价局	省物价局	2014年度全省价格工作先进单位
区总工会	省“安康杯”竞赛组委会办公室	全省“中国梦·劳动美——我的安全家园”征文活动优秀组织奖
团区委	团省委	2014年度全省团属报刊宣传工作先进单位
	省青少年发展基金会、省希望工程办公室	江苏希望工程“圆梦行动”十周年先进集体

获奖单位	颁发单位	荣誉称号
团区委选送的“‘指尖追梦’——运用新媒体构建服务青年新体系”	团省委	全省共青团工作创新创优成果奖二等奖
团区委选送的“微公益·博大爱”项目	团省委	2014年度全省青少年公益项目创投大赛二等奖
姜堰大洋百货有限公司、泰州市东方水带有限公司	省青少年发展基金会、省希望工程办公室	江苏希望工程“圆梦行动”十周年“爱心成就奖”
区国税局	省国税局、团省委	2013—2014年度全省国税系统“青年文明号”
区经济开发区智能电网产业园	省发展和改革委、省商务厅	南北挂钩共建园区、昆山高新区姜堰工业园
区经济开发区陈庄村，桥头镇小杨村、状元村，蒋垛镇孟莲村，张甸镇三陈村、蒋佴村、河垛村、杨港村、严唐村	省爱国卫生运动委员会	江苏省卫生村
桥头镇曙光种植家庭农场、沈高镇河横村汉土家庭农场	省财政厅、省农委	2014年度省级示范性家庭农场
溱潼镇湖北村、沈高镇超幸村、蒋垛镇许庄村、大坨镇桥东村、娄庄镇李庄村、俞垛镇忘私村、华港镇李家庄村	省环保厅	江苏省生态村
姜堰镇中天社区	省住建厅	2014年度江苏省城市管理示范社区
姜堰镇中天人口文化园	省人口计生委	江苏省人口文化示范基地
姜堰镇北街社区	省社保基金管理中心	全省退休人员社会化服务贡献奖
姜堰镇曹家村、大坨镇响堂村	省科协	全省科普示范村
姜堰镇经济普查办公室、溱潼镇经济普查办公室、沈高镇经济普查办公室	省第三次全国经济普查领导小组	全国经济普查先进集体
古罗塘旅游文化景区	省旅游景区质量等级评委会	国家AAAA级旅游景区
溱湖湿地农业生态园景区	省旅游景区质量等级评委会	国家AAA级旅游景区

获奖单位	颁发单位	荣誉称号
溱潼镇湖北村、溱东村、洲城村，沈高镇河横村，兴泰镇西陈庄村、尤庄村，淤溪镇周庄村，俞垛镇忘私村，华港镇葛舍村	省水利厅	2014年度江苏省水美村庄
沈高镇文化站	省文化厅	2014—2017年度全国乡镇综合文化站一级文化站
沈高镇团委	团省委	第16批江苏省“五四”红旗团委创建单位
姜堰中学党委	省委教育工作委员会	江苏省中小学校先进基层党组织标兵
姜堰中学、姜堰四中	省科协、省教育厅	“十二五”第三批全省科学教育特色学校
姜堰中专	省教育厅、省发展和改革委、省财政厅、省人力资源和社会保障厅、省农委、省扶贫办	全省职业教育先进单位
区公安局刑警大队	团省委、省公安厅	2013—2014年度公安系统江苏省“青少年维权岗”
城南派出所女子社区民警队	省妇联	全省维护妇女权益示范岗
区财政局档案室	省档案局	全省三星级档案室
区交通运输局运管处党支部	省交通运输厅党组	全省第三批交通运输行业“百个先进堡垒党支部”
区渔政监督大队	省海洋渔业局	2014年度违规渔具专项整治工作先进单位
区农广分校	省农业广播电视学校、省农民科技教育培训中心	全省农广校农民教育培训宣传报道工作先进集体
市第二人民医院	省卫计委	三级综合医院
区卫生监督所	省卫生监督所	2014年度全省基层卫生监督工作先进单位
区农机化技术推广站	省人力资源和社会保障厅、省农机局、省公务员局	全省农机系统先进集体
正太集团有限公司、锦宸集团有限公司	省政府	省“百强企业”
江苏太平洋精锻科技股份有限公司	省节能监察中心	“中国能效之星”三星级企业
张甸镇金根畜牧养殖协会	省科协、省财政厅	2014年度江苏省科普惠农兴村先进单位
姜堰镇便民服务中心	省人力资源和社会保障厅	省农民工示范服务中心
姜堰日报社	省县市报研究会、省县市新闻中心工委	江苏省县市报先进集体
区实验幼儿园校园网站	省教育管理信息中心	2014年江苏省中小学校优秀校园网站评比一等奖
华港镇	省委宣传部	2013—2014年度全省基层党员冬训工作示范镇
先锋单车俱乐部	省文明办	江苏省优秀志愿服务组织
区档案馆	省档案局	江苏省AAAA级数字档案馆

获奖单位	颁发单位	荣誉称号
蒋垛中心小学家长学校、罗塘小学家长学校	省教育系统关工委	江苏省优秀家长学校
区检察院刑事执行检察科	省检察院	全省检察机关减刑、假释、暂予监外执行专项检察活动先进集体
区中医院	省机关事务局、省经济和信息化委	2014年江苏省公共机构节能示范单位
苏珍溱湖簖蟹专业合作社	省海洋与渔业局	省现代渔业示范场（基地）
区检察院	省检察院办公室	信息工作先进单位
区检察院办公室	省检察院办公室	2013年度全省检察机关信息工作先进单位
区农委	省农委	2013年全省农经农业系统工作效能建设成效显著单位
区耕地质量保护站	省农委	2014年度全省耕地质量建设与管理工作先进单位
区粮食行业协会	省粮食行业协会	江苏省粮食行业先进协会
淤溪镇周庄村	省依法制省领导小组	江苏省民主法制示范村

【市级表彰的先进集体】

获奖单位	颁发单位	荣誉称号
区经济开发区	市政府	开放型经济工作目标考核先进开发区一等奖
姜堰镇	市委、市政府	2013年度全市经济工作“十强乡镇（街道）”
沈高镇、张甸镇	市委、市政府	2013年度全市发展高效农业“十佳乡镇（街道）”
梁徐镇、张甸镇	市委、市政府	2013年度全市争创经济工作“十强乡镇（街道）”活动先进单位
娄庄镇先进村、溱潼镇湖南村	市委、市政府	2013年度全市全面小康建设“十强村”
区农委	市农委	全市农业系统目标管理考核第一名、2013年度农业工作创新创优奖、2013年度农产品质量安全监管工作先进单位
区信访局	市政府	集体二等功
区文广新局	市“扫黄打非”办	“扫黄打非”工作先进集体
市第二人民医院	市平安医院创建活动小组	泰州市平安医院先进集体
桥头镇	市政府办	全市秸秆禁烧暨综合利用工作考核第一名
区台办	市台办	全市综合考核第一名
区史志档案办	市党史方志档案办	全市党史方志档案工作考核第一名
区人口计生委	市人口计生委	全市年终考评第一名
团区委	团市委	全市共青团工作考核第一名、2013年度全市共青团工作先进集体、2013年度全市共青团信息工作先进集体
区中医院	市政府办	2007—2014年泰州市红十字会系统先进集体
沈高镇河横村、姜堰镇曹家村、溱潼镇湖南村	市文明办等	泰州最美乡村

获奖单位	颁发单位	荣誉称号
姜堰镇中天社区、太平社区、古田社区	市创建办	创建文明城市先进社区
娄庄小学教育联盟	市教育局	泰州市教育共同体建设先进集体
东桥中心小学、兴泰中心小学、行知实验小学	市教育局、市老年书画协会	泰州市首批少年书画辅导基地试点学校
励才实验学校团委、姜堰镇团委、区教育团工委、实验初级中学团委、区经济开发区团工委	团市委	2013年度泰州市“五四”红旗团委
江苏中程建筑有限公司团支部、区地税局四分局团支部、区公安局交通巡逻警察大队团总支、区疾病预防控制中心团支部、溱潼二中团总支、张甸镇大学生村官团支部	团市委	2013年度泰州市“五四”红旗团支部
区检察院	市检察院政治处	文书竞赛综合先进集体，2013年度检察信息工作进步奖，2013年度全市检察机关“十佳信息”，统一业务应用系统使用、管理知识测试优胜集体
	市检察院	先进检察院、2013年度优秀检察建议
	市文明办	优秀道德讲堂、2013年度泰州市未成年人思想道德建设工作创新创优成果奖
区检察院民行科	市检察院	规范执法先进集体
区检察院法警队	市检察院政治处	警务技能竞赛团体综合第一名
区法院少年案件审判庭	市巾帼建功活动领导小组	泰州市巾帼文明岗
姜堰司法所	市司法局	全市“四个全覆盖示范司法所”
蒋垛镇人民调解委员会	市司法局	省级规范化人民调解委员会泰州示范点
沈高镇农技服务中心、梁徐镇畜牧兽医站	市农委	全市“十强农服中心”
溱潼镇监管站、俞垛镇监管站	市农委	2013年度农产品质量安全监管工作先进监管站
区工商局、区卫生局	市全面推进依法行政工作领导小组办公室	2014—2015年度泰州市依法行政示范点
区质监局标准化科	泰州质监局	泰州质量技术监督系统先进集体
娄庄镇	市政府	安全监管规范化创建示范乡镇
桥头镇村建站	市村庄环境整治推进工作领导小组	泰州市村庄环境整治工作先进集体
俞垛镇	市人口计生委	泰州市幸福家庭示范乡镇

【其他表彰的先进集体】

获奖单位	颁发单位	荣誉称号
姜堰先锋单车俱乐部	中国自行车协会、中国自行车协会骑行文化促进中心、北京骑行者体育服务有限公司	全国“优秀自行车运动俱乐部”
泰州市中艺农业生态园	上海市农业旅游经济协会等	我喜爱的长三角休闲农业（农家乐）与乡村旅游景点
	中国蔬菜协会	优秀蔬菜生产商
泰州市海伦羊业有限公司（海伦生态观光园）	中国旅游协会休闲农业与乡村旅游分会	三星级休闲农业与乡村旅游星级示范创建企业（园区）
交行区支行	中国银行业协会	2014年度中国银行业文明规范服务千佳示范单位
沈高镇庆荣水稻种植合作社	省民营科技企业协会	江苏省民营科技企业

·先进个人·

【国家部委表彰的先进个人】

姓　名	颁发单位	荣誉称号	授予时间
林存礼	司法部	全国“模范人民调解员”	2013-08
王永盛	中央文明办、中国文明网	“见义勇为”中国好人	2014-01
李开诚	中央文明办、中国文明网	诚实守信好人	2014-06
丁昌华	公安部	全国公安机关爱民模范	2014-10
黄永祥	省维护妇女儿童合法权益联席会议暨“平安家庭”创建活动领导小组	江苏省“平安家庭”示范户	2014-10
王志民	农业部、国家安监总局	全国农机安全监理示范岗位标兵	2014-12

【省级和省条线表彰的先进个人】

姓　名	颁发单位	荣誉称号	授予时间
钱宇薇	团省委	2013年度江苏省优秀共青团员	2013-04
黄　淼	团省委	“我的中国梦——奋斗的青春最美丽”全省青年网络漫画征集大赛一等奖	2013-12
马晓兵	团省委、省志愿者协会	江苏省优秀青年志愿者	2014-02
周劲松	团省委、省志愿者协会	江苏省青年志愿服务事业贡献奖	2014-02
王华庭	省粮食行业协会	江苏省粮食行业优秀企业家	2014-03
汤嘉诚	省妇联、省电信公司、省家庭教育研究会	江苏省“十佳好孩子”	2014-05

姓　名	颁发单位	荣誉称号	授予时间
夏晓红	省妇联、省电信公司、省家庭教育研究会	江苏省“十佳社会妈妈”	2014-05
张忠明	省环保厅、省财政厅	全省农村环境连片整治示范工作先进个人	2014-05
孙广明	省高院	个人二等功	2014-07
蒯晓月	团省委	2014年度全省团属报刊宣传工作先进个人	2014-08
童圣荣	省检察院	二等功	2014-08
丁谦军	省关工委、省农委关工委	全省首批青年农民创业之星	2014-09
盛安庆	省检察院	全省检察机关电子数据取证竞赛业务标兵	2014-09
卞月东	团省委、省文明办、省通管局等	“最敢创业”好青年	2014-10
丁昌华	省依法治省领导小组办公室、省委宣传部、省法制宣传教育工作领导小组办公室	江苏省第二届“十大法治人物”	2014-10
李兰珍	省平安家庭创建活动领导小组	江苏省平安家庭示范户	2014-10
蒋甜甜	团省委	2014年全省青少年“培育和践行社会主义核心价值观”征文比赛青年组一等奖	2014-11
蒯晓月	团省委	2014年全省青少年“培育和践行社会主义核心价值观”征文比赛青年组二等奖	2014-11
孙　飞	团省委、省委农工办、省农委等	江苏省“最美新型青年农民”	2014-11
田　甜	团省委	2014年全省青少年“培育和践行社会主义核心价值观”征文比赛青年组三等奖	2014-11
郁　峰	省高院	2012—2013年度全省优秀人民法庭庭长	2014-11
费在云	省文明办、省民政厅	江苏省优秀志愿者	2014-12
顾盛杉	省县市报研究会、省县市新闻中心工委	江苏省县市报新闻中心系统先进个人	2014-12
潘传华	省第三次全国经济普查领导小组	江苏省第三次全国经济普查先进个人	2014-12
沈　凯	省档案局	数字档案馆等级创建突出贡献人员	2014-12
沈璐璐	省县市报研究会、省县市新闻中心工委	江苏省县市报新闻中心系统先进个人	2014-12
王根明	省县市报研究会、省县市新闻中心工委	江苏省县市报新闻中心系统先进个人	2014-12
肖亚林	省县市报研究会、省县市新闻中心工委	江苏省县市报新闻中心系统先进个人	2014-12
应婷婷	省县市报研究会、省县市新闻中心工委	江苏省县市报新闻中心系统先进个人	2014-12

【市级表彰的先进个人】

姓　名	颁发单位	荣誉称号	授予时间
李红凤	市农委	全市“十佳服务之星”	2014-01
刘　祥	市文明委	2013年度“最美泰州人”	2014-01
马玉乾	市农委	全市“十大创业标兵”	2014-01
沐　杰	市检察院	先进工作者	2014-01
钱宏光	市农委	全市“十佳服务之星”	2014-01
秦文雯	市检察院	三等功	2014-01
盛安庆	市检察院	先进工作者	2014-01
唐国强	市文明委	2013年度“最美泰州人”	2014-01
唐元庆	市农委	全市“十大创业标兵”	2014-01
田秋萍	市检察院政治处	岗位练兵先进个人（公诉类文书竞赛）	2014-01
田秋萍	市检察院	三等功	2014-01
童圣荣	市检察院	先进工作者	2014-01
王宝才	市文明委	2013年度“最美泰州人”	2014-01
王宝明	市文明委	2013年度“最美泰州人”	2014-01
王永盛	市文明委	2013年度“最美泰州人”	2014-01
吴茂平	市政府	泰州市科技进步三等奖	2014-01
张　燕	市检察院政治处	岗位练兵先进个人（未检类文书竞赛）	2014-01
朱汉平	市检察院	首届“十佳廉内助”	2014-01
王琴香	市统计局	最美统计人	2014-02
张千里	市司法局	全市“最美人民调解员”	2014-02
张开凤	市妇联	“三八”红旗手	2014-03
陈　进	市检察院	精品案件（卜青山受贿案）	2014-05
陈素云	市妇联、市教育局	泰州市女大学生创业大赛三等奖	2014-05
陈同兰	市委宣传部、市文明办、市总工会、团市委等	泰州市优秀志愿者	2014-05
丁锐涛	市检察院	精品案件（卜青山受贿案）	2014-05
杜明利	市检察院	优秀检察文书（黄晋等人帮助犯罪分子逃避处罚案《侦查终结报告》）	2014-05
季　晨	市检察院	优秀检察文书（陈旭强奸案《审查逮捕意见书》）	2014-05
李　峰	市村庄环境整治推进工作领导小组	泰州市“村庄环境整治工作”先进个人	2014-05
李林山	市委宣传部、市文明办、市总工会、团市委等	泰州市优秀志愿者	2014-05
马晓兵	市委宣传部、市文明办、市总工会、团市委等	泰州市“最美志愿者”	2014-05

姓　名	颁发单位	荣誉称号	授予时间
沐　杰	市检察院	优秀检察文书（钱宏斌受贿案《起诉书》）	2014–05
潘　贤	市检察院	优秀检察文书（王应林受贿、贪污案《公诉意见书》）	2014–05
孙冬勤	市委宣传部、市文明办、市总工会、团市委等	泰州市优秀志愿者	2014–05
汤　琼	市检察院	规范执法先进个人	2014–05
田美娟	市委宣传部、市文明办、市总工会、团市委等	泰州市优秀志愿者	2014–05
王　琴	市检察院	优秀检察文书（王应林受贿、贪污案《公诉意见书》）	2014–05
王晨霞	市委宣传部、市文明办、市总工会、团市委等	泰州市优秀志愿者	2014–05
王寄扬	市委宣传部、市文明办、市总工会、团市委等	泰州市优秀志愿者	2014–05
杨晓升	市检察院	精品案件（黄晋等人帮助犯罪分子逃避处罚案）、优秀检察文书（黄晋等人帮助犯罪分子逃避处罚案《侦查终结报告》）	2014–05
张　燕	市检察院	优秀检察文书（张某等人寻衅滋事案《公诉意见书》）	2014–05
周春进	市检察院	精品案件（黄晋等人帮助犯罪分子逃避处罚案）、优秀检察文书（黄晋等人帮助犯罪分子逃避处罚案《侦查终结报告》）	2014–05
朱玉行	市委宣传部、市文明办、市总工会、团市委等	泰州市优秀志愿者	2014–05
陈　莉	市检察院	全市检察机关民行检察业务竞赛优秀文书制作第一名	2014–06
丁如梅	市关工委	未成年人零犯罪社区创建工作先进个人	2014–06
丁　艳	团市委	2013年度全市共青团信息工作先进个人	2014–08
华　宇	团市委	2013年度泰州市优秀共青团员	2014–08
刘　华	团市委	2013年度泰州市优秀共青团员	2014–08
鲁　清	团市委	2013年度泰州市优秀共青团员	2014–08
马丽梅	团市委	2013年度泰州市优秀共青团干部	2014–08
乔　娟	团市委	2013年度泰州市优秀共青团员	2014–08
孙　飞	团市委	2013年度泰州市优秀共青团员	2014–08
王卫平	团市委	2013年度泰州市优秀共青团干部	2014–08
徐　飞	团市委	2013年度泰州市优秀共青团干部	2014–08
杨晓丽	团市委	2013年度泰州市优秀共青团干部	2014–08
游　画	团市委	2013年度泰州市优秀共青团员	2014–08
袁　鹏	团市委	2013年度泰州市优秀共青团干部	2014–08

姓　名	颁发单位	荣誉称号	授予时间
翟文周	团市委	2013年度全市共青团工作先进个人	2014-08
仲　明	团市委	2013年度泰州市优秀共青团干部	2014-08
陈　诚	市检察院	警务技能竞赛个人综合第三名	2014-09
陈玉东	市安监局	泰州市安监系统“美德善行榜”	2014-09
鲍存才	市公安局	泰州市见义勇为先进分子	2014-11
窦广发	市公安局	泰州市见义勇为先进分子	2014-11
李明春	市文明委、市首届“最美儿媳”评选活动办公室	泰州市“十佳最美儿媳”	2014-11
刘文娟	市委政法委、市总工会、市法院	业务技能十佳标兵	2014-11
马秀枝	市检察院政治处	统一业务应用系统使用、管理知识测试优胜个人	2014-11
孟志平	市检察院政治处	优秀案件监督管理员	2014-11
宋维国	市公安局	泰州市见义勇为先进分子	2014-11
田秋萍	市检察院政治处	优秀统计员	2014-11
王龙兵	市公安局	泰州市见义勇为先进分子	2014-11
许东英	市公安局	泰州市见义勇为先进分子	2014-11
张　燕	市检察院政治处、未检处	2014年度泰州市检察机关“优秀教育词”	2014-11
朱加龙	市公安局	泰州市见义勇为先进分子	2014-11
顾建军	市法制宣传教育领导小组办公室	“六五”普法中期先进个人	2014-12
黄　奇	市农委	2014年植保社会化服务先进个人	2014-12
江学道	市委宣传部、市法院等7家单位	泰州市“优秀法官”	2014-12
林存礼	市法制宣传教育领导小组办公室	“六五”普法中期先进个人	2014-12
陆　颖	市综治委特殊人群服务管理工作领导小组	全市社区矫正安置帮教工作先进个人	2014-12
徐　军	市委宣传部、市法院等7家单位	泰州市“百姓喜爱的好法官”	2014-12
张存友	市综治委特殊人群服务管理工作领导小组	全市社区矫正安置帮教工作先进个人	2014-12
张千里	市司法局	全市“最美人民调解员”	2014-12
周庆典	市委宣传部、市法院等7家单位	泰州市“优秀法官”	2014-12
周旺根	市政府	享受市劳模待遇	2014-12
朱小敏	市综治委特殊人群服务管理工作领导小组	全市社区矫正安置帮教工作先进个人	2014-12

文件选编

重要文件摘要

中共泰州市姜堰区委
泰州市姜堰区人民政府
关于推进农业改革创新
加快发展现代农业的政策意见

……

为全面深化农村改革，加快农业科技创新，推进农业转型升级，着力构建农业现代化和城乡一体化发展新格局，实现全区农业更强、农民更富、农村更美，制定如下政策意见:

一、集聚发展现代农业园区

1. 上级支农项目优先支持省级现代农业产业园区……

2. 成立注册资金5000万元的投融资有限公司，支持省级农业园区融资……

3. 落户省级农业园区并符合产业规划的设施农业项目，补助资金按同类项目补助标准上浮20%……

4. 对省、市认定的镇级农业园区，分别一次性奖励20万元、5万元；新认定的省级现代农业特色基地、现代渔业精品园，一次性奖励5万元。

二、鼓励发展适度规模经营

1. 单个本区经营主体,当年新增土地流转集中连片从事粮食生产100—300亩的，每亩奖励100元……

2. 当年新建连片100亩以上钢架大棚并投入生产的，每亩奖励投资者2500元……

3. 当年新增花卉、苗木、果树种植连片100亩以上的，每亩奖励200元……

4. 当年农业龙头企业（含农产品专业市场）在规划的农业园区新建高效设施农业基地面积达500亩的，除享受已有奖励政策外，再奖励10万元。

三、推进农业改革与建设试点

1. 当年完成整村土地确权、登记、发证工作的，每个村奖补1万元……

2. 当年新创建成国家、省、市、区“五好”示范合作社，每个分别一次性奖励10万元、5万元、2万元、0.5万元……

3. 当年新确认的国家级、省级、市级和区级农业产业化龙头企业，一次性分别奖励20万元、5万元、2万元、0.5万元……

4. 当年新建1个金阳光担保组织或依托国信担保公司建立区镇联保机构的……

5. 对本地农产品实行订单生产收购，年订单收购本地农产品首次达2000万元、5000万元、1亿元的……

6. 当年农产品自营出口30万美元—50万美

元的农业龙头企业奖励2万元……

7. 当年农业改革与建设试点课题研究获省级部门以上表彰的，每个奖励3万元。

四、扶持创建农业品牌

1. 当年获得全国“一村一品”示范镇、村分别奖励10万元、5万元……

2. 当年新认定认证无公害农产品、绿色食品和有机食品的每个分别奖励0.5万元、2万元、5万元……

五、支持推广新型农机具

1. 当年新购步进式插秧机，对购机者按每亩30元标准进行作业补贴……

2. 当年新购2台以上乘坐式插秧机（6行以上）的……

3. 当年新购70马力以上大中拖并配套秸秆还田机（或复式作业机）的……

4. 当年新购本区企业生产的10吨以上谷物烘干机，并投入生产的……

5. 当年新购植保机械（牵引式、自走式、悬挂式喷杆喷雾机）用于规模化和社会化服务的……

……

本意见涉及的奖补项目，11月以镇（区）为单位申报，12月区组织验收，特殊项目按项目特点适时申报验收。验收结果报区农村工作领导小组确认后奖励，奖励所需资金由区财政统筹解决。各镇（区）也应制定出台相应的扶持现代农业发展的优惠政策。本意见由区委农工办、区农委等部门负责解释，区监察局、区财政局监督实施。

（2014年3月17日）

中共泰州市姜堰区委关于印发《姜堰区委建立健全惩治和预防腐败体系2013—2017年工作要点》的通知

……

姜堰区委建立健全惩治和预防腐败体系2013—2017年工作要点

为深入贯彻党的十八大和十八届三中全会精神，全面落实中央《建立健全惩治和预防腐败体系2013—2017年工作规划》、省委《关于贯彻落实中共中央〈建立健全惩治和预防腐败体系2013—2017年工作规划〉的实施办法》和泰州市委《关于贯彻落实中央〈建立健全惩治和预防腐败体系2013—2017年工作规划〉和省委〈实施办法〉的实施意见》，深入推进我区党风廉政建设和反腐败斗争，制定本工作要点。

一、总体要求

……

经过5年努力，使“四风”问题得到有效治理，党风政风和民风社风有新的好转；反腐败体制机制更加健全，党员干部廉洁自律意识和拒腐防变能力进一步增强，对权力运行的制约监督更加有效，具有姜堰特色的惩治和预防腐败体系进一步完善，为姜堰“奋起泰州、崛起苏中”提供坚强保障。

二、全面构建加强党的作风建设机制

（一）严明党的纪律，确保党委、政府重大决策部署的贯彻落实

坚持党要管党、从严治党……（牵头单位：区委办公室；协办单位：区纪委、区委组织部、区委宣传部、区级机关工委）

坚持对党员干部严格要求、严格教育、严格管理、严格监督……（牵头单位：区委组织部；协办单位：区纪委、区委办公室、区委宣传部、区级机关工委）

（二）持之以恒落实中央和省市区有关作风建设规定

紧紧抓住中央“八项规定”，省委、市委和区委“十项规定”的落实，抓好巩固深化，坚决防止反弹……（牵头单位：区委办公室、区政府办公室；协办单位：区纪委、区委组织部、区监察局、区财政局、区审计局、区外

办、区级机关事务局）

健全作风建设惩戒机制……（牵头单位：区纪委；协办单位：区委组织部、区监察局、区级机关工委）

（三）深入践行党的群众路线

扎实开展党的群众路线教育实践活动……（牵头单位：区委组织部；协办单位：区委办公室、区纪委）

健全改进作风常态化制度……（牵头单位：区委办公室；协办单位：区政府办公室、区纪委、区委组织部、区效能办）

（四）扎实推进基层党风廉政建设

指导基层健全民主监督机制……（牵头单位：区纪委；协办单位：区委组织部、区级机关工委、区委农工办、区监察局、区民政局）

（五）建立健全正风肃纪工作机制

建立健全党纪政纪和党风政风监督制度……（牵头单位：区纪委；协办单位：区委办公室、区政府办公室、区委组织部、区效能办、区监察局）

三、全面构建坚决有力惩治腐败机制

（一）强化反腐败组织协调

健全反腐败领导体制和工作机制……（牵头单位：区纪委；协办单位：区委组织部、区委政法委、区法院、区检察院、区公安局、区监察局、区司法局、区审计局）

（二）加大查办违纪违法案件力度

坚持有案必查、有腐必惩……（牵头单位：区纪委、监察局；协办单位：区法院、区检察院、区公安局、区审计局、区国税局、区地税局、区人口计生委）

坚持抓早抓小、防微杜渐……（牵头单位：区纪委、区监察局；协办单位：区委组织部、区委宣传部、区级机关工委、区审计局、区信访局）

（三）严肃查处用人上的腐败问题

建立健全干部选拔任用工作监督检查机制……（牵头单位：区委组织部；协办单位：区纪委、区监察局、区人力资源和社会保障局）

（四）切实查纠群众反映强烈的突出问题

严肃整治群众反映强烈的突出问题……（牵头单位：区纪委、区政府办公室；协办单位：区委农工办、区监察局、区发展和改革委、区人力资源和社会保障局、区教育局、区卫生局、国土资源局区分局、区住建局、区环保局、区食品药品监管局、区民政局）

坚决查处发生在群众身边的以权谋私问题……（牵头单位：区政府办公室；协办单位：区纪委、区纠风办、区监察局）

（五）着力提高查办案件工作水平

健全案件发现机制……（牵头单位：区纪委；协办单位：区委政法委、区法院、区检察院、区监察局）

四、全面构建科学有效预防腐败机制

（一）深化反腐倡廉教育

深入开展理想信念教育……（牵头单位：区委宣传部；协办单位：区纪委、区委组织部、区级机关工委、区委党校）

深入开展党性党风党纪教育……（牵头单位：区纪委；协办单位：区委组织部、区委宣传部、区委党校、区妇联）

建立健全党风廉政学习教育机制……（牵头单位：区纪委；协办单位：区委组织部、区委宣传部、区委党校）

扎实推进廉政文化建设……（牵头单位：区纪委、区委宣传部；协办单位：区级机关工委、区监察局、区经济和信息化委、区教育局、区卫生局、区文广新局、姜堰日报社、姜堰广播电视台、区民政局、区总工会、团区委、区妇联、区工商联）

加强反腐倡廉宣传舆论引导……（牵头单位：区纪委、区委宣传部；协办单位：区文广新局、姜堰日报社、姜堰广播电视台）

（二）加强反腐倡廉制度建设

建立健全廉政风险防控制度……（牵头单位：区委办公室、区政府办公室、区纪委；协办单位：区委组织部、区委政法委、区编办、区法院、区检察院、区发展和改革委、区监察局、区司法局、区政府法制办）

建立健全防止利益冲突制度……（牵头单位：区纪委、区委组织部、区发展和改革委；协办单位：区工商局、区物价局、区政府法制办）

建立健全领导干部报告个人有关事项等制度……（牵头单位：区委组织部；协办单位：区纪委、区监察局）

推进制度廉洁性评估工作……（牵头单位：区纪委；协办单位：区政府办、区人大法工委、区政府法制办）

（三）强化权力运行制约和监督

加强党内监督……（牵头单位：区纪委、区委组织部；协办单位：区监察局）

加强巡视联络工作……（牵头单位：区纪委；协办单位：区委组织部）

加强法律监督……（牵头单位：区人大常委会办公室；协办单位：区委办公室、区政府办公室、区委政法委、区法院、区检察院、区公安局、区司法局）

加强行政监督……（牵头单位：区监察局、区审计局；协办单位：区政府办、区财政局）

加强民主监督……（牵头单位：区委办公室、区政府办公室、区政协办公室；协办单位：区委统战部、区监察局、区效能办、区总工会、团区委、区妇联）

加强舆论监督……（牵头单位：区委宣传部；协办单位：区纪委、区监察局、区文广新局、区公安局、姜堰日报社、姜堰广播电视台）

（四）深化源头防治腐败的体制机制改革

深入落实各项改革举措……（牵头单位：区委办公室、区政府办公室；协办单位：区纪委、区委组织部、区委政法委、区编办、区政府法制办、区监察局、区法院、区检察院、区发展和改革委、区财政局、区国资委、区司法局、国土资源局区分局、区国税局、区地税局、人行区支行）

五、全面构建加强惩防体系建设组织领导机制

（一）强化党委主体责任……

（二）强化纪委监督责任和组织协调职能……

（三）强化部门责任落实……

（四）强化督查考核评估……

（2014年4月28日）

中共泰州市姜堰区委
关于建立“四联机制”加强基层
服务型党组织建设的意见

……

为深入贯彻落实党的十八大精神，扎实推进党建创新工程，经研究决定，在全区建立机关党组织联系服务基层党组织、基层党组织联系服务党员、党员领导干部联系基层服务群众、党员联系服务群众等“四联机制”，加强基层服务型党组织建设，现提出如下意见：

一、指导思想

……

二、目标任务

总体目标要达到“六有”：一是有坚强有力的领导班子，二是有本领过硬的骨干队伍，三是有功能实用的服务场所，四是有形式多样的服务载体，五是有健全完善的制度机制，六是有群众满意的服务业绩……

——通过构建机关党组织联系服务基层党组织机制，拓展机关党组织服务基层党组织的新途径……

——通过构建基层党组织联系服务党员机制，使全区党员队伍整体素质得到明显提高，党组织的感召力、向心力显著增强，困难党员得到帮扶和救助，工作与生活条件得到有效改善……

——通过构建党员领导干部联系基层服务群众机制，使领导干部在直接联系和服务群众中锤炼坚强党性……

——通过构建党员联系服务群众机制，畅通群众表达意愿的渠道，丰富党员服务群众内容……

三、推进措施

1. 建立健全机关党组织联系服务基层党组织工作机制……

2. 建立健全基层党组织联系服务党员工作机制……

3. 建立健全党员领导干部联系基层服务

群众工作机制……

4. 建立健全党员联系服务群众工作机制……

四、组织领导

1.落实管党责任……

2.精心组织实施……

3.强化督查考评……

（2014年6月30日）

区政府办公室关于印发《2014年质量强区工作实施意见》的通知

各镇人民政府，区有关委办局，区有关单位：

现将《姜堰区2014年质量强区工作实施意见》印发给你们，请认真贯彻执行。

泰州市姜堰区人民政府办公室

2014年3月25日

姜堰区2014年质量强区工作实施意见

为全面深化改革，加快转型升级，着力推进科学发展、融合发展、特色发展，坚持不懈优化产业结构，注重质量与效益，加快实现“两步走”发展战略目标，进一步提升我区产品质量、服务质量和工程质量，现就2014年质量强区工作提出以下实施意见：

一、指导思想

全面贯彻落实党的十八大、十八届三中全会精神，以加快转变经济发展方式为主线，以保障和改善民生为宗旨，以提高经济发展质量和效益为中心，深入实施“质量强区”战略，坚持把质量和标准作为提升公共管理和社会管理创新水平的重要手段，推动企业和社会各类经济组织提升质量管理水平、促进产品提档升级，努力形成政府重视质量、企业追求质量、社会崇尚质量、人人关心质量的良好氛围。

二、完善工作机制，推进质量强区

（一）健全质量强区工作机制。充分发挥姜堰区质量强区工作领导小组（以下简称“领导小组”）办公室的牵头协调、督查考核等职能，建立健全各部门协同推进的长效工作机制。在认真接受市对区质量绩效考核的同时，严格执行区对辖区镇（区）的质量发展考核，引导基层政府落实质量工作领导责任，强化质量工作措施，高质量实现阶段性质量强区目标。

（二）完善质量奖励制度。进一步优化、完善政府质量奖评审机制，拓宽申报发动面，优化工作流程，健全评审专家库，实施面上推动与点上辅导相结合措施，帮助企业提升卓越绩效管理水平，年内培育发展2—3个泰州市市长质量奖及3—5个姜堰区区长质量奖单位，为争创江苏省质量奖做好储备。

（三）保障质量发展资金投入。建立持续投入质量工作的财政机制，设立质量发展专项资金，不断加大对质量工作的财政支持力度。

三、实施品牌战略，增强竞争能力

（一）积极争创各级品牌。重点围绕促进战略性新兴产业和先进制造业、现代服务业发展，组织企业积极争创各级品牌。全年计划培育江苏名牌产品2—3个、泰州名牌产品10个、中国驰名商标1件，培育江苏省著名商标5件，泰州市知名商标10件，“建设工程鲁班奖”1项、“扬子杯”优质工程奖1—2项和泰州市建筑工程质量“梅兰杯”奖4—5项。

（二）加快培育区域名牌。对照全国知名品牌示范区创建要求，进一步提升溱湖风景区的质量水平，力争列入省级培育计划。

四、增强标准支撑，提升产业层次

（一）加快推进标准制（修）订工作。加快推进2项国际标准和已列入计划的国家、行业标准研制进程，积极支持战略性新兴产业和现代服务业企业参与标准制订，争取主导研制或参与制（修）订国家标准、行业标准3项以上。

（二）大力发展农业标准化。以现代农业产业园区为重点，开展国家级和省级农业标准化示范区的创建工作，促进经济效益、社会效益和生态效益同步提升。启动建设国家农村社会化服务标准化示范区和国家畜禽产业综合标准化示范区，做好溱湖河蟹省级农业标准化示范区迎检准备。

（三）持续推进服务标准化建设。继续

指导服务业单位实施标准化建设，提高服务效率、降低服务成本。做好“中医医疗服务标准化试点”和“镇村便民服务标准化试点”的验收工作。

五、优化质量管理，夯实质量基础

（一）推广先进管理模式。继续组织宣贯《卓越绩效评价准则》国家标准，突出对重点成长型以上企业主要负责人、质量负责人的培训宣贯，培育卓越绩效自评师队伍，推动大中型企业采用卓越绩效管理模式。在重点成长型以上企业中推行首席质量官制度，进一步建立健全首席质量官培训、使用、推广机制。以质量管理、环境管理、职业健康安全管理、能源管理四大体系为重点，引导一批企业通过体系认证。

（二）深化质量诚信体系建设。加强我区特色的质量诚信建设理论研究，建立质量诚信考评标准，制定比较完善的质量诚信考评方法。不断完善组织机构代码库建设，发挥组织机构代码作为信息标准化的基础作用，加快信用信息交换共享，为诚信体系建设提供技术支持。培育发展省级质量信用AA级企业2家，力争有1—2家企业启动AAA级质量信用建设。

（三）组织开展质量强企活动。鼓励企业设立质量发展专项资金，加大质量投入，重视质量管理，提升质量水平。积极引导企业开展质量创新、QC攻关小组等活动，形成全员抓质量的良好氛围。组织重点用能企业开展能效对标、能效测试等工作，引导企业使用节能技术，开展测量管理体系认证，促进节能降耗，力争全年获得AAA级测量管理体系认证的企业1家。

（四）加快公共服务平台建设。围绕石油装备等优势产业加快公共技术服务平台和检验检测公共服务平台建设。加强检验检测机构监管，不断提高检验检测能力和科研服务水平。

六、强化质量监管，规范市场环境

（一）完善质量安全监管机制。完善行政许可、监督执法等程序和制度，进一步简政放权和加强证后监管，并将质量安全监管链条向前后两端延伸。建立健全质量安全监管长效机制，建立质量安全联系点制度，加强对关系国计民生、健康安全、节能环保的重点产品、重大设备、重点工程及重点服务项目的监管，强化城乡接合部、农村市场、学校、旅游景区等重点区域以及生产、流通、进出口、服务等环节质量安全监管，增强质量安全溯源追踪能力。

（二）加强工业产品质量监管。强化对食品、药品、油品、磨料磨具、电线电缆以及农业生产资料、建筑材料、重要消费品、应急物资的监督检查力度，提升制造业产品质量水平，国家监督抽查合格率稳定在92%以上，省级监督抽查合格率稳定在95%以上，主要工业产品采标率达到90%以上。

（三）加强农产品质量监管。加强农产品质量安全监管体系建设，尤其是强化乡镇农产品质量安全机构规范化建设，进一步充实人员、完善条件、落实经费、健全制度，促进基层监管工作有序推进。加快推进农产品质检体系项目建设，提升检测能力，不断提高农产品和食品质量安全水平。农业标准化生产普及率达到30%，主要农产品质量安全抽检合格率稳定在96%以上，无公害农产品、绿色食品、有机农产品生产基地面积占耕地面积比重达90%以上，重点食品质量安全状况保持稳定良好。

（四）加强工程质量安全监管。全面探索和改进建设工程监督管理模式，持续推动全区工程质量水平整体提升，大中型工程项目施工许可证发放率、一次验收合格率、竣工验收合格率均达到100%，其他工程一次验收合格率达到95%以上。

（五）加强特种设备安全监管。持续开展起重机械、电梯、气瓶和压力管道承压设备等设备设施的专项整治，保障特种设备的安全运行。加强隐患排查，预防重特大特种设备事故，万台特种设备事故率控制在0.3以内。加强电梯安全监管工作，建立专业应急救援队伍并进行培训。

（六）推进服务业质量建设。推进集聚发展，集中优势培育一批省级、市级服务业集聚区，不断提高服务业质量总体水平。发挥引领作用，实施服务业品牌（标准）打造工程，新培育江苏服务业名牌企业1家、泰州服务业名牌企业2家。

七、落实保障措施，务求工作实效

（一）加强组织领导。区质量强区工作领导小组负责对质量强区建设的整体部署和协调推进，领导小组办公室具体负责日常协同推进工作。各镇（区）要将质量发展目标纳入年度工作重点，切实提高质量发展的组织保障水平。

（二）强化政策扶持。各镇（区）、各有关部门要围绕质量强区建设，进一步细化本地、本部门促进质量发展的政策和措施。各镇（区）要设立质量强镇（区）专项资金，重点用于质量强区战略宣传、质量强企和质量强业建设、质量工作先进组织的培育和表彰，为质量强区建设提供有效保障。

（三）严格考核奖惩。各镇（区）要不断探索完善考核激励机制，加大考核奖惩力度，对各类品牌产品、优质工程、各类质量奖（含服务业）、技术标准战略成果、科技创新、高科技人才引进、循环经济，以及“质量强区”先进单位和优秀组织者等进行表彰奖励，激发工作热情和主观能动性；对工作失职、渎职的，追究相关人员的责任。

区政府印发《关于鼓励和支持工业企业转型升级政策意见》的通知

各镇人民政府，区各委办局，区各直属单位：

《关于鼓励和支持工业企业转型升级政策的意见》已经区政府第二十次常务会议讨论通过，现印发给你们，希遵照执行。

泰州市姜堰区人民政府

2014年8月15日

关于鼓励和支持工业企业转型升级政策的意见

为贯彻落实省委、省政府转型升级综合改革试点的要求，着力增强区域经济发展活力和综合竞争力，加快全区工业企业做强做大和转型升级步伐，根据上级文件精神，结合我区实际，提出如下政策意见：

一、鼓励和支持企业做强做大

（一）区政府每年根据企业上年度主要经济指标及其权重（纳税销售占40%、入库税收占50%、现价产值占10%）进行综合测评打分，并结合技术改造、品牌建设、科技创新、安全生产、节能环保等情况，评选出十强企业10家、重点企业30家、成长型企业若干家。对首次评为十强、重点、成长型企业的，分别奖励10万元、5万元和3万元。首次进入泰州五十强企业的，奖励15万元。

（二）区十强、重点、成长型企业当年纳税销售收入或缴纳税收比上年增长30%以上的，其实际缴纳增值税、企业所得税增幅超过全区工业税收平均增幅以上部分的地方留成财力全额奖励给企业；增长20%以上不足30%的，超过全区工业税收平均增幅以上部分的地方留成财力70%奖励给企业；增长15%以上不足20%且纳税销售5亿元以上的，超过全区工业税收平均增幅以上部分的地方留成财力50%奖励给企业。一般列统企业，当年纳税销售收入或缴纳税收增长40%以上且当年纳税销售额超过亿元，其实际缴纳增值税、企业所得税超过全区工业税收平均增幅以上部分的地方留成财力30%奖励给企业。

（三）年纳税销售收入增幅20%以上，按规定足额缴纳税收和政府性基金且年纳税销售收入首次超1亿元、3亿元、5亿元、10亿元、15亿元、20亿元、30亿元、40亿元、50亿元的企业，分别按纳税销售额万分之一的比例一次性给予企业领导班子规模上台阶奖励，其中50%用于奖励企业主要经营者。

（四）鼓励企业大力开拓国内外两个市场。企业参加国际、国内展览会、推介会，给予参展费用50%的补贴，单次补贴最高不超过3万元，同一企业每年度补贴不超过2次。

二、鼓励和支持企业开展技术创新、管理创新、品牌创新等平台建设

（五）创建成国家技术创新标杆、示范、试点企业的，分别奖励20万元、10万元、5万元。创建成省技术创新标杆、示范、试点企业的，分别奖励10万元、5万元、3万元。创建成国家品牌培育标杆、示范、试点企业的，分别奖励10万元、5万元、3万元。创建成省科技小巨人企业的，奖励3万元。企业首次获批国家级、省级、泰州市级、本区级企业技术中心的，分别一次性奖励50万元、30万元、5万元、2万元。企业进行商标注册，凭商标注册证，农产品一次性奖励1000元，其他产品一次性奖励500元。

（六）鼓励企业开发成套设备和专精特新产品。对认定为省首台套重大装备及关键部件的装备制造业产品，每台套奖励15万元。创建成省中小企业专精特新产品的，每个产品奖励5万元。

（七）创建成省管理创新示范企业的，奖励5万元；创建成省管理创新优秀企业的，奖励2万元；创建成泰州市管理创新先进企业的，奖励1万元。促进社会诚信体系建设，通过省信用管理贯标验收的企业，每家奖励1万元。创建成省、泰州市转型升级示范企业的，分别奖励2万元、1万元。

（八）创建成省三星级以上公共服务平台的，奖励5万元。新创建成国家级、省级中小企业产业集聚示范区、特色产业集群、高新技术产业园、中小企业创业示范基地的，分别奖励实施单位20万元和10万元。创建成省级重点物流园区（基地）、重点物流企业的，奖励10万元；创建成泰州市级重点物流园区（基地）、重点物流企业的，奖励5万元。创建成省级工业设计示范园区的，奖励10万元；创建成省级工业设计中心、工业设计示范企业的，分别奖励8万元。获得省优秀工业设计产品、优秀工业设计创意金奖、银奖、铜奖，分别奖励5万元、4万元和3万元。

三、鼓励和支持企业加大技术改造力度

（九）企业实施技术改造，项目年度生产性设备投入在500万元以上不足1000万元、1000万元以上不足2000万元、2000万元以上不足5000万元、5000万元以上不足亿元、1亿元以上的，财政分别按设备投资额的1%、1.5%、2%、2.5%、3%进行补助。补助的技术改造项目，须通过主管部门备案（或核准）。经考核确认的新办企业，当年不享受此项补助。

（十）企业实施总投资5000万元以上且设备投入占总投资的比重不低于70%的技术改造项目，需新征用土地的，在用地指标和土地使用奖励方面可享受招商引资项目的同等优惠政策；项目竣工验收确认后，所在镇（区）可抵算一个同等规模的新办项目；项目投产后，企业两年内实际缴纳增值税、企业所得税增幅超过全区工业税收平均增幅以上部分的地方留成财力全额奖励给企业。

四、鼓励和支持企业实施资本运作和资产重组

（十一）企业上市、挂牌改制过程中增加的企业增值税、营业税、企业所得税，地方留成部分由区财政全额奖励给企业。企业被上市公司（含境外）收购，在兼并重组过程中所发生的改制企业增值税、营业税、企业所得税，地方留成部分的50%由区财政以先征后返的形式奖励给企业。

（十二）进入上市辅导期的拟上市公司，上市过程中发生的审计费、律师费、券商辅导费三项费用，企业成功上市后财政给予30%最高不超过200万元的补助。对已在区上市办登记备案的新三板及场外交易市场拟挂牌的公司，在挂牌过程中发生的审计费、律师费、券商辅导费三项费用，企业成功挂牌后财政给予20%最高不超过40万元的补助。

（十三）企业在上市、挂牌前首次成功发行中小企业私募债或股权融资，并已与券商等中介机构签订辅导协议，按照上市、挂牌要求完成股份制改造，按其融资票面利息的10%给予贴息，每年贴息额度不超过30万元，贴息年度不超过2年。

（十四）企业首次成功上市及新三板等场外交易市场成功挂牌，除省、泰州市奖励外，区政府分别给予上市公司100万元、新三板挂牌公司60万元、场外交易市场挂牌公司40万元。企业转板上市（含境外），可按现行上市政策扣除已兑现的部分执行。每成功上市、挂牌一家企业，区政府分别奖励企业所属镇（区、部门）5万元、3万元，分别奖励区上市办5万元、3万元。

（十五）鼓励和支持企业实施资产兼并重组，企业兼并重组需要分离或重组的资产中，由于历史原因导致权证资料不全的房产和土地，在符合城市总体规划和建设用地规划、工程质量和消防安全合格、没有权属纠纷且依法缴纳相关税收的情况下，相关部门要帮助补办房产和土地权证。

（十六）兼并重组中涉及项目审批、环评、安评、排污、项目施工、生产许可等相关批准文书，符合条件的可按更名方式直接办理，涉及中介机构的，由相关部门协调到位。以房产与土地使用权进行投资并重组后的企业在区内注册的，过户环节的营业税、土地增值税、契税的地方留成部分全额给予奖励。新办企业兼并重组，在履行有关招商引资合同后，方可享受上述优惠。

五、鼓励和支持企业加快两化融合步伐

（十七）鼓励企业推进信息化建设，企业利用信息技术改造提升管理水平，装备水平和产品信息化水平的项目，报经主管部门备案，认定合格后，给予企业项目软件投资额的20%、最高不超过50万元的补助。创建成省级以上“两化融合”示范、试点企业的分别奖励5万元、2万元。创建成泰州市“两化融合”示范、试点企业的分别奖励3万元、1万元。创建成省五星级数字企业的奖励5万元，创建成泰州市四星级数字企业的奖励2万元。

（十八）工业企业通过电子商务平台实现新增产品销售额达500万元以上，以年度为单位，按新增纳税销售额的0.1%予以奖励，每家企业每年奖励金额最高不超过5万元。

六、鼓励和支持企业进行节能降耗改造和淘汰落后产能

（十九）企业实施纯节能改造项目，年节能量不低于300吨标准煤，按200元/吨奖励；节电项目年节电量不低于20万千瓦时，按2000元/万千瓦时奖励。

（二十）对列入区年度淘汰落后产能计划或行政性关闭小企业计划，当年按时完成项目计划，经验收合格的企业，按该产能涉及的在岗职工人均2000元、总额不超过30万元的标准给予奖励。

（二十一）对年耗标煤3000吨以上的实施能源审计的企业，给予3万元的审计费用补贴；对年耗标煤1000吨—3000吨的实施能源审计的企业，给予2万元的审计费用补贴。根据节能主管部门要求，对重点用能企业进行节能监测的，按每监测一户企业补助1万元的标准，对监测单位给予补助。

（二十二）由区经济和信息化委牵头组织企业实施自愿性清洁生产，对上年完成的企业，每户补贴5万元；对实施能源管理体系认证的企业，每户补贴5万元。

第19、20、21、22项中泰州市以上已经补助的项目不重复补助。

七、严格考核兑现

（二十三）本意见中纳税销售收入、上缴税收等实行企业注册名称和相关经济指标同口径考核。关联企业或一厂多牌企业之间的纳税销售，未按规定足额缴纳政府性基金的，不得计入纳税销售收入考核指标。各部门查补的企业税收、政府性基金不作为实际缴纳税费统计。

（二十四）对不依法纳税的企业，三年内取消享受本意见优惠政策的资格。对弄虚作假、套取财政奖励资金的企业，追回当年所有奖励资金。

（二十五）单个企业享受本意见中奖励的年度最高限额为300万元（当年成功上市的企业涉及上市的奖励不受此限），同一类别具备多项奖励条件的，按就高不就低的原则奖励。

（二十六）本意见的各项税收地方留成、纳税销售上台阶等奖励，由区、镇（区）财政按分税制确定的财政收入级次分别负担；其他各项奖励，区、镇（区）各负担50%。区财政统一结算支付。

（二十七）本意见由区经济和信息化委负责解释，区经济和信息化委、区财政局牵头组织考核，报区政府批准后兑现。本意见自2014年1月1日起施行，本区级工业企业支持和奖励统一按本文件精神执行，《姜堰市人民政府关于鼓励和支持工业企业转型升级的政策意见》（姜政发〔2012〕178号）、《姜堰市人民政府关于印发〈姜堰市促进工业骨干企业加快发展激励办法〉的通知》（姜政发〔2012〕91号）、《姜堰市人民政府关于鼓励和支持工业企业转型升级的意见》（姜政发〔2011〕116号)、《姜堰市人民政府关于加快中小企业发展的政策意见》（姜政发〔2011〕114号）、《姜堰市人民政府关于鼓励创办民营实体经济的政策意见》（姜政发〔2012〕116号）等政策文件自本意见施行之日起废止。

重要文件索引

区　委

1号　关于推进农业改革创新加快发展现代农业的政策意见
2号　区委、区政府关于表彰2013年度农业农村工作先进单位的决定
4号　关于表彰2013年度区级机关效能建设先进集体的决定
5号　关于2013年四季度流动杯竞赛获奖情况的通报
6号　关于表彰2013年度镇（区）工作目标考评先进单位的决定
7号　关于2014年度镇（区）工作目标考评的意见
8号　关于2014年度项目建设考评的意见
12号　区委、区政府关于下达2014年主要经济和社会发展指标的通知
13号　区委、区政府关于下达2014年重大项目建设计划的通知
14号　区委关于深入开展党的群众路线教育实践活动的实践意见
15号　区委、区政府关于印发《区级机关相关部门服务“一区两园”工作考评意见》的通知
16号　关于转发《政协泰州市姜堰区委员会2014年度工作要点》的通知
18号　区委关于转发《区委统战部关于进一步完善区级党员领导干部与党外代表人士联谊交友制度的意见》的通知
19号　关于转发《泰州市姜堰区人大常委会2014年度工作要点》的通知
20号　区委、区政府、区人武部关于表彰“关心国防建设好领导”和人民武装工作先进单位、先进个人的决定
21号　区委、区政府关于2014年一季度流动杯竞赛获奖情况的通报
22号　区委、区政府关于印发《2014年泰州市姜堰区党风廉政建设和惩防体系建设工作项目及任务分工意见》的通知
23号　关于印发《姜堰区委建立健全惩治和预防腐败体系2013—2017年工作要点》的通知
24号　区委、区政府印发《姜堰区关于加快服务业发展的激励意见》的通知
25号　区委、区政府关于实施2014年泰州市绩效管理考评指标区领导挂钩负责和相关单位牵头落实责任制的通知
27号　关于建立“四联机制”加强基层服务型党组织建设的意见
28号　关于表彰2013年度“十佳、优秀村党组织书记”的决定
29号　区委、区政府关于2014年二季度流动杯竞赛获奖情况的通报
30号　区委、区政府关于表彰2014年上半年镇（区）工作目标考评综合优胜奖获奖单位的决定
32号　区委关于印发《关于落实党风廉政建设党委主体责任、纪委监督责任的实施办法（试行）》的通知
33号　关于印发《“解放思想再发力、科学发展勇攀登”大讨论大落实行动方案》的通知
36号　区委、区政府关于在全区开展向丁昌华同志学习的决定
37号　区委、区政府关于2014年三季度流动杯竞赛获奖情况的通报
41号　区委、区政府关于印发《姜堰区张甸镇简政放权改革试点工作实施意见》的通知
42号　区委、区政府关于组建泰州市姜堰区市场监督管理局的通知
43号　区委关于同意设立泰州市姜堰区人大常委会罗塘、三水街道工作委员会的批复

44号　区委关于同意设立政协泰州市姜堰区委员会罗塘、三水街道工作委员会的批复
45号　区委印发《关于落实党风廉政建设责任制防止“挂帅不出征”的暂行规定》的通知
46号　区委关于转发《全面深化改革促进转型升级融合发展领导小组2014年工作要点》的通知
48号　区委关于印发《姜堰区党员领导干部民主生活会实施细则》的通知
49号　区委关于同意召开泰州市姜堰区第十四届人民代表大会第四次会议的批复
50号　区委关于同意召开政协泰州市姜堰区第十三届委员会第四次会议的批复

区人大常委会

1号　泰州市姜堰区人大常委会关于对优秀常委会委员进行表彰的决定
2号　关于表彰2013年度镇人大工作先进单位和优秀“人大代表之家”的决定
3号　关于印发《2014年度镇人大工作考核意见》的通知
4号　关于印发《2014年度泰州市姜堰区人大常委会及人大机关学习计划》的通知
5号　关于做好2014年度镇人大工作的意见
8号　区人大常委会2014年度工作要点
9号　区人大常委会关于生态区建设规划纲要实施情况的审议意见
13号　关于农资市场监管情况的审议意见
14号　关于《中华人民共和国土地管理法》执法检查的审议意见
15号　关于职业教育发展情况的审议意见
16号　关于区工商局、区质监局及基层站所工作情况的审议意见
17号　关于规范自由裁量权工作情况的审议意见
27号　关于物业管理的审议意见
28号　关于水污染防治法和大气污染防治法执法检查情况的审议意见
29号　关于2013年区本级财政决算草案、2014年上半年计划预算执行情况和财政预算调整方案的审议意见
30号　泰州市姜堰区关于规范涉企中介机构服务工作的专题询问意见
31号　关于加强区人大常委会联系代表、代表联系人民群众的意见的通知
39号　关于进一步加强人民法院执行联动工作的决定
40号　关于评选区人大代表履职积极分子的意见
41号　关于城市管理行政执法专项工作的评议意见
42号　关于代表建议办理工作情况的审议意见
43号　关于推进服务业发展情况的审议意见
44号　关于法院执行专项工作的评议意见
45号　关于对农业改革与建设试点工作情况的审议意见
46号　关于区公安局、区司法局及其基层站所工作的评议意见
47号　关于《区政府关于请予批准将229省道改扩建工程项目贷款还款资金列入财政预算的报告》的复函
48号　关于《区政府关于请予批准将229省道改扩建工程项目贷款还款资金列入财政预算的报告》的复函
49号　关于印发《泰州市姜堰区人民代表大会常务委员会关于对区人大常委会任命的国家机关工作人员进行述职评议的办法》的通知
50号　关于提名补选丁志强同志为泰州市第四届人民代表大会代表的议案

51号　关于《区政府关于请予批准将原政法委周边棚户区改造项目贷款本息列入财政预算的报告》的复函
52号　关于区法院商事审判工作情况的审议意见
53号　关于文化遗产保护和利用情况的审议意见

区　政　府

2号　关于表彰2013年度全区安全生产工作先进单位先进个人的决定
4号　关于印发《2014年60项重点工作分解落实方案》的通知
6号　关于落实区第十四届人大常委会对卫生系统医德医风专项工作评议意见的报告
7号　关于表彰2013年度科技工作先进集体和先进个人的决定
9号　关于表彰2013年度人力资源和社会保障工作先进集体和先进个人的决定
17号　关于报送县级公立医疗机构医药综合改革方案的报告
20号　关于表彰2013年度姜堰区建筑业先进单位和先进个人的决定
21号　关于2013年度全区建筑业工作目标考核情况的通报
22号　关于2012年度兑现建筑业奖励情况的通报
28号　关于落实区人大常委会义务教育均衡发展审议意见的情况报告
29号　关于印发《泰州市姜堰区安全生产事故灾难应急预案》的通知
30号　关于印发《泰州市姜堰区危险化学品事故应急救援处置预案》的通知
31号　关于表彰2013年度服务业工作先进单位的决定
32号　关于明确2014年度服务业十强企业重点企业和定报企业的通知
33号　关于成立蒋垛镇省级投资土地整治项目建设领导小组的通知
35号　关于表彰2013年度卫生工作先进镇的决定
36号　关于表彰2013年度工业经济工作先进单位的决定
37号　关于调整2014年度区十强重点成长型工业企业的通知
40号　关于表彰2013年度人口和计划生育工作先进集体的决定
42号　关于表彰2013年度金融工作先进单位和先进个人的决定
43号　关于进一步深化国有粮食企业改革的实施意见
44号　关于进一步加强违法建设防治工作的意见
45号　关于调整昆山高新区姜堰工业园启动区四至范围的补充报告
47号　关于表彰2013年度全区创建土地执法模范镇工作先进单位和先进个人的决定
48号　关于成立姜堰区重大项目建设工作领导小组的通知
52号　关于表彰2013年度餐饮和药品安全管理工作先进单位和先进个人的决定
54号　关于成立姜堰区工业用地效益调查及闲置低效土地处置工作领导小组的通知
62号　关于进一步明确农村建设工程领域安全监管职责的通知
66号　关于2013年预算执行情况和2014年预算草案的审议意见研究处理情况的报告
71号　关于成立区深化行政审批制度改革工作领导小组的通知
72号　关于印发《2014年度服务业工作目标考评实施意见》的通知
74号　关于印发《姜堰区加快推进城乡生活垃圾一体化管理工作实施办法》的通知
78号　关于将原人印厂及周边地块等旧城改建项目列入区2014年国民经济和社会发展计划的报告
79号　关于做好2014年全区农业保险工作的通知

86号　关于姜堰区村级公益事业建设一事一议财政奖补工作实施方案的报告
89号　关于印发《姜堰区贯彻实施泰州市国有土地上房屋征收与补偿办法有关问题的意见》的通知
90号　关于印发《姜堰区房屋征收重置价格和装饰装修及附属物补偿参考标准》的通知
91号　关于印发《姜堰区国有土地上房屋征收补偿评估技术细则》的通知
92号　关于深化行政审批制度改革的实施意见
93号　关于印发《姜堰区地震应急预案》的通知
98号　关于印发《姜堰区镇村小型生活污水处理设施长效运行管理实施意见（试行）》的通知
100号　关于区人大常委会生态区建设规划纲要实施审议意见落实情况的报告
101号　关于表彰2013年度征兵工作先进单位和先进个人的决定
108号　印发《关于鼓励和支持工业企业转型升级的政策意见》的通知
109号　关于公布泰州市姜堰区第五批非物质文化遗产名录的通知
110号　关于区人大常委会农资市场监管审议意见落实情况的报告
113号　关于印发《姜堰区低收入人群及特殊境况公民法律援助实施办法（试行）》的通知
114号　关于加快和促进中医药事业发展的意见
118号　关于扬泰线（江都—姜堰）行政区域界线联合检查的报告
125号　关于成立姜堰区社会信用体系建设领导小组的通知
127号　关于研究处理区人大常委会职业教育发展审议意见情况的报告
132号　关于印发《泰州市姜堰区农村产权交易管理试行办法》的通知
133号　关于印发《泰州市姜堰区农村产权抵押登记试行办法》的通知
139号　关于印发《姜堰区涉企中介机构管理办法（试行）》的通知
140号　关于印发《姜堰区促进文化产业发展政策意见》的通知
147号　关于成立多规合一规划编制工作领导小组的通知
162号　关于国家生态区建设工作技术指标核实情况的报告
170号　关于成立泰州市姜堰区“十三五”规划编制工作领导小组的通知
173号　关于区人大常委会《中华人民共和国水污染防治法》和《中华人民共和国大气污染防治法》执法检查审议意见落实情况的报告
174号　关于区人大常委会《中华人民共和国土地管理法》执法检查审议意见落实情况的报告
175号　关于下达2015年度耕地占补平衡及城乡建设用地增减挂钩土地开发复垦新增耕地指标的通知
176号　关于同意泰州市龙马建设发展有限公司公开发行2014年项目收益债券的报告
178号　关于城区住宅小区物业管理审议意见落实情况的报告
182号　关于2013年区本级财政决算草案2014年上半年计划预算执行情况和财政预算调整方案审议意见落实情况的报告
183号　关于市场监管体制改革方案的备案报告
184号　关于区政务服务管理机构调整的通知
190号　关于落实区人大常委会代表建议办理工作审议意见的情况报告
191号　关于成立姜堰区企业经营风险防范工作领导小组的通知
194号　关于表彰2014年度泰州市姜堰区科学技术进步奖获奖项目的决定
196号　关于同一乡镇范围内村庄建设用地布局调整试点工作的情况报告
199号　关于公布2014年姜堰区有突出贡献的中青年科技工作者名单的通知
200号　关于印发《姜堰区城镇污水处理厂运行管理实施意见（试行）》的通知

202号　关于成立张甸镇基本农田土地整治项目建设领导小组的通知

区　政　协

1号　关于表彰2013年度政协优秀提案的决定
2号　关于表彰2013年度社情民意信息工作先进个人的决定
5号　关于镇政协工委的考核意见
6号　关于表彰2013年度政协文史工作先进集体和先进个人的决定
7号　区政协主席走访交通运输局工作建议书
8号　关于报送《关于我区旅游业发展情况的调查报告》的函
9号　区政协关于残疾人事业发展状况的视察报告
10号　区政协关于社区矫正工作情况的视察报告
11号　区政协主席走访区城管局工作建议书
14号　区政协主席走访区总工会工作建议书
15号　区政协关于全区义务教育均衡发展情况的视察报告
16号　关于报送《关于我区县级公立医院医药价格综合改革情况的调查报告》的函
17号　关于印发《政协泰州市姜堰区委员会关于设立“政协委员工作室”的实施意见（试行）》的通知
18号　区政协关于农田水利基础设施建设情况的视察报告

区委办公室

2号　关于表彰区级机关2013年度档案工作先进集体和先进个人的决定
5号　关于表彰2013年度全区党政信息工作先进单位、先进个人的决定
6号　区委办、区政府办关于印发《2014年度泰州市姜堰区区级机关部门（单位）绩效管理实施细则》的通知
7号　关于表彰2013年度全区十佳招商引资项目和十佳技术改造项目的决定
8号　关于2013年各镇（区）、各部门在泰州市级以上受表彰、获奖情况的通报
9号　区委办、区政府办关于印发《关于鼓励招引工业项目“飞地”建设的实施意见》的通知
12号　关于进一步做好全区领导干部定期接待群众来访工作的通知
13号　区委办、区政府办关于印发姜堰区“‘12345’·政风行风热线”合并运行及2014年区委区政府负责人上线工作方案和考核细则的通知
14号　关于印发《关于健全重大决策社会稳定风险评估机制的实施意见（试行）》的通知
15号　转发区监察局等《关于对区纪委、区监察局派驻机构实行统一管理的实施意见》的通知
16号　关于召开全区深入开展党的群众路线教育实践活动动员大会的通知
17号　关于印发《姜堰区关心下一代工作委员会2014年工作要点》的通知
18号　关于转发《区工商联关于开展镇商会“五有五好”规范化建设创建活动的实施意见》的通知
19号　区委办、区政府办关于2014年全区招商引资和项目建设工作意见
20号　关于印发《关于加强作风建设情况监督检查的实施办法》的通知
21号　关于印发《区委办深入开展党的群众路线教育实践活动的实施方案》的通知

22号　关于成立区委办公室党的群众路线教育实践活动领导小组的通知
23号　关于印发《姜堰区委办公室党的群众路线教育实践活动学习教育、听取意见环节实施办法》的通知
24号　关于印发《2014年城市环境综合整治行动实施方案》的通知
25号　关于印发《姜堰区推进村庄环境全域整治实施方案》的通知
26号　关于举办第十届泰州市姜堰区群众文化艺术节的通知
27号　区委办、区政府办关于印发《第九届中国湿地生态旅游节暨2014年中国泰州姜堰溱潼会船节总体方案》的通知
28号　区委办、区政府办关于印发《泰州市国家现代农业示范区姜堰区农业改革与建设试点2014年工作要点》的通知
29号　区委办、区政府办2014年农业农村工作考核意见
30号　关于印发《2014年度全区党政信息工作考核办法》的通知
31号　关于调整区领导及相关镇（区）、部门挂钩服务十强重点成长型工业企业的通知
33号　区委办、区政府办2014年机关部门（单位）帮扶工作考核意见
35号　区委办、区政府办关于转发区委宣传部、区委政法委、区文广新局《泰州市姜堰区2014年“扫黄打非”行动方案》的通知
38号　区委办、区政府办关于印发《2014年姜堰区信访工作要点》的通知
39号　区委办、区政府办关于印发《全区政府投资工程专项检查实施方案》的通知
40号　区委办、区政府办关于印发《农村土地承包经营权确权登记颁证工作方案》的通知
42号　区委办、区政府办关于2014年二季度服务业工作考核的意见
43号　区委办、区政府办关于印发《姜堰区土地执法共同责任追究办法》的通知
44号　区委办、区政府办关于印发《全区信息网络安全专项大检查实施方案》的通知
45号　区委办、区政府办关于印发《进一步加强全区公益广告管理工作的意见》的通知
46号　区委办、区政府办关于印发《集中开展打击制假售假专项活动的工作方案》的通知
47号　区委办、区政府办关于印发《泰州市姜堰区党员领导干部行为失范记录暂行办法》的通知
48号　区委办、区政府办关于印发《关于进一步精简会议、文件和简报的实施办法》的通知
49号　区委办、区政府办关于印发《泰州市姜堰区机关作风和效能问责暂行办法》的通知
50号　区委办、区政府办关于开展农业招商引资百日竞赛活动的通知
52号　区委办、区政府办关于成立泰州市姜堰区畜禽屠宰行业监督管理工作领导小组的通知
54号　区委办、区政府办转发区委组织部、区人力资源和社会保障局等8部门单位《关于进一步发挥退休、退出现职岗位专业技术人员作用的意见》的通知
55号　区委办、区政府办关于建立进一步发挥退休、退出现职岗位专业技术人员作用工作平台的意见
56号　区委办、区政府办关于印发《泰州市姜堰区2014年农村公共服务运行维护机制建设实施方案》的通知
57号　区委办、区政府办关于转发农业部等六部委《关于做好2014年农村减轻农民负担工作的意见》的通知
58号　关于进一步加强和规范村级财务管理工作的意见
60号　区委办、区政府办关于培育和发展村级为农服务综合体（合作社）的实施意见
61号　关于中共泰州市姜堰区委办公室深入开展党的群众路线教育实践活动总结的报告
63号　区委办关于成立中央第十二巡视组巡视反馈意见整改落实工作领导小组的通知

67号　区委办、区政府办印发《关于严格规范党员干部个人借贷、投资、理财等行为的暂行规定》的通知
68号　区委办、区政府办印发《姜堰区国家工作人员在公共资源出让、公共产品采购、公共资产管理中防止利益冲突暂行办法》的通知
69号　区委办、区政府办关于开展信息网络安全保护技术措施建设工作的通知
70号　区委办、区政府办2015年全区林业绿化工作意见
71号　区委办、区政府办关于泰州市姜堰区2015年新型农村合作医疗工作的实施意见
72号　区委办、区政府办关于印发《完善领导干部外出报告制度》的通知
73号　区委办、区政府办关于印发《姜堰区级机关社区工作事项准入目录》的通知
74号　区委办、区政府办关于表彰区级机关2014年度档案工作先进集体和先进个人的决定
79号　区委办、区政府办关于建立完善区领导挂钩服务重点企业重大项目制度的通知
80号　区委办、区政府办印发《姜堰区重大项目联审会办实施办法》的通知
81号　区委办、区政府办关于成立创建省科普示范区领导小组的通知

区人大常委会办公室

1号　关于召开泰州市人民代表大会第三次会议的通知
3号　关于公布“苏中杯·医德医风大家谈”有奖征文获奖名单的通知
4号　关于做好2014年度调研工作的通知
5号　关于召开区人大常委会第十四次会议的通知
6号　关于开展财政支持经济发展专项资金使用情况调研的通知
7号　关于区人大常委会领导重点督办代表建议的通知
8号　关于对农资市场监管进行调研的通知
9号　关于对全区镇人大工作会议精神贯彻落实情况进行督察的通知
10号　关于开展第一季度区人大代表小组活动的通知
11号　关于表彰2013年度优秀人大代表建议政协委员提案办理工作先进单位和先进个人的决定
12号　关于召开人大代表建议政协委员提案办理工作总结表彰暨交办会议的通知
13号　关于转请办理部分区人大代表在主任接待代表日活动中对有关问题的意见和建议的函
16号　关于对城区控制性详细规划编制及实施情况进行调研的通知
17号　关于对农业机械化工作情况进行调研的通知
18号　关于召开《中华人民共和国土地管理法》《中华人民共和国水污染防治法》和《中华人民共和国大气污染防治法》执法检查动员大会的通知
19号　关于区十四届人大三次会议第36号建议的答复函
20号　关于召开区人大常委会第十五次会议的通知
21号　关于召开区工商局、区质监局及基层站所评议活动动员大会的通知
22号　关于对宗教事业发展情况进行调研的通知
23号　关于对区工商局、区质监局及基层站所评议工作进行调研的通知
25号　关于印发《泰州市人大代表姜堰区小组2014年活动计划》的通知
26号　关于对区政府规范行政自由裁量权工作情况进行调研的通知
27号　关于开展第二季度区人大代表小组活动的通知
28号　关于对全区社会化养老工作开展情况进行调研的通知

29号　关于组织我区的泰州市人大代表开展小组活动的通知
30号　关于对区检察院民行检察工作情况进行调研的通知
31号　关于开展《中华人民共和国土地管理法》集中执法检查的通知
32号　关于转请办理部分区人大代表在主任接待代表日活动中对有关问题的意见和建议的函
33号　关于对职业教育发展情况进行调研的通知
34号　关于召开区级机关相关部门服务“一区两园”工作听政会的预备通知
35号　关于对农业项目运行情况进行调研的通知
37号　关于水气两法集中执法检查的通知
38号　关于召开区十四届人大常委会第十六次会议的通知
40号　关于开展充分发挥镇人大主席团在参与社会治理创新中的作用专题调研的通知
41号　关于召开城市管理行政执法和法院执行专项工作评议动员大会的通知
42号　关于对2013年财政决算、2014年上半年计划预算执行情况进行调研的通知
43号　关于对财政决算及计划预算执行审议意见落实情况进行调查的通知
44号　关于对招投标管理工作情况进行调研的通知
45号　关于印发《泰州市姜堰区人大常委会开展法院执行专项工作评议的实施方案》的通知
46号　关于对科技经费使用情况进行调研的通知
47号　关于召开城市管理行政执法专项工作评议工作会议的通知
48号　关于转请办理部分区人大代表在主任接待代表日活动中对有关问题的意见和建议的函
49号　关于视察代表重要建议办理情况的通知
50号　关于组织我区的省和泰州市人大代表开展年中专题调研的实施方案
51号　关于召开区人大常委会党组班子及人大机关专题民主生活会的通知
52号　关于召开全区镇人大工作座谈会的通知
53号　泰州市姜堰区人大常委会办公室所属事业单位职责确定、职数核定、内设机构设定工作方案
54号　关于对农产品质量安全监管情况进行调研的通知
55号　关于开展第三季度区人大代表小组活动的通知
56号　关于召开区公安局、区司法局及基层站所工作评议动员会议的通知
57号　关于召开区十四届常委会第17次会议的通知
58号　关于召开“四级人大代表回选区访选民活动周”动员部署会的通知
59号　关于印发《“四级人大代表回选区访选民活动周”活动方案》的通知
60号　关于开展区公安局、区司法局及其基层站所工作评议督察活动的通知
61号　关于对农业改革与建设试点工作情况进行调研的通知
62号　关于对推进服务业发展情况进行调研的通知
63号　关于转请办理部分区人大代表在主任接待代表日活动中对有关问题的意见和建议的函
65号　关于转请办理选民代表在“四级人大代表回访活动中”提出意见和建议的函
66号　关于转请办理选民代表在“四级人大代表回访活动中”提出意见和建议的函
67号　关于转请办理选民代表在“四级人大代表回访活动中”提出意见和建议的函
68号　关于转请办理区人大代表在“回选区访选民活动中”提出意见和建议的函
69号　关于对技术改造情况进行调研的通知
70号　关于召开常委会第18次会议的通知
71号　关于推介张甸镇人大主席团组织评议政府组成人员履职情况做法的通知
72号　关于对区政府重度残疾人社会救助工作情况进行调研的通知

73号　关于对区法院商事审判工作进行调研的通知
74号　关于对区政府文化遗产保护和利用情况进行调研的通知
75号　关于对国民经济和社会发展计划及财政预算进行初审调查的通知
76号　关于申报2014年度镇人大工作创新成果的通知
77号　关于转请办理部分区人大代表在主任接待代表日活动中对有关问题的意见和建议的函
78号　关于组织我区的省和泰州市人大代表开展会前集中视察的通知
79号　关于开展第四季度区人大代表小组活动的通知
81号　关于考核2014年度镇人大工作的通知
82号　关于召开常委会第19次会议的通知
83号　关于开展“多规合一”试点工作推进情况调研的通知

区政府办公室

1号　关于分解下达2014年保障和改善民生10个方面实事任务的通知
2号　关于2014年一季度工业经济工作考核的意见
6号　关于成立区中介机构备选库评审工作领导小组的通知
7号　关于印发《泰州市姜堰区政府2014年度规范性文件制定计划》的通知
8号　关于印发《姜堰区气象灾害应急预案》的通知
9号　关于做好2013年度企业优惠政策考核结算兑现工作的通知
10号　关于表彰2013年度应急管理工作先进单位和先进个人的决定
11号　关于印发《泰州市姜堰区消防工作考核办法》的通知
12号　关于成立高速公路建设服务指挥部的通知
13号　关于印发《2014年度镇（区）部门工业经济工作专项考评办法》的通知
14号　关于对重大火灾隐患单位实施挂牌督办的通知
15号　关于印发《2014年度全区工业经济工作意见》的通知
17号　关于实施农村公路提档升级工程的意见
18号　关于表彰2013年度先进科室先进工作者优秀共产党员的决定
19号　关于成立党的群众路线教育实践活动领导小组的通知
20号　关于印发《党的群众路线教育实践活动实施方案》的通知
22号　关于印发《党的群众路线教育实践活动学习教育听取意见环节实施方案》的通知
23号　关于印发《党的群众路线教育实践活动学习计划》的通知
24号　关于建立全区村级土地协管员队伍的通知
25号　关于印发《2014年主要污染物减排工作计划》的通知
26号　关于印发《2014年度全区人力资源社会保障工作考核办法》的通知
27号　关于印发《泰州市姜堰区2014年血吸虫病地方病和寄生虫病防治工作意见》的通知
28号　关于印发《姜堰区应急管理工作考核办法》的通知
29号　关于印发《2014年质量强区工作实施意见》的通知
31号　关于印发《泰州市姜堰区建设工地扬尘集中整治“双百日”行动实施方案》的通知
33号　关于对重大火灾隐患单位进行销案的通知
34号　关于印发《泰州市姜堰区乡村医生签约服务实施意见（试行）》的通知
36号　关于印发《泰州市姜堰区2014年度镇（区）餐饮和药品安全工作考核办法》的通知
37号　关于印发《全区工业用地效益调查及闲置低效土地处置工作方案》的通知

38号　关于印发《泰州市姜堰区2014年新一轮农村实事工作考核意见》的通知
40号　关于下达2014年地区生产总值发展指标的通知
43号　关于印发《姜堰区第二十三届科普宣传周实施意见》的通知
44号　关于印发《2014年度保障和改善民生10个方面实事考评办法》的通知
45号　关于表彰一季度工业经济先进单位的通知
46号　关于2014年二季度工业经济工作考核的意见
48号　关于开展全区老楼危楼安全排查工作的通知
49号　关于进一步加强镇（区）农产品质量安全工作的通知
50号　关于印发《姜堰区区域供水工程建设与运营管理考核办法》的通知
51号　关于印发《姜堰区2014年民营经济发展专项考核奖励办法》的通知
54号　关于2014年全区秸秆禁烧禁抛和综合利用工作的实施意见
55号　关于印发《2014年度全区国土资源工作考核办法》的通知
57号　关于印发《姜堰区村庄环境长效管理工作考核办法》的通知
58号　关于做好2014年全区高效设施农业保险工作的通知
59号　关于姜堰区2014年价格调控目标责任制实施的意见
60号　关于成立信息网络安全管理领导小组的通知
61号　关于成立姜堰区国土资源节约集约模范县（市）创建活动领导小组的通知
64号　关于印发《泰州市姜堰区社会矛盾纠纷调解个案补贴实施意见（试行）》的通知
65号　关于印发《泰州市姜堰区中长期动物疫病防治规划（2014—2020年）》的通知
66号　关于规范电灌站运营管理的意见
67号　关于成立姜堰区品牌建设工作领导小组的通知
69号　关于印发《党的群众路线教育实践活动查摆问题开展批评环节实施方案》的通知
70号　关于进一步加强部门统计工作的通知
71号　关于印发《进一步加强新建居住区配套幼儿园规划建设和管理工作实施意见》的通知
72号　关于做好区级部门预算信息公开工作的通知
73号　关于成立姜堰区部门预算信息公开工作领导小组的通知
74号　关于印发《姜堰区进一步加强社区物业管理工作的实施意见》的通知
75号　关于对重大火灾隐患单位实施挂牌督办的通知
77号　关于成立区大气污染防治工作领导小组的通知
78号　关于成立泰州姜堰（台湾）农业合作创业园建设协调工作领导小组的通知
79号　关于印发《泰州市姜堰区生猪屠宰清理整顿工作方案》的通知
80号　关于印发《泰州市姜堰区生猪屠宰管理实施细则》的通知
81号　关于印发《泰州市姜堰区保障南京青奥会环境质量临时管控方案》的通知
82号　关于印发《姜堰区现代农业发展规划（2014—2020）》的通知
83号　关于印发《泰州市姜堰区休闲农业与乡村旅游发展总体规划（2014—2020）》的通知
84号　关于表彰上半年工业经济先进单位的通知
85号　关于2014年三季度工业经济工作考核的意见
89号　关于调整我区城镇职工基本医疗保险部分政策的通知
90号　关于印发《党的群众路线教育实践活动整改落实建章立制环节实施方案》的通知
91号　关于印发《泰州市姜堰区大气污染防治行动计划实施方案》的通知
92号　关于印发《姜堰区网络与信息安全事件应急预案(2014修订版)》的通知
95号　关于印发《泰州市姜堰区自然灾害救助应急预案》的通知

96号　关于建立泰州市姜堰区社会救助工作联席会议制度的通知
98号　关于成立第一次全区地理国情普查领导小组的通知
100号　关于成立泰州市姜堰区减灾委员会的通知
101号　关于加快推进教育现代化建设的实施意见
102号　转发区教育局等部门《关于调整全区学校幼儿园专职保安人员工资待遇的通知》
105号　关于印发《姜堰区防汛抗旱应急预案》的通知
107号　关于印发《姜堰区反假货币工作分级管理试点工作方案》的通知
108号　关于深入开展党的群众路线教育实践活动总结的报告
110号　关于印发《泰州市姜堰区文化产业发展规划（2014—2020）》的通知
113号　关于印发《泰州市姜堰区创建“慢性病综合防控示范区”工作实施方案》的通知
114号　关于印发《泰州市姜堰区开展“建设群众满意的乡镇卫生院”活动实施意见》的通知
117号　关于印发《姜堰区“十三五”规划编制工作方案》的通知
121号　关于印发《姜堰区农产品质量安全联合监管工作方案》的通知
123号　关于表彰三季度工业经济先进单位的通知
124号　关于成立姜堰区村庄环境长效管理领导小组的通知
130号　关于进一步规范行政审批行为的意见
131号　关于建立全区重大气象灾害预警信息快速发布机制的通知
132号　关于启用泰州市姜堰区市场监督管理局印章的通知
133号　关于成立区石油天然气输送管道保护工作领导小组的通知
134号　关于启用泰州市姜堰区政务服务管理办公室印章的通知
135号　关于印发《中天养老社区养老房销售办法》的通知
137号　关于成立姜堰区道路交通事故社会救助基金工作协调领导小组的通知
138号　关于下达2015年度水利建设任务的通知
139号　关于转发《市政府办公室关于印发2015年泰州市政府集中采购目录及采购限额标准的通知》的通知

区政协办公室

1号　关于开展2014年度委派民主监督员小组活动的通知
3号　关于召开2014年度委派民主监督员小组工作会议的通知
7号　关于印发《区政协民主监督员小组和民主监督员履职考核细则》的通知
8号　关于向区民政局委派民主监督员小组的通知
9号　关于印发《2014年度区政协委派民主监督员小组监督主题》的通知
10号　关于印发《区政协2014年度政协委员及机关人员学习计划》的通知
11号　区政协关于开展全区旅游业发展情况专题调研的通知
12号　关于召开2014年度区政协文史工作会议的通知
13号　关于召开交通运输工作座谈会的通知
14号　关于区政协视察全区绿色工地建设情况的通知
15号　关于召开区政协十三届十四次常委会议的通知
17号　关于分片召开政协文史资料征集工作座谈会的通知
18号　关于召开“文化与旅游融合发展”座谈会的通知

19号　关于区政协主席走访交通运输局的通知
21号　关于区政协视察全区残疾人社会保障和服务体系建设情况的通知
22号　关于区政协专题视察体育设施建设、使用和管理情况的通知
23号　关于区政协视察现代科技产业园建设情况的通知
24号　关于区政协视察城区服务业重大项目建设情况的通知
25号　关于召开住建工作座谈会的通知
26号　关于区政协主席走访建设银行姜堰支行的通知
27号　关于区政协视察社区矫正工作情况的通知
28号　关于召开区政协领导班子专题民主生活会情况通报会以及区政协十三届十五次常委会议暨委员活动日的通知
29号　关于区政协主席走访城管局的通知
30号　关于区政协主席走访总工会的通知
31号　关于区政协视察全区义务教育均衡发展情况的通知
32号　关于召开区政协十三届十六次常委会议的通知
33号　区政协关于开展全区公立医院改革情况专题调研的通知
34号　区政协关于开展提案双向评议活动的通知
35号　关于召开区政协提案双向评议大会的通知
39号　区政协关于开展“加强企业文化建设，推进姜堰崛起振兴”专题调研的通知
40号　关于举行区政协委员活动日的通知
41号　关于召开区政协十三届十七次常委会议的通知
42号　关于区政协主席走访财政局的通知
43号　关于召开区政协“政协委员工作室”工作动员会的通知
44号　关于区政协视察全区农田水利设施建设情况的通知
46号　关于印发2014年民主监督建议书的通知
48号　关于印发《“政协委员工作室”经费管理暂行办法》的通知
50号　关于召开区政协十三届十八次常委会议的通知

统计资料

一、综　　合

2014年年末行政区划

表54

镇（街道）	居民委员会	村民委员会	村（居）民小组	镇（街道）	居民委员会	村民委员会	村(居)民小组
全　区	39	262	4355	淤溪镇	2	15	307
罗塘街道	22	20	225	白米镇	2	17	322
溱潼镇	4	10	120	娄庄镇	2	17	360
蒋垛镇	1	17	283	沈高镇	1	15	235
顾高镇	—	11	209	兴泰镇	—	8	174
大坨镇	—	16	289	俞垛镇	1	18	344
张甸镇	1	35	493	华港镇	2	17	297
梁徐镇	—	21	309	三水街道	1	18	229
桥头镇	—	7	159				

注：该表资料由区民政局提供。

地区生产总值

表55　　（当年价）　　单位：亿元

指　标	2014年	2013年	比2013年（±%）
地区生产总值	488.52	452.89	7.9
第一产业	35.16	33.14	6.1
第二产业	242.99	231.75	4.9
工业	197.99	190.01	4.2
建筑业	45.19	41.91	7.8
第三产业	210.37	188.00	11.9

续表55

指　　标	2014年	2013年	比2013年（±%）
交通运输、仓储和邮政业	31.64	28.42	11.3
批发和零售业	37.74	33.54	12.5
住宿和餐饮业	10.44	9.51	9.8
金融业	18.35	16.29	12.6
房地产业	32.15	29.55	8.8
营利性服务业	33.82	30.00	12.7
非营利性服务业	45.02	39.54	13.9

地区生产总值

表56　（不变价）　单位：亿元

指　　标	2014年	2013年	比2013年（±%）
地区生产总值	477.70	430.12	11.1
第一产业	29.07	28.09	3.5
第二产业	260.3	234.71	10.9
工业	218.32	196.06	11.4
建筑业	41.98	38.65	8.6
第三产业	188.33	167.32	12.6
交通运输、仓储和邮政业	31.09	26.69	16.5
批发和零售业	33	29.82	10.7
住宿和餐饮业	9.16	8.28	10.6
金融业	16.01	14.44	10.9
房地产业	29.2	27.18	7.4
营利性服务业	31.23	26.40	18.3
非营利性服务业	38.64	34.51	12.0

按支出法计算的地区生产总值

表57　（当年价）　单位：亿元

指　　标	2014年	2013年	比2013年（±%）
支出法地区生产总值	488.52	452.89	7.9
一、最终消费支出	203.87	189.99	7.3
居民消费支出	161.19	149.35	7.9
城镇居民	110.37	103.14	7.0
农村居民	50.82	46.21	10.0
政府消费支出	42.68	40.64	5.0
二、资本形成总额	282.7	261.12	8.3
固定资本形成总额	273.96	254.09	7.8
存货变动	8.74	7.03	24.3
三、货物和服务净流出	1.95	1.78	9.6

二、农　　业

各镇（街道）农业总产值

表58

（按现行价计算）

单位：亿元

镇（街道）	农业总产值合计	一、农业产值	二、林业产值	三、牧业产值	四、渔业产值	五、农林牧渔服务业产值
合　计	599438	378800	2975	128880	61803	26980
罗塘街道	36255	27327	222	6872	598	1236
溱潼镇	17788	8778	126	2345	5960	579
蒋垛镇	48327	28988	231	16049	1120	1939
顾高镇	21267	13357	136	6381	218	1175
大坨镇	40910	25368	182	12248	1390	1722
张甸镇	58043	38811	356	14917	927	3032
淤溪镇	33987	20680	152	1180	10309	1666
白米镇	39190	24295	205	12478	464	1748
娄庄镇	46002	32108	170	8938	2325	2461
沈高镇	61050	33686	226	18344	6950	1844
兴泰镇	21465	12547	90	4033	3627	1168
俞垛镇	49735	31086	118	3452	12673	2406
华港镇	45087	31131	200	3031	8620	2105
开发区	75688	50077	412	15745	5613	3841
#梁徐镇	38232	25380	226	9544	1063	2019
桥头镇	25028	15741	91	4050	4180	966
其　他	4644	561	149	2867	1009	58

各镇（街道）农村经济收益分配

表59

单位：万元

镇（街道）	农村经济总收入	农村经济总费用	参加分配人数	农民所得	
				总　额	每人平均（元）
合　计	5199314	4419553	610503	1030676	16882
罗塘街道	222606	161949	37784	80652	21346
溱潼镇	155699	128067	20156	34012	16874
蒋垛镇	84433	33103	43486	61487	14139
顾高镇	111509	85715	29631	38987	13157
张甸镇	86309	55062	35288	47388	13429
大坨镇	189397	137260	72096	103959	14420
淤溪镇	81349	42674	39481	64677	16382
白米镇	700212	639132	41036	76049	18532

续表59

镇（街道）	农村经济总收入	农村经济总费用	参加分配人数	农民所得	
				总　额	每人平均（元）
娄庄镇	635711	556456	43635	83773	19198
沈高镇	477254	430081	34313	62171	18119
兴泰镇	174316	141603	23370	40414	17293
俞垛镇	830153	757488	42388	73165	17261
华港镇	233542	185559	35100	57406	16355
开发区	1216823	1065403	112739	206535	18320
#梁徐镇	919893	833977	47852	86674	18113
桥头镇	209979	176529	23951	42792	17866

农业总产值及增加值构成

表60　　单位：万元

指　　标	代　码	当年度现价计算	缩减指数	按可比价计算	上年同期
一、农林牧渔业总产值	01	599438	102.07	587274	567806
（一）农　业	02	378800	104.2	363532	350205
（二）林　业	03	2975	100	2975	2970
（三）牧　业	04	128880	96.9	133003	129580
（四）渔　业	05	61803	100.8	61313	59171
（五）农林牧渔服务业	06	26980	102	26451	25880
二、中间物质消耗	07	237640	—	—	226656
（一）农　业	08	123451	—	—	114132
（二）林　业	09	991	—	—	989
（三）牧　业	10	65135	—	—	65489
（四）渔　业	11	31292	—	—	29959
（五）农林牧渔服务业	12	16771	—	—	16087
三、农林牧渔业增加值	13	361798	102.46	353103	341150
按行业分	14	—	—	—	—
（一）农　业	15	255349	104.2	245057	236073
（二）林　业	16	1984	100	1984	1981
（三）牧　业	17	63745	96.9	65784	64091
（四）渔　业	18	30511	100.8	30269	29212
（五）农林牧渔服务业	19	10209	102	10009	9793
按支出法分	20	—	—	—	—
（一）固定资产折旧	21	12100	—	—	11296
（二）劳动者报酬	22	331908	—	—	312054
（三）生产税	23	—	—	—	—
（四）生产补贴	24	22020	—	—	22020
（五）营业盈余	25	39810	—	—	39820

全社会农作物面积产量

表61　　单位：公顷、千克、吨

作物名称	2014年		2013年	
	面　积	总　产	面　积	总　产
农作物总播种面积	110164.13	—	109494.8	—
一、粮食作物合计	75568.13	561455	75249.73	554538
（一）夏收粮食	33121.47	203125	32850	197095
（1）小麦	32668.2	200450	32400	194465
（2）元麦	—	—	0	0
（3）大麦	453.27	2675	450	2630
（二）秋收粮食	42446.67	358330	42399.73	357443
1. 秋收谷物	36545.93	332162	—	332066
（1）稻谷	33591.8	312592	33576.6	313050
其中：粳稻	32078.53	298596	31595.13	294692
（2）玉米	2758.8	18820	2765.73	18290
其中：杂交玉米	2758.8	18820	2765.73	18290
（3）高粱	3.07	12	10.13	37
（4）荞麦	167.67	595	154.33	544
（5）其他谷物	24.6	143	25.07	145
2. 秋收豆类	4368.6	16332	4320.93	15517
其中：大豆	4213.4	15800	4138.6	14900
3. 薯类	1532.13	9836	1546.93	9860
二、油料合计	10780.33	29441	10711.8	28289
其中：花生	1390.67	4673	1309.93	4310
油菜籽	8973.6	23950	8961.33	23120
芝麻	416.07	818	440.53	859
三、棉花	854.47	1380	997	1630
五、糖料	3.07	301	3	299
其中：甘蔗	3.07	301	3	299
六、药材	66.33	—	53.6	—
七、蔬菜及食用菌	22210	815817	21800	788316
八、瓜果类	376.6	13185	367.93	12563
其中：西瓜	240.27	8850	224.93	8114
甜瓜	75	2270	91.2	2730
草莓	61.33	2065	51.8	1719
九、其他农作物	305.2	—	310	—

多种经营产品产量

表62

指　　标	单　位	2014年	2013年	比2013年（±%）
大牲畜年末栏存量	万头	0.35	0.35	0.0
其中：黄牛	头	0.04	0.04	0.0
水牛	头	0.04	0.04	0.0
生猪年末栏存量	万头	22.68	23.94	-5.3
生猪全年出栏量	万头	54.78	58.52	-6.4
家禽年末存栏量	万羽	423.35	411.4	2.9
家禽全年出栏量	万羽	797.38	856	-6.8
禽蛋总产量	吨	26787	26858	-0.3
羊年末栏存量	万只	2.02	1.43	41.3
羊全年出栏量	万只	3.17	2.97	6.7
家兔年末栏存量	万只	1.01	1.04	-2.9
蚕茧产量	吨	22	32	-31.3
水果总产量	吨	6032	5424	11.2
其中：苹果	吨	78	69	13.0
梨子	吨	946	852	11.0
葡萄	吨	2254	2009	12.2
桃子	吨	2104	1958	7.5
柿子	吨	185	158	17.1
水产品总产量	吨	42579	41233	3.3
其中：鱼类	吨	35082	33932	3.4
虾蟹	吨	4883	4783	2.1
贝类	吨	1893	1854	2.1
淡水养鱼面积	公顷	7964.8	7551.4	5.5
年末桑园面积	公顷	23.33	53.47	-56.4
当年造林面积	公顷	427.93	667.27	-35.9
零星四旁植树	百株	8190	16014	-48.9
白果总产量	吨	3048	3118	-2.2

主要农业机械年末保有量

表63

指　　标	单　位	2014年	2013年
1. 农业机械总动力	千瓦	389200	391800
其中：柴油发动机动力	千瓦	231940	253200
汽油发动机动力	千瓦	19600	21800
电动机动力	千瓦	137660	116800

续表63

指　　标	单　位	2014年	2013年
2. 农用大中型拖拉机	台	880	820
农用大中型拖拉机动力	千瓦	44730	39500
3. 农用小型及手扶拖拉机	台	2550	2580
农用小型拖拉机动力	千瓦	22950	24600
4. 水稻插秧机	台	1536	1385
水稻插秧机动力	千瓦	9215	4660
5. 农用排灌动力机械	台	3966	4560
农用排灌动力机械动力	千瓦	63749	66666
6. 农用水泵	台	4566	4560
7. 节水灌溉类机械	套	300	289
8. 机动喷雾（粉）机	台	3380	3360
机动喷雾（粉）机动力	千瓦	8450	3679
9. 联合收割机	台	1320	1340
联合收割机动力	千瓦	62900	66900
10. 机动挤奶机	台	80	83
11. 渔业机械	台	8260	6980
渔业机械动力	千瓦	14660	7610
12. 农用运输车	辆	1350	1930
农用运输车动力	千瓦	53820	60880

注：该表数据来源于区农机局。

三、工　　业

全部工业总产值

表64　　单位：万元

镇（区）	产　　值		
	2014年	2013年	比2013年（±%）
总　　计	15928267	13831956	15.16
一、一区两园合计	8752464	7416150	18.02
经济开发区	4282861	3508406	22.07
科技园区（罗塘街道）	2341471	2000696	17.03
装备园区（白米镇）	2128132	1907048	11.59
二、镇属合计	7090285	6332063	11.97
溱潼镇	449895	422243	6.55

续表64

镇（区）	产值		
	2014年	2013年	比2013年（±%）
蒋垛镇	550829	458783	20.06
顾高镇	314946	269434	16.89
大纶镇	575599	505820	13.80
张甸镇	819585	749986	9.28
淤溪镇	474666	441113	7.61
娄庄镇	1473000	1280000	15.08
沈高镇	941364	775795	21.34
兴泰镇	583776	480505	21.49
俞垛镇	570546	647816	-11.93
华港镇	336079	300568	11.81
三、其他合计	85518	83743	2.12
粮食系统	80850	79537	1.65
其　他	4668	4206	10.98

四、国内贸易和对外经济

社会消费品零售总额

表65

单位：万元

指　标	2014年	2013年	比2013年（±%）
社会消费品零售总额	1376250.0	1223812.2	12.5
一、按销售单位所在地分	—	—	—
1. 城镇	1317105.9	1168683.1	12.7
其中：城区	980618.6	845266.6	16
2. 乡村	59144.1	54161.3	9.2
二、按行业分	—	—	—
（一）批发和零售业小计	1263860.3	1122433.7	12.6
限额以上	368559.7	319512.7	15.4
个体经营户（大个体）	83375.4	72218.7	15.4
限额以下	895300.6	801522.5	11.7
限下企业	87000	71424.3	21.8
限下个体户	808300.6	728855.4	10.9
1. 批发业	142926.5	136771.8	4.5
限额以上	112388.7	100944.2	11.3
个体经营户（大个体）	17740.5	15619	13.6

续表65

指　　标	2014年	2013年	比2013年（±%）
限额以下	30537.8	34273.6	-10.9
限下企业	3935.7	3616.4	8.8
限下个体户	26602.1	30437.2	-12.6
2. 零售业	1120933.8	986737.5	13.6
限额以上	256171	219101.9	16.9
个体经营户（大个体）	65634.9	56599.8	16
限额以下	864762.8	765954.7	12.9
限下企业	83064.3	67700.7	22.7
限下个体户	781698.5	697322.5	12.1
（二）住宿和餐饮业小计	112389.7	101147.2	11.1
限额以上	22910.3	21372.8	7.2
个体经营户（大个体）	9198.2	8425.2	9.2
限额以下	89479.4	79774.4	12.2
限下企业	5516.8	4775.2	15.5
限下个体户	83962.6	74999.2	12
1. 住宿业	7458.9	6913	7.9
限额以上	4026	3652.8	10.2
个体经营户（大个体）	—	—	-100
限额以下	3432.9	3260.2	5.3
限下企业	1366.4	1325.8	3.1
限下个体户	2066.5	1934.4	6.8
2. 餐饮业	104930.8	94234.2	11.4
限额以上	18884.3	17723.2	6.6
个体经营户（大个体）	9198.2	8425.2	9.2
限额以下	86046.5	76511	12.5
限下企业	4150.4	3450	20.3
限下个体户	81896.1	73061	12.1
三、按规模分	—	—	—
（一）限额以上小计	391470	340913.7	14.8
1. 企业（单位）	298896.4	260269.9	14.8
2. 个体经营户（大个体）	92573.6	80643.8	14.8
限额以上小计中上年当月后开业	—	—	—
批零业	—	—	—
住餐业	—	—	—
限额以上可比口径	391470	330824.3	18.3
批零业	368559.7	309505	19.1
住餐业	22910.3	21319.3	7.5
（二）限额以下小计	984780	881629.4	11.7
1. 限下企业	92516.8	76208.2	21.4
2. 限下个体户	892263.2	803840.7	11

对外贸易主要经济指标

表66

指　　标	单　位	2014年	2013年	比2013年（±%）
进出口总额(海关数)	万美元	106928	85807	24.6
自营出口总额(海关数)	万美元	90553	70558	28.3
自营进口总额(海关数)	万美元	16375	15249	7.4
外经合同额	万美元	27907	16113	73.2
外经营业额	万美元	14744	14051	4.9
期末实有“三资”企业	个	209	204	2.5
新批“三资”企业	个	15	18	-16.7
合同利用外资	万美元	34994	34346	1.9
实际利用外资	万美元	15007	14721	1.9

五、交通·邮电·电力·城建

全社会客货运输量

表67

指　　标	货运量(万吨)	货物周转量（万吨千米）	客运量（万人）	旅客周转量（万人千米）
总　　计	2146	152646	1970.82	60498
一、交通系统	6.44	3475.76	1495.82	55648
1. 公路	6.44	3475.76	1495.82	55648
2. 水运	—	—	—	—
二、非交通系统	2139.56	149170.24	475	4850
1. 公路	355.56	9226.24	475	4850
其中：个体及联户	355.56	9226.24	475	4850
2. 水运	1784	139944	—	—
其中：个体及联户	1784	139944	—	—

注：该表资料由区交通运输局提供。

公路桥梁航通船闸情况

表68

指　　标	计量单位	2014年	2013年
一、公路总里程	千米	1907.46	1901
总计中：干线公路	千米	468	399
市乡公路	千米	1439.46	1403
高速公路	千米	68.3	68
总计中：一级公路	千米	172.2	169

续表68

指　　标	计量单位	2014年	2013年
二级公路	千米	214	200
三级公路	千米	210	206
四级公路	千米	1242.76	1326
二、公路桥梁(永久式)	座	985	985
桥梁总长度	米	32809	32809
三、内河船总里程	条/千米	49/522	49/522
1. 干线航道	条/千米	12/231	12/231
2. 支线航道	条/千米	37/321	37/321
四、航线建筑物	—	—	—
1. 永久性闸坝	座	1	1
2. 船闸	座	3	3
五、交通情况	—	—	—
单通班车的镇（街道、区）	个	17	17

注：该表资料由区交通运输局提供。

邮电业务总量

表69

指　　标	计量单位	2014年	2013年
邮电业务收入	万元	68219	60214
1. 邮政业务收入	万元	7176	7262
2. 电信业务收入	万元	61043	52952
邮电业务量	—	—	—
函件	万张	138	141.57
包件	万张	1.07	1.23
汇票	万张	3.91	7.35
机要文件	件	489	457
特快专递	件	30543	48943
订销报纸累计份数	万份	1712.58	1685.95
订销杂志累计份数	万份	54.78	68.75
邮政储蓄期末余额	万元	324497	291944
移动电话用户数	户	688620	665533
#3G移动电话用户	户	284369	155101
#联通用户	户	87461	84181
移动用户	户	485913	472680
电信用户	户	115246	108672
当地电话用户总数	户	266685	268963
其中：城市电话用户数	户	97229	41988

续表69

指　　标	计量单位	2014年	2013年
农村电话用户数	户	169456	226975
互联网宽带用户数	户	144107	119526

注：该表资料由区邮政局、区电信公司、区移动公司、区联通公司提供。

电力收支情况

表70　　单位：万千瓦时

指　　标	2013年	2014年
一、供电最高负荷(千瓦)	536100	498300
二、供电量	280115	286979
三、用电量	259753	271467
四、售电量	259753	271467
五、线路损失电量	20362	15512
六、线路损失率(%)	7.27	5.41
七、平均日负荷率(%)	81.84	82.17
八、全社会用电总计	282282	289363
1. 全行业用电合计	240936	252083
第一产业	4610	4768
第二产业	216233	227329
第三产业	20093	19986
2. 城乡居民生活用电合计	41346	37280
城镇居民	12562	11386
乡村居民	28784	25894
全行业用电分类	—	252083
一、农、林、牧、渔业	4610	4768
二、工业	212055	223322
三、建筑业	4178	4007
四、交通运输、仓储和邮政业	579	616
五、信息传输、计算机服务和软件业	1438	1519
六、商业、住宿和餐饮业	10232	9923
七、金融、房地产、商务及居民服务业	2804	3101
八、公共事业及管理组织	5040	4827
附：年末用电户数(户)	376358	390963
年末用电设备容量(千瓦)	3531732	3797647

注：该表资料由区供电公司提供。

城镇建设情况

表71

指　　标	单　位	2013年	2014年
一、路道总长度	千米	139.15	142.63
二、路道总面积	万平方米	334.9	341.2
三、桥梁	座	40	40
四、下水道总长度	千米	263.5	278.17
五、路灯盏数	盏	21260	25769
六、园林绿地面积	公顷	927	958
七、公共绿地面积	公顷	194	201
八、自来水年末生产能力	立方米/日	0	0
全年供水总量	万立方米	2092	2161
其中：生产用量	万立方米	497	525
家庭用量	万立方米	735	712
九、供气	—	—	—
其中：天然气	万立方米	1568	2116
#家庭用量	万立方米	604	800
液化石油气	吨	6026	6132
#家庭用量	吨	4860	6126
十、年末实有公共汽车营运车辆	辆	151	230
全年公共汽车客运总量	万人次	620	1500

注：该表资料由区住建局提供。

六、财政·银行·保险

预算收支决算（一）

表72

单位: 万元

指　　标	2014年	2013年
预算内收入合计	606526	621302
一、中央收入	168444	164467
1. 一般消费税	304	361
2. 一般增值税	102547	100097
3. 企业所得税	51284	46000
4. 个人所得税	14309	18009
二、地方收入	438082	456835
（一）政府基金收入	107081	107637
（二）社保基金收入	27473	79987
（三）公共财政收入	303528	269211
1. 增值税	47709	42642
2. 营业税	90294	70123
3. 企业所得税	34189	30667
4. 个人所得税	9540	12006
5. 资源税	1561	1286
6. 城市维护建设税	16356	14298
7. 房产税	7184	5943
8. 印花税	3338	2978
9. 城镇土地使用税	11471	8889
10. 土地增值税	13182	16989
11. 车船税	1623	1446
12. 耕地占用税	2844	3279
13. 契税	12319	11087
14. 国有资本经营收入	—	987
15. 行政性收费收入	27971	30521
16. 罚没收入	6014	6693
17. 专项收入	9593	8815
18. 国有资源(资产)有偿使用收入	3482	562
19. 其他收入	4858	—

注：该表资料由区财政局提供。

预算收支决算（二）

表73 单位：万元

指　标	2014年	2013年
预算内财政支出	584339	594088
一、政府基金支出	114044	122524
二、社保基金支出	27473	79987
三、公共财政支出	442822	391577
1. 一般公共服务	54643	55440
2. 公共安全	28520	22804
3. 教育	86726	83149
4. 科学技术	4646	3848
5. 文化体育与传媒	4573	5065
6. 社会保障和就业	38901	37846
7. 医疗卫生	49841	40906
8. 节能环保	5963	11849
9. 城乡社区事务	45835	28041
10. 农林水事务	70550	70239
11. 交通运输	7107	4654
12. 商业服务业等事务	2765	3660
13. 资源勘探电力信息等事务	20242	8147
14. 粮油物资储备支出	1061	621
15. 国土海洋气象等事务	3373	2598
16. 住房保障支出	12155	7154
17. 其他支出	5921	5556

注：该表资料由区财政局提供。

金融机构存、贷款余额

表74　　单位: 万元

指　　标	2014年	2013年	比2013年（±%）
一、存款余额合计	5287218	4778937	10.6
1. 单位存款	1764878	1683588	4.8
2. 个人存款	3427298	3026032	13.3
储蓄存款	3387575	2984422	13.5
3. 财政性存款	27052	4176	547.8
4. 临时性存款	2816	3094	-9.0
5. 委托存款	23221	13492	72.1
6. 其他存款	41952	48556	-13.6
二、贷款余额合计	3863686	3495896	10.5
1. 短期贷款	2193278	2157572	1.7
（1）个人贷款及透支	443360	431697	2.7
（2）单位贷款及透支	1681936	1603474	4.9
（3）普通并购贷款	—	—	—
（4）银团贷款	—	1100	—
（5）贸易融资贷款	67982	121301	-44.0
（6）境外筹资转贷款	—	—	—
2. 中长期贷款	1426223	1247320	14.3
3. 融资租赁	—	—	—
4. 票据融资	240227	89108	169.6
5. 各项垫款	3603	1491	141.6

注：该表资料由人行区支行提供。

保险公司保险费收支情况

表75　　单位: 万元

指　　标	保险费收入		理赔支出	
	2014年	2013年	2014年	2013年
总　　计	110301	103030	40664	40823
一、财产险	27793	24292	16240	11951
企业财产险	1009	1046	212	266
机动车辆险	20664	17043	12398	8862
船舶险	2412	2455	2219	319
货物运输险	170	147	41	10
家庭财产险	116	111	3	3
其　他	3422	2251	1367	788
二、人身险	82508	78738	24424	28872
养老金险	77152	13225	19654	24625
团体人身险及意外伤害险	4878	1728	4770	1513
其　他	478	63783	0	2733

注：该表资料由寿保区支公司、人保财险区支公司提供。

七、固定资产投资

全社会固定资产投资

表76

项　　目	计量单位	2014年	2013年	比2013年（±%）
总　　计	亿元	345.56	267.36	29.3
1. 城乡规模以上	亿元	293.63	230.21	27.6
3. 房地产开发投资	亿元	51.93	37.15	39.8
在总计中：	—	—	—	—
一产投资	亿元	2.86	3.23	-11.5
二产投资	亿元	232.10	184.06	26.1
其中：工业	亿元	231.75	180.43	28.4
三产投资	亿元	110.60	80.06	38.1

房地产开发投资

表77

项　　目	计量单位	2014年	2013年	比2013年（±%）
一、企业个数	个	63	52	21.2
二、计划总投资	万元	1991328	2057054	-3.2
三、当年完成投资	万元	519292	371478	39.8
按构成分	—	—	—	—
1. 建筑安装工程	万元	424325	290937	45.8
2. 设备购置	万元	5665	7928	-28.5
3. 其他费用	万元	89302	72613	23.0
按工程用途分	—	—	—	—
1. 住宅	万元	382081	272507	40.2
2. 办公楼	万元	881	982	-10.3
3. 商业用房	万元	91061	64379	41.4
4. 其他	万元	45269	33610	34.7
四、当年新增固定资产	万元	531825	226750	134.5
五、当年资金来源合计	万元	630829	602858	4.6
其中：上年年末结余资金	万元	41623	46800	-11.1
当年资金来源小计	万元	589206	556058	6.0
其中：国内贷款	万元	64053	114013	-43.8
自筹资金	万元	142014	121062	17.3
其他资金	万元	383139	320983	19.4
六、当年房屋施工面积	万平方米	417.11	432.58	-3.6

续表77

项　　目	计量单位	2014年	2013年	比2013年（±%）
其中：住宅	万平方米	308.76	315.19	-2.0
当年房屋竣工面积	万平方米	173.29	102.85	68.5
其中：住宅	万平方米	133.05	73.69	80.6
七、当年房屋销售面积	万平方米	89.06	87.79	1.4
当年房屋销售额	万元	449155	431953	4.0

八、人口·劳动力

全区人口数及变动情况

表78　　　　单位：人

指　　标	2014年	2013年	比2013年（±%）
总户数	271563	273348	-0.7
总人口	794441	795735	-0.2
# 男	400969	403429	-0.6
女	393472	392306	0.3
年平均人口	795088	794439	0.1
出生人数	6114	6447	-5.2
# 男	3266	3475	-6.0
女	2848	2972	-4.2
死亡人数	6814	6290	8.3
# 男	3857	3513	9.8
女	2957	2777	6.5
迁入人数	3172	8309	-61.8
# 省内	2074	6762	-69.3
省外	1098	1547	-29.0
迁出人数	2536	5873	-56.8
# 省内	1580	5107	-69.1
省外	956	766	24.8
出生率（‰）	7.69	8.12	-0.4
死亡率（‰）	8.57	7.92	0.7
自然增长率（‰）	-0.88	0.2	-1.1
人口密度（人/平方千米）	857	858	-0.1

各镇（街道）农村劳动力使用情况

表79

单位：人

镇（街道）	从业人员合计	农业	工业	建筑业	运输、仓储、邮政业	信息、计算机软件业	批零业	住宿、餐饮业	金融保险	房地产社会服务	卫生、体育、福利业	教育文化广电	科研技术服务	镇经济组织管理	其他从业人员
合　计	344346	59065	105780	96478	23935	1189	19218	8173	1184	1253	1160	1272	334	988	24317
罗塘街道	19832	1644	6567	4879	1480	26	1707	1170	52	149	50	48	3	112	1945
溱潼镇	12788	3650	4397	1862	1743	3	395	194	12	26	62	27	2	80	335
蒋垛镇	20265	5875	3272	5342	767	49	1365	644	28	69	95	86	33	55	2585
顾高镇	15292	1097	4930	4374	912	33	1469	508	47	82	56	37	12	30	1705
大坨镇	17819	3731	4264	4760	447	151	986	501	54	112	46	87	61	66	2553
张甸镇	15511	2489	2603	4369	1990	43	1138	410	101	25	47	66	11	48	2171
淤溪镇	26205	6869	6432	8303	2898	21	930	263	42	5	76	82	0	115	169
白米镇	19462	2547	6888	6525	835	211	935	541	112	91	68	81	101	40	487
娄庄镇	22403	2834	9642	5791	720	90	1082	375	65	31	85	135	14	52	1487
沈高镇	20477	1746	7688	4492	1783	198	1717	846	160	77	76	95	15	34	1550
兴泰镇	14851	1645	6199	2639	1530	34	1392	292	61	14	44	34	17	30	920
俞垛镇	26144	4455	8235	6723	4687	24	1055	366	39	73	65	102	20	70	230
华港镇	22847	3892	9913	4251	1207	35	1546	346	45	175	45	75	2	41	1274
开发区	89109	15389	24720	32104	2908	271	3501	1717	365	323	345	317	43	215	6891
#梁徐镇	39297	9873	9647	14082	923	193	1561	612	177	99	170	128	23	77	1732
桥头镇	26503	3621	6775	10567	985	33	833	493	71	45	60	96	4	61	2859
其　他	1341	1202	30	64	28	0	0	0	1	1	0	0	0	0	15

九、科技·教育·文化·广播电视·卫生·体育

各类专业技术人员数

表80

单位：人

指　　标	2014年	2013年
总　　计	56389	55963
高级职称	4095	3905
中级职称	15446	15289
初级职称	36848	36769

注：该表资料由区人力资源和社会保障局提供。

教育事业情况

表81 单位：所、个、人

指标	学校	班级	毕业生人数	招生人数	毕业班学生数	在校生人数	教职工人数						代课教师
							合计	专任教师	行政人员（园长）	工勤人员（保健员）	教辅人员	其他人员	
一、普通中学	28	753	11495	10612	11350	32911	3817	3207	115	147	348	—	—
1. 初　中	20	461	6751	6482	6706	19791	—	—	—	—	—	—	—
城　市	4	283	4244	4258	4338	12971	—	—	—	—	—	—	—
县　镇	15	172	2475	2192	2314	6684	—	—	—	—	—	—	—
农　村	1	6	32	32	54	136	—	—	—	—	—	—	—
2. 高　中	8	292	4744	4130	4644	13120	—	—	—	—	—	—	—
城　市	4	185	2946	2934	3037	8941	—	—	—	—	—	—	—
县　镇	4	107	1798	1196	1607	4179	—	—	—	—	—	—	—
二、小　学	27	756	5487	4369	5343	30508	2319	2029	63	46	181	—	—
城　市	4	335	2305	2221	2579	14640	849	829	10	3	7	—	—
县　镇	19	374	2776	2148	2428	14113	1236	1044	46	40	106	—	—
农　村	4	47	406	234	336	1755	234	156	7	3	68	—	—
三、幼儿园	42	404	4818	4403	4946	13746	1373	808	57	32	392	84	0
城　市	16	177	1966	2158	1828	6278	616	361	26	15	169	45	0
县　镇	22	204	2608	2044	2852	6756	680	400	27	16	200	37	0
农　村	4	23	244	201	266	712	77	47	4	1	23	2	0
四、职业中学	1	20	858	728	897	2466	159	144	3	8	4	—	—
五、特殊教育学校	1	7	10	11	14	82	28	22	3	2	1	—	—

注：该表资料由区教育局提供。

文化事业情况

表82

指标	单位	姜堰区图书馆	姜堰区文化馆	国办文化站	姜堰区博物馆
房屋建筑面积	平方米	3937	3000	78800	26000
藏书	万册	33.3	0.2	16.65	—
图书报刊文献外借人次	万人次	24.7	—	—	—
总流通人次	万人次	27.4	—	—	—
藏文物件数	件	—	—	—	3000
其中：国家一级	件	—	—	—	1
国家二级	件	—	—	—	14
国家三级	件	—	—	—	150
古树名木	株	—	—	—	38
其中：国家一级保护	株	—	—	—	20
国家二级保护	株	—	—	—	18

注：该表资料由区文广新局提供。

广播电视事业情况

表83

指　　标	单　位	2013年	2014年
区局(台)工作人员	人	350	368
镇广播电视站	个	15	15
镇站工作人员	人	164	154
喇叭数	万只	4	1
其中：入户数	万只	4	1
入户率	%	14.6	3.65
扩音机	部/千瓦	64/25.1	64/25.1
卫星地面接收站	座	5	5
调频广播发射机	部/千瓦	4/0.8	4/0.8
自立式调频广播发射塔	座/米	1/157	1/157
广播覆盖率	%	100	100
电视发射机	部/千瓦	4/3.3	4/3.3
备份机	部/千瓦	—	—
自立式电视发射塔	座/米	1/157	1/157
电视覆盖率	%	100	100
有线电视	户	263704	266885
有线电视入户率	%	96.1	98.6
广播来稿件数	件	3653	3714
采用稿件数	件	3600	3683
电视节目制作	小时	1580	1825

注：该表资料由区文广新局提供。

卫生事业情况

表84

指　　标	机构（个）	病床（张）	全部人员（人）		
			合　计	其　中	
				卫生技术人员	管理人员
一、医院合计	9	2394	2428	2120	40
综合医院	7	1606	1716	1502	34
中医医院	1	684	677	594	3
专科医院	1	104	35	24	3
二、疗养院	1	50	30	23	1
三、卫生院合计	21	752	827	724	39
中心卫生院	3	163	197	177	9
乡镇卫生院	18	589	630	547	30

续表84

指　　标	机构（个）	病床（张）	全部人员（人）		
			合　计	其　中	
				卫生技术人员	管理人员
四、城市社区卫生服务站	20	150	283	243	11
五、农村社区卫生服务站	193	—	595	73	—
六、诊所、卫生所、医务室	46	—	101	100	—
七、急救中心(站)	1	—	4	—	1
八、采供血机构	1	—	12	11	1
九、妇幼保健院（所、站）	1	—	30	27	2
十、专科疾病防治院（所、站）	1	15	65	46	2
十一、疾病预防控制中心	1	—	74	54	3
十二、卫生监督所（中心）	1	—	44	44	—
十三、医学在职培训机构	1	—	11	—	1
十四、其他卫生机构	1	—	4	—	—

注：该表资料由区卫生局提供。

体育事业情况

表85

指　　标	单　位	2013年	2014年
一、年末工作人员	人	21	20
其中：专业教练员	人	8	8
二、业余体校	所	1	1
在校学生	人	58	112
三、体育馆	个	—	—
座位	个	—	—
四、举办运动会	次	80	41
其中：市级	次	25	37
五、参加运动会人数	人	25000	18200
其中：市级	人	17000	14000
六、等级运动员	人	30	27
七、向国家输送体育人才	人	2	3

注：该表资料由区体育局提供。

十、人民生活

住户收支与生活状况（全年，新口径）

表86

指标名称	单位	全体住户	城镇住户	农村住户
第一部分　调查户基本情况	—	—	—	—
一、调查样本住户数	户	187.33	94.58	92.75
三、户主文化程度	户	579.50	345.25	234.25
四、住户经营情况	户	186.67	93.92	92.75
五、按家庭规模分的住户类型	户	187.33	94.58	92.75
六、按世代分的住户类型	户	187.33	94.58	92.75
七、住户特征	户	98.83	48.83	50.00
八、人口有变动的户数	户	3.50	1.75	1.75
九、城乡分类	—	—	—	—
111：主城区	户	75.58	75.58	—
122：镇乡结合区	户	19.00	19.00	—
220：村庄	户	92.75	—	92.75
第二部分　调查人口和就业情况	—	—	—	—
一、调查人口基本情况	—	—	—	—
（一）期内住户成员数	人	596.42	319.42	277.00
（二）期末住户成员数	人	593.92	317.92	276.00
（三）期内住户常住成员数	人	549.67	295.42	254.25
（四）期内增加的住户成员数	人	1.00	0.25	0.75
（五）期内减少的住户成员数	人	2.50	1.50	1.00
二、常住成员情况	—	—	—	—
（一）常住成员与户主关系	人	548.42	292.42	256.00
（二）性别	人	548.42	292.42	256.00
（三）年龄	人	548.42	292.42	256.00
（四）参加医疗保险情况	人	548.42	292.42	256.00
（五）6周岁以上人数	人	530.42	281.42	249.00
（六）6周岁及以上住户成员受教育程度	人	530.42	281.42	249.00
（七）15周岁及以上住户成员婚姻状况	人	487.50	256.50	231.00
三、常住劳动力情况	—	—	—	—
（一）劳动力人数	人	411.17	217.67	193.50
（二）性别	人	411.17	217.67	193.50
（三）年龄	人	411.17	217.67	193.50
（四）受教育程度	人	411.17	217.67	193.50
（五）就业类型	人	0.64	0.58	0.71
（六）从事主要行业	人	352.17	171.67	180.50

续表86

指标名称	单　位	全体住户	城镇住户	农村住户
（七）从事主要职业	人	352.17	171.67	180.50
第三部分　农产品出售及农业服务提供（人均）	**元**	—	—	—
一、出售农林牧渔业产品	元	925.96	366.01	1576.59
（一）农业产品	—	—	—	—
金额	元	719.55	184.13	1341.65
（二）林业产品	—	0.97	0.34	1.70
金额	元	11.92	2.88	22.42
（三）牧业产品	千克	0.25	0.15	0.36
金额	元	157.46	177.98	133.61
（四）渔业产品	—	4.70	0.02	10.13
金额	元	37.04	1.02	78.90
二、提供农林牧渔业服务	元	20.80	2.20	42.42
（一）农业服务收入	元	20.80	2.20	42.42
第四部分　购买商品及服务情况（人均）	**元**	—	—	—
一、购买生活消费品及服务	元	12828.02	15510.46	9711.26
（一）食品烟酒	元	4169.90	5262.37	2900.56
（二）衣着	元	1296.92	1616.93	925.09
（三）居住	元	1351.80	1662.50	990.79
（四）生活用品及服务	元	786.71	788.68	784.41
（五）交通通信	元	1450.78	1846.74	990.70
（六）教育文化娱乐	元	1716.84	2127.78	1239.37
（七）医疗保健	元	1456.41	1549.01	1348.83
（八）其他用品和服务	元	598.67	656.46	531.52
二、购买生产资料、服务及固定资产	元	—	—	—
（一）购买农林牧渔业生产资料	元	417.05	182.52	689.54
（三）购建农业生产性固定资产	元	2.37	—	5.11
附记指标：通过互联网购买的商品和服务	元	119.52	180.03	49.20
第五部分　可支配收入（人均）	**元**	**23912.59**	**31375.25**	**14886.50**
一、工资性收入	元	13924.31	17697.47	9360.64
（一）工资	元	13663.77	17251.63	9324.23
（二）实物福利	元	67.36	101.60	25.95
（三）其他	元	193.18	344.25	10.46
二、经营净收入	元	4491.35	5413.31	3376.22
（一）第一产业经营净收入	元	1102.64	335.09	2030.94
（二）第二产业经营净收入	元	1054.68	1913.37	16.13
（三）第三产业经营净收入	元	2334.02	3164.83	1329.16
三、财产净收入	元	2047.55	3346.18	476.90
（一）利息净收入	元	164.80	125.10	212.82

续表86

指标名称	单　位	全体住户	城镇住户	农村住户
（二）红利收入	元	434.60	782.51	13.81
（三）储蓄性保险净收益	元	5.56	10.16	—
（四）转让承包土地经营权租金净收入	元	151.90	89.68	227.15
（五）出租房屋财产性收入	元	51.61	94.27	—
（七）其他财产净收入	元	10.47	—	23.13
（八）房屋虚拟租金	元	1228.62	2244.46	—
四、转移净收入	元	3449.22	4918.00	1672.74
（一）转移性收入	元	5548.97	7725.07	2917.00
（二）转移性支出	元	2099.76	2807.07	1244.26
第六部分　总支出（人均）	**元**	**49593.07**	**71471.32**	**24172.42**
一、消费支出	元	15086.79	18673.11	10749.10
（一）食品烟酒	元	4769.47	5529.07	3850.69
（二）衣着	元	1303.81	1616.93	925.09
（三）居住	元	2965.00	4526.89	1075.93
（四）生活用品及服务	元	786.76	788.68	784.41
（五）交通通信	元	1478.30	1876.86	996.24
（六）教育文化娱乐	元	1725.69	2127.78	1239.37
（七）医疗保健	元	1457.22	1549.35	1345.77
（八）其他用品和服务	元	600.45	657.38	531.60
二、财产性支出	元	9.83	18.29	—
三、转移性支出	元	2080.91	2807.07	1237.16
（一）个人所得税	元	26.45	23.89	29.43
（二）社会保障支出	元	1508.55	1928.05	1021.12
（三）赡养支出	元	377.80	630.27	84.44
（四）其他转移性支出	元	168.11	224.86	102.16
四、部分商业保险支出	元	20.04	11.18	30.33
（一）意外伤害保险	元	7.50	4.77	10.67
（二）商业医疗保险（含大病保险）	元	0.62	1.16	—
（三）其他非储蓄性商业保险	元	11.92	5.25	19.67
五、购置资产及非经常性转移支出	元	20506.82	36184.32	2290.92
（一）购置资产支出	元	18078.11	33520.40	135.50
（二）非经常性转移支出	元	2428.71	2663.92	2155.42
六、借贷性支出	元	4922.28	3028.13	7123.11
第七部分　住房、生活设施和耐用消费品拥有情况	—	—	—	—
一、期末现住房情况	—	—	—	—
（一）本住户居住空间样式	户	187.33	94.58	92.75
（二）主要建筑材料	户	187.33	94.58	92.75
（四）现住房房屋来源	户	187.33	94.58	92.75

续表86

指标名称	单 位	全体住户	城镇住户	农村住户
（五）现住房建筑面积（人均）	平方米	43.33	39.84	47.39
（六）住宅外道路路面情况	户	187.33	94.58	92.75
（七）住宅有管道供水情况	户	187.33	94.58	92.75
（八）住户主要饮用水来源情况	户	187.33	94.58	92.75
（九）住户获取饮用水的主要困难	户	187.33	94.58	92.75
（十）住户厕所类型	户	187.33	94.58	92.75
（十一）住户洗澡设施情况	户	187.33	94.58	92.75
（十二）住户主要取暖用能源状况	户	187.33	94.58	92.75
（十三）主要炊用能源状况	户	187.33	94.58	92.75
二、自有现住房情况	—	—	—	—
（一）自有现住房建筑年份	—	—	—	—
1. 当年新建	户	1.00	—	1.00
2. 1—5年	户	16.25	5.00	11.25
3. 6—10年	户	15.00	5.00	10.00
4. 11—20年	户	111.58	74.58	37.00
5. 21—50年	户	41.50	8.00	33.50
6. 100年以上	户	2.00	2.00	—
三、租赁住房情况	—	—	—	—
（一）租赁住房房屋	户	2.00	2.00	—
（二）租赁住房实际月租金	元	840.00	840.00	—
四、期末拥有房屋情况（人均）	—	—	—	—
（一）期末拥有房屋面积	平方米	56.01	61.08	50.12
（二）期末拥有房屋价值	万元	12.73	18.44	6.10
五、期内新购住房情况	—	—	—	—
（一）期内新购住房建筑面积	平方米	510.00	138.00	372.00
（二）新购住房总金额	万元	250.00	90.00	160.00
（三）新购住房借贷款总额（不含利息）	万元	50.00	50.00	—
六、耐用消费品拥有情况（汇总）	—	—	—	—
1. 家用汽车	辆	27.00	18.00	9.00
2. 摩托车	辆	50.00	24.00	26.00
3. 助力车	台	236.75	122.25	114.50
4. 洗衣机	台	175.83	93.58	82.25
5. 电冰箱（柜）	台	182.83	100.58	82.25
6. 微波炉	台	161.83	92.58	69.25
7. 彩色电视机	台	322.42	174.92	147.50
8. 其中：接入有线电视	台	299.42	164.92	134.50
9. 空调	台	270.42	165.92	104.50
10. 热水器	台	191.50	108.25	83.25

续表86

指标名称	单　位	全体住户	城镇住户	农村住户
11. 其中：太阳能热水器	台	176.83	94.58	82.25
12. 消毒碗柜	台	1.00	1.00	—
13. 排油烟机	台	116.67	81.67	35.00
14. 固定电话	线	112.92	57.92	55.00
15. 移动电话	部	391.00	222.50	168.50
16. 其中：接入互联网	部	161.83	103.33	58.50
17. 计算机	台	126.25	88.25	38.00
18. 其中：接入互联网	台	122.25	86.25	36.00
19. 摄像机	台	4.00	2.00	2.00
20. 照相机	台	23.67	19.67	4.00
21. 中高档乐器	架	4.00	4.00	—
22. 健身器材	台	3.00	2.00	1.00
23. 组合音响	套	12.00	10.00	2.00
九、年末粮食结存	—	—	—	—
1. 小麦	千克	14.78	5.59	25.47
2. 面粉	千克	0.95	0.70	1.24
3. 稻谷	千克	139.08	48.86	243.91
4. 大米	千克	8.47	6.54	10.71
5. 玉米	千克	1.94	—	4.19
6. 玉米面	千克	0.26	0.05	0.49
7. 其他原粮	千克	13.48	0.68	28.36
8. 其他加工粮	千克	0.84	0.37	1.38
第八部分　居民固定资产投资情况	—	—	—	—
一、农业生产投资情况	—	—	—	—
（一）主要农业生产性固定资产数量	—	—	—	—
1. 生产性用房及建筑物	平方米	1200.00	155.00	1045.00
2. 小型农用拖拉机	台	2.00	—	2.00
3. 畜产品	头	2.00	—	2.00
（二）期末农业生产性固定资产原价（人均）	—	—	—	—
1. 农业固定资产原价	元	508.49	98.50	984.86
2. 牧业固定资产原价	元	96.60	61.27	137.66
4. 渔业固定资产原价	元	14.55	—	31.47
5. 农林牧渔服务业固定资产原价	元	6.37	—	13.77
二、非农业生产投资情况	—	—	—	—
（一）非农产业固定资产数量	—	—	—	—
1. 出租住房	平方米	350.00	350.00	—
2. 出租商用建筑物	平方米	5000.00	5000.00	—
（二）期末非农产业固定资产原价（人均）	—	—	—	—

续表86

指标名称	单　位	全体住户	城镇住户	农村住户
1. 制造业	元	6423.89	5351.76	7669.62
2. 电力、热力、燃气及水生产和供应业	元	363.86	677.01	—
3. 建筑业	元	181.93	338.50	—
4. 批发和零售业	元	367.31	504.03	208.46
5. 交通运输、仓储和邮政业	元	796.85	297.88	1376.60
6. 住宿和餐饮业	元	3.64	6.77	—
7. 居民服务、修理和其他服务业	元	41.84	6.77	82.60
8. 其他行业	元	12.73	—	27.53
第九部分　土地经营和主要农产品产量情况（人均）	—	—	—	—
一、家庭实际经营土地情况	—	—	—	—
（一）期初实际经营土地面积	公顷	0.0407	0.0087	0.0773
（二）期末实际经营土地面积	公顷	0.0287	0.0060	0.0547
二、期内土地种植情况	—	—	—	—
（一）期内主要粮食播种面积	公顷	0.0527	0.0140	0.0967
（二）期内主要经济作物播种面积	公顷	0.0147	0.0020	0.030
（三）农业生产技术应用情况	公顷	0.0920	0.0273	0.1673
三、主要农产品产量	—	—	—	—
（一）谷物产量	千克	386.78	112.61	705.35
面积	公顷	0.0527	0.0160	0.0960
（二）红薯面积	公顷	0.0007	0.00	0.0013
产量	千克	2.96	0.10	6.28
（三）豆类产量	千克	13.53	1.97	26.95
面积	公顷	0.0060	0.0007	0.0113
（四）油料产量	千克	22.15	1.84	45.75
面积	公顷	0.0087	0.0013	0.0180
第十部分　食品消费情况（含自产自用，人均）	—	—	—	—
一、粮食消费量	千克	167.49	123.28	218.85
（一）谷物消费量	千克	153.06	110.76	202.20
（二）薯类消费量	千克	2.15	0.94	3.55
（三）豆类消费量	千克	12.28	11.58	13.09
二、油脂类消费量	千克	26.99	12.63	43.66
（一）植物油	千克	26.86	12.50	43.55
（二）动物油	千克	0.13	0.14	0.11
三、蔬菜及菜制品消费量	千克	132.66	114.15	154.17
（一）鲜菜	千克	129.71	110.60	151.92
（二）干菜及菜制品	千克	0.75	0.96	0.50
（三）鲜菌	千克	2.02	2.38	1.60
（四）干菌及菌制品	千克	0.19	0.22	0.15

续表86

指标名称	单位	全体住户	城镇住户	农村住户
四、肉类	千克	26.05	27.85	23.96
（一）猪肉	千克	20.52	21.34	19.56
（二）牛肉	千克	2.25	2.89	1.51
（三）羊肉	千克	0.42	0.58	0.24
（四）其他肉类及制品	千克	2.86	3.04	2.65
五、禽类	千克	7.30	8.50	5.90
（一）鸡	千克	5.13	5.96	4.16
（二）鸭	千克	0.49	0.53	0.44
（三）鹅	千克	0.27	0.22	0.33
（四）其他禽类及制品	千克	1.41	1.78	0.98
六、水产品	千克	14.99	17.17	12.46
（一）鱼类	千克	12.01	13.25	10.56
（二）虾、贝、蟹类	千克	1.88	2.57	1.07
（三）藻类	千克	0.21	0.33	0.08
（四）其他	千克	0.90	1.02	0.75
七、蛋类及蛋制品	千克	8.20	8.94	7.35
（一）鲜蛋	千克	7.75	8.36	7.03
（二）蛋制品	千克	0.46	0.57	0.32
八、奶和奶制品	千克	13.68	16.21	10.73
（一）鲜奶	千克	6.82	8.67	4.67
（二）酸奶	千克	4.79	5.01	4.53
（三）奶粉	千克	0.22	0.25	0.17
（四）其他奶制品	千克	1.85	2.27	1.36
九、干鲜瓜果类	千克	30.32	36.04	23.66
（一）鲜瓜果	千克	27.43	32.62	21.39
（二）瓜果制品	千克	0.53	0.70	0.34
（三）坚果类	千克	2.36	2.72	1.93
十、糖果糕点类	千克	5.20	6.01	4.27
（一）食糖	千克	1.01	1.02	1.00
（二）糖果	千克	0.33	0.40	0.26
（三）糕点	千克	3.64	4.30	2.87
（四）其他糖果糕点	千克	0.22	0.29	0.14
十一、饮料	千克	0.09	0.09	0.09
（一）茶叶	千克	0.09	0.09	0.09
十二、烟叶消费量	千克	35.61	35.70	35.51
十三、酒	千克	8.99	8.09	10.04
（一）白酒	千克	4.92	5.40	4.37
（二）啤酒	千克	4.00	2.57	5.66

续表86

指标名称	单 位	全体住户	城镇住户	农村住户
（三）果酒	千克	0.07	0.12	0.02
第十一部分 自产自用农产品价值（人均）	**元**	**680.07**	**169.18**	**1273.67**
一、农业产品	元	625.32	154.92	1171.88
（一）谷物	元	385.86	101.19	716.63
（二）薯类	元	21.93	0.75	46.53
（三）豆类	元	30.79	2.27	63.93
（六）油料	元	62.33	5.24	128.67
（九）蔬菜及食用菌	元	123.03	45.40	213.22
（十）水果	元	0.05	—	0.11
（十一）果用瓜	元	0.43	—	0.93
（十八）其他农产品	元	0.90	0.07	1.86
二、牧业产品	元	11.01	2.87	20.46
（一）家禽	元	3.52	1.05	6.40
（二）蛋类	元	7.45	1.82	13.98
三、渔业产品	元	5.14	0.68	10.32
（一）养殖产品	元	3.57	0.15	7.54
（二）捕捞产品	元	1.57	0.53	2.78
第十二部分 住户商品能源消耗情况（人均）	**—**	—	—	—
1. 天然气	立方米	10.41	18.87	0.57
金额	元	27.71	49.77	2.08
2. 煤气	立方米	0.03	0.06	—
金额	元	0.09	0.16	—
3. 液化石油气	千克	13.75	12.58	15.12
金额	元	111.79	100.32	125.13
4. 汽油	升	28.47	37.35	18.16
金额	元	215.62	283.13	137.18
其中：生产用	升	28.23	36.90	18.16
金额	元	213.80	279.75	137.18
5. 柴油	升	0.45	—	0.97
金额	元	3.17	—	6.85
其中：生产用	升	0.45	—	0.97
金额	元	3.17	—	6.85
6. 电	千瓦时	597.46	683.02	498.05
金额	元	304.66	343.25	259.81
其中：生产用	千瓦时	0.20	—	0.44
金额	元	0.11	—	0.24
8. 煤炭	千克	7.35	12.11	1.81
金额	元	4.87	7.81	1.45

便民指南

泰州市姜堰区政务服务管理办公室

泰州市姜堰区行政服务中心成立于2001年6月10日，为区政府派出机构，负责承担有关行政许可审批工作的组织、协调、监督、管理和服务，内设办公室、业务科、督查科、综合服务站，区监察局派驻监察室。有正式在编人员14人，其中行政编制10人、事业编制4人。服务大厅面积6000平方米，设置窗口103个，分一、二楼南北四个功能服务区，设立婚姻登记等7个分中心。2014年12月12日，区政府印发《区政府关于区政务服务管理机构调整的通知》（泰姜政发〔2014〕184号），调整区政务服务管理机构。设立区政务服务管理办公室，使用行政编制，规格为正科级；区行政服务中心更名为区政务服务中心；不再保留区招标采购管理办公室，其职能整合进区政务服务管理办公室；成立区公共资源交易中心，为区政务服务管理办公室的下属全额事业单位，规格相当副科级；不再保留区招标采购交易中心，其职责整合进区公共资源交易中心。截至2014年年底，进驻政务服务中心的行政许可项目为117项，占全区89.3%；非行政许可项目为42项，占全区91.3%，有服务项目98个。

姜堰区政务服务中心企业“三证合一”流程图

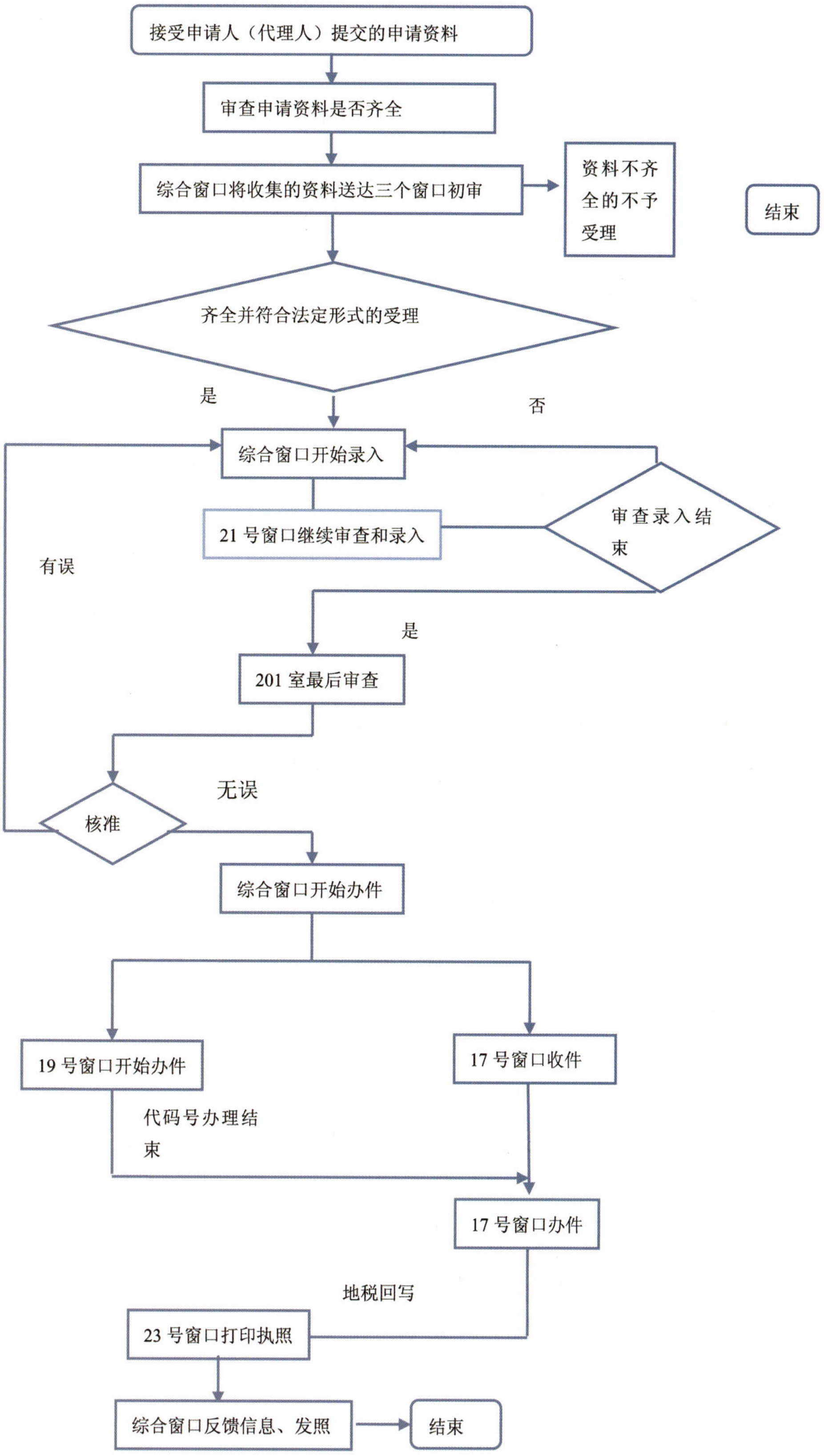

姜堰区政务服务中心企业“三证合一”登记告知单

	需提交的申报材料	数量（份）
1	公司注册登记（设立）并联审批申请书	1
2	授权委托人身份证正反复印件，提供授权委托人身份证原件	1
3	董事、监事、经理信息	1
4	全体股东签署的公司章程	3
5	股东的主体资格证明或者自然人身份证复印件（股东可为企业、事业法人、社团法人、民办非企业单位或境内公民）	1
6	董事、监事和经理的任职文件	1
7	法定代表人任职文件	1
8	住所使用证明（包括租赁协议、房产证明）	3
9	名称预先核准通知书	1
10	法律、行政法规和国务院决定规定设立公司必须报经批准的，提交有关的批准文件或者许可证书复印件	1
11	公司申请登记的经营范围中有法律、行政法规和国务院决定规定必须在登记前报经批准的项目，提交有关的批准文件或者许可证书复印件或许可证明	1
12	申领组织机构代码证书基本信息登记表	1
13	法定代表人身份证原件及复印件（身份证正反复印）	3
14	财务负责人身份证复印件及会计人员从业资格证书复印件	2
15	经办人身份证复印件（身份证正反复印）	1
16	其他	

提示：1. 该窗口实行营业执照、税务登记证（国税、地税）、组织机构代码“三证”合一，统一收件、统一发证。

2. 窗口咨询电话：0523-88816428。

（区政务服务管理办）

公证服务指南

公证处是国家公证机关，主要业务范围包括：

一、证明法律行为

（一）证明合同、协议：土地使用权出让、转让、土地租用，房屋买卖、赠与、租赁，企业改制、股权转让、企业承包经营、租赁，劳务合同、聘用合同；

（二）证明收养关系；

（三）证明财产继承、赠与和遗赠，遗嘱公证、保管遗产、确认遗嘱效力；

（四）证明养老保险金、劳动保险金、助学金、抚恤金、救济金。

二、证明有法律意义的事实

（一）证明出生、生存、死亡、身份、经历、学历、国籍、婚姻状况、亲属关系、未受（受过）刑事处分；

（二）证明法人和其他组织的资格、资信、法定代表人身份；

（三）证明不可抗力事件；

（四）办理证据保全。

证人、证言及书证保全，声像资料、电脑软件保全，地物的保全，侵权行为和事实证据保全；制作票据拒绝证书。

三、证明有法律意义的文书

知识产权的享有、转让和使用许可文书，证明法人或其他组织授权委托书、公司章程、会议决议。

四、提存公证

五、赋予债权文书具有强制执行效力

六、办理其他公证业务

证明抽奖、抽签、开奖及其他现场公证，证明拍卖、彩票销售，证明物品销售，招投标公证，证明股票、债券发行上市法律事务，证明签名、印章属实，副本、节本、译本与原件相符，影印件与原件相符，证明出口商品注册商标，承担公证顾问事务。

联系电话：0523-88802236

律师服务指南

律师是依法取得律师执业证书，为社会提供法律服务的执业人员。律师可以从事下列业务：

一、接受公民、法人和其他组织的聘请，担任法律顾问。

二、接受民事案件、行政案件当事人的委托，担任代理人，参加诉讼。

三、接受刑事案件犯罪嫌疑人的聘请，为其提供法律咨询，代理申诉、控告、申请取保候审；接受犯罪嫌疑人、被告人的委托或者人民法院的指定，担任辩护人；接受自诉案件自诉人、公诉案件被害人或者其近亲属的委托，担任代理人，参加诉讼。

四、代理各类诉讼案件的申诉。

五、接受当事人的委托，参加调解、仲裁活动。

六、接受非诉讼法律事务当事人的委托，提供法律服务。

七、解答有关法律的询问、代写诉讼文书和有关法律事务的其他文书。

律师事务所是律师的执业机构。全区有9家律师事务所。

基层法律服务工作者服务指南

基层法律服务工作者是符合司法部60号令《基层法律工作者管理办法》规定的执业条件，经核准执业登记，领取法律服务工作者执业证，在基层法律服务所中执业，为社会提供法律服务的人员。法律服务工作者可以从事下列业务：

一、解答法律咨询，代写诉讼文书和其他法律文书。

二、接受当事人委托参与民事诉讼、调解和仲裁活动。

三、应聘担任企业、事业单位、经济联合体、承包经营户、个体工商户、个人合伙的法律顾问。

四、协助公证处办理公证业务。

五、根据当事人的申请调解生产经营性纠纷。

六、宣传国家法律、法规、政策，教育公民遵纪守法，尊重社会公德。

七、协助司法所管理指导人民调解工作。

八、办理上级司法行政机关交办的有关法律事务工作。法律服务所是法律服务工作者的执业机构。

（区司法局）

泰州市第二人民医院门诊指南

专家门诊一览

心血管内科

鲁　晶　主任医师　每周一上午
申仕海　主任医师　每周二上午
陆红进　副主任医师　每周三上午
夏文胜　主任医师　每周四上午
徐开保　主任医师　每周五上午
夏继辉　副主任医师　每周日上午

神经内科

郭俊华　副主任医师　每周一上午
茆华武　副主任医师　每周二上午
肖章红　副主任医师　每周三上午
陈秋华　副主任医师　每周四上午
丁立东　主任医师　每周五上午

肾脏内科

王小兵　副主任医师　每周二上午
朱小华　副主任医师　每周六上午

呼吸内科

朱银喜　主任医师　每周二全天
李为春　副主任医师　每周三全天

内分泌科

钱才凤　主任医师　每周四全天
钱　华　副主任医师　每周日全天

消化内科

马茂源　副主任医师　每周一上午
夏存智　主任医师　每周三上午
刘锦富　副主任医师　每周四上午

肿瘤科

崔　林　主任医师　每周一下午
路　逵　副主任医师　每周二上午
张志胜　副主任医师　每周三上午
刘建军　副主任医师　每周四上午
柯　军　主任医师　每周五上午

血液风湿科

袁红建　副主任医师　每周一上午
潘怀富　主任医师　每周五上午

普内科

陈小云　主任医师　每周二上午

泌尿外科

田正高　主任医师　每周一全天
刘春林　副主任医师　每周二上午
王　澎　主任医师　每周三全天
顾懿宁　主任医师　每周五上午

普外科

沈长兵　主任医师　每周一上午
钱　龙　副主任医师　每周二上午
吕　年　副主任医师　每周三上午
喻　刚　副主任医师　每周四、六上午
秦菊芳　副主任医师　每周五上午

胸外科

袁锦华　主任医师　每周三上午
游继军　副主任医师　每周四上午
张民兴　主任医师　每周五上午

胸心血管外科

曹生军　副主任医师　每周二上午

骨外科

刘玉林　主任医师　每周一上午
钱忠生　主任中医师　每周二上午
陈为民　副主任医师　每周三上午
刘康民　主任医师　每周三全天
王国喜　主任医师　每周四上午
王　珏　主任医师　每周五上午
童汉民　副主任医师　每周五下午

神经外科

李粉根　主任医师　每周一上午
杨少峰　副主任医师　每周二上午
丁绪元　副主任医师　每周三上午
王树林　副主任医师　每周五上午

肛肠外科

纪圣林　副主任医师　每周一上午

妇产科

孙友红　主任医师　每周一全天
李海燕　副主任医师　每周一全天
张志中　副主任医师　每周二全天
夏爱华　主任医师　每周三全天

魏秀琴	副主任医师	每周三全天
游　丽	副主任医师	每周四全天
王　敏	副主任医师	每周四全天
钱存华	副主任医师	每周五全天
黄铁莲	副主任医师	每周五全天
儿　科		
陈一平	副主任医师	每周一全天
袁　军	副主任医师	每周二全天
陈曙光	副主任医师	每周三全天
陈凤展	副主任医师	每周四全天
刘若枫	副主任医师	每周五全天
吴晓明	副主任医师	每周六全天
许央年	副主任医师	每周日全天
感染性疾病科		
陆春芬	主任医师	每周一上午
刘玉斌	副主任医师	每周一下午
宋鸿范	主任医师	每周二全天
顾学文	副主任医师	每周三全天
周稳兰	主任医师	每周四上午
朱蔚岗	主任医师	每周五上午
卢应梅	副主任医师	每周五下午
花兴萍	副主任医师	每周六下午
感染科、急诊医学		
移　军	主任医师	每周三全天
眼　科		
徐常山	副主任医师	每周一上午
郁建平	主任医师	每周二上午
洪　流	副主任医师	每周三上午
王登珍	副主任医师	每周日上午
耳鼻咽喉科		
孙荣汉	副主任医师	每周三全天
钱芝卫	副主任医师	每周四上午
口腔科		
田存美	副主任医师	每周一上午
陈　彧	副主任医师	每周三上午
曹春雷	副主任医师	每周四上午
曹　静	副主任医师	每周五上午
皮肤科		
吴爱明	副主任医师	每周一全天
程宝林	副主任医师	每周四全天
中医科		
李党生	副主任中医师	每周一全天
针灸科		
李广灿	主任中医师	每周三全天（停诊，援外）

专科门诊一览

呼吸专科		
刘　云	主治医师	每周四全天
潘家华	主治医师	每周五全天
呼吸内科、哮喘专科		
李　丽	主治医师	每周一全天
神经内科专科		
杭小芳	主治医师	每周六上午
曹小萍	主治中医师	每周日上午
消化专科		
仇军文	医学博士	每周一全天、周二下午
蔡晓健	主治医师	每周二上午
于小勇	主治医师	每周五上午
钱后福	主治医师	每周六上午
内分泌科		
黄　霞	主治医师	每周二全天
王芹芳	主治中医师	每周六全天
心血管内科		
高冬兰	主治医师	每周六上午
肾内科		
姚春雷	副主任医师	每周一上午
朱　虹	主治医师	每周三上午
王玉芹	副主任医师	每周五上午
泌尿外科专科		
单　勇	主治医师	每周六上午
骨外专科		
何锡彬	主治医师	每周一下午
杨国进	主治医师	每周二下午
张志信	主治医师	每周四下午
姚　昱	主治医师	每周六上午
薛庆林	主治医师	每周六下午
钱金荣	主治医师	每周日上午
王卫军	主治医师	每周日下午

神经外科

刘大军　主治医师　每周四上午

普外科

吕　海　主治医师　每周二下午

常桂生　主治医师　每周四下午

周　涛　主治医师　每周六下午

周锦宏　主治医师　每周日上午

妇产科

王翠霞　主治医师　每周六全天

姜小华　主治医师　每周六下午

周　兰　主治医师　每周日全天

感染性疾病科

尹建红　主治医师　每周四下午

李　军　主治医师　每周六上午

肿瘤科

吴兴军　主治医师　每周六上午

刘兴祥　主治医师　每周日上午

眼　科

徐　凯　副主任医师　每周四上午

耳鼻咽喉科

丁荣华　主治医师　每周二上午

血液风湿专科

孙善芳　副主任医师　每周四上午

睡眠呼吸暂停综合征专科

丛俊华　主治医师　每周六全天

骨外科（手外科）

刘　敏　主治医师　每周四下午

注：特服号码：400-0523-120；
　　急救电话：120；
　　“120”值班室电话（24小时）：
　　0523-88113299

泰州市姜堰中医院
门诊指南

专家门诊一览

骨伤科

王吉根　每周一、三、四、五全天，周二上午

王文伯　每周一、二、四、五、六全天，周三下午

马　林　每周三上午

黄夕斌　每周一上午

韩　林　每周二上午

钱承美　每周五上午

肝胆科

谢兆丰　每周一、二、三、四、五上午

内　科

黄晨昕　每周一、三、五全天，周六上午

李志勤　每周一、四上午

孙永明　每周一、二、三、四、五全天，周六上午

肿瘤科

钱祥夕　每周一、四上午

钱建业　每周二、五上午

脑病科

王宝林　每周一、四上午

沈宇清　每周二、五上午

肾病科

孙雪松　每周三、六上午

心血管病科

谢建华　每周一、五上午

杨乔淦　每周三、六上午

康复科/疼痛科

费宏祥　每周一、三上午，周二下午

儿　科

姜润林　每周一、二、三、四、五全天，周六上午

吕红粉　每周二、五上午

外　科

陈业明　每周一、二、三、五、六全天，周四上午

钱忠亚　每周三上午

男性科/泌尿科

黄晨昕　每周二下午、周四上午

妇产科

唐春玲　每周一全天

皮肤科

吴宏斌　每周一、二、四、五、日全天，周三上午

钱焕祥　　每周一、二、三、五、六全天，周四上午

肛肠科/痔科

刘　忠　　每周一、二、三、五、六全天，周四上午

针灸科

邵伟立　　每周一、四、五、日全天，周二、三、六上午

专科门诊一览

骨伤科

陈永进　　每周一、二、四、六、日全天，周五上午

许万民　　每周三、四、五、六、日全天，周二上午

肺病科

张爱萍　　每周二上午

张玉玲　　每周六上午

内　科

钱　旭　　每周一、二、三、四、五全天，周六上午

心血管病科

贾典荣　　每周二上午

高琳琳　　每周四上午

肝病科

陈日霞　　每周二、四上午

外　科

陈金荣　　每周一、二、四、五、日全天，周三上午

孙群芳　　每周二、三、四、五、六全天，周一上午

妇产科

李艳莉　　每周二、三、五、六、日全天，周四上午

钱玉兰　　每周三、五、日全天

口腔科

钟　生　　每周一、二、三、五、六全天，周四上午

曹京香　　每周二、三、四、五、六全天，周日上午

杨　凯　　每周一、二、四、五、日全天，周三上午

眼　科

顾　烨　　每周一、四、五、六、日全天，周二下午

耳鼻喉科

朱会进　　每周二、三、五、六、日全天，周一上午

推拿科

张宏庆　　每周一、二、三、四、日全天，周五上午

马忠林　　每周一、二、四、五、六全天，周三上午

理疗室

陶友平　　每周一、二、三、四、五全天，周六上午

（区卫生局）

交　通　指　南

泰州市姜堰区城乡公交线路走向一览

表87

线路	起讫点	发车时间	间隔时间	沿途站点
801路	姜堰汽车站—溱潼	夏6：10—18：30 冬6：10—17：50	15—20分钟	姜堰汽车站、龙锦佳园、电视台、科技局、世纪联华、市民广场、中心市场、蒋家岱、淮海大厦、总工会、东娄、山桥西、环保局、文体中心北、车友大酒店、站北路口、刁家桥（星光游泳馆）、永民路、永民北、超幸村、夏朱、龙王庙、夏北村、沈高镇、丁河村、沈马路口、河横村、龙卷风乐园、东台界牌、周黄、金三角大酒店、溱潼东门、海达厂、溱东村、溱潼宾馆、溱潼粮管所、商业街、溱潼中学、溱潼镇政府、溱潼西（40个）
802路	姜堰汽车站—官庄	夏6：10—18：30 冬6：20—17：30	15—20分钟	姜堰汽车站、龙锦佳园、电视台、移动公司、科技局、世纪联华、姜堰中学、锦绣佳园、曲江楼、中医院东、规划局、二中、司法局、文锦苑、农委、前堡、后堡、官庄电信局、官庄（19个）
803路	姜堰汽车站—俞垛	夏6：10—18：10 冬6：20—17：40	夏10—20分钟 冬10—15分钟	姜堰汽车站、龙锦佳园、电视台、科技局、世纪联华、市民广场、锦宸百货、帝景蓝湾、区政府、府西人家、168商务酒店、车管所、华东五金城、公交总站、寿圣、备战桥、三沙、桥头社教中心、桥头镇、大杨村、小杨村、东方砂轮有限公司、吴家舍、渔业社、玻璃厂、药厂、农业生态园、洲东、亚光磨具、溱潼实验小学、溱潼西、读书址、角墩、茅家、姜家、油井、海光厂、梦浩集团、万鑫厂、工业园区、俞垛车站、忘私南、忘私北房庄、房庄东、房庄北、宫垛（47个） 宫垛35—80分钟/班
805路	姜堰汽车站—叶甸	夏6：00—18：00 冬6：10—17：40	20—25分钟	姜堰汽车站、龙锦佳园、电视台、科技局、世纪联华、人寿保险、步行街西、华山医院、地税局、金湖湾、帝景蓝湾、区政府、府西人家、168商务酒店、车管所、华东五金城、公交总站、锦天汽配港、西陆、华东汽车城、马宁、宋墩、大家舍、苏陈中学、苏陈卫生院、农业产业园、北庄、北庄村北、看守所、种子楼、农场七工区、畜牧科技园、石油勘察队、渔场、卞庄、卞庄西、信诚电器、淤溪卫生院、农商行、淤溪北、淤溪供电所、朱庄村、杨庄路口、尤庄、杨庄村、周庄村、靳潭东、靳潭、靳潭北、三垛南、马庄小学、三垛、三垛路口、甸东村、潘庄南、孙庄村、潘庄、陆庄、横庄南、横庄、叶甸村、叶甸转盘、许庄村、柳官村（定时延伸60分钟/班）（64个）
806路	公交总站—白米	夏6：00—18：30 冬6：20—17：40	10—13分钟	公交总站、华东五金城、振华泵厂、化肥厂、车管所、汇丰公司、168商务酒店、府西人家、区政府、帝景蓝湾、海泰尚城国际、人保公司、锦宸百货、东方不夜城北、北园市场、中医院、振兴花园、法院、香溪美地、东方

续表87

线路	起讫点	发车时间	间隔时间	沿途站点
				明珠城、曹安市场、公路治超站、城东村、城东钢材市场、朱家村、钢铁厂、姜洪路口、杭家铺、正太波纹管厂、马沟、曹堡小学、娄白路口、百新机械、百新集团、三元桥、东方特化、白米农行、白米医院、朝阳路口、孔园中学、白米（收费站）（41个）
807路	姜堰汽车站—娄庄	夏6：10—18：10 冬6：10—17：40	10—15分钟	姜堰汽车站、龙锦佳园、电视台、移动公司、科技局、世纪联华、姜堰中学、锦绣佳园、曲江楼、中医院东、振兴花园、法院、香溪美地、东方明珠城、曹安市场、东方家具城、朱云村、朱云村小桥、为海路口、前堡、后堡、白龙路口、新新阀门厂、海阳、鸿缘家具、曹阳村、远通西厂、卉欣软管厂、李庄村、良帅服装厂、澳港浴城、加油站、娄西桥、亚光机械厂、娄西路口、娄庄中学、烟墨路口、小商品市场、廊桥、娄庄车站（40个）
808路	公交总站—张沐	夏6：20—18：10 冬6：30—17：40	12—15分钟	公交总站、红星美家居、民政工业园、一拖姜堰公司、金沙江沙发厂、府前宾馆、区委党校、星河湾、地税局、华山医院、步行街西、人寿保险、姜堰中学、人民公园、人民医院、中医院东、振兴花园、法院、香溪美地、东方明珠城、曹安市场、公路治超站、城东村、城东钢材市场、朱家村、钢铁厂、姜洪路口、杭家铺、新华路口、奥光波纹管厂、新华村、蛙庄桥北、蛙庄路口、曙光集团、张沐邮政局、农工商超市、张沐农行、张沐（38个）
809路	姜堰博物馆—张甸	夏6：10—18：10 冬6：20—17：40	15分钟	博物馆、二附中、二中、汇丰花园、北苑新村、皮研所、淮海大厦、蒋家岱、中心市场、东方不夜城、市民广场、人寿保险、笑笑茶楼、前进桥、福田花园、姜堰镇政府、姜堰中专、罗塘中学、宸风加油站、国艺家具厂、梁徐果场、江苏亚龙、梁徐幼儿园、农村商业银行、梁徐中学、双登大道、陆家舍、高架桥东、坡一兴路、坡岭、坡岭桥、刑家北、邢家、沙梓村、沙梓村部、杨港村、杨家桥、横港村、张甸北转盘、张甸医院（40个）
	姜堰博物馆—大泗	6：30—17：30	45分钟	博物馆、二附中、二中、汇丰花园、北苑新村、皮研所、淮海大厦、蒋家岱、中心市场、东方不夜城、市民广场、人寿保险、笑笑茶楼、前进桥、福田花园、姜堰镇政府、姜堰中专、罗塘中学、宸风加油站、国艺家具厂、梁徐果场、江苏亚龙、梁徐幼儿园、农村商业银行、梁徐中学、双登大道、陆家舍、高架桥东、坡一兴路、坡岭、坡岭桥、刑家北、邢家、沙梓村、沙梓村部、杨港村、杨家桥、横港村、张甸北转盘、张甸医院、张甸南转盘、易初莲花、孙家（张西桥）、朱顾路口、朱顾一组、前进路口、前进村、前进桥东、大前线路口、前进卫生站、宇马大道、大泗第二小学、佴陈村、佴庄村、西干河、敬老院、霍堡桥、小霍村、大泗中学、大泗车站（60个）

续表87

线路	起讫点	发车时间	间隔时间	沿途站点
810路	姜堰汽车站—华港	夏6：20—18：20 冬6：20—17：40	30—40分钟	姜堰汽车站、龙锦佳园、电视台、科技局、世纪华联、人寿保险、步行街西、华山医院、地税局、金湖湾、联华大酒店、区政府、府西人家、168商务酒店、车管所、华东五金城、公交总站、锦天汽配港、西陆、华东汽车城、马宁、宋墩、大家舍、苏陈中学、苏陈宾馆、孔桥东、东石羊、西石羊、欧亚国际、茶庵桥、特殊学校、泰州火车站、奇瑞4S店、碧桂园、龙溪工业园、上溪路口、港口大桥东、港口车站、新港小区、港华服饰、李庄南、左舍东、李庄、江苏飞船南厂区、华港镇政府、华港（46个）
811路	姜堰美校—壹号公馆	夏6：20—18：10 冬6：20—17：40	15—17分钟	姜堰美校、马厂菜市场、君安世纪城、通顺驾校、三水佳园、实小三水校区、嘉和丽苑、翰香府、名人国际、二中、规划局、中医院东、曲江楼、锦绣佳园、姜堰中学、笑笑茶楼、前进桥、丽水金都、体育公园、中天御苑、陈庄安置区、太平洋精锻、江苏友基、外环路口、石家岱、许陆小区、西陆村、唐宁村、军铺东、军铺西、壹号公馆（31个）
812路	姜堰汽车站—开发区双登新厂区	夏6：00—18：30 冬6：10—17：40	12—18分钟 晚班发车时间为： 19：00、 20：00、 21：00、 22：00、 23：00	姜堰汽车站、殷唐路、净业寺、中天二村、中天一村南、中天一村北、东桥小学南校区、四中、古田新村、人民公园、人民医院、中医院东、中医院、北园市场、东方不夜城北、中心市场、蒋家岱、光明新村、锦都花园、水利局、区政府、府西人家、翡翠城、和睦佳园、溱湖大道、江海船舶设备厂、科思茂管业、信盛五金锻造厂、扬远船舶、美家美木业、交警一中队、华东五金城、公交总站、寿圣、新盛模具、双登新厂区（36个）
813路	姜堰汽车站—娄庄袁联	夏6：10—18：10 冬6：20—17：30	16—18分钟	姜堰汽车站、龙锦佳园、电视台、移动公司、科技局、世纪联华、人寿保险、市民广场、东方不夜城、东方不夜城北、北园市场、中医院、振兴花园、法院、香溪美地、东方明珠城、曹安市场、公路治超站、城东村、城东钢材市场 、朱家村、钢铁厂、姜洪路口（杭家铺）、双付、碱场村、通扬河桥、瑞凯家具、李庄、娄庄转盘、洪林南桥、洪林中学、洪林广场、洪阳桥、巨成机械、铁楝、洪林液压机械、三联村部（刘舍路）、天雅居家具、三联、七一桥、袁联路转盘、洪溱桥、袁联村部（43个）
815路	姜堰汽车站—娄庄东阳	7：00—17：30	70分钟	姜堰汽车站、龙锦佳园、电视台、移动公司、科技局、世纪联华、姜堰中学、锦绣佳园、曲江楼、中医院东、振兴花园、法院、香溪美地、东方明珠城、曹安市场、东方家具城、朱云村、朱云村小桥、为海路口、前堡、后堡、白龙路口、新新阀门厂、海阳、鸿缘家具、曹阳村、远通西厂、卉欣软管厂、李庄村、良帅服装厂、澳港浴城、加油站、娄西桥、亚光机械厂、娄西路口、娄庄中学、苏果超市、烟墨路口、小商品市场、廊桥、娄庄车站、十八角桥、丁堡炕坊、朱翟三组、朱翟村、小楼庄桥、东阳村部、东阳桥、东阳终点站（48个）

续表87

线路	起讫点	发车时间	间隔时间	沿途站点
816路	姜堰汽车站—湖西庄	夏6：00—18：00 冬6：20—17：40	20—25分钟	姜堰汽车站、殷唐路、净业寺、万竹园、苏中药厂、人民公园、人民医院、曲江楼、实验小学、北园市场、东方不夜城北、锦宸百货、海泰尚城国际、帝景蓝湾东、自来水公司、锦都花园西、三水佳园、通顺驾校、君安世纪城、马厂菜市场、淮海路口、天目路口、单塘路口、野河路口、冯庄路口、大杨村、小杨村、沈高路口、渔业社东、溱湖风景区、18号圩南、18号圩北、溱潼法庭、洲东、亚光模具、溱潼实验小学、溱潼西、溱潼镇政府、溱潼中学、商业街、溱潼工商分局、溱潼医院、湖西庄北、湖西庄（45个）
817路	姜堰汽车站—兴泰苏庄	夏6：10—18：00 冬6：10—17：40	15—20分钟（兴泰） 10—20分钟（姜堰）	姜堰汽车站、龙锦佳园、电视台、移动公司、科技局、世纪联华、姜堰中学、锦绣佳园、曲江楼、中医院东、规划局、二中、司法局、文锦苑、农委、前堡、后堡、官庄电信局、官庄、中华小区、华杨路口、官庄路口、金家岱、鑫龙路口、夏朱、龙王庙、夏北村、沈高镇、丁河村、沈马路口、河横村、龙卷风乐园、东台界牌、周黄、金三角大酒店、溱潼东门、薛庄东路口、薛庄北路口、兴泰加油站、尤庄村部、敬老院、兴泰大酒店、府东路口、兴泰镇政府、兴泰转盘、沙垛村、三里泽东路口、西陈村、三里泽村、农业园区、兴西桥、兴西桥、苏庄（53个）
818路	姜堰汽车站—兴泰	夏7：10—18：10 冬7：05—17：30	75—100分钟	姜堰汽车站、殷唐路、净业寺、万竹园、苏中药厂、人民公园、人民医院、曲江楼、实验小学、北园市场、东方不夜城北、锦宸百货、海泰尚城国际、帝景蓝湾、区政府、府西人家、168商务酒店、碧水花苑、马厂路口、淮海路口、天目路口、单塘路口、野河路口、冯庄路口、大杨村、小杨村、沈高路口、渔业社东、18号圩南、18号圩北、溱潼高速路口、溱潼实小路口、溱潼医院、溱潼工商分局、商业街、溱潼中学、溱潼镇政府、溱潼西、读书址、储楼、东港、兴泰镇政府（41个）
819路	区政府—蒋垛车站	夏6：00—18：00 冬6：20—17：40	15—18分钟	区政府、锦绣姜城、中天御苑、体育公园、星河湾东、地税局、华山医院、步行街西、人寿保险、世纪联华、科技局、移动公司、电视台、龙锦佳园、姜堰汽车站、东方巴黎城、太宇医院、唐元村、孔元、民营开发区、林野、林野加油站、王石医院、王石桥、王石邮局、前林桥、三林村、钱野（东方水带）、钱野南、张池桥、复兴桥、芦庄北、芦庄、芦庄南、丰产路（华东磨料磨具）、塘桥、刘塘桥、许庄桥、五一桥、光明路口、前庄桥、仲院西桥、仲院大桥、朱高村、陆港路、许野路、许桥村、蒋埨路口、观音寺、老蒋垛车站、华联超市、公园、蒋垛村、蒋垛车站（54个）
820路	康华二村—蒋垛车站	夏6：10—18：10 冬6：20—17：40	15—18分钟	康华二村、康华一村、法院、振兴花园、中医院、人民医院、人民公园、姜堰中学、世纪联华、科技局、移动公司、电视台、龙锦佳园、姜堰汽车站、东方巴黎城、太宇医院、唐元村、孔元、民营开发区、林野、林野加油站、王石医院、王石桥、王石邮局、前林桥、三林村、钱野（东方水带）、钱野东、夏庄、变电所、工业集中

续表87

线路	起讫点	发车时间	间隔时间	沿途站点
				区、卫星桥、七一路、红旗河、运粮医院、运粮十字路口、士城桥、供电所、工农桥、野胡、顾野村部、镇政府、大抡客运站、大抡村部、十字桥、新港北桥、新港二组、新港南桥、桥东村、野朱、蒋北村北、蒋北村南、蒋抡路路口、观音寺、老蒋垛车站、蒋垛车站（56个）
821路	火车站—顾高	夏6：10—18：10 冬6：20—17：40	15—20分钟	火车站、站前路、单塘小区、天民南路、阳光水郡、文体中心北、文体中心、实小三水校区、锦都花园、吴舍桥、皮研所、北苑新村、汇丰花园、规划局、中医院东、人民医院、人民公园、苏中药厂、励才学校、南苑学校、移动公司、电视台、龙锦佳园、姜堰汽车站、东方巴黎城、太宇医院、唐元村、孔元、民营开发区、林野、林野加油站、王石医院、王石桥、王石邮局、前林桥、三林村、钱野（东方水带）、钱野南、张池桥、复兴桥、芦庄北、芦庄、芦庄南、丰产路（华东磨料磨具）、塘桥、塘桥村部、顾高桥北、维娜公司、鸿泰超市、万家乐超市、鑫润庄园、粮管所、顾高医院、殷野西路、工业园区、顾高镇政府、顾高法庭（57个）
822路	曹安市场—大窑	6：30—17：30	35分钟/班	曹安市场、东方明珠城、香溪美地、种子公司、四中、古田新村、姜堰中学、笑笑茶楼、前进桥、福田花园、怡园新村、泓达丽园、姜堰汽车站、新城驾校、殷家村、曹家村、梁徐东桥、梁徐小学、农村商业银行、梁徐镇政府、府前路南、陆家舍、周埭村、江苏美华、梁徐互通、坡岭村东、岭家村西、岭家、同心北、同心、同心桥、三野村、前野、梅垛客运站、中心幼儿园、梅垛小学、蒋佴村、尹庄村、大窑北、大窑村（40个）
823路	公交总站—张沐拜官	7：00—17：20	70分钟	公交总站、红星美家居、民政工业园、一拖姜堰公司、金沙江沙发厂、府前宾馆、区委党校、星河湾、地税局、华山医院、步行街西、人寿保险、姜堰中学、人民公园、人民医院、中医院东、振兴花园、法院、香溪美地、东方明珠城、曹安市场、公路治超站、城东村、城东钢材市场、朱家村、钢铁厂、姜洪路口、杭家铺、新华路口、奥光波纹管厂、新华村、蛙庄桥北、蛙庄路口、曙光集团、张沐邮政局、农工商超市、张沐农行、张沐、手套厂、蛙庄十组、拜官一组、拜官（42个）
826路	姜堰中学—俞垛薛陈	夏6：00—18：00 冬6：30—17：30	30—40分钟	姜堰中学、人民公园、人民医院、中医院东、规划局、二中、二附中、姜堰博物馆、山桥西、环保局、文体中心北、车友大酒店、站北路口、刁家桥（星光游泳馆）、永民路、永民北、超幸村、夏朱、龙王庙、夏北村、沈高镇、丁河村、沈马路口、沈高农业服务中心、丁河村北、双星村、湖南村、溱湖风景区、18号圩南、18号圩北、溱潼法庭、洲城村南、洲南村、武庄路口、俞垛钢厂、加油站、野下、何野村、祝庄村、三剂实业、俞耿南、俞垛小学、俞垛车站、渔场、春草村、俞叶桥、叶甸转盘、叶甸卫生院、野余路口、南陈路口、田管路口、瑞成阀门厂、仓场、仓西、兴泰路口、花庄、薛陈（57个）

续表87

线路	起讫点	发车时间	间隔时间	沿途站点
827路	姜堰汽车站—溱潼洲城	6：35—17：25（溱潼洲城） 6：40—17：30（姜堰汽车站）	1小时	姜堰汽车站、龙锦佳园、电视台、科技局、世纪联华、市民广场、中心市场、蒋家岱、淮海大厦、总工会、东娄、山桥西、环保局、文体中心北、车友大酒店、站北路口、刁家桥（星光游泳馆）、永民路、永民北、超幸村、夏朱、龙王庙、夏北村、沈高镇、丁河村、沈马路口、河横村、龙卷风乐园、东台界牌、周黄、金三角大酒店、溱潼东门、海达厂、溱东村、溱潼宾馆、溱潼粮管所、商业街、溱潼中学、溱潼镇政府、溱潼西、溱潼实验小学、江苏远望、四洲、洲城（44个）
829路	火车站—顾高申洋	6：20—16：40	75—100分钟	火车站、站前路、单塘小区、天民南路、阳光水郡、文体中心北、文体中心、实小三水校区、锦都花园、吴舍桥、皮研所、北苑新村、汇丰花园、规划局、中医院东、人民医院、人民公园、苏中药厂、励才学校、南苑学校、移动公司、电视台、龙锦佳园、姜堰汽车站、东方巴黎城、太宇医院、唐元村、孔元、民营开发区、林野、林野加油站、王石医院、王石桥、王石邮局、前林桥、三林村、钱野（东方水带）、钱野南、张池桥、复兴桥、芦庄北、芦庄、芦庄南、丰产路（华东磨料磨具）、塘桥、塘桥村部、顾高桥北、维娜公司、鸿泰超市、万家乐超市、鑫润庄园、粮管所、顾高医院、殷野西路、工业园区、申洋村（56个）
830路	火车站—娄庄东阳	6：30—17：30 娄庄东阳6：30 火车站7：00	50—70分钟/班	火车站、站前路、单塘小区、天民南路、阳光水郡、文体中心北、文体中心、实小三水校区、三水佳园、通顺驾校（海事处）、姜堰航道、区政府、锦绣姜城、中天御苑、体育公园、丽水金都、前进桥、笑笑茶楼、姜堰中学、古田新村、四中、四中嘉园、华东波纹管市场、公路治超站、城东村、城东钢材市场、朱家村、钢铁厂、姜洪路口、杭家铺、正太波纹管厂、马沟、曹堡小学、曹堡路口、江苏靓丽、百新桥、曹新村部、二号桥南、苏创科技、富康桥、娄庄购物中心、恒大铭园、朝阳酒楼、廊桥、娄东农场、团结十四组、团结村部（博格东进）、新希特公司（新龙桥）、新龙村、东阳村三组、东阳村卫生室、东阳十组、东阳六组、东阳七组、东阳村部、东阳桥、东阳终点站（57个）
831路	姜堰汽车站—蒋垛盐大	6：30—17：30 蒋垛盐大6：30 汽车站7：00	60分钟/班	姜堰汽车站、泓达丽园、怡园新村、公安局、姜堰宾馆、南苑学校（五中）、励才学校、药厂南门、东桥小学南校区、金桂园、种子公司、香溪美地、东方明珠城、曹安市场、公路治超站、城东村、城东钢材市场、朱家村、钢铁厂、姜洪路口、杭家铺、正太波纹管厂、马沟、曹堡小学、孔庄大桥南、孔庄六组、孔庄三组、幸福中桥、民主河中桥、西游二组、西游一组、周山河桥北、周山河桥南、柏庄河中桥、大抡北河中桥、麻灯西平、大抡南河中桥、大抡镇政府北、大抡小学、抡中路文化路口、大抡村部、大抡客运站、大抡镇政府南、团结中桥、顾野十组、新生产河中桥、朱宣中桥、大桥二组、胜利河中桥、跃进河中桥、康陈河中桥、观音寺、南干河中桥（蒋垛中学）、花灯河中桥、盐泥河中桥、盐大村（56个）

续表87

线路	起讫点	发车时间	间隔时间	沿途站点
901路	姜堰汽车站—泰州西站	夏6：00—22：30 冬6：00—21：30	8分钟 夏19点—20分钟 冬18点—20分钟	姜堰汽车站、龙锦佳园、电视台、科技局、世纪联华、市民广场、锦宸百货、海泰尚城国际、区政府南、府西人家、行政服务中心、汇丰公司、化肥厂、华东五金城、公交总站、锦天汽配港、西陆村、华东汽车城、马宁、宋墩村、大家舍、壹号公馆、开发区交警中队、苏陈、苏陈西、东石羊、欧亚国际、民兴中学、金迪奥花园、京泰路街道办、苏北广场、温泰市场、七里桥、五里桥、泰州学院（南通路）、斜桥、东站、黄金家园、泰州一百、沈毅中学、招贤桥、泰州西站（42个）
902路	姜堰汽车站—泰州南站	6：30—19：00	15—20分钟	姜堰汽车站、武校、农业科技园、果场、黄村南、赵桥六组、张埭村、葛联村、葛港桥西、李庄、梅网桥东、宫王卫生服务站、宫王村、周徐村、葛庄、葛庄桥西、月进桥东、梅兴桥、院庄、孔庄、动物园南、塘湾口、百饰得、华润国际、泰州市图书馆、市交通运输局、市公安局、市政府、建工大厦、盛和花园、消防支队、泰州客运南站（32个）
K8路	姜堰汽车站—泰州西站	见右		市民广场、锦宸百货、府西人家、温泰市场、泰州老东站、中百一店（6个） 发车时间：冬季6：28、7：00、7：24、7：56、16：28、17：00、17：40、17：56 夏季6：28、7：00、7：24、7：56、17：16、17：32、18：15、18：35

注：该表编制时间为2015年5月21日。

泰州市姜堰区汽车站长途客运班车时刻表

表88

讫点站	车号	发车时间	电话	讫点站	车号	发车时间	电话
上海五角场	大运	6：20	0523-88261925			17：00	
上海火车站	大运	7：25		无锡		7：00	
上海南站	大运	7：50				8：30	
上海浦东	大运	8：20				9：30	
上海南站	大运	9：20				10：30	
上海火车站	大运	10：10				12：30	
上海南站	大运	11：10				13：30	
上海浦东	沪B09968	11：50	13852840623			14：30	
上海南站	沪AL1143	12：30				16：00	
上海吴中	沪BG4729	13：00	13961094939			17：00	
上海火车站	沪BE8568	13：30	13505267858	常州		7：00	
上海南站	沪BE2740	14：20	13918336938			8：30	
上海火车站	沪BA2308	15：20	(每周日发班）			10：00	
上海火车站	沪BE4731	16：00	13918565912			11：00	
南京	大运	6：20	姜堰公司：0523-88261925 南京调度员：15105166044 姜堰调度员：15751178099			13：00	
	大运	7：00				14：00	
	大运	8：00				15：30	
南京江宁	大运	9：00				17：00	
南京		10：00		扬州	大运	6：20	
		11：00				7：00	
		12：00				7：50	
	大运	13：00				8：40	
	大运	13：50			扬州汽运	9：30	
	大运	14：50				10：20	
		16：00				11：10	
		17：00				12：00	
		18：00				12：40	
昆山		8：00				13：20	
		13：00			大运	14：00	0523-88261925
苏州		7：00				14：40	
		8：20			扬州汽运	15：20	
		10：00				16：00	
		12：40				16：40	
		14：50				17：20	

续表88

讫点站	车号	发车时间	电话
海安	大运	6：20	0523-88050936
		6：50	
		7：30	
	海安分公司	8：00	
		8：40	
	大运	9：30	
		10：00	
		10：30	
	海安分公司	11：00	
		11：40	
	大运	12：20	
		13：00	
		13：30	
	海安分公司	14：00	
		14：40	
	大运	15：20	
		16：00	
		16：30	
	海安分公司	17：10	
		17：40	
深圳	苏MM6057	8：30	18351151666
天津	苏MM5558	12：00	13812482566
	津AA6611		
	津AM6622		
秦皇岛	苏MM6658	13：00	15896035558
北京	苏MM9999	15：30	13705268606
	京AA2046		
鄂尔多斯（隔日班）	蒙K83003	11：00	18362316789
	蒙K83091		
武汉	苏MM2288	14：30	13907160103
	鄂A2541		
洛阳	苏MM1966	9：30	13382582911
	豫C87886		18737958650
温州(逢单)	苏MM6136	9：40	13901421476
宁波	苏MM3715	9：00	13951178790
	浙BH3705		13809014336

讫点站	车号	发车时间	电话
嘉兴	浙F07788	15：00	13095730202
临沂	苏MM3873	6：25	13852657178
淮南	苏MM3612	7：20	13955409908
	皖D20116		15956650597
青岛	苏MM3869	7：20	13952611146
	苏M03689		
鞍山	苏MM5689	8：00	13861416066
绍兴	浙D17860	7：20	13952670221
杭州	苏MM3837	6：40	13951144195
	浙A62098		13801473706
长兴	苏MM2857	7：40	
	浙EB9091	13：10	13775677326
丁山	苏BT5779	12：15	
连云港	苏M08498	7：55	0523-86601175
	苏G71906	14：10	13705136077
徐州	苏MM3903	6：50	15050032009
	苏C19365		15862225966
	苏C25889	8：00	15152197266
	苏MM2888		15052816699
太仓	苏MM3655	8：00△	
长沙	苏J07012	13：50	
南宁	苏J06150	12：10	15905109198
淮安	苏F19162	8：30	13301476366
	苏H50929	12：40	13915167161
如东	苏F19063	9：00	15062990439
	苏M04263	14：30	15962771698
南通	苏MM2820	7：00	15261021269
兴化	苏MC14712	9：30	15252659659
时堰	苏MM2670	7：20	13236166700
		9：30	
		12：30	
		15：40	
东台	苏J07610	8：00	15895179088
		14：00	
江阴	苏MM3065	6：10	18761031677
	苏MM3073	7：40	15195223786

续表88

讫点站	车号	发车时间	电话	讫点站	车号	发车时间	电话
	苏BF1209	9：30	0510-86891101			14：30	
	苏BF1209	10：50				15：30	
		11：50				16：15	
		12：40				17：00	
		14：50		戴南	苏MM5625	6：20-16：00（40分钟一班）	15052330618
		16：30			苏MM5041		13641567111
常熟	苏MM3610	6：40	13812488316		苏MC1519		
镇江	苏MM2129	7：00			苏MZ8517		
	苏L20171	13：00	13004330553		苏MC5228		13961054288
胥浦	苏KC3217	13：10	13801447608		苏MM3386		13770528808
扬中	苏LN1585	9：30	13645282077		苏MM3463		
		16：00	13645282077	西站	0523-86601175		
八圩（靖江）	苏MM2991	6：55	13961090779	泰州调度室	0523-86601178（西站）		
	苏MM3118	7：30	13052981060	公交调	15961096019（倪）		
	苏MM3008	8：50	13812485369				
	苏MF2691	10：00	15961081168				
	苏MF2681	11：20					
		12：30	18061002120				
		13：35					
		14：40					
		15：20					
		16：00					
盐城	苏MM3373	7：00	13851186196				
	苏J04165	9：15	18305102827				
		13：10					
		15：30					
泰兴	苏MM1937	6：30	13921745885				
	苏MM1891	7：20	13512553356				
	苏MM1925	8：20	13921746991				
	苏MJ4241	9：30					
	苏MJ4309	10：30	18052679678				
	苏MJ3745	11：30					
		12：20					
		13：20					

注：（1）该表2015年1月编。（2）表中“△”标注为节假日等时间的班次，非正常班次。

（区交通运输局）

姜堰区校外辅导及托管服务机构办理证照前置审核要求

一、教育、文化部门相关要求

1. 举办者为非国家机关和事业单位在职人员或社会组织，法定代表人具有完全民事行为能力，无犯罪记录；社会组织具有本地法人资格；

2. 从业人员中，专职教师应当取得相应的教师资格或具备文化行业从业资格，在职教师不得擅自在辅导机构兼职；

3. 办学场所必须是营业用房，且符合公安、消防等安全要求；

4. 根据房屋的建筑面积核定每班次招生人数，标准为：每拥有2.5万平方米的建筑面积招1名学生。

二、公安部门相关要求

1. 人防方面：申请机构须配备专职（兼职）保安，兼职保安须是年富力强的男性（申请机构工作人员、社会人员、专职保安均可），且须保安资格考核合格；

2. 物防方面：配备必要的安全防护器材（钢叉、甩棍、钢盔等）；

3. 技防方面：教学区要安装监控系统，做到全覆盖、无盲区、高清晰；门外要加装监控探头，向路面延伸，监控图像保存时间须在30天以上。招生总数100人以上（或同时有40人以上集中活动）的申请机构须安装与公安局110联动的CK紧急报警装置。

三、消防部门相关要求

1. 校外辅导及托管服务机构须配备与规模相适应的灭火器、消防栓等基础消防设备；

2. 校外辅导及托管服务机构须有消防疏散通道，配置应急照明设施；

3. 校外辅导及托管服务机构须制定消防应急预案。

四、卫生部门相关要求

1. 周围25米范围内无有毒有害气体排放或噪声等污染源；

2. 专用密闭的消毒间，其内安装不锈钢水池3只，配置消毒药物、配比容器及“84”消毒液，配置2—3只大塑料盆，用于公共物品浸泡消毒；

3. 无卫生间的客房每床配置脸盆、脚盆各一个，标识明显；

4. 公共卫生间、淋浴间安装排风扇；

5. 住宿场所张贴禁止吸烟标志；

6. 住宿场所内公共物品及室内空气符合国家卫生标准。

五、物价部门相关要求

1. 收费备案。凡进行培训或辅导的机构要进行收费备案，备案时填写“校外辅导及托管服务机构收费备案表”，提供民政或工商部门的登记证件、教育或文广新部门的许可证件；

2. 收费公示。所有的服务机构都要进行收费公示，要按物价部门制作的收费公示格式和要求进行公示。

（摘自《姜堰日报》）

索 引

主题分析索引说明

1. 本索引主要采用主题分析法提取，部分则选用关键词。

2. 本索引按首字汉语拼音字母顺序排列，首字相同，按第二字排列，依次类推。

3. 索引名称后的数字表示内容所在的页码，数字后面的a、b分别表示左栏、右栏。

4. 本索引编有附见系统和参见系统。附见款目放在主款目下行，缩进2字排列；索引标引词后从第二个数码起为参见。

5. 表格标题的索引后注有“表”字，图片后注有“图”字。

6. 彩页、大事记未作索引；特载、文件选编、统计资料、便民指南等类目只索目题。

7. 标引词一般采用中心简称，在姜堰区境内的企事业单位和发生的事件名称，除易产生歧义者外，略去“姜堰区”或“姜堰”。

A

爱国卫生 206B
安监局/机构 94B
安全生产监督管理 179A
　　机制建设 179B
　　专项整治 179B
　　应急救援 180A
　　安全创建 180A
　　宣传教育 180A

B

白米镇 298A
　　工业经济 298A
　　“三项工作” 298B
　　社会事业 298B
白米镇领导名单 299B
保险 165A
编办/机构 90A
便民服务标准化试点项目通过国家级验收 173A
便民指南 382
博物馆新馆开馆 196B
博物馆新馆开馆（图） 197A
部门工作评议 237B

C

财政 168A
　　财政收入 168A
　　财政支出 169A
　　财政监管 169A
财政·税务 168
财政局/机构 92B
餐饮业商会第三次会员代表大会 255B
残联 262B
　　残疾人社会保障 262B
　　残疾人康复托养 262B
　　残疾人就业 262B
　　文体宣传 263A
残联/机构 96B
曹俊艺术馆开馆暨曹俊法国卢浮宫获奖作品家乡汇报展（图） 247A
产业结构调整 142A
长江银行 164B
　　信贷业务 164B
　　中间业务 164B
长江银行/机构 98B
肠道线虫病有效控制工作通过省级考评 205B
常委议军会 268A
成品油管理 118A
诚信诉讼 278A
城管局/机构 93A
城管执法大队/机构 93B
城区建设 135B
　　道路建设 135B
　　旧城改造 135B
　　市政养护 135B
　　园林绿化 135B
　　供水供气 135B
　　污水处理 135B
　　社区整治 136A
　　行业管理 136A
城市管理 138A
　　环卫管理 138B
　　环卫执法 138B
　　违建防控 138B
城市建设 81B

城市荣誉　76A
城乡公交一体化建设　148B
城乡规划　134A
　　规划编制　134A
　　规划管理　134B
　　规划服务　135A
城乡建设　134
处置人感染H7N9禽流感病例　205B
村庄环境全域整治工作通过市级复查验收　137A

D

大坨镇　291B
　　农业经济　291B
　　工业经济　292A
　　服务业　292A
　　“三项工作”　292A
　　社会事业　292A
大坨镇领导名单　293B
大事记　34
大学生“村官”工作　217B
党校/机构　90A
党校教育　228A
　　干部培训　228A
　　学历教育　228B
　　科研工作　228B
　　宣讲活动　228B
党政社团组织机构与领导人名录　87
档案馆通过省AAAA级数字档案馆测评　231B
地方税务　170A
　　组织收入　170A
　　税收征管　170A
　　税收执法　170B
　　纳税服务　170B
地情概要　75A
地税局/机构　97A
地震局/机构　92A
第八届茶文化节　255A
第二届药师佛文化节　214B
第三届广场舞大赛　221B
第十届古山茶观赏节启动仪（图）　123A
第十届中国·河横菜花节　124A
第十届中国溱潼古山茶观赏节　122B
第十六届房地产展示交易会　138A
第十四届房地产展示交易会　137B
第十四届人民代表大会第三次会议　232A
第十五届房地产展示交易会　138A
第四届“区长杯”校园足球联赛　208A
第四届“区长杯”校园足球联赛（图）　208B
第四届世界女子围棋擂台赛　208A
第五届华侨城温泉养生节　124B
电信公司　153A
　　市场经营　153A
　　通信建设　153A
　　客户服务　153B
电信公司/机构　97B
丁志强　314A
东部干线三期建成通车　148B
对外及对港澳台经济贸易　119
对外及港澳台贸易　120A
对外经济技术合作　120B
　　对外工程承包　120B
　　对外投资　120B
对外贸易　79B
　　外贸进出口　79B
　　利用外资　79B
　　对外经济合作　79B

E

2012年度农村环境连片整治工作通过省级考核验收　141A
2013年度姜堰十大新闻评选　220A
2013年度姜堰十大新闻评选活动投票现场（图）　220A
2014年白米镇各村（社区）基本情况（表）　299B
2014年白米镇主要社会经济指标（表）　299A
2014年大坨镇各村（社区）基本情况（表）　293A
2014年大坨镇主要社会经济指标（表）　292B
2014年度产值亿元以上建筑企业一览（表）　143
2014年度成品油零售企业基本情况（表）　118
2014年度服务业十强企业、重点企业、定报企业名单　172A
2014年度获江苏省文明工地一览（表）　146
2014年度姜堰区“十大公安好新闻”　274B
2014年度姜堰十大新闻　220A
2014年度“两化融合”示范（试点）企业名单　152B
2014年度区十强、重点、成长型工业企业名单　113A
2014年度“数字企业”名单　152A
2014年度泰州市姜堰区对外承包工程统计（表）　121
2014年改善民生十个方面实事完成情况对照（表）　24
2014年顾高镇各村（社区）基本情况（表）　289B
2014年顾高镇主要社会经济指标（表）　289A
2014年华港镇各村（社区）基本情况（表）　313A
2014年华港镇主要社会经济指标（表）　312B
2014年获省级以上优质工程一览（表）　146
2014年姜堰教育十大新闻　193A
2014年姜堰区“竞彩杯”校园足球联赛　208B
2014年蒋垛镇各村（社区）基本情况（表）　291A
2014年蒋垛镇主要社会经济指标（表）　290B
2014年梁徐镇各村（社区）基本情况（表）　297B
2014年梁徐镇主要社会经济指标（表）　297A
2014年娄庄镇各村（社区）基本情况（表）　301B
2014年娄庄镇主要社会经济指标（表）　301A
2014年罗塘街道各村（社区）基本情况（表）　283A
2014年罗塘街道主要社会经济指标（表）　282B
2014年桥头镇各村（社区）基本情况（表）　307B
2014年桥头镇主要社会经济指标（表）　307A
2014年溱湖女子龙舟邀请赛　124A
2014年溱湖女子龙舟邀请赛（图）　124A
2014年溱潼镇各村（社区）基本情况（表）　287A
2014年溱潼镇主要社会经济指标（表）　286B
2014年区人大常委会领导重点督办代表建议目录（表）　235
2014年区政协主席、副主席牵头督办重点提案目录（表）　250
2014年三水街道各村（社区）基本情况（表）　285A
2014年三水街道主要社会经济指标（表）　284B
2014年沈高镇各村（社区）基本情况（表）　303B
2014年沈高镇主要社会经济指标（表）　303A
2014年泰州市姜堰区主要财政收入、支出项目一览（表）　168
2014年新开工26层及以上工程一览（表）　145
2014年兴泰镇各村（社区）基本情况（表）　306A
2014年兴泰镇主要社会经济指标（表）　305B
2014年有外资任务单位利用外资完成情况（表）　121
2014年淤溪镇各村（社区）基本情

况（表） 309B
2014年淤溪镇主要社会经济指标（表） 309A
2014年俞垛镇各村（社区）基本情况（表） 311B
2014年俞垛镇主要社会经济指标（表） 311A
2014年张甸镇各村（社区）基本情况（表） 295A
2014年张甸镇主要社会经济指标（表） 294B
2014年中国泰州姜堰溱潼会船节 123A
2015年改善民生十个方面实事安排情况（表） 25

F

发展和改革委/机构 91A
法官深入当事人家中开庭（图） 278A
法院 277A
审判工作 277A
执行工作 277B
法院/机构 89A
法院实名认证官方微信平台开通 278B
法制办/机构 91A
法治 271
法治姜堰建设 83A
法治政府建设 272A
依法行政考核 272A
规范性文件审查 272B
行政复议办理 272B
行政执法监督 272B
法律服务 272B
反贪局/机构 89A
方言 77B
防震减灾 189A
地震监测 189A
抗震设防管理 189A
地震应急 189B
防震减灾宣传 189B
房地产业 137B
保障房建设 137B
房屋拆迁办/机构 93A
风景名胜 77B
风景区/机构 99B
服务业管理 171B
转型发展 172A
项目建设 172A
妇联 258B
巾帼创业 259A
培训工程 259A
巾帼维权 259A
爱心帮扶 259A
家庭创建 259A
巾帼服务 259B
基层组织建设 259B
妇联/机构 96B
妇幼保健 206A

G

干部人事制度改革 83B
高新技术装备产业园 129A
工业经济 129A
“三项工作” 129A
基础设施建设 129B
高新技术装备产业园区/机构 100B
高性能土木工程材料院士工作站成立 187A
高永明（图） 11A
各镇（街道）概貌 281
工程建设 248B
工会服务品牌建设 256A
工商局/机构 97A
工商联 254A
参政议政 254A
经济服务 254A
商会组织建设 254B
非公有制经济人士队伍建设 255A
工商联/机构 96B
工商联·人民团体 254
工商行政管理 175A
市场主体登记 175A
商标广告管理 175A
经济合同管理 175A
经济监督检查 175B
消费者权益保护 176A
工行 156B
信贷业务 156B
负债业务 157A
中间业务 157A
内控管理 157A
工行/机构 98A
工业 79A 109
工业生产 79A
工业效益 79A
项目建设 109A
特色园区 109A
重点企业 109A
特色产业 109B
节能降耗 109B
工业资产经营公司/机构 91B
公安 272B
维护政治稳定 273A
打防违法犯罪 273A
公共安全监管 273A
基层基础工作 273B
行政服务管理 273B
平安文化建设 273B
规范执法建设 274A
公安局/机构 92A
公共文化服务惠民工程在娄庄镇放牛村演出（图） 301A
公务员局/机构 93A
供电 150B
电网建设 150B
客户服务 150B
供电公司/机构 97B
供销合作商业 115A
为农服务 115A
服务中心 115A
供销总社/机构 94B
古罗塘旅游文化景区获批国家AAAA级景区 200A
《古邑烽火》出版发行 221B
固定资产投资 80B 171A
项目建设 80B
房地产市场 80B
顾高镇 287B
农业经济 287B
工业经济 287B
服务业 288A
“三项工作” 288A
社会事业 288A
顾高镇领导名单 289B
关工委 260A
宣传教育 260A
引导青年创业就业 260B
关爱特殊青少年群体 260B
预防减少青少年违法犯罪 260B
官庄大桥建成通车 149A
广播电视 200B
新闻宣传 200B
经营创收 201A
广电台/机构 95A
规划分局/机构 95A
国动委/机构 89A
国家部委表彰的先进个人 326
国家部委表彰的先进集体 318
国家税务 169A
组织收入 169B
税收征管 169B
税收执法 169B
纳税服务 169B
国民经济 78B
民营经济 78B
财政收支 78B
国民经济计划管理 171A
国内贸易 79B
国税局/机构 97A
国投公司/机构 92B
国土分局/机构 93A
国土资源管理 176A
项目用地保障 176A
耕地保护 176B
土地资源市场 176B

土地执法监察　176B
土地基础工作　177A
服务民生　177A

H

海事处/机构　93B
河横稻麦科技示范基地成为国家农业科技创新与集成示范基地　104B
红十字会　265A
资金筹集　265A
应急救援　265B
救护培训　265B
志愿服务　265B
器官捐献　265B
红十字宣传　265B
组织建设　266A
红十字会二届四次理事会　266A
红十字会/机构　96B
花庆如　316B
华港镇　312A
农业经济　312A
工业经济　312A
服务业　312A
“三项工作”　312A
社会事业　312A
华港镇领导名单　313B
华泰证券　167B
业务经营　167B
基础建设　167B
环保局/机构　94A
环境保护　82A　140
环境管理　140A
项目管理　140A
污染物减排　140A
污染防治　140B
企业管理　140B
宣传教育　140B
环境监察和环境监测　141A
环境监察　141A
环境监测　141B
环境质量　141B
水环境质量　141B
大气环境质量　141B
声环境质量　141B
“环卫工人歇脚处”挂牌成立　256B
黄健全　316A
获2014年度国家科学技术进步奖项目（表）　187
获2014年度江苏省企业技术创新奖项目（表）　187
获2014年度教育部科学技术进步奖项目（表）　187
获2014年度泰州市姜堰区科技进步奖项目（表）　188
获2014年度泰州市科学技术进步奖项目（表）　188

J

机构编制　226A
机构编制管理　226A
机构编制设置　226A
行政管理体制改革　226A
事业单位分类改革　226B
事业单位登记管理　226B
机构编制监督检查　226B
信息宣传　227A
机关工委/机构　90B
机关事务局/机构　95A
机要保密　228A
保密宣传教育　228A
密码通信管理　228A
保密监督检查　228A
基层民主政治建设　84A
疾病预防控制　205A
《记住乡愁》摄制组在溱潼镇城北社区拍摄（图）　286A
纪委　252
监督检查　252A
案件查处　252A
作风建设　252B
廉政建设　252B
纪委办/机构　88A
纪委/机构　88A
价格改革　178B
检察　276A
刑事检察　276A
查处职务犯罪　276A
法律监督　276A
检察服务　276B
队伍建设　276B
检察改革　276B
检察院/机构　89A
见义勇为基金会一届二次理事会　274A
建管局/机构　95A
建行　158B
信贷业务　158B
负债业务　158B
中间业务　158B
内控管理　159A
建行/机构　98A
建置沿革　75B
建筑科技创新　142B
建筑市场拓展　142A
建筑行业管理　143A
安全管理　143B
文明创建　143B
服务企业　143B
建筑业　142
建筑业　80A
江苏东方惠乐健康科技有限公司挂牌　166B
江苏东方惠乐健康科技有限公司挂牌（图）　166B
江苏飞船股份有限公司　112A
江苏鸿诚金属制品股份有限公司上市　166A
江苏华飞合金材料科技股份有限公司挂牌上市　166A
江苏康洁环境工程有限公司　112B
江苏良帅服饰有限公司　113A
江苏双登集团有限公司　112A
江苏苏中药业股份集团股份有限公司　112A
江苏太平洋精锻科技股份有限公司　112B
江苏泰达纺织有限公司　112B
江苏天鹅食品股份有限公司挂牌上市　167A
江苏银行　163A
信贷业务　163B
中间业务　163B
内控管理　163B
江苏银行/机构　98B
江苏有线姜堰分公司成立　201B
姜堰宾馆挂牌　166B
姜堰二中/机构　95B
姜堰概貌　75
《姜堰年鉴》2014年卷出版发行　231B
《姜堰企业改革风采》出版　251B
《姜堰勤廉人物故事》文史资料出版　251B
姜堰区被列入国家“多规合一”试点　135A
姜堰区被命名为2014—2016年度“中国民间文化艺术之乡”　197A
姜堰区被评为“江苏省实施农家书屋提升工程试点工作示范县（市、区）”　195B
姜堰区成为全国休闲农业与乡村旅游示范县　103B
姜堰区第十届群众文化艺术节　195A
姜堰区第五批非物质文化遗产项目　197B
姜堰区获得的综合荣誉　317
姜堰区农业改革与建设试点绩效考评全国第一　103A
姜堰区入选全国中小城市科学发展百强区　245B
姜堰区通过全国义务教育发展基本均衡县（市、区）评估认定　192A
姜堰区委十一届六次全体会议　215A
《姜堰区现代农业发展规划（2014—2020）》通过省专家评审　103B

姜堰人民公园开园　200B
“姜堰人社”微信公众平台开通　133B
《姜堰日报》　219A
　新闻宣传　219A
　舆论监督　219B
姜堰市化肥有限责任公司　112B
姜堰首届家装建材博览会　138A
姜堰首届网民节　221A
《姜堰书画》创刊　195B
姜堰新闻网上线运行　219B
姜堰镇第二届草莓·花卉节　282A
姜堰镇第二届草莓·花卉节开幕（图）　282A
姜堰镇领导名单　284A
姜堰职工网上大学开通　257A
姜堰中学/机构　95B
姜堰中专/机构　95B
蒋垛镇　289B
　农业经济　290A
　工业经济　290A
　服务业　290A
　“三项工作”　290A
　社会事业　290A
蒋垛镇领导名单　291B
交通　76B
交通运输　80A　147B
　交通工程建设　147B
　运输行业管理　148A
　运输安全监管　148A
　交通执法　148A
交通运输局第六次党员代表大会　148B
交通运输局/机构　93B
交行　161A
　信贷业务　161A
　中间业务　161A
　内控管理　161B
交行/机构　98A
教工委/机构　91B
教师发展中心/机构　91B
教师交流工作被中央电视台采访　192B
教育　190B
　教育管理　190B
　教育教学　191A
　教育资助　191A
　校园安全　191B
　基础设施建设　191B
　队伍建设　191B
教育督导室/机构　91B
教育局/机构　91B
教育事业　81A
巾帼反邪教卫士总队成立　260A
金融　155
　信贷结构　155A
　金融环境　155B
　金融服务　155B
金融办/机构　91A
经济和信息化委/机构　91B
经济开发区　127A
　招商引资　127A
　项目建设　127A
　科技创新　127A
　社会事业　127B
竞技体育　207B
九三学社泰州市姜堰支社成立　224A
举办“防灾减灾”宣传活动（图）　190A
举办关宏臣油画作品泰州邀请展（图）　196B
举办“计量与绿色中国”主题宣传活动（图）　181A
举行危险化学品事故应急救援演练　180B

K

开发区/机构　99A
开发园区　127
开展“爱心助孕万里行”活动　213A
开展“博爱送万家”活动（图）　266B
开展餐饮服务食品安全放心工程创建　182B
开展残疾人专项需求调查　263A
开展“测绘法宣传日”主题宣传活动（图）　177A
开展成品油联合执法检查（图）　118B
开展大型新闻采访行动　201B
开展党的群众路线教育实践活动　217A
开展防范电信网络诈骗宣传活动（图）　273B
开展非物质文化遗产保护活动　197B
开展耕地质量评定工作　104B
开展红十字救助活动　266B
开展化工企业专项整治　109B
开展“欢乐新春·十大惠民文化活动”（图）　195A
开展价格为民办实事工程　178B
开展《江苏省统计条例》宣传教育活动　174A
开展节粮爱粮宣传活动（图）　116A
开展科普宣传周活动（图）　264A
开展“六创一带”科普竞赛　265A
开展旅游主题宣传活动　125B
开展农业投融资创新　223A
开展全民科学素质提升行动　264B
开展全省台商服务示范点创建　225B
开展人防法律法规知识宣传（图）　269B
开展“世界卫生日”宣传活（图）　206B
开展市场度量衡器检查活动（图）　175B
开展台企台商台胞法律、审计师、会计师顾问团工作　225B
开展统计规范化建设　174A
开展消防训练活动（图）　270B
开展新农村建设“三大工程”　223A
开展“寻溱记”大型网络互动活动　126A
开展用电主题宣传活动（图）　151B
开展“职务犯罪预防邮路”主题活动　150A
开展志愿服务活动　85B
开展肿瘤防治知识宣传（图）　205B
开展住房公积金政策法规宣传（图）　183A
科技　185A
科技·教育　185
科技局/机构　91B
科技事业　80B
科技兴农扶县强农富民项目被中央电视台报道　103B
科协　263A
　科普活动　263B
　科普惠农工程　263B
　科技信息推送　263B
　学会科技服务　263B
　科普宣传　264A
　科技工作者　264A
　组织建设　264B
科协八届二次全委（扩大）会议　264B
科协/机构　96B
科学技术　185A
　科技计划项目申报　185A
　高新技术产业化　185B
　政产学研合作　186A
　知识产权　186A
　农业科技　186B
　高新技术创业中心　186B
　生产力促进中心　186B
　科技宣传　187A
昆山高新区姜堰工业园“南北共建”获批　128A

L

劳动工作　131B
　用工就业　131B
　技能培训　132A
　劳动关系　132A

老促会 261B
宣传工作 261B
调查研究 261B
扶贫帮困 261B
组织建设 262A
老促会、扶贫协会五届一次理事会 262A
老干部大学/机构 90B
老干部工作 228B
离退休干部政治待遇 229A
离退休干部生活待遇 229A
老干部活动 229A
老干部局/机构 90B
老龄事业 212A
离退休老干部参观沈高镇（图） 229A
李伟检查村庄环境整治工作（图） 297A
李伟（图） 1A
利用外资及港澳台资 119A
联通公司 154B
工程建设 154B
客户服务 154B
联通公司/机构 99A
梁徐镇 296A
农业经济 296A
工业经济 296A
服务业 296B
“三项工作” 296B
社会事业 296B
梁徐镇领导名单 298A
粮食经纪人发展情况得到国家粮食局调研组肯定 116B
粮食局/机构 95B
粮油商业 115B
粮食购销储备 115B
粮食产业 115B
粮食流通管理 115B
仓储建设 116A
粮食行业协会 116A
林业 107A
绿化造林 107A
林政管理 107B
病虫害防治 107B
森林防火 107B
林业局/机构 95B
刘玮 316B
流动人口管理 213A
6个项目入选泰州市第五批非物质文化遗产项目名录 197B
娄庄镇 300A
农业经济 300A
工业经济 300A
服务业 300A
建筑业 300A
“三项工作” 300A
社会事业 300A
娄庄镇领导名单 302A
旅游 122
旅游产品建设 122A
旅游市场拓展 122A
旅游品牌创建 122B
旅游行业管理 122B
旅游局/机构 100A
旅游行业工会成立 257A
旅游业 79B
罗塘街道 281A
农业经济 281A
工业经济 281A
服务业 281B
建筑业 281B
“三项工作” 281B
社会事业 281B
罗塘街道挂牌成立 282B
罗塘街道领导名单 284A

M

媒体推介溱潼会船节 123B
民革泰州市委姜堰区支部成立 224B
民建泰州市姜堰区支部成立 224B
民进泰州市姜堰区支部成立 224B
民盟泰州市姜堰区支部成立 224B
民生审判 278A
民政局/机构 92B
民政事务 210A
社会救助 210A
慈善事业 210B
社会事务 211A
社会组织管理 211A
婚姻登记 211B
民宗局/机构 90A
民族 77B
民族·宗教 213B
民族工作 213B
宗教工作 213B

N

南北大街、中天社区通过省级示范创建考核验收 139A
南京银行 162B
信贷业务 162B
负债业务 162B
中间业务 162B
内控管理 163A
南京银行/机构 98B
农村环境综合整治工作通过省级考核验收 137A
农发行 161B
信贷业务 161B
内控管理 161B
农发行/机构 98B
农干校/机构 93B
农工办/机构 90A
农工党泰州市委姜堰支部成立 224B
农机局/机构 95A
农机项目管理 108B
农开局/机构 95A
农科所/机构 93B
农林牧渔业 78B
农业生产 78B
林牧渔业 79A
现代农业 79A
农商行 159A
信贷业务 159A
中间业务 159B
内控管理 159B
农商行第五次股东大会 160A
农商行第一次临时股东大会 160A
农商行二届四次董事会 160B
农商行缓解融资难做法被中央电视台报道 160B
农商行/机构 98A
农商行支持土地流转经营做法被中央电视台报道 160B
农委/机构 93B
农行 157B
信贷业务 157B
中间业务 157B
内控管理 157B
农行/机构 98A
农业 101
现代农业 101A
农产品质量 101B
农业保险 101B
农业信息化 102A
农业科技 102A
农民培训 103A
农业和农村工作 222A
农村土地承包管理 222A
农村“三大”合作组织建设 222A
农村集体“三资”管理 222B
农民负担监管 222B
农业产业化经营 222B
农民收入 223A
农业机械化 108A
农机推广 108A
农机监理 108B
职业技能培训 108B
农机合作社建设 108B
农业技术推广中心/机构 93B
农业园区建设 103A
农业资源开发 108A

Q

其他表彰的先进集体 326

企业院士工作站建设　264B
气候　75A
　气温　75A
　降水　75B
　日照　75B
　霜情　75B
气象工作　190A
气象局/机构　97B
侨界书画活动　247A
侨联/机构　97A
桥头镇　306A
　农业经济　306B
　工业经济　306B
　服务业　306B
　建筑业　306B
　“三项工作”　306B
　社会事业　306B
桥头镇领导名单　308A
“溱湖八鲜”美食节　114B
“溱湖八鲜”美食节系列活动（图）　115A
溱湖被评为“最受读者喜爱的旅游景区”　126A
溱湖风景区　124B
　旅游品质建设　125A
　经济建设　125A
　城镇建设　125A
溱湖风景区入选最受外国人欢迎的中国50大景区　126B
溱湖国家湿地公园入选江苏省经典旅游景区　124B
溱湖河蟹农业标准化示范区和湿地公园旅游标准化试点工作通过省级考核验收　126B
溱湖旅游景区合作旅行商年会召开　125B
溱湖旅游景区亮相《新闻直播间》　126A
溱湖旅游景区入选青奥之旅指定接待景区　126A
溱湖湿地科普夏令营开营　126A
溱湖湿地农业生态园创建成国家AAA级旅游景区　124B
溱潼古镇为全省文物消防提供观摩现场　286B
溱潼会船节经贸洽谈会投资项目签约仪式（图）　119B
溱潼镇　285B
　农业经济　285B
　工业经济　285B
　服务业　285B
　“三项工作”　285B
　社会事业　286A
溱潼镇领导名单　287B
溱潼中学/机构　95B
《青涩的年华》出版　193B
庆“六一”活动　260A
庆“三八”系列活动　259B
区级机关党建　227A
　思想建设　227A
　组织建设　227A
　廉政建设　227B
　作风建设　227B
区级机关事务管理　248A
　后勤服务保障　248A
　机关事务管理　248B
区委办/机构　89B
区委/机构　87A
区政府　238
全国粮食丰产科技工程南方区现场观摩交流会　105A
全国桥牌A类俱乐部联赛第一站　208A
“全民健身日”暨武术比赛　207B
全区“大干四季度、冲刺全年目标”动员会　215B
全区机关作风效能建设暨干部警示教育大会　215A
全区建立生态红线区域管控机制　86B
全区60万人用上长江水　147B
全区深化行政审批制度改革动员大会（图）　226B
全区首家未成年人司法保护基地成立　278B
全区首家镇级粮油产销行业协会成立　116B
全区首张IC卡道路运输证发放　149A
全区物业管理工作会议　136A
全区组建学前教育集团6个　192A
全省林业有害生物普查试点工作座谈会　107B
全省农商行信息科技达标交流会　160A
全省首家粮油产销行业协会成立　116B
全省小麦赤霉病防控现场会　105A
全委会工作报告　1
群众体育　207A
群众文化　194A

R

人保财险公司　165A
人保财险公司/机构　98B
人大办/机构　90B
人大常委会　232
人大常委会会议　232B
　区十四届人大常委会第14次会议　232B
　区十四届人大常委会第15次会议　232B
　区十四届人大常委会第16次会议　233A
　区十四届人大常委会第17次会议　233A
　区十四届人大常委会第18次会议　233B
　区十四届人大常委会第19次会议　234A
　区十四届人大常委会第20次会议　234A
人大常委会主任会议　234B
人大代表议案和建议、批评、意见办理　234B
人大工作报告　11
人大/机构　87A
人防办/机构　95A
人口　77B
人口计生委/机构　94A
人口与计划生育　212A
　宣传教育　212B
　计划生育服务　212B
　计划生育执法　212B
　计划生育奖励扶助　212B
　计划生育协会建设　213A
人力资源和社会保障局/机构　93A
人力资源市场功能建设五星级创建工作通过省级验收　132A
人民防空　269A
　指挥通信建设　269A
　工程建设　269A
　经费筹集　269B
　宣传教育　269B
　社区共建　269B
　行政服务　270A
人民生活　82B
　居民生活　82B
　劳动就业　82B
　社会保障　82B
人民武警　268B
　思想政治　268B
　双拥工作　268B
　执勤工作　268B
　军事训练　268B
　部队管理　268B
人民武装　267A
　学习教育　267A
　战备训练　267A
　征兵工作　267B
　双带双扶　267B
　队伍建设　268A
人民医院/机构　95B
人事工作　131A
　人才培养　131A
　人才服务　131A
　人事管理　131B
人事·劳动·社会保障　131
人武部/机构　89A
人物　314A
人物·荣誉栏　314
人行　156A

执行货币政策　156A
宣传教育　156A
金融服务　156A
人行/机构　97B
荣誉栏　317

S

三水街道　284A
三水街道领导名单　285B
商贸流通　114
商贸活动　114A
市场秩序监管　114A
商务局/机构　93B
少儿交通安全情境教育基地揭牌　274B
社会保障　132B
惠民政策　132B
扩面征缴　133A
社保管理　133A
退管服务　133B
社会生活　210
社会事业　80B
社会治安综合治理　271A
综治平安建设　271A
维护社会稳定　271B
社会管理创新　272A
社会主义精神文明建设　84B
社会风尚建设　84B
市民素质建设　84B
未成年人思想道德建设　85A
文明创建　85A
社会主义政治文明建设　82B
社科联/机构　97A
沈高宣传文化中心成为全市首家加盟“苏演院线”乡镇宣传文化中心　303A
沈高镇　302A
农业经济　302A
工业经济　302B
服务业　302B
“三项工作”　302B
社会事业　302B
沈高镇创建农村产权交易服务站的做法被中央电视台报道　303A
沈高镇领导名单　304A
审计　174B
财政审计　174B
专项资金审计　174B
固定资产投资审计　174B
经济责任审计　174B
审计局/机构　94A
生产力促进中心跻身国家级示范中心　187B
生态文明建设　86A
省级和省条线表彰的先进个人　326
省级和省条线表彰的先进集体　319
省老年人体育节姜堰分会场开幕　207A
十大文化惠民活动　194B
石油公司/机构　99A
实施青年电子商务创业工程　258A
实施幸福家园工程　263A
食品药品监督管理　181B
餐饮服务食品安全监管　181B
药品医疗器械综合监管　182A
药械稽查　182A
食品药品监管局/机构　94A
史志档案办/机构　90A
史志档案工作　230B
党史工作　230B
方志工作　230B
档案工作　231A
市场监督管理局挂牌成立　176A
市级表彰的先进个人　328
市级表彰的先进集体　324
寿保公司　165A
宣传教育　165B
内控管理　165B
寿保公司/机构　98B
双拥工作　211B
水产健康养殖示范场创建　107A
水利　147A
水利建设　147A
防汛防旱　147A
水资源管理　147A
水利·交通·邮政·电力　147
水利局/机构　93B
司法局/机构　92B
司法行政　278B
法制宣传　278B
人民调解　279A
社区矫正　279B
安置帮教　279B
法律援助　279B
法律服务　280A
司法所建设　280B
送春联下乡到张甸镇严唐村（图）　294B

T

台办/机构　90A
台湾事务　225A
对台服务　225A
招商引资　225A
交流交往　225A
教育宣传　225B
太平洋人保公司/机构　99A
太平洋寿保公司/机构　99A
泰州华侨城第五届亲水节　124A
泰州赛宝工业技术研究院开业　111B
泰州市第二届文化企业产品展示会（图）　200A
泰州市第二人民医院被确认为三级医院　203B
泰州市华丽塑料有限公司　112A
泰州市华夏典当有限公司挂牌　167A
泰州市姜堰区非物质文化遗产项目（表）　198
泰州市姜堰区非物质文化遗产项目传承人（表）　199
泰州市姜堰区前十位外贸企业完成情况（表）　121
泰州市姜堰区少数民族分布情况统计（表）　214
泰州市姜堰区委员会　215
泰州市人口计生书画摄影作品展　213B
泰州首支民间水上救助队成立　274B
特载　1
体育　207
体育产业　209A
体育局/机构　94B
体育事业　81B
体制改革　253A
统计　173A
统计基础　173B
统计监测　173B
统计法制　173B
统计服务　174A
统计局/机构　94B
统计资料　352
统战部/机构　90A
统战工作　223B
经济统战　223B
基层统战　224A
党外队伍建设　224A
图书　195A
图书馆机关分馆开放　195B
图书馆“溱湖书屋”揭牌　196A
团干部微信群工作体系建设　258A
团区委　257A
青少年工作　257A
青年就业创业　257B
青年志愿服务　257B
济困帮扶　257B
平台建设　257B
团区委二十届二次全委（扩大）会议　258A
团委/机构　96B

W

外侨办/机构　91A
外事·侨务　246B

外事管理服务　246B
外事侨务接待　246B
为侨服务活动　246B
外宣办/机构　89B
王平　315B
王永盛、李开诚当选“中国好人”　86A
委员活动日　251A
卫生　202
农村卫生　202A
公共卫生　202B
基础建设　203A
行风建设　203A
卫生改革　203B
卫生监督　204B
卫生局/机构　94A
卫生事业　81B
位置面积　75A
文广新局/机构　94A
文化　194
文化产业　200A
文化传统　78A
文化姜堰建设　218B
文化市场　199A
文化事业　81A
文化遗产　196A
文化遗产保护　196A
博物馆　196A
高二适纪念馆　196B
文件选编　331
文联/机构　97A
文明办/机构　89B
无线电管理　153A
吴江银行　163A
吴江银行/机构　98B
武装　267
物价管理　177B
价格调控　177B
价格监测　177B
收费管理　177B
价格监管　178A
价格服务　178A
物价局/机构　95A
物流业　118A

X

先进个人　326
先进集体　317
现代科技产业园　128A
招商引资　128A
项目建设　128B
科技创新　128B
基础设施建设　128B
现代科技产业园区/机构　100A
现代农业产业园　129B
现代农业产业园区/机构　100B
消防　270A
灭火救援　270A
灭火演练　270A
专项整治　270A
宣教培训　270A
基础建设　270B
部队建设　270B
肖延川　314B
校外辅导站建设　261A
新华书店/机构　99A
新四军历史研究会三届一次会员代表大会　221B
新闻中心/机构　89B
信访　229B
信访机制　229B
信访考核　229B
信访基础　229B
信访积案　230A
信访局/机构　90B
信息安全　152B
信息服务业　153A
信息化建设与信息服务　152
兴泰镇　304B
农业经济　304B
工业经济　304B
“三项工作”　304B
社会事业　304B
兴泰镇领导名单　306A
行政服务中心/机构　94B
行政干部学校/机构　90A
行政区划　76A
徐俊　315A
畜牧健康养殖示范场创建　106B
畜牧业　105B
疫病防控　106A
畜禽屠宰管理　106A
宣传部/机构　89B
宣传教育　218A
理论武装　218A
新闻宣传　218A
网络监管　218B
《学校卫生知识情景剧》通过专家评审　204B
巡特警大队成立　274A

Y

烟草业　117A
卷烟营销服务　117A
烟草专卖监管　117A
企业基础管理　117A
烟草专卖局/机构　97B
盐务局/机构　97B
盐业　117B
盐业宣传　117B
盐政管理　117B
产品结构　118A
杨敏获亚运会金牌　208B
“‘12345’·政风行风热线”开播　245A
“‘12345’·政风行风热线”开播（图）　245B
一项目获国家重大科技专项省补资金193万元　187B
医政管理　203B
移动公司　153B
业务经营　153B
移动服务　154A
服务社会　154A
移动公司/机构　99A
艺术节新作调演《飞吧，鸽子》（图）　305A
银行　156A
银行保险业　80A
应急办/机构　91A
应急管理　247A
体制机制建设　247A
预案体系建设　247B
应急演练　247B
应急保障　247B
监测预警　248A
突发事件防范与处置　248A
宣教培训　248A
信息报送　248A
优质均衡发展教育工作被《江苏教育报》报道　192A
邮电通信业　80A
邮政　149A
经营管理　149B
内控管理　149B
邮政储蓄银行　162A
基础业务　162A
信贷业务　162A
内控管理　162A
邮政储蓄银行/机构　98B
邮政工程建设　150B
邮政局/机构　97B
油气装备产业发展论坛　111B
友好往来　251A
淤溪金阳光担保公司成立　160B
淤溪面塑走进俄罗斯圣彼得堡市　197B
淤溪镇　308A
农业经济　308A
工业经济　308B
服务业　308B
“三项工作”　308B
社会事业　308B
淤溪镇领导名单　310A
俞垛镇　310A
农业经济　310A
工业经济　310A
建筑业　310A
服务业　310B
“三项工作”　310B

社会事业　310B
俞垛镇领导名单　311B
渔业　106B
高效渔业　106B
水产品药残快检　106B
渔政监督　107A

Z

造血干细胞捐赠　266B
张长平（图）　16A
张甸镇　293B
农业经济　294A
工业经济　294A
服务业　294A
建筑业　294A
“三项工作”　294A
社会事业　294A
张甸镇成为简政放权改革试点单位　294A
张甸镇领导名单　295B
张甸中学/机构　95B
招标采购管理　183B
规范招标采购活动　184A
创新招标采购方式　184B
服务中心　184B
招管办/机构　91A
招商局挂牌成立　120A
招商引资活动　119A
《珍藏姜堰》出版　251B
镇村建设　136A
集镇建设　136B
村庄整治　136B
正太公司/机构　95A
证券　166A
政法委/机构　90A
政府办/机构　91A
政府工作报告　16
政府/机构　87B
政务服务　245B
服务方式改革　245B
服务平台建设　246A
服务品牌创建　246A
服务行为建设　246A
大楼搬迁　246A
政务服务管理办/机构　94B
政协　249
专题调研　249A
走访考察　249A
提案工作　249A
社情民意　249B
民主监督　249B
政协办/机构　96A
政协常委会会议　250A
区政协十三届常委会第13次会议　250A
区政协十三届常委会第14次会议　250A
区政协十三届常委会第15次会议　250B
区政协十三届常委会第16次会议　250B
区政协十三届常委会第17次会议　250B
政协工作报告　28
政协/机构　87B
政协姜堰区第十三届委员会第三次会议　250A
政协之友联谊会　251A
知识产权局/机构　92A
执法检查　237A
职工民主管理　84A
“职务犯罪预防邮路”活动（图）　150B
治理有偿家教做法被教育部推广　192B
质监局/机构　97A
质量技术监督　180B
综合管理　181A
行政执法　181B
食品监管　181B
安全监察　181B
《中共姜堰地方大事记》（2001—2012年）编纂出版　231B
中小企业局/机构　91B
中信银行　163B
信贷业务　164A
负债业务　164A
中间业务　164A
内控管理　164B
中信银行/机构　98B
中行　158A
信贷业务　158A
负债业务　158A
中间业务　158A
内控管理　158A
中行/机构　98A
中央电视台拍摄溱潼“礼乐”故事　286A
中医医疗服务标准化试点工作通过省级验收　204A
中医院/机构　96A
种植业　104A
粮食补贴　104A
蔬菜种植　104A
植保服务　104A
仲亚岭（图）　28A
重大活动期间的信访工作　230A
重点企业简介　112A
重要工业活动　110A
重要会议　215A　238A
第十四届姜堰区政府第17次常务会议　238A
第十四届姜堰区政府第18次常务会议　239B
第十四届姜堰区政府第19次常务会议　241A
第十四届姜堰区政府第20次常务会议　242B
第十四届姜堰区政府第21次常务会议　243A
第十四届姜堰区政府第22次常务会议　244A
重要考察活动　237A
重要文件索引　340
重要文件摘要　331A
周庄村创建成“全国生态文化村”　309A
住房公积金管理　182B
制度建设　182B
政策宣传　183A
归集扩面　183A
贷款管理　183B
服务社会　183B
住房公积金中心/机构　99A
住建局/机构　93A
专题询问　237A
专项工作评议　237A
自然资源　75A
综合管理监督　171
综治办/机构　90A
总工会　255B
职工职业技能　255B
职工劳动保护　256A
职工帮扶服务　256A
职工队伍建设　256A
总工会/机构　96A
总工会十六届四次全委（扩大）会　256B
组织部/机构　89B
组织建设　215B
干部监督　215B
干部教育培训　216A
党员教育管理　216A
人才工作　216A
基层党组织建设　216B
领导班子和干部队伍建设　217A

泰州市姜堰区安全生产监督管理局

省安监局原局长王向明调研姜堰安全生产工作

区委书记李伟（中）调研安全生产工作

区长张长平（中）调研安全生产工作

2014年，区安监局贯彻落实区委、区政府安全生产工作部署，以“强化红线意识、促进安全发展”为主线，以保障人民群众生命财产安全为根本，履行安全生产监管职责，落实各项安全生产工作措施，全区安全生产形势持续稳定好转。冶金工贸、安全文化宣传工作受到省安监局表彰，安全生产工作连续六年被泰州市表彰为先进单位。

夯实安全生产基础建设 区委、区政府制定出台《安全生产党政同责、一岗双责暂行规定》《进一步明确农村建设工程领域安全监管职责》，镇（区）配备不少于3名安全监管人员，村（居）委会安全管理人员全部实现持证上岗。全年举办安全监管人员业务培训7次，姜堰、娄庄等6个镇通过省安全规范化乡镇验收，顾高、张甸等4个镇通过泰州市验收。

开展安全隐患排查 组织开展食品生产、化工等涉氨制冷企业专项检查，消除事故隐患。全年检查企业1605家，查处各类隐患3096起，暗察暗访重点区域和企业78次，挂牌督办整改重大隐患6起。

深化安全生产行政审批改革 清理行政许可事项，取消前置审查事项2项，减半承诺办理时限，对全区重大建设项目推行“绿色通道”审批制度，建立服务“一区两园”领导小组，帮助企业解决实际问题。审批四联项目10家，办理建设项目备案手续2家，组织竣工验收3家。

推进安全生产标准化建设 出台政策鼓励企业自主创建，免费为全区39家工贸企业开展安全生产风险评估；全区危险化学品、工贸规模以上企业安全生产标准化全部完成创建达标，7家危险化学品、4家工贸企业创建达标二级标准化，397家小微企业通过标准化考核验收。

依法查处生产安全事故 对数起安全生产事故根据《安全生产法》等有关法律法规规定，落实“四不放过”原则，履行事故调查处理程序，开展事故调查和事故性质认定，查处安全生产事故瞒报等违法行为，对有关责任单位、责任人依法依规作出处理。

开展安全宣传教育活动 利用姜堰电台、《姜堰日报》等主流媒体宣传安全生产，姜堰当地网站名版主走进安监；利用移动短信平台，发送宣传短信200余条，受众人数100多万人次；组织大型安全生产宣传咨询活动，举办安全生产法律知识竞赛；培训企业负责人、安全管理人员、特种作业人员6000多人。

规范安全生产中介服务经营 将中介机构名单、联系方式公布在《姜堰日报》及罗塘人家和区安监局网站上，供企业自主选择，出台“十条禁令”，禁止工作人员向企业推荐、指定中介机构及透露企业安全生产中介服务需求信息，鼓励企业及社会各界举报违规行为，安全中介管理受到区人大常委会高度评价。

泰州市姜堰区

2014年，区烟草专卖局（分公司）坚持“国家利益至上、消费者利益至上”的行业共同价值观，围绕“规范、创新、发展”的工作主线，坚定发展战略，突出文化追求，落实作风保障，坚持“稳中求进”的总基调：围绕经济运行指标，狠抓网建营销，保持卷烟销售稳中有升；围绕卷烟打假破网，狠抓市场监管，卷烟经营秩序更加规范；围绕工作主线，狠抓企业管理，科学发展水平不断提升；围绕“阳光同心”企业文化，热衷社会公益事业，精神文明建设再上新台阶。姜堰烟草各项工作在新的平台、新的起点上，取得新成绩。

经济运行稳中有进 积极应对卷烟销售严峻形势，按照年度经济运行指标，密切关注宏观经济和政策变化，开展卷烟营销工作，解码落实营销政策，落实品牌培育第一要务，加强现代零售终端建设。1—12月，销售卷烟2.93万箱，同比上升1.81%；实现含税销售收入8.83亿元，同比上升7.53%；实现税利2.02亿元，同比上升9.91%，实现经济运行稳中有进。

专卖监管效果显著 按照“打击严厉、管理到位、疏导及时、服务周到”的市场监管体系要求，全面推进专卖管理监督，维护市场经营秩序。查获涉烟案件302起，比上年上升33.6%，查获违法卷烟21106条。“12•19”假烟网络案件尘埃落定，6名案犯被分别判处1—7年有期徒刑，处罚金66.2万元；“8•21”涉烟网络案件进展迅速，抓获嫌疑人7人。市场净化率97%，该局被表彰为“全省卷烟打假先进单位”“全市市场管理年度标兵单位”。

省烟草专卖局领导调研姜堰卷烟市场

市烟草专卖局（公司）领导调研姜堰烟草

烟草专卖局（分公司）

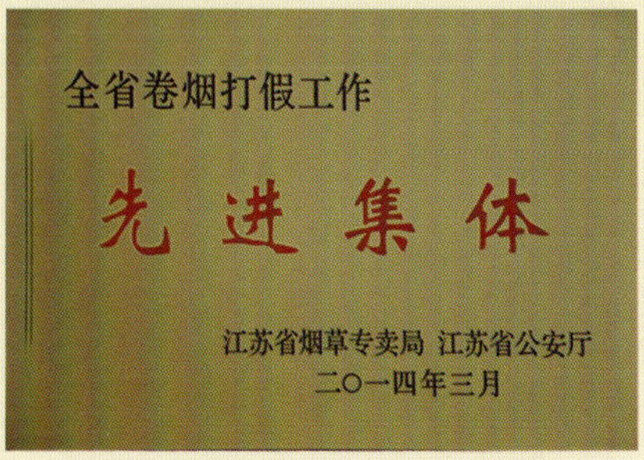

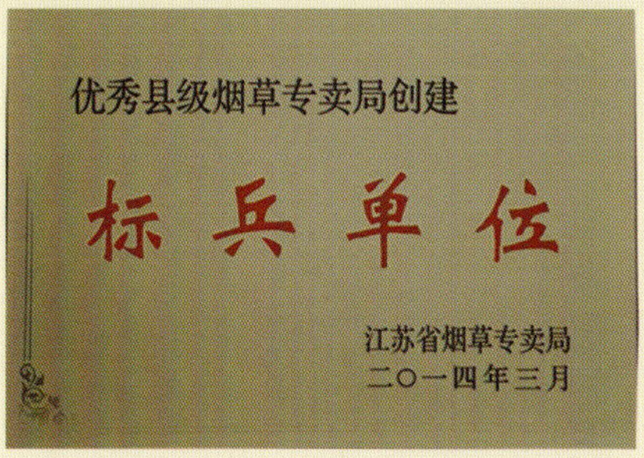

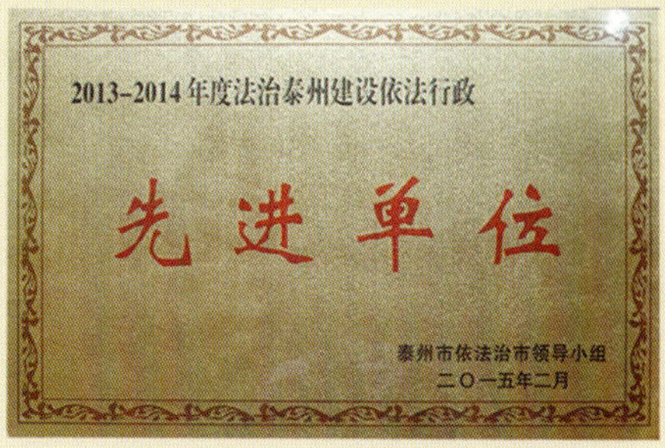

客户服务精细到位 推行“与客户共创成功”服务理念，落实区委、区政府关于软环境建设的工作要求，开展“阳光同心”服务品牌建设。组织市场调研，了解零售户真实需求，把握市场需求及销售变化趋势；通过宣传解释、经营指导、跟踪服务，加强新老客户应知应会培训指导，开展客户服务工作，拓宽服务品牌内涵，推广应用客户经理移动工具，实现客我互动信息化及营销管理现代化。各项服务质量评价指标均处于全系统前列。

基础管理精细科学 深化“总成本领先战略”，结合“贯标、对标、目标考核”三项重点，加强精益管理、“三创工作”、预算管理与执行、反腐倡廉建设、安全稳定、7S现场管理等工作，夯实企业管理基础，企业科学发展水平不断提高。

社会形象明显提升 按照企业文化建设“五项工程”要求，开展企业精神和泰州“阳光同心”企业文化宣贯实践活动，大力推进“学习型、服务型、责任型”企业建设。开展省、市、区三级文明单位及标兵创建活动，开展“慈善一日捐”活动、走访慰问贫困户、出资20万余元挂钩帮扶贫困村等社会公益活动，以“3•15”维权服务活动、“六五”普法活动、学雷锋等活动为契机，创新创建载体，丰富创建内容，确保创建活动声色俱全、富有成效。该局被评为江苏省文明单位、泰州市文明单位标兵、姜堰区文明单位、全省卷烟打假先进集体、预防职务犯罪先进集体、先进基层党组织、江苏省放心消费先进单位、泰州市廉政文化示范点。

查获的违法卷烟
开展学雷锋活动
局领导扶贫慰问
姜堰烟草“六五”普法暨专卖管理知识竞赛
泰州烟草优秀县级局创建回头看现场会

泰州市姜堰区体育局

区委书记李伟调研体育工作

群众体育工作 与区级机关工委、区总工会部门联合举办"建工杯"职工长跑比赛，职工乒球、篮球、羽毛球比赛。组织参加泰州市第五届场舞等比赛。开展第六个全民健身日健身舞表演2014年姜堰区武术比赛。举办第三届广场舞大赛承办泰州市老年人棋类等比赛。国民体质监测1000人次。推进城市社区"10分钟体育健身圈"建设，通过省级验收。加强镇村体育健身器材更维护维修，全年新增健身路径50多套、篮球架10套，总投资近80万元。对城区各健身点建立维修保联系卡，现场公布联系人姓名、手机号码，解释解决广市民反映的健身诉求。

竞技体育工作 备战省十八届运动会，自行车、摔跤等赛获1金、3银、3铜，女足乙组获第五名。培养输送的运员杨敏、钱佳睿在2014年仁川亚运会上获女子橄榄球、女击剑金牌、银牌。承办2014年中国·姜堰第四届"黄龙士·双杯"世界女子围棋擂台赛和全国桥牌A级俱乐部联赛。组参加全国校园足球冬令营、夏令营系列活动，举办区四届"区长杯"和"竞彩杯"校园足球联赛。姜堰被命名全国校园足球精英训练营20个城市之一，实现全区小学校足球全覆盖。承办2014年"谁是球王"中国足球民间霸赛。开办乒乓球、篮球、击剑、摔跤等青少年体育赛项目。

体育产业和上争工作 加强体彩工作，全年预计完成销9200万元。组织体育产业引导资金申报上争工作，年内获引导资金180万元、泰州引导资金105万元。联合区发展和革委包装文体中心上争200万元，门球场包装向省体育局争30万元。

广场舞一级社会指导员再培

泰州市姜堰区卫生局

区委书记李伟调研卫生工作

2014年，区卫生局紧紧围绕全区工作中心和卫生改革发展大局，求真务实，狠抓落实，新农合制度进一步巩固完善、农村卫生工作全面加强、公共卫生服务项目工作取得进展、公共卫生服务体系不断完善、医疗服务管理持续改进、卫生综合改革稳步推进、卫生行风建设成效明显，各项卫生工作取得显著业绩。区卫生局被确认为2014—2015年度“泰州市依法行政示范点”和“江苏省依法行政示范点”，被表彰为2014年度区级机关效能建设先进单位、2014年度人口和计划生育工作先进集体、2014年度服务业工作先进单位、2014年度工会工作先进单位，获2014年度区级机关部门绩效管理考核优秀奖，“民生新农合”服务品牌连续四年被评为区级机关“优秀服务品牌”。

党委书记、局长 凌 涛

区卫生局走进“在线交流”

社区志愿服务活动

区卫生局召开卫生系统“三严三实”专题党课暨动员部署会

新建成的姜堰区第三人民医院综合楼

泰州市第二人民医院新建成的21层内科病房楼

泰州市第二人民医院

副市长孔德平调研泰州市第二人民医院

泰州市第二人民医院始建于1950年月，是一所集医疗、急救、教学、科研保健于一体的三级综合医院及全区医教中心。现为扬州大学医学院附属医院、南大学医学院附属中大医院的医疗技术作单位，苏州大学附属第一医院的血液诊治协作单位，是南通大学、江苏大学10多所医学院校的教学医院及实习基地医院现有在职职工1219人，各类专业技术人员1192人，其中高级职称221人、级职称338人，省“333工程”培养对象4人，泰州市“311工程”培养对象人，博士6人，硕士57人。医院设职能、临床、医技等科室40余个，其中肿科、神经内科、心血管内科、肾内科、感染性疾病科、骨外科、泌尿外科为州市临床重点专科，肿瘤放疗、重症医学、血液净化、腔镜治疗、眼科、诊急救等为院特色专科。医院拥有磁共振机、螺旋CT机、800mAX光机、DSA、线加速器与模拟机、生化检验流水线，钬激光、Leep刀、脑干诱发电位仪、定蛋白仪、聚焦超声刀、体外循环机、CR、进口麻醉机、腹腔镜、人工肝、超、全自动生化分析仪、血透机、电子胃镜、膀胱电切镜、宫腔镜、椎间盘镜ICU监护系统、超声乳化仪等高精尖医疗设备近千台，设备总价值近1.5亿元。

医院始终坚持技术兴院的发展方针，高度重视腔镜技术的发展，逐年提手术科室腔镜手术率，腔镜手术水平在周边地区处于领先地位。全院各科室三级医院创建工作为抓手，开展三级医院诊疗项目，开展同种异体肾移植术体外循环下心脏直视手术、冠状动脉搭桥术、心脏瓣膜置换术、人工双侧全关节置换术、人工全膝关节置换术等高难度手术及冠状动脉造影、冠状动脉支架植入术和射频消融术、脑血管造影、支架植入术等介入治疗。医院先后省科技进步奖2项、省卫生厅医学新技术引进奖2项、泰州市和姜堰区科技进奖20多项。报批省医学重点学科开放性课题1项，申报泰州市科研立项50多项

近年来，医院以优化医疗服务流程、控制医疗服务费用、深化人事分配度改革、推进优质护理示范工程建设、建立与基层医疗机构分工协作机制、快医院信息化进程为重点，以深入开展临床路径管理、单病种费用控制、抗药物专项整治等工作为抓手，探索公立医院改革新思路，推进公立医院改革程，改善病员群众看病就医感受，提高患者和社会综合满意度。医院先后获“家级爱婴医院”“中国县级医院竞争力百强医院”“江苏省文明单位”“江苏医疗服务先进单位”等称号。

通过省卫计委三级医院现场验收

获区总工会“五月放歌”大合唱一等奖

职工业余活动

开展党员“先锋社区行”义诊活动

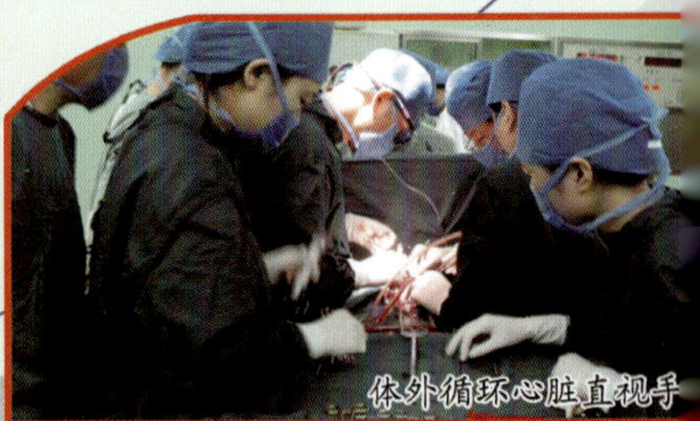

体外循环心脏直视手

泰州市姜堰中医院 康复科

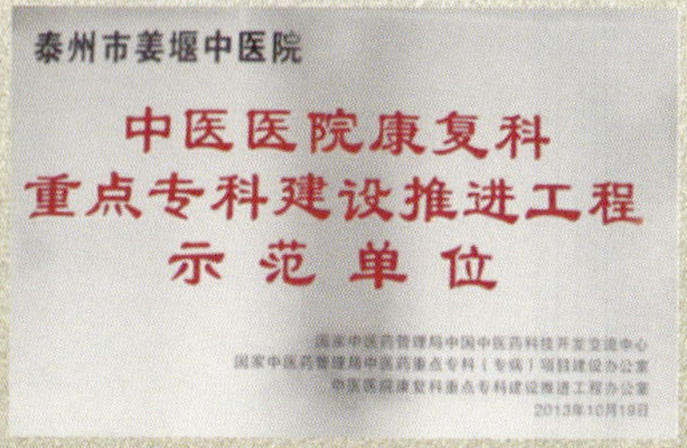

近年来，姜堰中医院以“内涵质量”为主线，突出中医药特色优势，提高医疗技术、服务质量和综合服务能力，先后获“全国示范中医医院”“全国卫生系统先进集体”“江苏省文明单位标兵”“江苏省中医药科技先进集体”等称号，晋升为“三级乙等中医医院”，成为“中医医院康复科重点专科建设推进程示范单位”。该院通过发挥传统中医药特色，结合现代康复新理念，解决当地甚至周边地区无法解决的各类康复问题，**建成一个“多学科一体化”一流康复中心**。

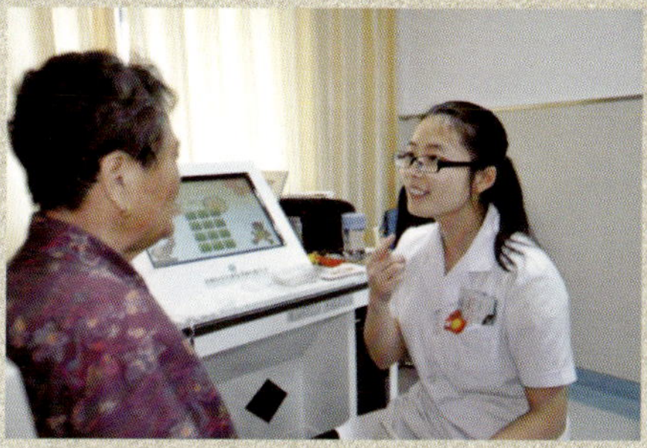

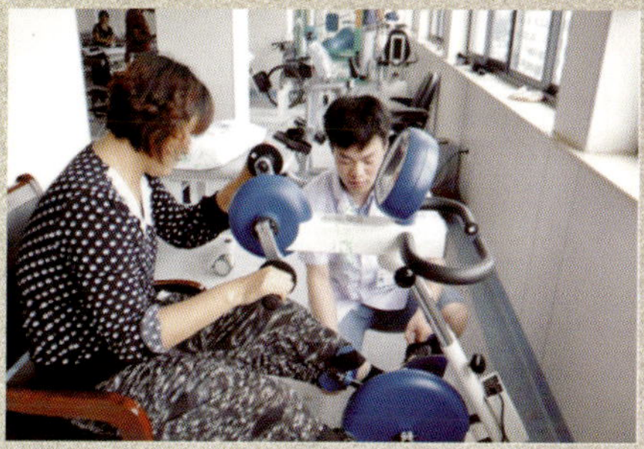

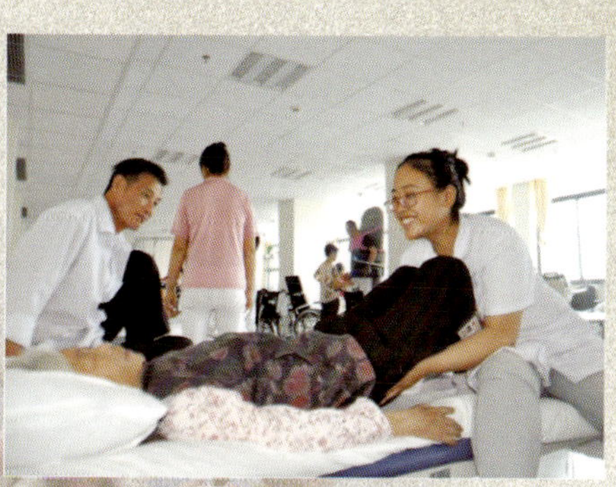

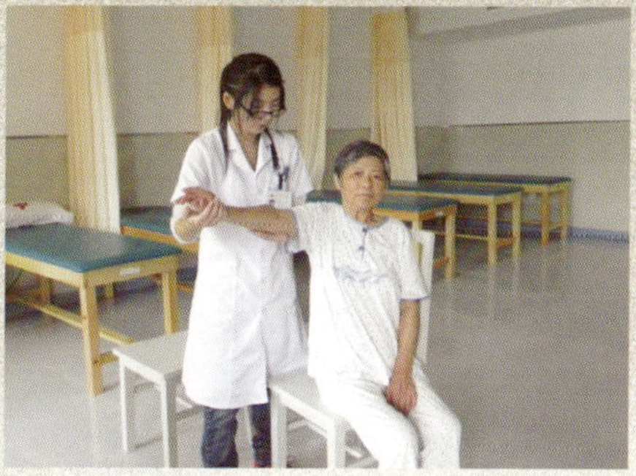

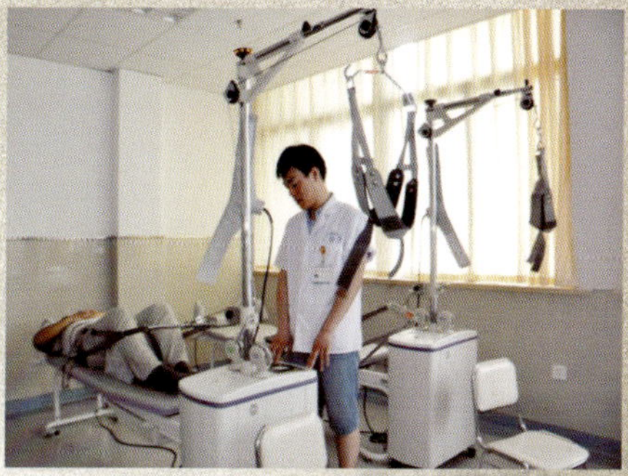

泰州市姜堰区疾病预防控制中心

姜堰区疾控中心是政府全额事业单位，隶属区卫生局；目前在职65人，其中高级职称11人、中级职称25人，本科以上学历43人。中心主要承担全区近80万名群众疾病预防与控制专业技术指导服务工作。

该中心坚持“预防为主”原则和“客户至上、诚实守信、科学公正、准确高效”方针，抓管理、促业务，全面、协调、可持续发展。中心取得省级实验室计量认证资质、食品检验机构资质、乙级职业卫生技术服务资质，拥有原子吸收仪、气相色谱仪、离子色谱仪、荧光测汞仪、微波消解仪、电测听仪、声级仪、十万分之一天平、万分之一电子天平、全自动生化分析仪、生物安全柜、高仟伏DR摄片机等33类92台（件）检测设备。实验室资质4类8项暨参数94项、食品检验机构资质3类5项暨参数88项技术能力通过省级认定，2015年3月，资质认定扩增18项检测能力通过现场评审。

近年来，中心做好结核病、艾滋病、霍乱、人感染H7N9禽流感、血吸虫病等重点传染病防治和突发公共卫生事件应急处置工作，高血压、糖尿病等慢性非传染病防治工作取得突破性进展，职业卫生技术服务能力稳步提高，免疫规划疫苗接种率、及时率保持高水平。通过开展健康教育和健康促进，全区群众防病意识明显增强，为保障全区百姓身体健康和促进社会和谐发展做出贡献。先后被评为全国消灭脊髓灰质炎工作先进集体、江苏省职业卫生先进单位、江苏省农村饮水监测工作先进单位、泰州市文明单位、泰州市防治非典型肺炎工作先进集体、泰州市先进基层党组织、姜堰“万人评机关”十佳科室、姜堰“两争一树”先进集体。

区疾控中心主任许艳明督察医疗单位疾控工作

内部质量评审

职业危害因素监测

突发公共卫生事件紧急出动

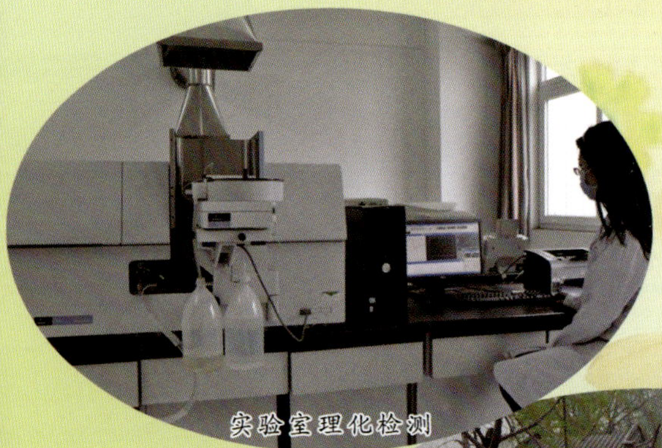
实验室理化检测

开展“世界卫生日”宣传活动

泰州市姜堰区妇幼保健所

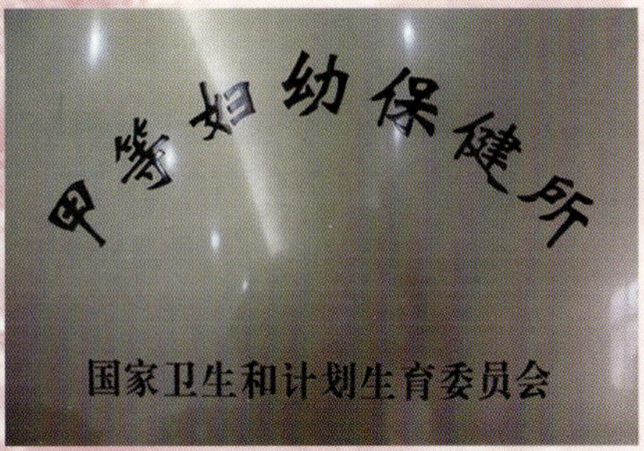

荣誉证书

区妇幼保健所：

获2014年度综合目标管理工作一等奖。

泰州市姜堰区卫生局

注重内涵建设，实施科学管理 以妇幼保健所的各项质量控制指标为依据，制定各项工作制度、各级各类人员职责、各项操作常规，使每名职工做到各司其职、各负其责，把各项工作纳入标准化管理轨道。明确科室目标任务，让大家学习有目标、发展有方向。分阶段、分步骤组织实施检查，对发现的问题及时整改，全所形成赶有方向、学有目标、相互学习、相互配合的良好氛围。

狠抓措施落实，提高保健质量 为进一步提高妇幼保健工作质量，所内设有质量管理领导小组，科主任全面负责科室医疗保健质量管理，设有质量管理小组，每月实施科室质量自查、分析、整改。所内具有完整的医疗保健质量管理和持续改进方案，通过所质量管理领导小组组织实施，定期对各业务科室医疗保健质量的制度落实、技术规范、服务水平等方面进行检查、分析、评价、反馈，促进持续改进与完善，保健医疗质量明显提高。

树立文明形象，提供优质服务 坚持以服务对象至上，诚信为本。一切从病人需要出发，在化验室、B超室候诊区提供免费饮用水。将门诊项目的收费标准、药品价格通过电子显示屏公示，接受群众监督。召开行风监督员会议和服务对象座谈会，向社会进行满意度调查及征求意见，满意率99%以上。不断改善服务环境，尽可能做到流程合理，就医环境温馨、舒适。

强化队伍建设，提升服务水平 为加强人才培养、提高职工基础理论和专业技术水平，制定人才工作制度和继续教育办法，引导鼓励职工参加省、市培训班，函授教育，好医生网站等多种类型的学历教育和继续教育培训班。2014年，1名医生到省人民医院进修学习，多人次参加省、市级培训，职工继续教育培训率100%，培训考核合格率100%，中级职称以上人员取得规定学分率100%。

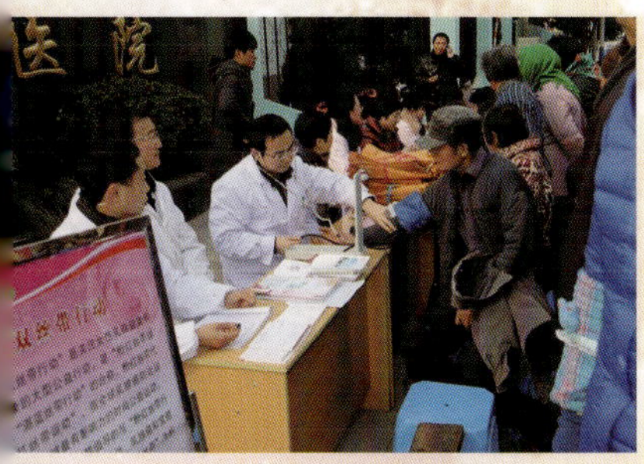
群众工作队在运粮医院

党团员义工活动在特殊学校

幼儿园体检

泰州市姜堰区皮肤病防治所

区领导指导工作

社区健康体验

党员义务林

姜堰区皮肤病防治所是皮肤病性病专业防治机构，与区溱湖医院、区城北社区卫生服务中心为一套班子、三块牌子，主要承担麻风病院村管理、皮肤病性病诊疗和城市社区卫生服务等职能，是区卫生局直属、区财政实行零基预算管理的事业单位。

医院现有高级技术职称人员8人、中级技术职称人员20人。设有皮肤性病科、全科医疗科、医疗美容科、理疗科、功能科、药剂科、护士站、制剂室、预防保健科、病区管理科、综合办公室等科室，开放床位15张。拥有过敏原检测仪、系列紫外线皮肤治疗仪、调Q开关YAG激光治疗仪、IPL治疗仪、CO_2超脉冲点阵激光治疗仪、高能红光治疗仪、红蓝光皮肤治疗仪、308准分子激光治疗仪、中药熏蒸治疗仪、白癜风表皮移植治疗仪、全自动血液分析仪、500毫安X光机、心电图机、彩色B超机、全科诊疗系统等医疗仪器设备。建成国家艾滋病初筛实验室和江苏省麻风病理实验室等。38个医院制剂品种获江苏省食品药品监督管理局审批的生产批准文号。

医院秉承"以病人为中心"服务理念，坚持"内强素质，外树形象"，推行"您投诉 我买单"公开服务承诺，加强与中国医学科学院皮肤病研究所、上海华山医院、上海市皮肤病医院、山东省皮肤病医院等国内三级甲等皮肤病专科医院横向联系与技术协作，皮肤病性病学科建设和专科诊疗服务品牌在泰州市及周边地区享有较高知名度。

2008年以来，医院探索专科疾病诊疗与社区卫生服务相结合的管理模式。通过组建辖区居民家庭健康医生服务团队，建立社区居民家庭健康医生流动工作站，推行辖区居民家庭健康医生制度，规范实施基本公共卫生服务项目各项工作，辖区居民健康管理水平得到显著提升。

经过多年努力，医院先后获"江苏省价格诚信单位""泰州市卫生系统先进集体""姜堰区文明单位""姜堰市先进基层党组织""区卫生局综合目标管理先进单位"等称号。

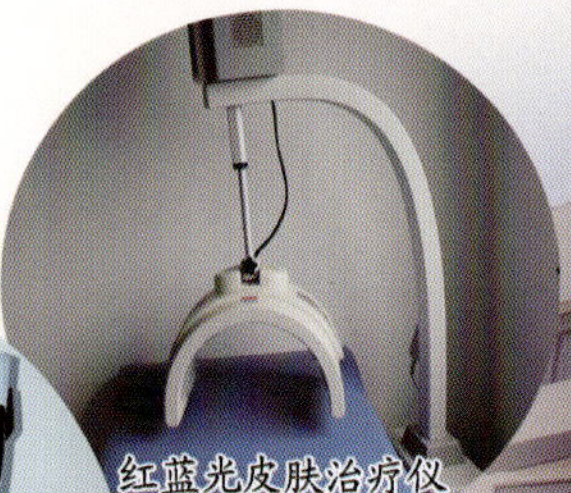
红蓝光皮肤治疗仪

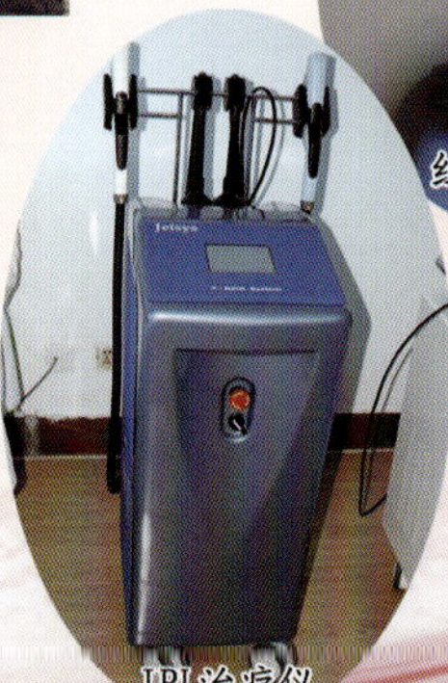
IPL治疗仪

关爱皮肤健康
与您一路同行

泰州市姜堰区总工会

区委书记李伟为环卫工人歇脚处授牌

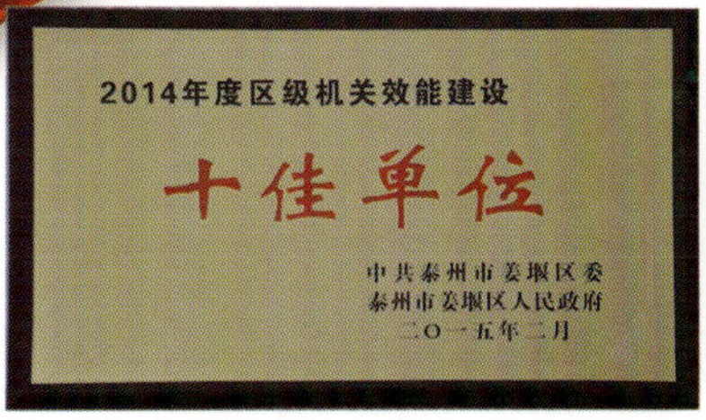

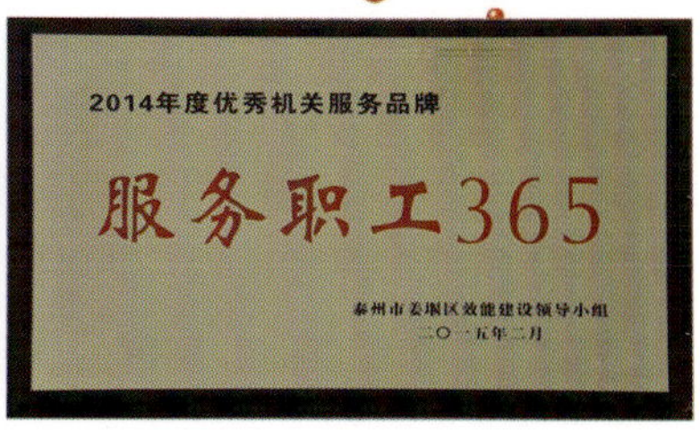

2014年，区总工会紧扣工人运动时代主题，实施“组织职工、服务职工”两大战略，开展“建会、维权、服务”三大行动，推进建功立业、素质提升、和谐创建、固本强基四项工程，创新打造“服务职工365”服务品牌，推动48家企业建设职工服务中心，建成区、镇、企业三级职工服务平台。新增基层工会230家，会员11842人，全区职工提合理化建议1万多条，实施率70%，表彰区级“工人先锋号”30个。区总工会被中华全国总工会确立为全总机关挂钩联系基层单位，连续四年被评为区级机关效能建设“十佳单位”，“服务职工365”被评为全区优秀机关服务品牌。

区总工会主席　肖乐平

姜堰区劳模精神进校园

泰州市姜堰区科学技术协会

省、市科协领导调研远东科技服务站

2014年，区科协围绕区委、区政府工作大局，贯彻落实苏科协发〔2014〕42号文件精神，以推动创新发展为主题，以提升服务能力为主线，统筹谋划工作。组织科普宣传周、科普日等示范性科普活动150多项，创建成全国科普示范社区1家、省科普示范镇1家、省科普示范村2家、省科学特色学校2家。推荐1名省优秀科技工作者、2名省优秀科技创新标兵、1名省“讲、比”竞赛优秀组织者。申报“讲、比”竞赛创新项目18个，远东电机有限公司被表彰为全国“讲、比”竞赛活动先进集体。申报“金桥工程”项目17个，有9项形成批量生产。组建7家企业科技服务站，借鉴引用国外专利4项。实施25个“科普惠农工程”重点项目，组织180名专家结对帮扶开展服务活动，举办实用技术培训班230期，培训1.2万人次，发放自编教材1.6万份、部省编教材240多册。组织各学会举办或承办学术交流和专题研究31次，参加人员2160人次。重新修订表彰奖励制度和会员联系制度，将全区现有14817名会员联系工作逐步落实到位，为会员办实事17项、216件。全年申报评优项目35个，申报专利63件，其中发明专利31件、实用型专利32件，解决科技难题17项，为企业创造利税6.6亿元，为农民增收1.2亿元。科协界别人大代表、政协委员提出建议、提案21件，大部分得到政府部门采纳。

区科协、罗塘街道办事处负责人
接受全国科普示范社区标识

区科协、区农委负责人为区农技协授牌

镇（区）科协秘书长三季度例会会场

“3•15”学雷锋日科普宣传现场

泰州市姜堰区残疾人联合会

2014年，区残疾以全面提升残疾人幸福生活指数为落脚点，全面施行“残疾人幸福生活计划”，实施各项扶残助残实事工程，强化残疾人社会保障体系和服务体系建设。

分类做好残疾人社会保障工作 全年对2343名无固定收入重残人员实施重残救助，年救助金额1246.6万元；对713名一户多残、依老养残实施特困残疾人救助，救助经费225.8万元；对1760名生活不能自理的重度残疾人实施护理补贴，年补贴金额124.2万元；对788名低保重度残疾人发放重残补贴金，年救助金额58.9万元；对360多名残疾学生实施教育救助和专项奖励，救助金额15万多元；对10000多名残疾人参加社会意外伤害保险实施补贴，补贴金额近30万元。

全面实施残疾人康复、托养工作 开展精神病防治工作，免费集中收治重度精神残疾人57人，为510多名贫困精神病人送医送药；开展白内障复明工程，年内完成白内障复明手术212例，人工晶体植入率98%、脱盲率98%、脱残率86%；开展辅助器具适配工作，举办残疾人辅具适配专职委员培训班2次，提供和免费发放残疾人用品用具54个品种2386件；开展残疾儿童康复工作，在全省率先启动7—14周岁贫困残疾儿童免费康复试点，全年实施0—14周岁残疾儿童康复268人次，其中7—14周岁残疾儿童115人次；完善托养工作机制，规范工作流程，全年完成托养人数201人次。

全面实施幸福家园工程 完善10个社区康复室、图书阅览室和日间照料室。开展“甘露行动”，对贫困残疾人医疗援助，向全区100个贫困残疾人家庭赠送价值500元的就诊“爱心卡”；开展“圆梦行动”，向残疾人家庭免费配发彩电200台、电风扇200台、洗衣机300台、收音机200台；开展“光明行动”，组织泰州市眼科医院专家到各镇（区）免费为村（居）民提供眼部致盲疾病筛查、防治，筛查1600余人。

全面完成残疾人就业工作 开展残疾人就失业调查，制定下发《全区就业年龄段持证残疾人就失业情况调查工作实施方案》，全区调查就业年龄段持证残疾人8952人，得到省、市残联充分肯定；兴建残疾人扶贫基地3个，庇护性就业机构3家，培训残疾人800多人次，辐射带动残疾人就业240多人次。推行按比例安排残疾人就业。推荐安置残疾人就业90多人，依法征收残疾人就业保障金1220多万元。

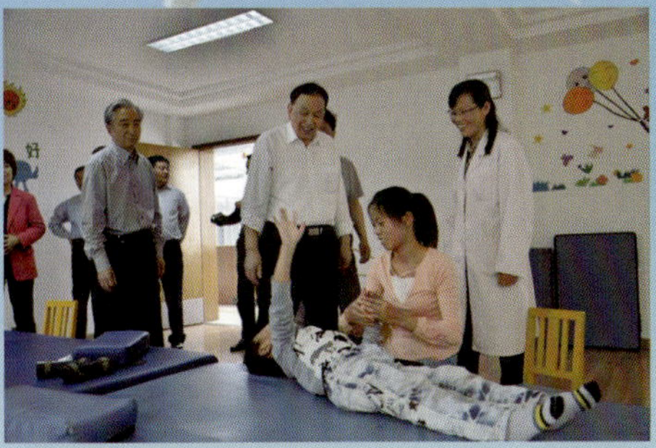

省关工委主任曹鸿鸣（中）考察区残疾人康复中心

开展向贫困残疾人家庭捐赠家用电器活动

区政协主席仲亚岭（中）调研残疾人托养情况

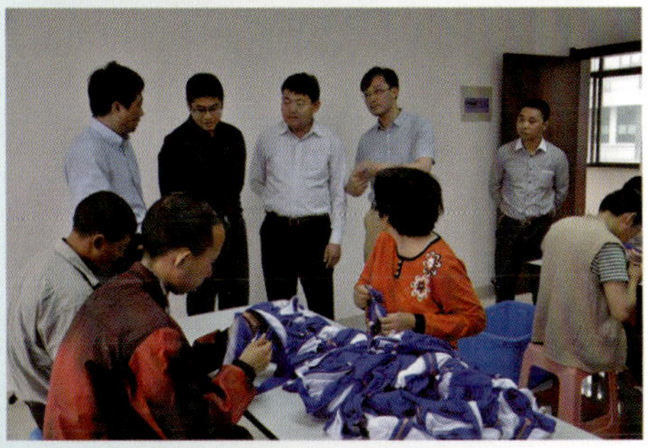

副区长盛育河调研区托养中心

扶 贫 基 地

向残疾儿童献爱心

康复残儿家长向区康复中心赠送锦旗

国家电网 STATE GRID

泰州市姜堰区供电公司

安全供电

更换照明设施

检查维修放线架设备电源

责任根植

留守老人缴费“足不出户”

2014年，区供电公司严格执行区委、区政府和上级公司的决策部署，坚持抓管理、强素质，做好安全稳定、优质服务、迎峰度夏和企业管理等重点工作，各项目标任务有序推进。公司被表彰为区级机关效能建设“服务地方建设先进单位”。

电力供应 全年完成供电量28.6979亿千瓦时、售电量27.1467亿千瓦时、全社会用电量28.9363亿千瓦时，分别比上年增长2.45%、4.51%、2.51%，线损率5.41%。

电网建设 完成国网2015—2020年配电网滚动修编工作，制定“一流配电网”分年度实施计划及姜堰电网“十三五”规划。建成第二座智能站110千伏三沙变，完成110千伏张甸变扩建工程。打造白米小城镇建设一流配电网试点项目，全年完成配网项目460项、农网项目790项。

优质服务 组织优质服务主题活动，明确专职社区服务经理，现场办理用电业务，组织人员进社区、农村，现场加强阶梯电价、分时电价等用电政策宣传解释。定期开展走访，密切关注重点用户用电服务需求，为博尔富、曙光、双登等重大企业、重点项目提供跟踪服务。响应民生诉求，完成“95598”工单、“12345”热线办理工作。完成重大活动、重要时段保供电工作。融入城市建设大局，投身文明城市创建，配合完成路中杆、废旧杆的清理和杆线入地及部分老旧小区环境整治等工作。

责任根植

中国供销合作社
CHINA CO-OP

泰州市姜堰区供销合作总社

区委书记李伟检查节前供应情况

区长张长平检查节前供应情况

2014年，全区实现社会商品销售零售总额154.55亿元，比上年增长12.5%；系统实现商品销售114.58亿元；连锁销售额13.74亿元；农副产品购进总额21.43亿元；再生资源回收额2.36亿元；农副产品市场交易额16.32亿元。

为农服务成效有了新体现 全年新发展种养殖业农民专业合作社10个，入社1164户。对2008年前创建的9家三星级为农服务社服务功能、整体形象进行提档升级，按照“五有”标准在溱潼、桥头和顾高恢复重建基层社3个。全年新增农资加盟店10个、直营店3个，新建顾高翟庄中心超市。组织4家企业参加2014年海峡两岸（江苏）名优农产品展销会，指导农业龙头企业、专业合作社开展电子商务，全区100多种农副产品在网上销售。

商务服务能力有了新提升 组织重点商贸企业开展消费促进月活动，18家企业实现商品销售9964万元，比上年增长11.05%。强化市场监测，做好市场分析。开展电子商务培训和厨师技能竞赛，联合相关部门举办2014年“溱湖八鲜”烹饪大赛，推介“溱湖八鲜”等特色美食品牌。加强单用途商业预付卡、酒类流通备案、再生资源回收备案、典当业管理等市场监管工作，全年新增酒类流通备案企业114家、再生资源回收备案企业12家。为东方不夜城入驻商户提供服务，100多家国内外知名品牌落户。申报项目，上争扶持发展资金118万元，争取地方扶持资金20多万元。开展创建工作，人民商场、锦宸百货、苏果亚方店、大洋百货等4家企业被市文明办、市商务局等部门授予市“诚信经营示范店”称号。

各项管理工作有了新进展 全年开展安全检查5次，发现安全隐患83处，下发安全检查意见书58份、安全隐患整改通知书1份，全系统无安全生产责任事故发生。加强机关管理，修订完善27个制度并公布执行。全年处理信访件4份、网上舆情6次，接待上访人数500多人次，有效维护系统稳定。加强公有资产管理，开展财务检查活动，完成小梁山市场年度招标工作。

农展会

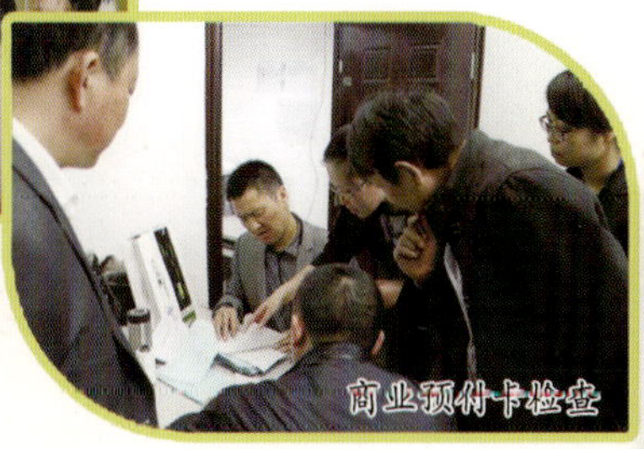
商业预付卡检查

泰州市姜堰区文化广电新闻出版局

“翰墨芬芳”姜堰区青少年汉字书写大会

推进惠民工程 连续举办“群众文化艺术节”11届，每年组织“欢乐新春十大惠民文化活动”，开展送文化下乡，活跃城乡文化舞台、丰富群众文化生活。近三年来，累计完成送电影9600多场，送戏、送演出600多场，送图书300万码洋，建设镇村共享工程基层点277个，投入经费1200多万元，村级文化活动场所、农村数字电影放映、农家书屋覆盖率全部达到100%。

推介草根品牌 “激情三水”演出174场，获全省农村精神文明建设创新案例奖。“三水讲坛”举办284期，两次获省五星工程项目及理论成果奖。在文化部开展的“2014—2016年度中国民间文化艺术之乡”评比中，姜堰区以溱潼会船民俗和各种民间文艺表演形式为特色，成功入选。“白米马灯”走进央视、“方言韵白”入选省晚，“淤溪面人”走出国门、“华港雕版”入围国礼，顾高“滚莲湘”、娄庄“莲花落”、张甸“斗七巧”等为群众喜闻乐见。

推动文艺创作 电影《黑白道》，广播剧《序幕刚刚拉开》《假如战争明天发生》入选省“五个一工程奖”。小戏《卖菜》、书法《过云楼印稿》获省五星工程金奖，小品《我的地盘我做主》获第十一届省“五星工程奖”表演艺术类银奖，文化馆徐骅的篆刻和杨雪芹的小楷连续获第十届、第十一届省“五星工程奖”书法类银奖。小戏《天地良心》、歌曲《我是头篙我来了》、表演唱《回家》等作品连续6年获泰州市新创文艺节目调演金奖。其中，小品《那一抹晚霞》《我的地盘我做主》和微型音乐剧《飞吧，鸽子》总分名列金奖第一名。

推行免费开放 区博物馆、区文化馆、区图书馆坚持将老年人、未成年人、残疾人等特殊群体作为“全年无休、免费开放”的主要服务对象，定期组织中小学生参观，常年举办免费培训活动，高二适纪念馆不定期举办公益性书画摄影展和学术研讨讲座，取得良好的社会反响。

泰州市姜堰区广播电视台

区委书记李伟、区长张长平为人民公园开园揭幕

新闻宣传浓墨重彩 紧紧围绕区委、区政府中心工作，开辟专栏26个，策划系列报道、系列评论20组。整合各类诉求平台，建立统一的“‘12345’•政风行风热线”，全年直播节目45期，受理群众咨询投诉1790件。全年在上级台用稿（片）800多篇（条），其中央视用片12条，溱潼会船节当天拍摄的开幕式新闻被央视《新闻联播》采用、播出，有效地宣传姜堰、推介姜堰。

“‘12345’·政风行风热线”直播现场

产业经营做大做强 举办三届房地产展示交易会，打造“姜堰区公共信息联播平台”，举办首届“凤凰书城杯”汉字听写大赛小学组比赛，开创广电台大型比赛实现自主现场直播的先河。2014年12月，古罗塘旅游文化景区被授予“国家AAAA级旅游景区”称号。2014年12月31日，人民公园建成开园。体育公园受到市委、市政府主要领导，省、市人大代表等上级领导、嘉宾的好评。

姜堰新闻村庄行启动仪式

队伍建设活力大增 开展党的群众路线教育实践活动，出台《劳动纪律管理规定》《节目编播管理规定》等10多条规章制度。启动“民生关注社区行”“姜堰新闻村庄行”等大型新闻采访行动，帮助老百姓解决难事20多件。与扬州大学合作，培训两台采编人员。推出舆论引导无差错、舆论监督无投诉活动，有效杜绝有偿新闻、虚假新闻、粗劣服务现象的发生。在区级机关效能建设评比中，区广电台被表彰为“先进单位”，电视新闻部被表彰为“十佳科室”。

开展助学助困活动

举办知识竞赛

古罗塘文化景区

记者走基层

奋起泰州 崛起苏中

泰州市姜堰区现代科技产业园

（罗塘街道）

省委书记罗志军（中）考察罗塘街道

2014年，现代科技产业园（罗塘街道）积极应对新常态，经济发展稳中有进，社会事业百花齐放，百姓生活富足安康，社会大局和谐稳定。获“江苏省村庄环境整治工作先进集体”“江苏省第三次全国经济普查先进集体”“江苏省农民工服务示范单位”“泰州市城乡居民保障‘四不出村’示范镇”“泰州市首批特色工业园区”等称号。

综合实力显著增强 实现地区生产总值89.7亿元，比上年增长11.6%；实现财政总收入11.6亿元、公共财政收入8.63亿元，比上年分别增长13.7%、35.1%。

工业经济稳步增长 实现全部工业开票销售50.6亿元，比上年增长13.2%。苏北砂轮厂、船舶舾装件公司完成“两化融合”。

农业发展成效显著 新增高效农业面积100公顷，新增设施农业面积56.67公顷，实现粮食生产“十二连增”。

服务业不断繁荣 实现服务业增加值27.75亿元，比上年增长12.6%；净增个体工商户1191户、私营企业368家。正脉家居广场一期建成，福润仓储等一批重点服务业项目开工，姜堰宾馆在上海中小企业板上市。

建筑业逆境增长 实现建筑业施工产值32亿元。实现建筑业增加值8亿元。实现建筑业税收1.57亿元，比上年增长28.6%。

市委书记蓝绍敏（中）考察园区企业

区委书记李伟考察园区企业

现代科技产业园项目集中开工奠基仪式

智谷软件园李德仁院士工作站签约仪

区委常委、现代科技产业园党工委书记戴兆平（前左一）考察园区企业

园区投资说明会在大连召开

智谷软件园

罗塘街道成立

华源防爆电机

苏中药业 生脉注射液二次开发关键技术研究项目

泰州市姜堰区高新技术装备产业园区（白米镇）

副省长曹卫星（前右二）在市委、区委、区政府领导陪同下考察白米

泰州市原纪委书记唐小英（前左二）到白米园区调研

高新技术装备产业园区组建于2013年1月，是姜堰区重点建设的“一区两园”之一。园区位于姜堰城区东部，总规划面积16平方千米，以曙光工业园区为基础，以东部干线为轴线，整合娄庄、白米、蒋垛、大坨四镇资源。区内的曙光工业园是省政府重点扶持的100家特色产业集群之一，拥有以江苏曙光集团股份有限公司、格兰特（江苏）钻具有限公司为代表的石油装备制造企业30多家，主要产品有石油钻杆、接头、涂层、钻铤、套管头、高压管道、法兰等，形成较为完整的钻采装备产业链。2014年，园区被省商务局确定为省级油气装备出口基地。

区委书记李伟在曙光集团调研

近年来，区镇上下按照“转思路、转重点、转作风”的“三转”工作要求，实行区镇融合发展，突出招商引资、工业经济、规划建设、项目服务、融资保障五大重点，在原曙光工业园区的基础上，扩容增量、完善功能、提档升级，致力打造“亿元企业10亿级、亿元项目10亿级、油气装备60亿级”三大板块，引导产业项目加快集聚，促进工业经济提质增效。园区与中国石油大学紧密合作，实施专利发明、成果转化、产学研合作的“科技兴区”战略，逐步打造高端化、规模化、专业化的产业基地。2014年，园区完成全部工业纳税销售40.77亿元，实现公共财政预算收入1.38亿元。力争通过2年的努力重回泰州“十强”乡镇、花3—5年时间打造百亿产业集聚区，再创区镇融合发展、科学发展、和谐发展新辉煌。

纵横交错的园区道路

晨光亿元企业孵化园

集镇一角

曙光集团

曙光园区

娄庄镇

* ★全国文明镇
* ★全国法制宣传教育先进单位
* ★全国群众文化体育先进单位
* ★全国重点镇
* ★全国千强镇
* ★中国绿化名镇
* ★国家级生态镇
* ★全国“三八”红旗集体
* ★省新型示范小城镇
* ★省文明镇
* ★省卫生镇
* ★省环境优美乡镇
* ★省文明标兵镇
* ★省放心消费示范镇
* ★省园林小城镇
* ★省体育强镇
* ★省“双学双比”先进镇
* ★省级示范妇女儿童之家
* ★省“安全生产活动月”优秀单位

省扶贫办副主任朱子华（中）到娄庄调研指导

区委书记李伟调研指导娄庄工作

副市长王学峰调研娄庄镇妇联工作

镇党委书记 陈希斌

镇 长 黄 鹏

区纪委书记张红霞调研娄庄“三务”公开工作

娄庄镇农产品加工龙头企业——泰州市兴丰面粉加工厂

娄庄镇波纹管行业领跑企业——博格东进公司

娄庄镇地处姜堰东北角东与南通海安毗邻，北与城东台接壤，全镇总面积平方千米，耕地面积3460顷，人口5.2万人，下辖个行政村、2个居委会。

近年来，该镇始终坚上下“齐心协力保增长、策群力保民生、同心同德稳定”，努力建设更高水小康镇，经济和各项社事业平稳推进。全镇一二、三产均衡发展，初步成千亩渔业园、万亩现代食生产示范园、千亩果蔬的北渔、中粮、南经的现农业新格局。工业企业700多家，成长型企业38家，纺织服装、波纹管造、换热器、轧辊等4大板块形成工业特色。镇内商业网点密布，银行超市、公园、公交、学校等基础生活设施齐全，方便居民衣食住行。稳推动现代物流集聚集约，实现服务业发展提速、结构提升、品牌提档，西客商投资千万元的亿安达物流有限公司已经落户。教育、卫生事业稳发展。随着小城镇建设步伐加快，党委、政府多项措施丰富小城镇建设涵，新扩建的烟墨公园二期工程设施逐步到位。实施“三个集聚区”设，南部工业集聚区已经建成，有30多家企业入驻，中部商贸集聚区建有序推进，北部农业集聚区农开及财政支农项目有力实施。近8万平方米雍景华府、恒大铭园、“新天地”商业步行街三处高档商住楼已封顶售，农民的生活和幸福指数不断攀升。

2014年，全镇实现地区生产总值32亿元，比上年增长15.97%；实现共财政预算收入5869万元，比上年增长15.94%；完成纳税销售收入26.0元，比上年增长4.3%；实现财政总收入1.25亿元；农民人均纯收入实19198元。

泰州首家农村绿色社区 绿泽园

娄庄镇房地产开发——恒大铭园商住楼

淤溪镇

攻坚克难敢担当 凝心聚力铸辉煌

2014年，全镇上下围绕区委“奋起泰州、崛起苏中”大突破之年的目标任务，落实稳增长、促改革、调结构、惠民生各项措施，经济社会发展取得新业绩。获区委、区政府“2014年度镇（区）工作目标综合优胜奖、三等奖”。

经济运行稳中有进 全年实现地区生产总值15.75亿元，比上年增长10.5%。其中，规模以上工业增加值17.22亿元，比上年增长19%；服务业增加值5.97亿元，比上年增长12.6%；三次产业结构比例为14：50：36。公共财政预算收入3409万元，比上年增长15%；固定资产投资7.5亿元，比上年增长39%；农民人均可支配收入16480元，比上年增长12.4%；居民储蓄存款8.5亿元，比上年增长13%。

产业转型步伐加快 农业改革成效初现。新增高效设施农业面积113.33公顷，新增设施渔业面积43.33公顷。新增林业面积13.33公顷，农业适度规模经营面积400公顷，成立专业合作社11家，培植种植大户37户，入社工商登记农户838户，打响“金龙植保、友农农机”两个农机服务品牌，新增农业机械12台。工业经济稳中快进。全年实现工业开票销售9.13亿元，比上年增长12.75%，民营经济净增58家。服务业发展提速。全年实现社会消费品零售总额1.6亿元，比上年增长23%。

发展后劲持续增强 招商引资、项目建设如火如荼。新办5000万元以上企业2家，在建项目1家，完成1000万元以上技改项目2个，新办500万元以上农业项目2个，新办200万元以上项目3个，新办500万元以上服务业项目2个。

民生事业持续改善 宣传文化中心交付使用，完成整体搬迁，通过省社区教育中心验收。群众性文化活动精彩纷呈，该镇被省文化厅命名为“江苏省特色文化之乡”。社保扩面成效初显，养老保险净增参保人数118人，完成区交任务118%，率先在全区实现老年人基础养老金发放全覆盖。完成省改厕任务1700户。新农合参合率99%。投资3600万元，实现饮长江水工程村村全覆盖。实现天然气主管道全镇全覆盖。新建公交停车场5个、候车亭15个，实现姜堰、泰州、镇内公交全覆盖。

农业部党校常务副校长，
农业部管理干部学院党委书记、
院长蒋协新带领农业部调研组调研淤溪镇农机工作

区委书记李伟调研淤溪工业经济及环境整治

淤溪特色文化团队——咸风锣鼓队

江苏省清明习俗生态文化保护实验区
——特色乡土建筑村落杨庄村卢氏宗祠（市文保点）

马庄法华寺

淤溪镇精品住宅小区御墅华庭

淤溪镇文艺演出

俞垛镇

区委常委、常务副区长徐闻什到俞垛镇指导工作

俞垛镇域面积82平方千米，人口5.12万人，辖18个行政村、2个居委会。境内河流纵横，风光秀丽，水路交通便捷。历史悠久，人文荟萃。汉代吴王刘濞曾在俞家垛行医。2014年，俞垛镇实现国内生产总值27.6亿元、公共财政预算收入4389万元，完成固定资产投资12.34亿元，工业纳税销售19.51亿元，农业实现现价产值5.05亿元，新增高效设施农业面积120.6公顷，服务业税收实现1994万元。年终综合考评列全区第4位，获综合二等奖；项目建设和工业设备投入列全区第一，建筑业和服务业获综合二等奖，农业农村工作获四项单项奖；创建成国家级生态镇，宫玲村创建成全国文明村。

副市长张余松到俞垛镇指导工作

渔光互补发电

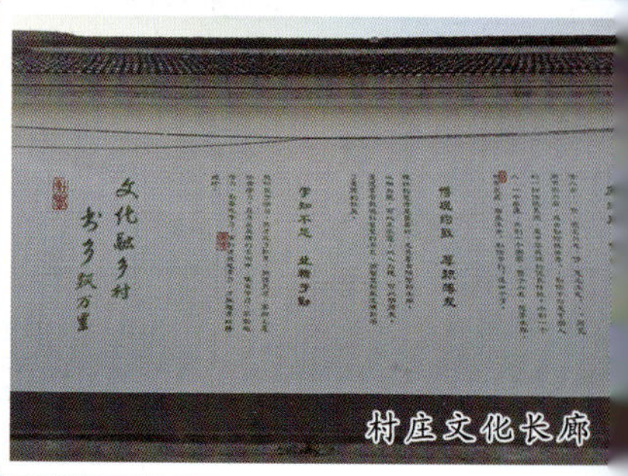
村庄文化长廊

省特色文化团队——俞垛镇农民乐队

全国文明乡村——宫玲村

会船节活动一景

顾高镇

区委书记李伟调研江苏特耐王包装公司

2014年，顾高镇坚持"稳中求进、增幅前列、位次前移"总基调，主动认识新常态、积极适应新常态，创新举措谋发展，真抓实干求跨越，统筹抓好稳增长、调结构、促转型、惠民生等各项工作，经济社会呈现良好发展态势。综合考核列全区第7位，获综合三等奖，被表彰为年度项目建设先进单位。

区委副书记、区长张长平考察江苏捷能动力公司新开工项目建设情况

经济发展稳中有进 完成规模以上工业产值25.5亿元，比上年增长21.08%。完成工业开票销售收入10.6亿元，比上年增长17%。全年新增工业设备投入1430万元，完成年度任务104.77%。全镇新增土地规模经营面积300公顷，新增莲藕、冬枣等各类高效农业面积100公顷。完成200万元以上农业项目5个。新增农民专业合作社9家，新增专业大户、家庭农场30家，新增个体工商户70家、私营企业56家，完成各类创业项目86个。实现服务业增加值3.52亿元，三次产业比重比上年提高1.25%。

全力打造美丽家园 集镇建设速度加快，幸福家园小区二期基本建成，政府西侧房地产开发成功摘牌，幼儿园东侧房地产开发即将挂牌上市，老农贸市场地段开发正加紧洽谈。基础设施更加完善，投资1900万元的长江水管网改造接近尾声，高标准实施1000公顷的土地整理项目、233.33公顷的农业综合开发项目，建设桥梁4座。S229搬迁及清障扫尾全面完成，建成19千米的村村通公交线路会车道。推进生态建设，全年植树造林20.67公顷，实现星级康居村全覆盖，专项治理化工企业5家，完成农村改厕1500座，镇级垃圾压缩中转站投入运营，垃圾日产日清。

幸福指数不断跃升 城乡居民社会养老保险、农村新型医疗合作保险的收缴基本实现全覆盖。完成55户危草房改造，镇敬老院改造升级工程全面启动。8个单位和9个村被评为区文明单位。投资80万元安装视频监控60处，完善治安防控体系信息化建设。搜集办理民生贴38个，回复率100%。11个村级为民服务中心通过区级达标验收。人民群众公共安全感和法制建设满意度不断上升。

退休教师俞玉栋给学生讲述俞氏家风

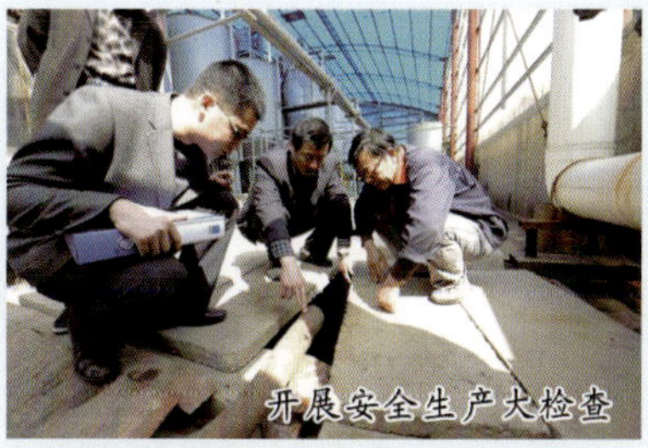
开展安全生产大检查

开展志愿服务行动

开展村庄环境整治

张甸镇

国家生态镇
省卫生镇
泰州市重点镇（园区）简政放权改革试点单位

省委常委、宣传部部长王燕文到张甸镇调研“美德善行”工作

2014年，张甸镇实现地区生产总值32亿元；完成财政总收入1.22亿元、公共财政预算收入6036万元。在区目标考评中获综合二等奖、经济发展争先进位奖，党建、精神文明建设考核列全区第一。

产业转型步伐加快 农业新增规模经营面积942.07公顷、设施农业面积182.4公顷；新增泰州市级农业产业园1个。工业实现开票销售21.16亿元，比上年增长18.2%；工业设备抵扣5256万元，比上年增长57.5%；完成1000万元以上技改项目4个。实现服务业增加值7.5亿元，比上年增长12%；建筑业完成增加值3.24亿元，比上年增长10.1%。

省委常委、宣传部部长王燕文看望“中国好人”李开诚

项目建设实现突破 竣工验收5000万元以上工业项目4个，其中亿元以上工业项目2个；验收200万元以上农业项目7个、1000万元以上服务业项目3个，项目建设超额完成全年任务。完成发明专利47件、国际专利1件，实施产学研合作项目5个，引进高层次人才5人。

社会事业协调并进 利用市、区帮扶政策，加快发展村级经济，全镇村集体经营性总收入572.12万元；养老、医疗、卫生、教育、文化等事业协调推进，35个村初步建成居家养老服务站；镇敬老院创建成省三星级敬老院；张甸初中中考成绩连续四年保持全区农村初中第一；食品药品、安全生产监管，计划生育世代服务工作取得较好成绩。依法治镇水平明显提升，社会总体和谐稳定。

张甸镇技防监控中心

张甸镇文广中心

张甸镇中心幼儿园

江苏省泰州市姜堰区
励才实验学校

中秋佳节，共同感受励才大家庭的温馨

江苏省泰州市姜堰区励才实验学校创建于1998年，是泰州市第一所股份制民办学校，现为初级中学。校园占地11.2公顷，在校学生近5000人，教职员工400多人。

学校秉承“以德立校、育人为本”的办学思想，坚持“立德树人、打造品牌、追求卓越”的办学方向，形成“和谐、启导、力行”的教风和“博学、善思、活用”的学风。

学校坚持走素质教育之路，开展各种活动，张扬学生个性，培养学生特长，提高学生的综合素质。近年来，在各级各类学科、科技、文艺和体育竞赛中，获国家级奖100多人次、省级奖1000多人次。

电脑兴趣班

“励志求精、合作共赢”的励才精神和灵活有效的考核机制，激发全体教师锐意进取，不断创新，把语文阅读欣赏、英语衔接教材、武术等引进课堂，形成独具励才特色的校本课程，运用适合励才校情的“导学•导悟”课堂教学模式，引领学生自主、合作、探究学习，力促学生掌握正确的学习方法。

2014年，学校创建“江苏省义务教育均衡发展示范校”“江苏省平安校园泰州市示范学校”“江苏省校园文化建设特色学校”，获“国际生态学校”绿旗称号。

“溱湖韵·家乡情”社会实践活动

体育艺术节

泰州市姜堰区艺术中学

艺术类本科大学生的摇篮

泰州市姜堰区艺术中学创办于1998年。16年来，艺校人勇于开拓、勇立潮头、几经搬迁、几易校址，不断发展、不断壮大，从3个教学班级、几十名学生发展到24个教学班级，在校学生1600多人，成为江苏省规模最大的纯美术类高级中学。

16年栉风沐雨，16年上下求索，16年育人为本，16年一路凯歌。艺校人扬长避短，另辟蹊径，以美育人，全面发展，特色彰显，教育教学质量稳步提高，社会知名度和美誉度日益提升，积淀了丰富的文化底蕴，积累了丰富的办学经验，成为苏中地区艺术类教育的一颗闪亮的明珠。

姜堰艺校的16年，记录了如歌的岁月。那是一个为了目标而奋斗的16年，那是一个为理想而执着的16年，16年的创建历程在这里聚焦，16年的奋斗岁月在这里定格，16年的辉煌在这里书写，连续14年高考本科达线率超80%，连续14年获高中教学质量优秀奖。

2010年212人参加高考，161人录取公费本科院校；
2011年307人参加高考，238人录取公费本科院校；
2012年338人参加高考，247人录取公费本科院校；
2013年436人参加高考，344人录取公费本科院校；
2014年486人参加高考，360人录取公费本科院校。

追风赶月向未来，春华秋实在艺校。开拓进取的艺校人放开思维，不断吸纳，以无畏的勇气开拓前进，以无限的忠诚执着追求，以昂扬的斗志努力铸造辉煌的明天！

地址：姜堰区南京路100号　电话：0523-88018280　0523-88018208
邮编：225500　网址：www.msxx.org

江苏美华交通工程有限公司

江苏美华交通工程有限公司前身为泰州市美华公路养护工程有限公司，成立于1999年12月，是一家拥有公路工程及市政公用工程总承包二级资质的综合型建筑施工企业。2005年10月，公司由事业性企业单位改制为股份制企业。公司现有职工及外聘员工168人，其中具有高级职称的工程、经济、会计、统计人员14人，中级职称32人，初级职称104人，工程施工二级资质以上建造师16人。

截至2014年年底，公司固定资产超过6500万元，注册资本6050万元，机械装备日臻精良，拥有经营范围相适应的LB-3000型和LB-1500型沥青混凝土拌和楼、水稳拌和机600型1台、300型2台，德玛格进口摊铺机、三一重工摊铺机、ABG8620摊铺机、三一重工单振压路机200、三一重工单振压路机222、三一重工双振压路机、戴纳派克CC522振动压路机、戴纳派克CC422振动压路机、18-21T三轮压路机、PY160C平地机、稳定土拌和机、柳工855装载机、ZL40A装载机、ZLM30装载机、LXZYH1000铣刨机、维特根1000铣刨机、三一重工铣刨机、多功能智能洒布车、中联重科清扫车、平板车、HP-1液压养护设施、NJZ5100GSS洒水车、水泥混凝土拌和机、回旋钻机、架桥机、吊车、混凝土泵车等大型机械及各种运输车辆60多台套，具备承建高等级公路路基、路面及桥梁条件和相应施工经验。

消防演练

近年来，该公司遵循“以质量求生存，靠信誉求发展”经营方针，内强素质、外树形象，通过深化改革，转换经营机制，本着“质量第一，以人为本”原则，先后完成具有代表性的大型公路项目有332省道兴化段建设工程DXJLM-1标、姜堰市溱湖大道工程项目、泰州市干线公路养护专项工程LMDZX-2标、2010年泰州市干线公路养护专项工程路面施工项目YHZX-2标、泰州市高港区疏港一路东延线GGDYX-1标、X301何兴线兴周公路工程2标、六合区2014年农村公路大中修工程、姜堰X205俞张线（沈袁桥—姜高路）公路工程路基2标及路面项目、兴化市戴窑镇人民路改造工程、国省2014年县道小修保养等工程，完工工程项目合格率100%，优良率90%以上。工程进度和质量在同行业中均名列前茅，公司建立良好社会信誉和企业形象，获“全国十佳文明施工单位”“‘十一五’泰州市公路养护中标单位一等奖”“江苏省安全生产文明施工单位”等荣誉，多次被地方政府及主管部门表彰。

公路养护

厂区一角

地址：泰州市姜堰区火车站站前路88号

中国联合网络通信有限公司姜堰分公司

总经理　王爱华

2014年，姜堰联通紧紧围绕"抢抓增量市场、深挖存量市场、加大创新转型、加强队伍建设"总体工作思路，秉承"以客户为中心，用服务促发展"的服务理念，推动姜堰联通整体服务工作规范有序开展。全年业务收入比上年增长0.6%。

工程建设　投资约1000余万元，加强3G网络覆盖，在城区部署4G试验网的覆盖。新建16个WCDMA基站，增强3G网络的连续覆盖能力，在部分重要场所新建8套WCDMA室分分布系统，改善室内信号弱的现象。试点建设4G网络，新建10个LTE-FDD基站、2个LTE-TDD基站，经过测试，4G网络高速稳定，能给用户带来崭新的体验。完成多个传输项目的建设任务，烽火传输扩容OTN传输3套、新建622M传输设备5套、扩容升级155M传输设备1套；传输配套工程新增24光缆80千米，新增管道15孔千米，新增48光缆10千米，新增96芯光缆5千米。

客户服务　在服务提升方面贴近客户、用心服务，增设服务休息区，提高排队等候客户感知度，各自有营业厅均配备网络电视，客户可自行观看，配备演示真机，供用户休闲娱乐。对外公开六项服务承诺，确保客户知情权，投诉处理首问负责，限时办结。定制业务必须由客户进行确认，方便客户话费及时查询。公开省、市两级服务热线，接受社会监督。话费误差双倍返还，短信差错先行赔付。对内推进以提升客户感知为导向的大服务体系建设，通过建立"内部服务承诺制度"，从大服务氛围营造、过程管控、水平考核、结果评价等方面，制定系列制度、流程和规范。从客户感知的角度切入，加强服务缺陷的管控、服务风险的预警和重大服务问题的问责，从客户投诉问题查找公司内部的服务管理问题，实现客户服务的全过程渗透。

泰州市姜堰区住房和城乡建设局

省委书记罗志军（中）调研光明东村整治情况

村庄环境全域整治顺利通过省级验收

2014年，住房和城乡建设系统广大干部职工围绕全区工作中心和城乡建设既定目标，团结拼搏、务实苦干，完成各项工作任务。该局被区委、区政府表彰为机关效能建设先进单位。

城市功能日益完善 道路网络更加畅通。药厂路（励才路—东海路）、紫金路（长江路—体育路）等14条道路全部建成通车，实现道路环网，完成二水厂路（长江西路与三水大道交叉口）等2处交叉口渠化改造。停车难题有效缓解。古田桥（状元楼南侧）等3处停车场全部建成，小区绿改停、街头绿地及游园配套停车位等增加停车位300多个。供水供气优质高效。区域供水全面完成，出台《姜堰区区域供水工程建设与运营管理考核办法》，全区以行

北大街立面出新

滨河绿化